BASLER GESCHICHTE

HERAUSGEGEBEN VON DER
CHRISTOPH MERIAN STIFTUNG
AUS ANLASS IHRES
100JÄHRIGEN BESTEHENS

RENÉ
TEUTEBERG

BASLER GESCHICHTE

2. AUFLAGE

CHRISTOPH MERIAN VERLAG BASEL

Die Ansichten von Grossbasel auf dem vorderen Vorsatzblatt und von Kleinbasel auf dem hintern sind Ausschnitte aus dem Vogelschauplan Matthäus Merians d. Ä. aus dem Jahre 1615.

2. Auflage 1988
ISBN 3 856 16 034 5

Gestaltung: Josef Hodel ASG, Basel
Lithos: Steiner & Co AG, Basel
Satz und Druck: Werner Druck AG, Basel
Einband: Buchbinderei Flügel, Basel

INHALT

ZUM GELEIT

Die Christoph Merian Stiftung feiert in diesem Jahr 1986 das Jubiläum ihres 100jährigen Bestehens. Sie begeht es mit verschiedenen Aktivitäten, die alle in irgendeiner Weise mit dem Stiftungszweck zusammenhängen. – Zwei Geschenke an die Stadt bilden Schwerpunkte besonderer Art: einmal der Ausbau des Hauses «Zum kleinen Kirschgarten» für das Historische Museum zur Aufnahme der Uhrensammlungen und von Wohnungseinrichtungen des 19. Jahrhunderts sowie einer permanenten Ausstellung über Christoph Merian und seine Stiftung; sodann die Publikation einer neuen Basler Geschichte.

Beide Gaben dienen der Weckung und Stärkung des historischen Bewusstseins; denn dieses ist eine der stärksten Stützen des Heimatgefühls, das für das seelische Wohlbefinden des Menschen so wichtig ist. Leider sind Heimatgefühl und Liebe zur eigenen Stadt seit Jahren im Schwinden begriffen – eine Erscheinung, die nicht nur in Basel festzustellen ist. Die Christoph Merian Stiftung erachtet es daher seit langem als eine vordringliche städtische Aufgabe, dem Verblassen der historischen Dimension entgegenzuwirken. Dies tat sie u.a. auf dem Gebiet der heimischen Mundart mit der Herausgabe der Baseldeutsch-Grammatik 1976 und des Baseldeutsch-Wörterbuches 1984. Sie tut es jetzt erneut im Museumsbereich mit dem Ausbau des Kleinen Kirschgartens und auf dem historiographischen Feld mit der Herausgabe der vorliegenden «Basler Geschichte».

Diese neue «Basler Geschichte» soll eine Lücke im sonst so reichhaltigen Basler Schrifttum ausfüllen. Es fehlte nämlich schon längst ein Werk, in welchem auf wissenschaftlicher Grundlage, aber allgemeinverständlich die Geschichte unserer Stadt von den Uranfängen bis zur jüngsten Gegenwart knapp, anschaulich und in stets gleichbleibender Dichte erzählt wird.

Die schwierige Aufgabe, ein solches Werk zu schaffen, übernahm erfreulicherweise Dr. René Teuteberg, der sich mit seinem Quellenwerk «Stimmen aus der Vergangenheit», mit Volkshochschul-Vorlesungen über Basler Persönlichkeiten und mit zahlreichen Publikationen über baslerisch-historische Themen als ebenso gewissenhafter wie wortgewandter Historiker ausgewiesen hatte. Er führte das härteste Arbeit erheischende Werk in der kurzen Zeit von vier Jahren glücklich zu Ende.

Die Christoph Merian Stiftung dankt ihm aufs herzlichste für den grossen Einsatz. Sie ist froh, im 100. Jahre ihrer Existenz den Bürgern und Einwohnern der Stadt Basel ein Buch von bleibendem Wert auf den Tisch zu legen, und sie hofft, dass es seinen Weg in möglichst viele Basler Häuser finde.

Basel, den 22. Januar 1986

Dr. Walter Zeugin
Präsident der Christoph Merian Stiftung

VORWORT

Geschichtsschreiber seiner Vaterstadt zu werden, ist wohl für manchen jungen Historiker ein verlockendes Lebensziel. Ich darf behaupten, diese anspruchsvolle Aufgabe nie gesucht zu haben. Nach mehr als drei Jahrzehnten Geschichtsunterricht an Basels Schulen und nach Vollendung meines dreibändigen geschichtlichen Quellenwerks «Stimmen aus der Vergangenheit» im Auftrag des Erziehungsdepartements glaubte ich, meine Berufspflichten erfüllt zu haben und mich fortan der Lektüre grosser Historiker widmen zu können, wofür mir schon im Studium mein verehrter Lehrer Werner Kaegi den Sinn geschärft hatte.

Es kam anders. Die Christoph Merian Stiftung fasste den Beschluss, im Jahre ihres 100jährigen Bestehens den Bewohnern der Region Basel eine neue Geschichte ihrer Heimat auf den Tisch zu legen. Eines Tages versuchte der Lektor des Christoph Merian Verlages und verdienstvolle Redaktor des «Basler Stadtbuchs», Dr. Rudolf Suter, einer der besten Kenner der historisch-literarischen Szene in Basel, mich für das Wagnis einer solchen neuzeitlichen Basler Geschichte zu gewinnen. Meine Skepsis war zunächst gross. Gab es nicht viele jüngere, in modernen Methoden geschulte Historiker, die neue Erkenntnisse vermitteln konnten? War das geschichtlich interessierte Publikum nicht längst übersättigt von vielen reich bebilderten Darstellungen? Achtete man ferner nicht «Heimatgeschichte» gering und wandte sich mehr den Fragen der Allgemeinen Geschichte, den Problemen der Dritten Welt und der Eroberung des Weltraums zu?

Wenn ich das Wagnis trotz derartigen Bedenken unternommen habe, so hatte mich eine gewichtige Erfahrung dazu bewogen: Als Dozent an der Volkshochschule und als Leiter von Kulturreisen stellte ich immer wieder fest, dass viele ältere und alte Leute den Mangel an geschichtlichen Kenntnissen bedauerten. Zwar standen die Denkmäler der Vergangenheit sichtbar vor ihren Augen. Warum es aber Kathedralen und Ordenskirchen, Königspaläste, Zunft- und Rathäuser gab, blieb ihnen oft verborgen. Hier – im Falle Basel – das Dunkel ein wenig zu erhellen, schien mir der Anstrengung wert. Hatte nicht der Patron aller Basler Historiker, Jacob Burckhardt, gesagt, sein Werk sei «eine allgemeine Anregung zu geschichtlicher Betrachtung der Welt»? So grossartig, wie er solche

Anregung geboten hat, konnte ich es natürlich nicht tun. Aber der gleiche Wunsch hat mich während der Arbeit beseelt und gestärkt.

Zu Beginn des Unternehmens beschäftigte mich stark die Frage, ob nicht die drei grossen Basler Historiker des 20. Jahrhunderts, Rudolf Wackernagel, Andreas Heusler und Paul Burckhardt, für die «Anregung zu geschichtlicher Betrachtung» bereits genug geleistet hätten. (Darüber wird im 2. Kapitel dieses Buches einiges gesagt.) Dass etwa eine so treffliche Darstellung wie Andreas Heuslers «Geschichte der Stadt Basel» in ihrer gerafften Kürze und gleichzeitigen Anschaulichkeit nicht überboten werden konnte, war mir immer klar. Doch wird niemand bestreiten, dass dieses Werk heute ergänzt werden musste, und zwar durch die Schilderung der ältesten und der jüngeren Basler Vergangenheit. Eindrückliches hatte zudem in den letzten fünfzig Jahren die archäologische Forschung dank reichlich vorhandenen Mitteln zutage gefördert; verwirrend blieb allerdings die Diskrepanz zwischen den unterschiedlichen fachmännischen Urteilen, die der Laie nur mit Mühe überschauen kann. Auch bei der Darstellung des 20. Jahrhunderts, in dessen Verlauf der Kanton Basel-Stadt 150 Jahre alt geworden ist, galt es neue Entwicklungslinien auszuziehen. (Die in dieser Hinsicht wegweisenden Geschichtskapitel im Handbuch «Das politische System des Kantons Basel-Stadt» erschienen übrigens erst, als das Manuskript meines entsprechenden Kapitels längst geschrieben war.) Als Leitfaden habe ich hier mit Gewinn die lückenlose Reihe der alljährlichen «Chronik» im Basler Jahr- bzw. Stadtbuch zu Rate gezogen.

Die Gesamtdarstellung einer 2000jährigen Vergangenheit auf *beschränktem* Raum ist naturgemäss harten formalen Gesetzen unterworfen. Dem Problem, auszuwählen und zu vereinfachen ohne zu simplifizieren, musste grösste Aufmerksamkeit geschenkt werden. Zwar sieht niemand die Hobelspäne in meiner geistigen Werkstatt, doch wird der Kundige erkennen, dass kein einziges Thema leichtfertig behandelt worden ist, auch wenn der Spezialist meint, es sei bisweilen zuviel «weggehobelt» worden. Volkstümliche Darstellung und letzte wissenschaftliche Präzision lassen sich, wie die Geschichte der Historiographie beweist, kaum je gänzlich vereinen.

Ich gestehe, in der Hauptsache auf Grund der für Basel reichlich vorhandenen und qualitätvollen Sekundärliteratur geschrieben zu haben, insbesondere auch der «Basler Neujahrsblätter», des «Basler Jahrbuchs», der «Basler Zeitschrift für Geschichte und Altertumskunde». Immerhin habe ich den Gang zu den Quellen nie gescheut, wenn dort ein lebendiges Zeugnis von Zeitgenossen zu erwarten war.

Selbstverständlich habe ich nebstdem viele Basler Forscher und Spezialisten mit Fragen belästigt und immer bereitwilligen Rat erhalten. Sie alle wie sonst üblich mit Namen zu nennen, ist mir unmöglich, weil selbst auf einer seitenlangen Liste der eine oder der andere ungerechterweise vergessen werden könnte. Wer aber einen schriftlichen, in den Text eingegangenen Beitrag geleistet hat, wird mit Dankbarkeit im Anmerkungsteil erwähnt. – Für die Lieferung von Büchern, Quellentexten und Bildern schulde ich folgenden Institutionen bzw. ihren Leitern und Beamten grossen Dank: der Universitätsbibliothek Basel, dem Staatsarchiv Basel-Stadt, dem Historischen Museum, der Öffentlichen Kunstsammlung, der Archäologischen Bodenforschung Basel-Stadt und – zeitweise – der Kantonsbibliothek Graubünden in Chur. Vier Frauen, deren Namen im Text nirgends zu finden sind, muss ich erwähnen, weil ihre unersetzliche Hilfe das Werk erst druckreif gemacht hat: die Sekretärinnen Mary B. Caluori und meine Tochter Christine in Basel sowie die Korrektorin Annekäthi Simonett in Zillis. Die vier Jahre fast asketischer Arbeit an diesem Buch wären vielleicht unerträglich geworden ohne die Mitwirkung meiner lieben Frau Susi; sie hat sich umständehalber als Gesprächspartnerin fast zur Historikerin entwickelt, ohne dabei ihre vortrefflichen Qualitäten als Hausfrau und Gastgeberin zu vernachlässigen. Schliesslich danke ich Dr. Rudolf Suter, dem stets hilfreichen Berater in Sach- und Textfragen, dem Grafiker Josef Hodel, der das Buch sorgsam gestaltet, der Werner Druck AG, die es sauber gedruckt, und der Buchbinderei Flügel, die es schön gebunden hat.

So überreiche ich denn das vollendete Werk der auftraggebenden Christoph Merian Stiftung und hoffe, dass der Basler darin manche «Anregung zu geschichtlicher Betrachtung» finden wird, besonders zur geschichtlichen Betrachtung der «lieben Vaterstadt Basel», wie sie Christoph Merian in seinem Testament genannt hat.

René Teuteberg

ZUR ZWEITEN AUFLAGE

Die «Basler Geschichte» hat erfreulicherweise ein so gutes Echo und einen so raschen Absatz gefunden, dass die erste Auflage innerhalb von zwei Jahren vergriffen war. Daher beschloss der Christoph Merian Verlag, das Werk erneut aufzulegen. Ich benützte diese Gelegenheit, um kleine Irrtümer richtigzustellen, Druckfehler zu eliminieren und notwendig erscheinende Änderungen oder Ergänzungen vorzunehmen. Die am Schluss hinzugefügte Zeittafel dürfte den Benützern willkommen sein. Allen kritischen Lesern, besonders Herrn Dr. h. c. Arnold Schneider, Herrn Dr. Wilhelm Abt, Herrn Prof. Dr. Werner Bieder, die mich auf Fehler und Mängel der ersten Auflage hingewiesen haben, und der Christoph Merian Stiftung, die das Wagnis einer Zweitauflage unterstützt, sei an dieser Stelle herzlich gedankt.

Basel, im Herbst 1988 René Teuteberg

I. BUCH

1. KAPITEL DER SCHAUPLATZ

Blick von der Pfalz

Der engere Schauplatz der Geschichte, die hier erzählt wird, lässt sich am leichtesten von der Basler Pfalz überblicken. Jeder Basler, der einem Gast die Stadt und das Besondere ihrer Lage verständlich machen will, führt ihn hinauf über den alten heiligen Bezirk des Münsterplatzes hinter die ehemalige Bischofskirche. Mit wenigen Handbewegungen lässt sich Wesentliches zeigen. Hier steht man am geradezu klassischen Ort, von dem aus man den grossen Bogen des Rheinstroms von Osten nach Norden wahrnimmt, die Gelenkstelle, an der die Stromlandschaft ihr Aussehen entscheidend ändert.

Der Geograph nennt den von Osten, vom Bodensee herströmenden Fluss «Hochrhein», von hier an nordwärts, auf einer Strecke von 300 km, trägt er die Bezeichnung «Oberrhein».[1] Aus dem Gebirgsfluss wird der Strom der breiten Ebene, der Oberrheinischen Tiefebene, präzis gesagt. Von hier an ist der Rhein seit uralten Zeiten schiffbar gewesen. Hier endet heute noch rheinaufwärts die moderne Grossschiffahrt.

Seit rund 600 Jahren ist das Land auf beiden Stromufern im Besitz der Stadt Basel, aber nur über eine eng begrenzte Strecke. Eine Brücke verbindet seit 750 Jahren die beiden Ufer, einst einer der wenigen festen Übergänge am Rhein.[2] Die Archäologen vermuten an ihrer Stelle als Vorläuferin aus guten Gründen eine Fähre, die schon vor 2000 Jahren Menschen und Waren über den Strom befördert hat. Oberhalb und unterhalb Basels aber war und ist der Rhein seit historisch bekannten Zeiten oft hart umkämpfte Grenze zwischen Staaten und Völkern gewesen. Stumme Zeugen dieser Grenze, die Festungen der Römer und die Bunker der Maginot- und der Siegfriedlinie, findet der Wanderer heute noch in der Nähe der Stadt an beiden Ufern. Aber heute – und dies ist charakteristisch für Basel – verbinden sieben Brücken auf einer kurzen Strecke von 5 km Nord und Süd, Ost und West über den sonst trennenden Strom.

Aber noch etwas anderes wird dem Gast auf der Pfalz sofort auffallen: das Niveau der beiden Ufer am Strombogen ist ungleich hoch. Steil in den Fluss fallend der linke Prallhang, flach und tief gelegen der rechte Gleithang. Und auf der linken Rheinseite, am Kopf der steinernen Brücke, ist deutlich ein Unterbruch des hohen Ufers zu sehen. Hier hat ein von Südwesten kommender Fluss, der Birsig, die hohe Schotterterrasse zersägt, den Stadtboden modelliert und aus dem linksrheinischen Basel eine Hügelstadt gemacht. Der Basler Geograph Gottlieb Burckhardt zögerte daher nicht, Basel in einem Atemzug zusammen mit Rom zu nennen.[3]

Historisch bedeutsam ist diese Topographie nun geworden, weil sie drei wirtschaftlich und soziologisch sehr verschiedenen Stadtteilen während Jahrhunderten ihren Raum zugewiesen hat: südöstlich des Birsigs wurde der Münsterhügel der Sitz des Bischofs und der höheren Geistlichkeit, in der Talstadt entwickelte sich das Quartier der Händler und Handwerker, denen der Birsig und ein abgeleiteter Kanal, der Rümelinbach, das notwendige Wasser brachten; nordwestlich hingegen liess sich um die Peters- und die Leonhardskirche vornehmlich der Adel nieder, weshalb manche Etymologen den Namen der breiten Strasse am Rand des Hanges, des Nadelbergs, von «Adelsberg» herleiten wollen.

Der Blick von der Pfalz hat Wesentliches über die Lage Basels gezeigt.

Vielleicht wird der Basler nach diesen sachlich nüchternen geographischen Erklärungen dem Gast nicht verheimlichen, dass ihm jedesmal, wenn er hier steht, die Verse des fast baslerischen Dichters Johann Peter Hebel in den Sinn kommen, die er diesem Ort zugedacht hat:

«Aber uf der Pfalz
Alle Lüte gfallt's
O wie wechsle Berg und Tal
Land und Wasser überal
Vor der Basler Pfalz!»

Blick vom Bruderholz

Doch Basel verdankt seine Bedeutung nicht nur der Brückenfunktion. Sein Charakter ist noch durch andere Gegebenheiten der Natur bedingt. Darum führt der Basler seinen Gast noch höher hinauf, an den Rand der heutigen Besiedlung, auf das Bruderholz, auf dessen höchstem Punkt ein Turm die Wasserversorgung dieses Quartiers sichert. Vom Wasserturm aus schweift der Blick in alle Himmelsrichtungen. Im Norden liegt die oberrheinische Tiefebene, ein vor 50–60 Millionen Jahren eingesunkener Graben eines Urgebirges, dessen stehengebliebene Ränder heute Vogesen und Schwarzwald heissen. Sie gilt als die reichste Fruchtebene Mitteleuropas. Das «oberdeutsche Kanaan» hat sie vor hundert Jahren der deutsche Historiker K.W. Nitzsch genannt.[4] Kein natürliches Hindernis hat die Ausdehnung eines baslerischen Territoriums in nördlicher Richtung gehemmt; aber die einzigartige Verkehrslandschaft, die Fruchtbarkeit des Bodens, die Nähe der waldreichen, holzliefernden Gebirge förderten Stadtgründungen der Bischöfe und der Fürsten, die den baslerischen Expansionsdrang nach Norden früh gebremst haben. «Pfaffengasse» nannte man einst die Rheinstrecke von Basel nach Köln, weil eine Kette bischöflicher Residenzen am Strom lag. Die Erben aber jener rheinischen Städte, die nachfolgenden Grossstaaten, haben ihre

Blick vom Bruderholz auf Basel. Ölgemälde eines unbekannten Meisters zu Beginn der 1620er Jahre. 58.5 × 115.5 cm.

Depositum des Staatsarchivs Basel in der Öffentlichen Kunstsammlung.

Grenzpfähle unmittelbar am nördlichen Rand der Stadt Basel aufgerichtet. (Immerhin, es gibt Basler, die behaupten, hier am nördlichsten Punkt des Kantons Basel-Stadt rieche man schon – Meerluft.)

Ganz anders nun die Landschaft im Süden, Südosten und Südwesten. Über ein flaches Hügelland – es gehört geographisch zur Sundgauer Hügelplatte – geht der Blick über die gestuften Hochebenen des Tafeljuras zu den Bergrücken am Horizont, zu den vordersten Ketten des Faltenjuras. Es wird deutlich: diese Gebirgslandschaft hat Basel seit jeher von der übrigen Schweiz getrennt, es zu einem Dasein als Aussenposten der Eidgenossenschaft verurteilt. Darum konnte der grosse Basler Historiker Rudolf Wackernagel (vergleiche Seite 25 ff.) schreiben: «Den Rücken kehrt die Stadt dem Gebirge im Süden zu, Mund und Augen aber richtet sie nach Norden.»[5]

Doch auch im Süden hat die Natur nicht unüberwindliche Hindernisse aufgetürmt; drei Flüsse, die Birs, die Ergolz und die Sisseln haben Täler gebildet, die trennende Wand aufgeschnitten, so dass man heute auf vier Pässen unter 800 m Höhe, dem Bözberg, dem Oberen und dem Unteren Hauenstein und der Pierre Pertuis das schweizerische Mittelland mühelos erreichen kann. Die grossen Strassenbauer des Altertums, die Römer, haben deswegen schon vor 2000 Jahren das strategisch wichtige Rheinknie mit diesen Passstrassen an die südlich liegenden Provinzen ihres Reiches gebunden.

Im Unterschied zur Sicht nach Südosten und Südwesten schweift der Blick nach Westen über das niedere Sundgauer Hügelland hinweg ins Freie. Hier liegt zwischen den nur schwach sichtbaren Vogesen im Nordwesten und den letzten Juraausläufern eine mässig hohe Landschaft. Der Höhenunterschied zwischen ihr und der Oberrheinebene ist so gering, dass ein Schiffahrtskanal mit wenigen Schleusen die Schwelle überwindet und so das Gewässernetz des Rheins mit der Rhone verbindet. Der Name dieser Schwelle zwischen den grossen Stromlandschaften, «Burgunder Pforte», sagt es deutlich: da ist der Eingang in burgundisches Land. Dem Nordrand des Juras entlang zogen zur Völkerwanderungszeit germanische Stämme nach Süden, und in dieser Gegend stiessen zum ersten Mal Römer und Germanen hart aufeinander. Heute noch führt die Hauptverkehrsader von Paris nach Süd- und Osteuropa durch die Burgunder Pforte nach Osten, Basel zu und erreicht hier die mitteleuropäischen Strassen.

Eng begrenzter Stadtstaat

Der Rundblick vom Turm auf dem Bruderholz hat etwas deutlich gemacht: Basel war – wie noch zu schildern sein wird – während langer Zeit ein reiner Stadtstaat, der 400 Jahre lang nur ein kleines Untertanengebiet längs der Ergolz und ihren Nebenflüssen besass, aber die Natur hat diesem Staatswesen ein ungleich grösseres Einzugsgebiet zugedacht. Der Geograph umreisst dieses Territorium etwa mit folgender Grenzlinie: im Norden vom Rheinufer bei Istein über den badischen Blauen und Belchen, ostwärts bis nach St. Blasien im Albtal, nach Süden über den Bözberg, den Kämmen des Faltenjuras entlang bis zum

Hochplateau der Freiberge, dann quer durch den Sundgau bis vor die Tore der rivalisierenden Stadt Mülhausen im Elsass. Etwa 5000 km^2 gross ist dieser natürliche Basler Raum; dies entspricht einem Achtel der heutigen Schweiz. Aber – die Stadt hat diesen Raum nie beherrscht. Darin liegt der wesentliche Unterschied zu den beiden andern grossen Schweizer Städten Zürich und Bern, obwohl sie diese einst an Volkszahl übertroffen hat. Wenn aber heute wieder das heraldische Zeichen Basels, der Baselstab, über den Freibergen flattert, wenn die Elsässer Frauen noch heute ihr Gemüse auf dem Basler Marktplatz verkaufen, wenn ein grosses Kleinbasler Quartier «Bläsi» heisst – was vom Namen des Schwarzwaldklosters St. Blasien abzuleiten ist –, dann ahnt man doch noch etwas von diesem «grösseren» Basel, dessen Herz freilich immer die relativ kleine Stadt am Rheinknie gewesen ist. Die Geschichte *dieses* Basler Raumes gilt es auf den folgenden Seiten zu schildern. Vorher müssen wir freilich noch einen dritten Standpunkt wählen, um die Lage Basels zu verstehen.

Situation im europäischen Raum

Diesen Punkt finden wir freilich in der Natur nicht. Wir müssen eine Karte Europas betrachten, um zu sehen, welche Situation Basel im europäischen Raum einnimmt. Schon vor 550 Jahren, am 28. Oktober 1438, hat ein Teilnehmer des Basler Kirchenkonzils, von dem wir später mehr hören werden, einen Brief geschrieben. Der Schreiber, Enea Silvio Piccolomini – er wird sich später als Papst Pius (II.) nennen –, hat sich einen Namen in der Geschichte Basels gemacht, weil er als erster eine detaillierte Beschreibung der Stadt, in der er einige Jahre wohnte, verfasste. Darin sagt er über die Lage Basels: «Basel ist, wie mir scheint, der Mittelpunkt der Christenheit oder aber dem Mittelpunkt denkbar nahe. Denn als das äusserste christliche Volk leben von hier aus im Osten die Ungarn und im Süden die Sizilier; den Westen bewohnen, am Ende des Kontinents, die Spanier, den Norden die Daker und die Gethen (gemeint sind hier die Dänen).»[6] Der Humanist Piccolomini setzt also Basel in die Mitte Europas, genauer des christlichen Europa. Was meinen dazu die modernen Geographen? Wenn man von der Nordspitze Schottlands eine gerade Linie nach Sizilien zieht, eine zweite von Lissabon nach Moskau – so Rudolf Hotz und Hugo Hassinger –, liege der Schnittpunkt ziemlich genau in der oberrheinischen Tiefebene, etwas nördlich von Basel. Tatsächlich, es gibt in der Geschichte genug Zeugnisse für die Wichtigkeit dieser europäischen Stelle. Im ersten Jahrtausend überquerten die Völkerscharen, die von Nordosten nach Südwesten drängten, hier den Rhein; später begannen unzählige Scharen von Reisenden aus dem Norden bei Basel die Gebirgsbarrieren des Juras und der Alpen zu überschreiten, wenn sie nach Süden, vor allem nach Italien zogen. Mag sie auch ins Reich der frommen Phantasie gehören, aber die in Basel wohlbekannte Ursula-Legende lässt die 11 000 Jungfrauen von Basel aus nach Rom ziehen und auf dem Heimweg daselbst die Schiffe besteigen. Darum konnte auch der Historiker Rudolf Wackernagel mit Recht behaupten: «Im Zentrum Europas – da liegt Basel.»[7] Und in den gleichen grossräumigen

Dimensionen sah schon der Dichter Jeremias Gotthelf die Stadt, wo man in ihrer Mitte, um die Brücke herum, vom Gefühl ergriffen werde, man stehe «an einer Pulsader Europas», denn hier «laufe zusammen wie in einem Knoten und dann wieder auseinander in vieler Herren Länder, was reiset und handelt ...»[8]

Aber die trefflichste Verkehrslage allein hätte das Wachstum einer relativ grossen Stadt im Mittelalter nicht fördern können, selbst wenn sie gleich einer Spinne im Netz aller europäischen Verkehrswege gelegen wäre. Bevor nämlich um 1850 die Transportmittel den lebenswichtigen Bedarf an Korn aus Osteuropa oder Übersee an jedem Ort und fast zu jeder Zeit sichern konnten, war die Bevölkerung einer städtischen Siedlung auf die Lebensmittelproduktion ihrer Umgebung angewiesen. Wie stand es damit in Basel?

Fruchtbare Umgebung

Die Stadt selbst liegt zwar auf einem trockenen, als Baugrund geeigneten Kiesboden einer Schotterterrasse des Rheins, aber schon in nächster Nähe befindet sich «einer der besten Ackerböden, die die Erde trägt, der Löss und der aus ihm entstandene Lehm.»[9] Dieser fruchtbare Gürtel erstreckt sich im Norden von Istein nach Osten über den Dinkelberg bis Säckingen, nach Süden und Westen durch das untere Baselbiet in den Sundgau bis zum Vogesenfuss. Aufgefallen ist diese Fruchtbarkeit im 15. Jahrhundert auch dem schon genannten Enea Silvio Piccolomini. Man darf trotz den Vorbehalten, die man hinsichtlich Wahrhaftigkeit und Realismus bei seinen Schilderungen machen muss, die bekannte Stelle als Beleg zitieren: «Lebensmittel verschafft sich die Stadt in grosser Fülle, teils weil auf ihrem eigenen Grund sehr viel Getreide wächst, teils weil die benachbarten Städte mit grösster Leichtigkeit nachliefern.»[10]. Ein anderer Weitgereister, dem es gewiss möglich war, verschiedene Landschaften Europas miteinander zu vergleichen, der päpstliche Nuntius Ladislaus von Aquino, meinte 1612, die Diözese Basel sei an Wein und Getreide fast die fruchtbarste Gegend Deutschlands.[11] Die Diözese! Sie umfasste damals noch das ganze südliche Elsass, und dieses Elsass galt im 16. Jahrhundert als «Keller und Kornkasten der Helvetier», in dem die selbstbewussten Eidgenossen «keine fremde Kuh» leiden wollten.[12]

Bis ins 19. Jahrhundert hinein scheint sich das Verhältnis zwischen produzierender Umgebung und konsumierender Stadt nicht geändert zu haben. In dem historisch-geographisch-statistischen Handbuch von Ludwig August Burckhardt aus dem Jahr 1841 heisst es: «Das nahe Schwaben und Elsass bringen hinreichend Getreide hervor und die Hügel am Schwarzwald und den Vogesen vortrefflichen Wein. Schönes Schlachtvieh liefert der nahe Jura, Wild in hinreichender Menge noch immer der Schwarzwald, Fische der Rhein, und in der Umgegend von Basel wachsen vorzügliches Obst, Gemüse und Hülsenfrüchte, welche sogar ausgeführt werden. Diese nicht zu verachtenden Vorteile mögen es sein, welche die Basler in den Ruf besonderer Gastronomen gebracht haben.»[13]

Dieses, in der Literatur oft gezeichnete Bild des «oberrheinischen Kanaan» muss nun freilich bei genauerer Betrachtung korrigiert werden. Die höher gelegenen Böden der Landschaft Basel im Faltenjura waren stark bewaldet und, wo sie unter den Pflug genommen worden waren, mühsam zu bebauen. Eine Bittschrift der Baselbieter Bauern im Jahr 1651 an die Regierung der Stadt sagt es anschaulich: «Wenn Ihr, gnädige Herren, die Landschaft betrachtet, so werdet Ihr sehen, dass sie grösstenteils schwer zu beackern ist. Wir müssen mit drei bis vier Paar Ochsen das Erdreich pflügen, wo es andernorts leicht mit zwei Paaren geschieht. Bei uns hingegen wurde die fette Erde von den häufigen Gewitterregen herabgeschwemmt.»[14]

Aber nicht nur Gunst oder Ungunst des Bodens und des Klimas bestimmten die Ernährungslage der Stadt in früheren Zeiten. Wenn feindlich gesinnte adlige Herren und Fürsten die Zufuhr störten oder gar verhinderten, war die Versorgung der Stadt mit Lebensmitteln bedroht. Aus diesem Grund hat die Stadt während Jahrhunderten beharrlich die Beherrschung des umliegenden Landes angestrebt. Ihre Geschichte ist bis ins 16. Jahrhundert die Geschichte eines Kampfes um diese Sicherung ihrer Existenz.

2. KAPITEL VON DER GESCHICHTSSCHREIBUNG IN BASEL

Bevor wir erzählen, was auf dem geschilderten Schauplatz des Raumes Basel geschehen ist, müssen wir respektvoll jene Historiker nennen, die in den letzten vierhundert Jahren die baslerische Vergangenheit über einen längeren Zeitraum hinweg dargestellt haben. Aus den unzähligen Publikationen tüchtiger Forscher und Spezialisten in einer historischen Sparte ragen sieben Werke heraus.

Christian Wurstisen

Das Verdienst, die erste umfassende Darstellung der Basler Geschichte unternommen zu haben, gebührt Christian Wurstisen (1544–1588). Nur 44 Jahre hat er gelebt, aber was er in diesem kurzen Leben, meistens an einem Schreibtisch bei Kerzenlicht, wissenschaftlich geleistet hat, ist sehr eindrücklich. Als zwanzigjähriger Theologe wurde er noch während seines ersten Predigtamtes 1564 zum Professor der Mathematik ernannt, 1584 erhielt er den Lehrstuhl der Theologie und zwei Jahre später das Amt eines Stadtschreibers. Er war also Sekretär der Regierung und hätte nun die Geschichte seiner Zeit aus erster Hand darstellen können – da erlosch sein Leben. Kein Denkmal, kein Porträt, kein Strassenname erinnert in Basel an den genialen Mann. Er selbst hat sich aber mit seiner «Basler Chronik» ein bleibendes Denkmal gesetzt. Die Erstausgabe von 1580 war mit einem Holzschnitt Tobias Stimmers und einem Plan von Sebastian Münster künstlerisch geschmückt. Noch jahrhundertelang befand sich diese «Hausbibel heimatlicher Geschichtskenntnis in jedem rechten Basler Haus.»[15] So beispielhaft erschien dieses Werk, dass 180 Jahre später Daniel Bruckner, der als grosser Sammler baslerischer «Merkwürdigkeiten» noch zu erwähnen sein wird, das Buch Wurstisens wieder herausgab und es im gleichen Stil bis zum Jahre 1620 fortsetzte. In dieser Gestalt erlebte das Werk 1883 noch eine dritte Auflage.

Für den Geist jener Zeit ist die Vorrede, die sich an die «Gestrengen, Edlen, Ehrenvesten ... Weisen Herren, Herren Burgermeister und Rat der Statt Basel» richtet, charakteristisch. Geschichte will Wurstisen nicht schreiben, um – wie man heute sagt – zu informieren oder zu unterhalten; Geschichte soll zeigen, dass Gott im Regimente sitzt. Der Leser soll erkennen, wie gute und böse Taten geendet haben, damit er selbst für seine Lebensgeschichte daraus eine Lehre ziehe. Darum

Baßler Chronick/

Darin̄ alles/was sich
in Oberen Teutschē Landen/ nicht
nur in der Statt vnd Bistumbe Basel/
von jhrem Vrsprung her/nach Ordnung der
Zeiten/ in Kirchen vnd Welt händlen/ biß in das ge-
genwirtige M. D. LXXX Jar/ gedenckwirdigs
zůgetragen: Sonder auch der Eydtgnoschafft/Bur-
gund/Elsaß vnd Breißgow/als b yligender Landtschaff
ten/ mit eingemischte Historische sachen/ warhaff-
tig beschrieben: sampt vieler Herrschafften
vnd Geschlechtern Wapen vnd
Stam̄bäumen.

Neuwlich auß vnzalbarlicher menge Scri
benten/Briefen/Büchern/ Schrifften vnd Ver-
zeichnussen/ mit fleiß vnd mühseliger Arbeit/
weit her zůsamen getragen.

Durch
Christian Wurstisen/ Freyer Mathema-
tischer Künsten Lehrer/ bey der
Löblichen Hohen Schůl
zů Basel.

Mit Key. May. Gnad vnd Freyheit.

Getruckt zů Basel bey Sebastian
Henricpetri.

Titelblatt der Basler Chronik von Christian Wurstisen von 1580.

lese ein Weiser Geschichtsbücher und vertreibe sich nicht wie die Toren die Zeit mit liederlichen Dingen.

Dieses theozentrische Geschichtsbild nahmen Generationen von Baslern in sich auf, und es dauerte mehr als zweihundert Jahre, bis ein literarisch und historisch gebildeter Mann, aber kein Universitätslehrer, es wagte, wieder eine «Geschichte der Stadt und der Landschaft Basel» zu schreiben. Dem Autor, Peter Ochs, werden wir später nochmals begegnen (S. 266 ff.), weil er als Politiker in einer der wichtigsten Stunden der Basler Geschichte entscheidend eingriff. Hier soll vorerst sein historiographisches Werk gewürdigt werden.

Peter Ochs

Mit einem 90 Seiten umfassenden Vorwort beginnt Ochs das monumentale Werk, das in acht Bänden mit 5100 Seiten den Zeitraum von den «freyen Raurachern» bis zur «Baselischen Revolution» im Jahre 1798 darstellt. Erschienen sind die einzelnen Bände in weiten zeitlichen Abständen zwischen 1786 und 1822. Der letzte Band kam erst nach dem Tod des Verfassers auf den Büchermarkt. Den Sinn des Geschichtsstudiums sah Ochs in der Beschäftigung mit dem Schicksal der Stadt, und zwar so, dass man «unwiderstehlich mehr Anteil an der Verbesserung ihres Zustandes nehmen» müsse.[16] Wer nur aus der Erfahrung des eigenen Lebens regiere, verderbe vieles. Es sei Pflicht «alle möglichen Wege einzuschlagen, damit Aufklärung sich allgemein verbreite». Was er sich unter «Aufklärung», d.h. Erleuchtung des Menschen erhofft, sagen die Schlussworte seiner Einleitung. «Sie werden kommen die Zeiten, wo das Band der brüderlichen Liebe alle Weltteile vereinigen soll; wo eine Religion, die des Herzens, alle Sekten vereinbaren wird; wo kein Monopol ist als die Natur, keine Einschränkung als die der Untätigkeit, keine Vorrechte als die des allgemeinen Wohls werden geduldet sein; wo die Menschheit, unter einem Senat von Monarchen und Regenten das Recht über ihre Angelegenheiten ruhig erwarten wird; wo Festungen und Armeen Vollstreckungsmittel der Sprüche jenes Senats, und nicht Mittel des Angriffs sein werden; wo endlich die veredelte Seele des Menschen das Rätsel seiner Bestimmung wird aufgelöst haben: Selbstloswindung aus dem Stand der Wildheit in den Stand der ewigen Weisheit! Wiederaufrichtung des verfallenen Menschen! Wiedereinsetzung in Edens immerblühende Gefilde!»[17]

Für das grosse Unternehmen der «Geschichte der Stadt und der Landschaft Basel» brachte Ochs, als er 27jährig historisch zu arbeiten begann, glänzende Voraussetzungen mit. Er hatte zwar Jura studiert, aber vertiefte sich mit grösstem Fleiss in die Akten, las sie im Original, war sprachenkundig, sammelte unermüdlich Quellen und besass nach seiner Ernennung zum Ratsschreiber Zugang zum «Geheimen Gewölbe», einem Archivraum im Rathaus, wo er – vielleicht – an den gleichen uralten Pulten und auf den Ledersesseln sass wie seine Vorgänger: Daniel Bruckner und Christian Wurstisen.

Wenn die Basler Geschichte des Peter Ochs heute nur noch von historiographisch interessierten Lesern in die Hand genommen wird, so ist daran ihre

Gestaltung schuld. Langweilig ermüdend werden die Fakten annalistisch, d.h. chronologisch aneinandergereiht, aber nicht miteinander verknüpft. Die grossen Linien werden nicht sichtbar. Im letzten Teil allerdings, im achten Band, wird die Darstellung selbst zur Quelle für die späteren Geschichtsschreiber. Hier erzählt Ochs nämlich von seiner diplomatischen Mission nach Paris, als die Wogen der Revolution hoch gingen. Wer also die Basler Geschichte über Ochs hinaus schreiben will, kommt an diesem merkwürdigen Mann nicht vorbei.

Aber eine solche Geschichte wurde im 19. Jahrhundert noch nicht geschrieben, abgesehen von den Einzeluntersuchungen wie z.B. in den Basler Neujahrsblättern. Leider blieb das erste wissenschaftlich fundierte und heute noch lesbare Werk ein Torso. Der Verfasser, Heinrich Boos (1851–1917), Professor der Geschichte an der Universität Basel, liess zwar auf das Titelblatt «Geschichte der Stadt Basel von der Gründung bis zur Neuzeit» drucken, erschienen ist 1877 aber nur der erste Band «Mittelalter». Bemerkenswert ist es, dass der Verfasser dieser schon modern anmutenden Darstellung – die Ereignisse sind in die grossen Linien verwoben – als Kind mit seinem Vater aus Deutschland nach Basel gekommen ist, hier in aller Stille eine Riesenarbeit für die Erforschung und Ordnung der Archivbestände geleistet hat, trotzdem aber in der schweizerischen Geschichtsliteratur geradezu übersehen worden ist. Dabei hatte dieser schweigsame Sohn eines badischen Schlossers einen scharfen Blick für die charakteristische Eigenart Basels, bewundert er z.B. doch die «starke Assimilationskraft der Stadt», die nur aus ihrer 1500jährigen Geschichte erklärt werden könne. Dann folgt der schöne Satz: «Eine grosse Geschichte zu haben, ist ein köstliches Gut, das man wert halten soll.»[18]

Heinrich Boos

Rudolf Wackernagel

Es vergingen nun wieder 40 Jahre, bis 1907 der erste Band einer Basler Geschichte erschien, die nach übereinstimmendem Urteil der Fachleute und der Liebhaber der Historie zu den grossartigsten Darstellungen einer europäischen Stadtgeschichte gehört. Der Schöpfer dieses Werks hiess Rudolf Wackernagel (1855–1925). Sein energiegeballter Kopf blickt im Treppenhaus des Staatsarchivs auf den Besucher herab. Die Wackernagel sind kein altbaslerisches Geschlecht, sie kamen im 19. Jahrhundert aus Berlin; aber in den vier Generationen, die seit 1833 in Basel heimisch wurden, haben sich viele Glieder der Familie durch originelle Leistungen auf dem Gebiet der Germanistik, der allgemeinen Sprachwissenschaft, der Historie und der Kunstgeschichte ausgezeichnet. Der 1837 hier eingebürgerte Wilhelm Wackernagel galt nach dem Tod Jakob Grimms als der bedeutendste Germanist des deutschen Sprachraums. Das Lebenswerk seines Sohnes Rudolf ist umso erstaunlicher, als es einem invaliden Körper abgerungen ist. Wegen einer Kinderlähmung konnte sich Rudolf Wackernagel sein Leben lang nur an zwei Stöcken fortbewegen. Trotzdem promovierte er mit 22 Jahren zum Dr. iur. Im Jahr 1877 wählte ihn, den jüngsten von 17 Bewerbern, der Regierungsrat zum ersten vollamtlichen Staatsarchivar. Vollamtlich ist etwas übertrieben, denn der Archivar hatte nebenbei noch jahrzehntelang die Protokolle in den Regierungsratssitzungen zu schreiben.[19] Das Basler Staatsarchiv lag damals noch im argen. Jahrhundertalte Akten waren nicht registriert, an verschiedenen Orten untergebracht. Wackernagel las sämtliche – eine paläographische Meisterleistung –, ordnete alte Quellen nach einem neuen Archivplan und fand noch Zeit, das Wichtigste zu publizieren. Eine solche Arbeit in etwa zwanzig Jahren zu bewältigen, war nur möglich, weil der gewissenhafte Beamte morgens um fünf Uhr, beim Läuten der Martinskirche, von seiner Amtswohnung ins Archiv hinüberging. Wackernagel vereinigte zwei Eigenschaften, die man eher selten in einer Person vereinigt findet: er besass die Akribie eines Forschers, der sich um das letzte Tüpfelchen in den Handschriften kümmerte, und – er konnte schreiben. Seine Stadtgeschichte weist stellenweise dichterischen Schwung auf; besonders aber zeugen von seiner poetischen Kraft die Festspieltexte von 1892 und 1901. Ähnlich wie einst der «Wurstisen» steht heute Wackernagels Stadtgeschichte auf vielen Bücherregalen. Ob ihre 4000 Seiten auch gelesen werden? Für Leser, die dazu nicht in der Lage sind, zitieren wir als Beispiel für seinen unverwechselbaren Stil einen Abschnitt aus dem schönen Kapitel «Lebensformen und Gesinnung im Spätmittelalter»:

«Gerne würden wir hier das Bild der grossen, Kapitalisten und Ratsgewaltige, Achtbürger und Zünftler umfassenden Bürgerschaft gegen Ende des 14. Jahrhunderts malen. In den Kreisen des Adels ungerne gesehen, ja gelegentlich geschmäht, von Chronisten mit scheuer Sorge als Vergewaltiger priesterlicher Macht und Freiheit betrachtet, trägt daneben dies Städtertum seine Waffen ins Burgundische so gut wie auf die Schlachtfelder des schwäbischen Städtebundes, ist es auf deutschen und wälschen Märkten heimisch, beherrscht und nützt es hier an diesem erlesenen Transitpunkte den grossen zentraleuropäischen Handelszug. Wichtig aber ist vor allem, wie es, im Zusammenschliessen aller rein städtischen Elemente und unter der geschicktesten Anwendung der Kräfte, diese stürmische Zeit nicht nur durchzuhalten im Stande ist, sondern sich aus Gefahren, Sorgen und Kämpfen als bleibenden hohen Gewinn die Stadtherrschaft und das Territorium zu holen vermag.»[20]

Zu den Motiven, die Wackernagel zu seinem grossen Unternehmen anspornten, äussert er sich nur ganz kurz im Vorwort des ersten Bandes. Es sei ihm, so meint er, «ein inneres Bedürfnis» gewesen, den Stoff, den er in mühevollen Jahren geordnet und ediert habe, auch gestaltend zu bewältigen.[21] Also keine religiös bezogene Lehre, wie sie Wurstisen proklamierte, keine ideologische Absicht, wie sie Peter Ochs angefeuert hat; Wackernagel arbeitet souverän als ein Künstler, der «des Stoffes Herr werden will». Ein Jahr, nachdem der dritte Band «Humanismus und Reformation in Basel» erschienen war, starb der Autor. So ist das Werk, in dem die Neuzeit, zu der schon Notizen vorlagen, nicht geschildert wurde, eine «Geschichte der Stadt Basel im Mittelalter» geworden.

Noch war das grosse Werk Wackernagels nicht vollständig publiziert, als 1917 die dritte Basler Geschichte, nach Wurstisen und Ochs, erschien, die endlich wieder den Faden der Erzählung durchzog von den Anfängen bis zur Neuzeit, genauer – fast bis in die Lebenszeit des Autors hinein. Professor Dr. Andreas Heusler II. (1834–1921) – da Vertreter dreier Generationen den gleichen Vornamen tragen, hat man sie numeriert – galt im 19. Jahrhundert als «die markanteste Verkörperung baslerischen Gelehrtentums».[22] Weit über die Grenzen hinaus genoss er als Rechtshistoriker höchstes Ansehen. In Basel hat kein anderer die städtischen Urkunden so gründlich nach ihren Aussagen über die Entwicklung der staatlichen Institutionen erforscht wie er. Als er 80 Jahre alt und von allen Ämtern und Pflichten befreit war, schrieb er auf nur 164 Seiten eine plastische «Geschichte der Stadt Basel». Seit 1917 haben unzählige Basler ihre Kenntnis der Vergangenheit aus diesem prächtigen Buch geschöpft. Nun ist es aber sehr charakteristisch für den Autor, dass seine Darstellung mit den Ereignissen von 1833 abbricht. Nur mit einer halben Seite wird noch die Zeit bis 1848 bedacht. Für ihn, meint Heusler, habe die politische Geschichte der Stadt Basel mit dem Jahre 1848 ein Ende gefunden. Doch liegen die Gründe dieses Abbrechens wohl tiefer. Einige sarkastische Bemerkungen auf den letzten Seiten verraten es: der konservative Basler, der, nach einem Wort seines Sohnes, «seine Vaterstadt liebte, wie man Luft und Brot liebt»[23], wollte den Aufstieg des Freisinns, der 1833 seine Härte bewiesen hatte, nicht mehr schildern und legte die Feder nieder.

Andreas Heusler

Diesem Freisinn hatte nun der Kanton Basel-Landschaft seine Existenz zu verdanken. Als er sich anschickte, seinen 100. Geburtstag zu feiern, beauftragte die Regierung, auf Antrag des Landrates, vier Historiker eine «Geschichte von Baselland» zu schreiben, weil die Behörden davon «einen nachhaltigen Erfolg für die politische Erziehung des Volks erhofften».[24] Den Löwenanteil an dieser 1500seitigen «Geschichte der Landschaft Basel und des Kantons Basel-Landschaft» des Jahres 1932 hatte der Liestaler Pfarrer Karl Gauss (1867–1938), der, ohne seine pfarramtlichen Obliegenheiten einzuschränken, ein erstaunlich reiches historisches Werk geschaffen hat. Zum ersten Mal fällt, wenn man von dem später erwähnten Daniel Bruckner absieht, ein helles Licht auf die Zustände und die Lebensweise des Baselbieter Volkes von der Urgeschichte bis zum Bauernkrieg des Jahres 1653. Die Gewichte sind völlig anders verteilt als in der bisherigen Basler Historiographie; die Stadt liegt nicht nur topographisch am Rande. Dafür erfährt man beispielsweise Genaues über Rodungen und Ackerbau im Mittelalter, oder über den Anteil der Baselbieter an den Burgunder- und den Schwabenkriegen und erkennt, dass ohne den drängenden Willen des Landvolkes der Anschluss Basels an die Eidgenossenschaft im Jahre 1501 kaum stattgefunden hätte. Karl Gauss

Die Arbeit von Karl Gauss basiert durchwegs auf eigenem Quellenstudium; dort freilich, wo er für eine dramatische Situation eine kräftige Formulierung braucht, zitiert er gern den Stadthistoriker Rudolf Wackernagel. Es ist zu bedauern, dass die versprochenen Quellennachweise infolge der Erkrankung des Autors nie im Druck veröffentlicht wurden. Ob das zweibändige Werk auch die Frucht getragen hat, die die Regierung als Herausgeberin erhofft hatte, scheint allerdings fraglich, denn ein «Volksbuch im besten Sinn des Wortes» (Vorwort) ist es schon wegen seines Umfangs nicht geworden.

Das letzte Buch in unserer historiographischen Aufzählung stammt wiederum von einem echten Stadtbasler, und zwar einem aus dem Geschlecht der Burckhardt. Es handelt sich aber nicht um den berühmten Jacob Burckhardt, denn dieser grösste Basler Historiker hat keine umfassende Darstellung seiner Heimat geschrieben, sondern um Paul Burckhardt (1873–1956), den Lehrer und Rektor des Mädchengymnasiums. Er erhob mit seiner «Geschichte der Stadt Basel von der Zeit der Reformation bis zur Gegenwart» (1942) nie den Anspruch, das Wackernagel-Opus fortgesetzt zu haben. Er habe, meint er, nur versucht, «die Entwicklung in grossen Linien zu zeichnen».[25] Das Schwergewicht liegt bei ihm auf dem 19. Jahrhundert, dessen letzte Jahrzehnte er selbst erlebt hatte und dessen Stimmungen im Kreis seiner Familie noch nachklangen. Die Darstellung zieht sich hin bis zum Ausbruch des Zweiten Weltkrieges. Paul Burckhardt

Werner Kaegi urteilt über Paul Burckhardt nach dessen Tod: «Nicht nur das Basler Volk, dessen Behörden Paul Burckhardt mit diesem Auftrag ehrenvoll betraut haben, sondern auch die Wissenschaft ist dem Verfasser dieses Buches (der Basler Geschichte) zu dauerndem Dank verpflichtet.»[26] Paul Burckhardt gestand in seinem Lebensbericht, den er 1945 niederschrieb, seine Basler Geschichte sei «eine Abtragung einer Dankesschuld an seine geliebte Vaterstadt».[27] Man könnte sich aber fragen, wo die Dankesschuld grösser gewesen sei, beim Historiker oder bei der Stadt!

Beim Rückblick auf die Höhepunkte baslerischer Geschichtsschreibung kommt einem das Wort Schillers in den Sinn: «Wenn Könige bauen, haben die Kärrner zu tun.» Man darf, den Satz umkehrend, auch sagen: «Nur wenn die Kärrner etwas getan haben, können die Könige bauen.» Die «Kärrner» der historischen Literatur sind jene vielen bienenfleissigen Sammler, die das Material ausgraben und zurechtlegen. Es ist ein Gebot der Gerechtigkeit, auch ihrer zu gedenken.

Daniel Bruckner

An erster Stelle ist der Kanzleibeamte Daniel Bruckner (1717–1781) zu nennen. «Hinter diesem unauffälligen Lebensgang verbirgt sich eine ungeheure Leistung.»[28] Von 1748–1763 erschien als schönes Dokument der Basler Aufklärung in «23 Stücken» der «Versuch einer Beschreibung historischer und natürlicher Merkwürdigkeiten der Landschaft Basel». Auf über 3000 Seiten sind die historischen Ereignisse und die naturkundlichen Beobachtungen in allen Dörfern der Landschaft beschrieben. Auch wenn moderne Forscher lächeln über Bruckners Behauptung, die roten Haare und die blauen Augen der Bewohner von Muttenz seien ein Beweis für die Besiedlung des Dorfes durch die Rauriker nach ihrer Rückkehr in die alte Heimat, oder über die pharmazeutischen Ratschläge bei der Aufzählung der Kräuter am Muttenzerberg: «Roter Steinbrech ... in der Arznei gebraucht zu verdünnern, den Harn zu treiben, die Blähungen, den weissen Fluss der Weiber, und die goldenen Adern zu vertreiben» – das Werk ist ein vollständiges Kompendium des damaligen Wissens bzw. Nichtwissens![29] Was wir heute darin uneingeschränkt bewundern, sind die Illustrationen – Landkarten, Abbildungen von Versteinerungen, von archäologischen Funden usw. – des hervorragenden Zeichners Emanuel Büchel (1705–1775). Eine ähnlich vollständige Heimatkunde hat erst 200 Jahre später Gottlieb Burckhardt den Baslern wieder geschenkt.

Emanuel Büchel
Gottlieb Burckhardt

Markus Lutz

Eine Ergänzung zu Bruckners «Merkwürdigkeiten» liess 1805–1816 der Läufelfinger Pfarrer Markus Lutz erscheinen. In ihr ist, entsprechend der neuen politischen Gestalt des Kantons Basel, zusätzlich auch das Birseck behandelt.[30]

«Beiträge zur vaterländischen Geschichte»

«Basler Chroniken»

Die Neubelebung der historischen Wissenschaft in ganz Europa im Zeitalter der Romantik hat auch in Basel reiche Früchte gezeitigt. Im Jahr 1836 wurde hier die «Historische Gesellschaft zu Basel» gegründet, und bald darauf setzte unter ihrem Patronat die wissenschaftliche Edition von baslerischen Geschichtsquellen ein, die bis heute nicht versiegt ist.[31] Zunächst erschienen die «Beiträge zur vaterländischen Geschichte» (1839–1901), dann, seit 1872, die «Basler Chroniken», von denen der Berner Historiker Richard Feller sagt, Basel gebühre unter den kantonalen historischen Gesellschaften die Krone, weil die Herausgabe der «Basler Chroniken» bezeuge, dass Basel seinen alten «Überfluss an Geist und gelehrter Musse bewahrt hat».[32] Der grosse Darsteller Rudolf Wackernagel ist seit 1890 –

«Basler Urkundenbuch»

«Concilium Basiliense» «Aktensammlung zur Geschichte der Basler Reformation»

mit andern Gelehrten zusammen – auch als Herausgeber des «Basler Urkundenbuchs» tätig. In den elf Bänden dieses monumentalen Werkes wird eine Auswahl von Urkunden zur baslerischen Politik und Verwaltung vom 8. Jahrhundert bis 1797 vorgelegt. Da der grossen Stoffmenge wegen die kirchlichen Urkunden von 1300 an ausgeschlossen werden mussten, fasste die Gesellschaft den Entschluss, die wichtigsten Dokumente des spätmittelalterlichen katholischen und des reformatorischen Basel in zwei gesonderten Sammlungen zu edieren. So entstanden die achtbändige Aktensammlung «Concilium Basiliense» (1896–1936) und die sechsbändige «Aktensammlung zur Geschichte der Basler Reformation in den Jahren 1519 bis Anfang 1534» (1921–1951). Beide Werke gelten als Musterbeispiele moderner Editionstechnik.

Wir verzichten hier auf die Aufzählung sämtlicher Publikationen der «Historischen und Antiquarischen Gesellschaft zu Basel» – wie die «Historische Gesellschaft» seit 1875 heisst. (Man findet sie im Anmerkungsteil.) Nennen müssen wir aber noch drei baslerische Schriftenreihen historischen Inhalts, deren Langlebigkeit und Qualität kaum ihresgleichen finden.

«Basler Neujahrsblatt»

Im Jahr 1821 erschien zum ersten Mal das «Basler Neujahrsblatt» mit dem später gestrichenen Untertitel «für Basels Jugend». Der Träger der Idee war die «Gesellschaft zur Beförderung des Guten und Gemeinnützigen» (heute GGG), die den alten Brauch des Glückwünschens am Neujahrstag – nach dem Beispiel anderer Städte, etwa Zürichs – bereichern wollte, indem der glückwünschenden Jugend statt einer Geldgabe ein jährlich neues Leseheft geschenkt wurde. Die kurze Begründung im ersten Neujahrsblatt lautet so: «Dieses Fest der Freude (das Neujahrsfest) wünschten wir sehr zu erhöhen, den Segen dieses Tages bleibender zu machen, und um diesen Zweck zu erreichen, haben wir uns entschlossen, Euch heute, und wenn es Euch Freude macht ... noch viele Neujahrstage, einige Blätter, mit einem Kupferstich geziert, austeilen zu lassen, deren Lesen der wissbegierigen Jugend zugleich eine angenehme und lehrreiche Unterhaltung sein soll.»[33] Ob die «wissbegierige Jugend» Basels wirklich diese Freude empfunden hat, mag dahingestellt bleiben. Die Reihe wurde mit einem kurzen Unterbruch 1833/34 tatsächlich fortgesetzt, und wie ernst man sie nahm, beweist die Auswahl der Autoren der folgenden Neujahrsblätter. Viele von ihnen wären eine Zierde jedes Universitätskatheders gewesen. Später, als man nicht mehr für die Jugend schrieb, wurden die Neujahrsblätter mit jeweils *einem* Thema wissenschaftliche Publikationen in populärer Form.

«Basler Jahrbuch»/ «Basler Stadtbuch»

Die zweite, einst fast nur mit historischen Aufsätzen gefüllte Buchreihe, das «Basler Jahrbuch» (seit 1960 «Basler Stadtbuch») setzte zunächst eine ältere Taschenbuchserie fort. Ihr erster Herausgeber, der Universitätsprofessor Heinrich Boos, hält die Kenntnis der Vergangenheit für unentbehrlich, um die Gegenwart verstehen zu lernen. Besonders die Biographie sollte gepflegt werden, denn «Basel ist reich an Männern, deren Leben eine Schilderung verdient», heisst es

1879 im ersten Jahrbuch.[34] Fast hundert Jahre legte ein Basler Verlag die typisch baslerische Gabe auf den Weihnachtstisch, doch 1973 musste die Christoph Merian Stiftung das Stadtbuch vor dem Verschwinden retten. Heute ist es zur Basler Chronik auf gehobenem Niveau geworden.[35]

«Basler Zeitschrift für Geschichte und Altertumskunde»

Die jüngste Buchreihe – sie begann 1901 – ist vor allem für Historiker die wichtigste. Die «Basler Zeitschrift für Geschichte und Altertumskunde», die jährlich neue Forschungsergebnisse und Quellenpublikationen bringt, erhalten die Mitglieder der «Historischen und Antiquarischen Gesellschaft zu Basel» geschenkt.[36]

Noch ein Wort zur historiographischen Situation heute. Neben den sieben «Klassikern» der Basler Historiographie sind seit 130 Jahren in Jubiläumszeiten oder bei festlichen Anlässen nützliche historische Werke erschienen. Unter ihnen ragt aus Anlass der Wiedereröffnung des Historischen Museums 1981 hervor die «Basler Stadtgeschichte 2. Vom Brückenschlag 1225 bis zur Gegenwart» von Ulrich Barth, Martin Alioth und Dorothee Huber. – Mit zahlreichen Büchern zur Basler Geschichte hat sich als Popularisator Eugen A. Meier sehr verdient gemacht.

3. KAPITEL NAME UND WAPPEN

Der Name «Basel»

Ob wir dem römischen Wort «nomen est omen» (der Name hat eine Vorbedeutung) oder Goethes «Name ist Schall und Rauch» zustimmen, wir müssen hier vom Namen «Basel» reden, weil er seit über 500 Jahren die Sprachforscher und Historiker bewogen hat, nach dem Sinn des Wortes zu fragen und eine Deutung zu versuchen.

Die Bezeichnung «Basilia» für die Siedlung am Rheinknie taucht zum ersten Mal 374 n. Chr. im Geschichtswerk des griechischen, aber lateinisch schreibenden Schriftstellers Ammianus Marcellinus (ca. 330–395 n. Chr.) auf.[38] Er befasst sich nämlich in der Darstellung der spätrömischen Reichsgeschichte mit den Taten des tüchtigen Kaisers Valentinian I. und anderer in unserer Gegend. (Siehe Seite 57 ff.). Ein Jahrtausend später behauptet der schon erwähnte Enea Silvio Piccolomini, der Name stamme aus der griechischen Sprache und bedeute «Königin».[39] Diese Etymologie, d.h. die Herleitung aus dem griechischen Wort, das auch im Lateinischen als Lehnwort erscheint, nämlich «Basileus» (König), «Basileia» (Königin, Königreich) ist bis heute immer wieder vertreten worden.[40] Mühe bereitet dabei allerdings die Frage, um welchen hier residierenden römischen Kaiser es sich handeln könnte. Echt reformatorisch ist die Interpretation Ökolampads: Christus sei der König der Stadt, darin liege die Vorbedeutung ihres Namens.[41] – Eine erste kritische Sichtung der etymologischen Möglichkeiten nahm der fleissige Wurstisen vor. Spöttisch lehnt er das im Volk herumgebotene Märlein vom «Basilisco», dem Giftwurm ab; als neue Version fügt er das freilich ebenso unglaubwürdige «Passagio» (Pass über das Wasser) hinzu.[42] Peter Ochs schliesslich kennt am Ende des 18. Jahrhunderts schon zwölf Versionen, zählt sie auf und schliesst mit der geistreichen Bemerkung, je weniger man wisse, desto reicher sei die Anzahl der Meinungen.[43]

Mit der wachsenden Kenntnis der keltischen Sprache beschritt die etymologische Forschung im 20. Jahrhundert neue Wege. Heute halten die meisten Philologen die Herkunft aus dem Keltischen für sicher.[44] Sie sind sich aber keineswegs einig in der Deutung. Falls das keltische Wort «basios» (= Eber) zu Grunde läge, käme man, meint humorvoll der verstorbene Archäologe, Professor Rudolf Laur, zur Deutung «Wildsäulistadt».[45] Weniger phantasievoll sieht man heute im «Basilia» Ammians eine latinisierte keltische Bezeichnung, die in zahlreichen französischen Ortsnamen, wie «Basly, Basille», noch vorhanden ist.[46] Schliesslich ist noch zu erwähnen, dass man auch einen römischen Personennamen «Basilius» in Erwägung gezogen hat.[47] Und eine neuere Untersuchung behauptet geradezu, Basel sei zu Ehren des oströmischen Kirchenvaters Basilios des Grossen so genannt worden.[48]

Man sieht, das Reizwort «Basel» bewegt immer neu die Gemüter, denn Name ist eben doch nicht «Schall und Rauch».

Der Baselstab

Siegel des bischöflichen Schultheissengerichts von 1384 mit der erstmals «klassischen» Gestaltung des Baselstabs.

Leichter als die Herkunft des Namens Basel ist der Ursprung des Stadtwappens, des Baselstabs, einigermassen sicher zu erkennen.[49] Er ist eine stilisierte Nachbildung des Krummstabs der Bischöfe. Seit dem frühen Mittelalter gehört der Hirtenstab als Sinnbild des hohen kirchlichen Amtes neben Ring und Mitra zu den Insignien eines Bischofs. «Weide meine Schafe!» hat Christus nach Johannes 21, 15–17 zu Petrus gesprochen. Allerdings hat man sich gefragt, warum unter den zahlreichen Bischofsstädten nur gerade der Bischof von Basel den Hirtenstab als Hoheitszeichen auf Münzen und Siegeln verwendet habe, und darum wurde die Vermutung ausgesprochen, es handle sich um einen besonderen Stab, nämlich eine Reliquie, etwa um den Stab des Heiligen Germanus (675), der im 7. Jahrhundert das Kloster Moutier-Grandval gegründet und das Martyrium erlitten hat.[50] Wie dem auch sei, die heraldische Entwicklung des Krummstabs zum Hoheitszeichen mit Krümme, Knauf und dreizipfliger Spitze ist am Ende des 14. Jahrhunderts abgeschlossen.[51] In eben jener Zeit erwarb sich die Stadt gewisse Rechte vom Stadtherrn, dem Bischof, und siegelte fortan mit dessen Hoheitszeichen, dem Baselstab. Ein kleiner Unterschied blieb bestehen: der Stab des Bischofs war rot, derjenige der Stadtgemeinde schwarz. Dies hat Wurstisen zu dem hübschen Vergleich angeregt: des Bischofs Zeichen ist rot, der Stadt Zeichen ist schwarz, «als wann die Bischöfe das Kleinod genommen und der Stadt das Futer (Etui) gelassen».[52]

Die während Jahrhunderten üblichen, wechselweise verwendeten Wappenhalter. Von links nach rechts: Engel, Basilisken, Wildleute, Löwen. Detail aus dem von Emanuel Büchel gezeichneten Frontispiz von Wurstisens Basler Chronik, Ausgabe 1765.

II. BUCH

4. KAPITEL BLICK IN DIE URGESCHICHTE DER REGION BASEL

Wer die Geschichte eines Landes, eines Volkes oder einer Stadt schreibt, muss sich zunächst überlegen, mit welchem Zeitpunkt er die Darstellung beginnen lassen will. Für die alten römischen Historiker stand es fest: mit der Gründung der Stadt (ab urbe condita), und sie behaupteten sogar, das Datum dieser Gründung so genau zu kennen wie ein Mensch seinen Geburtstag.[60] Der mittelalterliche Chronist sah als gläubiger Christ den Anfang jeder irdischen Geschichte im biblischen Schöpfungsakt.[61] Die modernen Historiker sind bescheidener und kritischer geworden. Für sie beginnt Geschichte da, wo schriftliche Zeugnisse etwas aussagen, seien es nun Nachrichten von Schriftstellern oder Urkunden und Inschriften, die sich in einen geschichtlichen Zusammenhang einfügen lassen.[62] Die Vertreter dieser Auffassung von Geschichtsschreibung unterscheiden daher scharf zwischen «Geschichte» und «Vorgeschichte» (Prähistorie), denn menschliches Leben ist zwar seit Hunderttausenden von Jahren nachzuweisen, aber keineswegs als Geschichte im eigentlichen Sinn darstellbar. Andere Historiker meinen, solche nachweisbare Existenz sei freilich nur fragmentarisch belegt, aber doch «Geschichte». Darum schufen sie den Begriff «Urgeschichte». Wir schliessen uns dieser Auffassung an, lassen zwar die Geschichte Basels und seiner Umgebung mit den Ereignissen, die im 6. Kapitel beschrieben werden, beginnen, werfen aber vorher einen kurzen Blick auf urgeschichtliche Funde, damit klar wird: hier haben Menschen schon während unvorstellbar langer Zeiträume ihr Leben gefristet. Wir kennen weder ihren Namen noch ihre Sprache noch ihre sozialen Strukturen; wir kennen nur ihre Werkzeuge und die Reste ihrer tierischen Nahrung und, im letzten Jahrtausend vor Christus, ihre Lebensweise etwas genauer. Solche Funde sind nun im Raum Basel verhältnismässig zahlreich. Dies hat eine Basler Zeitung veranlasst, die Teilnehmer an einem Kongress der Prähistoriker im Jahre 1938 mit den Worten zu begrüssen: «An Basel zieht die ganze grosse Frühgeschichte der Menschheit in lückenloser Reihenfolge vor dem staunenden Auge des Prähistorikers vorüber.»[63] «Lückenlos» können wir hier freilich die Basler Urgeschichte nicht präsentieren, aber die Abbildungen einiger charakteristischer Funde im Raum Basel beweisen die

Grosse Dichte der urgeschichtlichen Funde

ZEITTAFEL ZUR VOR- UND FRÜHGESCHICHTE DER REGION BASEL			
Zeit v.Chr.	Epoche	Besonderheiten	Fundorte (Auswahl). Nr. weist auf eine Abbildung auf der folgenden Doppelseite hin.
400 000	Alt-Paläolithikum	Jagen und Sammeln	Pratteln 1
50 000	Mittel-Paläolithikum	Geräte aus zugeschlagenem Silex, Holz, tierischen Produkten	
25 000	Jung-Paläolithikum	Nomadisierende Gruppen	Basel-Bruderholz
8 000	Mesolithikum	Lagerplätze im Freien, in Höhlen, unter Felsdächern	Grellingen-Wachtfelsen 2
5 000	Neolithikum	Viehzucht und Landwirtschaft Geräte aus geschliffenem Stein, Töpferei Sesshaftigkeit in Dörfern; Holzhäuser	Kleinhüningen Muttenz 3
1 800	Frühe Bronzezeit	Bronzeverarbeitung; arbeitsteilige Wirtschaft	Efringen
1 500	Mittlere Bronzezeit (= Hügelgräberzeit)	Waffen, Werkzeuge, Schmuck aus Bronze	Allschwil 4
1 200	Späte Bronzezeit (= Urnenfelderzeit)	Befestigte Höhensiedlungen Herausbildung einer sozialen Oberschicht	Weil Binningen 5 Birsfelden Basel-Elisabethen-schanze
700–450	Ältere Eisenzeit (= Hallstattzeit)	«Kelten» Handelsbeziehungen mit dem Mittelmeerraum, Werkzeuge und Waffen aus Eisen	Illfurth-Britzigberg 6 (Elsass)

Anwesenheit des Menschen seit rund 300 000 Jahren. Seine Spuren werden dank neuen Funden immer zahlreicher. Die Zeittafel zur Vor- und Frühgeschichte der Region Basel verdeutlicht den Gang der Entwicklung vom Steinzeitmenschen bis zu jenen Basler Siedlern, die wir unter dem Namen «Kelten» kennenlernen werden.[64]

1 2 3

Vor- und frühgeschichtliche Funde aus Basel und Umgebung.

5

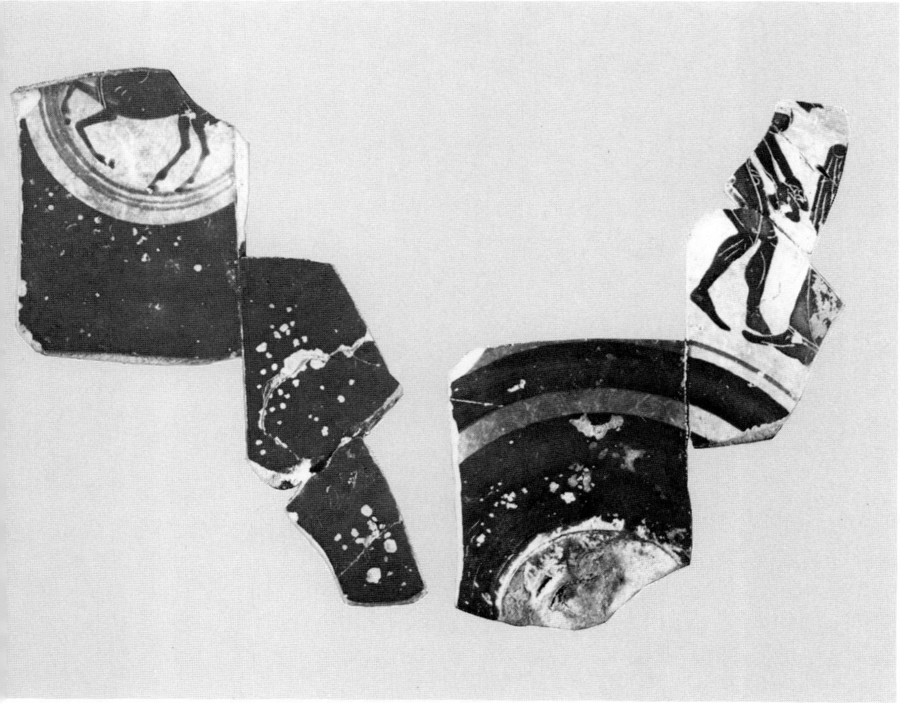

6

1 Faustkeil, aus einem einzigen Silexknollen zugeschlagen, 18 cm lang. 1974 in Pratteln gefunden. Gut 300 000 Jahre alt (Altpaläolithikum) und damit ältestes bisher in der Schweiz entdecktes von Menschenhand geschaffenes Gerät. Kantonsmuseum Baselland.

2 Harpunenspitze aus dem Mesolithikum. Fundort Wachtfelsen bei Grellingen. Aus Hirschhorn gefertigt, 9,5 cm lang. Historisches Museum Bern.

3 Henkelkrug aus dem Endneolithikum, der sogenannten Glockenbecherkultur zugehörend. Fundort Muttenz, Kantonsmuseum Baselland.

4 Mittelbronzezeitliche Beile, Sicheln, Lanzenspitze. Fundort Allschwil.

5 Spätbronzezeitliche Schmuckstücke und Trachtbestandteile, ferner Messer und Gewandnadeln. Fundort Binningen. Kantonsmuseum Baselland.

6 Bruchstücke einer attischen Trinkschale aus der Hallstattzeit. Fundort Britzigberg bei Illfurth im Elsass. Diese Funde zeugen von weitreichenden frühen Handelsbeziehungen.

5. KAPITEL DIE ERFORSCHUNG DER ALTEN GESCHICHTE BASELS UND DER KOLONIE AUGUSTA RAURICA

Bevor wir die Geschichte der ältesten Siedlung am Rheinknie und ihrer Umgebung erzählen, muss ein Wort von den Schwierigkeiten dieses Unternehmens gesagt werden. Wir kennen die westeuropäische Geschichte jener Epoche, in der Rom seine Weltmachtrolle zu spielen begann, dank vielen schriftlichen Quellen und Inschriften ziemlich gut. Aber der Name «Basel» wird von den alten Schriftstellern nur einmal, «Rauracum» – dies ist Augst – einige Male erwähnt.[65] Wenn man heute dennoch recht viel weiss vom ältesten Basel, so verdanken wir diese Kenntnis den unermüdlichen Forschern, die alle irgendwie nützlichen Textstellen der antiken Literatur und Zehntausende (!) von Funden, auch die kleinsten Fragmente, gesammelt und ausgewertet haben. Wir zeichnen diese Entdeckungsgeschichte in ihren wichtigsten Taten nach, denn sie bildet ein denkwürdiges Kapitel der Basler Geistesgeschichte, und einige verdienstvolle Männer verdienen eine Erwähnung.

Im späten Mittelalter zirkulierten nur Fabeln über den Ursprung Basels.[66] Dies änderte sich gründlich, als Mitte des 15. Jahrhunderts der Humanismus in Basel Einzug hielt. Humanismus, das war jene Denkweise, die in der Antike einen Höhepunkt abendländischer Kulturentwicklung bestaunte und darum eifrig bestrebt war, das Wissen und die Bildung Athens und Roms in die eigene Zeit zu integrieren. In immer hellerem Licht erstrahlte das nach allen Seiten hin erforschte klassische Altertum. Es ist nun für Basel bezeichnend, dass sich nicht nur ein kleiner Kreis von Universitätslehrern mit antiker Wissenschaft beschäftigte. Bald warfen sich sehr gebildete Buchdrucker auf alte Codices und edierten Jahr für Jahr antike Schriftsteller. Ihre unentbehrlichen Helfer in diesem Geschäft waren Gelehrte wie der berühmte Erasmus und Beatus Rhenanus.[67] Dieser Elsässer war besonders mit der alten Geschichte vertraut. Es erstaunt kaum, wenn schon 1518 in Basel eine Ausgabe des Ammianus Marcellinus erschien, weil dieser so viel Wichtiges aus der frühen Geschichte in Basels Umgebung zu berichten wusste.[68] Auch in der Bürgerschaft erwachte der Stolz auf eine mögliche römische Gründung der Stadt. Anders ist es wohl nicht zu deuten, wenn der Basler Rat ein Bild des Munatius Plancus 1528 am Haus «zum Pfauen» am Kornmarkt

Beginn der Forschung im 15. Jahrhundert

Munatius Plancus

malen liess, zu dem der Humanist Beatus Rhenanus eine Inschrift verfasste.[69] Als das Gemälde 50 Jahre später verblichen war, ergriff der Rat freudig das Angebot des Bildhauers Hans Michel († 1588), für das geschenkte Bürgerrecht einen Gegendienst zu leisten, und wünschte eine lebensgrosse Statue des römischen Feldherrn. Im Jahr 1580 wurde sie mitten im Rathaushof aufgestellt; heute steht die herrische Gestalt im frühbarocken Stil, leuchtend bemalt, am Fuss der Freitreppe. Nicht nur Basel rühmte sich damals des römischen Ursprungs. In ebenso stolzer Rückschau liess man einige Jahre später in Augsburg die Vollfigur des Kaisers Augustus auf den schönsten Brunnensockel der Stadt setzen.

Nahm man in Basel erst in der Renaissance vorwiegend durch das Medium der Literatur vom römischen Ursprung Kenntnis, so scheint im zehn Kilometer entfernten Augst das Wissen von einer untergegangenen Stadt nie ganz erloschen zu sein. Dort lebte man ja auf einem Trümmerhaufen, über den sich die Landleute oft ärgerten, den man aber als Steinbruch schätzte. Die Bauern, deren Pflug über die römische Kulturschicht ging, merkten bald einmal, dass mit den gefundenen Münzen oder Statuetten ein gutes Geschäft zu machen war.[70] «Heidenloch» nannten sie die halbverfallene römische Wasserleitung, und nicht von ungefähr berichteten gruselige Sagen von darin verborgenen Schätzen und einer «Schlangenjungfrau».[71] Als man in der Stadt den historischen und künstlerischen Wert der Funde erkannte, schritt der Rat gegen die wilde Schatzgräberei ein. Um 1580 fand schliesslich die erste planmässige Ausgrabung am Theaterhügel statt. Der gebildete Kaufmann und Ratsherr Andreas Ryff (1550–1602) überwachte und beschrieb sie (vgl. 22. Kapitel). Drei Jahre lang habe er mit Bergknappen den Hügel durchgraben «hinden, vornen und in der tieffe, damit wir uss dem wunder kommen und in ervahrung bringen mechten, was ess doch fir ein selttzam werck gewesen ist».[72] Gekostet hat die erste archäologische Ausgrabung 1200 Gulden. Die damalige sparsame Basler Obrigkeit wollte eine so grosse Summe nicht verscherzen; sie liess also die zu Tage geförderten behauenen Kalksteine zu Kalk brennen und verwendete sie für den Bau neuer Bollwerke. Im 17. und im 18. Jahrhundert mehren sich die Akten, aus denen hervorgeht, wie sich die städtische Regierung bemüht, dem heimlichen Graben und Rauben schöner Steine einen Riegel zu schieben. Häufiges Streitobjekt zwischen ihr und den Landbesitzern war der Theaterhügel, die «Neun Türme», wo die Bauern ihre Felder erweitern und die Steine wegschleppen wollten.

Erste Grabung in Augst

Wie das antike Theater im 18. Jahrhundert aussah, wissen wir aus den «Merkwürdigkeiten der Landschaft Basel», dem auf S. 29 zitierten Werk des fleissigen Sammlers Daniel Bruckner.[73] Das «23. Stück» – wie Bruckner die Kapitel bezeichnet – mit 400 Seiten ist ganz Augst gewidmet. «Die Zeit zerstöret überall», zitiert Bruckner auf der Titelseite des Augster Kapitels, und gemäss dieser Erkenntnis liess er seinen Text durch den hervorragenden Zeichner Emanuel Büchel (1705–1775) illustrieren, um der Nachwelt den augenblicklichen Zustand zu zeigen. Vergleicht man dessen Zeichnung mit der heutigen Ansicht, darf man

Daniel Bruckner/ Emanuel Büchel

Aussenseite der römischen Theaterruine in Augst in der Mitte des 18. Jahrhunderts. Stich aus Daniel Bruckners «Merkwürdigkeiten» (siehe S. 29) nach der Zeichnung von Emanuel Büchel.

für einmal feststellen, dass die Zeit dort nicht zerstört hat, ist doch aus dem Trümmerhügel eines der schönsten antiken Theater nördlich der Alpen wieder auferstanden. Möglich wurde diese «Wiedergeburt» aber erst, als die Ruine 1884 in den Besitz der Historischen und Antiquarischen Gesellschaft zu Basel kam.

Wenn heute das ehemalige Augusta Raurica als eines der lehrreichsten Trümmerfelder aus römischer Zeit nördlich der Alpen gilt und wenn man in Basel eine reichhaltige Sammlung der Funde besitzt, verdanken wir dies jenen Baslern, die mit geradezu leidenschaftlicher Hingabe und mit wissenschaftlicher Akribie seit 150 Jahren die Einzelfunde zum farbigen Bild des ältesten Basel zusammengesetzt haben. Wer Basels Geschichte erzählt, muss sie würdigen, weil ihre Taten nicht nur der Forschungsgeschichte angehören, sondern weil sie den Menschen von heute die römische Schweiz als Nährboden aller späteren Kulturen vor Augen gestellt haben. Die Motivation, die sie zu dem oft recht mühseligen Schaffen ansporte, hat einer der erfolgreichsten von ihnen, Rudolf Laur-Belart, so beschrieben: «Ausgraben ist Werkdienst am geistigen Weltbild.»[74]

Daniel A. Fechter

Im 23. Neujahrsblatt für Basels Jugend (1845) befindet sich die schöne Erzählung «Die Rauraker und die Römer, Augusta Rauracorum und Basilia» des Gymnasiallehrers Daniel A. Fechter (1805–1876). Hier hört man den damals vertraulichen Ton in der Belehrung der Jugend. «Doch, meine jungen Freunde, wir wollen mit einander in diese alte Römerstadt, wo einst solches Leben zu finden war, einen Gang machen und aus den Trümmern, wie sie noch zu sehen sind, die Stadt mit ihrer Grösse und Pracht erstehen lassen.»[75] Trotz dieser vertraulichen Hinwendung zum Jugendlichen ist die Schrift doch bestes Gut der Erkenntnis.[76] Wie wenig Einzelheiten kannte Fechter im Vergleich mit unserm heutigen Wissen! Und doch ist sein Scharfsinn zu bewundern, weil er das Wesentliche schon damals erkannt hat.

Wilhelm Vischer

Ein Zeitgenosse Fechters, Professor Wilhelm Vischer (1808–1874), gilt als der Begründer der umfassenden Altertumswissenschaft in Basel.[77] In idealer Weise verband er als Gräzist die Sprachwissenschaft mit der Pflege lokaler Archäologie. 1857 hielt er einen Vortrag «Basel in römischer Zeit», ein Titel, den nach ihm noch manche andere Autoren gewählt haben.[78] Als Mitgründer der «Historischen Gesellschaft» im Jahr 1836 und als führender Kopf der «Antiquarischen Gesellschaft» während der Jahre 1842 bis 1874 wurde er der Schöpfer der Basler Antikensammlung.[79] Dass ein Gelehrter seines Formats noch die Kraft besass, im Grossen Rat von 1834 bis 1867 die Geschicke der Stadt mitzubestimmen und sie schliesslich als Ratsherr (Regierungsrat) von 1867 bis 1874 mitzuleiten, gehört zu den nicht seltenen Eigenschaften der Basler Gelehrten des 19. Jahrhunderts.

Theophil Burckhardt-Biedermann

Den entscheidenden Schritt zur wissenschaftlichen Erforschung der Römerstadt Augusta Raurica tat wieder ein Gymnasiallehrer, Dr. Theophil Burckhardt-Biedermann (1840–1914).[80] Mit seiner privaten Ausgrabung im Jahr 1877, aber mit dem Segen der Historischen und Antiquarischen Gesellschaft zu Basel, die später «Augst» ganz in ihre Obhut nahm, begann die systematische Arbeit. Sie ist bis zum heutigen Tag ununterbrochen fortgeführt worden. Nicht nur zu den Erforschern der frühen Geschichte Basels, sondern zu den grossen Schweizer Geschichtsschreibern ist Felix Staehelin (1873–1952) zu zählen.[81] Als Student in Berlin war er noch Empfänger von Briefen seines Grossonkels Jacob Burckhardt, der damals seinen Studiengang gewiss beeinflusst hat. Verhältnismässig spät, im Alter von 58 Jahren, wurde er Ordinarius und 1937 der erste Dozent auf dem neugeschaffenen Lehrstuhl für Alte Geschichte an der Universität Basel. «Ein echter Träger baslerischen Geistes, vermittelte er der akademischen Jugend Basels Art und Kultur.»[82] Seine Vorträge und Reden zu festlichen Anlässen sind dank ihrer Formschönheit heute noch eine genussreiche Lektüre. Aber Staehelin wirkte nie als Ausgrabungsleiter; seine Domäne, in der er unangefochtener Meister blieb, waren die historischen Quellen in der griechischen und der lateinischen Literatur. Das 1927 erstmals erschienene Werk «Die Schweiz in römischer Zeit» gilt auch im Ausland als vorbildliches Modell einer römischen Provinzialgeschichte.[83]

Felix Staehelin

Was Staehelin nicht treiben konnte oder wollte, die Feldforschung mit Spaten und Messgerät, übernahm sein Freund Karl Stehlin (1859–1934).[84] Dieser wohlhabende Junggeselle hatte zwar Jurisprudenz studiert, wurde sogar Privatdozent an der Basler Universität, übte aber nie einen juristischen Beruf aus. Aus seiner Liebhaberei, der Archäologie, machte er schliesslich eine Lebensaufgabe. Als ehrenamtlicher Sekretär der «Delegation für das alte Basel», einer Vorgängerinstitution der kantonalen Bodenforschung, war er bei allen Ausgrabungen in Basel und Augst dabei und schrieb dazu gewissenhafte Berichte. Ergänzend fügen wir noch bei, dass dieser Jurist eine Baugeschichte des Basler Münsters verfasst hat und dass das «Historische Grundbuch», aus dem soviel Historiker und Journalisten ihr Wissen vom alten Basel schöpfen, sein Werk ist.

Karl Stehlin

Als profiliertesten Urgeschichtsforscher der neuen Zeit in der Schweiz hat man Rudolf Laur-Belart (1898–1972) bezeichnet.[85] Er ist nicht in Basel, aber auch auf römischem Boden, in Brugg, geboren; 1931 kam er nach Basel und trat in der Augster Forschung in die Nachfolge Stehlins und Staehelins. Die Festschrift zu seinem 70. Geburtstag mit Beiträgen ausländischer Forscher bezeugt das hohe Ansehen, das er bei Fachleuten genoss. Was ihn in unsern Augen besonders auszeichnet, war seine Meisterschaft in der populären Darstellung wissenschaftlicher Erkenntnisse und Sachverhalte.[86] In unzähligen Führungen konnte er auch dem Manne aus dem Volk lebhaft schildern, was nicht mehr zu sehen war. Wie einst Daniel Fechter, schrieb auch Laur verständlich und spannend für die Basler Jugend. Der Staat und das Volk belohnten diesen Bildungsbeitrag, denn seit Laurs Wirken flossen die Gelder für die Augster Ausgrabungen wie nie zuvor.[87]

Rudolf Laur-Belart

Seinen originellen Ideen verdanken wir die Nachbildung eines Römerhauses in Augst – bezahlt hat es Dr. René Clavel – und das Museum mit den Augster Funden, das der Kanton Basel-Landschaft unterhält.

Wir brechen hier die Aufzählung der Basler Forscher ab, wohl wissend, dass auch die lebenden Archäologen und Deuter der Vergangenheit Grosses leisten. Ohne Unterbruch schreitet die Forschung fort. Die zu Tage geförderte Hinterlassenschaft der Kelten und Römer wird immer reicher, das Bild ihrer Lebensweise immer differenzierter. Zugleich ist aber die Deutung der Funde und der Ereignisse steter Veränderung unterworfen. So kommt es, dass sich das Geschichtsbild der ältesten Zeiten stets wandelt. Der Zufall, der in der archäologischen Forschung eine wichtige Rolle spielt, ist oft stärker als die Absicht des Forschers, ein für allemal ein unumstössliches Bild der frühen Basler Geschichte zu geben.

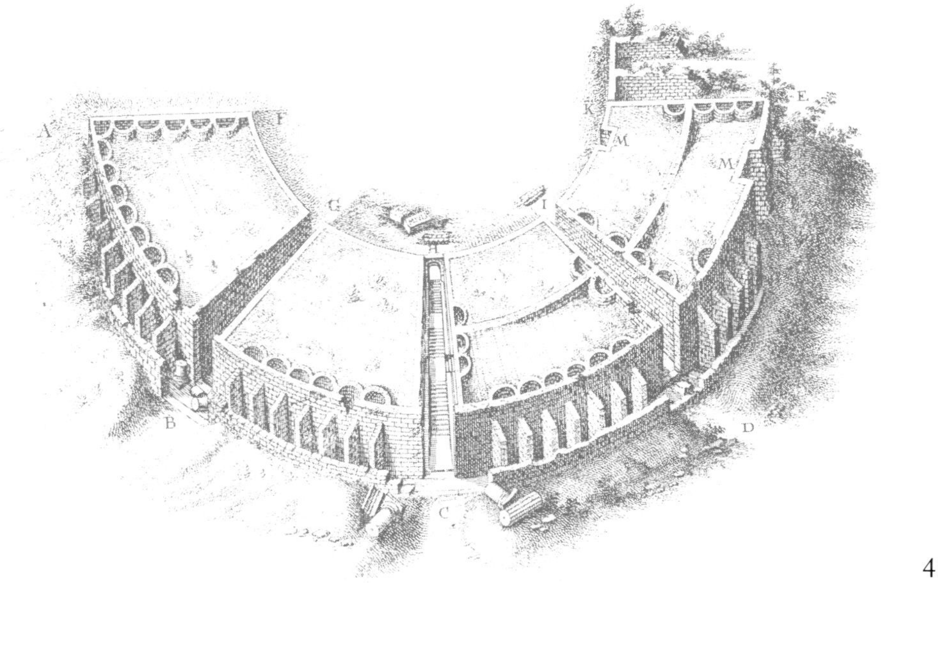

6. KAPITEL DAS KELTISCHE BASEL

Namenlos blieben die Menschen am Rheinknie während der langen Zeiträume von der Altsteinzeit bis zur Latènezeit; nur ihre materiellen Relikte, die wir im 4. Kapitel in strenger Auswahl erwähnt oder abgebildet haben, bezeugen ihr *Dasein.* Aber seit dem 5. Jahrhundert v. Chr. berichten griechische und römische Schriftsteller immer genauer von den Völkern, die nördlich der Alpen siedeln. Die Anonymität weicht den Namen. «Kelten» (keltoi) nannten die Griechen, «Gallier» (Galli) die Römer das grosse indogermanische Volk, dessen Lebensräume in Süddeutschland, in Österreich und Böhmen, in Westfrankreich und im Alpenvorland lagen.[88] Gemeinsam war diesen Menschen nur die Sprache, ein heute nur noch in Irland und Wales gesprochenes Idiom. Eine einzige politische Organisation, einen einzigen Staat hat dieses Volk nie gebildet. Dies war für sein Schicksal entscheidend. Der Mann, der es schliesslich am besten kennenlernte, der römische Feldherr C. Iulius Caesar (100-44 v. Chr.) zählt in seiner klassischen Beschreibung des Gallischen Krieges etwa zwei Dutzend Stämme allein in Gallien auf. Völlig autonom scheint jeder einzelne Stamm gehandelt zu haben, was dem Römer das Siegen wesentlich erleichterte. Nur einmal gelang es in den Tagen der grössten nationalen Not einem ihrer Führer, Vercingetorix, viele Stämme zum gemeinsamen Handeln zu überreden; aber die Tat kam zu spät.[89]

Die Kelten, ein Volk mit autonomen Stämmen

In die Geschichtsbücher eingegangen sind die Kelten vor allem wegen ihrer ungestümen Wanderungen kreuz und quer durch Europa, ja bis nach Kleinasien.[90] Dass sie im Jahr 387 v. Chr. sogar Rom stürmten und nur das berühmte Gänsegeschnatter die Überrumpelung des Kapitols, des heiligsten Ortes der Stadt, verhindert haben soll, weiss jedermann aus dem Geschichtsunterricht.

Da die Kelten trotz allen späteren Einwanderungen fremder Völker und der damit verbundenen Vermischung als das ethnische Urelement der Schweizer und folglich auch der Basler zu betrachten sind, müssen wir sie genauer kennenlernen.[91] Die Quellen dazu liefern uns die antiken Schriftsteller und die über ganz Europa zerstreuten Bodenfunde. Vor allem ein Grieche namens Poseidonios (ca. 135–51 v. Chr.) überliefert uns das lebendigste Bild von den Kelten des letzten vorchristlichen Jahrhunderts. Der aus Apameia in Syrien stammende geniale

Keltenbild des Poseidonios

Philosoph, Ethnologe und Historiker hatte sich auf weiten Forschungsreisen rund ums Mittelmeer eine gründliche Kenntnis der ringsum wohnenden Völker erworben und in einem vielbändigen Werk veröffentlicht. Es ist leider gänzlich verloren, aber zwei andere Griechen der folgenden Generation, Diodor und Strabo, haben ganze Textteile, besonders die Keltenschilderung, wörtlich übernommen. Poseidonios scheint besonders der Unterschied zwischen der Lebensweise der Römer und derjenigen der sogenannten Barbaren beschäftigt zu haben. Die Kelten gehörten zu den Barbaren, darum enthält das Bild des Poseidonios das wir hier nachskizzieren, zum Teil dunkle Farben.

«Die Kelten sind von hohem Wuchs; ihre Haut ist weich und weiss. Ihre Haare sind nicht blond von Natur; sie verstärken diese Farbe künstlich mit Kalkwasser und streichen die Haare aus der Stirn rückwärts gegen den Nacken, so dass sie einem Satyr oder einem Pan gleichen. Den Schurrbart lassen sie lang wachsen, so dass er den Mund bedeckt. Wenn sie trinken, rinnt das Getränk wie durch ein Sieb. Sie sind von furchterregendem Aussehen, ihre Stimme klingt überaus rauh. In Gesprächen machen sie nicht viel Worte, vielmehr drücken sie sich rätselhaft aus, deuten vieles nur bildlich und mit halben Worten an, sprechen aber viel und überschwenglich, um sich selbst zu erheben und andere herabzusetzen. Sie drohen gern und drücken sich hochfahrend und gespreizt aus. Dabei besitzen sie einen scharfen Verstand und sind zum Lernen wohl begabt. Ihre Häuser bauen sie aus Brettern und Weidengeflecht kuppelförmig mit hohem Dach. Sie hocken beim Essen auf der Erde, nur mit Polster von Blättern und Kräutern als Unterlage. Ihre Nahrung ist Milch und wenig Brot, aber viel Fleisch. Auf Schmuck und Tand geben sie viel. Dicke Ketten aus massivem Gold tragen sie um den Hals, am Arm und um die Handgelenke Spangen, dazu wertvolle Fingerringe.»[92]

Noch viel Seltsames, vom römischen Brauch Verschiedenes, weiss Poseidonios zu berichten. Wir übergehen es und zitieren noch ein Wort des römischen Staatsmannes Cato (234–149 v. Chr.). «Zwei Dinge», sagt er, «sind es, auf welche die Gallier grossen Wert legen: auf die Gloire und auf den Esprit.»[93]

Die Kelten in der Schweiz

Die Namen der Keltenstämme, die im letzten vorchristlichen Jahrhundert in der heutigen Schweiz gewohnt haben, sind bekannt. Über den Zeitpunkt ihrer Ansiedlung in unserm Land diskutieren die Gelehrten immer noch.[94] Im Mittelland zwischen Bodensee und Genfersee sassen die Helvetier. Ihren Namen verwenden wir noch, wenn wir unsern Staat dem Ausland gegenüber weder in deutscher, französischer noch italienischer, sondern in lateinischer Sprache als «Confoederatio Helvetica» bezeichnen. Von den Helvetiern erzählt der schon erwähnte Grieche Poseidonios, sie hätten Goldwäscherei betrieben. Frauen und schwächliche Männer hätten den Goldstaub in bestimmten Flüssen zusammengescharrt, gewaschen und auf den Schmelztiegel gebracht. Solche Nachrichten haben den Helvetiern – also den ersten Schweizern – den Ruf verschafft, sie seien

DAS KELTISCHE SIEDLUNGSGEBIET IM 5. BIS 1. JAHRHUNDERT V.CHR.

- Zu Beginn der Latène-Kultur (5./4. Jahrhundert v. Chr.)
- Dichtezentren
- Grösste Ausdehnung
- Grenze des Römischen Reiches zum keltischen Siedlungsgebiet vor der Eroberung Galliens durch Caesar (58–51 v. Chr.)
- SEQUANER Grössere Nachbarstämme der Rauriker zur Zeit Caesars

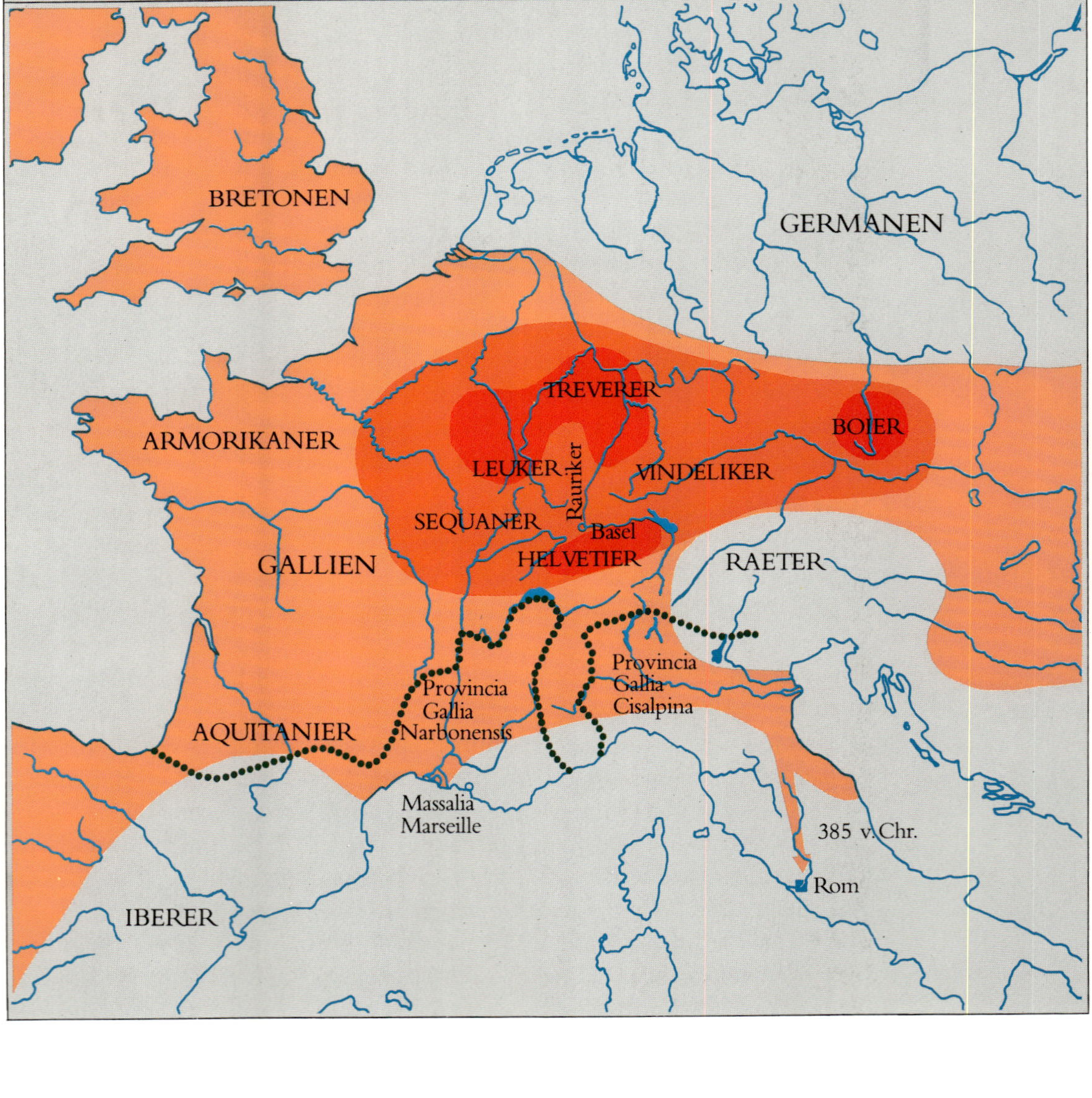

«goldreiche, aber friedliche Leute».[95] Iulius Caesar erhellt die sozialen Verhältnisse, wenn er die Geschichte von dem adligen Orgetorix, der mit Unterstützung seiner 10 000 Sklaven (oder Gefolgsleuten?) nach der Königsherrschaft gestrebt habe, aber vom Volk gestürzt worden sei, erzählt. Vom gleichen Autor erhalten wir auch die ersten präzisen siedlungsgeographischen Hinweise; es habe im Gebiet der Helvetier etwa zwölf Städte, vierhundert Dörfer und (eine nicht genannte Zahl) einzelstehende Höfe gegeben.[96] Die Archäologen haben bis heute sieben solche «oppida» genannten Städte und etwa einen Zehntel der Dörfer gefunden.[97]

Die Nachbarn der Helvetier im Jura und im Stromgebiet des Doubs waren die Sequaner.[98] Mit ihrem Namen bezeichneten die Römer im 4. und im 5. Jahrhundert jene Provinz, die Teile des Elsass, der Freigrafschaft und die Schweiz mit Ausnahme Rätiens umfasste. Genf lag im nördlichsten Zipfel des Allobrogergebiets; im Wallis siedelten vier Keltenstämme, im Tessin die Lepontier. Und auf dem Boden des Gebiets, dessen Geschichte uns beschäftigt, im Kanton Basel-Stadt und Basel-Landschaft, die Rauriker.[99] Von diesem Keltenstamm, gewissermassen den ältesten Baslern, kennt man dank der archäologischen Forschung nicht nur den von Griechen und Römern überlieferten Namen, sondern ihren wichtigsten und wohl ältesten Wohnsitz, freilich nur in der Form, wie ihn der Boden 2000 Jahre später freigegeben hat. Er lag im äusseren St. Johann-Quartier auf dem Gelände der heutigen chemischen Fabrik Sandoz. Da er 1911 entdeckt wurde, während man die Erde für die Gaskessel aushob, sprechen die Archäologen üblicherweise heute noch von «Basel-Gasfabrik».[100] Vielleicht kennen wir auch den Namen dieses Keltendorfes. Auf einer freilich viel jüngeren römischen Strassenkarte wird ungefähr an jener Stelle eine Strassenstation «Arialbinnum» verzeichnet. Doch wird die Identität von Arialbinnum und dem Basler Keltendorf von einigen Forschern bestritten, von andern bejaht. Die Frage muss, wie so viele andere, die in der Frühgeschichte Basels aufsteigen, offen bleiben.[101]

Rauriker in der Basler Gegend

Erste Siedlung bei der Gasfabrik

Was erzählen uns nun die Funde von den Bewohnern, die hier, hart am Rheinufer, im letzten vorchristlichen Jahrhundert gelebt haben?[102] Über den Boden aufsteigende Gebäudetrümmer, wie in Augst, haben sich nicht erhalten; die leichten Holz- und Lehmbauten sind restlos zerfallen, aber in den 200 Keller- oder Vorratsgruben – soviele sind heute sorgfältig erforscht – sind etwa 2000 (!) Einzelfunde geborgen worden. Vom Handel und Wandel, von der Arbeit, von der Kultur jenes Völkleins vermitteln sie noch längst kein vollständiges, aber doch schon ein recht farbiges Bild.

Lebensweise

Klug war der Ort gewählt. Hier liess sich der Rhein, bevor er sich in viele Arme teilte, noch leicht überqueren; hier bot er reiche Fischgründe. In der Nähe müssen Getreideäcker gelegen haben; die Mühlsteine im Dorf bezeugen den Kornanbau. Hochentwickelt war die einheimische Keramikproduktion. Vom raffinierten Dekorationsstil zeugt jenes Kugelgefäss, das eine Zierde des Basler historischen

Keltisches Kugelgefäss mit schöner Ornamentik, gefunden auf dem Areal der einstigen Gasfabrik (heute Sandoz-Areal). Historisches Museum.

Museums bildet. Dass die Raurikerfrauen etwas auf Körperpflege hielten, beweist ein Toiletten-Nécessaire mit Pinzette, Ohrlöffelchen und Hautkratzer. Religiöse Opferhandlungen innerhalb eines umgrenzten Kultbezirkes glaubt man jetzt nachweisen zu können. Was dieser Siedlung vor andern ähnlichen aber ihren typischen Charakter verleiht, ist der kaufmännische Geist der Bewohner. Es scheint, das Raurikerdorf habe schon die spätere Funktion Basels als einer mitteleuropäischen Handelsstadt vorweggenommen. Die Amphoren, jene zweihenkeligen, enghalsigen Gefässe, stammen nicht aus der einheimischen Produktion. Sie wurden in den Mittelmeergebieten hergestellt und dienten dem Transport des italienischen Weines vom Ursprungsort zum Rhein und von da aus vielleicht zu Kunden in der Oberrheinischen Tiefebene. Die «Gasfabrik-Basler» trieben also einen gewinnreichen Handel mit dem kostbaren Getränk. Kostbar und – gefährlich zugleich, denn Poseidonios berichtet: «Das Getränk ist bei den reichen Kelten der Wein, der aus Italien oder aus der Gegend Massilia (= Marseille) eingeführt wird. Sie sind ganz auf ihn versessen, giessen ihn unvermischt oder doch nur mit wenig Wasserzusatz hinunter und trinken in ihrer Gier so unmässig, dass sie davon berauscht in Schlaf oder Zustände der Raserei verfallen ... Die italienischen Kaufleute führen ihnen Wein zu, auf den Flüssen zu Schiff und durch das ebene Land auf Wagen.»[103] Wegen solcher Quellenzeugnisse und der Amphorenfunde bezeichnen die Archäologen das Basler Raurikerdorf als ein «Handelsemporium».[104] Wo intensiv Handel, besonders Fernhandel getrieben wird, benötigt man Geld. Die Rauriker bei Basel haben es in der Form kleiner Bronze- und Silbermünzen, die nicht geprägt, sondern gegossen wurden, besessen. Als Vorbilder der keltischen Münzformen dienten die Prägungen der griechisch-römischen Stadt Massilia.[105]

Alles in allem: das Fundgut verrät, dass die Basler Raurikersiedlung kein armseliges Nest war und wohl darum einmal das Ziel räuberischer Germanenüberfälle wurde. Aus welchen Motiven immer – die Rauriker fassten eines Tages

Keltische Münze, gegossen aus zinnreicher Bronze, Vorder- und Rückseite. Historisches Museum.

den schweren Entschluss, ihre Heimat am Rheinufer aufzugeben und mit Hab und Gut, mit Frauen, Kindern und Greisen auszuwandern. Als Mitwirkende treten sie nun zum ersten und letzten Mal ins Licht der Weltgeschichte, denn das grösste Feldherrngenie Roms, C. Iulius Caesar, hat den dramatischen Verlauf dieser gescheiterten Auswanderung genau geschildert.

Auswanderung

Die Idee, ins südliche Gallien auszuwandern, stammte von den Helvetiern. Caesar behauptet, sie hätten ihr Land, das auf allen Seiten von Naturgrenzen eingeschlossen war, als zu klein für ihre wachsende Volkszahl empfunden.[106] Wir kennen noch einen anderen Grund. Der Druck der rechtsrheinischen Germanen muss im letzten Jahrhundert v. Chr. immer stärker geworden sein. Auf den Rat der Helvetier schlossen sich auch die Rauriker dem grossen Exodus an. Im Frühjahr 58 v. Chr. marschierten sie mit dem schwerfälligen Karrentross von Genf nach Süden. Das Ziel, das gelobte Land an der Garonnemündung, sahen sie jedoch nie, denn diese letzte grosse Wanderung scheiterte schon früh an der Feldherrnkunst Caesars. Bei Bibrakte in der Nähe der heutigen Stadt Autun erlagen sie in einem vielstündigen Kampf, tapfer fechtend, den römischen Legionen. Man habe während des ganzen Tages keinen einzigen fliehenden Kelten gesehen, bezeugt Caesar selbst.[107] In den Stammrollen der Helvetier fand Caesar die genaue Zahl der Ausgewanderten: 23 000 Rauriker hatten sich dem Auszug angeschlossen. Nur ein Drittel kehrte zurück. «Die Katastrophe war furchtbar, aber die Kampfesehre blieb gewahrt.»[108] Caesar schickte sie wieder in die alte Heimat. Seine Hauptabsicht dabei war – wir zitieren seinen Bericht – «das Land, aus dem die Helvetier ausgewandert waren, nicht öde zu lassen, damit nicht wegen der Fruchtbarkeit des Bodens die Germanen über den Rhein nach Helvetien zögen und sich in der Nachbarschaft der römischen Provinz ansiedelten».[109] Um dies zu erreichen, scheint er die Helvetier glimpflich behandelt zu haben. Er selbst äussert sich zwar nicht über einen Vertrag, aber da zwei Jahre später der römische Senator M. Tullius Cicero in einer Rede behauptet, zwischen den Römern und den Helvetiern beständen gewisse Verträge, glauben manche Historiker, diese seien nach Bibrakte abgeschlossen worden.[110]

Niederlage bei Bibrakte

Eines ist sicher: römisches Militär ist damals nicht an die Rheingrenze zwischen Basel und dem Bodensee vorgerückt. Der Feldherr benötigte es in Gallien, wo der Krieg noch sechs Jahre dauern sollte. Die heimgekehrten Rauriker aber bauten sich eine neue Siedlung, die ihnen mehr Sicherheit bieten konnte als «Basel-Gasfabrik». Dazu eignete sich der baumlose Basler Münsterhügel mit seinen Abhängen gegen Rhein und Birsig vortrefflich. Vielleicht als eine Art Fluchtburg entstand hier in der zweiten Hälfte des letzten vorchristlichen Jahrhunderts das zweite Basler Keltendorf oder, wie es die Archäologen heute nennen, «das Oppidum auf dem Münsterhügel».[111]

Siedlungsneubau auf dem Münsterhügel

Mit dem Bau der Siedlung auf dem Sporn zwischen Rhein- und Birsigtal beginnt die eigentliche Stadtgeschichte Basels. Der wichtigste bauliche Unterschied zwischen Stadt und Dorf in frühgeschichtlichen Epochen bestand bekanntlich darin, dass jene ummauert, dieses ungeschützt oder nur mit Palissadenhag versehen war. Er war eine der wichtigsten Entdeckungen der Basler Archäologen, als im Jahr 1971 die Fundamente einer keltischen Wehranlage, ein Wall und ein Graben, zutage traten.[112] Sie lag genau dort, wo die natürliche Bodenform südöstlich des heutigen Münsters keinen Schutz gewährte. Wie die Kelten solche Mauern bauten, wusste man längst, denn Caesar hatte eine Beschreibung eines solchen «murus Gallicus» hinterlassen.[113] Die Fundsituation und Caesars Text, vielleicht auch ein bisschen in der Geschichte oft nötige Phantasie haben es möglich gemacht: Basel besitzt im Historischen Museum ein höchst anschauliches Modell einer keltischen Toranlage. Die Torstrasse lief über

«murus Gallicus»

Modell des im Bau befindlichen «murus Gallicus» an der Rittergasse von M. Rappo. Historisches Museum.

die Mitte des Münsterplatzes und fand ihre Fortsetzung in der Augustinergasse. Der Strassenzug hat sich also während zwei Jahrtausenden erhalten; nur das mittelalterliche Münster legte sich in die Quere. Die Bodenfunde innerhalb dieses Oppidums sehen ähnlich aus wie jene des Gasfabrikareals. Der Ort scheint rasch aufgeblüht zu sein. Der Keramikimport aus dem Süden des römischen Reichs nahm zu, der Handelsgeist lebte immer noch.

Doch es scheint das traurige Schicksal des Raurikervolks gewesen zu sein, nicht länger als zwei bis drei Generationen ungestört ein friedliches Leben geniessen zu dürfen. Eine solche ruhige Existenz, sozusagen im Abseits der Weltgeschichte, verhinderte die markante geographische Lage des Ortes, den man später Basel nennen sollte. Basel liegt nämlich, wie wir im ersten Buch geschildert haben, nicht irgendwo in stiller Abgeschiedenheit, sondern, strategisch und verkehrstechnisch gesehen, an einer Stelle von europäischer Bedeutung. Dies erkannten die Römer beim Aufbau ihres Reiches nördlich der Alpen mit sicherem Blick, und darum nahmen sie den Münsterhügel um das Jahr 15 v. Chr. in ihre starke Hand. Ob die Errichtung des römischen Militärkastells mit Gewalt oder friedlich erfolgte und wohin die dort wohnenden Rauriker gezogen sind, wissen wir nicht; fest steht nur: die Funktion des Münsterhügels veränderte sich in den nun folgenden Jahren derart, dass wir nicht mehr von einem keltischen, sondern von einem römischen Basel sprechen müssen.

Römisches Kastell auf dem Münsterhügel

7. KAPITEL DAS RÖMISCHE BASEL

Die Entwicklung Basels in den ersten Jahrhunderten nach Christus kann man nicht begreifen, ohne den Blick immer wieder auf Rom zu richten. Es ist wohl in Basel nichts Wesentliches geschehen, kein grösseres Bauwerk entstanden ohne den Willen Roms.

Rund 30 Jahre vor Christi Geburt brach in Rom das Zeitalter der Monarchie an. Nachdem Oktavian, der Grossneffe Caesars, im Jahr 27 v. Chr. die Alleinherrschaft des immer noch wachsenden Weltreichs übernommen hatte, war es sein Hauptanliegen, Italiens stets gefährdete Nordgrenze zu sichern. Darum mussten die Alpenvölker unterworfen werden. In einem dreijährigen Feldzug von 16–13 v. Chr. umklammerten die Stiefsöhne des Kaisers Augustus (= Oktavian), Drusus und Tiberius, den ganzen Alpenraum. Die dort wohnenden wilden rätischen Stämme wurden besiegt, die Nordgrenze des römischen Reichs an den Rhein und die Donau gelegt. Von nun an hatte Italien Ruhe vor den Alpenvölkern, aber schon erhob weiter im Norden der nächste, noch gefährlichere Feind sein Haupt: die Germanen. Im Kampf mit den germanischen Völkern, der sich mit Unterbrüchen über vier Jahrhunderte erstrecken sollte, wurde das Gebiet am Rhein zeitweise Operationsbasis für Offensivaktionen und der Rhein zeitweise letzte Verteidigungslinie nördlich der Alpen. Am westlichen Ende des Hochrheins lag der Basler Münsterhügel. Der junge Drusus, Kommandant der ersten Feldzüge ins Land der Germanen wie vorher im Räterkrieg, habe fünfzig Kastelle am Rhein errichten lassen, berichtet ein römischer Schriftsteller.[114] Der Münsterhügel trug, wie die jüngsten Funde beweisen, eines dieser Kastelle. Zwar mussten die keltischen Wehranlagen im Lauf der ersten nachchristlichen Jahrhunderte erneuert werden. Hinter ihnen standen jetzt die Grenzwachtsoldaten, römische Legionäre. Dem später durch die kirchli-

Rekonstruktionsmodell des Kernbaus eines gallorömischen Vierecktempels in Riehen (Pfaffenloh). Historisches Museum. ▷

Rhein als römische Verteidigungslinie

Anhängeschildchen aus Hirschhorn für das Marschgepäck eines römischen Soldaten mit der Ritzinschrift T. TORI. Augusteische Zeit. Fundort Münsterhügel. Historisches Museum. ◁

chen Bauten geheiligten Ort ging also ein Kasernenplatz voraus. Soldatenbecher, Dolche, Pfeilspitzen, das Mundstück eines Blechblasinstruments regen die Phantasie an, sich das damalige Militärleben auszumalen. Da einer jener römischen Soldaten das Anhängeschildchen seines Marschgepäcks mit der Inschrift «T. Tori» verloren und damit uns überlassen hat, glaubt man, den ältesten Namen eines Baslers erfasst zu haben. Er hiess Torius, befehligte eine Reiterabteilung und stammte vermutlich aus Gallien.[115]

Im Kastell herrschte die strenge Disziplin eines Legionslagers; aber im Kastelldorf ausserhalb der südlichen Mauer, im Raum Luftgässlein-Rittergasse, scheinen die Soldaten ihrem Vergnügen nachgegangen zu sein.[116] Die Toten wurden nach altrömischem Gesetz nicht innerhalb des Kastells beerdigt; ihre Gräber – sie sind heute gut erforscht – lagen an der Landstrasse nach Süden, im Zwickel zwischen der heutigen Aeschenvorstadt und der Elisabethenstrasse.

Lange Friedenszeit

Gegen Ende des ersten Jahrhunderts nach Christus brach für das Basler Kastell auf dem Münsterhügel eine neue Epoche an. Tüchtigen römischen Kaisern wie Vespasian (69–79) und Domitian (81–96) war es gelungen, die Reichsgrenze nach Norden zu verschieben und zugleich zu verkürzen. Der sogenannte obergermanisch-rätische Limes, ein Grenzwall, erstreckte sich vom Rhein bei Mainz quer durch Süddeutschland bis zur Donau bei Regensburg. Basel lag nun weit im Hinterland und genoss wie die übrige römische Schweiz eine 150 Jahre lange Friedenszeit. Aus dieser für das Wachstum einer Stadt eigentlich günstigen Situation zog aber nicht die Basler Siedlung Gewinn, sondern die nahegelegene Koloniestadt Augusta Raurica. Neben dem herrlich aufblühenden «Augst» sank Basel zu einem Dorf, lateinisch vicus, in einer stark romanisierten Umgebung herab. Links und rechts des Rheins mehrten sich die Landhäuser, die Dörfer und die unbewehrten heiligen Orte.[117] Ein schönes gallorömisches Heiligtum lag beim Pfaffenloh in der Gemeinde Riehen.[118] Nicht einmal als wichtiger Etappenort scheint Basel eine Rolle gespielt zu haben; von Augst aus zog sich damals rechtsrheinisch, also Basel umgehend, eine Strasse über Riehen und Weil nach Norden.

Ende der Friedenszeit

Schlagartig ging diese friedliche Zeit um 250 n. Chr. zu Ende. Es folgten die bitteren Jahre, in denen sich bereits der Zerfall des Weltreichs ankündigte. Während

Rom an inneren Krisen erkrankte, drangen aus dem brodelnden Völkerkessel nördlich des Rheins die Germanenstämme ungestüm nach Süden; nicht wie die Helvetier und Rauriker im Jahr 58 v. Chr., um sich in milderen Zonen niederzulassen, sondern um zu plündern. Das rasch besetzte, dünnbesiedelte Grenzland im Dreieck Rhein-Limes-Donau gaben sie freilich nie mehr aus der Hand. Es blieb für Rom endgültig verloren. Neue Grenze wurde wieder wie in augusteischer Zeit der Rhein bis zum Bodensee und Nachbarregion der Germanen – die Schweiz. Von den germanischen Raubzügen und der Zerstörung der Stadt Augst wird später zu berichten sein. Hier betrachten wir nur das Schicksal Basels am Ende des 3. und im Laufe des 4. Jahrhunderts.

Spätrömisches Kastell Basel

Rom reagierte auf den Verlust des rechtsrheinischen Gebietes mit einer neuen bzw. alten Strategie. Energische Kaiser wie Diokletian und Maximian setzten die Befestigungsanlagen am Rhein wieder instand. So wurde aus dem Dorf Basel um 300 n. Chr. das spätrömische Kastell. Wie es ausgesehen hat, konnten die Archäologen in den letzten Jahren feststellen. Wieder schützten Wall und Mauer fast an der gleichen Stelle wie zu keltischer Zeit den Münsterhügel auf der Südseite. Zusätzlich verstärkte man die Hangkante zum Birsigtal mit einer starken Mauer[119]. Diese Mauern zeugen nicht nur von der Angst der Planer, sondern ebenso von der Eile, mit der sie errichtet wurden. Man holte nämlich die Bausteine dort, wo sie zugehauen schon herumlagen – in Augst. Hier waren nach 260 n. Chr. prächtige Monumentalbauten in Trümmer gefallen. Es mag uns heute pietätlos und als ein Mangel an Verständnis für grosse Kunst erscheinen, wenn Bauleute Reliefs und Grabsteine (vielleicht auf dem Rhein) nach Basel verfrachteten und wahllos irgendwo als Verstärkungen in die Mauern einfügten. Erfreulich ist das Ergebnis für die Nachwelt; dank solchem Tun besitzen wir in Basel neben den Kleinfunden auch einige grosse Architekturteile und ganze Grabsteine. Diese Spolien, wie man die Bruchstücke aus antiken Bauwerken nennt, bilden die einzigen grossen Objekte römischer Kunst in Basel, und die Inschriften

Grosser Reliefblock von einem römischen Denkmal, als Baustein für die spätrömische Kastellmauer auf dem Münsterhügel wiederverwendet. Historisches Museum.

Bronzestatuette des römischen Kriegsgottes Mars. Fundort Landauerhof/Friedhof am Hörnli. Historisches Museum.

auf den verschleppten Grabdenkmälern sind hier die einzigen Zeugnisse antiker Totenehrung.[120]

Im Innern des spätrömischen Kastells, dessen genaue Ausdehnung wir noch nicht kennen, erhoben sich mächtige Steinbauten; eine Kommandatur stand dort, wo sich heute das Mittelschiff des Münsters erhebt; ein Getreidespeicher von 50 m Länge und 18 m Breite mit Vorräten für die Truppe dort, wo der Schlüsselberg vom Platz abzweigt; eine Badeanlage, vermutlich für die Bedürfnisse der Offiziere, unter dem Eckhaus Münsterplatz/Rittergasse. Trinkwasser schöpfte man aus einem 18 m tiefen Sodbrunnen mitten auf dem Münsterplatz. Von den Stempeln auf den Dachziegeln wissen wir auch, wer hier nicht nur exerziert, sondern auch gebaut hat: die Legio I Martia. Es war vielleicht eine Elitetruppe, denn sie wurde vom Kaiser Diokletian selbst gegründet und bildete die Besatzung von Kaiseraugst und Basel.[121] Wir können es zwar nicht quellenmässig belegen, gehen aber kaum fehl, wenn wir uns vorstellen, dass im 4. Jahrhundert n. Chr. mancher General oder römische Kaiser auf der Pfalz gestanden ist und finsteren Blicks über den Rhein in den Schwarzwald geschaut hat.

Unter den Kaisern Constantius, Konstantin dem Grossen (307–337) und Julian raffte sich das römische Reich noch einmal auf, um die germanischen Plündererscharen über den Rhein zurückzujagen oder gar in deren eigenem Land zu züchtigen. Aufschlussreich ist in diesem Zusammenhang eine Bemerkung des zeitgenössischen Historikers Ammianus Marcellinus. Er erzählt, die Römer hätten in der Nähe von Augst den Feind überraschen können, «wenn nicht einige Angehörige eben dieses Volkes, die bei uns als höhere Offiziere dienten, ihre Landsleute durch heimliche Boten davon in Kenntnis gesetzt hätten».[122] Germanische Offiziere im Heer Roms, das war der Anfang vom Ende. Mit ganz persönlichem Einsatz widmete sich Kaiser Valentinian I. (364–375), «der letzte kraftvolle Vertreter des Römertums in unserm Land»[123], der Aufgabe, die Rhein- und Donaugrenze zu schützen. Wie er dieses gigantische Werk, längs des Rheins etwa

800 km Grenze zu sichern, unternommen hat, schildert uns ebenfalls Ammianus. «Kaiser Valentinian unternahm die Ausführung eines grossen nützlichen Planes. Entlang der Rheinlinie von der Grenze Rätiens bis zum Atlantischen Ozean liess er gewaltige Festungswerke aufrichten. Er befahl, die Festungsmauern der Städte und Kastelle höher zu bauen. Er errichtete zahlreiche Türme an günstigen Stellen, soweit sich die gallischen Provinzen ausdehnten. Oftmals griff er auch ins Gebiet der Barbaren über und baute jenseits des Flusses im Feindesland Festungswerke.»[124] Ein paar Seiten später schildert Ammianus ein Ereignis, das die Basler immer mit besonderer Aufmerksamkeit zur Kenntnis genommen haben, weil hier, freilich nur mit einem einzigen Satz, Basel zum ersten Mal von einem Schriftsteller erwähnt wird. Die berühmte Stelle lautet in deutscher Übersetzung so: «Im folgenden Jahr – es war das Jahr 374 – wurde dem Valentinian, als er nach der Verwüstung einiger alemannischer Gaue in der Nähe Basels eine Befestigung (munimentum) errichtete, welche die Anwohner Robur nennen, ein Bericht des Präfekten Probus überbracht mit der Nachricht des Unglücks in Illyrien.»[125] Da wir aus einer andern Quelle, einer Gesetzessammlung, wissen, dass der Kaiser in

Sicherung der Rheingrenze

«Robur» bei Basel

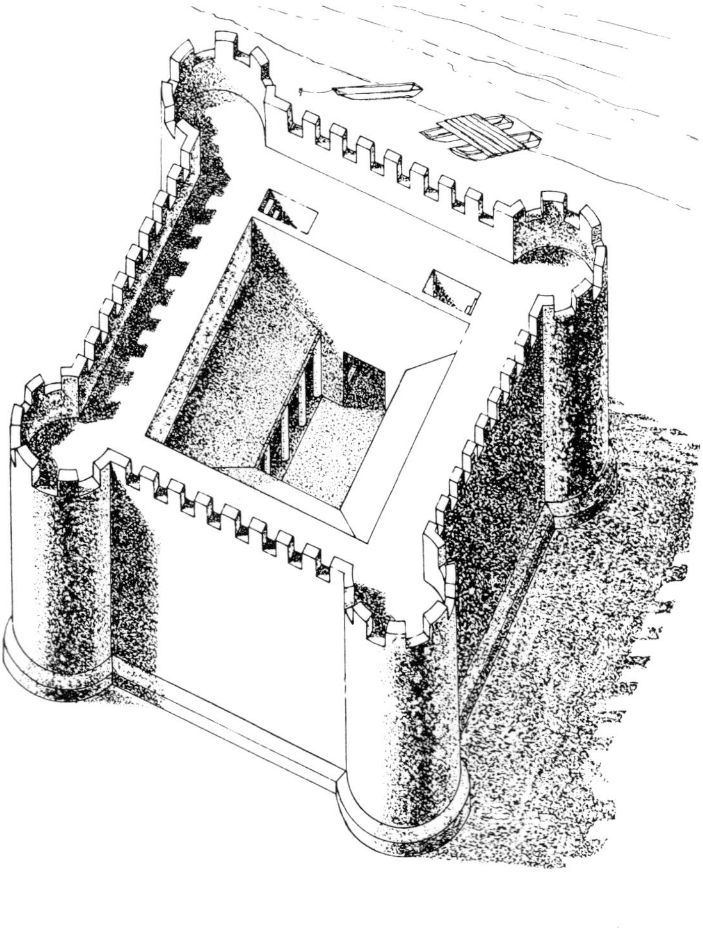

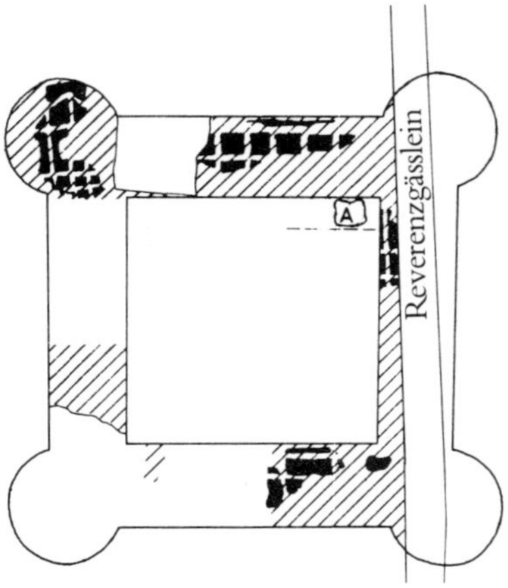

Zwischen den heutigen Strassenzügen Rheingasse und Utengasse stand möglicherweise das Kastell «Robur», was die Entdeckung von mächtigen Fundamenten im Jahre 1974 zu beweisen scheint. Oben: gesicherter Grundriss. Links: Rekonstruktionszeichnung von Rudolf Moosbrugger.

eben jenem Jahr im genannten Robur einen Erlass am 10. Juli unterzeichnete, steht also fest: der Kaiser war samt Gefolge im Sommer des Jahres 374 in Basel.[126] Ammianus hat diese Zeilen Ende des 4. Jahrhunderts in Rom geschrieben; seit dem frühen 16. Jahrhundert sind sie in Basel bekannt. Seither bilden Übersetzung und Interpretation dieser Ammianusstelle ein immerwährendes Diskussionsobjekt der Historiker, Archäologen und Philologen. Verweilen wir kurz beim Interpretationsproblem, nicht um einen Interpreten gegen den andern auszuspielen, sondern um zu zeigen, wie dornenvoll Historiographie bisweilen sein kann. (Die philologische Seite des Problems verweisen wir in die Anmerkungen, da seine Darlegung einige Lateinkenntnisse voraussetzt.[127]) Die Ortsbezeichnung «Robur» geistert nun seit 400 Jahren wie ein Kobold in der Basler Geschichtsschreibung umher. Wo lag dieses «munimentum», fragen sich seit Wurstisen die Basler Gelehrten.[128] Alle festungsartigen Bautrümmer im Umkreis Basels, alle neu zutage getretenen Mauerfundamente wurden geprüft, ob ihnen vielleicht der Name Robur zugeschrieben werden könnte. Vor einigen Jahren schien das Problem definitiv gelöst, als man im Kleinbasel, an der Utengasse 44–46/Rhein-

Modell der bei der Errichtung von «Robur» vermutlich angewendeten Bautechnik. Historisches Museum.

gasse 45 auf die Fundamente eines starken Bollwerks von quadratischer Form mit vier runden Ecktürmen stiess. «Das lang gesuchte Munimentum Valentinians von 374», sagten die einen, «nein» die andern, die das Festungswerk für einen Bau aus dem Mittelalter halten.[129] Der Bau aber bzw. das, was von ihm erhalten ist, schweigt beharrlich. Nur das Studium anderer ähnlicher Anlagen und der zeitgenössischen historischen Umstände und Ereignisse kann die Entscheidungsgrundlagen liefern. Und dieses Studium betreiben die Basler Forscher zur Zeit mit viel Scharfsinn und Gewissenhaftigkeit. Wir halten es mit dem alten

VERKEHRSWEGE IN DER BASLER REGION IM 1. BIS 3. JAHRHUNDERT

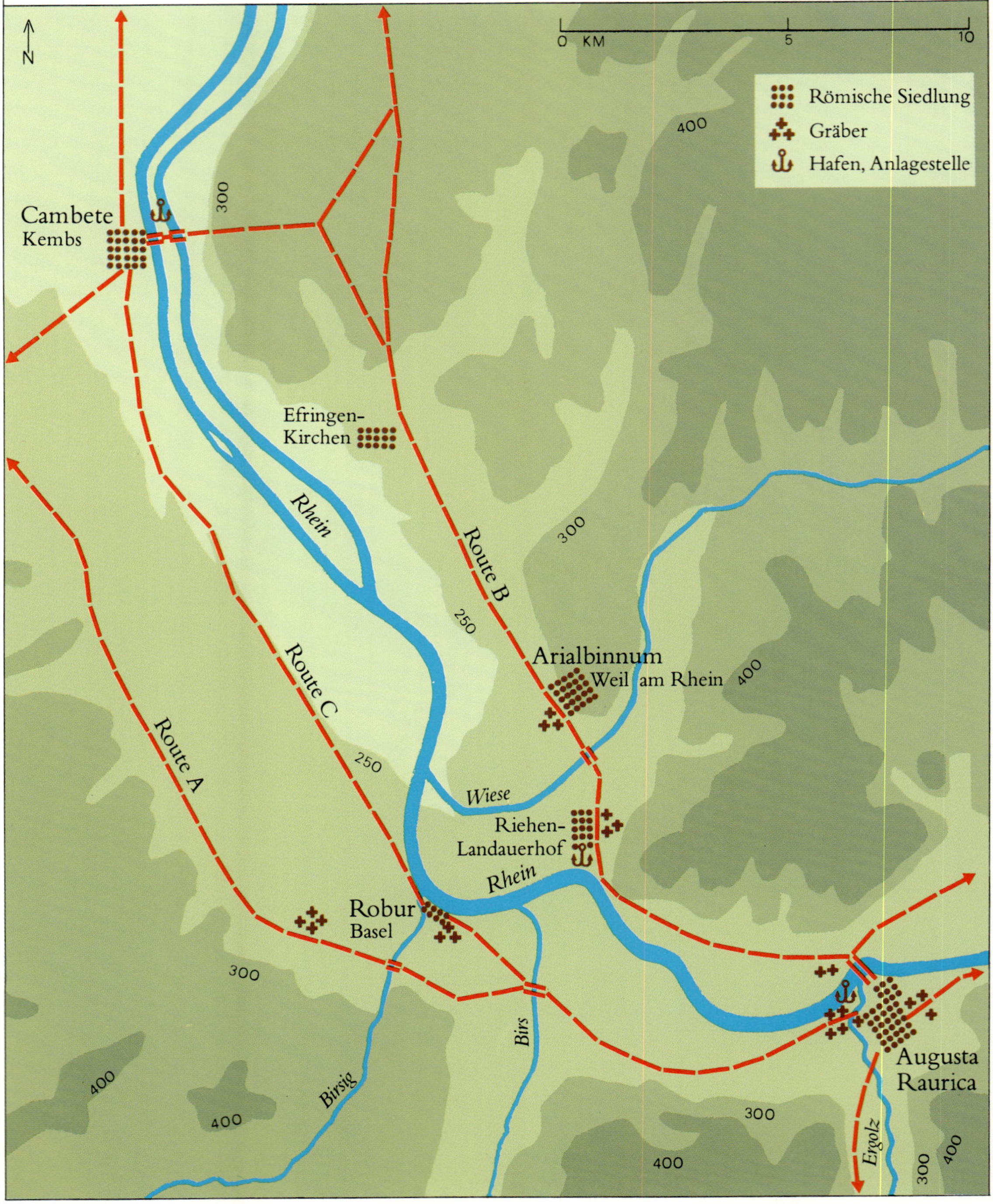

Wurstisen, der 1580 zur Frage, wo das Munimentum Valentinians gelegen habe, geschrieben hat: «Aber wie in allen Sachen, so menschlicher Gedächtnus entfallen und keine Schriften verfasset worden sind, nicht frevenlichs (in vermessener Weise) zu schliessen, also will ich auch hierin einem jeden sein Urteil freigestellt haben.»[130]

Abzug der römischen Truppen

Ein Jahr nach seinem Basler Aufenthalt erlag der Kaiser Valentinian einem Schlaganfall. «Die Wogen des Verderbens schlugen unaufhaltsam über dem Reich zusammen.»[131] Die Völkerwanderung begann. Als die Westgoten in hellen Scharen vom Balkan her ins Kernland des römischen Reichs, in Italien, eindrangen, wusste sich der Feldherr Stilicho, selbst ein Germane, aber einer der tüchtigsten Verteidiger Roms, nicht mehr anders zu helfen, als im Jahr 401 die am Rhein stehenden Legionen – vermutlich nur das sogenannte mobile Heer – nach Italien zurückzuholen. In aller Stille zogen die Truppen ab, wurden die Kastelle der Schweiz geräumt, um nie wieder besetzt zu werden.[132] Ob den damals in Basel lebenden Menschen bewusst geworden ist, dass damit das Ende der 400jährigen römischen Herrschaft in der Nordschweiz gekommen war? Wir glauben es nicht!

◁ Verkehrswege in der Basler Region im 1.–3. Jahrhundert. Nach Max Martin: Die römische Zeit am rechten Rheinufer zwischen Augst und Kembs, in: Führer zu vor- und frühgeschichtlichen Denkmälern, Band 47, Lörrach und das rechtsrheinische Vorland von Basel. Mainz 1981.

8. KAPITEL AUGUSTA RAURICA

Im August 1957 feierte Basel ein rauschendes Fest. Plakate, Zeitungsartikel, eine Festsitzung des Grossen Rates hämmerten der Bevölkerung ein: Basel ist jetzt 2000 Jahre alt. Zählte der Basler nach, so kam er, wenn er richtig rechnete, ins Jahr 44 v. Chr.[133] Was war denn 44 v. Chr. geschehen? In Basel – nichts, was bekannt geworden wäre! Aber eine antike Inschrift – wir werden gleich von ihr reden – konnte von den Historikern dahin gedeutet werden, dass in jenem Jahr der römische Politiker und Heerführer Lucius Munatius Plancus eine Kolonie namens Raurica gegründet habe. Gründungen von Kolonien, auch Pflanzstädte genannt, sind eine Erscheinung, die in allen Epochen vorkommt. Das Wort selbst hat eine Doppelbedeutung: es bezeichnet einen Ort oder eine Bevölkerungsgruppe, die freiwillig oder auf obrigkeitlichen Befehl die Heimat verlässt und in der Fremde eine neue Wohnstätte errichtet. Im alten Griechenland trieb oft die Übervölkerung einer kleinen Landschaft die Auswanderer in dünner besiedelte Gebiete. Im römischen Reich des letzten vorchristlichen Jahrhunderts und in der Kaiserzeit wurde es üblich, ausgedienten Soldaten in einem eroberten Landstrich bebaubaren Boden zu schenken. Römische Feldherren und Kaiser haben solche Koloniegründungen als Mittel zur Zähmung besiegter Völker und als gewollte Romanisierung virtuos in ihre Politik einbezogen.

Nach Caesars Willen entstand als erste Kolonie auf helvetischem Boden die «Iulia Equestris», das heutige Nyon (vermutlich im Jahr 45 v. Chr.). Andere Kolonien im eroberten Gallien waren von ihm wohl geplant, aber seine Feldzüge im Bürgerkrieg und sein früher Tod verhinderten die Ausführung. Bald nach Caesars Ermordung verwirklichte einer seiner Getreuen, der Legat L. Munatius Plancus, die Pläne seines Vorgesetzten. Weil Plancus seit dem frühen 16. Jahrhundert als Gründer von Augst gilt, wurde ihm in Basel zur Humanistenzeit eine fast überschwengliche Verehrung zuteil. Die Inschrift auf dem S. 41 erwähnten Bild an einem Haus am Marktplatz pries ihn als «den ersten Erleuchter unseres Landstrichs».[134] Noch im 19. Jahrhundert wird er von Daniel Fechter als der Mann charakterisiert, «den die Vorsehung auserkoren hatte, römische Kultur und römisches Wesen in unsere Gegenden zu bringen».[135] So redete man von Plancus in

Munatius Plancus

der sogenannten «zweiten Blütezeit des Basler Humanismus». Im 20. Jahrhundert begann die Wissenschaft ein anderes Bild zu zeichnen.[136]

Lucius Munatius Plancus, dessen Geburtsjahr man nicht genau kennt, stammte aus einer Plebejerfamilie in Tibur bei Rom.[137] Als Jüngling kam er nach Rom, wo ihn der berühmte Politiker, Schriftsteller und Redner Marcus Tullius Cicero in die Redekunst einführte. Plancus blieb lebenslang mit Cicero freundschaftlich verbunden; ihre politischen Ideen gingen aber im höheren Alter immer mehr auseinander.[138] Seine militärische Karriere begann Plancus im Heer Caesars im Gallischen Krieg, in dessen Verlauf er bis zum Legaten aufstieg. Dieser Rang entspricht etwa dem Grad eines heutigen Obersten. Noch kurz vor seiner Ermordung übertrug Caesar seinem Günstling die Statthalterschaft Galliens, die höchste Regierungsgewalt in der jüngst eroberten Provinz. In dieser Funktion hielt sich Plancus in Gallien auf, und kraft dieses Amtes konnte er eine Kolonie gründen. In den nun folgenden Kämpfen zwischen Republikanern und Monarchisten, dem schlimmsten Bürgerkrieg in der römischen Geschichte, lavierte Plancus zwischen den Parteien.[139] Den Anschluss an die endgültigen Sieger wollte er schliesslich nicht verpassen. Im letzten Gang des Ringens um die Alleinherrschaft zwischen Antonius und Oktavian, dem späteren Kaiser Augustus, stellte sich Plancus zunächst auf die Seite des Antonius. Mit ihm genoss er auch das üppige Hofleben bei der ägyptischen Königin Kleopatra. Als dann der Stern des Antonius sank, wechselte Plancus ins Lager des Oktavian. Er war der Senator, der im Senat den Antrag stellte, dem siegreichen Oktavian den Titel «Augustus» (der Erhabene, der Göttliche) zu verleihen. Bekanntlich haben alle späteren Kaiser dieses Attribut behalten. «Reich an Ehrenämtern und Glücksgütern hat Plancus ausgelebt.»[140] Noch zu Lebzeiten liess er sich in Gaëta am gleichnamigen Golf das grossartige Mausoleum bauen, das noch heute zu bewundern ist.[141] Darauf ist jene Inschrift zu lesen, die ihn 1500 Jahre später in Basel so verehrungswürdig machte, dass er zu einer Art unheiligem Stadtpatron geworden ist. Unheilig, weil die modernen Biographen dem Politiker Plancus schrankenlosen Opportunismus und dem Privatmann Eigenschaften eines berüchtigten Lebemannes vorwerfen. Die Nachwelt ist also nicht der Meinung, die Plancus für sich selbst in Anspruch nahm, als er, etwa 43 v. Chr.,

Teil des prächtigen Gladiatorenmosaiks im Römermuseum Augst.

Plan von Augusta Raurica mit dem für den römischen Städtebau typischen rechtwinkligen Strassennetz. ▷

in einem Brief aus Gallien an Cicero in Rom schrieb: «Ich hoffe nur, es dahin zu bringen, ein starker Schutz für die Republik zu sein, und dass nicht nur die Zeitgenossen, sondern auch die Nachwelt diese Meinung von mir haben wird.»[142]
Doch lassen wir das letzte Wort über diesen Mann dem stets klug abwägenden Historiker Felix Staehelin: «Den Schattenseiten seines Charakters aber steht eine hohe Begabung gegenüber, die ihn zum glänzenden Redner, zum geschmeidigen Politiker und zum tapferen Soldaten gemacht hat. Kein Zweifel kann darüber bestehen, dass Munatius Plancus eine der interessantesten Erscheinungen einer interessanten Zeit gewesen ist.»[143]
Zurück zur Inschrift von Gaëta: Unter den Verdiensten, die sich Plancus selbst zuschrieb, wird aufgezählt (grammatikalisch in der dritten Person gesagt): «In Gallia colonias deduxit Lugdunum et Rauricam.» Die übliche deutsche Übersetzung lautet: «Er gründete in Gallien die Kolonien Lyon und Raurica.»[144] Die nicht genannte Zeit der Gründung interpolieren die Historiker aus den bekannten Lebensdaten des Plancus. Nach diesen kommt nur das Jahr 44 v. Chr. in Frage. Man kennt den Vorgang solcher Stadtgründungen im Kolonialland gut. Nachdem die beiden Hauptlinien eines Achsenkreuzes (lateinisch: decumanus maximus und cardo maximus) festgelegt waren, zog der Gründer oder dessen Stellvertreter mit dem Pflug im Geviert eine Furche, die den Verlauf des Stadtgrabens und des künftigen Walles bzw. der Mauer markierte. Wie das wirkliche, heute bekannte Strassennetz von Augst zeigt, war bei der Planung nicht nur die Geometrie, sondern auch die Astronomie im Spiel. Die modernen astronomischen Berechnungen brachten ein verblüffendes Resultat: «Am längsten Tag des Jahres und nur dann hat die aufgehende Sonne der Länge nach in die Forumstrassen (d.h. die ungefähr ost-west gerichteten Querstrassen) geschienen. Am kürzesten Tag des Jahres und nur dann hat die untergehende Sonne der Länge nach hinein geschienen.»[145] Die Stadt ist also selbst zu einer Art «Kalenderuhr» geworden. Noch mehr: Die beiden wichtigsten Festtage im Kult des damals so verehrten Sonnengottes (Sol invictus), der 21. Juni und der 21. Dezember, wurden für jedermann sichtbar, aber nur wenn im rauhen Klima des Nordens die Sonne wirklich siegte.

Entscheidende Verkehrslage

Ob Caesar noch oder erst Plancus den Ort gewählt hat – entscheidend für die Wahl war die Verkehrslage. Ist es nicht auffallend, dass die modernen Strassenplaner genau auf dem Boden des antiken Augst die heutigen Hauptadern des Verkehrs, die Autobahnen, zusammenfassen und nach Basel in die Oberrheinische Tiefebene führen, oder, in der andern Richtung gesehen, sie hier sich verzweigen lassen, um über den Bözberg den Osten, den Bodensee- und Donauraum, oder über die Hauensteinpässe (heute Bölchentunnel) die Westschweiz und das Rhontetal zu erreichen? Noch etwas anderes muss für die Augster Gegend gesprochen haben. Mit einer Koloniegründung erfüllte der Staat ein Versprechen, das er den Soldaten früher gegeben hatte. Nicht faulenzend sollten die Veteranen in Kasernen den Lebensabend verbringen; als Siedler sollten sie das

ÜBERSICHTSPLAN AUGUSTA RAURICA UND CASTRUM RAURACENSE

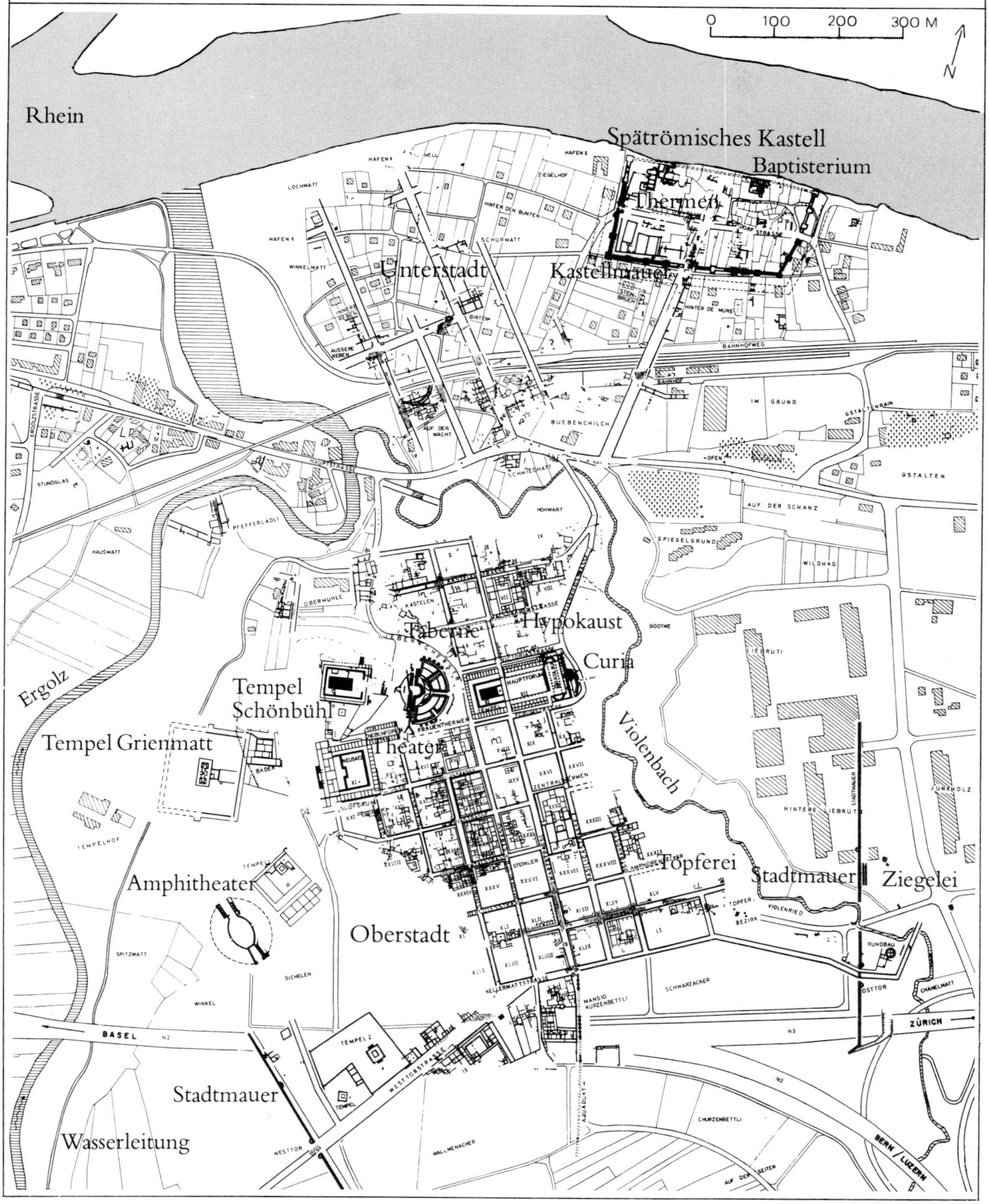

Land, mit Hilfe von Sklaven, bebauen. Und solcher Boden war im ehemaligen dünnbesiedelten Gau der Rauriker vorhanden. Mittelpunkt der Verwaltung, des Handels und Freizeitzentrum musste aber eine Stadt sein. Sie scheint, da die Funde aus den Jahren nach 44 v. Chr. fehlen, erst um 15 v. Chr. gebaut worden zu sein.

Enteignung der Rauriker

Was geschah aber mit der einheimischen Bevölkerung, den ansässigen Raurikern? Nach Kriegsrecht wurde das Land eines besiegten Volkes «ager publicus», d.h. Eigentum des römischen Volkes. Die Landstücke, die an die Kolonisten verteilt wurden, hatte man den früheren Besitzern ohne Entschädigung weggenommen.[146] Die Generation, die diese harte Enteignung über sich ergehen lassen musste, wird mit den Zähnen geknirscht haben; die folgenden Geschlechter hingegen erkannten die Vorteile, die ihnen die römische Schutzmacht und eine überlegene Zivilisation boten und wurden bald einmal loyale Untertanen Roms.[147]

Augsts Blütezeit

Liegt über den Jahren nach der Gründung der munatischen Kolonie immer noch Dunkel, da der Boden nichts Aufschlussreiches hergegeben hat, so wissen wir, wie die Stadt aussah, die der Kaiser Augustus während seines Aufenthalts in unserer Gegend um 15 v. Chr. mit seinem Namen beehrt hat, so dass sie von da an «Augusta Raurica» hiess. Von der Zeit ihrer höchsten Blüte im zweiten Jahrhundert n. Chr. haben wir sogar eine recht genaue Vorstellung, obwohl ausser dem Theater kein Gebäude mehr aufrecht erhalten blieb. Den Archäologen genügten die Grundmauern, um festzustellen: in dieser Stadt fehlte dem Auslandrömer nichts, was in der Hauptstadt üblich war! Alle öffentlichen Gebäude: die Tempel, die Basilica, ein gedeckter Markt und zugleich Gerichtshalle, die Curia, ein Rathaus, das szenische und das Amphitheater, die verschiedenen Bäder, waren vor-

Rekonstruktionsmodell des Zentrums von Augusta Raurica. Im Vordergrund die Curia, dahinter das Hauptforum mit dem Jupitertempel, daran anschliessend das Theater, dessen Achse sich im Schönbühltempel (ganz hinten) fortsetzt. Römermuseum Augst. ▷

Das römische Theater von Augst 1983. ◁

handen – und alles von grossartigem Ausmass. Die Strassen mit ihren Säulenhallen trugen südliches Gepräge. Die Phantasie der Archäologen hat nicht übers Ziel geschossen, wenn sie uns in Rekonstruktionsversuchen die wichtigsten Bauten in ihrem ehemaligen Zustand zeigt. Im Vergleich zum römischen Kastell am Rheinknie, das wir Basel nennen, war Augusta Raurica im 2. und Anfang des 3. Jahrhunderts n. Chr. eine herrliche Stadt, das kulturelle und wirtschaftliche Zentrum zwischen dem oberen Elsass und dem Bodensee.

Augsts Niedergang

Doch gerade dieser weithin sichtbare Glanz wurde ihr zum Verhängnis. Um das Jahr 230 n. Chr. begann der Grenzschutz am Limes zu wanken, die Alemannen erschienen am Rhein. Jetzt erst dachte man in Augusta Raurica daran, eine Stadtmauer zu bauen. Sie hätte in weitem Bogen die städtischen Quartiere umspannen sollen. Sie wurde nie fertig. Schutzlos war Augusta Raurica den Alemannen preisgegeben, als sie zum ersten Mal 260 (259?) n. Chr. und dann alle Jahrzehnte über den Rhein setzten und Städte und Landhäuser in Trümmer legten. Ganz erholt hat sich Augusta Raurica nie mehr, auch wenn man die Stadt im 4. Jahrhundert nochmals zu den wichtigeren Orten der Provinz Maxima Sequanorum zählte.[148]

Gegen Ende des 3. und zu Anfang des 4. Jahrhunderts herrschten in Rom noch einmal nacheinander tüchtige Caesaren wie Diokletian und Konstantin der Grosse. In ihrem wohldurchdachten Plan zur Rettung des Weltreichs spielte die Rheingrenze eine entscheidende Rolle. Bald nach 300 wurde am Rheinufer bei Augst jene starke Festung errichtet, deren Mauern, zum Teil konserviert, heute noch davon zeugen, wie ernsthaft man versuchte, die Rheinlinie unüberwindlich zu machen.[149] Wie schon im Falle Basels, scheuten auch in Augst die Festungsingenieure nicht davor zurück, Quadern, Säulentrommeln, Inschriftensteine und sogar Altarstücke der alten Stadt zu vermauern. Dieses Kastell, das Castrum Rauracense, rückte in der Mitte des 4. Jahrhunderts mehrmals in den Mittelpunkt der europäischen Geschichte, als sich die Kaiser Constantius (337–361) und Julian (361–363) mit den Alemannen am Hochrhein herumschlugen, wobei sie auch Augst als Stützpunkt benützten. Kaiser Julian, den man auch den «Abtrünnigen» (Apostata) nennt, hatte am meisten Erfolg. Doch als er sich überstürzt entschloss, in den Osten zu ziehen, scheint man in Augst den Mut verloren zu haben. – Wahrscheinlich bald nach 350 vergrub ein hoher Offizier oder ein Beamter des kaiserlichen Hofstaats in einer Kiste einen ungewöhnlich reichen Silberschatz, zog weg und holte ihn nie mehr zurück.[150] 1600 Jahre später beförderte ihn ein Bagger zufällig wieder ans Tageslicht. Er ist heute im Museum in Augst zu bewundern. Des künstlerischen Wertes wegen zählt man ihn zu den «beglückendsten Funden, die uns der Schweizer Boden geschenkt hat».[151]

An die Vergänglichkeit irdischer Macht wird jeder Wanderer erinnert, der sinnend durch das heutige Augst streift. Von einer bis heute existierenden Kraft, die damals in Augst (und wohl auch in Basel) geschichtswirksam geworden ist, berichtet das folgende Kapitel.

Eines der schönsten Stücke aus dem Silberschatz von Kaiseraugst ist die Achillesplatte. Unser Bild zeigt ihr Zentrumsrelief, darstellend die Entdeckung Achills durch Odysseus. Römermuseum Augst.

9. KAPITEL DIE ANFÄNGE DES CHRISTENTUMS IN BASEL

Trotz der Zweitausendjahrfeier ist Basel eine Tochterstadt von Augusta Raurica und diese kein Ableger von Basel. Aber eine Klammer verbindet die beiden Orte doch: der Bischofssitz. Freilich, die erste Erwähnung eines Bischofs «der Rauriker» im Jahr 346 n. Chr. sagt uns nur, seit wann eine christliche Gemeinde mit einem Oberhirten in unserem Gemeinwesen bestanden hat.[152] Gerne möchte man wissen, wann hier das Evangelium (die frohe Botschaft von der Liebe Gottes) verkündet, wann das erste Vaterunser gemeinsam gebetet worden ist. Keine schriftliche Quelle, kein Bodenfund gibt uns darüber Auskunft. So können wir nur aus der allgemeinen Kirchengeschichte eine dürftige Vorstellung gewinnen, wie das Christentum in unsere Gegend gekommen ist.

Bekanntlich breitete sich die Lehre des Christentums im römischen Weltreich in den ersten drei Jahrhunderten trotz den zeitweisen schweren Verfolgungen dank dem Missionseifer und dem Todesmut der Bekenner in allen Provinzen aus. Die relative Toleranz des römischen Staates gegenüber den mannigfaltigen Glaubensformen der verschiedenen Völker im Reich kam auch dem Christentum zugute. Christliche Gemeinden sind schon um 160 n. Chr. im Rhonetal sicher nachgewiesen. Damals regierte in Lyon ein schreibgewandter Bischof namens Irenäus, der aus Kleinasien berufen worden war. Vom Rhonetal aus wurden die ersten Orte am Rhein missioniert. Gewiss zogen auf jenem uralten Verkehrsweg von Marseille rhoneaufwärts bis zum Rhein bei Basel, den schon die «Gasfabrikbasler» kannten, christliche Händler. Sie werden bei der Unterschicht, den Armen, den Sklaven, aufmerksame Hörer gefunden haben, weil sich die christliche Botschaft «an die verworfenen Sünder wandte und ihnen ganz unmittelbar den Zugang zu Gottes unendlicher vergebender Güte eröffnete».[153] In den Jahrhunderte später geschriebenen Heiligenlegenden, in denen sich doch wohl wirkliche Begebenheiten, Martyrien christlicher Bekenner, niedergeschlagen haben, stösst man auf Ortsnamen wie St-Maurice, Solothurn, Zürich, Chur, aber nicht auf den Namen Basels, das doch auch existiert hat. Nur beiläufig wird in der Legende von Ursula und den elftausend Jung-

Legendärer Bischof Pantalus

frauen als einer ihrer Begleiter der Bischof Pantalus von Basel erwähnt. Doch die «Legenda aurea» datiert seinen Tod ins Jahr 452 und lässt ihn in Köln umkommen.[154] Unsere Kenntnis von der frühesten Christenmission in Basel wird also dadurch nicht erweitert; aber der Basler Kunstschatz ist dafür bereichert worden. Die Silberbüsten für die Kopfreliquiare des Pantalus und der Ursula aus dem Spätmittelalter und der Orgelflügel Holbeins mit der Pantalusfigur gehören zu unsern Kostbarkeiten.[155]

◁ Römischer Grabstein von Kaiseraugst aus dem 4. Jahrhundert mit dem als christliches Symbol deutbaren Anker im Giebelfeld. Römermuseum Augst.

Rechts: Zwiebelknopffibel aus dem späten 4. Jahrhundert, vom Gräberfeld Elisabethenstrasse/Aeschenvorstadt in Basel stammend. Links: vergrösserter Wölbungsteil mit deutlich erkennbarem Christogramm ☧. Historisches Museum. ▷

Die grosse Wende von der (räumlich und zeitlich beschränkten) Verfolgung der Christen zu ihrer Duldung führte das bekannte Toleranzedikt von Mailand im Jahr 313 herbei, als Konstantin und Licinius römische Kaiser waren. Der folgende rasche Siegeslauf des Christentums änderte die soziale Struktur der Gemeinden. Jetzt bekannte sich auch die Oberschicht zum neuen Glauben. Vornehmen Herren verdanken wir darum die frühesten Zeugnisse des Christentums in der Schweiz. Lange galt die ins Jahr 377 n. Chr. datierbare Bauinschrift in Sitten mit dem Christogramm als ältestes Zeugnis.[156] Neuerdings wird dieser Rang einem Grabstein aus Augst zugewiesen, weil er im Giebelfeld einen Anker zeigt.[157] Aber vielleicht übertrifft diese steinernen Denkmäler an Alter ein kostbarer Fund aus einem Gräberfeld.[158] Eine 1958 gefundene Zwiebelknopffibel trägt nicht nur das untrügliche Christogramm auf dem Bügel; daneben sind, zwar sehr klein, deutlich vier Köpfe wahrnehmbar. Man deutet sie als römische Porträts und denkt an die Söhne des Kaisers Konstantin. Dann wäre diese Fibel schon um 325 vom Kaiser einem hohen Beamten, vielleicht dem Kommandanten des Basler Kastells, geschenkt worden. Um 350 n. Chr. legte man sie in sein Grab.

Christliche Zeugnisse aus Augst

Wir haben oben die erste Erwähnung eines Basler Bischofs als früheste Nachricht von einer hiesigen christlichen Gemeinde bezeichnet. Anders als der legendäre Pantalus ist dieser Mann aktenmässig bezeugt. «Iustinianus Rauricorum» unterschreibt ein Teilnehmer an der Kölner Synode von 346.[159] Gewiss ist dieser Bischof der Rauriker ein Vertreter der Diözese Basel, ungewiss aber bleibt, wo er residiert hat. Sass er im Augster Kastell oder in Basel auf dem Mün-

Bischof Iustinianus Rauricorum

Rekonstruktionszeichnung des christlichen Gotteshauses in Kaiseraugst von Arch. A. Gerster.
▽

sterhügel? Beide Möglichkeiten werden von den Fachgelehrten vertreten. Für Augst als Bischofssitz spricht nun die Entdeckung einer spätrömischen Saalkirche mit Apsis und verschiedenen Nebenräumen, die als Badeanlage gedeutet werden können. Eine solche war für die damals übliche Erwachsenentaufe unerlässlich.[160]

Der Sturm der Völkerwanderung, der so manche römische Institution zum Verschwinden brachte, vermochte die christlichen Gemeinden der Spätantike in den Kastellen Kaiseraugst und Basel nicht zu zerstören. Als kleine Inseln christlichen Lebens haben diese Gemeinden durchgehalten, bis 200 Jahre später eine zweite Christianisierungswelle, diesmal von Norden her, die Schweiz erfasste. Damals wurden sie Stützpunkte, von denen aus die neue heidnische Umwelt bekehrt wurde. Freilich, ohne die römische Weltmonarchie hätte das Christentum nie so erstarken können, dass es in den folgenden 1500 Jahren eine geistige Macht in Europa geworden ist. Noch umfassender sehen wir das Ergebnis der 400 Jahre dauernden römischen Herrschaft, wenn wir sie mit den Augen des Baslers Jacob Burckhardt betrachten. Er sagte von Rom und seiner welthistorischen Bestimmung: «Wenn wir jetzt in den wesentlichen geistigen Dingen nicht mehr dem einzelnen Volk und Land, sondern der abendländischen (B. = ‹okzidentalen›) Kultur angehören, so ist dies eine Folge davon, dass einst die Welt römisch universal war und dass diese antike Gesamtkultur in die unsrige übergegangen ist.»[161]

Zweite Christianisierungswelle

III. BUCH

10. KAPITEL VON DER ANTIKE ZUM FRÜHMITTELALTER

Das frühe Mittelalter lässt man in den Geschichtsbüchern mit dem Jahr 476 beginnen, als der germanische Feldherr Odoaker den letzten weströmischen Kaiser vom Thron stiess und sich an seine Stelle setzte. Nun liegt in diesem wichtigen 5. Jahrhundert, in dem der Übergang von der Antike zum Mittelalter erfolgte, fast völlige Dunkelheit auf der Geschichte Basels. Kein Basler hat in einem festlichen Gedicht das Ende der römischen Herrschaft gefeiert, kein Dichter die neue Zeit begrüsst, und keine Sage berichtet von dramatischen Ereignissen, wie es z.B. das Nibelungenlied in der Wormser Gegend tut. Antike Schriftsteller schreiben von den Ereignissen nördlich der Alpen wenig, und die grossen deutschen Chronisten werden erst in den folgenden Jahrhunderten zur Feder greifen.[170] Das 5. Jahrhundert der Basler Geschichte ist – historiographisch gesehen – Brachland. Es gibt aber ein «Buch», das uns, zwar in schwer lesbarer Schrift, aber allmählich immer präziser Auskunft über jene Zeit gibt: der Boden Basels. Was die Archäologen in den letzten hundert Jahren ans Tageslicht gefördert haben, immer noch fördern und mit wissenschaftlichen Methoden scharfsinnig analysieren und datieren, erhellt langsam die dunkle Epoche.[171] Gleichzeitig mit der Archäologie hat ein besonderer Zweig der Sprachwissenschaft, die Ortsnamenkunde, neue Erkenntnisse vermittelt.[172] Dank Archäologie und Ortsnamenkunde darf man die Geschichte des 5. und 6. Jahrhunderts in der Basler Gegend nicht mehr so darstellen, wie es noch Jacob Burckhardt 1846 in einem Neujahrsblatt für Basels Jugend unter dem Titel «Die Alamannen und ihre Bekehrung zum Christentum» getan hat. Nach ihm war das Schicksal der römischen Bevölkerung in der Basler Region «grauenvoll»; sie sei allem Anschein nach grösstenteils durch das Schwert umgekommen.[173] 140 Jahre nach Burckhardts Schilderung ist das Bild der alemannischen Besiedlung und Landnahme wesentlich anders geworden. Eines aber stand damals schon fest und gilt heute noch: wir sprechen die Sprache der Alemannen, und der Basler kann sie in ihrer schönsten poetischen Form geniessen, wenn er zu den «Alemannischen Gedichten» Johann Peter Hebels greift.

Bodenfunde als Geschichtsquellen

Lassen wir für einen Augenblick die Landschaft Basel aus den Augen, um in den allgemeinen Geschichtswerken und den Quellen der «Völkerwanderungszeit» zu blättern und dabei das Volk der Alemannen kennenzulernen.[174]

Herkunft und Wesen der Alemannen

Eine Schilderung dieses germanischen Volkes zur Zeit der ersten römischen Kaiser gibt uns der Schriftsteller Cornelius Tacitus (55–120 n. Chr.) in seinem Buch «Germania». Er bezeichnet eine Völkergemeinschaft, die an der mittleren Elbe wohnt, mit dem Namen «Sueben» – daraus wird später einmal der Name «Schwaben» werden – und fährt dann so fort: «Für die Ältesten und Vornehmsten unter den Sueben halten sich die Semnonen. Der Glaube an ihr hohes Alter wird durch heilige Bräuche gestützt. Zu bestimmten Zeiten kommen die Vertreter der Völkerschaften gleichen Bluts in einem Walde, geweiht durch von den Vätern geschaute Zeichen und aus der Vorzeit überkommene heilige Scheu, zusammen, und indem sie einen Menschen schlachten, eröffnen sie den barbarischen Dienst ihres Gottes. Noch eine andere Verehrung gilt dem Hain: keiner darf ihn anders als in Fesseln betreten, gleichsam als Untertan und um von der Macht des Gottes zu zeugen ... Das ganze Treiben deutet darauf, dass dort die Wiege des Volkes sei, dort der allbeherrschende Gott und alles andere untertänig und abhängig. Bestärkt wird diese Meinung durch das Gedeihen der Semnonen: in hundert Gauen wohnen sie, und bei solcher Grösse ihrer Körperschaft halten sie sich für das Haupt der suebischen Völker.»[175]

Der Name «Semnonen» verschwindet in der Folge aus der Geschichtsschreibung, nicht aber das einst so bezeichnete Volk. Hundert Jahre später ist das von Tacitus geschilderte Konglomerat verschiedener Stämme nach Südwesten in die Maingegend gewandert, und nun werden sie «Alemannen», was wohl «Männerbund» bedeutet, genannt.[176] Abschätzig nennt sie ein römischer Historiker «ein Volk von zusammengelaufenen Leuten und Mischlingen».[177]

Aber dieses «zusammengelaufene Volk» bringt in der zweiten Hälfte des 3. Jahrhunderts das römische Reich in schwere Bedrängnis. Im Jahr 260 sind die Alemannen die Herren des Dekumatenlands, jenes Landstrichs zwischen der oberen Donau und dem mittleren Rhein, dem heute etwa Baden/Württemberg entspricht. Das rechtsrheinische Gebiet war den Römern für immer verloren gegangen, und wieder wie zu Zeiten des Kaisers Augustus wurde der Rhein Grenze zwischen Germanen und Römern. Auch diese Rheingrenze bot trotz allen Befestigungen keinen immerwährenden Schutz vor den Einfällen der Alemannen.

Vordringen der Alemannen

Immer wieder bricht wohl meistens die Jungmannschaft zu Raubzügen ins römische Gallien, ja bis nach Italien auf. Zweck solcher militärischer Expeditionen war keineswegs eine Landnahme; es lockte reiche Beute, und als solche galten nicht nur Silber und Gold, sondern ebensosehr der gefangene Mann, den man als Knecht in die heimatlichen Gefilde verschleppte. Als «Leute, die ihr Haupt hoch tragen, von barbarischer Wildheit, kriegslüstern» charakterisiert sie der römische Schriftsteller Ammianus Marcellinus, der im kaiserlichen Gefolge in nächster

GERMANENREICH UM 500 N.CHR.

Frankenreich der Merowinger im 5./6. Jh.

Frankenreich Karls des Grossen um 800

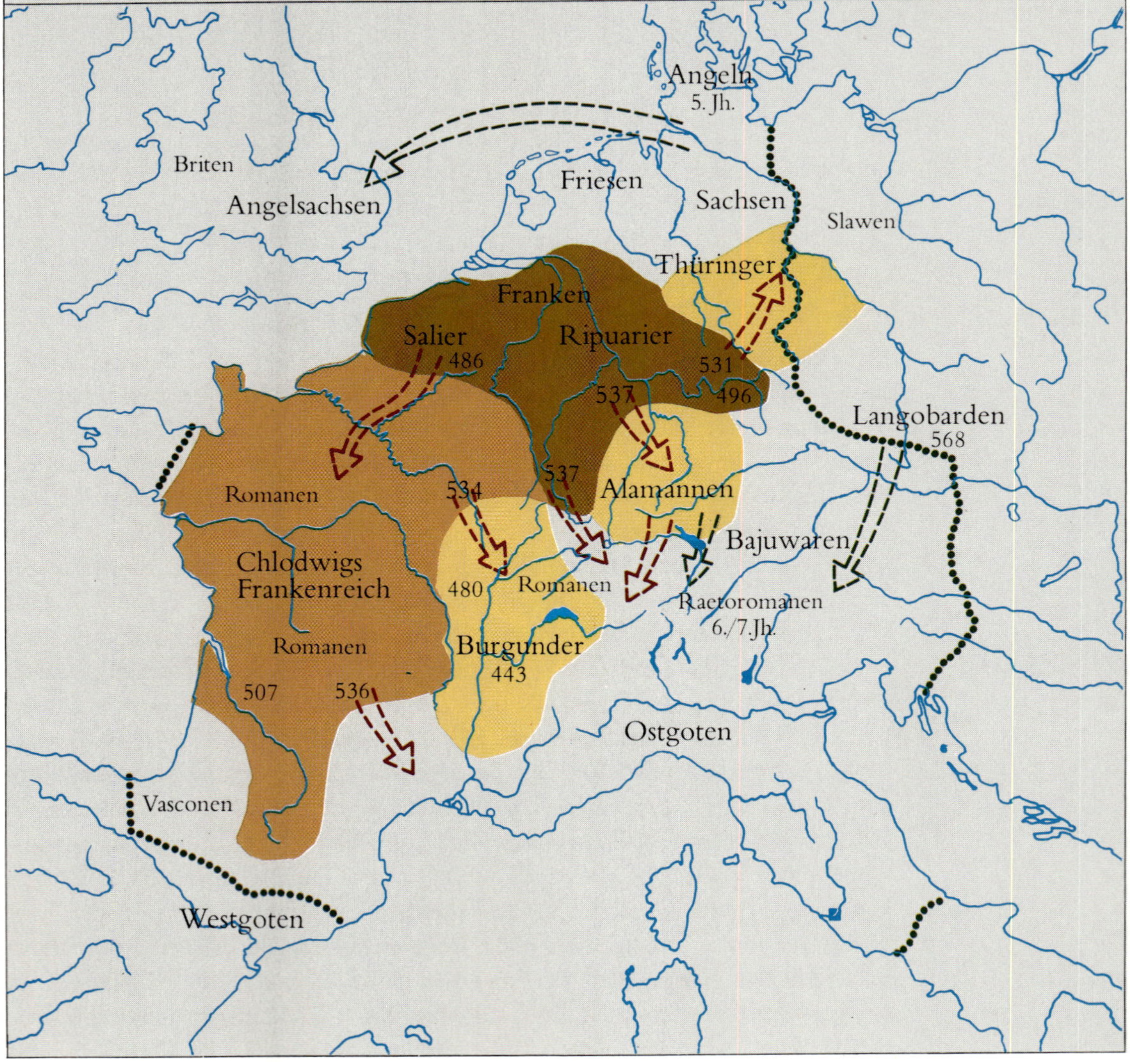

Nähe der Schauplätze weilte.[178] Zwar gelingt es tüchtigen Cäsaren wie Konstantin, Julian, Valentinian I. die eingefallenen Alemannen zurückzuwerfen oder die Kriegsgefangenen zurückzuholen. Der Vater der Basler Geschichtsschreibung, Christian Wurstisen, meint darum in seiner Basler Chronik, die römischen Cäsaren hätten die Alemannen «übel abgetröcknet».[179] Ob die Alemannen durch solche Erfahrungen belehrt oder ob sie durch diplomatische Vereinbarungen mit dem römischen Feldherrn Stilicho gebunden waren – fest steht nur, dass sie nach dem Jahr 401, als die mobilen römischen Truppen von der Rheingrenze nach Italien abgezogen wurden, um dort Rom vor den Westgoten zu schützen, nicht in das Gebiet der heutigen Schweiz eingedrungen sind. Es sei ein wahres Wunder, meint der Basler Historiker, Felix Staehelin, dass die Schweiz noch ein halbes Jahrhundert von der Invasion der Germanen verschont geblieben sei.[180] Gewiss wanderten mit den Legionssoldaten auch wohlhabende Römer, die in den Landhäusern des heutigen Baselbiets wohnten, nach Süden ab, aber der grössere Teil der galloromischen Bevölkerung, die wir nun die «Romanen» nennen, blieb in den befestigten Städten, den Kastellen, sitzen. Vom allmählichen Zusammenbruch der römischen Verwaltung bis zur Einrichtung der fränkischen Regierungsgewalt nach dem Jahr 537 wird auf unserem Boden eine staatliche Struktur nicht sichtbar, weshalb man die Schweiz als ein «Niemandsland» bezeichnet hat, das von ca. 400 bis 540 am Rande des untergehenden römischen Reichs existiert habe.[181]

Wann sind nun – dies war eine lang umstrittene Frage – die Alemannen über den Rhein zur endgültigen Besiedelung der ehemaligen römischen Schweiz in die Provinz Maxima Sequanorum gekommen? Wann haben sie, statt das Schwert auf Raubzügen zu zücken, die Pflugschar zur Bebauung des helvetischen Bodens ergriffen? Diesen wichtigen Vorgang schildert nun im Gegensatz zu den kriegerischen Ereignissen im 4. Jahrhundert kein römischer Historiker ausführlich. Aber beim Dichter Sidonius Apollinaris (430–479), der das Lob eines Kaisers im Jahr 456 singt, liest man die Verse:

> «Den Rhein trankest du, wilder Alemanne am Ufer des Römers, und auf beiden Seiten des Stromes weiltest du übermütig, dort als Bürger, hier als Sieger.»[182]

Alemannische Landnahme am Oberrhein

Mit guten Gründen wird nun in der jüngsten Forschung diese Landnahme auf beiden Seiten des Rheins nicht auf den Hochrhein von Basel bis Konstanz, sondern auf den Stromabschnitt unterhalb Basels bezogen.[183] Man findet nämlich – und dies lässt den schlüssigen Beweis zu – links des Hochrheins keine alemannischen Gräber, die vor den letzten Jahren des 5. Jahrhunderts belegt worden wären. Gewiss lockten im 5. Jahrhundert als Siedlungsgebiete die reichen Felder der oberrheinischen Tiefebene und des Saône-Rhonebeckens stärker als der kärgliche Boden des Schweizer Juras. Verhängnisvoll für die Alemannen war es nun, dass ihrem Expansionsdrang nach Westen eine neue, diesmal germanische Grossmacht entgegentrat, die Franken. Wo und wann dieses wichtige Ereignis der ale-

Franken als Expansionsbremse

mannischen Geschichte stattgefunden hat, wissen wir nicht genau. Der fränkische Geschichtsschreiber Gregor von Tours richtet in seiner Schilderung sein Augenmerk mehr auf die Bekehrung des Frankenkönigs Chlodwig zum Christentum als auf die näheren Umstände des Kampfes. Man lokalisiert diesen nun westlich des mittleren Rheins, zeitlich in die Jahre 495/96. Entscheidend für die Lage ihres neuen Lebensraumes ist nun das Eingreifen einer andern Grossmacht. Theoderich, der Ostgotenkönig, nahm die geschlagenen Alemannen unter seinen Schutz. In einem Brief an seinen Schwager Chlodwig im Jahr 507 gratuliert er zunächst dem Frankenkönig, mahnt ihn aber dann, sich zu mässigen und den Rest der besiegten Alemannen, die sich in den Schutz Theoderichs begeben hätten, nicht mehr zu verfolgen.[184] Die genaue Lage dieser Alemannensiedlungen im Ostgotenreich kennen wir nicht, d.h. sie wird von den Forschern nicht übereinstimmend geortet. Lange dauerte das Schutzverhältnis zwischen Ostgoten und Alemannen allerdings nicht. Nach dem Tod des grossen Theodrich (526) ging sein Reich bald unter. Die Erben nördlich der Alpen waren – die Franken. Erst jetzt, um die Mitte des 6. Jahrhunderts begannen – wohl unter fränkischer Zustimmung – die Alemannen die Schweiz bis zur Aare zu besiedeln. Es war ein langsamer und lange dauernder Prozess, den man eher als Infiltration denn als Invasion bezeichnen muss. Und er scheint im grossen ganzen friedlich abgelaufen zu sein. Viele Romanen hatten ihre Sitze in den Tälern schon früher freiwillig geräumt. Sie wohnten fortan in den ehemaligen römischen Städten und Kastellen oder in deren unmittelbarer Nähe. Ringsum aber stieg die Flut der germanischen Bauernsiedler. Sie mieden freiwillig die Städte, die ihnen wie «mit Netzen umgebene Gräber» erschienen.[185]

Alemannische Besiedlung der Schweiz erst im 6. Jahrhundert

Die neuen Siedler unterschieden sich in mehrfacher Hinsicht von den ansässigen Romanen. Wohl noch etwa 250 Jahre blieb die damalige Nord- und Ostschweiz zweisprachig, bis das Idiom der sich stark vermehrenden Alemannen alleinige Umgangssprache wurde. Geschrieben freilich wurde in Basel bis ins 13. Jahrhundert nur lateinisch. Umgekehrt verlief der Prozess auf dem religiösen Gebiet. Noch im 6. Jahrhundert verehrten die Alemannen ihre alten Götter, den Ziu – davon der Wochentagsname Dienstag, baseldeutsch Zyschtig – und, wie man aus der Lebensgeschichte der Missionare Kolumban und Gallus erfährt, auch den Wotan oder Donar.[186] Den Naturgeistern im Wald und an Quellen wurden Pferde und Stiere geopfert. Von Menschenopfern hört man gelegentlich noch in der Mitte des 6. Jahrhunderts.[187] Doch spätestens um das Jahr 800 sind die Alemannen dank fränkischer Mission Christen geworden.

Christianisierung der Alemannen

Wir haben die Schicksale des alemannischen Volkes vom 1. bis ins 6. Jahrhundert skizziert. Was hat dies, könnte man fragen, mit der Geschichte Basels zu tun? Sehr viel! Dass die Basler Bevölkerung darum die deutsche Sprache angenommen hat, haben wir schon erwähnt. Wir finden aber in Basel noch weitere Relikte des alemannischen Stammes aus der Zeit ihrer Landnahme: materielle und sprachliche.

Funde aus dem alemannischen Gräberfeld Kleinhüningen. Links: zwei Fünfknopf-Fibeln aus dem 5. Jahrhundert. Rechts: zweischneidiges Langschwert (Spatha) mit Scheide und Bernsteinkugel, um 500.

Die materiellen stellt das Historische Museum am Barfüsserplatz zur Schau, die sprachlichen sind im Sprachatlas verzeichnet.

Basler Funde aus alemannischer Zeit

Die Fundobjekte aus den alemannischen Gräberfeldern in Kleinhüningen und an der Schwarzwaldallee (ehemals Gotterbarmweg genannt) strafen die Behauptung von dem völligen Mangel an Kultur bei den Alemannen Lügen.[188] Da sie in heidnischer Zeit ihre Toten in voller Kleidung mit Schmuck- und Waffenbeigaben begruben, sind wir heute im Besitz vieler Produkte ihrer Kunstfertigkeit. Gewisse Kenntnisse von Metallbearbeitung brachten sie schon aus ihren früheren Wohnsitzen mit; sie waren aber auch, wie alle Germanen, gelehrige Schüler der Römer. Bei den künstlerisch bemerkenswerten Grabfunden handelt es sich um Fibeln, eine Art Sicherheitsnadeln, die auch als Schmuckstücke dienten, und um Gürtelschnallen, deren Beschläge unter anderm mit Silberblech, Halbedelsteinen oder Imitationen aus Glas belegt wurden. Diese Kleinodien der Kunst des frühen Mittelalters zeigen, dass die germanischen Völker einen eigenen Kunststil entwickelt haben. Die verschiedenen Phasen dieser Stilrichtung helfen dem Archäologen, eine relative Chronologie zu erkennen. Wenn die Grabfunde mit Münzen vergesellschaftet sind – so lautet der Fachausdruck –, ist sogar eine absolute Datierung, d.h. die Bestimmung der Beerdigungszeit möglich.[189]

Sprachliche Hinweise

Von den Bauernhöfen und Weilern der sippenweise oder als Einzelfamilie siedelnden Alemannen ist nichts mehr zu finden, da sie, einst aus Holzbalken und Fachwerk bestehend, längst vermodert sind. Aber dank den heute noch gebrauchten Orts- und Flurnamen wissen wir, wo sich die Einwanderer niedergelassen haben. Um frühe alemannische Siedlungen handelt es sich meistens bei den Dorfnamen auf -ingen oder -ikon. Das Suffix -ingen ist in der Regel einem Eigennamen, wohl dem Namen des Sippen- oder Familienältesten angehängt. In «Hüningen» war z.B. der Hof der Huninge, der Sippe des Huno. Wie in der Basler Gegend die Dörfer bzw. Höfe der beiden Bevölkerungselemente, der Romanen und der Germanen, im 7. Jahrhundert verteilt gewesen sind, zeigt die Karte.[190] Als der längst urbargemachte Boden der wachsenden Bevölkerung nicht mehr genügte, drangen die Alemannen in die Waldgebiete und rodeten in harter, jahrzehntelanger Arbeit. Von dieser Innenkolonisation zeugen Ortsnamen wie Rüti, Reute usw., wenn die Gegend mit der Axt gerodet oder Schwanden, Schwendi, wenn der Boden durch Waldbrand gewonnen wurde.[191]

Stolz der Basler auf alemannische Herkunft

Die relativ genauen Erkenntnisse über die Alemanneneinwanderung sind, wie geschildert, Ergebnisse der in den letzten Jahrzehnten betriebenen Forschung. Dass den Baslern aber schon vor mindestens 450 Jahren ihre Herkunft von einem deutschen Stamm bewusst war und sie auf diese Abstammung sogar stolz waren, beweist der untere Teil der Inschrift, die der Rat auf dem Sockel des Standbildes von Munatius Plancus 1580 anbringen liess: [Zu Ehren des Plancus hat] «die Bürgerschaft von Basel, die aus dem sehr kriegerischen Stamm der Alemannen ins

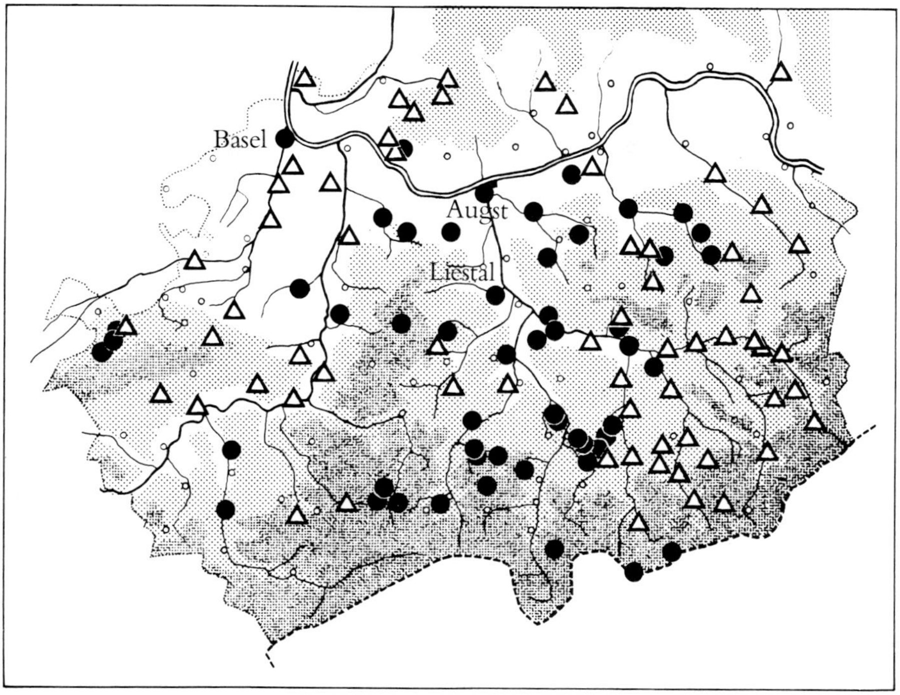

Romanische und alemannische Siedlungsbezeichnungen im Frühmittelalter.
△ = alemannische Ortsnamen.
● = romanische Orts- und Flurnamen.

Gebiet der Rauriker hinübergeführt worden ist» [das Standbild aufstellen lassen].[192] Man hat also öffentlich bekundet, dass man von den kriegerischen Alemannen abstamme. Begreiflich, schliesslich war man trotz dem vor kurzem geschlossenen Bund mit den Eidgenossen staatsrechtlich immer noch ein Glied des Heiligen Römischen Reichs Deutscher Nation. Doch – 400 Jahre später, als sich das Dritte Reich anmasste, auch die Alemannen südlich des Rheins als einen Teil des deutschen Volkes zu betrachten, sah man die Herkunft der Basler in einem andern Licht. Das kräftigste Zeugnis jener Zeit ist die schöne kleine Schrift von Rudolf Laur-Belart «Urgeschichte und Schweizertum», in welcher der Autor die Rassenlehre für die Erkenntnis unserer Herkunft ablehnte und ein differenzierteres Bild entwarf: «Am Aufbau unseres schweizerischen Volkstums haben zur Hauptsache ... zwei Elemente mitgewirkt: das *Keltische* und das *Germanische.* Dies in körperlicher und in seelischer Hinsicht. In kulturell-geistiger Beziehung aber sind es, da die keltische Kultur grösstenteils in der römischen aufging, das *Römische* und das *Germanische.* Alle drei haben die Voraussetzung zu unserm eigenartigen Staatswesen geschaffen.»[193] Wir möchten betonen, dass diese Voraussetzung auch und besonders für den baslerischen Stadtstaat gilt. Diese historische Erkenntnis ist einer der Gründe, weshalb der Sirenengesang von der alemannischen Gemeinschaft nördlich und südlich des Rheins in der Schweiz fast wirkungslos verhallt ist.

11. KAPITEL
BASEL IN FRÄNKISCHER ZEIT

Das Frankenreich

Es lebte wahrscheinlich erst eine kleine Schar alemannischer Siedler in der Basler Region, als die Franken der Expansion dieses Volkes nach Westen Halt geboten. Den Franken, und nur ihnen, ist gelungen, was allen andern Germanenstämmen, die ins römische Reich brachen, versagt blieb: die Errichtung eines dauerhaften Staates, in dem Romanen und Germanen eine solide Gemeinschaft gebildet haben. Mit harter Faust schmiedete der Merowinger Chlodwig (481–511) die verschiedenen fränkischen Stämme zusammen und gewann mit kluger Berechnung die romanische Bevölkerung für sich, indem er, und mit ihm natürlich der fränkische Adel, zum weströmischen Katholizismus übertrat.[194] Aber nach wenigen Generationen erlosch das Geschlecht der Merowinger in einem grauenhaften Familienzwist. «Mit Kummer gehe ich daran», klagt der Hofhistoriker Gregor von Tours Ende des 6. Jahrhunderts, «die Zwistigkeiten und Bürgerkriege zu erzählen, die das Volk und die Herrschaft der Franken so sehr in Verfall bringen ... Es erhebt sich Vater gegen Sohn, Bruder gegen Bruder, Verwandte gegen Verwandte.»[195] Den Staat der Franken vor dem gänzlichen Verfall bewahrt haben die Hausmeier, die obersten Beamten aus dem Geschlecht der Karolinger. Sie nahmen in der Mitte des 8. Jahrhunderts das Heft in die Hand. Unter ihnen erreichte das fränkische Reich zu Beginn des 9. Jahrhunderts seine grösste Machtentfaltung. Im Reich Karls des Grossen beugten sich alle Bewohner Europas von der Nordsee bis zu den Alpen, vom Atlantik bis zur Elbe dem Willen eines einzigen Herrschers.

Fränkische Präsenz in Basel

Zunächst wird in Basel die fränkische Präsenz in der Mitte des 6. Jahrhunderts durch eine kleine Kolonie vornehmer Familien wenige hundert Meter ausserhalb des spätantiken Kastells feststellbar. Ein Gräberfeld am Bernerring mit Grabkammern wohlhabender, noch heidnischer Leute wird als die Nekropole einer ersten fränkischen Sippe gedeutet, die wohl auf höheren Befehl den Wohnsitz im Norden, vielleicht Thüringen, verliess und in die Basler Gegend zog.[196] Da die Bestattungen Ende des 6. Jahrhunderts aufhörten, könnte die fränkische Verwaltung ins Kastell auf dem Münsterhügel verlegt worden sein. Noch ist der Besiedlungsvorgang auf dem äussersten Sporn bei der Martinskirche nicht geklärt, doch das Patrozinium der dortigen Kirche (möglicherweise ihres Vorgängers) lässt eine fränkische Niederlassung vermuten. Der heilige Martin, eine historische Gestalt des 4. Jahrhunderts, wurde schon in merowingischer Zeit als Schutzpatron aller Franken verehrt. Die ihm geweihten Kirchen in der Umgebung Basels sind zahlreich.[197]

Entstehung des Basler Bistums

In die fränkische Epoche, die rund 350 Jahre dauert, fallen nun in Basel der Aufstieg und die Konsolidierung jener Institution, die bis ins Hochmittelalter die geistige und materielle Gestalt unseres Gemeinwesens geprägt hat, nämlich des Bistums. Christian Wurstisen, der Basler Historiker, der dem Mittelalter am nächsten stand, verglich es einmal mit einem «seligen und guten Sauerteig – der von Jahr zu Jahr um sich gegriffen hat».[198] Leider wissen wir über die Einzelheiten dieses Vorgangs nichts Genaues. Fest steht nur: seit dem Jahr 740 residierte in Basel ununterbrochen ein Bischof, und wir kennen auch die Grenzen seiner Diözese, die vermutlich um 750 zur Zeit Pippins, des ersten fränkischen Königs aus dem Geschlecht der Karolinger, bestimmt worden sind. Das Basler Bistum zählte nicht zu den grossen Sprengeln, war aber dank seinen fruchtbaren Landstrichen in der Rheinebene und dem Besitz der nach Süden führenden Verkehrswege nicht bedeutungslos. Es umfasste das Elsass bis zu den Städten Colmar und Schlettstadt, den heutigen Kanton Baselland, das Fricktal, die bernischen und solothurnischen Juratäler bis zum Bielersee; im Osten trennte der Rhein strikte bis zur Aaremündung die Basler und die Konstanzer Diözese.[199] Der zentrale Bischofssitz befand sich im 9. Jahrhundert auf dem Münsterhügel. Schon in einer wichtigen Verordnung, die wir noch kennenlernen, wird ein «Palatium», wohl der Bischofspalast, als Ort erwähnt, von dem aus dem Volk die Fasttage zu verkündigen seien.[200]

Ansehen des Bischofs

Nur schwer können wir uns heute vorstellen, welches Ansehen im Frühmittelalter der Inhaber des bischöflichen Amtes genossen hat. In den spätantiken Kastellstädten wie Basel verkörperte er nach dem Zusammenbruch der römischen Zentralverwaltung nicht nur die Kirche als Priester, Lehrer und Hirt der Gemeinde; kraft seiner Autorität und Bildung schlichtete er weltliche Rechtshändel und manch andern Streit und wurde zum Ratgeber der Bedrängten. Sein Ansehen wird in den folgenden Jahrhunderten wachsen, und dank der Gunst der höchsten weltlichen Machthaber, der Könige und Kaiser des ottonischen und salischen Geschlechts, werden wir den geistlichen Hirten des Frühmittelalters später in den höchsten Rängen der weltlichen Hierarchie antreffen (vgl. 13. Kapitel).

Zweite Christianisierungsaktion

Trotz der nie unterbrochenen christlichen Tradition in den Städten brauchte es eine zweite Christianisierungsaktion, bis in der Nord- und der Ostschweiz das alemannische Heidentum besiegt war. Diese Aufgabe haben bekanntlich die irisch-schottischen Missionare mit Erfolg vollbracht.[201] Wenn die fränkischen Könige einem Kolumban und seinem Schüler Gallus, machtlosen Asketen, ihre Unterstützung in reichem Mass gewährten, so werden sie, neben dem Gedanken an himmlischen Lohn, in der Tätigkeit dieser zum Martyrium bereiten Missionare ein treffliches Mittel zur Beherrschung und Zivilisierung der Alemannen erkannt haben.

Bedeutung des Klosters Luxeuil für Basel

Was im 8. Jahrhundert das Kloster St. Gallen für die Ostschweiz bedeutete, war im 7. Jahrhundert für die Basler Region das Vogesenkloster Luxeuil. Zehn Jahre lebte in diesem Hauptstützpunkt des Christentums Kolumban, unerschrocken den Königen Austrasiens Busse predigend, dann zog er, vielleicht fluchtartig, weg in die Ostschweiz. Im Kloster Luxeuil ist auch Ragnachar, der erste Basler Bischof, dessen Wohnsitz man in Basel (nicht mehr in Augst) vermutet, Mönch gewesen.[202] Von Luxeuil aus wurde um 630 mitten im Basler Jura das Kloster Moutier-Grandval (Monasterium Grandisvallis) gegründet, und als ersten Abt schickte der Vorsteher von Luxeuil den heiligen Germanus ins Birstal.[203] Da Germanus und seine Mönche, wie die bald nach seinem Tod entstandene Legende berichtet, mit eigenen Händen die Felsen wegschafften und den Weg durch die Klus von Choindez öffneten, wurde seine Tat auch für Basel folgenreich. Jetzt stand der alte Verkehrsweg vom Rheinknie durch den Jura ins Welschland wieder allen offen. Wegen seines Martyriums wurde Germanus – er ist um 660 erschlagen worden – schon bald heiliggesprochen. Als Kulturpionier im Basler Jura verdient der fast Vergessene einen Ehrenplatz auch in der Basler Geschichte, selbst wenn sein noch erhaltener Abtstab kaum das Urbild für das Basler Wappen gewesen ist.[204]

Bischof Ragnachar

Germanus

Bischof Haito

Der erste Basler Bischof, von dem wir mehr als nur den Namen kennen, hiess Haito (763–836).[205] Seinen Ruhm verkündete nämlich ein Mitbruder im damals blühenden Kloster Reichenau im Untersee, der schreibgewandte Mönch Walahfrid Strabo (808–849) in vielen Versen.[206] Darum steht er in hellem, vielleicht allzu verklärendem Licht. Schon als Knäblein von fünf Jahren schickten ihn die Eltern, vermutlich schwäbische Adelige, in die Klosterschule auf der Reichenau. Er verliess das Kloster erst wieder, als er zur Würde des Abts aufgestiegen war und ihn Kaiser Karl der Grosse zum Bischof von Basel bestimmte. Während zweier Jahrzehnte versah Haito ein Doppelamt: er war Bischof von Basel und zugleich Abt des Klosters Reichenau. Doch damit nicht genug! Häufig hielt sich der vielbeschäftigte Mann auch am kaiserlichen Hof in Aachen auf.[207] Dort unterzeichnete er im Jahr 811 mit zehn Amtskollegen das Testament Karls des Grossen. Bekanntlich berief der Kaiser seine Diplomaten gerne aus dem Kreis der sprachgewandten Würdenträger der Kirche, wenn es galt, eine heikle Mission auszuführen. Und sehr heikel war zum Beispiel die Aufgabe einer Gesandtschaft an den Kaiserhof in Konstantinopel im Jahr 811. Das alte Misstrauen der Oströmer hatte sich an venezianischen Fragen wieder entzündet. Haito verfasste nachträglich einen Bericht über die mühseligen Verhandlungen und die strapaziöse Meerfahrt («Hodeporicon id est itinerarium»). Er soll damals häufig gelesen worden sein, ist aber heute verloren. Eine viel spätere, legendenhafte Version berichtet, wie huldvoll der Kaiser den Basler Bischof behandelt habe.[208]

Das gute Verhältnis zwischen Karl dem Grossen und Haito dauerte unter dem Nachfolger und Sohn des Kaisers, Ludwig dem Frommen, fort. Im Jahr 823 legte Haito seine hohen Ämter nieder, da er – wie es in einem Text heisst – ein privates und ruhiges Leben wünschte («privatam et quietam vitam adoptante»).[209] Er vertauschte die Bischofsgewänder wieder mit der Mönchskutte und beschloss sein Leben als gewöhnlicher Klosterbruder auf der Reichenau.

Haitos geistliches Wirken

Was dieser karolingische Kirchenfürst für die Stadt Basel getan hat, wissen wir zum Teil seit langem, zum Teil aber erst seit den jüngsten Ausgrabungen im Basler Münster. Bekannt waren seine geistlichen Weisungen, die «Capitularia ecclesiastica», eine Sammlung von 25 Verhaltensregeln für die Priester des Basler Bistums.[210] Diese Sammlung geistlicher Gesetze, mit denen Haito nach den Worten des Dichters Walahfrid Strabo «den bis auf den Grund zerstörten Schafstall wieder aufrichtete»[211], ist ein wichtiges Dokument der Basler Kirchengeschichte, erfahren wir doch daraus Konkretes über die Kirchensitten oder -unsitten, sowie über den Bildungsstand der Geistlichkeit. Von den Priestern wird unter anderm verlangt, dass sie das Vaterunser und das Glaubensbekenntnis lateinisch und deutsch (!) lernen und dass sie die wichtigsten Kirchenbücher wie Liturgien und Kalender zur Bestimmung der Festtage genau gelesen haben. Schon damals machte das Zölibat den Priestern offenbar zu schaffen, gebot ihnen doch Haito, «keine fremden Frauen bei sich wohnen zu lassen, ausser solchen, bei denen der Verdacht eines schlechten Rufs nicht aufkommen kann» (Artikel 9). Ferner wird den Priestern, die oft Söhne adliger Familien waren, verboten, Jagdhunde, Falken und Sperber zu halten. Oft scheint Haito nicht zu den Geistlichen zu sprechen, sondern vielmehr durch sie zum Volk. Breit werden etwa die Probleme des Ehelebens abgehandelt und die Fragen, wie der Priester sich in besonderen Fällen zu verhalten habe, beantwortet. In solchen Partien sind Haitos geistliche Verordnungen weit mehr als ein Pflichtenheft für die Pfarrer. Wir glauben hier, den Grundriss einer Lebensordnung für ein Volk, das erst noch erzogen werden muss, zu erkennen. Wer diese Ermahnungen Haitos liest, wird an eine andere Basler Sammlung kirchlicher Vorschriften erinnert. Etwa 700 Jahre nach Haito liess der letzte vorreformatorische Basler Bischof ebenso stark seine mahnende Stimme hören; die «Statuta synodalia Basiliensia» des Christoph von Utenheim aus dem Jahr 1503 werden uns im 19. Kapitel beschäftigen.

Haitos Münsterbau

Zusätzliche Erkenntnisse über das Wirken Haitos brachten die Münstergrabungen der 1970er Jahre. Die alte Frage nach einem Vorgängerbau des Heinrichsmünsters fand nämlich eine Antwort: zu Beginn des 9. Jahrhunderts wurde auf dem Münsterplatz ein prächtiges Gotteshaus errichtet, und der Bauherr hiess –

Haito.[212] Ein Gedicht des schon erwähnten Zeitgenossen Haitos, des Walahfrid Strabo, dessen Titel bisher falsch gelesen wurde, verkündet in schwungvollen Hexametern:

> «Was du an Mauern gewahrst, was mühsam einstens errichtet,
> Dann zerfallen und Schutt und Trümmer, ein Bild der Zerstörung,
> Nackt das Gebälk und leer die Wände, die es getragen –
> Da ragt jetzt ein herrlicher Bau in glänzender Helle,
> Aus den zerbröckelten Trümmern nun wieder vom Boden erstanden,
> Haitos Werk, des Priesters, beseelt von göttlichem Hauche.»[213]

Die Grundmauern des Haitobaus liegen wieder zugedeckt im Boden. Und ganz verschwunden ist leider das Abschiedsgeschenk des Bischofs, das er vor seiner Rückkehr nach Reichenau seiner Kathedrale aus seinem Privatvermögen verehrt hat: ein Ziborium, d.h. ein baldachinartiger Altarüberbau aus edlem Metall. Auch diesen grossartigen Kirchenschmuck, der etwa der goldenen Altartafel Heinrichs II. an die Seite zu stellen wäre, hat der Reichenauer Mönch dichterisch besungen.[214]

Dem Manne, dem Basel eine Kathedrale und eine tiefschürfende Kirchenordnung verdankt, hat die Stadt nie ein Denkmal errichtet, nicht einmal eine Strasse nach ihm benannt. Die Erinnerung an ihn ist verblasst, weil die Generation der Humanisten einen Römer ins Rampenlicht stellte, den General Plancus, der Basels Boden wahrscheinlich gar nie betreten hat. Dank der archäologischen Erforschung des Münsterbodens und einem neuen Quellenverständnis ist der Kirchenmann des Mittelalters doch noch zu wohlverdienten Ehren gekommen.[215]

Basel in spätkarolingischer Zeit

Bald nach Haitos Tod begann der mächtige Staat Karls des Grossen in seinen Fundamenten zu wanken. Nur mühsam vermochte Karls Sohn, Ludwig der Fromme, ein Regent ohne die Tatkraft des Vaters, die auseinanderstrebenden Teile des Reichs zusammenzuhalten. Die Erbansprüche der Enkel und Urenkel Karls des Grossen erzeugten jenen Neid, der die Kinder gegen den Vater, den Bruder gegen den Bruder das Schwert ziehen liess. Aus dem einen Reich wurden im Vertrag von Verdun (843) drei: das ostfränkische (später Deutschland geheissen), das westfränkische (später Frankreich) und das lebensunfähige Mittelreich, das sich von der Nordsee bis nach Rom erstreckte. In den Verträgen von Mersen (870) und Ribemont (880) verschwand das Mittelreich nördlich der Alpen von der Landkarte. In wenigen Jahrzehnten hatte also Europa ein anderes Gesicht erhalten.

Wenn wir nach dem Schicksal Basels fragen, so zeigt ein Blick auf die politische Karte des 9. Jahrhunderts, dass unsere Gegend, da sie mitten in Europa liegt, einmal zum Mittelreich, dann zum ostfränkischen Reich geschlagen wurde. Schliesslich sehen wir Basel am nordöstlichen Zipfel eines neuen politischen

Gebildes, das am Ende des 9. Jahrhunderts im Tal der Rhone und ihrer Nebenflüsse entstanden war; wir meinen das Königreich Burgund. Während eines Jahrhunderts gehörte die Basler Gegend also einem Land romanischer Sprache und Kultur an. Die deutsche Sprache ist zwar nicht verdrängt worden, aber die Einflüsse aus dem Westen haben in unserer Geschichte Spuren hinterlassen, weshalb wir dem burgundischen Basel ein besonderes Kapitel widmen müssen.

Holzkästchen (32 × 21 × 28 cm) aus einem Frauengrab des 6. Jahrhunderts in der fränkischen Siedlung am Bernerring. Oben: Rekonstruktion des Kästchens. Unten: Bronzebeschlag des Deckels. Historisches Museum.

12. KAPITEL BASEL IM KÖNIGREICH BURGUND UND DER ÜBERGANG AN DAS DEUTSCHE REICH

Ein deutscher Geschichtsschreiber namens Wipo verfasste in den ersten Jahrzehnten des 11. Jahrhunderts eine Biographie des Kaisers Konrad II. aus dem Geschlecht der Salier. Basel wird darin mehrmals erwähnt, weil der Kaiser hier recht eindrücklich Reichspolitik getrieben hat. Wipo schildert die Lage Basels so: «Die Stadt Basel liegt dort, wo drei Grenzen zusammen kommen, nämlich von Burgund, von Alemannien (= Deutschland) und von Francien (= Frankreich); die Stadt selbst aber gehört zu Burgund».[216] Dies ist die älteste Beschreibung von Basels Grenzlage, und sie hat bis heute eine gewisse Gültigkeit bewahrt. Nur gehört Basel seit 1501 de facto, seit 1648 de iure zur schweizerischen Eidgenossenschaft; das Land Burgund liegt weit weg und ist für die meisten Basler identisch mit den sonnigen Hängen der Côte d'Or, wo die Weintrauben reifen.

Basel gehörte also einmal zu einem Reich, dessen nördlichste Grenze am Rhein zwischen Basel und der Aaremündung, dessen südlichste am Mittelmeer bei Marseille lag. Die Erinnerung an diese Epoche ist im allgemeinen Bewusstsein der Basler fast ganz verblichen. Und da der Name «Burgund» zu verschiedenen Zeiten an sehr verschiedenen Landstrichen haftete, müssen wir etwas weiter ausholen, um das Bild von jenem alten Burgund aufzufrischen.[217]

Dieser Staat war die Schöpfung eines welfischen, also ursprünglich süddeutschen Geschlechts. Als karolingische Grafen hatten sie in der Westschweiz zahlreiche Güter erworben. Als der letzte legitime karolingische König von Ostfranken gestorben war und ein sogenannter unechter Karolinger, Arnulf von Kärnten, nach der Krone griff, glaubte Graf Rudolf von Burgund seine Zeit für gekommen. Im Kloster St-Maurice im Unterwallis liess er sich im Januar 888 in Anwesenheit der Grossen aus dem Waadtland und dem Jura vom Erzbischof von Besançon die Krone aufs Haupt setzen. Während vier Generationen, unter Rudolf I. (888–911), Rudolf II. (911–937), Konrad dem Friedfertigen (937–992) und Rudolf III. (993–1032) hat dieser Staat, den man zur Unterscheidung von früheren des gleichen Namens «Hochburgund» nennt, bestanden. Dann schlug «Hochburgund» das unter den sächsischen Kaisern mächtig wachsende deutsche Reich seine Hand wie im Norden über Lothringen, so im Süden über Burgund.

Die 150 Jahre Königreich Hochburgund sind bei der Bevölkerung im Welschland nicht in schlechtem Andenken geblieben. Die gute Königin Bertha (922–937), die Frau Rudolfs II., lebt in der Sage bis heute als grosse Wohltäterin fort. Was aber bedeutete das Geschlecht für Basel?

Wir wissen nicht viel über das Verhältnis der Stadt zu den ersten drei burgundischen Königen, denn durch chronikalische Zeugnisse oder steinerne Denkmäler haben wir nur von wenigen Ereignissen sichere Kunde.[218] Eines derselben, ein schreckliches, hat möglicherweise die Stadt bzw. deren Bischof bewogen, bei den Burgundern Schutz zu suchen.

Ungareneinfall 917

Im Jahr 917 erschienen nämlich in unserer Gegend, aus Süddeutschland kommend, die Ungaren, die «Krieger Satans», wie sie das Volk nannte. Von diesem Schrecken verbreitenden primitiven Reitervolk ist Basel damals – zum ersten und letzten Mal in seiner Geschichte – dem Erdboden gleichgemacht worden. Mit dem Teil der Bevölkerung, der nicht geflohen war, wurde der Bischof Rudolf II. erschlagen.[219] Überliefert wird uns dieser Totschlag nur durch eine Inschrift auf dem noch erhaltenen Steinsarkophag: «Rudolfus episcopus a paganis occisus XII KL (?) Augusti» (Bischof Rudolf, von den Heiden erschlagen am 13. Tag vor den Kalenden des Monats August, d.h. am 20. Juli).[220] Mehr Anschauung von der Basler Katastrophe vermitteln die Quellen nicht; hingegen malt bekanntlich der St. Galler Mönch Ekkehard ein sehr eindrückliches Bild vom Besuch der gleichen Ungaren in seinem Kloster. Die vermutlich nur aus Holzhäusern bestehende Stadt bauten die Einwohner rasch wieder auf. Schlimmer stand es um die Kathedrale, den mächtigen Steinbau Haitos. Sie war so stark dem Verfall preisgegeben, dass zu Beginn des 11. Jahrhunderts ein Neubau errichtet werden musste.[221]

Unter den Raubzügen der Ungarn im 10. Jahrhundert litten nicht nur Basel und die Ostschweiz. Grosse Teile Deutschlands wurden heimgesucht. Darum rüstete sich der erste Sachsenkönig, Heinrich I. (919–936), zum Entscheidungs-

Steinerner, altertümlich ornamentierter Sarkophag des von den Ungaren 917 erschlagenen Bischofs Rudolf II. im Münster.

kampf. Echt mittelalterlich ist es nun, wenn der König in diese Planung nicht nur Burgenbau und militärisches Aufgebot einbezog, sondern auch himmlischen Beistand suchte. Solchen gewährte, nach damaliger Überzeugung, vor allem der Besitz von Reliquien. Und eine der kostbarsten besass Rudolf II. von Burgund. In Italien soll er die heilige Lanze, in der einige Nägel vom Kreuz Christi eingeschlagen waren, erworben haben. Diese Lanze (oder war es nur die Lanzenspitze?) forderte Heinrich I. mit grossem Nachdruck vom Burgunderkönig. Der Preis für die seltsame Transaktion war hoch; in der ersten Hälfte des 10. Jahrhunderts wechselte die Lanze in der Abtei St-Maurice ihren Besitzer und das Gebiet von Basel seinen Herrn! Die Lanze ist in den grossen Feldzügen im Osten des Reichs von den deutschen Herrschern im 10. Jahrhundert immer mitgeführt worden.[222]

Basel fällt an Burgund

Unter dem letzten König von Burgund, Rudolf III., zeigte sein Reich immer stärkere Zeichen des Zerfalls. Ein zeitgenössischer Chronist nennt den König einen «unzuverlässigen, weibischen Mann»; es gebe keinen König, der so regiere wie dieser, er habe nichts als den Titel und die Krone.[223] Tatsächlich suchte Rudolf, da immer mehr weltliche Grosse, besonders französischer Zunge, den Gehorsam verweigerten, Unterstützung bei den geistlichen Herren. In geradezu verschwenderischer Weise schenkte er diesen ganze Grafschaften.[224] Dank einer solchen Schenkung kam der Basler Bischof Adalbert II. in den Besitz der Abtei Moutier-Grandval (Münster-Granfelden), jener schon erwähnten Klostersiedlung an der wichtigen Birstalstrasse ins Welschland und zu den westlichen Alpenpässen. In der Schenkungsurkunde, die 999 in Basel ausgestellt wurde, bemerkte Rudolf ausdrücklich, er handle so, um die treuen Dienste des Basler Bischofs zu belohnen und in Anbetracht der Armut des Bistums.[225] Der Verleihungsakt ist für die Geschichte des Bistums hochwichtig. Zum ersten Mal kam der Basler Bischof in den Besitz eines ausserhalb der Stadt liegenden Territoriums; der Grundstein zur Entwicklung eines geistlichen Fürstentums im Jura war gelegt. Fast genau 800 Jahre sollten die Juratäler zwar nicht immer «baslerisches», aber doch «bischöfliches» Land bleiben. Erst die Revolutionszeit und die Wiener Akte von 1815 liquidierten diesen Staat. Aber 150 Jahre darnach erlebte er eine teilweise Wiederauferstehung rein weltlicher Art; das ehemalige Fürstbistum Basel heisst jetzt Kanton Jura.

Basler Bischof bekommt Moutier-Grandval

Die Ausdehnung des Basler Bistums in den Jura hatte noch andere Folgen. Jetzt hielt der deutsche Kaiser Heinrich II. (1002–1024) die Stadt, die am Rheinknie und zugleich am Nordfuss der nach Burgund führenden Jurapässe lag, für so wichtig im Kräftespiel der grossen Politik, dass er alle Hebel in Bewegung setzte, sie wieder dem deutschen Reich anzugliedern, sie gleichsam aus der Fremdherrschaft zurückzuholen.[226] Und die Umstände schienen ihm günstig, denn er war durch seine Mutter ein Neffe Rudolfs III. von Burgund, und Rudolf war kinderlos. Dieses «Zurückholen» freilich war nicht eine Frage von wenigen Jahren; sie beschäftigte den deutschen Kaiser während seiner ganzen Regierungszeit.

Kaiser Heinrich II. und Basel

Kaiser Heinrich II. Statue am Westportal des Münsters, um 1290.

Vielleicht hat gerade darum Basel, die Deutschland am nächsten liegende burgundische Stadt, ein so besonders enges Verhältnis zu diesem einzigen Heiligen unter den deutschen Kaisern. Der Basler weiss davon: gleich zweimal blickt der überlebensgrosse Heinrich, das Kirchenmodell und das Zepter in den Händen, von der Münsterfassade auf das alte Zentrum der Bischofsstadt herab. Die ältere Plastik von 1290 steht neben dem Westportal, die jüngere von 1420 hoch oben im Westgiebel. Jedesmal befindet sich gegenüber seine ebenfalls heiliggesprochene Gemahlin Kunigunde.[227] Fast unbekannt ist die dritte Heinrich-Plastik, nämlich diejenige an der Pfalzmauer. Seit etwa 1500 schaut er dort als Greis mit flatterndem Bart hinunter auf die vorbeifahrenden Schiffer.[228] Das kostbarste Zeugnis sakraler Kunst, auf dem Heinrich und Kunigunde als Stifterfiguren zu Füssen Christi dargestellt sind, befindet sich leider nicht mehr in Basel. Mit Wehmut steht der Basler vor der goldenen Altartafel, einem Geschenk des Kaisers, im Musée de Cluny in Paris.[229] Und schliesslich werden sich manche Basler an jenes berühmte Datum der Aufnahme unserer Stadt in den Bund der Eidgenossen erinnern; sie geschah mit Absicht am 13. Juli, am Kaiser-Heinrichtag.

All dies zeugt also von dem Wohlwollen des frommen Herrschers unserer Stadt gegenüber. Frömmigkeit und Politik waren im Mittelalter indes untrennbar miteinander verwoben. Es ging dem Kaiser primär um den Erwerb der Stadt, bevor sie nach dem Tod des letzten Burgunderkönigs von einem französischen Anwärter – auch dieser pochte auf verwandtschaftliche Rechte – annektiert würde. Im Jahr 1006 begannen in Basel Verhandlungen zwischen Heinrich und Rudolf III. um das Erbe. Der Burgunder stimmte dem Plan seines Neffen zu: Burgund sollte nach seinem Tode an den deutschen Kaiser fallen, Basel jetzt schon als Pfand den Herrscher wechseln.[230] Seit diesen ersten Vereinbarungen mit Burgund überschüttet der deutsche Kaiser Heinrich II. Basel mit Gunstbeweisen. Er schenkt z.B. dem Bischof die elsässische Hard, einen Wald, in dem fortan niemand mehr Bären, Hirsche und Rehböcke – sie werden namentlich genannt – jagen dürfe ausser den Leuten des Bischofs.[231] Bleibendes Denkmal solcher religiös und politisch motivierter Huldbezeugungen Heinrichs ist der Münsterbau am Anfang des 11. Jahrhunderts. Gewiss liess nicht er das Münster bauen, sondern der energische Bischof Adalbert I. Aber Heinrich vergabte diesem treuen Gefolgsmann mehrmals Güter mit der Bestimmung «für das Münster» (ad utilitatem monasterii).[232] Die rasche Vollendung und Ausschmückung dieses Gotteshauses muss ihm sehr am Herzen gelegen haben. Die Weihe des Münsters am 11. Oktober 1019 wurde zu einer Demonstration der Macht und des Glanzes des deutschen Kaisertums. An diesem Fest nahmen ausser dem Kaiser mit Gefolge die Bischöfe der benachbarten Diözesen teil.

Heinrich II. als Wohltäter Basels

Weihe des Heinrichsmünsters 1019

Und doch – wenige Jahre später stellt es sich heraus: die ganze politische, einmal sogar militärische Anstrengung, Burgund für das Reich zu gewinnen, war ein Misserfolg. Als Heinrich II. im Juli 1024 erst 51jährig kinderlos starb, der ältere burgundische Onkel aber immer noch lebte, ging der familienrechtlich begründete Erbanspruch des deutschen Reichs auf Burgund verloren. Der Nachfolger Heinrichs in Deutschland, Konrad II., stammte aus einem andern Geschlecht, demjenigen der Salier. Doch er war aus härterem Holz als sein Vorgänger. Was er nicht rechtens beanspruchen konnte, das nahm er sich mit Gewalt nach dem Tode Rudolfs III. im September 1032. Sein Biograph Wipo schildert uns die Feldzüge Konrads nach Burgund anschaulich.[233] Schon im Januar 1033 zog der Kaiser bei grösster Kälte nach Payerne und wurde dort «von Hohen und Niederen des Reichs zum König von Burgund erwählt und gleichen Tags gekrönt». Da sich der andere Anwärter auf Burgund, der Graf Odo von der Champagne, noch nicht geschlagen gab, musste Konrad nochmals ins Feld ziehen. Mit der Eroberung der tapfer verteidigten Festung Murten im Sommer 1034 war jeder Widerstand gegen die deutsche Herrschaft in Burgund gebrochen. Seltsame Laune der Weltgeschichte! Am gleichen Ort haben 442 Jahre später die Eidgenossen mit Unterstützung der Basler das dritte Burgunderreich vernichtet. Und wieder waren die Folgen für Basels Geschichte einschneidend. 1476 war es kein Sieg des deutschen Kaisertums, sondern der Eidgenossen. Ihrem Bund schlossen sich bald darauf die Basler an und leiteten so die Loslösung der Stadt vom deutschen Reich in die Wege.

Deutsche Herrschaft über Burgund

13. KAPITEL DER BASLER BISCHOFSSTAAT IM HOCHMITTELALTER

Beginn der deutlich erfassbaren Geschichte

Mit der Eingliederung Basels in das deutsche Reich beginnt nun seine genauer bekannte Geschichte. «Jetzt taucht die Stadt aus dem Dunkel älterer Zeiten auf und schickt sich an, ein Gesicht zu bekommen».[234] Man erkennt am Rheinknie ein städtisches Gemeinwesen mit individuellen Zügen und sieht darin eine Reihe von starken Persönlichkeiten handeln. Ihre Namen sind nicht nur in Aktenstücken vermerkt; sie sind durch Taten bekannt geworden, die vielfach in der europäischen Geschichte verzeichnet sind, denn Basel ist nun als Reichsbistum festes Glied des deutschen Reichs, das damals «Romanum Imperium», später «Heiliges Römisches Reich» heisst. Die Herren Basels, die Bischöfe, sind oft am Hof der salischen und staufischen Könige anzutreffen. Gewappnet und hoch zu Ross begleiten sie die Kaiser auf ihren Feldzügen, auf den Italienfahrten und sogar auf den Kreuzzügen ins Heilige Land. «Unsern geliebten Fürsten» (dilectus princeps noster) nennen die Kaiser den Basler Bischof in ihren Urkunden.[235] Wie weit entfernt sind sie von einander, jene Bischöfe der ältesten Zeiten, nur mit dem Hirtenstab als Zeichen ihres Amtes versehen, und die Fürstbischöfe des Hochmittelalters inmitten ihres Hofstaates in der Residenz auf dem Münsterhügel. Wir werden drei von ihnen schildern, werfen aber vorher einen Blick auf die Stadt, ihre Einwohner und die staatliche Struktur des Bischofsstaates.

Rasches Wachstum der Stadt

Basel erlebte in der Epoche des ausgeprägten bischöflichen Regiments ein erstaunliches Wachstum. Noch zu Zeiten Heinrichs II., der, von der Armut des Bistums betroffen, das Hochstift reich beschenkte, zählte die Stadt etwa zweitausend Einwohner.[236] Auf dem Höhepunkt bischöflicher Macht, nur 250 Jahre später, wohnten in ihren Mauern schätzungsweise acht- bis zehntausend Menschen. Dieses Wachstumsphänomen ist aber nicht typisch baslerisch. Allerorten, besonders in den ehemaligen römischen Landstrichen am Rhein, wuchsen im 11. Jahrhundert nach langem Stillstand die Städte rasch. Von ihrer religiösen und wirtschaftlichen Kraft zeugen heute noch die vielen romanischen Dome längs des Rheins. Die Gründe für diese Anziehungskraft der Städte lagen in der politischen und wirtschaftlichen Struktur der Landbevölkerung, besonders jenes Teils, dessen rechtliche Stellung man als «halbfrei» bezeichnet. Sie strömte in die Städte, weil hier im Zeitalter des Fehdewesens mehr Sicherheit zu erhoffen war als auf dem offenen Land. Vor allem lockte das Privileg des Stadtbewohners, das der bekannte Spruch aus dem alt-deutschen Recht aufs knappste so formulierte: «Stadtluft macht frei».[237] Indes war es aber um die Sicherheit jener Basler, die sich am Fuss des befestigten Münsterhügels niedergelassen hatten, schlecht bestellt. Vermutlich schützte diesen Stadtteil längere Zeit nur eine Palisadenhecke.

Bischof Burkhards Stadtbefestigung

Man lebte aber im 11. Jahrhundert, als der Investiturstreit auch um Basel tobte, in gefährlichen Zeiten. Daher unternahm der Bischof Burkhard, von dem wir noch reden werden, ein gewaltiges Werk zum Schutz der Stadt. Es hat allerdings in den schriftlichen Quellen auffallend wenig Niederschlag gefunden. Nur der Gründungsbericht des Klosters St. Alban erzählt, Burkard habe die Stadt befestigen lassen.[238] Lange lag diese sogenannte «Burkhard-Mauer» im Boden verborgen und gab daher Anlass zu hypothetischen Rekonstruktionsversuchen. Erst die jüngsten Grabungen der Bodenforschung haben es ans Licht gebracht: die Burkhard-Mauer liegt erstaunlicherweise zum grössten Teil lediglich wenige Meter hinter der jüngeren Mauer des 13. Jahrhunderts.[239] Der Basler kennt im allgemeinen nur diese jüngere zweite Mauer, denn ihr Verlauf ist im Stadtbild noch deutlich zu erkennen. Sie erstreckte sich auf eine Länge von 1600 Metern vom Rhein zum Rhein auf dem heutigen Strassenzug St. Albangraben–Steinenberg–Kohlenberg–Leonhardsgraben–Petersgraben, öffnete dem Verkehr vier Tore und eines dem Birsig und war stark genug, um Hab und Gut der Bürger

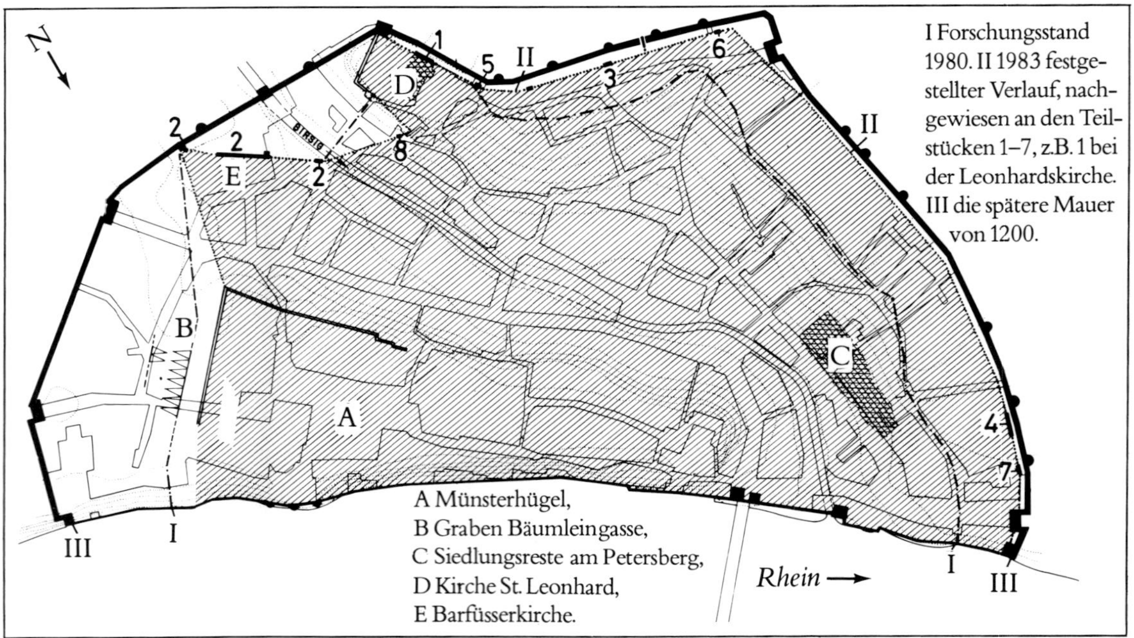

I Forschungsstand 1980. II 1983 festgestellter Verlauf, nachgewiesen an den Teilstücken 1–7, z.B. 1 bei der Leonhardskirche. III die spätere Mauer von 1200.

A Münsterhügel,
B Graben Bäumleingasse,
C Siedlungsreste am Petersberg,
D Kirche St. Leonhard,
E Barfüsserkirche.

zu schützen, bis sie Ende des 14. Jahrhunderts durch die dritte und letzte Mauer ersetzt wurde. Innerhalb dieses Mauerrings, auf einer Fläche von etwa 37 Hektaren[240], fand der mittelalterliche Basler alles, was er für Leib und Seele bedurfte: vier stattliche Kirchen, alle überragend die Kathedrale des Bischofs, sodann St. Martin, St. Peter, St. Leonhard, dazu eine grosse Anzahl von Kapellen für die Andacht zu jeder Tagesstunde, ferner mehrere Marktplätze für den Kauf von Lebensmitteln und den Verkauf der eigenen Gewerbeprodukte, frisches Wasser an den Quellen des Leonhards- und Petersbergs, sogar einen Energiespender, der Mühlen trieb, in der Form des Rümelinbachs, eine Schifflände an einem Strom, der schon europäische Verkehrsgeltung hatte, und schliesslich auch Bauland, denn noch waren die Häuser nicht durchwegs bis an die Stadtmauer herangerückt.[241] Ob der Basler jener Zeit von der Gestalt seiner Stadt mit ihren schmalen Holzhäusern, ihren krummen, nie ganz horizontalen Strassen, ihren steilen Gassen und engen Gässlein, ihren verwinkelten Plätzen so entzückt war wie der heutige Altstadtfreund, der die Schönheit der mittelalterlichen Kleinstadt rühmt und sie als organisch gewachsenes Kunstwerk sieht, diese Frage müssen wir unbeantwortet lassen.[242]

Stadtbild und -topographie

Es ist für das mittelalterliche Basel charakteristisch, dass der Topographie der Stadt die «Topographie der Stände» weitgehend entsprach.[243] Innerhalb der Stadt schloss die Ständeordnung die Schichten Klerus, Adel, Bürgerschaft zwar nicht strikt voneinander ab; doch sind die Lebensräume, in denen sie wohnten und wirkten, weitgehend durch die Stadttopographie vorgezeichnet.

Bischofsresidenz und Domkapitel

Oben auf dem Münsterhügel lag seit alten Zeiten der kirchliche Mittelpunkt, das Verwaltungszentrum des Bistums. Hier wohnte im Palast («palatium» in den schriftlichen Zeugnissen), dessen ältester Standort nicht lokalisiert werden kann, das Oberhaupt der Diözese in nächster Nähe der Kathedrale. In den Frühzeiten des Bistums standen ihm im Gottesdienst und bei den charitativen Handlungen nur einige Diakone zur Seite; jetzt, im Hochmittelalter, umgab ihn ein Hofstaat von geistlichem und weltlichem Gepräge. Etwa vierundzwanzig Domherren bildeten das Kapitel oder Hochstift.[244] Sie zelebrierten mit ihren Kaplänen an den Altären des Münsters und der zahlreichen Kapellen rund um den Platz die Messe. Jetzt war das Domstift zu einer exklusiven Gesellschaft geworden, in der die städtische Bürgerschaft kaum mehr vertreten war. Seit die enge Wohngemeinschaft, die einst den Bischof und die Domherren zusammenschloss, aufgelöst war, wohnten diese Herren dank ihren reichen Pfründen in eigenen Häusern rings um den Münsterplatz. Aber an hohen Feiertagen wie Weihnachten und Ostern versammelten sie sich im Refektorium zu einem äusserst üppigen Festmahl mit neun Gängen, die der Dompropst, der Vorsteher des Kapitels, nach genau vorgeschriebener Speisenfolge servieren lassen musste.[245] Ihr Lebensstil stach damals von jenem der Bürger merklich ab. Oft wurden sie auch zu Widersachern des Bischofs. Dass die Domherren ihre Interessen gegenüber dem Bischof wahrzunehmen wussten, erfährt man aus den Wahlkapitulationen, die ein Kandidat für den Bischofsstuhl mit ihnen, denen das Vorschlagsrecht zustand, abschliessen musste. Was bekanntlich bei den Königswahlen im deutschen Reich gang und gäbe war, galt auch für die Basler Bischofswahlen.

Der Adel

Auffallend stark war damals in Basel der zweite Stand der mittelalterlichen Hierarchie, der Adel, vertreten. Man begegnete ihm in der Stadt in allen seinen Schattierungen: dem Hochadligen, z.B. dem Grafen von Homburg, der mit der Zustimmung des Bischofs das höchste Amt, die Reichsvogtei, innehatte, dem adligen Lehensträger, der irgendwo eine Burg oder ein Dorf als Lehen des Bischofs besass, dem Angehörigen des Dienstadels, der sogenannten Ministerialität, der sich, um Ruhm und Ehre zu gewinnen, sogar in ein Dienstverhältnis zum Bischof, also in die Abhängigkeit begeben hatte.[246] Zahlreich waren begehrte Ämter und Ämtlein am Sitz des Bischofs. Zur engsten Hausgenossenschaft gehörten der Marschalk, der Kämmerer, der Schenk, der Truchsess, der Pfalzgraf. Diese Berufsbezeichnungen wurden später zum Geschlechtsnamen der Amtsträger. Am stärksten in Erscheinung trat der Ritterstand auf den Feldzügen, den Romfahrten, bei den Hoftagen des Königs – lauter Dienstleistungen, zu welchen der Bischof verpflichtet war. Das Gefolge bestand überwiegend aus Ministerialen, die, obwohl ursprünglich unfrei, im Dienst des Bischofs in den Ritterstand aufgestiegen waren. Zu den altadligen Geschlechtern, die generationenlang die gleichen Ämter innehatten, gehörten z.B. die Herren von Eptingen, von Ramstein, von Rotberg, von Bärenfels. Im Dienstadel zeichneten sich die Schaler, Reich und Münch aus. In der ersten Hälfte des 13. Jahrhunderts, zur Stauferzeit, steht diese städtische Aristokratie auf dem Höhepunkt ihrer Macht.

Adelszwiste

Dann zerreissen gegensätzliche politische Bindungen die Adelsgesellschaft; es entstehen die Parteien der Psitticher und der Sterner, die für oder gegen den Bischof Stellung beziehen.[247] Gefährlich für den Stadtherrn wurde eine Faktion dann, wenn sie Anlehnung bei einem mächtigen Fürsten der Umgebung suchte. Dies war der Fall zur Zeit Rudolfs von Habsburg. (Wie dadurch das Bistum in Bedrängnis kam, wird später geschildert werden.) Ergänzen wir noch, dass der waffentragende Ritterstand – was übrigens nur ihm erlaubt war – auch in der Stadttopographie in Erscheinung trat. Oben auf der linken Talflanke des Birsigs, am Nadelberg (früher als «Adelberg» gedeutet) lagen die schönen Höfe, unten in der Talstadt die befestigten Wohnburgen. Sie sind den Bischöfen wohl ein Dorn im Auge gewesen, denn auf ihren Wunsch verbot Kaiser Friedrich I. (Barbarossa) den Bau von solchen «wicborc» ohne die Erlaubnis des Stadtherrn.[248]

Die Bürgerschaft: Handwerker und Kaufleute

Vom dritten Stand, der arbeitenden und handeltreibenden Bürgerschaft, erfährt man aus Chronikalien und Urkunden dieser Zeit nicht viel. Und doch hätte weder die Existenz eines Bischofshofes noch die Anwesenheit zahlreicher Adelsfamilien in der Stadt genügt, um Basel jene Bedeutung zu verleihen, die schon im Hochmittelalter gepriesen, später von den Eidgenossen erkannt und durch die Aufnahme in ihren Bund gewürdigt werden sollte. Dazu bedurfte es einer Bürgerschaft: eines fleissigen Handwerkerstandes und einer wagemutigen Kaufmannsschicht. Man glaubt ihre ältesten Spuren schon vor dem Jahr 1000 dort entdeckt zu haben, wo an der tiefsten Stelle der Stadt, bei der Birsigmündung, Fischer und Schiffleute ein Auskommen fanden und wo an den Festtagen, wenn das Volk aus der Umgebung herbeigeströmt war, wandernde Krämer ihre Waren anboten.[249] Noch heute liegen Marktplatz und Fischmarkt am unteren (überdeckten) Birsiglauf und bilden den Kern der geschäftigen Altstadt. Birsigaufwärts lagen im 12. und im 13. Jahrhundert die Handwerkerquartiere; davon künden noch heute die Namen: Gerbergasse, Hutgasse, Sattelgasse, Schneidergasse. Zur Förderung des Gewerbes wurde ausserhalb der damaligen Stadt der «Teich», der Rümelinbach, abgeleitet und längs der Talflanke, wo sich Gerber, Färber, Schmiede angesiedelt hatten, bis zur Hutgasse geführt.[250]

Die allmählich in der Bürgerschaft führende und schliesslich zur Oberschicht aufsteigende Bevölkerungsklasse waren die Kaufleute. Angezogen hat diese ursprünglich im Sundgau und im Breisgau wohnenden Händler und Wechsler der einzigartige Markt- und Stapelplatz unter dem Münstersporn, wo der Rhein stromabwärts schiffbar wurde. Schon 1075 sind diese «mercatores Basilienses» in der Bodenseegegend – wie eine Urkunde bezeugt – bekannt.[251] In den folgenden Jahrhunderten waren sie auf allen Strassen zwischen Italien und den Niederlanden, zwischen Deutschland und Südfrankreich anzutreffen. Ihr Beruf verschaffte ihnen jene Kenntnis der Welthändel, die sie befähigte, an die Spitze der Bürgerschaft zu treten; ihr Reichtum öffnete ihnen die Türen zu den Trinkstuben der Ritter; die sozialen Schranken zwischen ihnen und der Adelsschicht fielen. Im Spätmittelalter sollten sie und nicht mehr der Bischof oder der Stadtadel den Ton angeben.

Stellung des Bischofs als geistlicher und weltlicher Herr

Wir haben uns bisher nur mit der Stadt beschäftigt; der Titel dieses Kapitels heisst aber «der Bischofsstaat», worunter man mehr als die Bischofsstadt versteht. Der Herr dieses «Staates» steht im Hochmittelalter gleichberechtigt neben den obersten weltlichen Fürsten, den Grafen, die einst im fränkischen Reich allein als Vertreter des Königs die Machtbefugnisse ausgeübt haben. Der Aufstieg des machtlosen Hirten der frühchristlichen Gemeinde auf diese Stufe der weltlichen Hierarchie, ein Vorgang von europäischer Reichweite, sei hier kurz geschildert.[252]

Die drei Säulen, auf denen die Macht eines mittelalterlichen Bischofsstaates im ganzen deutschen Reich ruhte, waren: Grundbesitz, Immunität und Regalien. Wie aber ist die Kirche zu Grundbesitz, zur Immunität und zu Regalien, den königlichen Hoheitsrechten, gekommen?

Seit die christliche Kirche als vom römischen Staat anerkannte Institution existierte, wurde sie von den Gläubigen beschenkt. Die Motive solcher Schenkungen und Stiftungen sind in der menschlichen Natur begründet. Der wohlhabende Laie vermachte, im Wissen um die Gefahren im Diesseits und aus der Furcht vor Strafe im Jenseits, meistens testamentarisch der Kirche Grund und Boden. Man muss dazu präzisierend sagen: nicht die Kirche oder ein Geistlicher wurden fortan Besitzer dieser Grundherrschaft, sondern ein Heiliger, vor allem *die* Heilige, Maria. Ihres Schutzes und ihrer Fürbitte wollte man sich versichern, nicht die Hilfe eines Menschen gewinnen, dem die christliche Lehre nie Waffengewalt zugebilligt hat. Anschaulich kommt diese frühmittelalterliche Vorstellung von Kirchenbesitz noch im 13. Jahrhundert in einem Gespräch zwischen dem Bischof von Basel und dem Abt von St. Gallen zum Ausdruck.[253] Sie lagen 1270 miteinander im Streit und waren bereit, ihn durch ihre Ritter und Knechte ausfechten zu lassen. Die Verhandlungen, die den Kampf dann verhinderten, sollen nach einem Bericht damit begonnen haben, dass der Bischof von Basel zum Abt von St. Gallen sprach: «Herr von St. Gallen, was hat unsre liebe Frau (Maria) verschuldet, dass Ihr ihrem Land Schaden zugefügt habt?» – Darauf der Abt von St. Gallen: «Herr von Basel, wo hat sich je St. Gallus an der lieben Frau schuldig gemacht, dass Ihr ihm seinen Wein beschlagnahmt habt?» Der anekdotische Bericht ist eine späte, aber gewiss eine zutreffende Reminiszenz an die alte Vorstellung, dass kirchlicher Grundbesitz nicht einer irdischen Person, sondern einer himmlischen gehöre, auch wenn die Nutzniesser der materiellen Erträge Bischöfe, Domherren oder Äbte waren.

Grundherrschaft

Nun darf aber nach einem Urgesetz aller Religionen im Haus, in dem Gott oder seine Diener wohnen, keine Gewalttat geschehen. Schon im Altertum fand der Verfolgte in heiligen Stätten Schutz; solche Räume waren immer dem Arm des weltlichen Richters entzogen.[254] Und dieser heilige Friede, der sich im Mittelalter auf die Kirche und die Wohnungen der Domherren, schliesslich auf allen kirchlichen Grundbesitz in der Stadt ausdehnte, ist der Ursprung der Immunität. Man versteht darunter das Recht, das den Eintritt eines weltlichen Richters in den kirchlichen Raum verbietet. Auf diese Weise schied der Wohnbezirk eines Bischofs in fränkischer Zeit aus dem Verwaltungsgebiet des Grafen aus; das Kerngebiet zur später folgenden Territorialbildung war damit vorhanden. Es fiel den Bischöfen in fränkischer Zeit nicht schwer, diese Immunität schliesslich auf ihren ganzen wachsenden Besitz auszudehnen. Vielleicht hatte schon Karl der Grosse den Basler Bischof, den oben erwähnten Haito, mit der weltlichen Macht in der Stadt ausgestattet. Eine Urkunde darüber fehlt, aber Wurstisen, der dem Mittelalter wie erwähnt noch näher stand als wir, behauptet, dem Kaiser Karl werde zugeschrieben, er habe den Bischof Haito zum Herrn über die Stadt gemacht.[255]

Immunität

Besser bezeugt sind nun die Beweise königlicher Gunst für die Basler Bischöfe zur Zeit der Salier. Grosszügig delegierten sie ihre königlichen Rechte, die sogenannten Regalien, an die Bischöfe und belohnten damit treue Dienste für das Reich. Sie schenkten ihnen so wichtige und einträgliche Rechte wie das Zollrecht, das Münzrecht, das Marktrecht und schliesslich das wichtigste – die

Gerichtsbarkeit in der Residenz und als wirklich königliche Vergabung eine ganze Grafschaft. Was die Herren des Reichs zu solchen Vergabungen bewogen hat, ist bekannt: die sittliche Integrität und die Bildung erhoben die Bischöfe hoch über die meisten weltlichen Amtsträger, und – ihre Kinderlosigkeit verhinderte die Entstehung einer neuen, den Königen gefährlichen Dynastie.

Hoheitsrechte

Das materiell einträglichste Regal war das Recht jedes neugewählten Bischofs, Münzen aus Silber schlagen zu lassen.[256] Kauf und Verkauf von Silber beaufsichtigte darum in Basel ein vom Bischof eingesetzter Münzmeister. Ein anderes Regal, das Zollrecht, erschloss eine andere Finanzquelle. Für jedes Rad, das durch die Stadt fuhr, musste ein Pfennig entrichtet werden. Da die sesshaften Bürger und die Geistlichen von dieser Abgabe befreit waren, bezahlten hauptsächlich fremde Händler, die Waren auf den Markt brachten, diesen Zoll. Dafür gewährte ihnen der Stadtherr als Gegenleistung sicheres Geleit und gestattete ihnen den Verkauf der Waren auf dem öffentlichen Markt. Weitaus wichtigstes Regal, «Kardinalpunkt des bischöflichen Rechts», war die Gerichtsbarkeit.[257] Da aber ein Bischof als Geistlicher nicht über Leben und Tod richten durfte, übertrug er dieses Recht einem Beamten, dem Vogt. Er wird im Lauf der Zeit der wichtigste Beamte des Bischofs. Die für den modernen Menschen reichlich kompliziert erscheinenden Gerichtsverhältnisse liess ein Bischof (vielleicht war es Berthold II. oder Heinrich III.) schriftlich fixieren.[258] In diesem sogenannten Bischofsrecht gibt der erste Paragraph Auskunft über die rechtlichen Befugnisse der vom Bischof ernannten Richter. (Wir zitieren den Abschnitt in neuhochdeutscher Sprache, das Original ist mittelhochdeutsch.) «Dies sind die Rechtsverhältnisse in Basel: In Basel stehen die Gerichtsbarkeit und die entsprechenden Befugnisse dem Bischof zu, beziehungsweise denen, die er mit ihrer Ausübung betraut hat: der Schultheiss sitzt zu Gericht über Schulden (?) und Geldsachen, Unrecht und andere wichtige Rechtssachen, der Vogt über Diebstahl und Gewalttätigkeit.»

Gerichtsbarkeit

Bildung des bischöflichen Territorialstaates

Bis zum Jahr 1041 bezogen sich die Regalien nur auf das Stadtgebiet. Zur Bildung des grösseren «Staates» führte nun der Erwerb von Grafschaften in Basels weiterer Umgebung. Die erste grosse Schenkung wird durch eine Urkunde vom 1. Mai 1041 bestätigt. Kaiser Heinrich III. schenkt darnach dem Bischof Dietrich von Basel bzw. der Basler Kirche um des Seelenheils seines Vaters und seiner selbst willen die Grafschaft im Sisgau, das heisst, dass der Bischof von nun an sämtliche gräflichen Amtsrechte im heutigen Baselbiet erhält und hier – wie es im Text heisst – tun und lassen kann, was ihm zum Nutzen der Kirche zu tun gefällt.[259] Die bisherigen Inhaber des Grafenamts verwalten zwar den Sisgau weiterhin, aber sie werden nicht mehr vom König, sondern vom Bischof belehnt, sind also von ihm abhängig. Damit war ein grosser Schritt zur Bildung des bischöflichen Territorialstaats getan. Politisch fiel dabei ins Gewicht, dass nun ein wichtiger Jurapass, der Hauenstein, im Machtgebiet des Bischofs lag. Ein weiterer Machtzuwachs fällt in die Zeit des Investiturstreits, den wir in der Lebensgeschichte des Bischofs Burkhard sogleich schildern werden. Aus Dankbarkeit für die von Burkhard geleisteten Dienste schenkt ihm Heinrich IV. im Jahr 1080 die Grafschaft im Buchsgau, im heutigen Gäu zwischen dem Jura und dem linken Aareufer.[260] Jetzt gehörte auch der südliche Ausgang der Jurapässe zum bischöflichen Territorium. Zusammen mit dem schon 999 erhaltenen Kloster Moutier-Grandval, zusammen mit käuflich erworbenen Grundherrschaften im Elsass und Breisgau bildeten diese Schenkungen der Salier den Bischofsstaat des 13. Jahrhunderts. Aber es ist ein merkwürdiges Gebilde! In der Stadt Basel ist der Bischof unangefochten Stadtherr, denn er besetzt immer noch alle wichtigen Ämter mit seinen Vertrauensleuten. Ausserhalb der Stadt erstrecken sich seine Besitzungen in mannigfacher Abstufung der Rechte über das Gebiet der heutigen Kantone Basel-Landschaft, Solothurn, Bern, Jura und Teile des Elsass und des Breisgaus. Es gilt auch hier, was der Verfassungshistoriker Andreas Heusler über das Thema «Landeshoheit» geschrieben hat: «So lagen denn in einem landesherrlichen Gebiete die mannigfaltigsten Gerichtsbarkeiten, Herrschafts- und Vogteirechte des Landesherrn selbst und kleinerer und grösserer Herren bunt durcheinander und griffen sogar ineinander ein, so dass ein seltsamer zersetzter Besitzstand sich ergab.»[261]

BURKHARD VON FENIS, BISCHOF VON BASEL[262] 1072–1107

Was es heisst, mit dem deutschen König auf Heil und Unheil verbunden zu sein, zeigt am eindrücklichsten die Geschichte des Bischofs Burkhard von Fenis, früher «von Hasenburg» genannt. Im Jahr 1072 wurde der gut geschulte und kirchenpolitisch schon erfahrene, etwa dreissig Jahre alte Kleriker aus einem burgundischen Grafengeschlecht Bischof von Basel. Die Investitur mit Ring und Stab vollzog nach dem damaligen Brauch noch der junge König Heinrich IV. aus dem Geschlecht der Salier. Bis zu ihrem fast gleichzeitigen Tod blieben König und Bischof freundschaftlich verbunden und wegen ihrer gleichen Interessen verschworene Gegner Roms bzw. des profiliertesten Papstes des Zeitalters, Gregors VII. Darum wurden der Basler Bischof und seine Stadt in jenen Strudel der Weltereignisse hineingezogen, die man unter der Bezeichnung «Investiturstreit» kennt. Jene turbulenten Jahre des Kampfes zwischen weltlichem und geistlichem Oberhaupt mit kirchlichen, diplomatischen und militärischen Mitteln – in Deutschland zog ein päpstlich gesinnter Gegenkönig mit Macht ins Feld – sind durch das Reizwort «Canossa» im allgemeinen historischen Wissen verankert. Als im Winter 1076/77 Heinrich IV. jenen berühmten schweren Gang nach Canossa unternahm, um sich vom Kirchenbann zu befreien, war auch Bischof Burkhard unterwegs. Wie der Kaiser, erflehte auch er im Burghof von Canossa im Büsserhemd die Lösung vom Bann, und wie er erhielt Burkhard den päpstlichen Friedenskuss.[263] Aber er war auch an jenem triumphalen Ostertag 1084 in Rom dabei,

Investitur durch Heinrich IV.

Gang nach Canossa 1076/77

als ein Gegenpapst Heinrich IV. zum Kaiser krönte, während der legitime, Gregor VII., in der Engelsburg gefangen sass. Noch jahrzehntelang hallte der Kriegsruf «Hie Kaiser, hie Papst!» durch das deutsche Reich, teilte die Länder und Städte in zwei feindliche Lager und tobte der Bürgerkrieg zwischen König und Gegenkönig besonders in Süddeutschland.

Man wird sich hüten müssen, die Ursachen dieses traurigen Zustandes allein im anmassenden Streben eines Papstes oder im Ehrgeiz eines Kaisers zu suchen. Es handelte sich um ein echtes Problem, um das Problem des Mittelalters schlechthin, und exemplarisch kristallisiert es sich in der Gestalt des Basler Bischofs Burkhard, von dem es in einer Urkunde heisst, er sei gleich tätig «in geistlichen wie in weltlichen Dingen» gewesen (vir in rebus tam divinis quam secularibus industrius).[264]

Gründung des Klosters St. Alban

Bischof Burkhard muss selbst unter diesem Zwiespalt gelitten haben. So unentwegt er seinem Herrn, dem Kaiser, politische Gefolgschaft leistete, so offen war er für die echten Bedürfnisse der Basler Kirche. Darum schritt er zu der berühmtesten Tat, welche die Geschichte von ihm überliefert, zur Gründung des Klosters St. Alban. Im Gründungsbericht heisst es etwas summarisch, Burkhard habe sich, nachdem endlich dem Bürgerkrieg der Friede gefolgt sei, von den weltlichen Geschäften den heiligen Dingen zugewandt.[265] Das geschah so: im Jahr 1083 bat Burkhard den ihm befreundeten Abt des berühmten Klosters Cluny in Burgund um die Entsendung einiger Mönche nach Basel. Aus dieser Hochburg der streng

Teil des romanischen Kreuzgangs des St. Alban-Klosters, um 1100.

reformfreudig gesinnten Clunyazenser kamen also jene zwölf Mönche, die neben einer schon bestehenden Kirche im St. Alban-Tal das erste Basler Kloster bauten.[266] Da es organisatorisch von Cluny abhängig blieb, heisst es «Priorat St. Alban», nicht «Abtei». Da Burkhard selbst das Priorat reich mit Stiftsgütern und Pfarreirechten in der Stadt begabt hatte, blühte die Klostersiedlung ausserhalb der Stadt rasch auf. Man bezeichnete früher diese Tat Burkhards als Akt der Sühne für seine Verfolgung der Benediktiner in Moutier-Grandval während des Investiturstreits. Die neuere Forschung verneint aber diese Motivierung. Offenbar erfüllte der Bischof nur einen Wunsch der Basler Bevölkerung, denn im Gründungsbericht wird erzählt, man habe stark beklagt, dass eine Stadt von der Grösse Basels ausser dem Domstift keine einzige mönchische Niederlassung besitze, während doch in andern Bischofstädten drei oder mehr Klöster bestünden.[267]

Schenkungen an St. Alban

Wir nehmen hier des Zusammenhangs wegen die Geschichte dieses Klosters in den folgenden Jahrhunderten vorweg. Schon bald nach der Gründung wurde St. Alban von reichen Leuten beschenkt. Eine Schenkungsurkunde scheint uns für die Denkart des mittelalterlichen Menschen so charakteristisch, dass wir einige Sätze daraus zitieren: «Wir finden durch das Wort des Herrn gesetzt, dass, wer Christi Jünger sein will, eilends sein irdisches Gut verlassen soll ... Auf solche Weise den Besitz verlassen, bedeutet nicht, wie in der Welt, seinen Verlust, sondern den hundertfachen Gewinn. Denn es verlässt der sterbliche Mensch bittere Waldreben und es erwächst ein edler Schoss an dem Stock, dessen Trank ihn der Gemeinschaft der Heiligen beigesellt. Er verlässt ertraglose Wälder und unfruchtbare Dornen und erntet nimmerwelkende Rosen, deren Pracht weder der Frost zerbricht noch die Hitze ausdörrt.»[268] Dank solchen Vergabungen erstreckte sich der zusammenhängende Klosterbezirk vom Kunostor beim St. Alban-Graben bis zur Birs. Dazu kamen noch ertragreiche Grundstücke im Elsass und im Breisgau. Die Basler Filiale Clunys wurde rasch wohlhabend, denn um 1100 wurde die bestehende Kirche St. Alban, die für den liturgischen Chordienst zu klein war, umgebaut; um 1300 wurde der Chor im gotischen Stil erweitert. In diesem Zustand, nur in der Länge reduziert, erinnert die St. Alban-Kirche heute noch an die clunyazensische Siedlung und der noch erhaltene reizvolle Teil des romanischen Kreuzgangs im St. Alban-Stift an die Mönche aus Burgund.[269]

Erstellung des St. Alban-Teichs

Wenn der Stifter vor allem eine Vertiefung und Bereicherung des geistlichen Lebens in Basel erhofft hatte, so erfüllte sich dieser Wunsch nur zum Teil, denn die Händel zwischen dem Domkapitel und dem Kloster um die Pfarreirechte innerhalb der Stadt nahmen kein Ende. Hingegen wurde die Niederlassung der Clunyazenser für die wirtschaftliche Entwicklung der Stadt von grossem Nutzen, weil die Mönche die Wasserkraft der Birs gewerblich ausnützten. Sie bauten nämlich den Kanal, den «Teich», der seit dem 12. Jahrhundert eine Reihe von Mühlen trieb und Handwerker aller Art als Dienstleute des Klosters ins «Dalbeloch» (wie das Quartier heute im Volksmund heisst) zog.[270] Von allen mönchischen Niederlassungen in Basel haben die Clunyazenser den grössten Beitrag zum ökonomischen Fortschritt der Stadt geleistet, denn am Ort, den sie kultiviert hatten, siedelte sich später die so wichtige Papierindustrie an.[271] Bis weit ins 20. Jahrhundert blieb die Wasserkraft des Teichs Energiespender für die dortigen gewerblichen Betriebe.

Der religiöse Zustand des Klosters war allerdings schon lange vor der Reformation so ärgerniserregend, dass sich der Rat von Basel einmischte und einmal sogar einen Prior ernannte. Die 1521 einsetzende Reformation traf nur noch wenige Insassen an. Kaum der eine oder andere sei noch übriggeblieben, schrieb ein Zeitgenosse. Die geistig-religiöse Lebenskraft der Clunyazenser Niederlassung war nach 450 Jahren erschöpft und keines Widerstands mehr fähig.[272]

Stadtmauerbau

Die zweite bis heute unvergessene Tat Burkhards – den Stadtmauerbau – haben wir schon erwähnt. Weil er die Talstadt, die Niederlassung der Kaufleute und Handwerker, wehrhaft gemacht hat, trägt jene Mauer in der Literatur seinen Namen, während die zweite und dritte Ummauerung keinem Basler Staatsmann ausdrücklich zugeschrieben wird.

Ein Menschenalter lang regierte Burkhard von Fenis Basel. Er hat die Stadt zwar durch seine Parteinahme im Investiturstreit schwer belastet; sie aber durch die Gründung von St. Alban dem romanischen Kulturkreis angenähert und durch seine Mauer so geschützt, dass sie wachsen und gedeihen konnte. Mit Recht wird er darum der «erste grosse Bischof von Basel genannt».[273]

HEINRICH II. VON THUN, BISCHOF VON BASEL VON 1216–1238

Der zweite Bischof, den wir als ausgezeichneten Basler Kirchenfürsten vorstellen, Heinrich II., stammte aus einem Adelsgeschlecht des Berner Oberlandes.[274] Man kennt ihn heute noch in Basel als den Erbauer der ersten Rheinbrücke, weil sein (modernes) Standbild über dem Türsturz der Kapelle auf dem sogenannten Käppelijoch steht. Fast 700 Jahre lang hielt sein Bauwerk den oft reissenden Fluten des Rheins stand, bis es 1903 der heutigen Brücke weichen musste.[275] Mit dem Brückenschlag kam ein kleines, aber sehr wichtiges Teilstück der europäischen Fernstrasse vom nördlichen Deutschland über den Gotthardpass nach Italien auf bischöfliches Territorium zu liegen. Merkwürdigerweise kennt man das Datum des Brückenbaus nicht genau, aber aus zwei Urkunden des Jahres 1225 erfährt man, dass die Klöster St. Blasien und Bürgeln bei Kandern Geld gespendet hätten, wofür ihnen für alle Zeiten der Erlass des Brückenzolls («liberum transitum per eundem pontem») versprochen wurde.[276] Vielleicht hatte der politisch weitsichtige Bauherr noch mehr als nur die Erleichterung des Rheinübergangs im Auge, denn jetzt wurde Kleinbasel, dessen Grundherr er war, planmässig besiedelt, ummauert und damit zu einem Bollwerk rechts des Rheins – und dies in der

Bau der ersten Rheinbrücke um 1225

Kleinbasel als Brückenkopf

Die alte Rheinbrücke. Kupferstich nach einer technischen Zeichnung, um 1740.

Diözese des Konstanzer Bischofs! Bis es allerdings politisch mit der Basler Bischofsresidenz verschmolz, mussten noch 170 Jahre verfliessen.[277] Seit 1225 war nun an einer Stelle die uralte Rheingrenze geöffnet und der Breisgau wirtschaftlich und politisch näher an Basel herangerückt. «Basel lag nun nicht mehr am Rhein, sondern über ihm, als seine Herrin».[278]

Berufung von Dominikanern und Franziskanern

Wie Burkhard von Fenis bemühte sich auch Heinrich von Thun, das religiöse Leben in Basel zu fördern. Niemand schien hiefür geeigneter als die vor wenigen Jahren in Italien von den Heiligen Dominicus (um 1170–1221) und Franciscus (1181–1227) gegründeten Bettelorden: die Dominikaner und die Franziskaner, die nur bei grösster Kälte Sandalen tragen durften und darum im Volk «Barfüsser» genannt wurden. Anders als der alte Benediktinerorden waren sie nicht in der Klausur eingeschlossen; sie wanderten predigend über alle Landstrassen und trieben in Gassen und auf Wegen Seelsorge. Das Volk schätzte sie als Beichtväter, denn es fiel ihm leichter, fremden Bettelmönchen die Sünden zu bekennen als den einheimischen Priestern.[279] Diesen beiden Orden gestattete Bischof Heinrich II., sich in Basel niederzulassen, den Dominikanern draussen vor dem St. Johanns-Schwibbogen am heutigen Totentanz, wo sie um 1233 mit dem Bau der Kirche beginnen sollten, den Franziskanern vor dem Spalenschwibbogen auf dem Platz der alten Gewerbeschule. Erst ein Nachfolger Heinrichs gab den Barfüssern um 1250 jenen Platz zum Klosterbau, der noch heute ihren volkstümlichen Namen trägt.

Erster Stiftungsbrief für eine Zunft 1226

Kurz nach dem Bau der Rheinbrücke unterzeichnete (genau genommen besiegelte) Bischof Heinrich ein Dokument, das für die Stadtgeschichte sehr bedeutsam geworden ist, denn es gewährt uns Einblick in die Frühzeit der Basler Zünfte.[280] Dieser sogenannte Stiftungsbrief der Kürschnerzunft vom 22. September 1226 wird als erstes Zeichen eines sozialen Wandels in der Bischofsstadt gewertet. Eine Schar von Handwerkern, die Kürschner, die das so oft getragene Pelzwerk verarbeiteten, hatte sich eine Berufsordnung gegeben und den Stadtherrn gebeten, ihre Ordnung (lateinisch condictum) zu sanktionieren. Wahrlich, kein revolutionärer Akt, doch ein Beweis dafür, dass neben dem Bischofshof, dem Domkapitel und den Minsterialen ein Handwerkerstand existierte, der gewillt und fähig war, seine wirtschaftlichen Probleme selbst zu lösen, freilich noch nicht gegen den Willen des Stadtherrn, sondern mit ihm gemeinsam. Und er, dem ja wirtschaftlicher Aufschwung nur materiellen Nutzen bringen konnte, willigte ein. Bis zur eigentlichen Mitbestimmung der Zünfte in politischen Fragen verging noch ein Jahrhundert. Der Zunftbrief des Bischofs Heinrichs II. ist der erste Markstein auf diesem Weg. Wir werden von ihm im nächsten Kapitel reden.

Bischof als unumschränkter Stadtherr

Wenn Bischof Heinrich, eine «starke und herrische Natur», hier als verständnisvoller Förderer bürgerlicher Wünsche auftritt, so erwies er sich ein anderes Mal als harter Stadtherr, der nicht gewillt war, auch nur ein Jota von seinem Machtanspruch abzuweichen.[281] Einen selbständigen städtischen Rat, der etwa kompetent gewesen wäre, Steuern für eigene Zwecke zu erheben, duldete er nicht. Er trat deswegen sogar einmal dem Kaiser Friedrich II. an einem Reichstag in Ulm entgegen und verlangte die Annullierung eines Privilegs für die Bürger, das der gleiche Kaiser sechs Jahre vorher den Baslern gewährt hatte. Und Friedrich II., den man auch den «Pfaffen-König» nennt, gab nach. Die Urkunde vom 13. September 1218 mit der Goldbulle bezeugt es: Ohne den Willen und die Zustimmung des Bischofs darf in Basel kein Rat eingesetzt werden (sine episcopi voluntate et assensu).[282] Auf diese Urkunde haben sich die Bischöfe später immer berufen, wenn sie ihre landesherrlichen Rechte angetastet glaubten. Am 17. Februar 1238 starb Bischof Heinrich II. und wurde in der Krypta des Münsters beigesetzt.[283] Er war ein typischer Repräsentant der Hohenstaufenzeit.

HEINRICH III. VON NEUENBURG (NEUCHÂTEL), BISCHOF VON BASEL VON 1263–1274

Der letzte Basler Bischof des Hochmittelalters, der noch gewillt und fähig war, eine selbständige Politik am Oberrhein zu treiben, stammte aus dem Geschlecht der Grafen von Neuenburg.[284] Als er 1263 den Bischofsstuhl bestieg, «gleichsam ohne Wahl», wie ein Chronist behauptet, war die Blütezeit der weltlichen

Bischofsherrschaft andernorts vorbei. Doch gegen den Lauf der Zeit vermochte der energische, theologisch nur «halbgebildete» Fürst[285] den übernommenen Territorialstaat zu erhalten und abzurunden. Die Widerstände waren jetzt stärker als unter seinen Vorgängern. Dem deutschen Reich fehlte in diesen Jahren ein anerkannter König, und die «kaiserlose, die schreckliche Zeit» (Schiller) verlockte die mächtigen Grafen geradezu, die günstige Gelegenheit zur Machterweiterung auszunützen. Das Fehdewesen, damals gewissermassen Normalzustand der hochmittelalterlichen Adelsgesellschaft, warf seine Wellen bis in die Stadt Basel hinein, wo sich die Adelsparteien der Psitticher und der Sterner, Anhänger und Gegner des Bischofs, bis aufs Messer bekämpften.[286] Vom Anfang bis an das Ende der Regierungszeit Heinrichs stand ihm ein Mann gegenüber, dem der Kirchenfürst weder diplomatisch noch militärisch gewachsen war, Graf Rudolf von Habsburg (geboren 1218, deutscher König von 1273–1291).[287] Durch Dichtung und Sage ist dieser erste deutsche König aus dem Habsburgergeschlecht wohlbekannt, und in Basel weiss man seit jeher viel Gutes von ihm zu erzählen. Bestätigt denn nicht das herrliche Grabmal der Königin Anna mit ihren Kindern im Münsterchor, dass Basel bei der Gemahlin Rudolfs in hoher Gunst stand?[288] Aber vor der Königswahl sah die Situation anders aus. Rings um Basel, im Elsass, im Breisgau, am Oberrhein führte Rudolf Krieg gegen den Bischof mit der ganzen Brutalität, zu der auch jene Zeit fähig war. Zerstörte der Habsburger ein Kloster der Diözese, so belagerte der Bischof eine habsburgische Burg.[289] Sogar die Klosterniederlassungen vor den Toren Basels wurden nicht verschont.

Die städtischen Adelsparteien Psitticher und Sterner

Rudolf von Habsburg als Widersacher des Bischofs

Ältestes erhaltenes Basler Stadtsiegel, aus der Mitte des 13. Jahrhunderts, bis ins 18. Jahrhundert verwendet.

Wo lag denn die tiefste Ursache des erbitterten Kampfes? Der Historiker Rudolf Wackernagel sieht sie so: «Es handelt sich zwischen ihnen (dem Bischof und dem Grafen Rudolf) um die Präponderanz am Oberrhein, zugleich um die Frage, wer von beiden der Mächtigere auf Kosten des Reichsguts werden sollte.»[290] Auf überraschende Weise fand der Krieg ein Ende, als Rudolf wieder einmal vor Basel auf dem Margarethenhügel lagerte. Die Kunde von der Wahl Rudolfs zum deutschen König, die im September 1273 eintraf, machte den Widerstand eines Reichsbischofs gegen den gewählten König dieses Reichs sinnlos. Welche Bestürzung den Bischof befiel, als er die Nachricht erfuhr, klingt in dem oft zitierten Satz nach: «Sitz fest, Herr Gott, auf deinem Stuhl, sonst verdrängt dich der Graf von Habsburg!» Und verzweifelt soll er sich dabei an die Stirne geschlagen haben.[291]

Die Politik Heinrichs III. war gescheitert, dafür brach in der Bürgerschaft Basels «unbeschreiblicher Jubel» los[292], dies doch wohl ein Zeichen dafür, dass die Interessen der Bürgerschaft und diejenigen des Bischofs nicht mehr so schön übereinstimmten wie noch im 12. Jahrhundert. In der Handelsstadt war der Wunsch nach Ruhe und Sicherheit auf den Strassen des Reichs, die nur ein starker König gewähren konnte, stärker als die Zustimmung zur Machtpolitik des Stadtherrn. Man ahnte allerdings nicht, dass im nächsten Jahrhundert die Stadt, so gut wie die Eidgenossen, den Kampf um ihre Selbstbestimmung gerade gegen die neue Dynastie der Habsburger durchstehen musste.

Erste Stadt-Verfassung

In die Zeit von Heinrichs Episkopat fällt einer der wichtigsten Verfassungsentscheide der älteren Basler Geschichte. Er ist festgelegt in der sogenannten Handfeste, einem Verfassungstext, der etwa 250 Jahre gültig gewesen ist.[293] Deshalb drängt sich eine genauere Betrachtung auf. Das Original aus der Zeit Heinrichs III. ist zwar nicht mehr vorhanden, aber sein Inhalt wurde – wie man annehmen darf, unverändert – 1337 in die Handfeste des Bischofs Johann Senn (1335–1365) übernommen. Der Bischof bestätigt darin, was wahrscheinlich schon längere Zeit Brauch gewesen war: Alle Jahre darf in Basel ein Bürgermeister und ein Rat gewählt werden; die Ratswahl soll durch acht Elektoren, die Kieser, erfolgen; die eine Hälfte der Kieser soll aus dem Bürgerstand kommen, die andere muss sich aus Domherren und Ministerialen ergänzen. Dieser Wahlbehörde steht das Recht zu, einen Rat zu wählen. Die Zahl der Ratsmitglieder wird nicht genannt, doch scheint der Rat zunächst aus vier Rittern und acht Bürgern zusammengesetzt gewesen zu sein. Die Bevölkerungsgruppe, die auf acht Sitze im Rat Anrecht bekommt, nennt man darum «Achtburger». Sie ist etwa vergleichbar mit der Oberschicht, die in andern Städten Europas «Patriziat» heisst. In der Alltagssprache wurden die Achtbürger bis ins 16. Jahrhundert in Basel «Junker» genannt.[294]

«Achtburger»

Mit der Handfeste von 1260 ist die kommende Machtveränderung angebahnt. Noch deutlicher wird diese Tendenz im zweiten Teil der Handfeste, in dem zwischen dem Bischof und der Stadtgemeinde ein Schutz- und Trutzbündnis geschlossen wird, das beide zu gegenseitiger Hilfe verpflichtet. Da wir die Geschichte des Dauerkonfliktes zwischen Bischof und Rudolf von Habsburg kennen, werden die Zusammenhänge sichtbar: der Bischof braucht die militärische Unterstützung der Bürgerschaft. Die Rittergeschlechter der Stadt, unter sich selbst zerstritten und anmassend, lockte mehr und mehr der Herrendienst am Hof der mächtig aufsteigenden Habsburger. Zuverlässige Hilfe im Kampf mit diesem Nachbarn konnte der Bischof nicht mehr von ihnen erwarten, hingegen von den Handwerkern. Darum unterzeichnete er auch drei Zunftbriefe: 1264 einen für die Gärtner, 1268 einen für die Weber, und 1271 bestätigt er den Bauhandwerkern einen älteren Zunftbrief.[295]

Drei weitere Zunftbriefe

Wenige Wochen vor seinem Tod, im August 1274, gewährte, auch in einer Handfeste, Bischof Heinrich den Kleinbaslern «die Gnade, dass sie nicht mehr als 40 Pfund Pfennige jährlich an Steuern geben müssen», da sie den Brückenkopf mit «grossen Kosten und Arbeit» befestigt haben. Dafür zeigte sich der Stadtherr erkenntlich.[296]

Alle diese Konzessionen wurden nicht durch Gewaltakte der Bürgerschaft ertrotzt, es waren Geschenke des Bischofs, gegeben in der Absicht, Bundesgenossen zu finden im Kampf mit einem noch mächtigeren Territorialherrn. Am 13. September 1274 starb der letzte Basler Bischof, der noch grosse Politik versucht hatte. Begraben wurde er in der von ihm gestifteten Kapelle im nördlichen Seitenschiff seiner Kathedrale.

Sandsteinrelief mit der Anbetung der drei Könige, wohl von einem Altar-Antependium aus dem Münster. Spätes 14. Jahrhundert. Stadt- und Münstermuseum.

IV. BUCH

14. KAPITEL DER NIEDERGANG DER BISCHÖFLICHEN HERRSCHAFT UND DER AUFSTIEG DER STÄDTISCHEN ZUNFTREPUBLIK

Wer die alten Bischofsstädte Europas durchwandert, erkennt auf den ersten Blick die beiden Zentren einstiger Herrschaft: auf der Höhe oder doch weithin sichtbar die romanische oder gotische Kathedrale, das Symbol des geistlichen Regiments; unten inmitten der belebten Gassen und Märkte, breit hingelagert, das spätgotische Rathaus, repräsentativer Bau einer Bürgerschaft, die ihr Schicksal selbst in die Hand genommen hat. Die Verlagerung der politischen Macht von der bischöflichen Residenz ins bürgerliche Rathaus ist in Mitteleuropa kein seltener Prozess. In Basel begann er zu Beginn des 15. Jahrhunderts und endete um 1500. Der Vorgang erinnert an das Bild einer Balkenschaukel (in Basel «Gygampfi» genannt); der Niedergang der einen Seite bewirkt den Aufstieg der andern.

Wir fragen im ersten Teil dieses Kapitels nach den Gründen des Niedergangs der bischöflichen Macht; im zweiten suchen wir die Marksteine auf dem Weg Basels zur städtischen Zunftrepublik.

Gründe für den Niedergang des Bistums

Das Studium der Bischofslisten im Spätmittelalter macht eines deutlich: es fehlen die grossen Persönlichkeiten vom Format jener Männer, die wir im 12. und im 13. Kapitel kennengelernt haben.[300] Zwar gab es unter den 27 Bischöfen, den Nachfolgern Heinrichs III. bis zur Reformation, noch einige vortreffliche Haushalter, die energisch versuchten, den politischen und ökonomischen Abstieg des Bistums aufzuhalten. Sie und – wie es in den Urkunden heisst – «das gemein (ganze) Kapitel der stift ze Basel» kämpfen oft verzweifelt gegen die widrigen Zeitläufte.[301] Aber das Schiff – wenn wir dieses Bild für das Bistum und das Domstift Basel im 14. und 15. Jahrhundert verwenden dürfen– ist leck, fährt im Zickzackkurs und wird je länger je mehr ein Spielball der stürmischen Wellen, bis es schliesslich strandet.

Zu den Ursachen, die auf die Geschichte des Bistums verhängnisvoll wirkten, ist die Art und Weise, wie die Bischöfe für Basel bestimmt wurden, zu zählen. Seit dem Wormser Konkordat (1122) lag das Recht zu entscheiden, wer Bischof werde, primär beim Papst.[302] Sehr oft ignorierte dieser das Vorschlagsrecht des Basler Domkapitels völlig.[303] Dank päpstlichem Diktat bestiegen vier Franzosen,

Der Basler Bischof ▷ Jean de Vienne mit seinen Kriegern im Bremgartenwald 1367 während der für ihn verlustreich endenden Fehde mit Bern. Darstellung Diebold Schillings in der Spiezer Bilderchronik 1485.

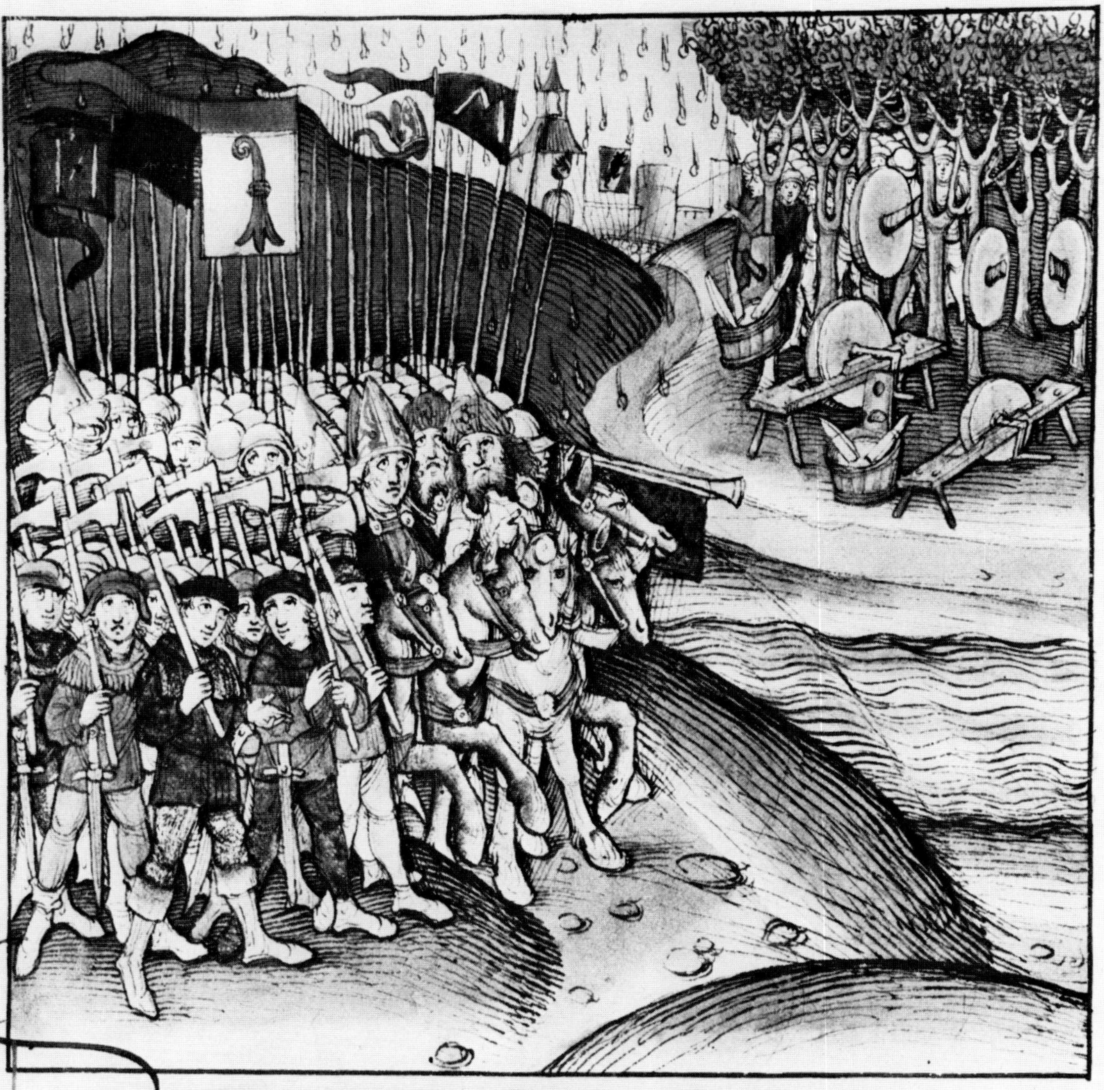

Darnach samnet sich der bischof von Basel mit
gantzer siner macht, ouch mit andern vil Herren
Graven fryen, rittern und knechten, und sunderlich
mit dem Graven von nidow, dem er darumb olten
in gap, das er im wider die von Bern gestünd, ver
Darnu hat ouch er zu dem adel vier tusent soltzer
buren mit vier tusent axen und wolten der von
Bern land verwüsten und sunderlich den wingar
ten abhowen. Do das die von Bern vernamen,

die zum Teil in andern Städten versagt hatten, den Bischofsstuhl in Basel. Sie waren mit den Basler Verhältnissen wenig vertraut, ja einer von ihnen soll von der deutschen Sprache kein Wort verstanden haben, weshalb sich jene höchst merkwürdige Geschichte ereignete, die der Chronist Matthias von Neuenburg erzählt[304]: Dem jungen, hitzigen Bischof Otto von Grandson, den Papst Clemens V. von Toul nach Basel versetzt hatte, verweigerte der deutsche König Albrecht (1298–1308) die Verleihung der Regalien. Aus politischen Gründen, gewiss auch aus persönlicher Aversion, hat der König diesen sonst rein formalen Akt nicht vollzogen. Als er nun im Jahr 1307 in Basel weilte und im Haus der Familie Münch am Petersberg abgestiegen war, suchte ihn Bischof Otto auf, in der Absicht – wie der Chronist schreibt – den König zu ermorden, wenn er ihm die Investitur verweigerte. Aber lassen wir den Chronisten erzählen: «Als der Dolmetscher Hugo zer Sunnen den König in deutscher Sprache demütig bat, den Bischof zu investieren, sprach der König auf deutsch: ‹Was will dieser Schüler?› Der Bischof verstand es nicht, meinte aber der König habe abgeschlagen und fragte voll Zorn: ‹Qui dit, qui dit?› Da der Dolmetscher die Aufregung des Bischofs bemerkte, sprach er beschwichtigend zu ihm: ‹Herr, unser König hat versprochen, dass er euch morgen gern investieren und alles tun wolle, wozu er der Basler Kirche verpflichtet sei.› Da verneigte sich der Bischof und sagte: ‹Grand merci.› Der König aber, welcher seinerseits die Aufregung des Bischofs bemerkt hatte, reiste sofort ab.» – Bekanntlich ist Albrecht der Ermordung auch so nicht entgangen, aber den Todesstreich führte nicht ein Basler Bischof, sondern am 1. Mai 1308 der Neffe des Königs, Johann Parricida. Die eben erzählte Anekdote ist gewiss nur «ein Tropfen im Meer der Geschichte», aber sie zeigt beispielhaft: die von der Kurie designierten Basler Bischöfe gehören nicht mehr in die Reihe jener kirchlichen Würdenträger, die seit Haito bis zu Heinrich III. das Basler Bistum so leiteten, dass das Sprichwort «Unter dem Krummstab ist gut wohnen» Gültigkeit besass.

Stadtfremde Bischöfe

Noch mehr Komplikationen zum Schaden des Hochstifts verursachte das grosse Schisma (Kirchenspaltung) am Ende des 14. Jahrhunderts.[305] Die Situation an der Spitze – ein Papst in Rom, einer in Avignon – spiegelte sich in Basel wider, wo sich z.B. 1381 nicht nur zwei, sondern drei Geistliche als «electi» (Gewählte) betrachteten.[306] Noch mehr gestört wurde das Verhältnis zwischen Bischof und Bürgerschaft, wenn ein Papst der hohen europäischen Politik wegen den Kirchenbann über die Stadt verhängte; wenn also die Gottesdienste suspendiert, die Toten nicht kirchlich bestattet, die Kinder nicht getauft wurden. In einem solchen Falle steigerte sich die Empörung der Bewohner Basels bis zum wilden Aufruhr gegen den Vollstrecker des päpstlichen Interdikts.[307]

Kirchenspaltung

Die zunehmende Entfremdung zwischen Bischof und der Stadt Basel zeigt auch die allmähliche Verlegung der bischöflichen Residenz in den Jura. Lange vor der definitiven Liquidation des Bischofshofes auf dem Münsterhügel hatten sich die Bischöfe eine Zweitresidenz geschaffen. Schon 1289 verlieh Bischof Peter I.

Bischöfliche Zweitresidenz im Jura

DAS BISTUM BASEL IM 15. JAHRHUNDERT

den Einwohnern von Delsberg alle Rechte und Freiheiten mit der Begründung, der Ort habe ihm wie schon den Vorgängern stets als «reclinatorium deliciosum post labores» (Ort der Erholung nach den Strapazen)[308] gedient. Im 14. und besonders im 15. Jahrhundert wohnten einzelne Bischöfe länger in ihren burgähnlichen Häusern in Delsberg und Pruntrut als im Hof zu Basel. Darum wurde Pruntrut nach dem Verlust der Stadtresidenz der Hauptort des Fürstbistums Basel und blieb es bis zum Untergang des bischöflichen Jurastaates in der Französischen Revolution.

Notorische Finanznot des Bischofs

Das auffälligste Phänomen aber in der Geschichte des Basler Bistums in dieser Epoche ist seine stets wachsende Finanznot. Immer mehr häuften sich im 14. Jahrhundert die Verkäufe von Gütern oder Rechten, die jenes Bargeld verschaffen sollten, das für die Verzinsung und Tilgung der Schulden benötigt wurde.[309] Gewiss lebten einzelne Bischöfe über ihre finanziellen Verhältnisse oder benötigten in den Fehden mit widerspenstigen Lehensträgern Unsummen von Geld, doch die eigentlichen Ursachen der Verschuldung liegen tiefer. Beispielhaft erhellt eine Urkunde des Bischofs Jean de Vienne vom 27. Oktober 1368 das ökonomische Problem.[310] Der Bischof will die guten Dienste des Ritters Henman von Ramstein belohnen («plura et diversa fidelia servitia nobis et ecclesiae Basiliensi») und verspricht ihm 40 Mark Silber («quadraginta marcas argenti puri»), aber da er zur Zeit dieses Geld nicht habe («pro presenti argentum promptum non habemus»), schenkt er ihm alljährlich zwei Frachtwagen (grosse Fässer?) Weisswein, die dem Bischof vom Dorf Ufholz im Elsass als Zehntengabe geschuldet werden. Wein statt Geld, Naturalwirtschaft im Zeitalter der beginnenden Geldwirtschaft!

Bischof verpfändet Zoll und Münze

Nur fünf Jahre nach diesem Handel folgt – man darf diesen Ausdruck hier wohl verwenden – die erste Bankrotterklärung. Bischof Jean de Vienne teilt am 12. März 1373 in zwei deutsch abgefassten Urkunden öffentlich mit, dass er den Zoll und die Münze, also die beiden wichtigsten Einnahmequellen des Hochstifts, verpfändet habe.[311] Begründet wird das Pfandgeschäft so: Er, Bischof Johann, habe nach gründlicher Betrachtung erkannt, dass das Bistum und das Stift aus verschiedenen Gründen schwer verschuldet seien, und da sie kein Geld hätten («zu disen ziten barschaft nüt hetten»), um die Schulden zu begleichen, hätten sie, um grösseren Schaden zu verhüten, der Stadt Basel den Zoll und die Münze verpfändet. 12 500 Gulden liess sich die Stadt den Zoll und 4 000 die Münze kosten. Wir werden später zu fragen haben, woher die Stadt diese grosse Summe genommen hat. Vorerst geht es darum, die Fakten aus dem allgemeinen geschichtlichen Ablauf heraus zu verstehen. Das Hochstift Basel geriet im Spätmittelalter trotz beträchtlichem Grundbesitz in eine ökonomische Notlage, weil es die säkulare Umstellung von der Natural- auf die Geldwirtschaft nicht so schnell vollziehen konnte wie ein von Handel und Gewerbe lebendes städtisches Gemeinwesen.

Wie verzweifelt es um die weltliche Herrschaft des Bischofs stand, zeigt wiederum eine Urkunde des Bischofs Imer von Ramstein (1382–1391).[312] Am 13.

März 1391 übergab er das Bistum, weil er es ohne andere Hilfe nicht mehr regieren könne, dem Herzog Albrecht von Österreich auf eine Dauer von sieben Jahren gegen eine jährliche Rente von 200 Goldgulden. Dies sei, so urteilt Rudolf Wackernagel, «der Höhepunkt der Schwäche» gewesen.[313] Zum Glück für die Stadt wurde das Geschäft nie realisiert, denn der Bischof Imer resignierte bald darauf, und sein Nachfolger, Friedrich von Blankenheim, versprach, das Bistum nicht zu veräussern.[314] Wie schwach die faktische Macht der ehemaligen Stadtherren am Ende des Mittelalters war, zeigen die letzten erfolglosen Versuche von zwei tatkräftigen Bischöfen, das Rad der Geschichte zurückzudrehen. Den Vorwurf des Bischofs Johann von Venningen (1458–1478), die Basler hätten den jährlichen Gehorsamseid zwar abgelegt, aber nicht gehalten, findet der Rat so ehrenrührig, dass er von Johann einen öffentlichen Widerruf verlangt und auch erwirkt.[315] Den letzten Angriff auf die städtische Autonomie, den Bischof Kaspar zu Rhein (1479–1502) 1481 unternahm, indem er 2000 Gulden auf den Tisch legte, um das verpfändete Schultheissenamt wieder an sich zu nehmen, schlug der Rat rundweg ab, wobei er sich über juristische Bedenken hinwegsetzte und «die Tatsachen zum Gesetze machte».[316]

«Höhepunkt der Schwäche»

In den 250 Jahren des Spätmittelalters war die weltliche Macht des Bischofs in der Stadt Basel wie Schnee an der Frühlingssonne zerronnen. Echt mittelalterlich ist es nun aber, dass die Formen des 12. und des 13. Jahrhunderts dennoch bis ans Ende des Mittelalters bestehen blieben. So zog alljährlich am Sonntag vor dem St. Johannstag die Bürgerschaft von der Talstadt hinauf auf «Burg», um dem Bischof den Eid des Gehorsams zu leisten.[317] Und nach dem Tod des Bischofs lief der gesamte Rat «ordentlich in eyner procession» hinter der Leiche her ins Münster und blieb dort bis zur Beerdigung.[318] Bis kurz vor der Reformation suchte auch immer eine Delegation des Rates den neugewählten «hochwürdigen Fürsten und Herrn» in seiner Wohnung auf, um ihm Glück zu wünschen und mit der Begrüssung ein halbes Fuder Wein und acht Säcke Hafer zu schenken.[319] So lange haben alte Formen die veränderten Machtverhältnisse überdauert, hat der Schein das Sein verdeckt!

Formen überdauern die effektiven Verhältnisse

Schrittweise Emanzipation der Stadtgemeinde vom Bischof

Und nun betrachten wir die andere Seite der politischen Schaukel, den Weg Basels zur städtischen Zunftrepublik oder – wie man auch formulierte – den «Weg zur Stadtfreiheit».[320] Wir möchten es wertfreier sagen: es geht darum, die Emanzipation der Stadtgemeinde von ihrem bischöflichen Herrn darzustellen. Das oft zitierte Bild des Kaufmanns und Politikers Andreas Ryff (1550–1603), die Stadt sei am Bistum emporgewachsen wie der Efeu an der Mauer, gilt für die ältere Stadtgeschichte.[321] In den 250 Jahren des Spätmittelalters hat sich die Stadt selbständig gemacht, hat nach und nach dem Stadtherrn alle politischen Rechte aus der Hand gewunden, die Steuern nach Gutdünken selbst erhoben und verwendet, und zuletzt ihre Räte (d.h. ihre Regierung), die höchsten Richter, nämlich Schultheiss und Vogt, ohne die Vorschriften der Handfeste (vgl. S. 107 f.) zu beachten, gewählt. Obwohl sich in dieser Epoche die Machtverhältnisse in Basel gründlich und für immer veränderten, fehlten die heroischen Taten; es gab kein «Morgarten», kein «Laupen». Langsam, schrittweise, zwischendurch von Rückschlägen gehemmt, aber mit diplomatischer Zähigkeit und unter schweren finanziellen Opfern erwarb sich Basels Bürgerschaft ihre politische Autonomie. Begünstigt wurde diese Entwicklung durch allgemeine politische und wirtschaftliche Strömungen im europäischen Spätmittelalter und – durch die siegreichen Schlachten der Eidgenossen. Dank ihnen war die Basler Emanzipationsbewegung erfolgreicher und dauerhafter als diejenige anderer Bischofssitze, z.B. der Städte Worms und Mainz. Andreas Heusler (II.), der Erzbasler unter den Darstellern der Stadtgeschichte, meint darum: «Was uns fehlt, ist das Heroische, und der Lohn, welcher der Stadt schliesslich zugefallen ist, erscheint fast unverdient; wir möchten wünschen, sie hätte ihn durch eigene Grosstat errungen.»[322] Aber die Geschichte ist nicht nur unheroisch; sie liegt überhaupt weitgehend im dunkeln, da die Zeugnisse, aus denen man lücken- und widerspruchslos die Entwicklung der wichtigsten städtischen Institution, nämlich des Rates, und seiner jeweiligen Kompetenzen ablesen könnte, fehlen.[323]

Als sicher annehmen dürfen wir, dass der Bischof, als sich seine Hofhaltung auf dem Münsterhügel vergrösserte und folglich auch differenzierte, bei der Behandlung wirtschaftlicher Geschäfte schon im Hochmittelalter Laien als Berater beizog. Es wird z.B. im Gründungsbericht des Stiftes St. Leonhard von 1118 erzählt, der Bischof sei auf den Hügel, damals noch Allmend, gestiegen in Begleitung der höchsten Geistlichen und der «vornehmeren Bürger» (cives nobiliores).[324] Diese «vornehmeren Bürger» waren wohl jene freien Kaufleute, die sich im 11. Jahrhundert an der unteren Freien Strasse – der Name sagt schon viel – niedergelassen hatten. Von ihrer weitausgreifenden, mit besonderen Rechten ausgestatteten Tätigkeit haben wir eine frühe Nachricht aus dem Jahr 1075.[325] Danach besassen die Basler Kaufleute (= mercatores Basilienses) im deutschen Reich bestimmte, wohl vom König gewährte Rechte. In dieser Bevölkerungsgruppe darf man die Keimzelle einer relativ eigenständigen städtischen Organisation neben der bischöflichen Welt sehen, denn sie, und nur sie bildete jenen Teil der Einwohnerschaft, der weder dienstrechtlich noch ökonomisch vom Bischof abhängig war. Wann ein städtischer, vom bischöflichen Rat verschiedener Rat entstanden ist, entzieht sich sicherer Erkenntnis, d.h. der Zeitpunkt ist umstritten. Aber 1185/90 wird urkundlich erstmals ein solches Gremium erwähnt.[326] In einem Erlass des Bischofs Heinrich I. (1180–1190) wird bestimmt: Die Gerichtseinnahmen des Vogtes sollen zum Teil dem Bischof, zum Teil dem Rat («consilio») zufallen. Dass es später zu Kompetenzstreitigkeiten kam, beweist jene ernsthafte Konfrontation zwischen der Stadt und dem Bischof Heinrich II., die wir oben (S. 105) dargestellt haben. Freilich, aufgehoben hat damals, 1218, Bischof Heinrich den Rat nicht, aber sicher dessen Kompetenz beschränkt. Nur sieben Jahre später heisst es in der sogenannten Brückenurkunde, «auf Wunsch des Rates

Privilegien der Kaufleute

Städtischer Rat

und des Bischofs» («ad voluntatem consilii Basiliensis») habe das Kloster St. Blasien einen Beitrag beschlossen.[327] Der deutschsprachigen Bezeichnung «der rat und die gemeinde von Basil» begegnet man zum ersten Mal im Bündnisvertrag zwischen den Städten Strassburg und Basel im Jahr 1261.[328]

Der wichtigste Markstein auf dem Weg zur Zunftrepublik – darin sind sich alle Forscher einig – ist die Handfeste des Bischofs Heinrich III. um 1260, die aber – wie wir oben (S. 107) geschrieben haben – erst in der Fassung von 1337 vorliegt. Zwanzig Jahre später erfahren wir erstmals aus einem amtlichen Werk, dem sogenannten Roten Buch, die Namen und damit die genaue Zusammensetzung des städtischen Rats für das Jahr 1357/58.[329] Diese oberste gesetzgebende und administrative Behörde Basels setzte sich damals aus 28 Personen zusammen: es waren dies der Bürgermeister, vier Ritter, acht Burger der vornehmen Geschlechter und 15 Zunftratsherren. Spätestens jetzt – wenn nicht schon, wie auch behauptet wird, früher – hat der dritte Stand die politische Arena betreten, und da er im Rat zahlenmässig gegenüber der alten Oberschicht die Majorität errang, trug er Entscheidendes zur Politik Basels bei.

Zusammensetzung des Rats

Zünftler

Wer aber waren diese Zünftler, die Basel zu einer Zunftstadt schlechthin gemacht haben?[330]

Zuerst ein Wort zur Bezeichnung «Zunft». Es gibt verschiedene sprachliche Deutungen. Die Philologen leiten Zunft von «ziemen» ab, d.h. «zusammenpassen»; die Historiker sehen in dem im Mittelalter meist «zhunft» geschriebenen Wort «Zusammenkunft»; und ein Basler Historiker schliesslich vermutet darin gar das Verb «zünden», weil die Bezündung (d.h. die Lieferung des Kerzenwachses) des Kronleuchters im Münster in früher Zeit zu den Pflichten der Zünfte gehörte.

Dunkler Anfang des Zunftwesens

Ebenso widersprüchlich sind die Ausführungen der verschiedenen Wirtschaftshistoriker, wenn sie die Anfänge des Zunftwesens aufhellen wollen. Wo es – wie wir schon mehrmals feststellen mussten – so dunkel ist wie in der Geschichte des mittelalterlichen Basel, blühen die Theorien und Thesen umso farbiger. Der erste baslerische Zunftbrief stammt schon aus dem Jahr 1226, aber er zeigt deutlich, dass bereits eine längere Entwicklung vorausgegangen sein muss. Wir glauben etwa folgenden Ablauf zu erkennen[331]: Im hohen Mittelalter, also bis ins 11. Jahrhundert, war der handwerkliche Arbeiter ein unfreier Mann, der für einen weltlichen oder geistlichen grossen Herrn die gewerblichen Produkte für dessen Hofhaltung erzeugte. In Basel arbeitete er nur für den bischöflichen Hof, und bischöfliche Beamte führten die Aufsicht über seine Erzeugnisse. Der Handwerker produzierte also nur soviele und solche Waren, als für die Hofhaltung nötig waren. Dieses Hofwirtschaftssystem wurde gleichsam gesprengt, als sich in der Talstadt Basels im 12. und 13. Jahrhundert die Bevölkerung dank starker Einwanderung rasch vermehrte. Jetzt nahm ein städtischer Markt die gewerblichen Produkte in wachsendem Mass auf, jetzt begann der Handwerker,

DAS ERSTE ERHALTENE VERZEICHNIS DER BASLER RATSHERREN AUS DEM JAHR 1357

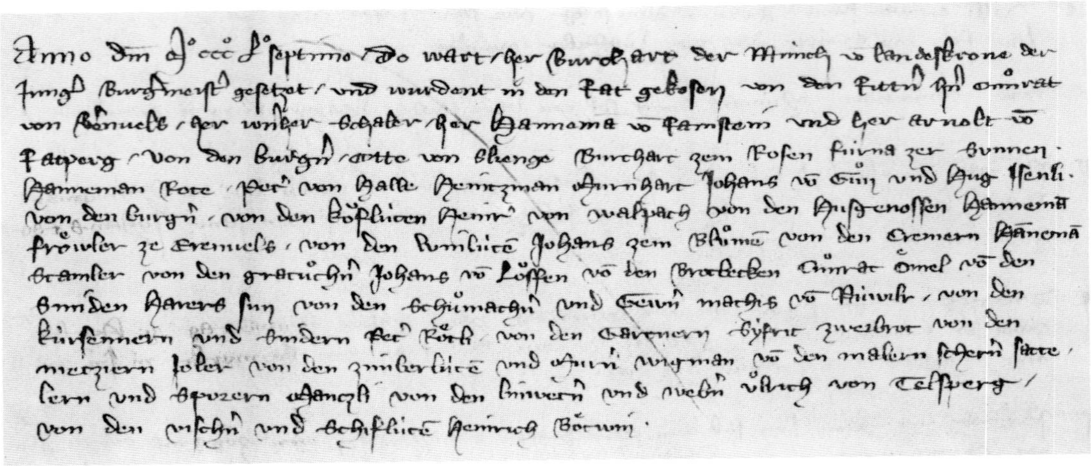

Anno domini M. CCC. L. septimo (1357) do wart her Burchart der Münch von Landeskrone der junger Burgermeister gesetzet und wurdent in den Rat gekosen

von den rittern

her Cuonrat von Berenvels
her Werner Schaler
her Hanneman von Ramstein
und
her Arnolt von Ratperg

von den burgern

Otto von Sliengen
Burchart zem Rosen
Furna zer Sunnen

Hanneman Rote
Peter von Halle
Heintzmann Murnhart
Johans von Guon
und
Hug Isenli

(von den Zünften)

Heinrich von Walpach
Hanneman Fröwler ze Erenvels
Johans zem Bluomen

Hanneman Stamler
Johans von Louffen
Cuonrat Oemel
Harers sun
Mathis von Nuwilr
Peter Roetli
Syfrit Zweibrot
Joler
Wigman
Mantzli
Uolrich von Telsperg
Heinrich Boetwin

Die Männer der dritten Reihe sind die Vertreter von folgenden 15 Zünften:

1. Kaufleute, 2. Hausgenossen, 3. Weinleute, 4. Krämer, 5. Grautücher, 6. Bäcker, 7. Schmiede, 8. Gerber und Schuhmacher, 9. Schneider und Kürschner, 10. Gärtner, 11. Metzger, 12. Zimmerleute und Maurer, 13. Scherer, Maler, Sattler und Sporer, 14. Leinweber und Weber, 15. Fischer und Schiffleute. (Die an fünfter Stelle genannte Zunft der Grautücher [im Verzeichnis «gratuocher»] wechselt im 15. Jahrhundert den Namen in «Rebleute».)

ob frei oder unfrei, auf eigene Rechnung zu arbeiten und versuchte, bessere und modernere Erzeugnisse herzustellen als sein Konkurrent.

Es zeugt nun für die ökonomische Weitsicht der Bischöfe, besonders Heinrichs II., wenn sie eine solche Entwicklung nicht hemmten, sondern förderten, indem sie «den handwerklichen Arbeiter auf eigene Füsse stellten und ihn am freien Werben auf dem städtischen Markt teilnehmen liessen».[332] Als Stadtherr musste der Bischof im eigenen Interesse am wirtschaftlichen Aufschwung seines Marktes Gefallen finden, zog dieser doch seinerseits wieder handwerkliche Fachleute und damit auch Kaufleute der Umgebung an. Der Bischof tat noch ein übriges, indem er dem Einwanderer gegen geringen Zins Grund und Boden abtrat, unter der Bedingung, dass der Neuling hier ein Haus baute, sich also endgültig in der Stadt niederliess.

Bischof fördert den Markt

Es war nun natürlich, dass sich die Handwerker des gleichen Berufs zur Bewältigung ihrer gemeinsamen Probleme in einer Art Genossenschaft zusammenschlossen und sich eine Ordnung (condictum) gaben. Nicht von oben dirigiert, sondern von unten sind die Zünfte entstanden. Die sogenannten Zunftbriefe, die die Bischöfe ausstellten, bestätigten nur noch, was die berufliche Gemeinschaft – sie heisst in den Urkunden «confraternitas» – schon vorher beschlossen hatte. Welche Probleme die Handwerker auf ihre Weise zu lösen versuchten, zeigt der erste oben erwähnte Zunftbrief des Bischofs Heinrich II. (vgl. S. 105).[333] Die Kürschner richteten eine Ordnung auf, damit jeder besser einkaufen, verkaufen und arbeiten könne («emet, vendet et laborabit»), d.h. also, dass für den Einkauf der Rohstoffe und zum Verkauf der Fertigware feste Regeln gelten sollten. Und dann der wichtige Nachsatz: wer nicht in der Gesellschaft sein will, soll vom Recht des Arbeitens und vom Markt in Kauf und Verkauf gänzlich ausgeschlossen sein («qui in eorum societate noluerint ... a foro emendi et vendendi penitus excludantur»). Damit waren die beiden zentralen Ideen des Zunftwesens, die bis ins 18. Jahrhundert hinein gelten sollten (wenn auch nicht unbestritten), formuliert: gemeinsame Regelung des Einkaufs und Kontrolle der Warengüte beim Verkauf erleichtern und fördern den Absatz; der Ausschluss der nichtzünftigen Handwerker sichert den Mitgliedern der Zunft das Produktionsmonopol, der Zunftzwang ist postuliert.

Zunft als Interessengemeinschaft

Zunftzwang

In den ersten Zunftbriefen, also vor 1260, behält sich der Bischof noch ein wichtiges Recht vor: er bestimmt den Zunftmeister und ernennt dazu einen seiner Ministerialen, der in gerechter Lenkung alles festsetzen und nötigenfalls verbessern soll («unum ex ministerialibus, ut omnia ... per ipsum iusto moderamine statuantur»). Doch in den drei Zunftbriefen der Schneider (1260), der Gärtner (1264) und der Weber (1268) heisst es: Wir erlauben ihnen, einen Meister zu wählen. Nach der Mitte des 13. Jahrhunderts hat sich also das Verhältnis des Bischofs zu den Zünften wesentlich verändert. Die Freiheit, den Meister und den Vorstand, die Sechser, zu wählen, bedeutet eine grosse Konzession des Stadtherrn. Warum der Bischof so handelte, haben wir in der Geschichte des

Meisterwahl durch die Zunft

Bischofs Heinrich III. erklärt (vgl. Kapitel 13). In der steigenden Bedrängnis durch den Grafen Rudolf von Habsburg brauchte der Bischof die militärische Unterstützung der Bürgerschaft. Darum wurde in den genannten Zunftbriefen der Text der gewerblichen Ordnung ergänzt durch den Satz: jeder Zünftler soll «ze allen ziten ir banier warten».[334] Unter diesem Ausdruck versteht man die ständige Bereitschaft des Zunftangehörigen zum Kriegs- und Wachtdienst auf den Mauern. Darum war für jeden Zünftler der Besitz eines Harnischs, der weder verkauft noch versetzt werden durfte, obligatorisch.

1357 Zunftorganisation mit 15 Zünften

Im Jahr 1357 ist, wie die Ratsbesatzung gezeigt hat, die Entwicklung der Basler Zunftorganisation im grossen ganzen abgeschlossen. In fünfzehn Zünften ist fast die gesamte arbeitende und Handel treibende Bevölkerung erfasst, ausser

Fähnlein der Schmiedenzunft aus dem 15. Jahrhundert. Historisches Museum.

den Frauen (?), den Fuhrleuten, den Taglöhnern, den Dienstboten aller Art.[335] Welche Zünfte vertreten nun die fünfzehn Zunftratsherren seit 1357 im Rat? Die Zunftbezeichnung findet man vor den Personennamen. Es sind folgende: 1. Kaufleute, 2. Hausgenossen, 3. Weinleute, 4. Krämer, 5. Grautücher, 6. Brotbecken, 7. Schmiede, 8. Schuhmacher und Gerber, 9. Kürschner und Schneider, 10. Gärtner, 11. Metzger, 12. Zimmerleute und Maurer, 13. Maler, Scherer, Sattler und Sporer, 14. Leinweber und Weber, 15. Fischer und Schiffsleute. (Eine Aufzählung aller Berufe in den 15 Zünften findet man auf der untenstehenden Tabelle.)

Zunft- und Berufsbezeichnungen

Einige Zunft- und Berufsbezeichnungen bedürfen wohl für den Basler von heute der Erklärung. Die Zunft der Kaufleute heisst heute «Schlüsselzunft» nach dem Haus «Zum Schlüssel» an der unteren Freien Strasse. Zur Zunft der Hausgenossen gehörten ursprünglich nur die Wechsler und Bankiers des Stadtherren,

LISTE DER GEWERBE, DIE UM 1500 IN DEN ZÜNFTEN DER STADT BASEL ORGANISIERT SIND

1. KAUFLEUTE:
1453-1506 Grautücher
Tuchhändler
Tuchscherer

2. HAUSGENOSSEN:
Glockengiesser
Goldschmiede
Hafengiesser
Kannengiesser
seit 1373 Münzer
Wechsler

3. WEINLEUTE:
Weinhändler
Weinlader
Weinrufer
Weinschenken

4. KRÄMER:
Apotheker
Barettleinmacher
Buchbinder
Bürstenmacher
Gufenmacher
Gürtler
Handschuhmacher
Heiligenmaler
Hutmacher
Kartenmacher
Krämer
Lautenmacher
Lebküche
Nadler
Nestler
Paternosterer
Permenter
Ringler
Rotgiesser
Scheidenmacher
Seckler
Spengler
Spiegler
Strelmacher
Taschenmacher
Weissgerber

5. REBLEUTE:
bis 1453 Grautücher
Rebleute

6. BROTBECKEN:
Feilbäcker
Hausfeurer
Kornmesser

7. SCHMIEDE:
Armbruster
Büchsenschmiede
Harnischer
Holzschuhmacher
Hufschmiede
Kessler
Kupferschmiede
Messerschmiede
Müller
Nagler
Schleifer
Schlosser
Schwertfeger
Uhrenmacher
Waffenschmiede
Windenmacher

8. GERBER UND SCHUHMACHER

9. SCHNEIDER UND KÜRSCHNER:
Altwerker
Guternmacher
Kürschner
Näherinnen
Schneider
Seidensticker

10. GARTNER:
Gabelnmacher
Gärtner
Grempe
Habermelwer
Karrensalber
Karrer
Köche
Korbmacher
Öler
Pastetenmacher
Rechenmacher
Seiler
Stämpfer
Wirte

11. METZGER:
Kuttler
Metzger

12. SPINNWETTERN:
1248:
Fassbinder
Gipser
Maurer
Wagner
Zimmerleute
1271:
Drechsler
Fassbinder
Gipser
Maurer
Wagner
Wannenmacher
Zimmerleute

Später ausserdem:
Baumhauer
Besetzer
Bildhauer
Bolzenmacher
Dachdecker
Flösser
Hafner
Holzhändler
Holzschuhmacher
Kistenmacher
Kübler
(=Fassbinder)

ausserdem:
Küfer
Pflegler
Rahmenmacher
Säger
Schindler
Schnetzer
Siebmacher
Steinmetzen
Tischmacher
(Schreiner)
Weidlingmacher
Ziegler

13. HIMMEL UND STERN:
Bader
Glaser
Goldschlager
Kommetsattler
Maler
Reitsattler
Scherer
Schnetzer
Sporer

14. WEBER:
Bleicher
Färber
seit 1506 Grautücher
Linweter
Spinner
Spuler
Wollenweber

15. FISCHER UND SCHIFFER

(Nach Rudolf Wackernagel, Geschichte der Stadt Basel, Band II, S. 413 ff., Basel 1911) sie waren nämlich die Hausgenossen des Bischofs. «Grautücher» hiessen Leute, die das rohe Wolltuch reinigten und verkauften; ihnen teilte der Rat 1366 die Rebleute zu. Dies führte zu Konflikten; deshalb traten die Grautücher in die Webernzunft über. Später heisst die fünfte Zunft Rebleutenzunft. Auffällig ist die Berufsmischung der 13. Zunft. Scherer nannte man Wundärzte (Chirurgen), Sporer die Sporenmacher. Diese sogenannte Doppelzunft erhielt später von den Hausbezeichnungen her die Namen: Zunft zum Goldenen Stern und Zunft zum Himmel. Die 12. Zunft, die der Zimmerleute und Maurer, hiess später nach ihrem Haus an der Eisengasse Zunft zu Spinnwettern.

Finanzhaushalt der Stadt

Man muss diese ganze Zunftgeschichte vor Augen haben, um zu verstehen, weshalb sich im 14. Jahrhundert die Emanzipation der Bürgerschaft von ihrem Stadtherrn so konsequent und unaufhaltsam vollzog. Aber nicht mit militärischen oder revolutionären Mitteln verdrängte die Bürgerschaft ihren Herrn, sondern – wie eingangs dieses Kapitels dargelegt – mit finanzieller Kraft. Unglaublich geschickt nützte der Rat die konstante Finanznot des Hochstifts und des Bischofs aus, um alle Hoheitsrechte in seine Hand zu bringen. Woher die Stadt die doch recht grossen Geldsummen genommen hat, diese schon weiter oben gestellte Frage müssen wir jetzt noch beantworten. Werfen wir also einen Blick auf die Basler Finanzgeschichte!

Wie der solide Basler Kaufmann bis in die jüngste Zeit in seiner Buchhaltung gewissenhaft jeden Rappen seiner Einnahmen und Ausgaben verzeichnete, so haben die Stadtväter schon vor mindestens 600 Jahren – über die Erdbebenzeit kann man nicht zurückgehen – genau aufgeschrieben, wieviel Geld in die Staatskasse floss oder daraus genommen wurde: jeden Samstag die Wochen-, an den Fronfasten die Quartals- und im Juni die Jahreseinnahmen und -ausgaben. Unendlich viele Zahlen befinden sich darum, sorgfältig registriert, in den städtischen Haushaltbüchern. Zwei berühmte deutsche Ökonomen, Gustav v. Schönberg (1839–1908) und Bernhard Harms (1876–1939) haben sich Ende des letzten Jahrhunderts mit wahrem Entdeckereifer auf dieses Archiv-

Zunfthaus der Weinleute (Geltenzunft) am Marktplatz. Spätrenaissancebau von 1578.

Genaue Buchführung

material gestürzt und vieles daraus publiziert.[336] In Basel fand v. Schönberg, wie er schreibt, einen geordneten öffentlichen Haushalt archivalisch so gut belegt, wie es nur in sehr wenigen Städten des deutschen Reichs der Fall gewesen sei. Hier lagen ausserdem die Listen aller Steuererträge, die über das Vermögen der Bürger in bestimmten Jahren Auskunft gaben, und hier betrieb seit 1373, als Basel das Münzrecht erworben hatte, eine Stadt eine «durchaus reelle» eigene Münzpolitik. Ausführlich wird in den klassisch zu nennenden Einleitungen und Quelleneditionen der beiden Forscher dargelegt, was wir hier kurz zusammenfassen müssen.

«Ungeld» als indirekte Steuer

Im Spätmittelalter gab es in Basel keine Einkommenssteuer. Der städtische Geldbedarf wurde so gedeckt: erstens durch indirekte Steuern, das sogenannte Ungeld (= Umsatzsteuer auf Wein und Mehl), zweitens durch gelegentliche Vermögensabgaben, die nach Bedarf verordnet wurden, drittens immer und immer wieder durch Anleihen, die, da keine Banken existierten, bei Einzelpersonen aufgenommen und in Form von Zins- oder Leibrenten zurückerstattet wurden.[337] Wie stark hierarchisch man damals selbst in einer Republik dachte, beweist das Fehlen jeder Kontrolle über das Finanzgebaren des Rates. Nie wurden die Ergebnisse der Steuererträge bekanntgemacht, und stets blieben die Rechnungsbücher unter strengem Verschluss. «Man soll ewiglich hälen (geheimhalten), wie reich oder arm die Stadt sei», beschloss der Rat z.B. im Jahr 1455.[338] Nun, wir müssen nicht mehr «hälen», wir dürfen in die Bücher schauen und einige erstaunliche Fakten mitteilen. Basel war in der zweiten Hälfte des 14. Jahrhunderts «absolut keine reiche Stadt». Der Steuerertrag genügte längst nicht für die ausserordentlichen Ausgaben, die z.B. der Bau der dritten Ummauerung und der Kauf bzw. die Pfandnahme des bischöflichen Münzregals im Jahr 1373 erheischten. Also musste die Stadt Anleihen aufnehmen. Im 15. Jahrhundert sei kein Jahr vergangen, in dem nicht Schulden gemacht worden seien, stellt Harms fest. Im Hinblick auf die grässliche Geschichte des Judenmords, die wir im 16. Kapitel schildern werden, ist man bass erstaunt, dass unter den Zeichnern der grossen Anleihe 1372/73 bereits wieder mehrere Juden erscheinen. Fünfundzwanzig Jahre nach Judenmord und Niederlassungsverbot für Juden in Basel nahm die Stadt von Moyses Menlin, Klein Ysackli, Moses von Colmar u.a. mehrere tausend Gulden auf – also bei den einst Verstossenen –, und diese waren offenbar auch fähig, soviel Geld vorzustrecken![339]

Geheimhaltung der Staatsrechnung

Schulden und Anleihen

Ende der weltlichen Bischofsherrschaft

Die Anfänge der städtischen Selbstverwaltung lägen im dunkeln, sagten wir oben. Das Ende des weltlichen Bischofsregiments hingegen ist hell beleuchtet.[340] Der Eintritt in den Bund der Eidgenossen hatte der demokratischen Partei der Bürgerschaft den Rücken gestärkt. Dem ersten nach dem Bundesschwur von 1501 eingesetzten Bischof, Christoph von Utenheim (1502–1527), erklärte der Rat, er werde den üblichen jährlichen Eid auf dem Münsterplatz nicht leisten, solange in der immer wieder abgeschriebenen Handfeste Wort und Brauch nicht übereinstimmten. Die Verhandlungen zogen sich zwanzig Jahre lang hin. Gemäss der längst bewährten Taktik ging der Rat schrittweise vor. In eigener Kompetenz änderte er 1516 die Bestimmungen über die Vertretung des Patriziats, der sogenannten Hohen Stube, dann beschritt er Neuland, indem er im März 1521 postulierte: «Weder Rat noch Gemeinde noch irgend einer der Unsern weltlichen Standes soll hinfort dem Bischof oder seinem Stift die Pflicht und den Eid schwören, wie bisher jährlich bei der Ratsbesetzung geschehen, sondern sich an dem Eid unserer Eidgenossen begnügen lassen.»[341] Dabei blieb es trotz bischöflichem Protest, und darum erscheinen zum ersten Mal im Jahr 1521 am Sonntag vor dem St. Johannstag keine neu gewählten Räte auf Burg, um den Gehorsam gegen Bischof und Stift zu beschwören. Peter Ochs bezeichnet den Vorgang als eine «Revolution».[342] Wir halten diese Formulierung für übertrieben. Es war nach 250 Jahren des Ringens der letzte Akt im langen Drama, und er lief ohne Blutvergiessen und Zerstörung ab. Von der letzten Szene dieses Aktes allerdings, in der die Stadt den Bischof auch kirchlich entthront, kann man dies nicht behaupten (vgl. Kapitel 19).

Meisterkrone oder Meisterkranz der Zunft zu Rebleuten, 1671. Arbeit des Goldschmieds Christoph (I.) Beck (1631–1696). Historisches Museum.

15. KAPITEL DIE AUSSENPOLITIK BASELS IM SPÄTMITTELALTER

Territorium für die Stadt notwendig

Basels Geschichte innerhalb seiner Mauern, das Widerspiel zwischen Bischof und Stadtgemeinde, ist zwar das wichtigste Geschehen dieser Epoche, aber es muss noch durch die Darstellung der Aussenpolitik ergänzt werden. Aussenpolitik? Gab es je so etwas in der Geschichte unseres immer kleinen Stadtstaates? Jeder Basler weiss, wie wenig aussenpolitische Handlungsfreiheit der kantonalen Regierung seit dem Eintritt in die Eidgenossenschaft und besonders seit der Bundesverfassung von 1848 zugemessen ist.[343] Ganz anders im Spätmittelalter! Es war die hohe Zeit der Blüte des Städtewesens in Deutschland, in der diese grösseren Siedlungen alle ihre Kraft einsetzen mussten, um ihr Eigenleben, man könnte auch sagen: ihre Freiheit, zu wahren. Darum erwarben sie mit friedlichen oder mit kriegerischen Mitteln ein Territorium, d.h. einen grösseren Landkomplex ihrer Umgebung, der die Stadt mit Lebensmitteln versorgen und die lebenswichtigen Verkehrsverbindungen sichern konnte. Innerhalb des eigenen Territoriums konnte man auch den Transport der eigenen Waren von hohen Zöllen und Transitgebühren befreien, fremde Kaufleute aber damit belasten. Der Ausdehnung eines städtischen Territoriums widersetzten sich aber überall die Nachbarn, und ihre Zahl war im Spätmittelalter gross. Der Niedergang der zentralen königlichen Macht während der Hohenstaufenzeit und besonders während des sogenannten Interregnums hatte den Aufstieg unzähliger kleiner und einiger grosser Herren ermöglicht. Nie bot die politische Landkarte Europas ein so buntscheckiges Bild wie im Spätmittelalter, nie verschoben sich die Grenzen der Herrschaftsbezirke so rasch und oft nur für kurze Dauer, und nie haben die Bürger der Städte so oft zu den Waffen greifen müssen wie in dieser Epoche. Besonders bedroht waren die Gemeinwesen am Oberrhein; hier kreuzten sich die politischen Kraftströme der verschiedenen Dynastien, hierhin ergossen sich die Riesenscharen der Söldnerheere aus dem französischen Nachbarland[344], hier belästigten kleine Adlige die Kaufmannszüge der Städter. Hundert einzelne Taten wären in dieser Epoche Basels zu schildern. Wir werden nur die tiefsten Krisen herausgreifen. Zunächst geben wir einen Überblick über das «aussenpolitische Instrumentarium» der Stadt Basel, mit dem sie alle Widerwärtigkeiten überstand.

Diplomatie, zu allen Zeiten der Versuch, ohne militärische Gewalt politische Ziele zu erreichen, war Basels wichtigstes aussenpolitisches Instrument, besonders im Verkehr mit dem jeweiligen Oberhaupt des Heiligen Römischen Reiches, dessen Glied die Stadt faktisch bis 1501, juristisch bis 1648 geblieben ist. Basel selbst zählte sich beharrlich zu den sieben sogenannten «Freien Städten», deren Verpflichtung gegenüber Kaiser und Reich auf zwei eher seltene Leistungen, die Begleitung beim Zug zur Kaiserkrönung und den Beistand im Krieg gegen «Ungläubige», beschränkt war. Doch blieb das Mass der Abhängigkeit vom Reich immer unklar. Im Jahr 1482 liess der Basler Rat nachforschen, «wie wir als ein freye stat an das rich kommen sind».[345] Von jedem Kaiser die alten Privilegien bestätigen zu lassen, aber möglichst wenig in dessen militärische Aktionen verwickelt zu werden, dies war der Leitgedanke der baslerischen Diplomatie im 14. und 15. Jahrhundert. Angesichts der geringen Machtmittel ist es der Stadt Basel nicht zu verargen, wenn sie, wie Andreas Heusler schreibt, «bald dem Kaiser erklärte, sie gehe ihn nichts an, sondern bloss den Bischof, bald dem Bischof bewies, sie gehöre zum Reich, je nachdem es ihr gerade diente».[346] Der Nachteil dieser von Basel gewählten Politik machte sich freilich in Zeiten der Not geltend; Basel hatte bis 1501 eigentlich keinen Freund, auf dessen Hilfe es sich immer und unbedingt verlassen konnte.

Diplomatische Mittel

Diplomatie versprach schon damals nur Erfolg, wenn ein engagierter Mann mit Talent für politische Verhandlungen, klug, in den Welthändeln erfahren, die häufigen Gesandtschaften an die Fürstenhöfe, besonders zu den deutschen Kaisern, unternahm. Einen solchen Diplomaten besass Basel im 15. Jahrhundert. Und da er auch die «entwickeltste, persönlichste Figur der ganzen frühen Basler Geschichte» ist, müssen wir ihm einige Zeilen widmen.[347] Henman Offenburg (1379–1459), der «Wettstein des 15. Jahrhunderts»[348], war der Enkel eines im späten 14. Jahrhundert aus dem Schwarzwald eingewanderten Apothekers.[349] Schon mit 26 Jahren war er Ratsherr der Safranzunft, viermal bekleidete er das Amt des Oberstzunftmeisters. Dann gab er das Zunftrecht auf, um Einsitz in der «Hohen Stube» zu nehmen. Dies verrät: Offenburg ist in wenigen Jahren so reich geworden, dass er zu den Achtburgern gehört. Nun gilt er als «Müssiggänger», das heisst als Mann, der von seinem Vermögen und erworbenen Lehen leben kann. Doch wirklichen Müssiggang kennt Offenburg nicht; im Gegenteil, er sitzt wohl die Hälfte seines langen Lebens im Sattel.[350] Von Ungarn bis Südfrankreich, von Aachen bis Rom sieht er alle Städte; sogar nach Jerusalem unternimmt er eine Wallfahrt. Aber dieses rastlose, strapaziöse Reisen nahm er nicht seiner privaten Geschäfte wegen auf sich, wenn er auch unterwegs – was man ihm später vorwarf – manchen Handel getätigt hat. Er reiste im Namen und Auftrag der Stadt Basel. Das Vertrauen des Kaisers Sigismund genoss er in so hohem Mass, dass er während des Konzils in Konstanz in dessen Haus schlafen durfte; und der Kaiser Friedrich III. schlug ihn auf der Tiberbrücke in Rom zum Ritter. Seine Funktion könnte man mit derjenigen eines heutigen Botschafters vergleichen, denn er

Henman Offenburg

Der Basler Grosskaufmann Henman Offenburg (1379–1459) als Stifterfigur auf einer Glasscheibe in der Kartause, um 1416. Historisches Museum.

weilte oft lange in der Nähe des Kaiserhofes, nahm die Fäden der hohen Politik wahr und griff dann ein, wenn seiner Vaterstadt Gefahr drohte. – Unentbehrlich wurde er der Stadt während des Konzils. Als Mitglied der städtischen Kommission für alle Fragen im Verhältnis Stadt-Konzilsleitung war er, wie er schrieb, Tag und Nacht bereit zum Vermitteln. Niemand habe damals mehr Kummer und Sorgen gehabt als er, behauptete er in seinem Lebensbericht.[351] Das alles schien wenig später von der demokratischen Zunftpartei vergessen. Die guten Beziehungen zum Kaiser, von dem er ertragreiche Lehen gekauft hatte, machten ihn in der Krise des St. Jakoberkriegs (vgl. S. 136 ff.) verdächtig. Im April 1445 wurde er, wie viele Adlige, aus dem Rat ausgestossen; völlig entmachtet, fürchtete er, einem Hochverratsprozess entgegenzugehen. Darum griff er, wozu er nie Musse gehabt hatte, zur Feder und schrieb eine Art Rechenschaftsbericht, schilderte seine Dienste für die Stadt und klagte über die Undankbarkeit seiner Mitbürger. Diese «Chronik des Henman Offenburg», wie sie später hiess, wurde damals allerdings nicht veröffentlicht.[352] Noch im gleichen Jahr schlug die Stimmung in der Stadt um. Die Zunftpartei erkannte nach bösen Erfahrungen, wie nötig Basel solche führenden Köpfe der Oberschicht hatte, wenn diese im Herzen treue Stadtbürger blieben. Als der Rat erklärte, «sy bedörffent zu dieser zit der lüten (das heisst der vornehmen Geschlechter) im rat», wurde Offenburg rehabilitiert und blieb Ratsmitglied bis an sein Lebensende. Welchen Zweck auch immer die Niederschrift seiner Lebensgeschichte von 1413 bis 1445 hatte – die Fachleute diskutieren diese Frage noch immer – sie bleibt ein Zeitdokument von grossem Wert.[353] Ein anderes Zeugnis seiner Gesinnung hinterliess Offenburg in der Kartause. In die soeben vollendete Kirche der Kartäusermönche, die Offenburg hochgeschätzt hat, stiftete er um 1416 eine Glasscheibe, die ihn betend darstellt. Das Spruchband über seinem Haupt enthält die Worte «miserere mei» (erbarm dich meiner).[354] In der Basler Geschichtsschreibung wird über ihn gelegentlich hart geurteilt. Uns scheint, seine «Chronik» und seine fromme Stiftung in der Kartause bezeugen vor allem eines: er war dank seinem grossen diplomatischen Geschick, seinem Einsatz für die Stadt und mit seiner kaufmännisch-haushälterischen Buchführung einer der besten Vertreter des Basler Patriziats im Spätmittelalter.

Städtische Selbsthilfe

Neben der Gesandtschaftsdiplomatie haben die deutschen Städte schon in der Mitte des 13. Jahrhunderts weitere Mittel zur Friedenssicherung gesucht. Angesichts der Schwäche der Reichsgewalt und der steten Störung des Landfriedens durch Wegelagerer griffen sie zur Selbsthilfe. Sie schlossen sich zu Bünden zusammen, versprachen einander Hilfe innerhalb genau umschriebener Grenzen und versuchten in ihrem Kreis sogar Zollschranken abzubauen.[355] Ein Menschenalter vor der Gründung des eidgenössischen Bunds suchte die Stadt Basel im Jahr 1254 ihr Heil im Beitritt zum Rheinischen Städtebund, einer lockeren Konföderation, die zuletzt sechzig, vorwiegend am Rhein gelegene Orte umfasste. Ähnlich wie

Bündnisse

die Eidgenossen 1291 von der «Arglist der Zeit» reden, begründen die Bürgerschaften von Mainz, Köln, Worms, Speyer, Strassburg und Basel ihren Bund: «Weil die Gefahren, die dem Land drohen, und die Verbrechen auf den Landstrassen viele Leute ruiniert haben, suchen wir ein Mittel, um unsern Grenzen und Gebieten wieder Friede zu bringen.»[356] Der Rheinische Städtebund, ein allzu widersprüchliches Gebilde, ist bald wieder auseinandergefallen, aber den Bündnisgedanken griffen die Basler immer wieder auf. Der älteste in Basel erhaltene Bundesbrief, vom 2. Februar 1326, geltend für die Städte Basel, Strassburg und Freiburg im Breisgau, umschreibt den Zweck so: «Daz wir einander getruwelichen geraten und beholfen sullent sin zu allen den criegen, die wir in dem vorgenanten zil gewinnent oder uns anvallent ...» Es folgt die Bezeichnung der geographischen Grenzen des Bündnisgebiets: Vom Hauenstein bis zur Selze, einem Fluss im nördlichen Elsass, von der oberen Murg bei Laufenburg bis zur unteren Murg bei Rastatt und «dazwischen von einem Gebirge bis zum andern».[357] Von nun an wurden solche Bündnisse zur Erhaltung des Landfriedens immer wieder erneuert. Die Partner Basels wechselten, die Dauer war stets beschränkt, bis im Bund von 1501 mit den Eidgenossen alle früheren Vereinbarungen dahinfielen und an Stelle des zeitlich befristeten Versprechens das «ewige Bündnis» trat. Wir werden darauf am Ende des Kapitels zurückkommen.

Militärische Mittel

Letztes und oft einziges Mittel, um die Sicherheit der Stadt zu wahren oder Wegelagerer zu strafen, blieb freilich die militärische Aktion. Wie schon gesagt, berühmte Waffentaten, wie sie in der älteren Schweizergeschichte hervorstechen, fehlen in Basels Vergangenheit fast ganz. Doch wäre es falsch, zu glauben, die Basler des Spätmittelalters seien nicht bereit gewesen, ihre Stadt mit dem Einsatz des Lebens zu verteidigen. Das Gesetz, das jedem, der zünftig wurde, vorschrieb, daheim Harnisch und Waffen bereitzuhalten, spricht deutlich genug.[358] Und die Chronisten berichten von zahllosen Auszügen, in deren Verlauf Burgen gebrochen, Dörfer feindlicher Adliger verbrannt, erbarmungslose Kleinkriege ausgefochten wurden und nach deren Ende die Teilnehmer als Belohnung das Bürgerrecht unentgeltlich erhielten. Solche Unternehmungen hatten zwar nichts Heroisches, aber in jener Epoche waren sie eben doch notwendig! Lange kriegerische Expeditionen mit fernen Zielen waren schon darum selten, weil der Bürgersoldat, der Handwerker ohne Sold, nach wenigen Tagen wieder seinem Erwerb nachgehen wollte. Von einem Vergeltungszug ins Breisgau berichtet ein Chronist, man habe vier Tage lang Dörfer gebrandschatzt, geplündert, dazwischen die Messe gehört und sei dann «recht in gottes namen heim mit wolgemutem herzen».[359] Maliziös bemerkt dazu Andreas Heusler II.: «Das waren die Grosstaten, an denen sich dann die Zünftler noch lange beim Frühschoppen sonnten und gross fühlten.»[360] Vielleicht trifft dieses harte Urteil auf die vielen Konflikte mit dem Adel Anfang und Mitte des 15. Jahrhunderts zu. Immerhin gab es zwischen 1250 und 1500 aber auch Waffentaten, von denen die Historiker rühmend Kenntnis genommen haben. In der weltgeschichtlich bedeutenden Schlacht auf dem Marchfeld am 26. August 1278 zwischen Rudolf von Habsburg und dem Böhmenkönig Ottokar führte der Basler Bischof Heinrich IV. persönlich dem deutschen König eine kleine, aber kriegstüchtige Schar von Baslern zu. Ihre Tapferkeit trug entscheidend zum hart erkämpften Sieg Rudolfs bei.[361] Zweihundert Jahre später waren die Basler wieder in einer Entscheidungsschlacht dabei, nämlich bei Murten am 22. Juni 1476.

Dazwischen liegt die Zeit, in der Basel vor allem defensiv dachte. Seine Wehrkraft von 1500 bis 2000 Bewaffneten auf und hinter den Mauern war respektabel; im offenen Feld hingegen, wo schon im 15. Jahrhundert oft Zehntausende von geworbenen Söldnern aufeinanderstiessen, suchte Basel selten eine politisch-militärische Entscheidung. «Wir vernehmen», sagt Rudolf Wackernagel, «unendlich mehr von Alarmvorschriften für Bewachung und Verteidigung als von der Organisation kriegerischer Auszüge oder gar vom Impetus kühnen spontanen Losbrechens.»[362]

Expansion der Stadtgemeinde durch Landkauf

Wenn die kriegerischen Taten der Basler in jenen Jahrhunderten kaum glorreich sind, so ist die friedliche Expansion der Stadtgemeinde um so erstaunlicher. Durch den Kauf ganzer Grafschaften, von Dörfern und Burgen eignete sich die Stadt im 15. Jahrhundert längs den Ergolztälern ein Territorium an, das zwar lange nicht die Grösse des bernischen Landbesitzes erreichte, aber dennoch die ökonomische und militärische Kraft so vermehrte, dass Basel den Eidgenossen würdig schien, in ihren Bund aufgenommen zu werden. Dazu brauchte es Geld, sehr viel Geld. Dies lag auch damals nicht auf der Strasse, und nur mittels manchmal drückender indirekter Steuern und wiederholten Vermögensabgaben scharrte der Rat das Geld zusammen, mit dem der Besitz des verarmten Adels erworben werden konnte.[363]

Mit Diplomatie, mit friedenssichernden Bündnissen, mit militärischen Aktionen, mit dem Kauf einzelner Landstriche war das aussenpolitische Instrumentarium fast, aber nicht ganz erschöpft. Es gab nämlich auch damals in der Basler Politik eine Grauzone, in der die Mittel zur Bekämpfung eines Gegners geheimgehalten wurden. Nur eine Urkunde im «heimlichen Buch» des Rats hält fest, dass z.B. am 4. November 1450 zwei Ausländern das Bürgerrecht versprochen wurde, wenn sie einige Feinde der Stadt aufspürten und «schädigten» («da sy ettlich der statt von Basel vigend suchen und schedigen sollend»).[364] Also ein Vertrag mit Geheimagenten, «heimlichen Dienern» in der Sprache der Zeit, deren man sich bediente, um schwer greifbare Feinde unschädlich zu machen. Man meint oft, solche Mittel seien eine Eigentümlichkeit der italienischen Stadtstaaten der Renaissance gewesen; man kannte sie aber offensichtlich auch nördlich der Alpen.

All dies, was wir bisher als aussenpolitisches Handeln dargestellt haben, war nicht spezifisch baslerisch. Es waren Möglichkeiten, die auch andere Städte im

Kampf aller gegen alle nützten. Es bleibt uns darum die Aufgabe, die wirklich besondern Taten und Schicksale unserer Stadt im Spätmittelalter zu schildern. Und da beherrscht das Verhältnis zum Haus Habsburg die Basler Geschichte.

Basel und Habsburg

Wenn man heute den Namen «Habsburg» hört, wird meistens die Erinnerung an jenes grosse Donaureich geweckt, dessen Metropole, Wien, immer noch der Inbegriff für kaiserliche Repräsentation geblieben ist. Doch Wien und jener ganze Länderkomplex, der später «Österreich» heissen wird, ist erst am Ende des 13. Jahrhundert habsburgisch geworden.[365] Die Heimat des Geschlechts der Habsburger liegt vielmehr im Westen, wahrscheinlich im Elsass. Zu ihrem alten Familienbesitz gehört auch jenes Land zwischen Aare und Reuss, das bezeichnenderweise den Namen «Eigen» trägt. Als habsburgisches Hauskloster wurde bald nach der Jahrtausendwende die Benediktinerabtei Muri gestiftet. Nach der Habichtsburg bei Brugg nennt sich die Familie seit 1090 «von Habsburg». Als im 11. Jahrhundert die Landgrafschaft im oberen Elsass, also ein öffentlich-rechtliches Amt, in ihre Hände fiel, wurde sie Nachbarin der Bischöfe von Basel. Als Vögte des Klosters Murbach im Elsass erstreckte sich ihr Machtbereich bis an den Vierwaldstättersee, und als Erbin der aussterbenden Adelshäuser der Zähringer und Kyburger gewann sie die Landgrafschaft im Zürichgau. Nun trat der energische Graf Rudolf (1218–1291) – er ist der vierte in der Zählung der Grafen gleichen Namens – auf den Plan.[366] Um 1270 besass das Haus Habsburg Rechte, Lehen und eigenen Besitz vom Schwarzwald bis ins Üechtland und in die Zentralschweiz, vom Bodensee bis ins mittlere Elsass. Dazu kam nun 1273 die Krone des deutschen Reichs. Noch fünfmal sollten bis 1501 die Nachkommen Rudolfs dieses höchste Amt in Deutschland innehaben. Königtum und starke Hausmacht in einer Hand – dies verlieh der habsburgischen Dynastie jenes erdrückende Gewicht, das so schwer auf allen kleineren Nachbarn, zu denen auch Basel gehörte, lag. Dass sich im Kampf gegen diese aufsteigende Fürstenmacht die Eidgenossenschaft gebildet hat, ist allgemein bekannt; aber auch die Stadt Basel, zuerst mit dem Bischof als Stadtherrn, dann als Zunftrepublik, musste mit dieser Macht, die sie im Süden, Osten und Norden umklammerte, leben und zeitweise ihre Selbständigkeit gegen sie verteidigen. Dies war die Hauptaufgabe baslerischer Aussenpolitik bis zum Anschluss an die Eidgenossenschaft. Wie König Rudolf im 13. Jahrhundert, so stand im 14. Jahrhundert Herzog Leopold III. (1351–1386) im Vordergrund. Dieser Habsburger erbte nach dem Tod seines älteren, bis dahin herrschenden Bruders im Alter von fünfzehn Jahren die Herrschaft in den österreichischen Vorlanden.[367] Am 9. Juli 1386 erschlugen eidgenössische Krieger bei Sempach den Fünfunddreissigjährigen. Das kurze Leben war erfüllt vom Streben, die Expansionspolitik seines Urgrossvaters Rudolf am Oberrhein weiterzuführen. Den jugendlichen Draufgänger, die «Zier der Ritterschaft», wie ihn seine Anhänger nannten, trieben ungebändigte Herrschsucht und hochfliegende Pläne von einem Abenteuer zum nächsten, bevor ein Konflikt gelöst war.

Aufstieg der Habsburger

Herzog Leopold III.

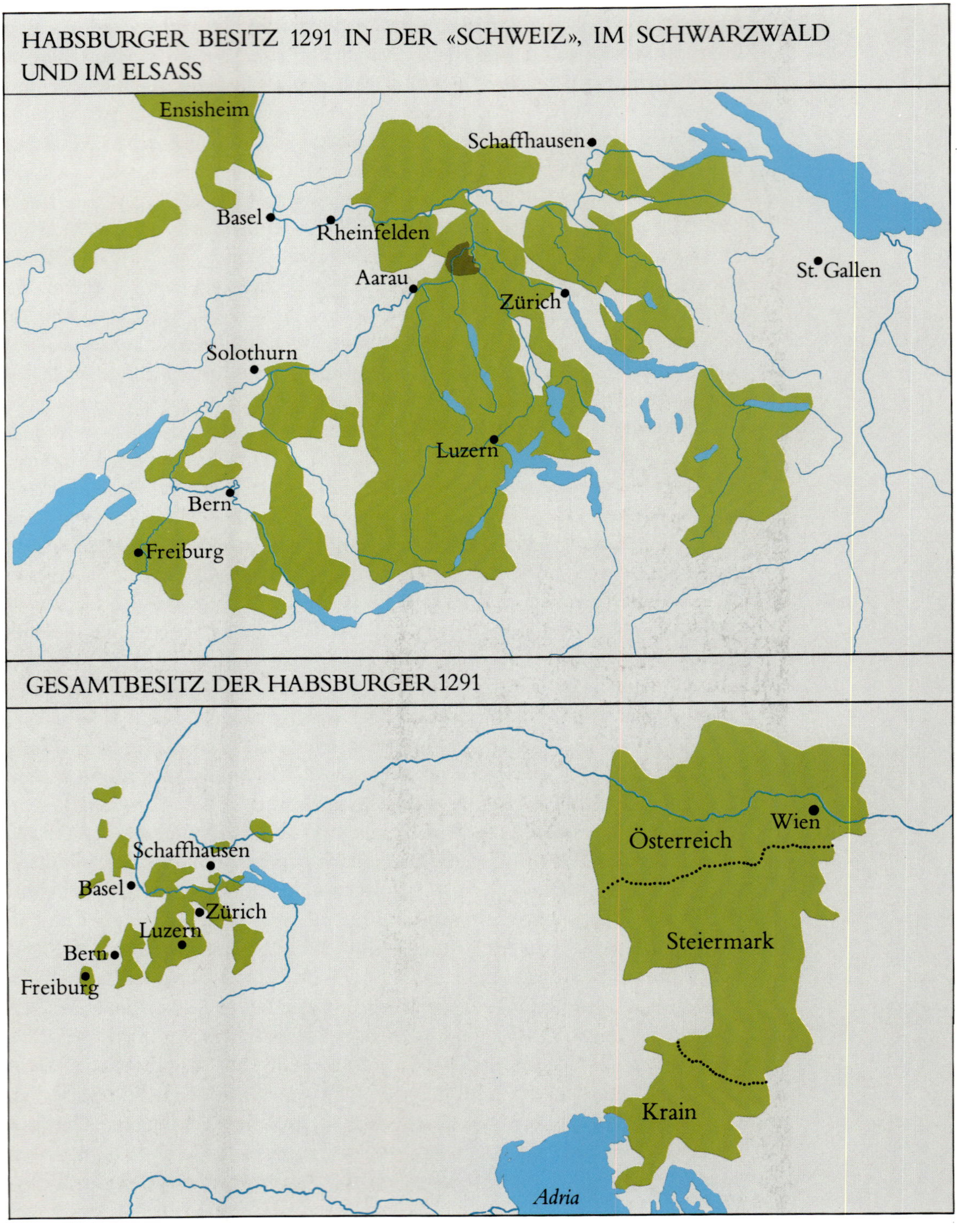
HABSBURGER BESITZ 1291 IN DER «SCHWEIZ», IM SCHWARZWALD UND IM ELSASS
Ensisheim
Schaffhausen
Basel
Rheinfelden
St. Gallen
Aarau
Zürich
Solothurn
Luzern
Bern
Freiburg
GESAMTBESITZ DER HABSBURGER 1291
Wien
Österreich
Schaffhausen
Basel
Zürich
Luzern
Bern
Freiburg
Steiermark
Krain
Adria

Fast irrational scheinen seine Ziele, die in Oberitalien, in Schwaben, sogar in Preussen lagen; doch war diese politische Verstricktheit in alle Himmelsrichtungen ein typisch österreichisches Erbgut. Seine persönliche Tapferkeit, die er auf dem Schlachtfeld bewies, machte den Mangel an kluger Diplomatie keineswegs wett. Seit 1370 war das begehrenswerteste seiner Ziele die Stadt Basel, lag sie doch – ein Fremdkörper – mitten in seinen Ländern in der oberrheinischen Tiefebene und im östlichen Jura. Dank glücklichen Umständen hatte er 1368 die Stadt Freiburg im Breisgau erwerben können[368]; jetzt richtete er sein Augenmerk auf Basel. Die politische Situation in der Stadt schien seinem Unternehmen günstig. Der Bischof – es war der schon genannte welsche Adlige Jean de Vienne – war in Händel mit dem Domkapitel, mit der Stadt und mit dem umliegenden Adel verstrickt. In dieser bösen Lage suchte er Hilfe beim Herzog und erhielt sie, freilich gegen eine kräftige Rechnung. Wieder einmal verpfändete ein Bischof altes bischöfliches Eigentum, diesmal ein Stück, das der Stadt so nahe lag wie kein anderes. Im Vertrag zwischen Bischof Jean und Herzog Leopold vom 18. Juni 1375 steht: «Wir, Johann von Gottes Gnaden Bischof von Basel, tun kund: da der Herzog Leopold uns in dem Krieg gegen die Bürger der Stadt Basel (es heisst genau: ‹der merren stat›, also Grossbasels) geholfen hat, haben wir ihm an seine Unkosten (ze stür an sine zerunge und kosten) 30 000 Gulden versprochen.»

Bischof verpfändet Kleinbasel an Leopold

Nun folgt, was wir ähnlich schon mehrmals gehört haben: «Und da wir das Geld zur Zeit bar nicht aufbringen, haben wir ihm unsere Stadt Kleinbasel als Pfand versetzt; er soll sie haben mit allen unsern Rechten, die wir dort besitzen.»[369] Damit war der ländergierige Habsburger, nur durch den Rhein getrennt, der nächste Nachbar geworden. Es kam indes noch schlimmer. Am 21. Januar 1376 erhielt Leopold vom Kaiser Karl IV., dem Schwager seines verstorbenen Bruders Rudolf, die Reichsvogtei, also die Blutgerichtsbarkeit in der grösseren Stadt.[370] Selbst wenn er dieses Amt durch einen Vertreter ausüben liess und nicht im linksrheinischen Basel Hof nahm, stand ihm der Zugang dahin immer offen.

Siegel mit Herzog Leopold III. als Reiter, um 1375.

«Böse Fasnacht» 1376

Darum konnte sich jene folgenschwere Begebenheit ereignen, die in der Basler Geschichte unter der Bezeichnung «Böse Fasnacht» bekannt ist. Man vergnügte sich damals noch vor der Fastenzeit, vor dem Aschermittwoch, nicht mit Trommelwirbel und Piccoloklang, sondern mit Ritterspielen im Freien und Tanzen und Essen in den Häusern des Adels und der Domherren rings um den Münsterplatz. Die Herren aus dem Gefolge Leopolds turnierten am 26. Februar 1376 auf dem Münsterplatz, weil man in Kleinbasel keine dazu geeignete Stätte fand. Basler Handwerkervolk, nach den Erfahrungen mit dem Adel wohl nicht in bester Stimmung, säumte den Platz. Da gab es plötzlich Streit, einige Speere waren in die Zuschauer gefallen, Pferde in die Leute gesprengt. In der kernigen Sprache eines Chronisten der Zeit reagierten die Basler so: «Do wurdent sy zornig und schruwent zu dem harnisch, hiessent an die Glocken schlagen und zugent mit den panner uff die burg.»[371] Obwohl der Oberstzunftmeister auf den Brunnentrog stieg und Mässigung gebot, stürmte aufgereiztes Volk in die Häuser, in denen viele grosse Herren, zum Teil weither gereist, fasnächtlich festeten, und erschlug einige Edelleute und Knechte. Der Herzog konnte sich auf einem Kahn über den Rhein retten; aber ein halbes Hundert Grafen, Domherren, Ritter und Dienstleute wurden gefangen.[372]

Wer den unglückseligen Aufruhr angezettelt hat, ist nie eindeutig bekannt geworden.[373] Ein unerhörter Landfriedensbruch war geschehen! Der Rat, der den Tumult sofort verurteilte, machte «fremdes Volk und böse Buben» verantwortlich. Diese Deutung des Ereignisses stand freilich auf schwachen Füssen, waren doch die Zunftbanner auf den Münsterplatz getragen und die offiziellen Sturmglocken geläutet worden. Die Rache des Herzogs folgte in wenigen Tagen, obwohl der Rat zwölf Rädelsführer herausgriff und hinrichten liess. Auf Drängen Leopolds verhängte der Kaiser die Reichsacht über die Stadt, die Kirche den Bann, und die Adligen der Umgebung malträtierten die Basler, wo sie sie fanden. Basel musste büssen. Am 9. Juli 1376 erschienen seine Boten vor dem Herzog in der Stadt Hall im Tirol und schlossen einen Vergleich. «Das Abkommen war so schimpflich als möglich für die Stadt.»[374] Darin verkündete der Herzog aller Welt, er habe sich mit der Stadt Basel, die wegen des «uflauf ze vasnacht» in Ungnade gefallen sei, versöhnt. Die Basler hätten versprochen, ihm und seinem Bruder Albrecht, solange die beiden lebten, im Aargau, im Breisgau, im Elsass zu «dienen und warten» wie die andern österreichischen Landstädte, und zwar gegen jedermann ausser gegen den Papst, den Kaiser und den Bischof von Basel. Zur völligen Abhängigkeit fehlte nur noch die Steuerhoheit, auf die der Herzog – jetzt noch – verzichtete. Aber die 8000 Gulden, die Basel als Schadenersatz und für die Versöhnung mit den im Tumult angegriffenen Adligen bezahlen musste, belasteten die Staatskasse so stark, dass der Rat neue Steuern erheben musste. Basel war nahe daran, ein österreichisches Landstädtchen wie Freiburg i.Br. zu werden. Da sogar in der Stadt die Anhänger Habsburgs, die baslerische Ritterschaft, wieder das grosse Wort führten, schien die Zukunft recht düster. Wie immer in Krisenzeiten, sah sich der Rat nach guten Freunden um und fand sie 1384 im schwäbischen Städtebund, den Ulm, Regensburg, Konstanz, u.a. zur Abwehr Habsburgs geschlossen hatten.[375] Weil dieses Bündnis dem Abkommen von Hall widersprach, war der Herzog aufs äusserste erbittert. Jetzt trieb er zum Krieg. Doch noch vordringlicher schien ihm die Abrechnung mit der Stadt Luzern. Auf dem Weg in die Zentralschweiz stiess die glänzende Rittermacht Leopolds, die

Strafgericht

Schlacht bei Sempach 1386

sich zum Teil im Kleinbasel versammelt hatte, bei Sempach auf die Eidgenossen. Am 9. Juli 1386 fiel mit der Blüte des österreichischen Adels, bei dem sich viele Basler Ritter befanden, auch Herzog Leopold selbst.[376]

Dieser Sieg der Eidgenossen befreite die Stadt Basel schlagartig von der äusseren Bedrängnis und vor schweren innenpolitischen Sorgen. Der Rat nützte die günstige Stunde, da im Haus Habsburg Trauer und Bestürzung herrschten. Drei Wochen nach der Schlacht erwarb er pfandweise die durch den Tod Leopolds freigewordene Reichsvogtei über Basel vom König Wenzel.[377] Die schönste Frucht des eidgenössischen Sieges fiel Basel bald darauf in den Schoss: Die Kinder Leopolds traten, in schwerer Geldnot, das ihrem Vater verpfändete Kleinbasel gegen eine Summe von 7000 Gulden an die grössere Stadt ab. Der Bischof, rechtlich immer noch Besitzer Kleinbasels, willigte ein, und 1392 erwarb Grossbasel von ihm kaufweise die kleinere Stadt für 29 800 Gulden.[378] Von nun an bildeten die beiden bisher rechtlich, nicht aber ökonomisch getrennten Städte ein einziges Gemeinwesen. Wer dabei mehr gewonnen hat? Andreas Heusler beantwortet die Frage so: «Klein-Basel genoss des Glücks, herausgerissen zu werden aus der Ungewissheit eines beständigen Wechsels der Herrschaft und fortan der freien Entfaltung grosser politischer und wirtschaftlicher Kräfte eines aufstrebenden Gemeinwesens teilhaftig zu sein; Gross-Basel war mächtig gefördert durch das günstige Geschick, das es auf dem jenseitigen Ufer festen Fuss hatte fassen lassen, den Rheinübergang in seine Hand gegeben und vor allem seine militärische und finanzielle Kraft nicht unerheblich verstärkt hatte.»[379]

Die Stadt erwirbt Kleinbasel

Erwerbungen im Baselbiet

Nur acht Jahre nach dem friedlichen Anschluss Kleinbasels gelang der Stadt eine weitere Erwerbung, die die Grenzen ihres Territoriums für die nächsten Jahrhunderte auf die Jurahöhen legte. Wieder einmal war ein Bischof, Humbert von Neuenburg (1399–1417), dermassen in Geldnöten, dass er wie seine Vorgänger verkaufte, freilich mit dem Vorbehalt des Rückkaufs, was im Sisgau (im Baselbiet) noch dem Hochstift gehörte. 22 000 Gulden legte Basel für die Stadt Liestal, für Burg und Städtchen Waldenburg sowie Homberg in die bischöfliche Kasse, genauer: sie bezahlte damit die Schulden des Bischofs.[380] Den Vorbehalt eines Rückkaufs nahmen die Basler angesichts des bischöflichen Schuldenbergs kaum ernst; aber 185 Jahre später präsentierte ihnen ein Bischof, der die rechtlichen Abkommen genau kannte, nochmals eine Rechnung. Basel musste 1585 nach schiedsrichterlichem Entscheid zähneknirschend Hochwürden Jakob Christoph Blarer von Wartensee 200 000 Gulden bezahlen.[381]

Doch im Jahre 1400 glaubte man sich fest im Besitz der Jurapässe. Das «Baselbiet» bildete nicht nur eine wirtschaftliche und militärische Stärkung der Stadt; sie war jetzt unmittelbare Nachbarin der mächtigen Republik Bern, mit der man im Januar 1400 ein Bündnis für zwanzig Jahre geschlossen hatte.[382] Damit war auch die grosse Wende eingeleitet, die die Basler Geschichte hinfort entscheidend beeinflussen sollte. Bildlich gesagt: schaute Basel bis dahin nach

Norden, politisierte wie eine elsässische oder rheinische Stadt, so blickte es von nun an immer mehr nach Süden zu der starken Eidgenossenschaft. Und ihrer Hilfe bedurfte sie im 15. Jahrhundert ganz besonders.

Basel zwischen Österreich und Eidgenossen

Die erste Hälfte dieses Jahrhunderts verlief in der Basler Gegend relativ ruhig, wenn man von den üblichen Adelsfehden absieht.[383] Gerade diese politisch-militärische Ruhe hatte doch die römische Kurie bewogen, Basel als Konzilsort zu bestimmen. Aber um die Jahrhundertmitte stehen die Zeichen wieder auf Sturm. Die grossen handelnden Mächte sind die gleichen wie im 14. Jahrhundert: das Haus Habsburg, jetzt «Österreich» genannt, und die Eidgenossenschaft der acht Alten Orte. In diesem Spannungsfeld lag wie eh und je Basel, dessen zwei politische Gruppen von den beiden Nachbarn Unterstützung ihrer Sache erhofften: der Adel von Österreich, die Zunftpartei von den Eidgenossen. Verändert hatte sich die grosse europäische Konstellation, und zwar zu Gunsten Habsburgs. Seit 1438 trugen Vertreter dieses Geschlechts wieder die deutsche Königskrone; zuerst Albrecht II. (1438–1439) nur ein Jahr, dann, allzu lange, Friedrich III. (1440–1493) und schliesslich Maximilian I. (1493–1519).[384] Zur Zeit des früheren luxemburgischen Königtums fanden Basel und die Eidgenossen oft williges Gehör beim Reichsoberhaupt; jetzt trachtete Friedrich III. – darin seinem Grossvater Leopold III. folgend – danach, die verlorenen Gebiete in den Stammlanden zurückzugewinnen. Darum musste es abermals zum Kampf mit den Eidgenossen kommen, und zwar im sogenannten Alten Zürichkrieg. Es ist vielleicht nicht unnötig, hier einmal zu sagen, dass der jahrhundertlange Konflikt zwischen Österreich und den Eidgenossen oft im Licht von Schillers Poesie gesehen wird: Hier die Eidgenossen, die «ihre ewigen Rechte getrosten Muts vom Himmel holten», dort der böse Tyrann, der das Volk unterdrückt. Die Geschichte verlief weniger schwarz-weiss![385] Österreich besass legitim erworbene Rechte, die eidgenössischen Annexionen standen oft auf schwachen rechtlichen Unterlagen.

Endkampf in der Schlacht bei St. Jakob an der Birs 1444: Beschiessung der Siechenhausmauer. Darstellung in der amtlichen Berner Chronik Diebold Schillings 1478. ▷

Dass Basel auch in diesem Jahrhundert dank den eidgenössischen Erfolgen seine unabhängige Stellung bewahren konnte, zeigen die Schlachten bei St. Jakob an der Birs (1444) und bei Dornach (1499). Aber weder bei St. Jakob noch bei Dornach kämpften die Stadtbasler mit, und doch öffnete der Ausgang dieser Kämpfe Basel das Tor zur Eidgenossenschaft.

Schlacht bei St. Jakob 1444

Wir betrachten zunächst den Armagnakenkrieg. Die Schlacht bei St. Jakob an der Birs ist gewiss das bekannteste (aussenpolitische) Ereignis der älteren Basler Geschichte. Seit mehr als 500 Jahren wird der heisse Augusttag des Jahres 1444 den Baslern in Erinnerung gerufen und von den offiziellen Festrednern der kleinen Schar von Eidgenossen die Dankbarkeit der Stadt für ihren Kampf bezeugt. Keine andere militärische Tat der Eidgenossen hat die Produktion von soviel Literatur, Festschriften, Quellensammlungen, dramatischer und novellistischer Poesie bewirkt.[386] Und doch ist die Diskussion über dieses sehr singuläre Ereignis

in der schweizerischen Kriegsgeschichte, besonders über seine Auswirkung, immer noch rege, gelegentlich sogar hitzig. Während für einige Historiker der Kampf bis zum letzten Atemzug als aufopfernde Heldentat, die die Invasion einer brutalen Soldateska in die Schweiz verhinderte, gewertet wird, ist für andere der übermütig angefangene Streit eine törichte Unternehmung, die nachträglich mythisch emporstilisiert worden sei. Wir sind zwar über den Verlauf des Schlachttages durch viele Quellen ziemlich genau orientiert; die letzten Motive aber, die den französischen König dazu bewogen haben, im Frühjahr 1444 eines der grössten Heere jener Zeit ins Elsass zu schicken und ein Jahr später wieder daraus abzuziehen, sind der sicheren Beurteilung wohl immer entzogen.

Ursachen

Wer St. Jakob verstehen will, muss das Einzelergebnis in einen grösseren Zusammenhang einordnen. Zwischen Zürich und Schwyz war wegen der Erbschaft des Toggenburger Grafen ein Konflikt ausgebrochen, in dem die Stadt Hilfe bei Österreich, Schwyz bei den Eidgenossen fand. Der deutsche Kaiser Friedrich III., unfähig, Zürich zu helfen, wandte sich an den französischen König Karl VII. um Unterstützung. Sein Brief vom 22. August 1443 an den Franzosen, den er formelhaft «seinen allerliebsten Bruder» nennt, ist bekannt; formuliert hat ihn übrigens sein Sekretär Enea Silvio Piccolomini (wir werden ihn im Kapitel 17 näher kennenlernen). Friedrich teilt darin mit, die Eidgenossen («Suicenses») hätten die österreichische Herrschaft verwüstet und bedrängten jetzt die «Reichsstadt» Zürich. Ausführlich wird der österreichische Standpunkt dargelegt und das gemeinsame Interesse aller Fürsten am Gang der Entwicklung in diesen Ländern begründet: hier lehnen sich die Untertanen gegen ihre Herren und die Bauern und Eigenleute gegen die Edlen auf. Dann die Bitte: Karl möge die Armagnaken, die Friedrich als zum Kampf gegen die Bauern tüchtig erachtet, ins Feld ziehen lassen.[387] Bei diesen Armagnaken handelte es sich um eine Masse von Söldnern aus aller Herren Ländern, die Graf Bernhard von Armagnac in der Gascogne 1420 für den Kampf gegen Burgund geworben hatte. Seither waren sie weniger durch militärische Taten als durch barbarische Räubereien in Frankreich und den anliegenden Ländern berühmt geworden. Das Volk im deutschen Sprachgebiet nannte sie die «Schinder».[388] Nur 5000 dieser Berufskrieger soll Friedrich erbeten haben. Karl schickte ihm deren 30 000, nach andern Quellen gar 40 000, und stellte sie formal unter das Kommando seines einundzwanzigjährigen Sohnes Ludwig. Der Führer im Felde aber hiess Jean de Bueil. Die Grösse des Heeres und die Anwesenheit des Kronprinzen (in den Basler Quellen «Delphin» genannt) bestätigen, was später in den Friedensverhandlungen laut gesagt worden ist: Karl VII. wollte nicht nur einem schwer bedrängten deutschen König einen Dienst erweisen, den dieser damals nicht hätte vergelten können; seine Ziele waren höher gesteckt! Frankreich wollte seinen Einfluss bis an die Rheingrenze ausdehnen[389]; Basel innerhalb der Grenzen des französischen Einflussgebietes – das war, wie die Geschichte bewies, kein irrealer Gedanke, hatte die Stadt doch bis 1024 im ehemaligen Königreich Burgund gelegen und gehörte auch im

15. Jahrhundert kirchlich noch zum Erzbistum Besançon. Wenn Basel im Sommer 1444 keinem militärischen Handstreich zum Opfer fiel – was übrigens seine adligen Feinde inner- und ausserhalb der Stadt freudig begrüsst und gefördert hätten – so dankt es dies «St. Jakob».

Schlachtverlauf

Was sich am 26. August 1444 vor der Stadt zugetragen hat, ist unzählige Male beschrieben worden. Wir berichten nur das Wichtigste und verweisen auf die ausführlichen Schilderungen guter Basler Historiker.[390] Auf die Nachricht vom Ausschwärmen der Armagnaken bis in die Dörfer Muttenz und Pratteln beschlossen die Hauptleute der eidgenössischen Streitmacht, die seit Tagen Farnsburg belagerte, mit einem Teil ihres Heeres einen Streifzug zu unternehmen. 1300 auserlesene, meistens junge Krieger aus allen eidgenössischen Orten, Zürich natürlich ausgenommen, rückten in der Nacht vom 25. auf den 26. August über Liestal, wo sich ihnen weitere 200 Zuzüger (Baselbieter!) anschlossen, in die Rheinebene hinab, überrannten am frühen Morgen die armagnakische Vorhut, überschritten trotz strengem Gegenbefehl die Birs und stiessen auf dem Gundeldingerfeld auf eine wohl zehnfache Übermacht, die zum Kampf vorbereitet war. Nach vielstündigem Ringen, von allen Seiten umschlossen, eine Kapitulation ablehnend, erlitten sie, zuletzt im Garten des Siechenhauses zusammengedrängt, den Tod.[390] Man hat die Basler gelegentlich kritisiert, weil sie den bedrängten Verbündeten, deren Schicksal man von den Türmen der Stadt aus wahrnehmen konnte, nicht geholfen hätten. Sie zogen zwar mit der ganzen Macht der Zünfte aus, aber als sich der Feind anschickte, die entblösste Stadt zu stürmen, kehrten sie «mit jomer» dort, wo heute das Denkmal steht, um.[391] Die Kunde von der gewaltigen Schlacht verbreitete sich rasch über ganz Europa. Schon im September berichtete Enea Silvio Piccolomini darüber in einem Brief aus Nürnberg und verwendete dabei die geflügelten Worte: «non victi, sed vincendo fatigati» (nicht besiegt, sondern vom Siegen ermattet).[392] Damit wurden die Eidgenossen von St. Jakob den Spartanern der Schlacht in den Thermopylen (480 v. Chr.) gleichgestellt; die Heroisierung hatte begonnen. Die glänzendste, wenn auch nicht die wahrheitsgetreuste Darstellung verfasste Ende des 18. Jahrhunderts der grosse Schweizer Historiker Johannes von Müller (1752–1809). Nach ihm St. Jakob schildern, hiesse die Ilias nach Homer nochmals schreiben, meint ein Basler Historiker.[393]

Folgen von St. Jakob für Basel

Die Basler waren am 26. August 1444 aus guten Gründen zitternde Zuschauer geblieben, aber wenig später zeigten sie bei den Verhandlungen zwischen ihnen und dem Dauphin eine bemerkenswerte Festigkeit. Als nämlich die Gesandten des Dauphins, unter ihnen der siegreiche Feldherr, Jean de Bueil, die Forderung nach Unterwerfung unter Frankreich vorbrachten, erwiderten die Basler Ratsherren, sie seien ein Teil des Heiligen Römischen Reichs und liessen sich davon nicht abbringen, «was sie auch immer darum leiden müssten».[394] Im Sommer 1444 gab es kein militärisches Basler Heldentum, doch auf dem diplomatischen

Parkett bewiesen die Basler grössten Mut – und waren damit erfolgreich. Der Friedensvertrag zwischen dem Dauphin und Basel samt seinen Verbündeten vom 28. Oktober 1444 setzte der Gefährdung durch Frankreich für immer ein Ende, ja er leitete sogar eine jahrhundertlange friedliche Koexistenz zwischen dem westlichen Nachbarn und der Eidgenossenschaft ein.

Der Krieg zwischen Basel und dem Herzog von Österreich, Albrecht VI., und dem Adel der Umgebung zog sich noch jahrelang in seinen widerlichsten Formen hin, mit «einer gehässigen Wildheit, die nur zerstören und verwüsten will».[395] Endlich des Krieges müde, verhandelten die Parteien, und im Mai 1449 wurde ein Friedensvertrag, die sogenannte «Breisacher Richtung», unterzeichnet. Er regelte alle umstrittenen Fragen, wie Zollmacht, Geleitschutz und Freizügigkeit der Auswanderer, die aus dem Elsass oder dem Breisgau nach Basel emigrieren wollten, also lauter wirtschaftliche Fragen, die aber für das Gedeihen Basels von grossem Gewicht waren.[396] Und zwar zu Gunsten Basels. Noch bedeutsamer aber ist folgendes: Österreich muss eingesehen haben, dass die Stadt Basel auch mit Hilfe der rauflustigsten Adligen, wie der Freiherren von Falkenstein oder des kondottierehaften Ritters Hans von Rechberg, nicht unterworfen werden konnte. Die Stadt hatte sich als zu stark erwiesen. Der Friedensvertrag beendete so den fast hundertjährigen Kriegszustand zwischen dem Haus Habsburg und Basel. War es ein Sieg der Vernunft? Oder sahen die Beteiligten schon in die nächste Zukunft, in der eine kometenartig aufgestiegene neue Grossmacht, das Herzogtum Burgund, alle zusammen, die Herrschaft Österreich, das Königreich Frankreich, das deutsche Reich und die Eidgenossen tödlich bedrohen sollte?

Basel und Burgund

Wieder einmal ist der Name Burgund gefallen. Er hängt – was dessen Geschichte so kompliziert erscheinen lässt – zu verschiedenen Epochen an verschiedenen staatlichen Gebilden. Vom Königreich Burgund sprachen wir im 12. Kapitel. Das jetzt gemeinte Herzogtum Burgund des Spätmittelalters war eine Schöpfung einer Nebenlinie des Hauses Valois. In nur hundert Jahren hatten die vier Generationen dieser Familie durch Heirat, Eroberung und Kauf ein Reich zusammengebracht, das sich wie ein Keil zwischen Frankreich und Deutschland von der Nordsee bis an die obere Rhone hineintrieb. Es schien, als ob das lothringische Zwischenreich der Karolinger wieder auferstände. Da überspannte jedoch der letzte des Geschlechts, Karl der Kühne (französisch deutlicher: «le téméraire» = der Tollkühne), den Bogen, verlor dabei das Leben und zerstörte sein Reich. In der grossen Koalition, die dieses Reich zu Fall brachte, befand sich auch die Stadt Basel. Nie zuvor hatte sie eine solche politische Initiative entwickelt und auch später war ihr militärisches Aufgebot nie so kraftvoll wie in den Burgunderkriegen. Sie war von der Geschichte herausgefordert worden. Denn in der Nähe Basels begann das für die Eidgenossenschaft so dramatische Geschehen im Jahre 1469. Die von der Stadt im Breisacher Frieden so mühsam errungene Ruhe in der Nachbarschaft war durch eine törichte Tat des Herzogs Sigismund von Österreich zerstört worden. In seiner chronischen Geldnot hatte dieser Habsburger das obere Elsass und den Schwarzwald bis hinauf nach Waldshut an Karl den Kühnen verpfändet. Jetzt zog eine burgundisch durchorganisierte Verwaltung in die verpfändeten Gebiete, und sofort begannen wieder die alten Quälereien, derentwegen die Basler früher so oft ausgezogen waren. Diesmal fühlte sich die Stadt noch härter betroffen, denn der Statthalter Karls, der Landvogt Peter von Hagenbach, liess sie vom ersten Tag an seinen Hass fühlen. So wenigstens stellt es der zeitgenössische Chronist in Basel, Johannes Knebel, dar. Nach ihm muss Hagenbach der bare Teufel gewesen sein.[397] Auch die Bevölkerung in den verpfändeten Ländern fand sich nicht mit der neuen Herrschaft ab. Es kam an Ostern 1474 zu einer Revolte, bei der Hagenbach gefangen genommen wurde. In Basel sollen die Buben damals gesungen haben: «Christ ist erstanden, der Landvogt ist gefangen; des sollen wir alle froh sein.»[398] Am 9. Mai dieses Jahres wurde Hagenbach hingerichtet.

Burgundischer Landvogt Hagenbach im Sundgau

Da der Herzog Karl die angebotene Einlösung des Pfandgeldes verweigerte, musste es zum Krieg kommen. Basel traf seine Vorbereitungen auf bewährte Art: ein Bündnis zwischen Basel, Strassburg, Colmar und Schlettstatt, dem sich später noch andere Orte anschlossen, die sogenannte «Niedere Vereinigung» verpflichtete die Mitglieder zu gegenseitiger Hilfe. Weitere Fäden wurden zu den Eidgenossen und zu Österreich, das die Pfandlande gerne zurückgehabt hätte, gezogen. Auf höherer Ebene betätigte sich der Erzfeind Burgunds, Ludwig XI. von Frankreich, der ehemalige Dauphin von St. Jakob. Mit unglaublicher Gewandtheit brachte er einen Frieden zwischen den Eidgenossen und Österreich zustande, die «Ewige Richtung» (März 1474). Am 22. April 1474 warf Basel dem Burgunder den Fehdehandschuh hin. Als nämlich Herzog Sigismund von Österreich nach Basel kam, um von hier aus von den Pfandlanden erneut Besitz zu ergreifen, erklärte der Rat in einem Brief an Karl den Kühnen, die Stadt werde dem Herzog bei seinem Unternehmen Hilfe und Beistand gewähren.[399] Das war die Kriegserklärung an den Burgunder, und sie erfolgte – was gewiss bemerkenswert ist – zeitlich *vor* derjenigen Berns.

Städtebündnis «Niedere Vereinigung»

Frieden zwischen Österreich und Eidgenossen

Burgunderkriege

Was nun folgt, erzählt jede Schweizergeschichte ausführlich. Zu Beginn des Jahres 1476 bricht Karl der Kühne über den Jura in die Eidgenossenschaft ein. Bei Grandson wird am 2. März sein Heer zum ersten Mal geschlagen. Unter den Siegern befinden sich auch 800 Basler. Auch ihnen fällt reiche Beute in den Schoss. Der vernichtende Schlag geschah erst am 22. Juni 1476 bei Murten. Diesmal stellte die Stadt Basel 1500 Mann Fussvolk, hundert Reiter, Geschütz und Train.[400] Wie stark die Kampftruppe in die Schlacht eingegriffen hat, ist nicht zu erfahren. Wir hören aber, die Basler Verluste seien gering gewesen. Der Basler Anführer Peter Rot zählt in seinem Bericht an die Regierung in Basel nur drei Gefallene und einige Verwundete auf! Der fromme Chronist fügt wohl darum in seinem Bericht hinzu, der Triumph sei ein Geschenk des Himmels gewesen.

«Anders war's nicht möglich, so leicht den Sieg davon zu tragen» (alias non fuisset possibile eum ita leviter vicisse).[401] Offensichtlich waren die Basler nicht im vordersten Treffen eingereiht, das bekanntlich am «Grünhag» beträchtliche Verluste erlitt.

Überblickt man den Zeitraum von 1469 bis 1476, so darf man behaupten: Basel hat es verstanden, die verschiedensten Kräfte und Mächte am Oberrhein beharrlich zu sammeln, es hat sich militärisch aufs beste vorbereitet und finanziell den Verbündeten, zumal Österreich, ein erfolgreiches Handeln überhaupt erst ermöglicht. Der materielle Gewinn liegt nur noch zum kleinsten Teil vor Augen. Von der sagenhaft grossen Burgunderbeute ist das Kostbarste in alle Winde zerstoben, aber drei Geschützrohre sind noch im Historischen Museum zu bewundern.[402]

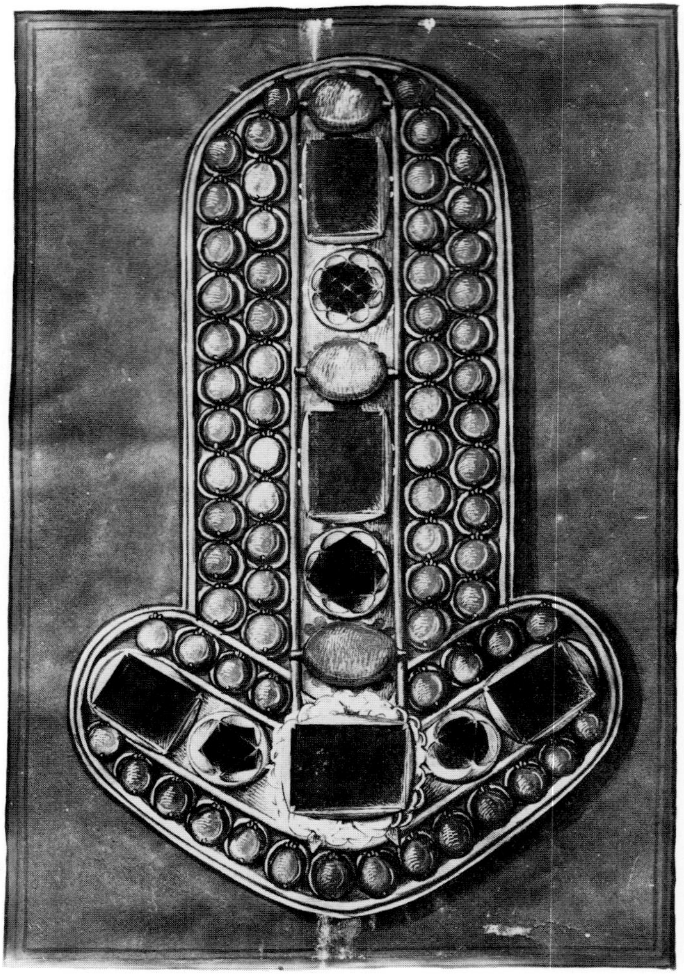

Stücke aus der Basler Burgunderbeute von 1476, später von der Stadt veräussert, vorher aber auf Pergament abgemalt. Oben Agraffe mit Juwelen, unten Hosenbandorden, beide aus dem Besitz Karls des Kühnen. Historisches Museum.

Basel und die Eidgenossen

Noch genau 25 Jahre verflossen nach der Schlacht bei Murten, bis in Basel der denkwürdige Tag anbrach, an dem die Stadt den Ewigen Bund mit den Eidgenossen beschwor. Nach allem, was Basel im 15. Jahrhundert erlebt und erlitten hatte, musste diese historische Wende seiner Geschichte kommen. Auffällig ist nur, wie lange es dauerte, bis die beiden Partner, die Eidgenossen und die Basler, bündnisreif wurden. Wie man weiss, geriet der eidgenössische Bund damals in eine tödliche Krise, als die Frage, ob Freiburg und Solothurn in den Bund aufgenommen werden sollten, ob dabei neues Bundesrecht geschaffen werden müsse, die Städte und die Länder stark entzweite. Eine Stadt mehr im Bund, das hätten die Urkantone damals nie bewilligt. Auch Basel entfremdete sich den Eidgenossen, als es in einem schweren Streit mit Bischof Kaspar zu Rhein bei ihnen keine diplomatische Unterstützung, beim deutschen Kaiser hingegen Hilfe fand. So hin und her gerissen, mit den elsässischen Städten in der «Niederen Vereinigung» immer noch verbündet, mit den Eidgenossen durch gleiche Interessen verbunden, fasste die Stadtregierung volle zwei Jahrzehnte keinen Entschluss.[403]

Neutralität im Schwabenkrieg 1499

Es war in einer solchen Situation wohl das Klügste, was die Stadt tun konnte, neutral zu bleiben, als der Schwabenkrieg im Januar 1499 zwischen den Eidgenossen und dem deutschen Reich ausbrach. Für die Eidgenossen freilich war es ärgerlich, dass das feste Bollwerk am äussersten Ende der langen Front vom Bodensee bis zum Rheinknie nicht als Stützpunkt für militärische und logistische Aktionen benützt werden konnte. Anderseits mussten sie es als positiv verbuchen, dass Basel dem Reichsaufgebot keine Folge geleistet hatte und seine Tore auch den Anhängern des Reichs verschloss. Der Bürger hinter den sicheren Mauern litt in jenem Sommer durch solches Stillhalten keinen grossen Schaden, aber der Bauer auf der Landschaft. Die Neutralität der Stadt bewahrte ihn keineswegs vor Raub und Überfall; Schutz fand er nur bei den Eidgenossen. In mancherlei Hilfeleistungen, besonders während der entscheidenden Schlacht bei Dornach am 22. Juli 1499 äusserte sich die Sympathie des Landvolks für die eidgenössische Sache. Diese proeidgenössische Stimmung auf der Landschaft trug nicht wenig dazu bei, die Basler Behörden in den nun bald nötigen Entschlüssen zu beeinflussen.

Der Friedensschluss zwischen dem Reich und den Eidgenossen am 22. September 1499 brachte den beteiligten Kriegsparteien Ruhe, dem neutralen Basel hingegen neue Plackereien, diesmal von Seiten der österreichisch gesinnten Bevölkerung in Basels Umgebung, vor allem derjenigen Rheinfeldens. «Einen Rücken sollten wir haben», hiess es im Rat der Stadt.[404] In dieser verzwickten Lage Basels zwischen den grossen Mächten taten die Eidgenossen den ersten Schritt, sie boten «den Rücken». Was sie bewogen hat, die dauernde Verbindung zur Rheinstadt zu suchen, ist im Protokoll der Tagsatzung vom 21. März 1501 ausführlich festgehalten.[405] Basel sei ein Tor («Thor und Ingang») zum Sundgau, zum Breisgau, zum Elsass, durch welches der Handel («kouff und verkouff und aller gewerb») mit den «niederen Orten» (den Städten am Rhein und im Elsass)

Annäherung der Eidgenossen

seinen Weg nehme. Basel sei auch der Eingang zu den vier beidseits des Rheins gelegenen Städten Rheinfelden, Säckingen, Laufenburg und Waldshut sowie zum Schwarzwald, wodurch auch hier der «feile Kauf» gesichert und die Gegend in Schach gehalten werden könne. Es fällt auf, wie hoch die wirtschaftliche Funktion Basels eingeschätzt wird! Schliesslich das politische Motiv. Strassburg, Colmar und Schlettstatt hätten sich dem «Schwäbischen Bund», dem Feind im Schwabenkrieg, angeschlossen. Liesse man jetzt Basel allein, so müsste es wohl auch ins feindliche Lager übertreten. Wirtschaftliche, strategische und politische Positionen machten also Basel für die Eidgenossen begehrenswert. Nirgends findet sich ein Wort über seine kulturelle Bedeutung, etwa über seine Universität. Sie wird für die Eidgenossenschaft allerdings nicht bedeutungslos gewesen sein, selbst wenn sie in den diplomatischen Akten der Zeit nicht erwähnt wird. Nicht wenige Söhne bekannter Geschlechter in Zürich, Bern, Luzern, Glarus hatten an der Universität Basel studiert, und wenn in den Räten der acht Alten Orte (die vor allem entschieden haben) über die Aufnahme Basels diskutiert wurde, erinnerte sich gewiss der eine oder andere Politiker seiner Studienjahre in Basel.[406]

Der Bundesvertrag

Die definitive Formulierung des Bundesvertrags zwischen den Eidgenossen und Basel – es ist übrigens der umfangreichste – fand erst nach langer, nicht ungetrübter Diskussion der Beteiligten die Zustimmung aller Kontrahenten. Die Stadt beanspruchte nämlich die Gleichberechtigung mit den acht Alten Orten, ein Vorzug, der zwanzig Jahre vorher den Städten Freiburg und Solothurn verweigert worden war. Vor allem mit kräftiger Hilfe Berns wurde Basel als «ein ander Ort» anerkannt und nahm darum bis 1798 hinter den acht Alten Orten den neunten Rang ein. Der sogenannte Neutralitätsartikel, der Basel verpflichtete, im Konfliktsfall zwischen den Eidgenossen «stille zu sitzen», beeinträchtigte juristisch die Basler Handlungsfreiheit. Faktisch wurde er von Basel nur zeitweise beachtet; häufig hat Basel als ehrlicher Makler vermittelt oder zu vermitteln versucht, aber im ersten Religionskrieg ergriff es im Jahre 1531 entschieden für die reformierten Städte Partei.

Basels Verzicht auf eigene Aussenpolitik

Die für Basel wichtigste Bestimmung, die seine «Aussenpolitik» für immer stillegte, war das Verbot, ohne eidgenössische Zustimmung mit irgend jemand Krieg anzufangen oder ein Bündnis zu schliessen. Damit war die Epoche selbständiger «Aussenpolitik», wie wir sie in diesem Kapitel behandelt haben, zu Ende.

Bundesschwur am Heinrichstag 1501

Den festlichen, oft beschriebenen Tag des Bundesschwurs am 13. Juli 1501 – es war der Tag des Stadtpatrons Heinrich – brauchen wir nicht mit vielen Worten zu schildern. Gute Künstler haben ihn in heute noch sichtbaren Bildern verewigt: auf zeitgenössische Weise der Chronist Diebold Schilling in der Luzerner Chronik, in moderner Form die Basler Wilhelm Balmer (1865–1922) auf der Fassade im Hof des Rathauses und Emil Schill (1870–1958) im Grossratssaal. Das älteste literarische Zeugnis, ein langes Lied des Verseschmieds Caspar Jöppel, ist zwar kein poetisches Kunstwerk, gibt aber die heitere Stimmung der Zeitgenossen wieder. Zwei Strophen sollen es bezeugen[407]:

Bewaffneter Basler Auszug aus dem Spalentor 1510. Oberteil eines anonymen Glasgemäldes aus dem 1. Viertel des 16. Jahrhunderts. Historisches Museum.

Gemain Aidgenossen hand sich recht besunnen,
Dass sie Basel für ein ort hand gnumen.
Den schlüssel hand sie empfangen,
Damit sie ir land mögen beschliessen.
Das tut manchen Oesterreicher verdriessen;
Sie haben ir gross verlangen.

Basel, du vil hohe kron,
Du wilst den frumen Aidgenossen beiston,
Du hast dich zu inen verbunden.
Man wolt dich bei deiner trew nit lon,
Die du dem Sundgöw hast geton.
Es kompt noch zu guter stunden!

Und damit einmal die Namen der Hauptakteure erwähnt seien, zitieren wir in der Originalsprache einen Ausschnitt aus dem Bericht des anonymen Chronisten[408]: «Und also ward der büntnuszbrieff gelesen, und schwur ein statt Basel gemeinen Eydtgenossen, disen eewigen bundt ze halten. Und gab der burgermeister von Zürich, hiesz Heinrich Roesch, ynen den eyd. Und do ein statt Basel mit sampt den yren geschworen hatt, do gab der stathalter junckher Peter Offenburg gemeinen Eydtgenossen ouch den eyd.»

16. KAPITEL PEST UND ERDBEBEN, ZWEI NATURKATASTROPHEN IM SPÄTMITTELALTERLICHEN BASEL

Keine Darstellung der Basler Geschichte seit Wurstisen unterlässt es, die beiden Katastrophen in der Mitte des 14. Jahrhunderts, die Pestepidemie um 1349 und das Erdbeben von 1356 zu schildern. Besonders lang und intensiv blieb die Erinnerung an das Erdbeben in Basel erhalten. Bis weit ins 19. Jahrhundert hinein gedachte man am Sonntag vor oder nach dem Lukastag, 18. Oktober, jenes Ereignisses auf den Kanzeln aller Kirchen und verwendete das besonders ergiebige Almosen zum Kauf des sogenannten Schülertuches, mit dem die armen Schüler vor dem nächsten Winter bedacht wurden.[409]. – Wir haben die Darstellung der beiden physischen Katastrophen aus der politischen Geschichte herausgelöst; sie stehen in keinem ursächlichen Zusammenhang mit der gesellschaftlichen Entwicklung, es sei denn, man sehe in den elenden hygienischen Zuständen eine Ursache, welche die radikale Ausbreitung der Seuche gefördert hat. Aber der mittelalterliche Unrat war gewiss keine baslerische oder zeitlich beschränkte Eigenart, sondern ein Dauerzustand aller dicht bevölkerten europäischen Städte. Die mittelalterlichen Quellen reden von der Pest als dem «grossen Sterbent», dem «Schwarzen Tod» und behaupten, seit der Erschaffung der Erde sei kein solches Massensterben gewesen. Oder wie es Wurstisen formulierte: «Seit dem Sündtfluss were über menschliches Geschlecht kein grösserer noch langwieriger Sterbent ergangen.»[410] Die Zahl der Pesttoten, die aus seiner Chronik lange in die historische Literatur übernommen wurde, schätzte er mit 14 000 allerdings zu hoch. Als er schrieb, fehlte den Menschen noch der Sinn für Zahlen weitgehend; erst spätere Forscher liefern ein genaueres statistisches Bild.[411]

Die Pestepidemie von 1349

Die klassischen Schilderungen der Pest und des Krankheitsbildes eines von der Pest befallenen Mannes haben zwei Italiener geschrieben: Giovanni Boccacio (1313–1375) in seinem «Decamerone», um 1350, und Enea Silvio Piccolomini (1405–1464) in seinem stark autobiographischen Geschichtswerk. (Piccolomini erkrankte während der Epidemie des Jahres 1439 in Basel.)[412] Die wichtigste Quelle für die genauere Kenntnis der Basler Epidemie von 1349 bildet der Text eines unbekannten Chronisten, der um 1400, also nur 50 Jahre später schrieb (wir übertragen den Originaltext gerafft in heutiges Deutsch): «Im Jahr 1346 nach Christi Geburt brach jenseits des Meeres ein grosses Sterben aus, wie es noch keines seit Beginn der Welt gegeben hatte. Im folgenden Jahr brachten die Genuesen die Seuche herüber nach Italien. Als die Genuesen heimgekommen waren, starben sie eines plötzlichen Todes. Im nächsten Jahr kam die Seuche nach Österreich, wo jeder sechste Mensch starb. Von da zog sie durch Deutschland. Damals war in Basel auch ein grosses Sterben, so dass vom (inneren) Aeschentor bis zum Rheintor die ganze Freie Strasse hinab nur drei Ehepaare verschont blieben. Es entstand das Gerücht, dass die Juden die Christen mit Gift hätten vertilgen wollen, mit Gift, das sie heimlich übers Meer gebracht hätten. Man fand auch in den Brunnen manches Säcklein, das vergiftet war. Es gestanden auch einige Christen, sie seien von den Juden bedrängt worden, sie hätten Geld von den Juden genommen, um die Christen auszurotten. Etliche sagten aus, als die Juden sie gedungen hätten, sei ihr Hochmeister ihnen auf den Fuss getreten und habe die Hand auf ihr Haupt gelegt. Als sich dieses Gerücht von den Juden ausbreitete, da verschworen sich die Fürsten vielerorts gegen die Juden und töteten sie.»[413] In Basel waren andere Kreise am Massaker beteiligt, wie Wurstisen überliefert: «Das Pöfel (das einfache Volk) war über die Juden also ergrimmet, dass sie den Raht zwungen die Juden zue verbrennen, und in 200 jaren keinen mehr in die Statt einzusitzen lassen. Also wurden sie nach Wienachten des 1348 jares in ein Ow des Rheins in ein höltzlin Häusslein zusammen gestossen und jämerlich in Rauch verschicket.»[414] Das Datum ist bekannt; am 16. Januar 1349 erlitten etwa 300 Basler Juden auf einer Insel bei der Birsigmündung den Feuertod; die Pest aber erreichte von Süden her Basel erst im Sommer 1349! Das Massaker war zeitlich der Pest vorangegangen. Man vergriff sich an den Juden, weil der aufgestaute Hass über die damaligen «Kapitalisten» schrankenlos durchbrechen konnte, als andernorts durch Folterung erpresste Geständnisse eine Rechtfertigung boten. Bemerkenswerterweise war der Basler Rat davon überzeugt, dass die Anklage grundlos war. Aber nachdem auf einer Konferenz im Elsass die Juden für vogelfrei erklärt worden waren, nahm das Verhängnis in Basel seinen Lauf, genau so wie in Strassburg und Freiburg. Und die Sturmtruppen in diesem Pogrom waren – die Zünfte. Sie seien, erzählt Matthias von Neuenburg, mit ihren Bannern vor das Rathaus gezogen und hätten mit dem Ruf, das Volk wolle die Juden nicht länger in der Stadt dulden, die Regierung zum Pogrom gezwungen.[415] Andreas Heusler (II.), der als erster eine wissenschaftliche Basler Zunftgeschichte geschrieben hat, meint dazu: «Leider haben die Zünfte ihren Sieg (1337) noch ein Jahrzehnt nachher durch die Judenverfolgung befleckt, deren einzige Entschuldigung die durch den schwarzen Tod in den Gemütern erzeugte Verzweiflung ist.»[416] Man hat diesen Fleck in der Basler Zunfthistoriographie bei der Schilderung der «Zunftherrlichkeit» gelegentlich übersehen!

Judenmassaker *vor* der Pestepidemie

Die Pestepidemie 1349 ist nicht die erste und nicht letzte gewesen. Nach neueren Forschungen zur Pestgeschichte wütete in Basel der «schwarze Tod» oder ähnliche Seuchen in der Zeit von 1094 bis 1668 fünfundzwanzigmal. Im 14., 15. und 16. Jahrhundert folgten sich die Pestwellen ungefähr alle vierzehn Jahre. Sie reduzierten die Bevölkerungszahl manchmal um 20 bis 30%, im Jahr 1438/39 starb gar die Hälfte der 10 700 Einwohner. Wenn dennoch Basel 1670 11 000 Einwohner zählte, so sind daran die Aufnahmen von Neuzugezogenen ins Bürgerrecht schuld. Sie haben nach 1531 nicht nur die Verluste ausgeglichen, sondern die Gesamtzahl gesteigert.[417]

Pestbekämpfung

Das Spätmittelalter und die beginnende Neuzeit standen der Pest hilflos gegenüber, da man ihre Ursachen nicht kannte oder, wie geschildert, einer illusionären Vergiftung der Brunnen zuschrieb. Wenn dieser Verdacht wegfiel, unterwarf man sich resigniert der «Strafe Gottes». Obwohl es in Basel eine Universität mit einer medizinischen Fakultät gab, fand man lange kein wirksames Rezept gegen die Pest. Nicht einmal die seuchenpolizeilichen Massnahmen, welche die italienischen Städte rigoros handhabten, wurden rechtzeitig getroffen. «Basel war als strafbar nachlässig bekannt.»[418] Doch entstand hier ein Dokument zur Pestgeschichte, wie es sonst keine europäische Stadt kennt. Der vielseitig begabte älteste Sohn des Schulmeisters und Buchdruckers Thomas Platter (vgl. S. 172), Felix Platter (1536–1614), als Stadtarzt im In- und im Ausland hoch geschätzt, hinterliess ein Manuskript mit dem Titel «Siben Regierende Pestelentzen oder Sterbendt zu Basel, die ich erlebt und darby gewesen . . .». Diesen Pestbericht von 1610/11 ergänzte Platter mit einer «Stadtbeschreibung» so sinnvoll, dass man die Namen der erkrankten und gestorbenen Personen jedes Hauses erfährt. Hält man die fast gleichzeitige Stadtansicht des Matthäus Merian daneben, so lernt man die Namen und meistens auch die Berufe der Bewohner kennen. Da Felix Platter in einer andern Schrift, den «Observationes», Krankheitsgeschichten beschrieben hat, sind wir über die Behandlung der Pestpatienten im Bild. Platter verordnete als wichtigstes prophylaktisches Heilmittel «Theriak», ein aus 23 Bestandteilen zusammengesetztes Getränk. Die Behandlung der pesttypischen Eiterbeulen überliess der akademische Arzt aber dem «Wundarzt», also dem handwerklichen Scherer (vgl. S. 122). – Nach 1668 wird Basel dank seuchenpolizeilichen Massnahmen von der Pest verschont. Andernorts wütete sie noch bis ins 20. Jahrhundert, denn erst 1894 wurde der Pestbazillus, den die Flöhe von den Ratten auf die Menschen übertragen, entdeckt.

Stellung der Juden in Basel

Die Erwähnung des Basler Judenmords hat vielleicht beim Leser die Frage geweckt, seit wann und unter welchen Bedingungen die Juden in Basel gelebt haben. Wir versuchen die Frage kurz zu beantworten.[419] – Das Los der Juden, ihre Zerstreuung in alle Welt im ersten nachchristlichen Jahrhundert, kennt jedermann. Schon in der Antike hat es in den römischen Städten am Rhein Juden-

Grabstein eines Rabbi Jakob aus dem Jahre 1330, von einem jüdischen Friedhof in Basel, diente bis 1878 als Bodenplatte im Münsterkreuzgang. Historisches Museum.

gemeinden gegeben, vermutlich auch in Basel. Ein jüdischer Grabstein aus dem ältesten Judenfriedhof, der an der Stelle des heutigen Kollegiengebäudes am Petersplatz lag, wird ins Jahr 1104 datiert. Urkundliche Zeugnisse bestätigen, dass sich im 12. und im 13. Jahrhundert in Basel eine grössere Zahl Juden niedergelassen hat. Ausgeschlossen von den Rechten des Kaufmannsstandes (vgl. oben S. 116) und ohne Zugang zu den Handwerkerzünften, blieben ihnen für ihren Lebensunterhalt nur der Kleinhandel und das Geldgeschäft; anderseits, begünstigt durch die kirchlichen Verbote des Zinsnehmens im 12. Jahrhundert, gelang es ihnen, eine Art Monopolstellung im Darlehensgeschäft zu erobern.[420] Oft fielen die dabei verpfändeten Objekte, meistens Häuser, bei Zinssätzen bis zu 30 und mehr Prozent in ihre Hand. Zu ihrer Kundschaft gehörte auch der Basler Bischof Lüthold I., der bei einem Juden einen Pontifikalring und ein Seidentuch versetzte.[421] Geschützt durch kaiserliche Privilegien und unentbehrlich als Geldverleiher, wurden die Juden, wie andernorts auch, in Basel geduldet. Seit 1290 versammelten sie sich zum Gottesdienst in der Synagoge, die vermutlich am Rindermarkt, d.h. an der untern Gerbergasse lag. Auf dem Boden des St. Leonhardstiftes, der städtisches Bauland geworden war, müssen sie, wie urkundlich bezeugt, zahlreiche Häuser, die sie weitervermieteten, besessen haben. Im Jahr 1349 brach, wie geschildert, das Unglück über diese erste Basler Judengemeinde herein. Doch dauerte es nicht 200 Jahre, wie die Zünftler es verlangt hatten, bis Juden wieder in Basel sesshaft werden durften. Schon 1362, also bald nach dem Erdbeben und dem durch dieses verursachten Kapitalbedürfnis waren sie wieder erwünscht. Doch schon 1397 verliess diese zweite jüdische Gemeinde Basel, wohl aus Angst vor neuen Pogromen. Über 400 Jahre lang durfte sich nun kein Jude mehr in Basel niederlassen, eine Diskriminierung, die erst in der Helvetik (vgl. Buch 6) wegfiel, so dass im Dezember 1798 Leopold Levi seinen Wohnsitz von Niederhagental in die Stadt verlegen durfte. Dies war der Anfang der dritten und bis heute in Basel blühenden israelitischen Gemeinde.

Geisslerzüge

Die Judenverfolgungen des Jahres 1349 sind, wie wir aus der jüngsten Geschichte wissen, längst nicht die letzten gewesen. Hingegen verschwand eine andere Krisenerscheinung, diejenige der Geisslerzüge, von der Kirche heftig bekämpft, am

Ende des Mittelalters. Die Geissler oder Flagellanten, Menschen, die sich selbst blutig schlugen, um den zornigen Gott zu versöhnen, gehören zum Bild der Pestilenzjahre wie die Judenverfolgungen.[422] Auch in Basel, wie in vielen Städten Deutschlands, zog eine Schar von ihnen in langen Mänteln und Kapuzen singend ein, vollzog öffentlich die Selbstkasteiung und wurde nachher von den zuschauenden Bürgern in ihre Häuser zu Gast gebeten. Der Chronist Matthias von Neuenburg schildert ihr grässliches Tun genau.[423] Nach der Geisselung sei dann ein stimmgewaltiger Mann aufgestanden und habe einen Brief vorgelesen, den ein Engel gebracht habe und in dem Christus mitteile, er sei durch die Sünden der Welt beleidigt, darum müsse jeder Mensch 34 Tage lang pilgern und sich geisseln, um Barmherzigkeit zu erlangen. Durch diese Aufforderung – so der Chronist – hätten sich hundert vornehme Basler bewegen lassen, mit einer «Bruderschaft» nach Avignon zum Papst zu ziehen; das Oberhaupt der Kirche habe sie jedoch nicht empfangen, sie heimgeschickt und ihnen unter Strafe der Exkommunikation verboten, in Zukunft öffentliche Geisselungen vorzunehmen.

Drei Jahre lang, von 1346 bis 1349, trieb das grosse Sterben die Menschen Europas zu Verzweiflungstaten. «Als die Seuche ohne der Menschen Zutun ihren Tummelplatz verliess, da breitete sich die alte Weltlust wieder aus über den Grabstätten.»[424] Der Autor dieses Satzes, Theodor Meyer-Merian, konnte sich für diese Behauptung auf den Text eines zeitgenössischen Chronisten stützen, der um 1400 schrieb: «Darnach da das Sterben, die Geisselfahrt und die Judenschlacht ein Ende hatte, da hub die Welt wieder an zu leben und fröhlich zu sein und machten die Männer wieder neue Kleidung.»

Das grosse Erdbeben von 1356

In Basel freilich glaubten die Bewohner sieben Jahre später nochmals, Gott sei so erzürnt, dass er wiederum sein Gericht über die sündige Menschheit habe ergehen lassen. Vom stärksten Erdbeben in der bekannten Geschichte Basels am 18. Oktober 1356 berichten nur wenige zeitgenössische Quellen und zudem ziemlich summarisch.[425] Die ältesten Nachrichten findet man in einem Aufruf zu Spenden für das teilweise zerstörte Basler Münster, der im Bistum Konstanz im November 1356 verkündet wurde, und in dem ein Jahr nach dem Erdbeben begonnenen Basler Ratsbuch.[426] Von den Chronisten, die noch im 14. Jahrhundert geschrieben haben, erfährt man etwas mehr, so dass man die einzelnen Phasen des Ereignisses seit 400 Jahren ungefähr so erzählt[427]: Am Nachmittag des Lukastags um die Vesperzeit, ungefähr um vier Uhr, erschütterte ein erster Stoss die Stadt. Viele Häuser und der Chor des Münsters stürzten ein. Von Panik ergriffen, flüchteten die Basler aus der Stadt auf das offene Feld. Abends zehn Uhr bis Mitternacht folgten weitere Stösse. Jetzt sahen die Geflüchteten die Stadt brennen. Von der St. Alban-Vorstadt breitete sich das Feuer rasch über die ganze Stadt innerhalb der Mauern aus. Was das Beben nicht in Trümmer gelegt hatte, wurde ein Raub der Flammen. Krachend stürzte das Dach des Münsters ins Schiff und

Das grosse Basler Erdbeben von 1356. Historienbild des Baselbieter Malers Karl Jauslin (1842–1904).

zerstörte die Altäre, die Orgel und die Bilder. In den Ställen – es gab noch viele in der Stadt – starb das Vieh, in den Lagerhäusern verbrannten die Waren des Kaufmanns und in den staatlichen und privaten Archiven die Schuldbriefe.[428] Acht Tage lang soll das Feuer gewütet haben, bis es, nicht gelöscht von den Menschen, keine Nahrung mehr fand. Nur wenige Einzelheiten werden überliefert; etwa die wunderbare Errettung eines Kleinkindes in den Trümmern der Burg Pfeffingen, der durch einen herabfallenden Stein bewirkte Tod des Ritters von Bärenfels, Plünderungen einiger Bürger, die später vom Rat bestraft wurden. Fast alle Kirchen der Stadt waren mehr oder weniger beschädigt. Ein ähnliches Schicksal erlitten die Adelssitze im weiten Umkreis. Vierzig – nach andern Quellen sechzig – Burgen seien unbewohnbar geworden. Dies sei – so meint Wilhelm Wackernagel – andern Städten ein Gegenstand des Neides gewesen, weil die Basler auf diese Weise von der Umklammerung durch viele kleine Festungen befreit worden seien.[429]

Dass ein solches Ereignis in den folgenden Jahrzehnten Anlass zur Legendenbildung gab, ist angesichts der damaligen mündlichen Nachrichtenverbreitung leicht verständlich. Sagenhaft ist vermutlich jene erbauliche Geschichte des Herzogs Albrecht von Österreich, der, im Kriegszustand mit der Stadt (man vgl. Kapitel 15), vierhundert Schwarzwaldbauern nach Basel geschickt habe, nicht um den günstigen Augenblick zur Besetzung zu ergreifen, sondern um die Trümmer in den Strassen wegzuschaffen.[430] Gewiss keine Legende sind aber die Berichte

Hilfe der Nachbarn und Eigeninitiative beim Wiederaufbau

von der raschen Hilfeleistung der Nachbarstädte Strassburg, Freiburg, Colmar, Mülhausen und Rheinfelden. Ihre spontane Bereitschaft zu helfen soll die Basler von dem Plan abgehalten haben, ihre Stadt auf dem freien Feld unterhalb des Margarethenhügels neu zu erbauen. Erstaunlich ist auch die Energie, mit der die Bevölkerung an den Wiederaufbau ging. Sie war nicht geringer als diejenige der Europäer, die nach dem Zweiten Weltkrieg die zerstörten Städte wieder errichteten. Bemerkenswert klug waren die Massnahmen der Behörden, die z.B. eine Baukommission von fünf Männern bestimmten, welche die Streitfälle schlichteten, die sich beim Neubau der Häuser zwischen Nachbarn erhoben.[431] Eindrücklich auch der Beschluss der Ratsmitglieder, ihre eigene Besoldung temporär zu reduzieren.[432] Erstaunlich ferner, wie rasch sich die Stadt in wenigen Jahren finanziell erholte. Neben dem Wiederaufbau haben die Basler, wenigstens eine Zeitlang, ein neues gewaltiges Werk geschaffen, nämlich jenen weiten Befestigungsring, den uns der Merianplan von 1615 so anschaulich zeigt. Vom Rhein beim St. Johanns-Tor bis zum Rhein beim St. Alban-Tor umfingen ein Graben und eine Mauer mit 1099 Zinnen und vierzig Türmen und fünf mächtige Torbauten eine Fläche von 106 Hektaren, d.h. die städtische Bodenfläche war um 1400 dreimal so gross wie zur Zeit des Erdbebens.[433]

Neue Stadtbefestigung

Zum ewigen Gedächtnis der Katastrophe wurde am Kaufhaus, am belebtesten Ort der Stadt, eine Tafel mit folgendem Rätselspruch angebracht.[434]:

«Ein rink mit sinem dorn,
Drü rossisen userkorn,
Ein zimmerax, der kruegen zal,
Do verfiel Basel überall.»

Die römisch geschriebene Auflösung ergibt die Jahreszahl MCCCLVI. Wie gut der Wiederaufbau gelungen ist, sagt zwei Menschenalter später Enea Silvio Piccolomini in seiner ersten Schilderung Basels: «Basel soll vor nunmehr achtzig Jahren so gründlich zerstört worden sein, dass keine hundert Häuser die Katastrophe überdauerten. Das heutige Bild der Stadt bestätigt dies: sie ist wie in einem Zug erbaut, überall modern, und kein Gebäude zeigt Spuren des Alters.»[435]

Ausschnitt aus der um 1440 entstandenen Totentanzdarstellung an der Kirchhofmauer des Predigerklosters. Aquarellkopie von Johann Rudolf Feyerabend (1779–1814), 1806.

17. KAPITEL KONZIL, UNIVERSITÄTS-GRÜNDUNG, PAPIERFABRIKATION UND MESSEPRIVILEG

Ankündigung des Konzils

In den letzten Tagen des Monats April 1424 traf in Basel ein Brief aus Rom ein, dessen Inhalt den Bürgermeister und den Rat nicht wenig erstaunt haben wird. Papst Martin V. (1417–1431) teilte darin «seinen geliebten Söhnen, den Prokonsuln, Räten und der Gemeinde Basel» mit, dass Basel als Ort des nächsten Konzils gewählt worden sei.[436] In der Reihe der ökumenischen Konzilien seit Nizäa im Jahr 325 sollte es das 17. werden. Trotz den schönen Sätzen zur Begründung dieses Entscheids, in denen der Papst die Weisheit, die Würde und die vorzügliche Hingabe der Basler an die Römische Kurie rühmt und für die kommenden guten Taten ewigen Lohn verspricht, wird die Nachricht kaum eitel Freude ausgelöst haben.[437] Noch in allzu frischer Erinnerung waren die unerfreulichen Ereignisse während des letzten Konzils von 1414–1418 in dem nicht weit entfernten Konstanz, wo man den tschechischen Reformator Jan Hus verbrannt, einen Papst abgesetzt und dessen Beschützer, Herzog Friedrich von Österreich, enteignet hatte. Viel zu sehr mit grossen innen- und aussenpolitischen Fragen beschäftigt, wie wir sie in den Kapiteln 14 und 15 geschildert haben, hätte man es, anders als heute im Zeitalter des Kongresstourismus, vorgezogen, nicht ins Rampenlicht der Weltgeschichte zu treten.[438] Aber die Entscheidung war gefallen. Rom hatte sich für die Stadt Basel entschlossen, weil ihre Lage zwischen dem deutschen Reich und Frankreich, ihre Distanz von den kriegerischen Unruheherden im Norden und im Osten Europas, die verkehrsgünstige Situation sie am meisten für einen internationalen Kongress empfahlen.[439]

Stadtbeschreibung von Enea Silvio Piccolomini

Von diesem Basel zur Zeit des Konzils gibt es nun eine Beschreibung, die trotz einigen Unrichtigkeiten, beabsichtigten Übertreibungen und stehenden Redensarten von hohem Reiz für den heutigen Basler ist, weil ein Italiener der Renaissance sie verfasst hat. Er ist als Papst Pius II. in die Geschichte eingegangen.[440] In Basel kennt man ihn wegen seines mehrjährigen Aufenthalts besser unter dem Namen Enea Silvio Piccolomini (1405–1464). Nach Munatius Plancus ist er der zweite «Italiener», der in jeder Geschichte Basels, meistens lobend, erwähnt wird.[441] Wir müssen darum nicht ausführlich werden. Nur so viel: er war kein Prälat unter den Konzilsteilnehmern. Er schlug sich hier, wo er als mittelloser Sekretär eines italienischen Bischofs im Frühling 1432 ankam, mühsam durch. «Er war arm und ernährte sich mit Schreibarbeiten» (pauper, nutriens se laboribus scribendi), sagt der Chronist Niklaus Gerung von ihm.[442] Sein hiesiger Aufenthalt, oft durch Botengänge und Reisen mit Gesandtschaften unterbrochen, endete 1442, als er an den Hof des Kaisers nach Wien zog. Als Ratgeber Friedrichs III. und als Schriftsteller machte er dort sein Glück. Erst 1445 wurde er Geistlicher, 1447 Bischof von Triest, 1450 Bischof von Siena und 1458 Papst. Sechs Jahre hatte er den Stuhl Petri inne, bis er 1464 in der Hafenstadt Ancona, wo er eine christliche Flotte für den Krieg gegen die Türken erwartete, starb.

In der Geschichtsschreibung ist seine Person umstritten. Man wirft ihm seine verschiedenen Frontwechsel vor: Aus dem geniesserischen, weltmännischen Poeten wurde der fromme Papst, aus dem heftigen Verteidiger der konziliaren Theorie ein kompromissloser Verfechter des päpstlichen Primats. Unbestritten hingegen ist sein grosses literarisches Talent, von dem Jacob Burckhardt sagte: «Man könnte den Menschen Enea völlig preisgeben und müsste gleichwohl dabei gestehen, dass in wenigen andern das Bild der Zeit und ihrer Geisteskultur sich so vollständig und lebendig spiegelte.»[443]

Greifen wir nun zu seiner Beschreibung Basels.[444] Ihre ersten Zeilen über die Lage Basels in Europa haben wir schon früher zitiert (siehe S. 19). Dann folgt ein poetisch verklärtes Bild des Rheinlaufs bis Köln. Sich wieder Basel zuwendend, gibt er die Breite des Rheins mit 183 Meter ziemlich genau an und erwähnt kurz Kleinbasel. Es schaue gegen den Breisgau, eine an Wein und Getreide sehr fruchtbare Gegend; es verfüge zum Wegspülen des Unrats auf den Gassen über einen vielverzweigten Wasserlauf. Offenbar hat Enea den Hauptzweck der Kleinbasler Teiche als Gewerbekanäle nicht erkannt. Als klassisch darf seine Schilderung Grossbasels gelten: «Die andere Hälfte der Stadt ist ausgedehnter und auch prächtiger und schöner. Sie erhebt sich auf einem Hügelpaar. Ein Wildbach, der dazwischen liegt (der Birsig), schwemmt allen Unrat fort; da ihn eine Menge Brücken bedecken, sieht man ihn kaum in der ganzen Stadt, und er sperrt keine einzige Gasse ab. Überall ziehen sich schöne Strassen hin, stehen prächtige Häuser der vornehmen Geschlechter und dehnen sich Plätze aus, die ständig von Menschen belebt sind.» Die Kirchen imponieren dem Italiener weniger, da die ihm von Italien her vertraute Marmorverkleidung fehlt. Aber um so mehr verwundert er sich über den regen Besuch der Gotteshäuser. Aufgefallen sind ihm ferner die steilen Dächer, die mit bunt glasierten Ziegeln bedeckt seien. (Es dürfte sich um eine Übertreibung handeln, denn in Wirklichkeit kämpfte die Regierung damals noch gegen die brandgefährdeten Schindeldächer.) Auf dem First vieler Dächer sieht Enea Storchennester und behauptet, diese Vögel seien in Basel unverletzlich. Die Fassaden der Häuser findet er nicht protzig, dafür fänden sich im Innern prächtige Zimmer und reichstes Mobiliar. Der Kälte wegen habe man Fenster aus Glas eingesetzt. Den Strassenbelag, die harten Kieselwacken, bezeichnet er als holprig und schmerzhaft für die Füsse. Stark beeindrucken ihn als Italiener natürlich die vielen Brunnen. Es waren ihrer tatsächlich rund 40, deren Wasser auf den verschiedenen Plätzen sprudelte. Was Enea allerdings von den Spielen und sportlichen Wettkämpfen auf den öffentlichen Plätzen erzählt, dürfte wiederum übertrieben sein; immerhin galt der baumbestandene Petersplatz schon damals als eine Sehenswürdigkeit Basels.

Doch Enea bleibt nicht beim Bild des Sichtbaren stehen; er weiss auch etwas von der Basler Verfassung und kennt die Basler Strafjustiz, die er hart, aber gerecht findet. Wir können diese Abschnitte übergehen und nehmen noch das von ihm bewusst ausgesprochene Lob der Basler zur Kenntnis, ohne es auf seinen Wahrheitsgehalt zu prüfen: die Basler hätten keinen Mann, der auf alleinige Herrschaft Anspruch erhebe ... Sie seien nicht von Herrschsucht verblendet ... Sie hielten nichts von riesigen Stadtmauern wie die Italiener, weil sie glaubten, die Vaterlandsliebe und die Eintracht bauten stärkere Bollwerke. – So sah Enea die Stadt, die nun während 17 Jahren die Bühne eines dramatischen Schauspiels werden sollte und darum in der kirchlichen Welt fast der Gegenpol Roms wurde.

Verlauf des Konzils

Es ist nicht unsere Aufgabe, eine Geschichte des 17. ökumenischen Konzils in Basel zu schreiben; man findet sie in trefflichen breiten und knappen Darstellungen kompetenter Kirchenhistoriker.[445] Wir begnügen uns mit einer Skizze des konziliaren Geschehens, um Raum zu gewinnen für die Darstellung des Lebens im spätmittelalterlichen Basel und jener bleibenden Ergebnisse, die man als Früchte des Konzils bezeichnen darf.

In den offiziellen Akten nennt sich die Basler Kirchenversammlung «sacrosancta generalis synodus Basiliensis in spiritu sancto legitime congregata universalem ecclesiam representans», also «heilige allgemeine im Heiligen Geist zu Recht versammelte Basler Synode, die die ganze Kirche repräsentiert». In dieser Definition lag ein machtvoller Anspruch, und ihn bestritt ein ebenso machtvoller Widerspruch des Papstes. Der daraus wachsende Dauerkonflikt während des gan-

Unlösbarer Hauptkonflikt

Siegel des Basler Konzils. Auf dem Avers die Konzilsväter, auf dem Revers der Text SACROS(AN)C(T)A GENERALIS SINODUS BASILIENSIS.

zen Konzils war unlösbar! Wie sollte sein Hauptziel, eine Kirchenreform an «Haupt und Gliedern» («reformatio in capite et in membris») durchgesetzt werden, wenn just das «Haupt» jegliche Unterwerfung unter die Beschlüsse eines «Kirchenparlaments» ablehnte, ablehnen musste, da sonst das mehr als tausendjährige Gefüge auseinandergebrochen wäre? «Reformiert die Glieder, aber lasst das Haupt unberührt», sollen die Vertreter des Papstes gesagt haben.[446] So durchzieht denn die Frage des Papst-Primats als roter Faden alle Verhandlungen zwischen den «Konziliaristen» und den «Papisten» (auch die «Legatenpartei» genannt) in den «Kommissionen», in den «Generalkongregationen» und in gesetzgebenden «Sessionen». Vom September 1431 bis zum Januar 1438 gehen ununterbrochen Gesandtschaften des Papstes, der trotz mehreren Zitationen nie in Basel erschienen ist, und des Konzils hin und her. Dann brechen die Kontakte ab; das Konzil spaltet sich. Eine Minderheit mit dem einstigen Konzilspräsidenten Cesarini als geistigem Haupt verlässt Basel und zieht, dem Gebot des Papstes fol-

Papst Felix V., während des Basler Konzils gewählt. Anonymer Holzschnitt aus Christian Wurstisens Basler Chronik.

gend, nach Ferrara, später nach Florenz. Der Bruch wird endgültig, als die in Basel zurückgebliebenen Konzilsväter die Oberhoheit eines Konzils über den Papst als Glaubenssatz verkünden, Eugen IV. absetzen und in einem Konklave im November 1439 im Haus «Zur Mücke» den frommen Herzog Amadeus von Savoyen zum neuen Papst wählen. Ein neues, das letzte Schisma innerhalb der Römischen Kirche war ärgerliche Tatsache geworden. «Der nahtlose Rock Christi, das Symbol für die Einheit der Kirche, war wieder einmal zerrissen worden.»[447] Es gab nicht nur zwei Päpste, Eugen IV. und Felix V., sondern auch zwei Kurien und zwei Konzilien. Der Zweikampf zwischen Rom und Basel musste in dem Augenblick zu Ungunsten der Rheinstadt enden, als der deutsche Kaiser Friedrich III. (1440–1493), anders als sein Vorgänger Sigismund, auf die Seite Roms trat und Basel befahl, die Konzilsväter aus der Stadt zu weisen. Nur zögernd gehorchte der Rat dem kaiserlichen Gebot. Als aber der Kaiser mit der Reichsacht drohte, rief der Rat die Konziliaren ins Barfüsserkloster und teilte ihnen «mit grossem Unwillen» (höchst ungern) mit, dass das Rumpfkonzil die Stadt verlassen müsse. Am 4. Juli 1448 schieden die Prälaten und übrigen Konzilspersonen aus der Stadt, in der einige von ihnen 17 Jahre ausgeharrt hatten, und zogen nach Lausanne, das im Herrschaftsgebiet des Papstes Felix V., des ehemaligen Herzogs von Savoyen, lag. Fünfhundert Basler zu Fuss und zu Pferd – «ein hübscher Zug», sagt der Chronist – begleiteten die Konzilsherren bis an die Grenze am Hauenstein.[448] Am gleichen Tag, so derselbe Chronist, habe der Basler Bischof die Bänke, auf denen die Konzilsherren 16 Jahre gesessen hatten, aus dem Münster entfernen lassen und die Form, in der das Konzil seine Siegel giessen liess, zerbrochen. Gründlich räumte die offizielle Basler Kirche mit der Hinterlassenschaft des Konzils auf; aber in den Köpfen einiger Basler blieb eine unzerstörbare Erinnerung zurück. Wir werden darauf zurückkommen.

Papstwahl 1439 und Kirchenspaltung

Auflösung des Konzils 1448

Bilanz des Konzils

Was die grösste Kirchenversammlung des Spätmittelalters auf geistlichem Gebiet geleistet hat, ist in vielen Dekreten zur Kirchenreform festgehalten. Über diese Arbeit äusserten sich unter anderen zwei kompetente Autoren. Der Theologe Johannes von Segovia (um 1400–1458), als Konzilsteilnehmer selbst Augenzeuge, soll geschrieben haben: «Es hat sich auf dem Konzil gezeigt, wie gross der Unterschied zwischen Reden und Handeln ist, zwischen Predigen und Reformieren. Es ist fürwahr schön, auf die Reform anderer Stände bedacht zu sein, wenn es aber zu wirklichen Reformen kommen sollte, zeigte es sich, dass jeder Stand überall sonst Reformen wünscht, nur nicht im eigenen Lager.»[449] Und der Konzilshistoriker des 20. Jahrhunderts, Professor Hubert Jedin, schreibt: «Angeregt durch zahlreiche Reformgutachten ... erliess das Konzil in den Jahren 1433 bis 1436 beachtenswerte Dekrete zur Kirchenreform, die, wenn durchgeführt, einen wesentlichen Beitrag zur Erneuerung der Kirche liefern konnten.»[450]

Hauptereignisse für die Basler

Was aber hat das Basler Volk während des Konzils am meisten bewegt? Ziemlich sicher waren es zwei Ereignisse: der Einzug der gefürchteten Hussiten, dreihundert Mann stark, im Januar 1433 und die Krönung des Gegenpapstes Felix V. auf dem Münsterplatz am 24. Juli 1440. Beide Höhepunkte hat die Feder Eneas verewigt; seine literarischen Bilder halten das bunte Leben des Spätmittelalters unübertroffen fest.

Einzug der Hussiten 1433

Der Hussiteneinzug: «Ein Strom von Stadtvolk ergoss sich vor die Mauern hinaus, darunter viele Teilnehmer des Konzils, um die Ankunft des unbezwinglichen Volkes vor den Toren zu erwarten. Andere liefen haufenweise in den Strassen, wo jene vorüberziehen sollten, zusammen; Frauen, Knaben und Mädchen drängten sich an den Fenstern und auf den Dächern. Man wies mit dem Finger bald auf diesen, bald auf jenen, bestaunte das fremdartige Aussehen, die nie gesehene Gewandung, bekreuzte sich vor den furchterregenden Gesichtern der Männer und ihren wilden Blicken und beteuerte, dass sich zu dieser Gattung Menschen jene Taten nicht übel reimten, die das Gerücht verbreitet hatte.»[451] Das Gerücht? Wir meinen, es seien in Basel ziemlich realistische Berichte herumgeboten worden, denn im Reichsheer, das auf Befehl des Kaisers und des Reichstags zwei Jahre vorher nach Böhmen marschiert und dort schmählich Reissaus genommen hatte, befand sich auch ein Basler Kontingent. Fünf Ritter samt Knechten, also etwa 50 besoldete Krieger, hatten im Juli 1431 gelobt, zur Ehre der Stadt gegen die Hussiten zu kämpfen.[452] Ruhmlos kamen sie wieder heim. Von allen Taten des Konzils wird der Versuch, auf friedlichem Wege mit der böhmischen «Ketzerei» fertig zu werden, als eine seiner wenigen positiven Leistungen gewertet. Das Entgegenkommen in der Abendmahlsfrage bewog die Hussiten im November 1433 zur Annahme der «Prager Kompaktaten» (Vereinbarungen), die wenigstens den blutigen Krieg in Böhmen beendigten.

Papstkrönung 1440

Die Papstkrönung: «Ich wende mich der Krönung zu, die am 24. Juli (1440) hier in der Stadt Basel gefeiert worden ist ... Vor der Bischofskirche befindet sich ein geräumiger Platz, wo öffentliche Vorstellungen stattfinden. Hier wurde eine ansehnliche Tribüne und darauf ein Altar aufgerichtet, und zwar in erhöhter Ecke, darüber kostbare Stoffe ausgespannt zum Schutz gegen Regen und Sonne ... Man schätzt die Zahl der Menschen, die auf die Tribüne stiegen, auf ungefähr zweitausend ... Der ganze benachbarte Adel strömte zusammen, und so viel fremde Leute liefen herbei, dass kein Platz sie fassen konnte ... Die Kopfzahl wird auf fünfzigtausend geschätzt. Die Stadt aber hielt tausend kräftige junge Leute unter Waffen, um Aufläufe und Streitigkeiten zu verhindern, eine Truppe, die ebenso Furcht wie Bewunderung einflösste. Alle Hausdächer, alle Fenster und Bäume waren von Männern und Weibern besetzt, und auf dem Platz selber drängte sich das Volk so sehr, dass nicht einmal ein Senfkorn noch Raum gefunden hätte. Während nun alle warteten, kam bei Anbruch des Tages Felix, der Erwählte, heran, ehrfurchtgebietend in seinem grauen Haar, prächtig in seinem Auftreten und in seinem ganzen Antlitz einzigartige Klugheit offenbarend. Seine Statur war wie die seiner Söhne mittelgross, sein Äusseres so wohlgestalt, wie das bei einem Greis nur möglich ist; Haar und Hautfarbe waren weiss, die Rede karg und eigenwillig ernst. Vor ihm waren die Prälaten und der Stadtklerus mit den Reliquien hereingekommen. Nachdem sie ihn zu einem erhöhten Sitz geleitet hatten, begann die Feierlichkeit. Dabei erwies sich Felix so geübt, dass er keinerlei Winke des Anweisers bedurfte und niemand geglaubt hätte, dass dieser Vater, der mehr denn vierzig Jahre weltlichen Geschäften gewidmet hatte, je so viel Musse hätte finden können, um sich den Ritus der Kirche derart anzueignen ... Er zelebrierte seine Messe in Gesang und Lesung mit unbeschreiblicher Feierlichkeit, ohne irgendwelche Auslassung und ohne irgendeine Abweichung. Als ein Wunder erschien es allen und als ein würdiges Schauspiel, dass hier ein hochbetagter Vater (er war 57 Jahre alt) zelebrierte und hier seine ausgezeichneten Söhne ihm beim Zelebrieren dienten ... Wie aber die Messe beendet war, da wurde die heilige, mit dreifachem Reifen ausgezeichnete Tiara herbeigebracht, die im Schmuck einer grossen Zahl von Edelsteinen funkelte. Vor den Augen der ganzen Menge, die den Atem anhielt, konnte Kardinal Louis Aleman von Arles ... die überaus kostbare Krone, die manche auf dreissigtausend Gulden schätzten, dem glücklichen Haupt des Glücklichen aufsetzen; und sogleich erschallte der Ruf, der Papst möge leben. Darauf wurden vollkommene Ablässe verkündet, wie sie die Bevölkerung hier nie zuvor gekannt hatte.»[453]

Neben Eneas Schilderungen wirkt das Tagebuch eines venezianischen Gesandten der Jahre 1433 bis 1435, das auch viele Informationen über die Konzilsstadt liefert, wie eine kunstlose Aufzählung im mittelalterlichen Stil.[454] Die Lektüre vermittelt den Eindruck, in jenen Jahren hätten sich die spektakulären Ereignisse, die festlichen Einzüge, die feierlichen Prozessionen, die prunkvollen Kirchenfeste und die Begräbnisse hoher Kirchenfürsten in Basel geradezu gejagt, und das Geklapper der Pferdehufe auf den neu gepflasterten Gassen habe Tag und Nacht nicht aufgehört. Ja – horribile dictu – auch einen Scheiterhaufen haben die Basler lodern sehen! Im Juli 1446 wurde ein geistig offensichtlich irrer Mensch, Nikolaus von Bultesdorf, verbrannt. Vielleicht wollte das schon hart angefochtene Rumpfkonzil mit dieser Tat seine Rechtgläubigkeit beweisen.[455]

Ketzer-verbrennung

Städtisches Leben während des Konzils

Wir haben die Konzilsgeschichte bisher fast ausschliesslich mit Quellentexten von Ausländern illustriert. Dies ist natürlich einseitig; man möchte gerne auch wissen, was während dieser hektischen Jahre in den städtischen Ratssälen diskutiert und beschlossen wurde. Hier ereignete sich Basler Geschichte, und nicht im Münster und in den Sitzungszimmern der Klöster. In diesen ohnehin schweren Zeiten – man denke an die kriegerischen Verwicklungen in der Mitte des 15. Jahrhunderts (vgl. Kapitel 15) – wurden die Basler Behörden vor Probleme gestellt, die sie aufs äusserste belastet haben müssen. Die Richtlinien für das Tun und Lassen während des Konzils, die ihnen König Sigismund im Juli 1431 schriftlich mitgeteilt hatte, nahmen sie nämlich ernst. Der König hatte gefordert: Die Basler sollten das Konzil in aller Freiheit arbeiten lassen und sich nicht in die Geschäfte einmischen; anderseits müsse man den Teilnehmern Lebensmittel, Wohnungen und alles Nötige zu vernünftigen Preisen zur Verfügung halten.[456] Für kurze Zeit wären diese Wünsche wohl relativ leicht zu erfüllen gewesen, aber da sich das Konzil in die Länge zog, die Ernten ungleich ausfielen, die Zufuhr aus der elsässischen Kornkammer manchmal durch Kriegsereignisse unterbrochen war, mussten die Preise steigen. Darum jammert ein Mönch aus Cluny: «Die Häuser sind teuer und steigen immer noch im Preis; das Geld wird immer geringer; die Lebensmittel mangeln; das Fleisch reicht kaum für die Hälfte der Anwesenden, und täglich kommen Neue an; alles ist teuer: das Fleisch, die Eier, das Brot, der Wein; es besteht weder Mass noch Vorschrift, und die Bürger halten nicht, was sie versprechen.»[457] So energisch der Rat auch handelte, bei einem plötzlichen Bevölkerungsanstieg um ca. 20 Prozent – schätzungsweise wuchs die Zahl der Stadtbewohner von ca. 10 000 auf 12- bis 13 000 – waren Engpässe unvermeidlich. Die Verhältnisse auf dem Lebensmittelmarkt müssen stark geschwankt haben, behauptet doch Enea: «Obwohl die Stadt volkreich ist und unzählige Fremde herbeiströmen, gelangen Korn und Wein immer zu anständigen Preisen zum Verkauf.»[458] - Streitigkeiten zwischen Hausbesitzern und fremden Mietern wegen des Zinses liess der Rat durch eine gemischte Kommission von Stadtbürgern und Konzilsleuten schlichten, eine frühe Mietpreiskontrolle![459] Ein ganz schweres Problem brachte die Vielfalt der Münzen, die von den Gästen in Basel als Zahlung angeboten wurden. Die Regierung löste die Schwierigkeiten praktisch; sie liess bekanntmachen, dass jede fremde Münze zu ihrem wahren Wert, der durch eine amtliche Metallprüfung bestimmt wurde, an Zahlung genommen werden müsse.

Versorgungsengpässe

Mietpreis- und Münzkontrolle

Schliesslich beschäftigte den Rat das offensichtliche Ärgernis aller Grossveranstaltungen: der Zulauf der Dirnen. Die Konzilsleitung, auf die Würde des Orts bedacht, verlangte schon bei Beginn des Konzils diesbezügliche amtliche Massnahmen. Der Rat gehorchte, kaufte zwei Häuser an der Ringmauer der Spalenvorstadt und quartierte die Damen dort ein. «Diese Weiber hatten tagsüber in ihren Häusern zu bleiben; wurde nach Betzeit eine von ihnen verlangt, so sollte sie züchtiglich hereinkommen und an den Ort gehen, wohin sie bestellt war.»[460] – Alle Probleme, die Anlass zu privaten Händeln in diesen turbulenten Konzilstagen boten, und die daraus entstehenden Aggressionen zwischen Einheimischen und Fremden zu schildern, dazu fehlen uns Zeit und Raum. (Wir verweisen auf Arbeiten zum Thema: die Stadt während des Konzils.[461]) Nur zwei amtliche Proklamationen seien noch zitiert. Sie zeigen, wie neunzig Jahre vor der Reformation Regierung und Volk von Basel und die Römische Kirche noch lebendige Glieder des einen «Corpus christianum» gewesen sind.[462]

Dirnenordnung

Kurz vor dem 24. Juni 1440, dem Tag, an dem Papst Felix V. in Basel eintraf, gibt der Rat den «Lieben herren und gueten fründen» die Route bekannt, auf der Seine Heiligkeit vom Aeschentor zum Münster gelangen soll. Der ganze Klerus und die weltliche Behörde würden ihn begleiten. Jede Zunft habe einen Mann zu stellen, der den «Lüten weren soll», also einen «Platzmacher». Dann wird jeder-

Zeremonialanweisungen

mann aufgefordert, die Strasse vor seinem Haus zu säubern, darauf Gras zu streuen und sie mit Bäumen und Tüchern zu verschönern. Man werde alle Glocken läuten und Freudenfeuer anfachen, weshalb jedermann einen Zuber mit Wasser für den Fall einer Feuersbrunst bereithalten solle. Die zweite Proklamation gibt Anweisungen für den Krönungstag. Auf dem Münsterplatz sollen die Frauen und Männer getrennt stehen: «Uff der site neben Sant Johanns cappeln» die Frauen, auf der Seite vor den Domherrenhäusern die Männer. «Wer sich da unter das ander vermischelet», müsse sofort zehn Schilling Busse bezahlen. Man werde aber auch Männer aufbieten, die das Volk in Zucht hielten und «meistern». Und da der Rat um einen kräftigen Gesang im Augenblick der Krönung besorgt ist, fordert er das Volk auf, das «Kyrie eleison» mitzusingen, sobald auf der Tribüne ein Sänger mit lauter Stimme das «Kyrie» intoniere.

Konzilsversuch des Andrea Zamometić

Mit dem Wegzug der Konzilsväter im Jahr 1448 schliessen die meisten Beschreibungen des 17. ökumenischen Konzils in Basel. «Roma locuta est, causa finita est» (Rom hat gesprochen, die Sache ist erledigt). Damit war aber die Konzilsidee nicht aus der Welt geschafft. Der Gedanke, dass eine neue Kirchenversammlung endlich kräftig die Reform anpacke, fand im deutschen Reich und in Basel besonders Nahrung. Noch zweimal im 15. Jahrhundert beschäftigte die Basler Regierung der illusorische Wunsch, wiederum Sitz eines Konzils zu werden. Das erste Mal wurde er, reichlich naiv, während des Gratulationsbesuchs bei Pius II. im Jahr 1459 vorgetragen. (Wir reden noch von diesem Besuch im Zusammenhang mit der Universitätsgründung.) Eine wohl abweisende Handbewegung und einige diplomatische Worte des Papstes wischten damals den Konzilsgedanken vom Tisch.[463] Hingegen wuchs sich der «Konzilsversuch des Andrea Zamometić» zu einer recht peinlichen Geschichte aus. Sie hielt den Basler Rat zwei Jahre lang in Atem.[464] Sie begann im Februar 1482, als ein in Basel unbekannter Erzbischof von Granea bei Saloniki, der Dominikaner Andrea Zamometić, angeblich mit Vollmachten des Kaisers Friedrich III. ausgestattet, erschien und im Münster feierlich ein allgemeines Konzil ankündigte. In dem gleich darauf ausbrechenden Kampf zwischen der Kurie und dem Konzilsabenteurer – «ein Kampf auf Leben und Tod», wie es in der Literatur heisst – blieb Basel, wohl im Gedanken an die Nützlichkeit eines Konzils für die Stadt, nicht neutral, sondern gewährte Zamometić freies Geleit, d.h. sie versprach ihm persönlichen Schutz innerhalb ihres Territoriums. Als sich dann aber zeigte, dass der exzentrische Antirömer kirchlich und politisch völlig isoliert kämpfte, als der Papst den Bannstrahl gegen Basel schleuderte und der Kaiser mit der Reichsacht drohte, kapitulierten die Basler nach langem Widerstand. Sie legten den Erzbischof ins Gefängnis, liessen ihn, um seine Flucht zu verhindern, Tag und Nacht bewachen. Aber am Morgen des 13. November 1484 fand man Andrea erhängt in seinem Schlafgemach. Hatte er den Tod gewählt, um einer möglichen Auslieferung mit anschliessendem Ketzerprozess zu entgehen? Gewiss ist nur, dass er damit Basel von dem schweren

Druck, den Papst und Kaiser ausübten, erlöst hatte. Dass die Basler ihren Widerstand gegen die Kurie, den sie um ihrer Ehre willen geleistet hatten, doch noch büssen mussten, beweist der letzte Akt des Dramas. Der tote Erzbischof wurde in ein Fass gesteckt, und dieses mit einem aufgenagelten erklärenden Zettel in den Rhein geworfen. Eine Woche später musste sich die ganze Bürgerschaft auf dem Münsterplatz versammeln. Hier las der päpstliche Nuntius die Absolutionsformel, die Anzeige von der Aufhebung des Kirchenbannes, und führte die Ratsherren, die in grauen Röcken und barhäuptig erscheinen mussten, in die Kirche; dort stimmte der Basler Klerus das Te Deum an, während alle Glocken der Stadt läuteten.[465]

Universität als Konzilsfolge

Zu den bleibenden Früchten des Konzils gehört bekanntlich die Basler Universität. Da in Basel alle fünfzig Jahre grosse Feiern an die Gründung der Hochschule erinnern, erfährt jede Generation einmal das Datum dieses wichtigen Ereignisses, das Jahr 1460. Warum aber gerade Basel das Glück in den Schoss fiel, als erste der schweizerischen und elsässischen Stadtrepubliken eine Universität zu besitzen – dies bliebe ein Rätsel ohne den Blick aufs Konzil. Es besteht nämlich, wie die Forschung immer deutlicher zeigt, eine unmittelbare Verbindung zwischen einer Konzilsuniversität und der 1460 eröffneten Hochschule.[466] Jene Konzilsuniversität erscheint uns als ein «Nebenprodukt» der Arbeit in der Kirchenversammlung. Wo mehrere Jahre eine Elite der europäischen Gelehrten vereint war, lag es nahe, die Träger berühmter Namen, etwa die Vertreter der Universitäten Paris und Bologna, zu bitten, Vorlesungen zu halten. Bei der Schwerfälligkeit des Konzilsbetriebes wurden nie alle Anwesenden gleichzeitig beansprucht. Was bis 1440 wohl privater Initiative entsprungen war, wurde nach der Wahl des Gegenpapstes bewusst gefördert. Wir haben genaue Kunde von einer feierlichen Doktorpromotion im Münstersaal[467]; man kennt die Namen eines Rektors und eines Dekans, und obwohl wir keine Zeugnisse besitzen, darf man annehmen, dass die geistig lebhafteren Basler unter den Zuhörern sassen. Mit der Auflösung des Konzils jedoch hatte Basel diese Bildungsstätte verloren; man war von einer Hochburg des Geistes wieder zur gewöhnlichen Stadt herabgesunken.

Vorläuferin: Konzilsuniversität

Da kam im Sommer 1458 aus Rom überraschend die Nachricht, dass Enea Silvio Piccolomini als Papst Pius II. den Stuhl Petri bestiegen habe. Ein Glücksfall schien dies den Männern, die der verschwundenen Konzilsuniversität nachtrauerten. Nach mittelalterlichem Brauch konnte nämlich ein Papst ebenso wie ein Fürst in seinem Reich ein «studium generale» erlauben und dieses ermächtigen, akademische Grade zu verleihen. Ein solches Privileg, so hoffte man in Basel, werde der neue Herr im Vatikan gewähren, der als junger Sekretär das Lob Basels gesungen hatte. Und er tat es dann auch auf mündlich und schriftlich vorgetragene Bitten in jener berühmten Urkunde vom 12. November 1459, deren erste Zeilen, in Stein gehauen, die Wand des Kollegiengebäudes am Petersgraben zieren. Sie lauten: «Unter den verschiedenen Glückseligkeiten, welche der sterbliche

Privileg für eine Basler Universität 1459

Mensch in diesem hinfälligen Leben durch Gottes Gabe erlangen kann, verdient nicht unter die letzten gezählt zu werden, dass er durch beharrliches Studium die Perle der Wissenschaft zu erringen vermag, welche den Weg zu gutem und glücklichem Leben weist und durch ihre Vortrefflichkeit bewirkt, dass der Erfahrene weit über den Unerfahrenen hervorragt.»[468] Nicht erst diese Inschrift, schon die ältere Literatur hat den Baslern ein Bild von der Gründungsgeschichte vermittelt, in der Pius II. als der eigentliche «Gründer» oder «Stifter» der Basler Universität erscheint. Sein Name überschattet die Namen jener Basler, denen das wirkliche Verdienst zukommt, die Universität ins Leben gerufen zu haben. Denn – ohne der weltgeschichtlichen Bedeutung Piccolominis oder seiner literarischen Brillanz Abbruch zu tun – die Idee zur Universitätsgründung ging nicht von ihm aus, und er erbrachte für sie kein Opfer an Geld oder Arbeit. Die Erteilung des Privilegs, das er übrigens auch andern Universitäten gewährte, und die Verleihung einiger Pfründen – weit weniger, als die Basler wünschten – kosteten ihn nichts, hingegen opferten die Basler für die Kanzleigebühren einiges Geld.[469]

Die eigentlichen Gründer in Basel, Heinrich von Beinheim u. a.

Basel dankt demnach seine Hochschule einzig einem kleinen Kreis gebildeter Männer seiner Oberschicht. Nennen wir wenigstens ihre Namen, denn biographische Einzelheiten sind nur wenige überliefert.[470] Am besten kennt man noch Heinrich von Beinheim, einen Elsässer, dem 1437 das Basler Bürgerrecht geschenkt wurde. Zuerst Beamter des bischöflichen Gerichts, dann Rechtskonsulent, wurde er in Basel hoch geschätzt. Er musste die Stadt an vielen politischen Tagungen vertreten. Von ihm stammt ein im August 1459 verfasstes Gutachten über eine Hohe Schule. Gescheit und sachlich berechnet Beinheim die Kosten, die der Stadt erwüchsen, wenn eine Hohe Schule mit drei Theologen, vier Juristen, einem Mediziner, sechs Artisten, d.h. Dozenten an der vorbereitenden Fakultät, und einem Pedell ihren Betrieb aufnehmen werde.[471] Kurz vor der Eröffnung der Universität starb Beinheim und wurde im Münster begraben. Auf seinem Grabstein stand unter anderm: «Spes divitum eras, pauperum certissima salus» (Du warst die Hoffnung der Reichen und die Heilsgewissheit der Armen).[472] – Von der Familie Flachsland, einem elsässischen Ministerialengeschlecht, waren die Brüder Hans und Werner unermüdlich für die Universitätsidee tätig; Hans, Bürgermeister in den Jahren 1454–1462, reiste mehrmals zum Papst, traf ihn in Florenz und Mantua und wurde dort von seinem Bruder Werner († 1481), der als Kammerherr des Papstes grossen Einfluss besass, unterstützt. In den gleichen Kreis dieser hohen bischöflichen Beamten gehörten der Domkaplan Peter von Andlau, ein hochgeschätzter Jurist, der 1460 Professor des kanonischen Rechts wurde und 1471 als Rektor amtete, ferner Petrus Testoris, Rektor im Jahr 1469, Johann Steinmetz und Jakob Hüglin. Vergessen darf man in dieser illustren Gesellschaft der Gelehrten am Bischofssitz nicht den Stadtschreiber Konrad Künlin (um 1440–um 1470); er hat nämlich die wichtigsten Aktenstücke verfasst und sie an den päpstlichen Hof gebracht.

Während die päpstliche Zustimmung wie gesagt verhältnismässig leicht gewonnen wurde, waren die Bedenken der Bürgerschaft schwerer aus dem Weg zu schaffen. Was sollte etwa der Handwerker mit der Lederschürze, der von seinen privaten und öffentlichen Sorgen geplagt war – wir erinnern nur an die ständigen militärischen Aufgebote im St. Jakobskrieg (Adelskrieg) –, von einer Hohen Schule anderes erwarten als neue Staatsausgaben und Raufhändel mit dem jungen Volk der Studenten? Die Initianten und mit ihnen der Rat lösten die Aufgabe, den gemeinen Mann zu überzeugen, sehr geschickt. Das Dokument, welches in einer Sitzung des Grossen Rats, also vor mehr als 200 Bürgern, diskutiert wurde, ist vor einigen Jahren wieder zum Vorschein gekommen.[473] Die Gründe, die nach Ansicht der Regierung für eine Hochschule sprachen, wurden breit dargelegt: Die Vorbereitungen seien schon weit gediehen, der Papst habe zugestimmt und einige Pfründen gewährt; sie zu verschmähen wäre töricht; hohen Nutzen bringe der Stadt und der Umgebung die hiesige Ausbildung von Geistlichen, Juristen, Ärzten. Darauf wird etwas optimistisch der wirtschaftliche Ertrag für die Stadt errechnet; kämen 500 Studenten, von denen jeder jährlich 20 Gulden ausgebe, so wären 10 000 Gulden mehr im Umlauf, bei 1000 Studenten sogar 20 000. Selbst wenn man, wie üblich, die Studenten von Zöllen und Steuern befreie, so sei der Gewinn für die Stadt und das Handwerk grösser als die jährlichen Kosten. Was den befürchteten Übermut der Studenten betreffe, so werde man sie in Zucht zu halten wissen.[474] Schliesslich, wenn auch kein irdischer Nutzen erwachse und vielleicht sogar unerwartete Kosten entständen, so werde durch eine Hohe Schule doch die christliche Lehre gestärkt, und dazu sei jedermann bis in den Tod verpflichtet. Zum Schluss teilt die Regierung mit, sie habe mit Fachleuten «das Saure und das Süsse miteinander vermessen» und beschlossen, das Wagnis einer Universitätsgründung auf sich zu nehmen. Sehr diplomatisch wird noch darauf hingewiesen, dass im benachbarten Freiburg vom Habsburger Herzog Sigismund eine Universität gestiftet worden sei, die ohne eine Basler Konkurrenz wohl alle Studenten, also auch die aus der Eidgenossenschaft, an sich zöge.

Bedenken bei der Bürgerschaft

Es gibt zwar kein Dokument über die Beschlussfassung im Grossen Rat, doch negativ kann sie nicht ausgefallen sein, denn am 4. April 1460 wurde die Basler Hochschule eröffnet. Die Feier im Münster, die man absichtlich auf den Tag des Heiligen Ambrosius, des mailändischen Kirchenlehrers, gelegt hatte, ist von den damaligen Medienleuten in Schrift und Bild festgehalten worden. Was in diesem wichtigen Augenblick der Basler Geistesgeschichte geschehen ist, zeigt die kolorierte Federzeichnung eines unbekannten Künstlers.[475] Der Bischof Johann V. von Venningen (1458–1478) ernennt bei erhobener rechter Schwurhand den knieenden Domprobst Georg von Andlau (um 1390–1466) zum ersten Rektor und reicht mit der Linken dem Altbürgermeister Hans von Flachsland die Stiftungsurkunde des Papstes dar. Schon am Tag nach der Feier begannen die Vorlesungen, und der Rektor machte öffentlich kund, dass die eben gegründete Universität ihre Lehrtätigkeit begonnen habe und alle, die Wissen zu erwerben

Eröffnung 1460

Die Eröffnungsfeier ▷ der Basler Universität am 4. April 1460 im Münster. Darstellung in der Universitätsmatrikel.

wünschten («aus dem Brunnen der Gelehrsamkeit zu trinken») zum Besuch eingeladen seien.[476]

Basel hatte nun eine Hohe Schule, die erste und für lange Zeit die einzige in der Schweiz[477]; im deutschen Reich waren ihr fast ein Dutzend vorangegangen. Da sie nun mehr als 500 Jahre besteht, verschwindet ihre erste Epoche allmählich im Dunkel der Vergangenheit. Wir zählen darum einige charakteristische Unterschiede zwischen der mittelalterlichen Institution und der modernen Universität auf. – Wie alle geistigen Körperschaften des Mittelalters trug sie den Stempel der Kirche. Zur Ehre Gottes, zur Verbreitung des rechten Glaubens, zur Förderung des geistlichen und weltlichen Rechts ist sie ins Leben gerufen worden. Darum steht die theologische Fakultät im Vorlesungsverzeichnis und bei festlichen Auftritten an erster Stelle, darum musste in den ersten Jahrzehnten der Rektor ein Geistlicher sein, darum sollte die Kirche auch in Form von Pfründen ihren Beitrag an die Besoldung der Professoren leisten. Neben den drei «oberen» Fakultäten der Theologie, der Jurisprudenz und der Medizin kannte die alte Hochschule noch einen gemeinsamen Unterbau, die sogenannte Artistenfakultät. Sie war gleichsam der Vorhof, durch den alle Studenten hindurchgehen mussten, bevor eines der drei Fachstudien begonnen werden konnte. Knaben noch, oft im Alter von 12 bis 14 Jahren, wurden diese jüngsten Studenten in konviktartigen Internaten, Bursen genannt, vor allem im Gebrauch des Lateins gedrillt.[478] Manches im Leben dieses studierenden Völkleins wird dem heutigen Studentengebaren ähnlich gewesen sein, doch sehr verschieden war das Verhältnis der Studierenden zum Staat. Die spätmittelalterliche Universität genoss nämlich vertraglich zugesicherte Freiheiten, von denen ein heutiger «civis academicus» (akademischer Bürger) nur träumen kann. Vergehen von Universitätsangehörigen, zu ihnen rechnete man auch die Diener adliger Studenten, durften nicht vor das Stadtgericht gebracht werden; sie wurden vom Rektor als dem Inhaber der Disziplinargewalt geahndet. Von Steuern und Zöllen auf Lebensmitteln, dem sogenannten Ungeld, unter dem der gewöhnliche Bürger seufzte, war die «universitas magistrorum et studentium» (die Gemeinschaft der Lehrenden und Studierenden) befreit. Dass hier eine Quelle unzähliger Konflikte zwischen einem privilegierten Stand und der übrigen Bürgerschaft floss, ist nur natürlich. Der staatsfreie Bereich der mittelalterlichen Universität schrumpfte denn auch, wie uns dessen Umfang nach der Reformation zeigen wird, immer mehr ein.[479]

Wesen der spätmittelalterlichen Universität

Die nach den Brüdern Galliziani benannte Gallicianmühle. Papiermühle im St. Alban-Tal nach der Restaurierung von 1978/80. ▷

Hinter den hohen Erwartungen der Initianten blieb die Wirklichkeit erheblich zurück. Nur 250 Studenten in den ersten Jahren und etwa 130 um die Jahrhundertwende (1490–1510) zogen aus Süddeutschland, dem Elsass und der Eidgenossenschaft nach Basel. Die Konkurrenz neuer Universitäten im deutschen Sprachgebiet machte sich bemerkbar. Trotzdem – noch bevor die erste Epoche der Basler Universität 1529 zu Ende ging – erlebte die Stadt jene geistige Bewegung, die unter der Bezeichnung «Humanismus» den Namen Basels als «Inclyta Basilea» (ruhmreiches Basel) in alle Welt hinausgetragen hat. Basler Humanismus

Humanismus

und Basler Universität hängen, wenn auch nicht organisatorisch-institutionell, zusammen, nämlich so wie es die Stiftungsurkunde von 1459 ausdrückte: «Wir (Pius II.) werden vom feurigen Wunsch geleitet, dass die Stadt Basel mit den Gaben der Wissenschaft geschmückt werde, so dass sie Männer hervorbringe, ausgezeichnet durch Reife des Urteils, gekrönt mit dem Schmuck der Tugenden und gelehrt in der Weisheit verschiedener Fakultäten, und dass dort ein sprudelnder Quell der Wissenschaft sei, aus dessen Fülle alle schöpfen mögen, welche in die Schriften der Gelehrsamkeit eingeweiht zu werden wünschen.»[480] Gewiss – viel humanistisches piccolominisches Pathos, aber der «sprudelnde Quell» ist, wie jeder Basler sehen kann, nie gänzlich versiegt.

Papierfabrikation

Die Universität ist nicht die einzige Frucht des Konzils. Zweifellos hätte eine der wichtigsten älteren Basler Industrien nie so rasch gedeihen können ohne den Papierbedarf der rund hundert Sekretäre, die während der Konzilssitzungen gewissenhaft festhielten, was die Väter diskutierten und beschlossen. Bald nach der Eröffnung des Konzils begann in Basel die Papierfabrikation. Ihr stand aber nicht ein Kreis bildungsbeflissener Geistlicher wie bei der Universitätsgründung zu Gevatter.[481] Ein Kaufmann mit Wagemut und Weltkenntnis, Heinrich Halbysen (um 1390–1451), erkannte die Marktlücke. Warum importieren, wenn in Basel alles Notwendige vorhanden war: der Rohstoff in Form von Leinenlumpen, das Wasser und das Kapital? Auf einer Italienreise mag Halbysen die Idee gekommen sein, in Basel Papier zu produzieren. Er kaufte nach seiner Rückkehr am 26. Oktober 1433 die Allenwindenmühle am Riehenteich vor den Mauern Kleinbasels und baute sie zu einer Papiermühle um. Schon 1448 wählte er einen besseren, wohl sicherern Standort, nämlich eine Teichstelle im St. Alban-Tal. Bald bekam Halbysen Konkurrenz aus dem Land, in dem die Papierfabrikation schon lange heimisch war. 1457 erhalten die Brüder Anton, Michael und Hans Galliziani (ursprünglich Calcione) aus Casella in Piemont das Bürgerrecht und bringen ihr Geschäft zu grosser Blüte. Die eingewanderte Italienerfamilie wird reich, steigt in der zweiten Generation zu politischen Ämtern auf, bis ihr die Annahme französischer Pensionsgelder – wir werden von diesem Prozess noch sprechen – das Genick bricht und die Galliziani aus der

Halbysen

Geschichte Basels verschwinden. Obwohl die Besitzer der Mühlen im St. Alban-Tal noch oft wechselten, wurde im 15. und im 16. Jahrhundert das Basler Papier – wie die Wasserzeichen beweisen – in ganz Europa als beliebtes Qualitätsprodukt geschätzt. Auch die Gründerfamilie Halbysen ist in Basel ausgestorben. Ihren Namen gänzlich zu vergessen, wäre undankbar, schrieb doch der Basler Wirtschaftshistoriker Traugott Geering: «Basel darf auf die Papierindustrie besonders stolz sein, da in ihrer Einführung der in der Basler Wirtschaftsgeschichte äusserst seltene Fall vorliegt, dass eine neue Industrie durch eigene Initiative eines Baslers begründet wird.»[482]

Herbst- und Frühjahrsmesse seit 1471

Nicht so erfolgreich wie die private Initiative war der staatliche Versuch, durch eine internationale Messeveranstaltung die nach dem Konzil krisengeschüttelte Wirtschaft zu beleben. Die Erlaubnis, Jahresmessen abzuhalten, erteilte der deutsche Kaiser; d.h. die Messeveranstalter wünschten von ihm eigentlich nur den kaiserlichen Geleitbrief, der den Messebesuchern auf der Reise einigermassen Sicherheit bot. Kaiser Friedrich III. bewilligte, natürlich gegen Bezahlung, am 11. Juli 1471 zwei solche Messen, eine im Frühjahr, eine im Herbst, und verhiess ihren Besuchern ausdrücklich den Geleitschutz.[483] Die erste Messe wurde bereits im Herbst 1471 abgehalten. In den ersten Jahren ihres Bestehens zog sie viel Volk an, weil jedermann kaufen und verkaufen durfte, aber der grosse Umsatz wie auf den alten Messeplätzen Frankfurt am Main und Zurzach blieb aus. Schon 1494 wurde die Frühjahrsmesse aus dem Basler Veranstaltungskalender gestrichen; die Herbstmesse blieb erhalten, allerdings seit dem 18. Jahrhundert bloss noch als Jahrmarkt mit Buden auf dem Barfüsser- und dem Petersplatz. Erst 446 Jahre später ging in Erfüllung, was den Baslern 1471 vorgeschwebt haben muss: eine Schweizer Mustermesse öffnete im Frühjahr 1917 in Basel erstmals ihre Tore.

Mit der Geschichte des Messeprivilegs ist übrigens eine fast kuriose Begebenheit verbunden. Als die Basler Gesandtschaft 1459 beim Besuch in Mantua Pius II. um die Errichtung einer Universität bat, fügte sie gleich den Wunsch nach einer Jahresmesse bei, obwohl sie gewiss wusste, dass dieses Privileg nicht in der Kompetenz des Papstes, sondern in der des Kaisers lag. Aber Pius II. war der gute alte Freund der Stadt; mit Kaiser Friedrich III. stand man nicht auf gutem Fuss, seit das Verhältnis zu Österreich nach St. Jakob (1444) sehr problematisch geworden war. Pius II. war wirklich so liebenswürdig, dem Kaiser Friedrich III., «seinem geliebten Sohn in Christo» («carissimo in Christo filio»), einen Brief zu schreiben und ihn darin zu bitten, den Baslern das Messeprivileg zu gewähren («ut certo anni tempore nundinas publicas habere possint»).[484] Aber nun das Merkwürdige: der Originalbrief des Papstes an den Kaiser liegt noch heute im Basler Staatsarchiv. Die Basler müssen also skeptisch geworden sein; sie legten den Brief in die Schublade, und als 1471 der Bürgermeister Bärenfels des Messgeschäfts wegen nach Regensburg reiste, liess er den Brief des Heiligen Vaters daheim, denn der Fürsprecher war schon seit sieben Jahren tot.

V. BUCH

18. KAPITEL BUCHDRUCKER, HUMANISTISCHE GELEHRTE UND KÜNSTLER IN BASEL ZU BEGINN DER NEUZEIT

Nichts zeigt deutlicher, welche Ereignisse seiner Vergangenheit ein Volk für wichtig hält, als seine Erinnerungsfeiern. «Säkularfeiern» nannte man in Basel solche Jubiläen, an denen besonders im 19. Jahrhundert in aufwendiger Weise wichtiger politischer oder kultureller Geschehnisse gedacht wurde. Man beging solche Feiern jeweils an dem Tag, an dem sich das Ereignis jährte. Da lud am 24. Juni 1840, am Johannistag, die Historische Gesellschaft Volk und Behörden von Basel zu einer Gedenkfeier ins Münster ein, um eine Tat zu preisen, deren genaues Datum bis heute nicht bekannt ist: die Erfindung der Buchdruckerkunst.[490] Diese Erfindung lobte auf der Kanzel der Antistes Jakob Burckhardt (1785–1858), der Vater des Historikers, als ein Werk der göttlichen Vorsehung; sie sei sogar die grösste aller Erfindungen gewesen, weil sie für die Menschheit eine neue Zeit herbeigeführt habe. Der eigentliche Festredner, der Theologieprofessor Karl Rudolf Hagenbach (1801–1874), zählte darnach die Einführung der Buchdruckerei in der Stadt Basel zu den Höhepunkten ihrer Geschichte, wobei er immerhin gewissenhaft feststellte, dass im Blick auf die Ortsgeschichte das Jubiläum ein Menschenalter zu früh angesetzt worden sei, aber man feiere jetzt eben Johannes Gutenberg, und er gehöre nicht der Schweiz, nicht Europa, sondern der Welt. Wie trug sich die Geschichte in Wirklichkeit zu?

Bedeutung des Buchdrucks

Bekanntlich gelang die erste mechanische Herstellung eines gedruckten Buches um die Mitte des 15. Jahrhunderts dem Mainzer Patriziersohn Johannes Gutenberg (um 1397 bis 1468).[491] Während eines Aufenthaltes in Strassburg, zwischen 1434 und 1444, soll er jahrelang gepröbelt haben, bis ihm die Herstellung beweglicher metallener Lettern, der sogenannten Typen, gelang. Das schönste und bekannteste Werk seiner Kunst, die 42zeilige Bibel, wurde erst 1454 (oder 1456?) in Mainz vollendet. Im Jahr 1468 ist Gutenberg, infolge eines Schuldenprozesses verarmt, kaum beachtet gestorben. Seine Erfindung aber breitete sich ungewöhnlich schnell aus. Bis zum Jahr 1500 wurden in Europa über 40 000 verschiedene Bücher in über zehn Millionen Exemplaren gedruckt.[492] Auf der Liste der frühesten Druckorte figuriert Basel mit dem Datum 1468 im achten Rang. Das heisst: noch im 15. Jahrhundert wurde unsere Stadt durch ihre Druckerzeugnisse in Europa berühmt.

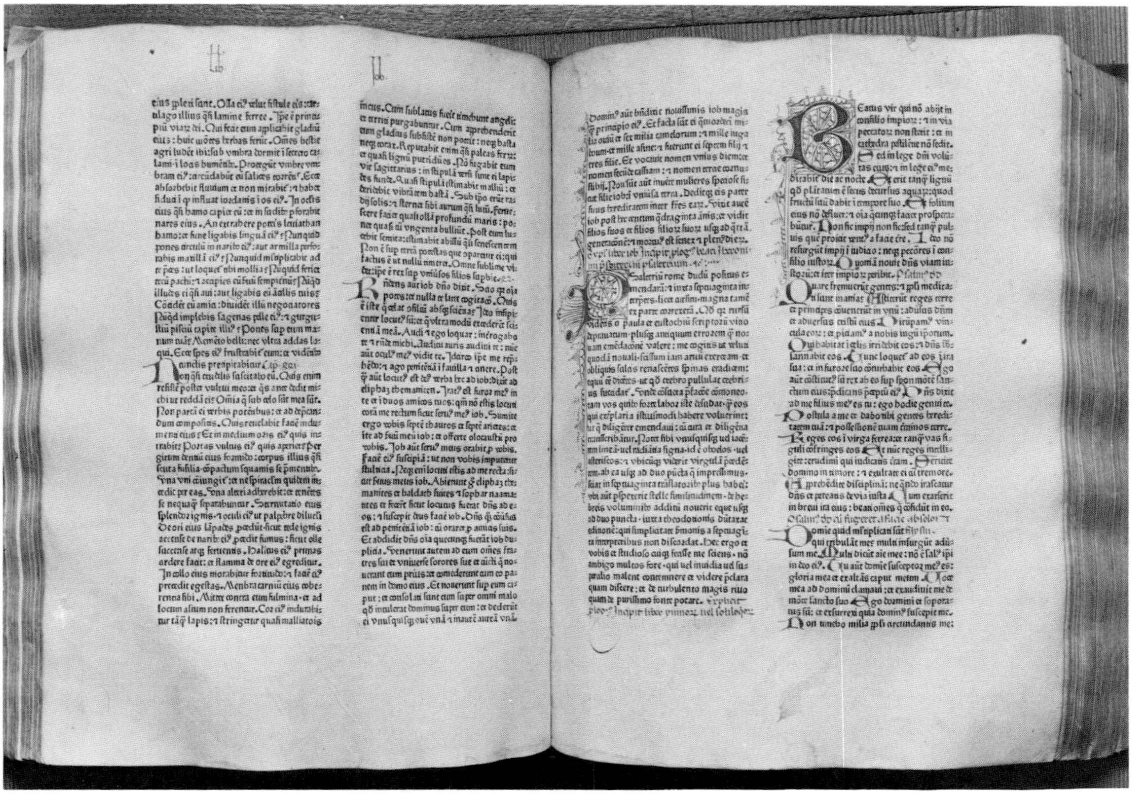

Vermutlich erster Basler Druck: lateinische Bibel, hergestellt von Berthold Ruppel um 1468.

Ob Basel allerdings der Ruhm zufällt, die erste Schweizer Stadt gewesen zu sein, in der ein Buch gedruckt wurde, ist umstritten.[493] Immerhin aber sind die Geheimnisse des Druckverfahrens unmittelbar von ihrem Ursprungsort her nach Basel gekommen, denn ein Mitarbeiter Gutenbergs, sein Geselle Berthold Ruppel, verliess infolge kriegerischer Ereignisse Mainz, suchte in Basel eine neue Heimat und erwarb hier 1477 das Bürgerrecht. «Emit civilegium» (kaufte das Bürgerrecht), meldet der Eintrag ins Bürgerregister.[494] Ziemlich sicher verliessen allerdings schon vor 1476 die ersten typographischen Erzeugnisse die Basler Pressen. Während man noch darüber rätselt, welche Bücher wann und wo zuerst in der Schweiz erschienen sind – leider fehlt häufig in den ältesten Büchern der Druckvermerk, das sogenannte Impressum –, liefert ein Basler Gerichtsurteil ein sicheres Datum aus der Druckergeschichte. Gegen Ende des Jahres 1471 waren die Buchdruckergesellen in einen Streik getreten (es ist übrigens der erste Streik in der Schweiz, von dem wir schriftliche Kunde haben). Die «Meister, so die bücher trucken», beschwerten sich vor Gericht, und dieses brachte am 24. Dezember 1471 einen Vergleich zustande. Es heisst darüber im Protokoll: Die Knechte sollen von heute an wieder an ihre Arbeit gehen, sich so aufführen, dass das den Meistern nützlich und ehrlich sei, sich im Dienst gebührlich halten und kein Bündnis unter

Erste Basler Drucke vor 1476

Streik der Buchdruckergesellen

sich machen. Die Meister sollen die Knechte aufnehmen und ihnen zukommen lassen, was gerecht ist, es wäre mit Essen, Trinken oder anderm. Wenn sich ein Knecht widerspenstig zeigt, können ihn die Meister entlassen, müssen aber den verdienten Lohn auszahlen; wenn ein Knecht sich nicht gut behandelt fühlt, darf er die Stelle verlassen und den verdienten Lohn verlangen.[495] (Da es sich immer um einen Jahreslohn handelt, ist die letztere Bestimmung von Bedeutung.) Nicht nur auf die Druckergeschichte, auch auf die Basler Sozialgeschichte fällt mit diesem Urteil ein helles Licht. Ein völlig neues Gewerbe, das sich ausserhalb der bestehenden Zunftordnung als ein einträgliches Geschäft erwiesen hatte, zeigte hier die Kehrseite der frühkapitalistischen Betriebsweise. Allerdings meint Traugott Geering, der beste Kenner der älteren Basler Wirtschaftsgeschichte: «Solange die Druckerherren ihren hohen Rang behaupteten, vermochten sie ihre Knechte anständig zu stellen.»[496]

Thomas Platter als Druckerherr

Vom Glanz und Elend der Basler Drucker erzählt uns nun höchst anschaulich einer, der ebenfalls in diesem Geschäft reich werden wollte und – es auch wurde. Thomas Platter (1499–1582), der erste Basler, der wirklich eine echte Autobiographie von hohem literarischem Reiz geschrieben hat, war nämlich auch Buchdrucker. Bekanntlich musste sich der Bergbauernsohn aus dem Wallis als armer Tropf jahrzehntelang abrackern, und da der Versuch, als Arzt zu praktizieren, fehlschlug, lockte eben das Druckergewerbe. «Do ich aber gsach, wie Hervagius (Johann Herwagen, gestorben 1558) und andre trukerherren ein gutte sach hatten, mit wenig arbeit gross gut gewunnent, dacht ich, möcht ich ouch ein trukerherr werden.»[497] Also gründete Platter mit drei Bekannten ein Geschäft, wobei besonders die Frau eines Kompagnons die treibende Kraft gewesen sein soll, weil sie neidisch sah, «wie die trukerherren wiber so ein pracht triben» (wie die Frauen der Buchdrucker grossen Staat machen konnten). Geld hat Platter schliesslich in seinem neuen Gewerbe zwar verdient, aber unter welchen Opfern! Frau und Kinder mussten mitschuften: die «kind hand offt papyr gestrichen, das inen die fingerlin blutten (bluteten)».[498] Als das Geschäft infolge kriegerischer Unruhen stockte, ergriff ihn, wie er sagt, der Verleider, und gern ging er auf den Vorschlag einiger Ratsherren ein, als Schulmeister die Schule auf Burg zu leiten. Der Stadt Basel hat er damit gewiss grössere Dienste erwiesen; denn als Rektor des Basler Gymnasiums ist er bis heute unvergessen, sein Ruhm als Druckerherr indes verblich vor den grösseren Sternen am Basler Drucker-

Thomas Platter (1499–1582), Druckerherr und Gymnasialrektor. Ausschnitt aus einem Gemälde von Hans Bock d.Ä. 1581. Kunstmuseum.

himmel. Wir reden im folgenden nur von diesen; rund 70 Buchdruckernamen aus den Jahren 1470 bis 1520 verzeichnet die Fachliteratur.[499]

Johannes Amerbach

Basel verdankt seinen Ruf als hervorragende Stätte des Buchdrucks besonders zwei Familien: den Amerbach und den Froben. Die Amerbach tragen ihren Namen nach einem Städtchen im tiefsten Odenwald, die Froben kamen aus Hammelburg im Fürstbistum Würzburg. Johannes Amerbach (um 1440–1513) ist zu unbekannter Zeit in die weite Welt aufgebrochen, und zwar – was seinen jugendlichen Wissensdrang verrät – nach Paris, zum Studium an einer der ältesten Universitäten des Abendlands.[500] Dort sass er vor allem im Hörsaal eines andern Johannes, des Theologen Johannes Heynlin von Stein. Wir werden diesem bedeutenden Mann im Kreis der Basler Humanisten später noch begegnen. Die beiden etwa gleichaltrigen Männer verband neben anderm die Liebe zur Wissenschaft und eine ernste Lebensauffassung. In Paris verfolgte Johannes Amerbach zum ersten Mal die Entstehung eines gedruckten Buches, denn sein Lehrer Heynlin hatte um 1470 von einer Reise nach Deutschland drei Druckergesellen mitgebracht und in den Räumen der Sorbonne eine Druckerwerkstatt eingerichtet. Als sich Amerbach um 1475 in Basel niederliess, war er nicht nur ein wissenschaftlich gebildeter «Magister artium» (Lehrer der freien Künste), sondern schon ein erfahrener Drucker, denn seine Pariser Kenntnisse hatte er in Venedig, der Stadt mit den typographischen Spitzenleistungen, erweitert. Wissenschaftliche Bildung und Druckereikenntnisse waren in diesem Neubasler – er erwarb 1484 das Bürgerrecht – eine harmonische Verbindung eingegangen, die reiche Früchte tragen musste. Zuerst natürlich materielle: 1482 kaufte sich Hans Amerbach, wie er sich jetzt nennt, an der Rheingasse das Haus «Zum Kaiserstuhl», später dazu am Totengässlein das Haus «Zum Sessel»; es beherbergte die Druckerei, wurde 1507 vom Kompagnon Johann Froben käuflich erworben und ging in die Basler Geistesgeschichte ein als Ort, in dem sich die erlauchtesten Geister Europas Rendez-vous gaben.

Johannes Amerbach (um 1440–1513), wissenschaftlich gebildeter Druckerherr und Verleger. Ausschnitt aus einem anonymen Bildnis von 1513. Kunstmuseum.

Amerbachs Berufsethos

Aber Hans Amerbach strebte nicht nur nach materiellem Gewinn. Bücherdrucken war für ihn eine heilige Sache. Im Vorwort einer Bibelausgabe bekennt er, ihn beseele der Wunsch, die alten kirchlichen Schriftsteller wieder zu drucken, weil dies der Kirche zum Segen gereiche; damit glaube er einen Auftrag Gottes zu erfüllen. «Gott kennt mein Herz und meine natürliche Veranlagung ... ich pflege nicht meinen Gewinn, sondern seinen göttlichen Dienst zu suchen.»[501] Dies waren keine leeren Worte, keine Werbesprüche des Basler Verlegers. Amerbachs Frömmigkeit bestätigt die Liste der Wohltäter des Kartäuserklosters, die von den Mönchen mit grosser Genauigkeit geführt worden ist. Immer wieder muss der alte Amerbach von seinem Haus an der Rheingasse den Blick auf die unweit gelegene Kartause gerichtet haben, denn von jedem seiner Bücher, das aus der Druckerei hervorging, schenkte er den schweigsamen Bewohnern des Klosters ein Exemplar. «Ihre Zahl war nicht gering», hält der Chronist des Klosters fest.[502] Darum, und weil auch andere Drucker ähnlich handelten, wurde die Bibliothek der Kartäuser die grösste Büchersammlung Basels.[503] Als sie Ende des 16. Jahrhunderts an die Universität fiel, zählte sie etwa 2000 Bände. Im Kreuzgang, den die Mönche auf dem Weg zu den Gebetstunden im Kirchenchor täglich durchschritten, wollte Amerbach begraben werden. Die Grabplatten der Ehegatten Amerbach und das später aufgehängte Epitaph zeugen noch heute von der engen Verbindung der reichen Druckerfamilie mit dem Kloster.[504] Die Gebete allerdings, die für das Seelenheil der Amerbach bestellt wurden («oretur pro venerabili magistro Johanne de Amerbach» = es soll für den verehrten Magister Amerbach gebetet werden), sind wenige Jahre später verstummt. Dem spätmittelalterlichen Totenkult bereitete die Reformation ein Ende.

Seite aus dem «Liber ▷ benefactorum» (Buch der Wohltäter) des Kartäuserklosters; auf ihr figuriert auch Johannes Amerbach, der dem seinem Wohnsitz benachbarten Kloster stets ein Exemplar jedes von ihm gedruckten und verlegten Werkes schenkte. In der Mitte der ersten Zeile erscheint sein Name.

Bücherdrucken ist nun immer ein risikoreiches Geschäft gewesen. Besonders in den Anfangszeiten führte der Weg ebenso leicht zum Bankrott wie zum Vermögen. Die Kosten des Drucks waren sehr hoch, der Leserkreis relativ klein, denn nur ein kleiner Teil der Bevölkerung konnte lesen; die Preise für ein Buch lagen oft über demjenigen für ein Haus, und die Vertriebsorganisation steckte noch in den Kinderschuhen. Nicht selten gingen die meist in Fässern transportierten Bücher auf dem Transport verloren.[505] Alle diese Schwierigkeiten versuchten die Drucker zu bewältigen, indem sie Arbeitsgemeinschaften gründeten. Hans Amerbach bewies auch hierin seinen Scharfsinn. Er wählte zwei Namensvettern, Johann Petri (1441–1511) und Johann Froben (um 1460–1527), beide Landsleute aus dem Frankenland, zu Kompagnons. Diese «fränkische Druckersippe» hat den wichtigsten Beitrag zum Ruhm Basels als Druckerstätte geleistet.[506] Johann Petri gilt als gewiegter Geschäftsmann, der auch vor dem Nachdruck anderer Bücher nicht zurückschreckte. Sein Neffe, Adam Petri (1454–1525), der sein Geschäft weiterführte, machte sich bekanntlich einen Namen durch den Druck lutherischer Kampfschriften. Der andere Teilhaber Amerbachs, Johann Froben, glänzte als Chalkograph, d.h. er war Fachmann für die Herstellung der schönen Lettern.[507] Nach dem Tod des Prinzipals wird er das Geschäft übernehmen und zu einem neuen Höhepunkt führen. Wir reden von ihm später, denn zunächst ist von Amerbach und seiner Familie zu berichten.

Amerbachs Buchdruck-Arbeitsgemeinschaften

Wie schon gesagt: Johannes Amerbach war ein trefflich gebildeter Mann, der in Paris einen akademischen Grad und in Venedig und Nürnberg Weltkenntnisse erworben hatte. Der wissenschaftliche Geist vererbte sich auf seine Söhne

Aprilis

Obiit … Magistro Johe de Amerbach Civis et impressor Basil.
magnus benefactor noster qui contulit de opere suo domui nostre
Et hinc successive subscriptos libros In primis unam bibliam impressam valentem ij flor.
It. tres libros … valentem xij ß It. sermones qui dicuntur flores theologie pro ij lib. d.
It. unam bibliam pro ij flor. It. preceptorium Nider pro j lib. d. It. librum ewangeliorum in vulgari
fratribus pro j lib. d. It. librum gracie … pro x lib. d. It. dedit iij … zucker in …
pro j flor. It. dedit postillam et alia pro j flor. 81 It. dedit sermones discipuli pro ij flor. It.
… Johannis de Tremonia pro j lib. d. It. historiam Josaphat et Barlaam
in vulgari pro xv ß fratribus laycis It. ij … duobus minutis 82 Item dedit
unam bibliam cum suis concordantiis pro ij flor. It. ij flor. … fratri
Johanni Allant … It. xxx ß … It. dedit legendam sanctorum
in vulgari fratribus It. xv ß … 83 It. j flor. …
… die sancti Mathie 1483 It. dedit … pro x flor. It. dedit ad … quatuor
vocabularios Breviloquus … pro v flor. It. emit unam bibliam prosaicam in vulgari
fratribus laycis pro vij flor. It. x ß dedit … It. j flor. … Bruno filius
suus … ob amorem … Brunone … vocab.
It. dedit iiij talenta zucker j talentum … j talentum … j talentum … 85 quod de
nundinis Franckfordensis venerat It. sermones Jacobi de Voragine dupplicat dedit pro x lib.
Item unam bibliam It. postillam ewangeliorum … j … 84 It. alia …
… 1484 It. j flor. …
It. Collaciones patrum dupplicat valentem ij lib. d. It. dedit omnia opera Gersonis Cancellarij Parisiensis
in x volumina pro v flor. It. dedit Allexandri doctrinale cum commento It. procuravit nobis a Magistro Johanne Petri
… eius bibliam cum lira more librorum … in margine … valentem vi flor. It. x voluminibus
It. dedit tres Catholicon cum commento It. duos libros in rethorica Item dedit Collaciones patrum dupplicat
pro fratre … et fratribus … 1486 It. x talenta zucker … It. dedit
sermones beati Bernhardi magistri impressor ij flor. It. dedit pro annum 1481 xxxiij ß d. It.
j … zuckerhut It. Augustinum datum et tractatum de arte oratoria It. precepta artis
rethorice … It. compendium octo partium orationis … ij flor. It. epistolas Adelphi …
j flor. It. ewangelia et epistolas cum glo. in vulgari j lib. d. … It. dedit xxij tractatulos …
… in vulgari et latino ab Epo. Constancien. Ottonis editos … xxx ß d. It. j lib. d. …
puelle sue Margarete … 1488 It. ij … zuckerhut Item dedit lecturam
Panormitani super v libros decretalium cum repertorio et Anthonio de Butrio …
valentem quinque flor. Item dedit novem tractatus in vulgari meditaciones de vita … ij lib. d.
Item et Johannes … dedit Augustinum de Civitate dei cum commento … ij flor.
Item dedit Augustinum de Trinitate … j flor. Item dederunt Augustinum de Civitate dei
et de Trinitate … de lapide valentem ut … Item dedit j x tractatulos graciarum actiones
de vita Christi et j x tractatulos … spiritualibus valentem iij flor. It. Holgot super
libro Sapiencie dupplicat valentem ij lib. d. It. xiij tractatus horalogium devocionis et
duos tractatus graciarum actiones in vulgari … ij flor. Vide alia in alio latere …

Verte fo.

Bruno (1485–1519) und Bonifacius (1495–1562) und seinen Enkel Basilius (1533–1591). Bonifacius und Basilius erwiesen Basel als Professoren des römischen Rechts, als Rechtsberater in heiklen staatlichen Prozessen und als Kunstsammler unvergessliche Dienste. Mit Basilius erlosch das Drucker- und Gelehrtengeschlecht, aber hinterlassen haben uns die drei Amerbachgenerationen zwei grosse Schätze: eine Briefsammlung aus etwa hundert Jahren mit rund 6000 Nummern[508] und das sogenannte Amerbach-Kabinett, dessen Bestände aus antiker und mittelalterlicher Kleinkunst zu den Kostbarkeiten des Historischen Museums zählen.[509]

Familie Amerbach

Amerbach-Kabinett

Zwar gehören die Briefe, die der alte Amerbach seinen in Paris studierenden Söhnen Bruno und Basilius (1488–1535, er ist zu unterscheiden von seinem berühmten Neffen, den wir oben erwähnten) schrieb, nicht zu den wichtigen Aktenstücken der Basler Geschichte. Wir nehmen aber von ihnen einige zur Kenntnis, weil sie uns den «Mikrokosmos echten Lebens» (Alfred Hartmann) in einer Basler Familie mit humanistischer Prägung zeigen.[510] Geradezu amüsant finden darin das Streben nach Bildung und ebenso die notorische Basler Sparsamkeit ihren Niederschlag. Als die Söhne das Studium in die Länge ziehen und viel Geld verbrauchen, schreibt der alte Amerbach unmutig: «Ich wundere mich sehr, auf welche Weise ihr so grosse Summen verzehrt habt.» Dann der typisch väterliche Vergleich: Als ich in Paris studierte, brauchte ich viel weniger, ich trank nicht zu jeder Tageszeit und lebte nüchtern. Schliesslich der ewige väterliche Seufzer: das Vermögen eures Vaters ist nur durch unsägliche Mühe und Anstrengung erworben worden. Arbeiten sollen die Söhne, sich eine humanistische Bildung erwerben. «Vernachlässigt die Logik nicht, sie ist das Fundament aller Wissenschaft! ... Schreibt mir bessere Briefe! ... Schöne Briefe, das ist das Angenehmste, was Ihr mir tun könnt.» Aber solche Esel, als welche der Vater die Studenten einmal titulierte, waren die Söhne doch nicht, denn seit 1509 waren alle drei, Bruno, Basilius (I.) und der jüngste, Bonifacius, in Basel eifrig in Studien vertieft. Welche Anregung bot ihnen das väterliche Haus! Dort gingen gerade die besten Kenner der griechischen, sogar der hebräischen Sprache ein und aus, so dass ein Familienfreund scherzte, die heiligen Musen hätten Griechenland verlassen und ihren Wohnsitz in Basel aufgeschlagen – an der Rheingasse![511]

Amerbach-Korrespondenz

Die Amerbachsche Druckerei führte also nach dem Tod des Prinzipals Johann Froben bis zu seinem eigenen Lebensende weiter. Auch er musste in einer Geschäftskrise Teilhaber gewinnen und fand einen tüchtigen Kaufmann in der Person seines Schwiegervaters Wolfgang Lachner (um 1465–1518). Aber der eigentliche Glücksfall seines Lebens trat 1514 ein, als er Drucker und Verleger eines Autors von Weltruhm wurde. Die Werke dieses Autors – es ist Desiderius Erasmus von Rotterdam – wurden, um es in der hässlichen, aber einprägsamen Sprache von heute zu sagen, die Bestseller von Frobens Offizin. Die zunächst rein geschäftliche Arbeitsgemeinschaft von Schriftsteller und Drucker entwickelte

Johann Froben

Froben
und Erasmus

sich im Lauf weniger Jahre zu einer engen Freundschaft, die sich nach dem Tode des Johann Froben auf den Sohn Hieronymus übertragen sollte. Schönstes Zeugnis dieser Wohn- und Arbeitsgemeinschaft ist der Brief, den Erasmus wenige Tage nach dem Tod Frobens einem holländischen Mönch geschrieben hat.[512] Diese liebevolle Charakteristik des Menschen Froben ist selbst in der deutschen Übersetzung und gekürzt noch ein hübsches Beispiel erasmischen Stils. Der Brief lautet auszugsweise so:

«Der unerwartete Tod meines Freundes Froben hat mich so tief niedergeschlagen, dass keinerlei Zerstreuung mich trösten konnte ... Meine Trauer war ohne Mass, denn das Band, das Herzensneigung und gegenseitiges Wohlwollen geknüpft haben, verbindet stärker als die Natur. Nie vorher habe ich erfahren, wieviel Kraft die aufrichtige Freundschaft und die gegenseitige Bindung haben ... Die Sehnsucht nach Froben ist unstillbar. Ich liebte ihn noch mehr um der Wissenschaft willen, die zu bereichern er vom Schicksal bestimmt schien, als wegen seiner Neigung zu mir und wegen seiner reinen Sitten. Wer sollte einen solchen Charakter nicht lieben? Einem Freund war er Freund, so aufrichtig, dass er einem nichts vorspiegeln konnte, selbst wenn er es gewollt hätte. Er war so zuvorkommend und eifrig, allen zu dienen, dass er sich sogar freute, wenn Unwürdige von ihm eine Wohltat erfuhren ... Was Neid ist, konnte er sich nicht besser vorstellen als Blindgeborene die Farbe. An erlittenes Unrecht konnte er sich bald nicht mehr erinnern; hingegen vergass er nie einen noch so kleinen Dienst, den man ihm erwiesen hatte ... Ich nahm alle meine Arbeiten aus Liebe zur Wissenschaft auf mich. Er schien geboren, diese Studien zu fördern und ihnen Ehre und Glanz zu verleihen. Dabei scheute er weder Arbeit noch durchwachte Nächte und hielt es für einen genügenden Gewinn, wenn ein guter Schriftsteller in einer würdigen Ausgabe in die Hand der Menschen gelangte ... Wenn er mir und andern Freunden die ersten gedruckten Seiten eines guten Schriftstellers zeigte, war er ausser sich vor Freude; sein Gesicht strahlte vor Siegeszuversicht. Man hätte meinen können, er habe den ganzen Lohn für das Werk reichlich erhalten und erwarte keinen andern Gewinn mehr. Ich will hier nicht das Lob Frobens auf Kosten anderer singen. Doch es ist allzu bekannt, wie fehlerhaft und schmutzig gewisse Drucker sogar in Venedig und Rom gedruckt haben. Wieviel Bände sind dagegen in wenigen Jahren in seinem Haus entstanden und in welch würdiger Gestalt! Um

Johann Froben (um 1460–1527). Ausschnitt aus einem Gemälde Hans Holbeins d.J. (alte Kopie). Kunstmuseum.

Wissenschaft und Literatur nicht in Misskredit zu bringen, hat er niemals theologische Streitschriften gedruckt, aus denen andere nicht geringen Gewinn zogen ... Die ganze Stadt Basel vermisst ihn sehr ... Dankbarkeit wollen wir dem Verstorbenen dadurch zeigen, dass wir für ihn beten und sein Andenken hochhalten.»

Man könnte dieses von Erasmus gezeichnete Bild reichlich idealisiert finden, aber ein einziger Satz des Sohnes Hieronymus bestätigt kurz, was Erasmus wortreich ausführte. «Unser Vater hinterliess seinen Erben mehr Ruhm als Geld» («Qua re factum est, ut haeredibus suis plus famae reliquerit quam pecuniae»).[513] Übrigens, was Erasmus mit der Feder tat, vollbrachte ein anderer Weltberühmter, Hans Holbein der Jüngere, mit dem Pinsel. Das Frobenporträt im Kunstmuseum gilt zwar als eine Kopie des Originals von 1522, aber es ist unbestritten ein getreues Abbild des 60jährigen ehrlichen und gutmütigen Basler Druckers und Verlegers.

Der Humanismus

Und nun sind also einige humanistische Gelehrte zu schildern, dank welchen Basel in den Ruf gekommen ist, ein «Brennpunkt des europäischen Humanismus» (Schweizer Lexikon) gewesen zu sein. Vielleicht ist es nicht überflüssig, eine Eule nach Athen zu tragen, das heisst, zu versuchen, den Begriff «Humanismus», der fortan häufig verwendet wird, in der gebotenen Kürze zu definieren.

Jedermann ist einmal – wie alle Schulbücher beweisen – dem Zwillingswortpaar «Renaissance und Humanismus» begegnet, und jedermann weiss natürlich, dass «Renaissance» Wiedergeburt heisst und also das Altertum mit der griechischen und römischen Kultur «wiedergeboren» worden ist. Man weiss ferner, dass Humanismus mit dem lateinischen Wort «humanus» verwandt ist und damit etwas vom «Menschen», natürlich etwas Edles und Gutes, ausgesagt wird. Nun sind freilich beide Begriffe sehr komplex, und sie sind in den 150 Jahren, seit man sie verwendet, nach allen Seiten ausgeweitet, vertieft und auch zerschwatzt worden. Klar und fest steht nur eines: Renaissance und Humanismus sind Begriffe für etwas «Neues», das in der Geschichte der europäischen Völker nach der Epoche des Mittelalters als etwas «anderes» in Erscheinung tritt. Darum begegnet man diesen Wörtern in den Handbüchern häufig als fettgedruckten Überschriften eines neuen Kapitels. Inwiefern die Renaissance auf dem Gebiet der bildenden Kunst anders ist als das Mittelalter, kann verhältnismässig leicht im folgenden Abschnitt von den «Künstlern», die in Basel gearbeitet haben, sichtbar gemacht werden.

Schwieriger ist es aber, «Humanismus» in Kürze zu definieren. Wenn man von Humanismus in Basel reden will, ist z.B. mit der Definition eines Lexikons «Humanismus = Vergottung des Menschen» nichts anzufangen. Sie fördert übrigens nur die verbreitete, aber falsche Meinung, die Humanisten seien durchweg unchristliche, sogar areligiöse Menschen gewesen. Gerade auf die in Basel lebenden Humanisten trifft dies keineswegs zu.[514] Hingegen bekommen wir mit einer

Definition des Basler Historikers Werner Kaegi sehr wohl eine Richtschnur in die Hand, um jene Männer zu schildern. In einem seiner zahlreichen Aufsätze zum Thema Humanismus schrieb Kaegi: «Das Faktum Humanismus ist im Grunde nicht eine Idee, sondern eine bestimmte Kette von Personen, die alle unter sich biographisch verbunden sind ... Ihr gemeinsames Kennzeichen ist nicht ihre Lehre, sondern ihre Sprache. Es ist die Sprache Ciceros ... Ob die Humanisten die Vulgärsprache (d.h. Deutsch, Französisch, Italienisch, Englisch) benützen oder ob sie Latein schreiben, jedenfalls soll die Sprache klar sein, richtig, einfach, wohllautend und rein; denn sie soll verstanden werden. Die Humanisten stehen alle in einem bestimmten menschlichen Kreis, für den sie arbeiten, denken, schreiben: sei es die Vaterstadt, sei es die Wahlheimat, sei es die Schule ... Diese Männer sprechen mit ihren Mitbürgern ... oder sie schreiben an die Bürger anderer Städte, an ihre Stadtherren, an Päpste, an Kaiser ... Der Kreis der Partner im Gespräch verändert sich. Bald sind es die im Rat gegenwärtigen Mitbürger, bald die zum Dialog versammelten Freunde, bald sind es die Mitbürger der Zukunft als Leser einer Geschichte naher oder ferner Heimat; schliesslich kommt es zum Gespräch mit den Toten, den toten Vorfahren aus dem alten Rom, aus aller Welt überhaupt.»[515]

Wesen des Humanismus

Schreiben, andern Gleichgesinnten Gedanken mitteilen, Bücher der alten Heiden und der christlichen Kirchenväter möglichst originaltreu edieren – darin bestand im wesentlichen das Lebenswerk der führenden Humanisten. Freilich ist es nun wichtig zu erkennen, dass sie damit nicht einem selbstgenügsamen Zeitvertreib oder einer unstillbaren Schreiblust frönen, sondern die Welt, wie sie in ihrer spätmittelalterlichen, scholastisch geprägten Gestalt vor ihnen lag, verändern wollten; nicht mit der grossen Gebärde des Revolutionärs, sondern mit der stillen Belehrung durch gute Bücher oder durch das daraus geschöpfte Wort der Predigt. Und sie haben die Welt tatsächlich verändert! Wenn die Reformatoren, vor allem Martin Luther, die kirchlichreligiöse Welt des Mittelalters aus den Angeln hoben, so ist dies erst mit Hilfe der originalen biblischen Texte möglich geworden. Und diese Texte fanden sie z.B. im Neuen Testament, das Erasmus in Basel herausgebracht hatte. Seine Edition ist aber nicht denkbar ohne die philologisch-kritische Methode, wie sie von den italienischen Humanisten des 15. Jahrhunderts entwickelt worden ist.

Der Anteil Italiens

Ohne Zweifel fällt Italien, wo die Überreste des Altertums überall vor Augen lagen, die Ehre zu, das Ursprungsland des Humanismus gewesen zu sein. Das «Urbild des Humanisten», Francesco Petrarca (1304–1374) aus Arezzo, kennt man heute als den Begründer der modernen Liebeslyrik und als ersten guten Schilderer einer Bergbesteigung. Doch schon 1436 schrieb ein späterer Humanist, Leonardo Bruni, von ihm: «Francesco Petrarca war der erste, dem derartige Feinheit des Geistes zuteil wurde, dass er die antike Anmut des Stils erkannte und sie aus der Vergessenheit, aus der Dämmerung, wieder ins Leben rief.»[516] Dass schon Petrarca den Samen des Humanismus in Basel ausgestreut habe, wird niemand

Petrarca

behaupten, obwohl er im Herbst 1356 einen Monat lang in Basel geweilt hat, dann kurz vor dem Erdbeben abreiste und diese Naturkatastrophe als Beispiel für ein unverdientes Unglück in einem «Trostspiegel» schilderte. Diese erste «Stadtbeschreibung» aus der Feder eines Humanisten besteht übrigens nur aus einem Satz: «Basel, keine grosse, aber eine schöne Stadt» (‹non tam magna urbs quam pulchra›) fiel in Trümmer.»[517]

Der nächste italienische Humanist, der etwas über Basel schrieb, tat es schon viel ausführlicher. Es war der schon mehrmals zitierte Enea Silvio Piccolomini, dem man sogar den Ehrentitel «Apostel des Humanismus in Deutschland» verliehen hat.

Die Basler Humanisten

Wenden wir uns jetzt Basel zu und suchen die obenerwähnte Kette der «Basler» Humanisten seit ihren Anfängen in unserer Stadt zu erfassen! Wir haben Basler in Anführungszeichen gesetzt, denn Basler Bürger, die als humanistische Gelehrte über die Stadt hinaus bekannt geworden sind, gab es ausser den genannten Buchdruckern nicht. Doch humanistisch gebildete Ausländer kamen in nicht geringer Zahl in unsere Stadt. Sie gleichen – man erlaube ein Bild – den Bienen, die weitherum Nektar geholt haben, ihn ins Bienenhaus tragen, wo er zu Honig verarbeitet wird. Zwischen 1470 und 1530 ist Basel einem solchen Bienenhaus zu vergleichen. Setzen wir das Bild in die historische Realität um! [518]

Johannes Heynlin

Die Kette der «Basler» Humanisten beginnt mit Johannes Heynlin aus Stein (um 1430–1496).[519] Lapidanus nannten ihn seine Freunde nach der humanistischen Sitte, den Namen des Heimatortes zum latinisierten oder gräzisierten Personennamen umzumodeln. Die genannte Ortschaft Stein liegt zwischen Karlsruhe und Pforzheim; Heynlin war also wie Amerbach und der Basler Reformator Ökolampad einer jener Schwaben, die in Basel sesshaft wurden und hier starben, nachdem sie in der Basler Geistesgeschichte einen denkwürdigen Platz erworben hatten. Als Heynlin 1464 mit einigen Gesinnungsgenossen nach Basel kam, stand er im besten Mannesalter, hatte in Leipzig, Löwen (Belgien) und Paris studiert, dort die akademischen Grade der philosophischen Fakultät erworben und Freundschaft mit italienischen Humanisten gepflegt. Sein erster Basler Aufenthalt dauerte nur drei Jahre, hinterliess aber nachhaltige Spuren, weil sich der temperamentvolle junge Mann im Streit um die richtige Methode der wissenschaftlichen Arbeit energisch beteiligte und sogar den Lehrplan der Basler Universität dauernd veränderte.[520] Dann verbrachte Heynlin wieder ein Jahrzehnt in Paris. Dass er dort eine Druckerei eingerichtet und selbst Bücher ediert hat, haben wir schon erwähnt. Im Jahr 1474 erschien er zum zweiten Mal in Basel; diesmal als gereifter Theologe, ausgezeichnet mit dem höchsten Grad der akademischen Laufbahn. Vom Katheder im Hörsaal wechselte er nun zur Kanzel der Leonhardskirche und des Münsters. Hier schlug er einen neuen, man kann nicht sagen reformatorischen, aber doch humanistischen Ton an. Heynlin war ein begeisterter Humanist geworden. Unter den Büchern, die er in Paris herausgebracht hatte, befand sich auch ein Cicero. «Folge meinem Rat», heisst es darin, «damit du pflichteifrig wirst; lies häufig diese Bücher, denn darin lehrt Cicero, aus welcher Quelle Ehrenhaftigkeit, Tugend und Pflichttreue fliessen.»[521] Noch humanistischer tönt es im Widmungsschreiben, das Heynlin wie alle Humanisten dem Buch voranstellte: «Diese Lektüre schmeichelt dem Ohr, verfeinert die Zunge, heilt allen Kummer des Geistes und öffnet den Quell eines guten und glücklichen Lebens.»[522] Die Lektüre eines heidnischen Römers! Mit zunehmendem Alter Heynlins wurde der humanistische Ton allerdings leiser. Immer noch stritt er gegen die theologische Wissenschaft in ihrer spätmittelalterlichen, der sogenannten scholastischen Form, aber ein ganzer Humanist wurde er nicht. Wichtiger war ihm nun die Verkündigung des Wortes Gottes auf verschiedenen Kanzeln im Elsass, in Baden, in Württemberg, am stärksten und längsten in Basel. Sein volkstümlicher Predigtstil fand bei den Gläubigen Anklang. Zweimal rief ihn die Regierung von Bern zu einer Predigtwoche in ihre Stadt, um den Massen, die wegen eines grossen Ablasses herbeiströmten, ins Gewissen reden zu lassen und ihre Spendefreudigkeit zu erhöhen. Busse predigte er aber auch den Baslern. Er notiert sich z.B. in ein Predigtmanuskript: «Unsere Beginen möchten gerne erhabene Predigten hören, sie möchten gerne wissen, wie das Himmelreich inwendig eingerichtet ist, aber hineinzukommen geben sie sich keine Mühe.»[523] Oder: «Basel wäre sicherer, wenn es von einem Zaun umgeben wäre und Gott gehorchte, als wenn es von eisernen Mauern starrte und dabei sündigt.»[524] Geradezu in alttestamentlicher Weise ruft er einmal aus: «Ich sage euch Baslern, wenn ihr jene öffentlichen Laster nicht ablegt, so wird euch Gottes Zorn nicht schonen, früher oder später!»[525]

Heynlin als Prediger

Die Unrast, die so vielen Gelehrten jener Zeit eigen war, trieb auch Heynlin nochmals fort. In fürstlichem Dienst wirkte er in Tübingen als Universitäts-Organisator und in Baden-Baden. Im Jahr 1484 kehrte er nach Basel zurück und versah, hochgeschätzt von Gelehrten und frommen Bürgern, wiederum das Predigtamt im Münster. Dann aber – es war am 15. August 1487 – geschah das für viele Basler Überraschende. Heynlin ging nach der Predigt in der Kathedrale über die Rheinbrücke, am Haus seines Freundes Amerbach vorbei ins obere Kleinbasel und klopfte an die Pforte des Kartäuserklosters. Drei Monate später legte er das Mönchsgelübde ab. Es war eine Flucht aus der Welt, und mancher Basler nahm sie kopfschüttelnd zur Kenntnis, so dass sogar der Freund Sebastian Brant glaubte, den vermeintlichen «Duckmäuser» in Schutz nehmen zu müssen.[526] Der Klosterchronist, der über seinen Mitbruder Johannes ein ganzes Kapitel geschrieben hat, erklärt den Entscheid Heynlins so: «Aus Liebe zur Ruhe, zur Einsamkeit und zur Kontemplation nach den Anstrengungen eines tätigen Lebens» habe er die Mönchskutte angezogen.[527] Untätig blieb Heynlin auch im Kloster nicht. Im Kartäuserorden zählten das Bücherabschreiben und das «Predigen mit der Feder» in einer einsamen Zelle seit jeher zu den wichtigsten Tätigkeiten. Den Kontakt mit der Welt der Bücher vermittelte der alte Amerbach, der wohl oft ins Kloster hinüberging, um den Rat Heynlins beim Druck neuer Bücher einzuholen. Auf eigene Kosten hatte Heynlin beim Eintritt ins Kloster drei Bücherregale für seine Zelle anfertigen lassen. Sie füllten sich nun mit den Werken der Basler typographischen Kunst und bildeten den Grundstock der wertvollen Kartäuserbibliothek, die später an die Universität, dann an die Stadt Basel fallen sollte.

Seite aus Sebastian ▷ Brants «Narrenschiff», dessen Holzschnitte möglicherweise der junge Albrecht Dürer während seines Basler Aufenthaltes schuf.

Als der Tod am 12. März 1496 in die Zelle des Bruders Johannes trat, sass der beste Freund Heynlins am Sterbebett. Es hatte dazu die Spezialerlaubnis des Priors gebraucht. Dieser Freund verfasste sogleich, da die strenge Ordnung der Kartäuser eine individuelle Grabschrift verbot, zu Ehren des Toten ein lateinisches Gedicht. Es beginnt so: «Nichts Angenehmeres und Froheres konnte dir doch geschehen, Vater Lapidanus, als dass du nach langen und schweren Mühseligkeiten in einer trügerischen Welt freudig zu den Sternen enteilst.»[528] Der Freund, der diese Verse geschrieben hat, war selbst ein bedeutender Humanist, der lange in Basel lebte. Er hiess Sebastian Brant.

Sebastian Brant

Sebastian Brant (1458–1521), der Sohn eines Gastwirts in Strassburg, kam 1475 nach Basel, um hier zu studieren, denn im Elsass existierte noch keine Universität.[529] Er schloss das damals übliche lange Studium 1489 mit der Promotion zum Doktor beider Rechte ab und lehrte an der juristischen Fakultät bis 1499. Als in diesem Jahr die Politik Basels im Schwabenkrieg zur Trennung von den alten verbündeten Städten im Elsass führte, kehrte Brant, der reichstreu geblieben war, Basel den Rücken, wurde in Strassburg Stadtschreiber und genoss fortan die Protektion des Kaisers Maximilian in reichem Mass. Bis zu seinem Tod gehörte er dem Kreis der elsässischen Humanisten, der «sodalitas litteraria» in Strassburg an, deren Glieder von Jakob Wimpfeling, ihrem Haupt, einmal in einem Brief an Erasmus im Jahr 1514 aufgezählt werden, und zwar im Wortlaut so: Sebastian Brantus, Iacobus Sturmius, Thomas Rappius, Thomas Aucaparius, Mathias Schurerius, Ioannes Rudalingius, Stephanus Tielerus, Petrus Heldungus, Ioannes Guida, Hieronimus Gebulerius, Ioannes Ruserius.[530]

Brants «Narrenschiff»

Als Jurist und Humanist wäre Brant wie viele andere seines Rangs längst vergessen, wenn nicht ein grosser dichterischer Wurf, «Das Narrenschiff», den Autor in den Kreis der sogenannten «Unsterblichen» der deutschen Literatur versetzt hätte. Brant schrieb das Buch in Basel, hier wurde es 1494 gedruckt, und von hier aus trat es seinen Siegeslauf durch Europa an, hatte einen Erfolg, wie er erst wieder Goethes «Werther» zuteil wurde. Den Zweck, den Brant mit seinem «Narrenschiff» erreichen wollte, formulierte er in der Vorrede (und im Nachwort nochmals) so: «Zu nutz und heylsamer ler, vermanung und ervolgung der wyszheit, vernunfft und guter sytten: Ouch zu verachtung und straff der narheyt, blindheyt yrrsal und dorheit, aller stät und geschlecht der menschen: mit besunderem flysz, ernst und arbeyt, gesamlet zue Basell: durch Sebastianum Brant, in beyden rechten doktor.»[531] Wer darin nur eine poetische, in Reimpaaren gesetzte Belehrung, eine Art amüsanten Sittenspiegel sieht, wird dem Werk nicht gerecht.

Das Narren Schyff.

Gen Narragonien.

Hi ſunt qui deſcendunt mare in nauibus faciẽtes opationem in aquis multis. Aſcendũt vſq; ad cęlos / & deſcẽdunt vſq; ad abyſſos: aĩa eorũ in malis tabeſcebat Turbati ſunt & moti ſunt ſicut ebrius: & omnis ſapientia eorũ deuorata eſt.

Pſalmo .Cvi.

Es handelt sich viel eher um eine leidenschaftliche Predigt in dichterischer Form, die den Autor als Mitstreiter an die Seite seines Freundes Heynlin stellt. Was der gelehrte Theologe auf den Kanzeln predigte, verkündete Brant in den 112 Kapiteln seines «Narrenschiffs»: Torheit ist Sünde, und Sünde ist Torheit. Darum ist das Buch in der Sprache des Volkes geschrieben, darum wurde es so drastisch illustriert, dass auch der Analphabet sehen konnte, worum es ging. Es ist übrigens bis heute nicht vollständig geklärt, wer diese Holzschnitte entworfen hat, doch stammen sie sehr wahrscheinlich vom jungen Albrecht Dürer, dem wir unter den damaligen Künstlern in Basel noch begegnen werden. Das Werk trägt einerseits typisch mittelalterliche Züge, werden doch die bekannten sieben Todsünden Hoffart, Wollust, Völlerei, Neid, Trägheit, Geiz und Zorn als Ursachen aller Torheiten gegeisselt. Aber ebenso stark ist es von humanistischem Gedankengut inspiriert, denn Brant holt zahllose Beispiele aus der römischen und der griechischen Literatur. Dem letzten Kapitel, das den «weisen Mann» schildert, gehen z.B. die Verse voran:

«Von narren hab ich usz geseyt
Do mit man doch wisz recht bescheydt
Wer witzig sy, gantz und umb
Der läsz myn fründ Virgilium.»[532]

Brant ist trotz diesen humanistischen Anleihen bei den antiken Autoren nie ein Gegner des kirchlichen Rom geworden. Es gibt von ihm, was weniger bekannt ist, eine Reihe von Marienliedern, deren eines z.B. lautet:

«O Maria, trost der armen
mach gott vatter sich erbarmen
über uns mit sun und geyst,
das noch unserm letzsten scheyden,
er uns nam zuo synen freyden,
hilff uns muotter allermeyst.»[533]

Welch grossartige Beispielsammlung in Brants «Narrenschiff» vorlag, erkannte schon bald nach ihrem Erscheinen der Strassburger Münsterpfarrer Johannes Geiler von Kaysersberg (1445–1510).[534] Dieser predigte nämlich während eines ganzen Jahres (1498/1499) der Reihe nach über alle Kapitel des «Narrenschiffs». Auch Geiler gehörte zu jenem Kreis der Humanisten, die in den 1470er Jahren als ihren Meister Johannes Heynlin verehrten. Von 1471 bis 1476 unterrichtete er an der Basler Universität als Dozent der Artistenfakultät und zugleich als Lehrer der Theologie. Dann kehrte der in Schaffhausen Geborene in seine Wahlheimat, ins Elsass, zurück und predigte so machtvoll, dass man ihn die «Posaune des Strassburger Münsters» nannte.

Johannes Reuchlin, Gräzist und Hebraist

Als letzte und «schönste Gestalt» (Wackernagel) jenes früh-humanistischen Kreises um Heynlin ist wiederum ein Schwabe, Johannes Reuchlin (1455–1522) zu schildern.[535] Eine europäische Berühmtheit wurde er erst nach 1510, als sein Streit mit der Kölner theologischen Fakultät, der sogenannte Hebraistenstreit, die Gelehrtenwelt leidenschaftlich erregte und auf Anregung Reuchlins die weltbekannten «Dunkelmännerbriefe» entstanden. Aber vier wichtige Jahre seines Lebens verbrachte Reuchlin in Basel, und sie sind für ihn und die Stadt fruchtbar gewesen. Wie sein Landsmann Amerbach kam Reuchlin 1474 im Gefolge Heynlins aus Paris nach Basel. An der Pariser Universität hatten sich die drei Schwaben kennengelernt. Reuchlin, der Jüngste und Ärmste der drei, hatte einen badischen Prinzen nach Paris begleiten dürfen. Er war auch dabei, als dort die ersten Bücher gedruckt wurden. Darum konnte er in Basel wissenschaftlicher Gehilfe Amerbachs werden. Das erste von Amerbach gedruckte Buch, das mit einer Jahreszahl, nämlich 1478, versehen ist, war ein lateinisches Wörterbuch: «Vocabularius latinus, breviloquus dictus»; sein Verfasser, obwohl darin nicht genannt, mit Gewissheit der 23jährige Reuchlin. Eine unerhörte Arbeitskraft muss dieser junge Mann besessen haben; er studierte nicht nur, er lehrte schon 1477 als Magister artium und soll mehr Hörer gehabt haben als seine alten Kollegen. Später, nach 1481, als Reuchlin in Tübingen, Stuttgart und Heidelberg lebte, galt er als der beste Gräzist und Hebraist Deutschlands. Er sei dreier Sprachen kundig und könne wissenschaftlich mit jedermann die Klingen kreuzen, schrieb damals Erasmus über ihn. Die gründliche Kenntnis des Griechischen hatte Reuchlin in Basel erworben, denn hier lagen so günstige Verhältnisse vor wie in keiner andern Stadt Deutschlands. In Basel lebte nämlich ein Grieche, Andronikos Kontoblakas, der, wie so viele seiner Landsleute, nach der Eroberung Konstantinopels durch die Türken (1453) die Heimat verlassen hatte. Die meisten Flüchtlinge blieben allerdings in Italien, Kontoblakas aber zog über die Alpen, liess sich in Basel nieder und erteilte hier Sprachunterricht. So wurde Reuchlin der erste Deutsche, der von einem Griechen griechisch gelernt hat. Und eine weitere Gunst des Schicksals: im Basler Dominikanerkloster lagen noch jene Bücher, die der Konzilsteilnehmer Kardinal Johannes von Ragusa während des Konzils von Konstantinopel nach Basel gebracht hatte.

Reuchlin pflegte auch nach seinem Wegzug von Basel (1478) die alte fachlich begründete Freundschaft mit Amerbach. Als der Drucker für die Klassikerausgaben seine Dienste benötigte, kam Reuchlin 1510 nochmals nach Basel und nahm Wohnung in der Kartause. Der Rat veranstaltete für diesen jetzt hochgefeierten Humanisten ein Gastmahl. – Im Jahr 1522 starb er in Liebezell bei Hirsau und wurde in Stuttgart begraben. Noch im letzten Jahr soll er (nach neuerer Forschung) Priester geworden sein.[536] Zwar kann man ihn dank seiner wissenschaftlichen Arbeit als Wegbereiter der Reformatoren bezeichnen – er war übrigens mit Melanchthon verwandt –, aber als typischer Vertreter des Frühhumanismus am Oberrhein ist auch er der katholischen Kirche zeitlebens treu geblieben.

Erasmus von Rotterdam

Wenn die vier soeben kurz geschilderten humanistischen Gelehrten noch kaum ins allgemeine Basler Geschichtsbewusstsein getreten sind, so kennt jedermann, zum mindesten dem Namen nach, Erasmus.[537] Er hat sogar seinen Namen für eine hässliche Strassenkreuzung in Kleinbasel hergeben müssen. An der Bäumleingasse am Haus «Zum Luft» (Erasmushaus) erinnert eine Gedenktafel an den grossen Niederländer, und im Münster kann jeder Besucher auf einem Epitaph aus rötlichem Marmor eine längere lateinische Inschrift lesen oder doch entziffern. Wir geben diese Inschrift deutsch wieder, weil sie in konzentrierter Form aussagt, wie die Zeitgenossen Erasmus eingeschätzt haben:

«Christus, dem Erlöser geweiht. Dem Desiderius Erasmus von Rotterdam, dem allseits grossen Manne, dessen unvergleichliche, mit ebensolcher Klugheit gepaarte Beherrschung jedes Wissensgebietes die Nachwelt bewundern und rühmen wird, ihrem gütigen Gönner haben Bonifacius Amerbach, Hieronymus Froben und Nicolaus Episcopius, der Erbe und die bestellten Vollstrecker seines letzten Willens, nicht seinem Andenken zuliebe, denn das hat er durch seine veröffentlichten Werke unsterblich gemacht, in denen er, solange die Welt steht, weiterleben und mit den Gelehrten aller Völker reden wird, sondern um seinen sterblichen Körper zu verwahren, diesen Stein gesetzt. Er starb, schon siebzig Jahre alt, am 12. Juli im Jahre 1536 nach Christi Geburt.»[538]

«Durch seine Werke … solange die Welt steht.» Trifft dies noch zu? Einer der besten Kenner des Erasmus und seiner Ausstrahlung in der Geistesgeschichte meinte dazu: «Heute gehört Erasmus ziemlich eindeutig zu den Grossen, deren Namen man kennt, die man aber nicht mehr liest.»[539] Gewiss ist daran die Sprache seiner Bücher schuld, denn Erasmus hinterliess keinen einzigen Satz in deutscher, niederländischer oder englischer Sprache. Nur zwei holländische Wörter sind authentisch von ihm überliefert; auf seinem Sterbebett soll er nach dem lateinischen «Domine, miserere mei» (Herr, erbarm dich meiner) noch die Wörter «Lieve God» geflüstert haben.

Zu des Erasmus Lebenszeiten war es anders. Seine Werke standen in den Bibliotheken aller gebildeten Leute an den geistlichen und weltlichen Höfen Europas. Ja, sie fanden den Weg auch in die bürgerliche Wohnung. So erzählt Erasmus einmal mit sichtlichem Vergnügen, das Rheinschiff, auf dem er nach Köln fuhr, sei bei Boppard auf Schmuggelware durchsucht worden, der Zollbeamte habe ihn erkannt und darauf in sein Haus gebeten; da «lagen auf einem kleinen Tisch unter den Zollpapieren die Bücher von Erasmus.»[540] Freilich ist es auch heute noch möglich, den grössten aller Humanisten kennenzulernen. Man greife etwa zu den Briefausgaben in deutscher Sprache oder zum bekanntesten Werk, dem «Lob der Torheit» in der schönen Basler Ausgabe von Emil Major und Alfred Hartmann oder zur sprachlich prachtvollen und doch kritischen Biographie seines Landsmannes Jan Huizinga.[541]

Erasmus und Basel

Uns wird hier nur der Aufenthalt des Erasmus in Basel beschäftigen, in der Stadt, die während vieler Jahre die Bühne bildete, auf der er agierte. (Einen Lebenslauf in Stichworten findet man in den Anmerkungen.[542]) Man hat sich oft gefragt, warum Erasmus, der in London, Bologna, Venedig und Rom gute Freunde besass und die Druckereien dieser Städte schon kannte, ausgerechnet nach Basel kam, in eine Stadt, deren Bewohner und Sprache ihm bis zum 45. Lebensjahr fremd waren. Wenn wir dem genannten Biographen, Jan Huizinga, Glauben schenken, so ist der erste Kontakt mit Basel einem Zufall zu danken.[543] Infolge eines Irrtums sei ein fertiges Manuskript des Erasmus von London nach Basel statt nach Paris gelangt. Erasmus sei nicht allzu böse gewesen, denn Froben hatte vor kurzem eines seiner Werke nachgedruckt, offenbar in einer Form, die dem Autor gefiel. Darum sei Erasmus im August 1514 nach Basel gereist, einzig um hier den Drucker Froben kennenzulernen, denn sein eigentliches Ziel sei Rom gewesen. Die erste Begegnung mit Froben schildert Erasmus in einem Brief an den elsässischen Humanisten Jakob Wimpfeling. Er habe seinen Reisebegleiter, der ihn von Schlettstadt nach Basel führen musste, gebeten, ihn in Basel nicht zu verraten, denn er wünsche nur wenige, ausgesuchte Freunde; er habe darauf im Haus Frobens angeklopft, und wörtlich heisst es nun: «Ich gab dem Johann Froben Briefe von Erasmus und fügte bei, ich sei sehr eng mit diesem befreundet, mir sei von ihm der Abschluss der Verhandlungen über eine Herausgabe seiner Schriften übertragen worden, was ich täte, gelte, als wenn es Erasmus getan hätte. Schliesslich sei ich ihm so ähnlich, dass wer mich sähe, den Erasmus sähe. Er hat hinterher gelacht, als er meinen Betrug bemerkte.»[544] Froben nahm den witzigen Gast – es war immerhin der Autor von «Lob der Torheit» – sofort samt Gepäck und Pferd in sein Haus am Totengässlein auf. Drei Tage später folgten schon die Festivitäten in der Universität; es war die erste Erasmusfeier in Basel.

Einem Zufall oder Irrtum also sei der Kontakt des Erasmus mit der Stadt Basel zuzuschreiben. Wie dem auch sei, der Kontakt ist für beide äusserst fruchtbar geworden. Mehrmals hielt sich der unruhige Wanderer Erasmus, der überall und nirgends daheim war, in Basel längere Zeit auf, an keinem andern Ort so lange wie hier.[545] Warum eigentlich? Er gibt uns eine Erklärung in dem oft zitierten Brief aus Basel an Johann Sapidus in Schlettstadt vom Oktober 1515. Darin behauptet er zunächst, in Basel könne jeder Latein, jeder Griechisch, viele auch Hebräisch; der eine glänze in der Geschichte, ein anderer in der Theologie, wieder ein anderer sei ein erfahrener Jurist ... «Ich habe noch nie das Glück gehabt, in einer solchen Gesellschaft zu leben, ganz zu schweigen davon, wie aufrichtig, wie einträchtig, wie fröhlich sie sind; du würdest schwören, sie seien ein Herz und eine Seele» («unum omnibus animum esse iures»).[546] Lobhudeleien? Ausdruck einer gehobenen Stimmung in einer glücklichen Stunde? Erasmus hat, wie seine Briefe beweisen, jeweils seine Worte sorgfältig abgewogen, denn viele Briefe sind schon in ihrer Originalfassung für die spätere Veröffentlichung geschrieben worden. Freilich, was er hier geschildert hat, traf nur auf jenen Kreis von Freunden und Mitarbeitern im Hause Froben, die sogenannten «Sodalitas Basiliensis» zu. Ihre berühmtesten Mitglieder müssen wir noch schildern. Diese humanistische Gesellschaft existierte, aber sie repräsentierte – damit wollen wir den Ruf Basels nicht schmälern – nur einen ganz kleinen Teil der Bürgerschaft. Die Menge des Volkes, das weder Latein noch Griechisch verstand, das in den Zunftstuben politisierte und in den Werkstätten hart arbeitete, war von ganz andern Interessen beherrscht. Mit ihm hatte Erasmus keinen Kontakt, denn er lebte in der stillen Studierstube der Frobenschen Häuser. Wie weit Erasmus von den Ereignissen des Tages entfernt war, zeigt folgende Briefstelle. Als im September 1515 jener traurige Zug der Geschlagenen nach der Niederlage bei Marignano heimkam, schrieb ein Basler Chronist: «Es stand sehr schlimm» und stiess den Seufzer aus: «Gott erbarm's!»[547] Erasmus hingegen meldet nach England: «Unsere Schweizer sind gar grimmig gegen die Franzosen, weil sie ihnen in der Schlacht nicht höflich gewichen sind wie einst den Engländern, sondern mit ihren Kanonen eine Verheerung unter ihnen anrichteten. Bedeutend weniger sind heimgekehrt als ausgezogen, zerrissen, verstümmelt, verwundet, mit zerfetzten Fahnen; statt des Siegesfestes halten sie eine Totenfeier.»[548] Kein Wort des Bedauerns! Warum nahm einer der sensibelsten Menschen des Jahrhunderts so wenig Anteil am Unglück Basels? Verständlich wird seine Haltung aus einem andern Brief: «Ich habe mich über alles hinweggesetzt, wenn nur der Hieronymus – gemeint sind die vielen Schriften des Kirchenvaters – herauskommt.»[549] Nur für die wissenschaftlichen Aufgaben will Erasmus in jenen Basler Jahren leben; von der Beschäftigung mit den Sorgen und Problemen der Basler hat er sich, mit Absicht, ferngehalten.

Erasmus von Rotterdam. Rundbildnis von Hans Holbein d.J. 1532. Kunstmuseum. ▷

Lebensweise des Erasmus

Wir müssen uns überhaupt sein Leben in Basel eintönig und zurückgezogen vorstellen. Am Totengässlein Nr. 3 und später am Nadelberg Nr. 17 stand er Tag für Tag lesend und schreibend am Stehpult. So hat ihn Hans Holbein gemalt, und so hat ihn einer der Besucher, die nach Basel kamen, um den Vergötterten von Angesicht zu Angesicht zu sehen, geschildert: «Allda hab ich ihn gesehen von person, nun ain tubgrawer (taubengrauer), ersamer, alter und ain klainer und zarter mensch, in ainem langen blawen zusamengurten rock mit witen ermlen beklaidt.»[550] Im Sommer erholte sich Erasmus im Garten Frobens an der heutigen Hebelstrasse, im Winter blieb er in der Wohnstube, die aber nur von einem offenen Kaminfeuer erwärmt werden durfte, denn die Ofenfeuerung schadete, wie er behauptete, seiner Gesundheit. Am Nadelberg besorgte eine Magd, die er mit der Xanthippe verglich, energisch den Haushalt. Häufig kehrten Gäste ein; ständige Helfer waren einige Famuli, vornehme, reiche Jünglinge, die sich die Gesellschaft des Meisters etwas kosten liessen.

Die Gastfreundschaft, die vorbeireisenden Gelehrten geboten wurde, war freilich nicht grenzenlos. Wir müssen hier eine bedenkliche Geschichte erwähnen, die ebenfalls zum Bild des Erasmus gehört, obwohl oder gerade weil sie uns den «kleinen» Erasmus zeigt.[551] Einer seiner glühendsten Verehrer um 1520 war Ulrich Hutten, jener berühmte deutsche Ritter und Humanist, der unter seinen

Erasmus und Ulrich Hutten

zahlreichen Gegnern niemanden mehr hasste als die Kurie in Rom. Aufdringlich forderte er Erasmus auf, sich klar für die Sache Luthers zu entscheiden, andeutungsweise habe er es ja schon getan. Doch jetzt erwies sich Erasmus als Mann, der nie die letzten Konsequenzen ziehen wollte. Er wich aus. Nur keine Gewalt! Nur kein Streit! Hutten war am Ende eines erfolglosen Kampfes, in dem er zum Wegelagerer herabgesunken war, im November 1522 nach Basel geflohen und hatte in der Herberge «Zur Blume» Wohnung genommen. Doch – Erasmus besuchte ihn nicht und forderte ihn auch nicht auf, in sein Haus zu kommen. Verbittert verliess Hutten im Januar 1523 wieder Basel, worauf ihm bekanntlich Ulrich Zwingli ein Refugium auf der Insel Ufenau im Zürichsee verschaffte. Dort starb der fanatische Patriot schon wenige Monate später, im August 1523.

Die Bibel des Erasmus

«Wenn nur der Hieronymus herauskommt», wünschte Erasmus. Er kam heraus, und Anfang 1516 verliess auch sein epochemachendes Werk, das Neue Testament in griechischer Sprache mit beigefügter lateinischer Übersetzung, die Druckerei Frobens. «Es war ein Schritt von ungeheurer Kühnheit, über die geheiligten Texte der mittelalterlichen Kirche zu dem Text, wie er den Aposteln aus der Feder geflossen war, vorzustossen.»[552] Aus dem Vorwort, das an Papst Leo X. gerichtet ist, lernt man den wahrhaft frommen Erasmus kennen: «So scheint es mir ganz klar zu sein, dass die vorzüglichste und wahrhaft heilige Hoffnung, sozusagen der Anker des wiederherzustellenden und zu verbessernden Christenglaubens gerade darin liegt, dass alle, die in allen Landen die Philosophie Christi bekennend darstellen, vor allem die Gebote ihres Stifters aus den evangelischen und apostolischen Urkunden schöpfen, in denen das himmlische Wort, aus dem Herzen des Vaters an uns ergangen, noch heute für uns lebendig ist, noch heute rein ertönt, noch heute handelt und so redet, dass es meines Erachtens nichts Wirksameres und Gegenwärtigeres gibt.» Darum habe er – und dies ist der echt humanistische Beitrag – aus den Quellen und nicht aus den Nebenbächlein geschöpft. Einige Zeilen später ist die Absicht des Erasmus nochmals prägnant formuliert: Das Neue Testament soll «ein Werk sein, das der Erneuerung des Glaubens dienen will».[553] Diese Sätze sind im Januar 1516 gedruckt worden.

Erasmus und Martin Luther

Bevor das folgende Jahr zu Ende ging, proklamierte in Wittenberg Martin Luther seine 95 Ablassthesen; die Erneuerung des Glaubens wurde in Angriff genommen, freilich ganz anders, als es sich Erasmus ersehnt hatte. In dessen Augen begann damit vielmehr das «Trauerspiel mit Luther» («Lutherana tragoedia»).[554] Die Kirche erneuern, das wollten beide, Luther und Erasmus. Aber die Frage, welcher Weg zu begehen sei, trennte die beiden grossen Männer so stark, dass am Schluss auf beiden Seiten nur Verbitterung und Trauer übrigblieb.

Auf eine Aufzählung aller dickleibigen oder schmalen Bücher des Erasmus, die bei Froben gedruckt wurden, wollen wir verzichten. Man vergleiche dazu die zitierte Erasmusliteratur.[555] Aber ein kleines Büchlein, das anerkanntermassen zum Besten gehört, was im Abendland geschrieben wurde, und das in Basel eine grossartige zusätzliche Bereicherung erfuhr, muss doch genannt werden. Es heisst

«Lob der Torheit»

«Lob der Torheit», im Original «Laus stultitiae» oder auch «Moriae encomium».[556] Es erinnert von weitem an Brants «Narrenschiff», ist aber formal himmelweit von diesem entfernt. Während Brant gleichsam mit der Keule dreinschlägt, ficht Erasmus mit der feinsten Klinge; er erschlägt niemanden, versetzt höchstens den Mönchen einige Hiebe; er bringt hingegen den Leser zum Schmunzeln und vielleicht – zur Einsicht in die eigene Torheit. Das «Lob der Torheit» wurde 1511 erstmals in Paris gedruckt, viel gekauft, so dass Froben 1515 seinen ersten Nachdruck, bis 1522 noch fünf weitere publizierte.

Als Erasmus 1515 schrieb, die Basler seien ein Herz und eine Seele (vgl. S. 187), traf dies auf den kleinen humanistisch gesinnten Kreis seiner Anhänger – wie wir präzisiert haben – wahrlich zu. Zehn Jahre später war diese Eintracht in die Brüche gegangen. An der Frage « Wie stehst du zu Luther?» schieden sich die Geister. Sogar zwei gute Freunde des Erasmus, der Franziskanermönch Konrad Pellikan (1487–1556) und der ehemalige Gehilfe bei der Ausgabe des Neuen Testaments, Johannes Ökolampad (1482–1531), waren zum Schmerz des Erasmus ins reformatorische Lager übergelaufen. Als sich dann die jahrelange Spannung der Stadt im Februar 1529 in einem revolutionären Akt entlud, fühlte sich Erasmus, wie so oft in seinem Leben, in einer ihm feindlichen Umgebung und entschloss sich zum Wegzug. Doch verliess er nicht fluchtartig wie die katholisch gebliebenen Mitglieder der Basler Regierung die ihm liebgewordene Stadt. Nachdem er mit Ökolampad nochmals ein offenes, nicht verbittertes Gespräch geführt hatte, begab er sich am 13. April 1529, von Freunden begleitet, zur Schifflände, um die Wasserstrasse nach Norden zu benützen. Noch am Ufer stehend, soll er die folgenden lateinischen Verse gedichtet haben, die wir im gleichen Metrum deutsch wiedergeben[557]:

Erasmus verlässt Basel

> «Nun, mein Basel, leb' wohl. Nie hat eine andere Stadt mir
> Viele Jahre hindurch bessere Freundschaft gewährt.
> Werde dir jegliche Freude zuteil. Dies wünscht hier Erasmus:
> Trauriger als er ist, trete kein Gast in dein Haus.»

Zwei Wochen später erhielt der beste Freund, Bonifacius Amerbach, von Erasmus aus Freiburg einen Brief, in dem der Satz stand: «Ich werde Basel immer wohlwollen; ich habe da so viele Jahre eine köstliche Gastfreundschaft genossen, und ich bin, wenn ich mich nicht täusche, auch kein allzu unhöflicher Gast gewesen.»[558]

Die Jahre in Freiburg i.Br. verliefen nicht ganz nach seinen Wünschen. Freundschaft und die im Alter nötige Pflege glaubte er doch nur in Basel zu finden. Für die Basler überraschend, erschien er Ende Mai 1535 wieder in ihrer Stadt, und Hieronymus Froben nahm ihn herzlich in seinem geräumigen Haus an der Bäumleingasse auf. Niemand habe ihn, den Katholiken, hier mit der neuen Lehre belästigt, gestand er im September 1535. In der Nacht vom 11. auf den 12. Juli 1536 starb er. Ob als strenger Katholik, ob nach vollzogener Beichte? Die Frage

Rückkehr und Tod des Erasmus

beschäftigt die Erasmusforscher.[559] Wir versuchen nicht ins Dunkel dieser Tage einzudringen, aber hell erstrahlt das Verhalten der reformierten Basler. Am 12. Juli wurde der tote Erasmus von Studenten in Begleitung des fast vollzähligen Rates und der Professoren der Universität zum Begräbnis ins Münster getragen, und dort hielt Antistes Myconius die Leichenrede. Diese, vom reformierten Basel dem katholischen Erasmus gegenüber vollbrachte Tat sei ein Ruhmesblatt in der Geschichte Basels, behauptet ein Erasmusbiograph – wohl mit Recht![560]

Man liest gelegentlich, die Ära des Humanismus in Basel ende mit dem Tod des Erasmus. Doch in der Geistesgeschichte gibt es nie scharfe Zäsuren. Gelehrte, welche die Fackel des Humanismus weitertrugen, lebten noch während des ganzen 16. Jahrhunderts, wenn auch nicht mehr so zahlreich wie in den ersten drei Jahrzehnten, in Basel. Aber eine deutliche Wende wird doch im letzten Lebensjahr des Erasmus an zwei einander entgegengesetzten historischen Fakten sichtbar. Das eine: Der müde gewordene Humanist arbeitete damals, 1535/36, an dem umfangreichen Werk «Ecclesiastes» (oder «Über die Art zu predigen»). Darin verkündet er nochmals seine Lieblingsidee: die menschliche Gesellschaft könne man nur durch eine richtig evangelische Predigtweise bessern. Das andere: Wenige hundert Meter vom Arbeitsplatz des Erasmus entfernt, vermutlich in der St. Alban-Vorstadt, schrieb genau zur gleichen Zeit ein junger Franzose die erste Fassung seines grössten Werkes. Sein Name war Jean Calvin (1509–1564).[561]. Seines Glaubens wegen war er aus Frankreich geflüchtet und hatte in Basel dank einigen Freunden Unterschlupf gefunden. Sein hier (nur in der ersten Fassung) vollendetes Buch, die «Christianae religionis institutio», ein Katechismus der evangelischen, nur auf der Bibel ruhenden Lehre, verliess im März 1536 die Druckerpresse Thomas Platters. Der sanfte Ton der erasmischen «Reformation» wird bald verklingen; die erste klare Dogmatik der Reformation von Calvin aber wird wie Luthers Thesenanschlag die Welt wieder in Unruhe stürzen, ja sogar an den Fundamenten der französischen Monarchie rütteln.

Kontrast Erasmus/Calvin

Beatus Rhenanus, erster deutscher humanistischer Historiker

Wir müssen jetzt noch einen Blick auf den zweiten Kreis berühmter «Basler» Humanisten werfen, jenen Kreis, den Erasmus in den ersten Monaten seines Basler Aufenthalts in den höchsten Tönen gepriesen hat. Zuoberst steht wieder einmal mehr ein Elsässer, von dem Erasmus schrieb, er sei mit ihm ein Herz und eine Seele. Beat Bild oder nach humanistischer Sitte Beatus Rhenanus (1485–1547) genannt, da seine Familie aus Rheinau bei Strassburg stammte, wurde in Schlettstadt geboren.[562] Nach gründlicher philologischer Ausbildung in der damals berühmten Lateinschule von Schlettstadt und Studien an der Universität Paris kam er 1511 nach Basel. Auch er war einer der vielen begabten Jünglinge, die ihren Lebensunterhalt in der Druckerei Amerbachs mit wissenschaftlicher Gehilfenarbeit verdienten. Er wohnte im Haus Amerbachs und genoss mit dessen Söhnen Bonifacius und Basilius den Griechischunterricht eines hochgeschätzten Lehrers, des Dominikaners Johannes Kono. Seine Arbeitskraft scheint unerschöpflich gewesen zu sein, verzeichnet doch der Katalog der von ihm herausgegebenen Bücher fast 70 Nummern. Es handelt sich in überwiegender Zahl um die üblichen Editionen antiker Schriftsteller; er betreute aber auch die Gesamtausgabe der Werke des Erasmus nach dessen Tod. Darüber hinaus schuf Rhenanus etwas völlig Neues, das seinen eigentlichen Ruhm begründet hat: Er war der erste Historiker Deutschlands, der statt der mittelalterlichen Chronistenmethode das von den Humanisten geforderte kritische Studium der Geschichtsquellen betrieb. Als sein Geschichtswerk «Rerum germanicarum libri tres» (drei Bücher deutscher Geschichte), mit dem er sich in der Historiographie einen Ehrenplatz gesichert hat[563], 1531 bei Froben erschien, lebte er freilich nicht mehr in Basel. Doch fünfzehn Jahre lang war er «die dauernd zusammenhaltende Kraft des Basler Humanismus» gewesen[564], dann tat er 1526 den Schritt, zu dem sich Erasmus erst 1529 entschloss. Die steigenden Wogen des religiösen Kampfes verleideten ihm Basel. Im katholischen Schlettstadt führte er bis zum Tod ein stilles, aber weiterhin arbeitsintensives Gelehrtenleben. Etwas verblüffend ist nun aber die Nachricht eines elsässischen Freundes, der an seinem Totenbett stand: Rhenanus habe das evangelische Bekenntnis geschätzt, sich aber den katholischen Zeremonien seiner Vaterstadt angepasst.[565] So hätte er denn mit Erasmus am gleichen Konflikt gelitten, nämlich zu wissen, dass eine Reformation nötig war, ihre konsequente Durchführung aber die Einheit der Christen zerstören musste.

Der Historiker Rhenanus blieb aber auch nach seinem Wegzug noch lange in Basel präsent. Er hatte nämlich – wie schon oben erwähnt – jenen Text unter dem Bild des Munatius Plancus an einem Haus auf dem Marktplatz verfasst, und er hatte den literarischen Plan samt den Inschriften entworfen, nach dem Hans Holbein die Wandbilder in der Ratsstube des damaligen Regierungsgebäudes gemalt hat.

Vielseitiger Glareanus

Mit den gleichen, fast überschwenglichen Worten, mit denen Erasmus den Rhenanus begrüsst hatte, schilderte er ein Jahr später (1516) einen andern jungen Mann, dessen wissenschaftliche Begabung und dessen lauterer Charakter ihn beeindruckten.[566] Er war der erste Eidgenosse, der als überragender akademischer Lehrer im Basler Humanistenkreis erschien: Heinrich Loriti aus Mollis in Glarus und darum Glareanus (1488–1563) geheissen.[567] Der Sohn eines Glarner Ratsherrn hatte in Rottweil, einer bis ins 18. Jahrhundert mit den Eidgenossen verbündeten Stadt, die Schule besucht, in Köln studiert und als 24jähriger den Dichterlorbeer von Kaiser Maximilian empfangen, als er in Basel 1514 in die Artistenfakultät aufgenommen wurde und die Erlaubnis erhielt, eine Burse zu leiten. Eine Burse war, wie im Kapitel 17 skizziert, eine jener halb amtlichen, halb privaten Lehranstalten, in denen bis zu dreissig Knaben im Alter von 12 bis 14 Jahren, oft schon als Studenten an der Universität immatrikuliert, philologisch gedrillt und vom Leiter väterlich streng überwacht wurden.Glarean führte dieses Institut, ausser einem Unterbruch von einigen Jahren, die er als Stipendiat in Paris zubrachte, mit leidenschaftlichem Einsatz bis zu seinem Wegzug im Jahr 1529. Das Verzeichnis seiner Zöglinge ist aufschlussreich. Viele Söhne führender Familien in der Eidgenossenschaft, z.B. der Tschudi aus Glarus, erhielten durch Glarean ihren ersten Unterricht in den alten Sprachen. Aber nicht nur dies; er führte sie, selbst davon begeistert, zu den historischen Quellen, da er überzeugt war, dass nur die Kenntnis der alten und der vaterländischen Geschichte den gemeineidgenössischen Sinn der aus verschiedenen Orten stammenden Jünglinge stärken könne. In dieser Absicht verfasste er eine Beschreibung der dreizehn eidgenössischen Orte in vierhundert Hexametern. Diese «Descriptio Helvetiae», von einer Lobrede auf den eidgenössischen Bund eingeleitet, erschien bei Adam Petri 1514. Als Beispiel des pathetischen humanistischen Stils, dem hier Glarean huldigt, zitieren wir das Gedicht «Basilea»[568]:

> «Basel
> Rauracherfeste, erhabenes Augst an den Ufern des Rheines,
> Schutz des Helvetierlandes und unbezwinglicher Grenzwall,
> Find' ich den Vers, die Leier, das Lied, dich gebührend zu rühmen?
> Schwerlich! Auch wenn mir Apoll die Beredsamkeit Ciceros liehe,
> Und wenn die Musen sogar er bemühte zur Hilfe am Werke,
> Bliebe mein preisender Sang zu gering. Ich grüsse dich, Basel,
> Herrliche Mutter der Deinen, du Stadt mit dem ruhmreichen Namen,
> Hauptstadt, bekannter als Troja und Theben und viele Gestirne.
> Glanzvoll stehest du da, und dich selbst überstrahlt deine Schönheit
> Ganz vom Fuss bis zum Scheitel, du Pforte und Spitze des Landes,
> Ehrentempel des Bunds, keines künstlichen Lobspruchs bedürftig.
> Wissenschaft nährte dich stets, und milde nährst du sie wieder,
> Marseille gleichet dein Staat, dem gelehrten Athen deine Schule.»

Im Umgang mit der etwas wilden Schweizer Jugend muss Glarean handfester gesprochen haben, denn Erasmus lobt ihn einmal mit den Worten: «Darin scheinen mir die Schweizer das Herz auf dem rechten Fleck zu haben, dass sie viel von Glarean halten: denn er macht sich um die Jugend seiner Landsleute einzigartig verdient, da er unter ihnen den Samen guter Sitten und gründlicher Gelehrsamkeit ausstreut.»[569] Leider ist dieser vielseitig begabte, aber ebenso eigenwillige Eidgenosse der Universität Basel verlorengegangen, als Glarean wie Erasmus der Reformation wegen im Februar 1529 nach Freiburg i.Br. übersiedelte. Dort unterrichtete er noch fast zwei Jahrzehnte lang Geschichte, Geographie und Poetik und entwickelte sich zu einem Universalgelehrten mit einer uns heute unmöglich scheinenden Spannweite des Wissens. Er konnte ein Lehrbuch über die richtige Aussprache des Griechischen, aber auch eines über die Arithmetik herausbringen und sich schliesslich mit einer neuen Tonartenlehre «Dodekachordon» sogar in der Musikgeschichte einen Platz erobern. Doch den Lobpreis Glareans durch Erasmus muss man einschränken. Die Anekdoten, die von ihm

Links ▷
Beatus Rhenanus
(siehe S. 192 f.).
Rechts
Glareanus
(siehe S. 193 ff.).

Links ▷
Sebastian Münster
(siehe S. 196 f.).
Rechts
Sebastian Brant
(siehe S. 182 ff.).

in Basel überliefert werden, verraten ein ungezügeltes Temperament, einen Mann, der bei seinen Kollegen anstösst und der, wenn ihn die Wut packt, auch mit Fäusten seine Sache verteidigt.[570] Bei den Studenten machte ihn gerade die originelle Seite seines Wesens sehr beliebt. Methodisches Geschick muss er ebenfalls besessen haben, denn noch hundert Jahre nach seinem Tod benützte man seine Lehrbücher im Universitätsunterricht.

Sebastian Münster

Ob Sebastian Münster (1488–1552), der letzte Gelehrte, den wir in diesem Zusammenhang darstellen, noch zum Kreis der «Basler» Humanisten gehört oder ob er nicht richtiger zu den Reformatoren Basels, d.h. zu deren wissenschaftlichen Helfern zu zählen sei, bleibt eine diskutierbare Frage.[571] Erasmus, der sonst so bereitwillig von allen interessanten Leuten, die seinen Weg kreuzen, Notiz nimmt, erwähnt Münster mit keinem Wort, obwohl sie beide einmal zur gleichen Zeit in Basel gelebt haben. Von Münster gibt es hingegen ein rührendes, seine eigene Bescheidenheit kennzeichnendes Zeugnis seiner Einschätzung des Erasmus: «Ich weiss, dass ich im Vergleich mit diesem Mann ein Nichts bin.»[572] Das war stark untertrieben, denn auf einem Gebiet glänzte Münster, auf dem Erasmus nichts aufzuweisen hatte. Als Hebraist, d.h. als Kenner der hebräischen Sprache und der jüdischen Literatur wurde er nur von Johannes Reuchlin übertroffen. Die Anfangskenntnisse des Hebräischen hatte der junge Rheinländer aus Ingelheim bei Mainz, der als 18jähriger in den Franziskanerorden eingetreten war, bei seinem Klosterbruder Konrad Pellikan im Kloster Rufach erworben. Beide Mönche wurden später von den Ideen der Reformation so stark ergriffen, dass sie das Ordenskleid ablegten und in den Dienst des reformierten Staates traten: Konrad Pellikan in Zürich, Sebastian Münster in Basel. Dieser wurde durch Vermittlung Ökolampads 1529 an die Universität Basel berufen, wo er bis an sein Lebensende 1552 als Professor des Hebräischen dozieren sollte. Er lehrte nun nicht nur die künftigen Geistlichen die hebräische Sprache; er vollbrachte eine editorische Tat, die man neben jene des Erasmus stellen darf. Die erste Ausgabe des Neuen Testaments von 1516 kennt alle Welt; die erste hebräische Bibel mit lateinischer Übersetzung von 1534/35 durch Sebastian Münster ist ausserhalb der Fachkreise unbekannt. Übrigens gefiel Münsters hebräische Bibel nicht allen Theologen, vielleicht weil er den jüdischen Gelehrten, die natürlich ihre heiligen Texte längst interpretiert hatten, zuviel Ehre antat.

Münster als Hebraist

Populär geworden in ganz Europa ist Münster nicht wegen seiner hebräischen Studien und der entsprechenden Ausgaben, sondern wegen eines einzigen Werkes völlig anderer Geistesrichtung, eines Geographiebuchs mit dem Titel «Kosmographie» (die Varianten des Titels sind orthographisch zahlreich). Das 1544 erstmals in Basel bei Petri erschienene Werk hat noch im 16. Jahrhundert 18 Auflagen in deutscher und in lateinischer Sprache erlebt und wuchs mit der Zeit auf einen Umfang von über tausend Seiten und wurde zu einem «Hausbuch». Wie kam ein Philologe, ein Spezialist der hebräischen Sprache dazu, sich

Münster als «Kosmograph»

mit Geographie (Münster selbst sagte immer «Cosmography») zu befassen? Für ihn lagen eben die beiden Wissenschaften nicht so weit auseinander wie für den heutigen Fachgelehrten. Beide waren ihm Schlüssel zur Erkenntnis: die Hebraistik hielt er nötig für das Verständnis der Offenbarung Gottes im Alten Testament, die Geographie erschloss ihm den Reichtum von Gottes Schöpfung. Der 104. Psalm, auf den Münster selbst hinweist, sei eigentlich eine Kurzfassung des Inhalts der Kosmographie, meint ein sehr guter Kenner dieses Werks.[573]

Für den Basler hat das Blättern in der «Kosmographie» noch einen besonderen Reiz. Er entdeckt darin eine Beschreibung Basels und eine Illustration, die ziemlich genau hundert Jahre nach Enea Silvio Piccolomini (vgl. Kapitel 17) entstanden sind. Fehlt bei Münster der Glanz des piccolominischen Stils, so bereichert er seine Darstellung mit Bildern der Stadttopographie zur Humanistenzeit, die unsere Vorstellung von Basel zu Beginn der Neuzeit in realistischer Weise erweitern.

Künstler der Humanistenzeit in Basel

Wir haben hier nur gerade acht «Basler» Humanisten vorgestellt. Leicht könnte man ihre Zahl verdoppeln, verdreifachen, wenn man ebenso die kleineren Geister berücksichtigte, die von Universität zu Universität, von einer Buchdruckerei zur andern zogen, oder die vielen Theologen mit humanistischem Bildungsgang dazuzählte.[574] Unsere Auswahl mag immerhin beweisen, dass das schmückende Beiwort «Inclyta» (die Ruhmreiche) vor «Basilea» auf den Titelblättern mancher in Basel gedruckter Bücher nicht nur humanistische Schönfärberei war.

Und nun ist noch mehr über das «ruhmreiche Basel» zu berichten. Nicht nur mit dem Namen Erasmus ist Basel für immer verknüpft; auch wenn der Name Holbein fällt, denkt der Kunstfreund zuallererst an Basel und den Holbeinschen Bilderschatz, den die Stadt als Erbe ihres grössten Künstlers heute noch sorgfältig hütet. Doch müssen wir, wie bei der Beschreibung des Basler Humanismus, festellen: die Grossen kamen von auswärts und zogen meistens wieder weg, wenn sie das ihnen gewährte Arbeitsfeld beackert hatten. So verhielt es sich schon

Konrad Witz

mit Konrad Witz (um 1400/1410–1445/46).[575] Sein Lebenslauf ist nur durch sehr wenige Akten belegt; sie bezeugen aber sicher, dass der Rottweiler Maler 1435 Basler Bürger geworden ist. Darum signiert er in Genf: «Hoc opus pinxit Conradus Sapientis de basilea» (Dieses Bild malte Konrad Witz aus Basel). Alles andere bleibt im dunkeln. Doch geht man kaum fehl, wenn man annimmt, Basel habe ihn des Konzils wegen angezogen, weil er hier von den anwesenden Kirchenhäuptern Aufträge erwarten durfte, und Basel sei seine letzte Lebensstation gewesen. Vielleicht war er der Künstler, der während oder nach der Pestzeit im Jahr 1439 den Totentanz an die Kirchhofmauer des Predigerklosters, der noch ganz spätmittelalterlich anmutet, malte. Hingegen glauben die Kunsthistoriker in den Tafeln des sogenannten Heilsspiegelaltars in der St. Leonhardskirche oder in seinem bekannten Christophorusbild den Anfang einer neuen Kunstform, die man mit dem Wort «Renaissance» definiert, entdecken zu können.

Kürzere Zeit und nicht durch ein Aktenstück bewiesen, dauerte der Aufenthalt eines andern Weltberühmten, des Nürnbergers Albrecht Dürer (1471–1528), in Basel.[576] Der 19jährige Dürer begab sich 1490 auf die Wanderschaft an den Oberrhein, weil er hier den bedeutendsten Graphiker seiner Zeit, Martin Schongauer in Kolmar, kennenlernen wollte. Schongauer starb aber schon 1491, und darum nahm Dürer die Gelegenheit wahr, den Buchdruckern Basels als Illustrator seine Kunst zu verkaufen. Der Holzstock für einen Holzschnitt des Hieronymus für das Titelblatt einer Briefausgabe des Heiligen ist noch im Kunstmuseum erhalten. Auf dessen Rückseite ist zu lesen: «Albrecht dürer von normergk». Die Fachleute glauben heute wieder mehr als früher, auch die Holzschnitte zu Brants «Narrenschiff» seien ein Werk aus Dürers Hand während seiner Basler Zeit. Dies leuchtet ein, denn Brant und Dürer stimmten doch darin überein, dass sich die Kunst in den Dienst der Verkündigung, und sei es auch nur zur Anprangerung menschlicher Torheiten, zu begeben habe.

Albrecht Dürer

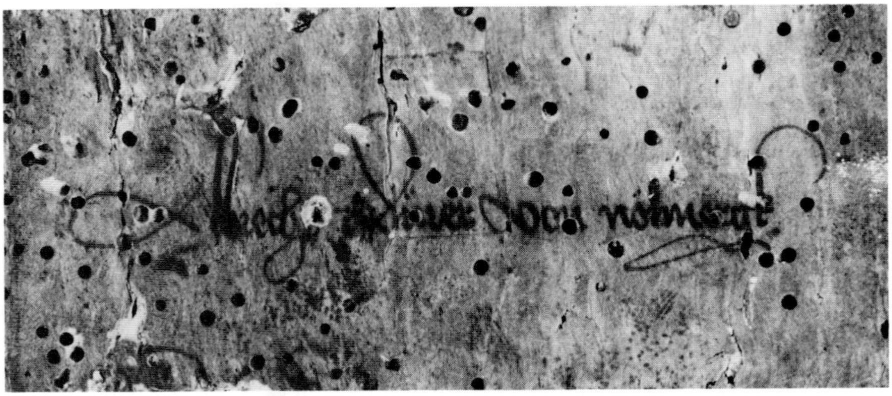

Mit Feder ausgeführter Schriftzug Albrecht Dürers auf der Rückseite des Holzstockes «Heiliger Hieronymus im Gehäuse». Kunstmuseum.

Der dritte im Dreigestirn der grossen Maler in Basel zu Beginn der Neuzeit, Hans Holbein der Jüngere (1497–1543) ist bekanntlich der Magnet, der Kunstfreunde aus aller Welt ins Basler Kunstmuseum zieht, wo sie seine Bilder: den toten Christus, die Passion Christi, den Bürgermeister Jakob Meyer, das Abendmahl, die Erasmusbildnisse, Frau Holbein und ihre Kinder und andere betrachten möchten.[577] Darf Basel deshalb Holbein zu seinen Bürgern zählen, oder war er nur einer jener Zugvögel unter den Humanisten und Künstlern, die auf ihrer Lebensreise hier kurz gerastet haben, ohne Wurzeln zu schlagen? Holbein selbst hat darauf geantwortet. Auf seinem Selbstbildnis aus dem letzten Lebensjahr (1542/43, jetzt in Florenz) schrieb er in schönen lateinischen Lettern am oberen Rand: «Ioannes Holpenius Basileensis». «Hans Holbein, der Basler» nennt er sich hier also selbst, und dies nach zwölf Englandjahren, die ihm viel künstlerischen und materiellen Erfolg gebracht haben. Ein Augsburger Heimatgefühl scheint er überhaupt nicht verspürt zu haben, da er die Stadt, in der er geboren wurde, schon

Hans Holbein der Jüngere

Selbstbildnis Hans Holbeins d.J., mit farbigen Kreiden, 1543. Uffizien, Florenz.

im Jünglingsalter für immer verlassen hatte. Den Grund für die Emigration der ganzen Familie des Hans Holbein hat die Kunstwissenschaft bis heute nicht eindeutig abklären können. Man weiss nur, dass der Vater, Hans Holbein der Ältere (um 1465 bis 1524?), seit 1516 in einer Malerwerkstatt in Isenheim im Elsass arbeitete und dass sich Hans mit seinem drei Jahre älteren Bruder Ambrosius im Lauf des Jahres 1515 in Basel traf.

In Basel fand Hans Holbein bald Gönner, die sein Genie erkannten. Wichtig wurde der Kontakt mit Erasmus, da dieser später im Leben des Künstlers ein wenig Schicksal spielen wollte.[578] Der Anfang der Beziehungen zwischen dem dreissig Jahre älteren Humanisten und dem jungen Maler ist wenig bekannt und darf hier wegen seiner menschlich-heiteren Züge geschildert werden. Im Jahr 1515/16 malten die beiden Brüder Holbein gemeinsam eine Art Werbeplakat, die sogenannte «Schulmeistertafel» im Auftrag des Lehrers zu St. Peter, Oswald Geisshüsler, später Myconius geheissen. Bei einem Besuch im Hause des Myconius zeigte der Schulmeister den Jünglingen das eben wieder erschienene Büchlein «Lob der Torheit». Wohl in übermütiger Laune, gereizt durch die träfe Schilderung der törichten Menschen, zeichneten die beiden Künstler am Rande einige zum Text passende Gestalten. Eine davon bekam die Bezeichnung «Erasmus». Erasmus wird davon gehört haben; er entlieh bei Myconius das Büchlein, lachte über sein viel zu jugendliches Porträt und schrieb, ebenfalls an den Rand: «Oho, wenn Erasmus noch so jung wäre, nähme er gleich eine Frau.» Von dieser Stunde an riss der Faden der Beziehungen zwischen Erasmus und Hans Holbein nicht mehr ab. Eine Freundschaft freilich wie zwischen Erasmus und Rhenanus oder Glareanus ist nie daraus geworden. Erasmus besass wohl zu wenig Verständnis für bildende Kunst, und Holbein wird kaum die lateinischen Bücher des Humanisten gelesen haben. Doch liess sich Erasmus am liebsten von Holbein porträtieren, wenn er mit seinen Bildnissen den fernen Freunden ein dauerhaftes Geschenk machen wollte. Auf diese eher zufällige Weise ist Holbeins Porträtkunst international bekannt geworden, und darum konnte er zum Maler der englischen Aristokratie werden.

Holbein und Erasmus

In den folgenden Jahren stieg die malerische und graphische Produktion Holbeins rasch auf die Höhe einer Meisterschaft, die sonst kein anderer Künstler seiner Zeit nördlich der Alpen erreichte. Er beherrschte jedes Gebiet: er bemalte Hausfassaden, Altartafeln, die Wände des Ratssaales; er verstand sich auf jede Technik von der Ölmalerei bis zum Holzschnitt, und er schreckte vor keinem Motiv zurück (man denke an den toten Christus!). Seine zahlreichen Kunstwerke – es gibt allein gegen 1200 Zeichnungen von ihm – haben wir hier nicht zu würdigen. Sie sind schon oft von kompetenter Seite beschrieben und analysiert worden. Aber wir erinnern hier an eine Sitte, auf die einst in Basel gehalten wurde: am Sonntagmorgen ging der gebildete Basler nach dem Kirchenbesuch ins Museum, nach dem Hören im protestantisch-nüchternen Gotteshaus kam das Sehen in dem von Bildern übervollen Museum an der Augustinergasse.

Holbein auf der Höhe der Meisterschaft

Die Basler Geschichte des dritten Jahrzehnts des 16. Jahrhunderts, die so manchem Basler hart zugesetzt hat, lenkte auch Holbeins Lebenslauf in eine andere Richtung. Bald nach seiner Rückkehr von einem ersten Englandaufenthalt (1526–1528) erlebte er am 9. Februar 1529 den Basler Bildersturm. Was er wohl dabei empfand? Es gibt keine Äusserung von ihm, aber eine Nachricht von einem bald darauf erfolgten Besuch in Freiburg i.Br., wo er Erasmus um Empfehlungsschreiben an dessen englische Freunde bat. 1532 reiste er zum zweiten Mal nach England. Seine Frau und die vier Kinder liess er in Basel zurück. Er hatte

Holbein in England

sich nicht verrechnet. In England wurde ihm fürstlicher Lohn zuteil. Als er nämlich für einen kurzen Besuch im September 1538 nochmals in Basel erschien, verwunderten sich seine Mitbürger über die seidenen und samtenen Kleider in der Garderobe eines Mannes, der ehedem «Wein am Zapfen kaufen musste», d.h. den Wein im Wirtshaus holen musste, da er nicht einmal einen eigenen Keller besass.[579]

Zur Ehre der Basler Behörden muss noch erwähnt werden, dass sie die künstlerische Einmaligkeit ihres Mitbürgers vollkommen erkannten und ihn mit einer respektablen Pension aus der Staatskasse zum Bleiben veranlassen wollten.

Holbeins Tod

Erfolglos! Er kehrte nach London zurück; dort raffte ihn die Pest dahin. Am 29. November des Jahres 1543 wurde er begraben. Sein Londoner Grab ist nicht wie dasjenige Dürers heute noch bekannt, und die Basler können es nicht, wie die Nürnberger das ihre, mit Blumen schmücken.

Holzschnitt aus den «Icones» mit kämpfenden Heerscharen über Jerusalem (Massstab 1:1), um 1525 von Hans Holbein d.J. geschaffen. Die Darstellung erinnert an den Teil der Basler Stadtmauer, wo einst das Steinentor stand und der Birsig unter der Mauer hindurchfloss.

19. KAPITEL
DER ALTE UND DER NEUE GLAUBE

Zur Betrachtung der Reformationsgeschichte

Das Kapitel, das nun folgt, trägt üblicherweise in der Basler Geschichtsschreibung die Überschrift: «Die Basler Reformation». Mit der Formulierung «Der alte und der neue Glaube» versuchen wir den veränderten historiographischen Erkenntnissen und der neuen kirchenpolitischen Situation in der zweiten Hälfte des 20. Jahrhunderts gerecht zu werden. Wir denken dabei an das aufsehenerregende Ereignis der Basler Kirchengeschichte, als der Bischof der römisch-katholischen Kirche, Dr. Anton Hänggi, wunschgemäss im Amtskleid, an der 450-Jahrfeier der Basler Reformation am 10. Februar 1979 die Münsterkanzel bestieg, um ein Grusswort an die reformierte Festgemeinde zu richten. In dem damals erschienenen Jubiläumsbuch «Der Reformation verpflichtet» schrieb der Kirchenratspräsident Pfarrer Peter Rotach, zusammen mit der römisch-katholischen Schwesterkirche wolle man sich gemeinsam neu besinnen.[585] Neu besinnen muss sich wohl auch der Historiker, wenn er die Reformationszeit schildern will. Der siegreichen Partei der Evangelischen, wie sie sich nannten, sind nicht nur hohe sittliche und religiöse Motive zuzuschreiben, den unterlegenen Altgläubigen ist nicht alle Sittenverderbnis der Zeit anzulasten. Es kommt hinzu, dass die jüngere Forschung die Kirchenreformation in Deutschland immer mehr mit dem jeweiligen Umfeld und dessen sozialer und politischer Struktur verbunden sieht und die Akzente neu setzt.

Aber wir wollen nun die Geschichte der Basler Reformation, die schon oft von tüchtigen Historikern dargestellt worden ist, nicht neu schreiben.[586] Die Kirche soll im Dorf bleiben, denn für die evangelisch-reformierte Kirche des Kantons Basel-Stadt gilt laut ihrer Verfassung heute noch: «Die Evangelisch-reformierte Kirche des Kantons Basel-Stadt ist Erbe und Rechtsnachfolgerin der in Basel am 8. Februar 1529 kraft Beschluss des Volkes und der Behörde auf Grund der Heiligen Schrift erneuerten Kirche.»[587] Der 8. Februar 1529 ist demnach der Tag, an dem in Basel eine neue kirchengeschichtliche Epoche begann und die tausendjährige Geschichte der von Rom geleiteten Kirche zu Ende ging.

Titelblatt der von Erasmus besorgten und kommentierten Ausgabe des Neuen Testaments, gedruckt bei Johannes Froben, Basel 1516.

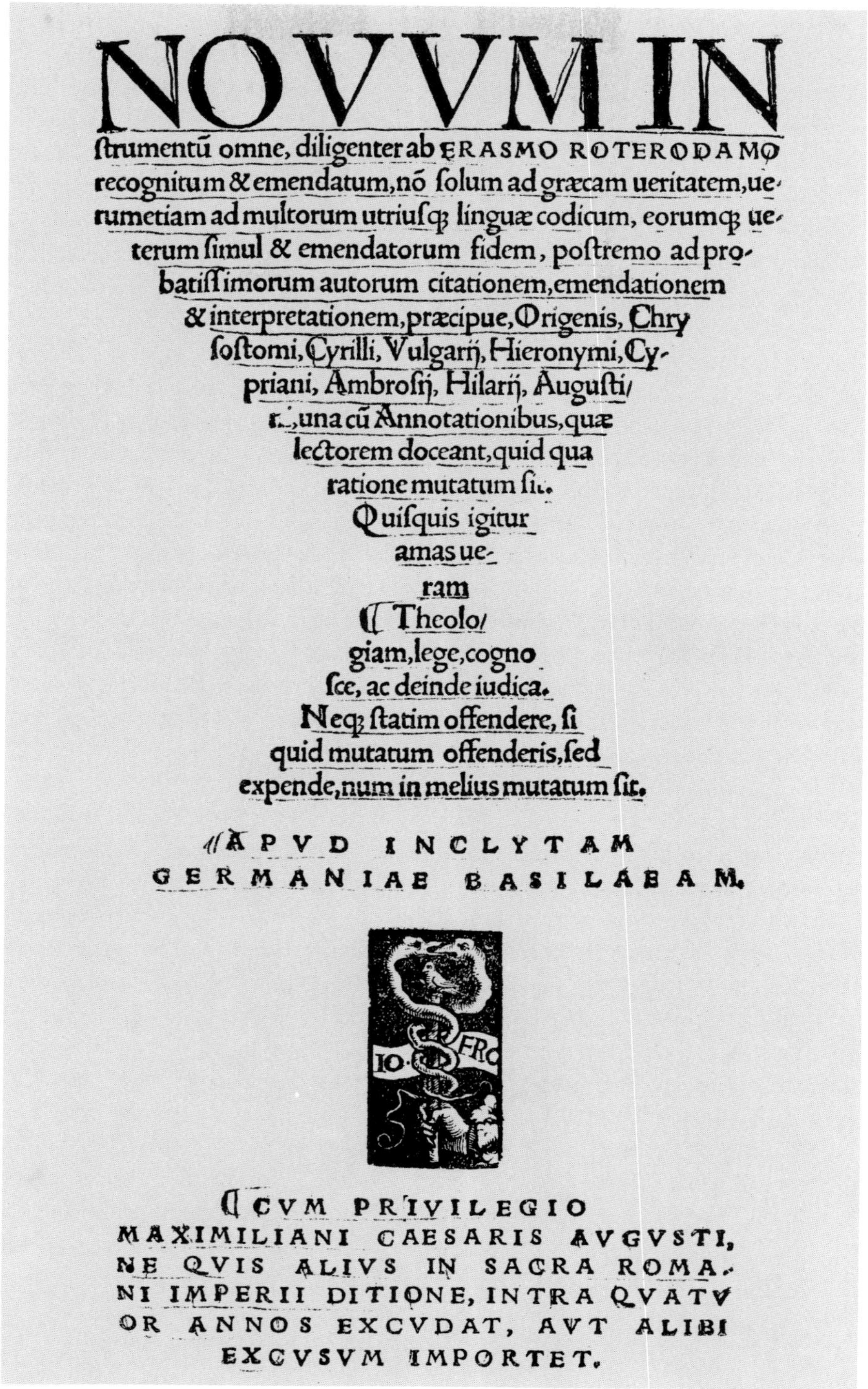

NOVVM IN

strumentũ omne, diligenter ab ERASMO ROTERODAMO
recognitum & emendatum, nõ solum ad græcam ueritatem, ue-
rumetiam ad multorum utriusq; linguæ codicum, eorumq; ue-
terum simul & emendatorum fidem, postremo ad pro-
batissimorum autorum citationem, emendationem
& interpretationem, præcipue, Origenis, Chry
sostomi, Cyrilli, Vulgarij, Hieronymi, Cy-
priani, Ambrosij, Hilarij, Augusti-
ni, una cũ Annotationibus, quæ
lectorem doceant, quid qua
ratione mutatum sit.
Quisquis igitur
amas ue-
ram
Theolo-
giam, lege, cogno
sce, ac deinde iudica.
Neq; statim offendere, si
quid mutatum offenderis, sed
expende, num in melius mutatum sit.

APVD INCLYTAM
GERMANIAE BASILAEAM.

IO · FRO

CVM PRIVILEGIO
MAXIMILIANI CAESARIS AVGVSTI,
NE QVIS ALIVS IN SACRA ROMA-
NI IMPERII DITIONE, INTRA QVATV
OR ANNOS EXCVDAT, AVT ALIBI
EXCVSVM IMPORTET.

Allgegenwart der Kirche im Spätmittelalter

Die Kirche, die von den Reformatoren aus den Angeln gehoben wurde, war, von aussen gesehen, keineswegs eine absterbende Institution. Im Gegenteil! Sie schien Anfang des 16. Jahrhunderts kräftiger denn je, sie erfasste alle Menschen und durchdrang alle Lebensbezirke. Sie erst gab dem irdischen Leben jedes Einzelnen Sinn, sicherte ihm die Hilfe in der Not durch die Fürsprache der Heiligen zu und versprach, ihn an ein ewiges Ziel zu führen. Ihre sakralen Bauten prägten das Stadtbild; sie überragten selbst die hohen steinernen Türme der Adligen und der reichen Kaufherren. Ihre Zahl war gross; 46 Bauwerke zählt die Liste der Kirchen, Klöster und Kapellen in der Stadt Basel und den Aussengemeinden.[588] Von jedem grösseren Platz, von jeder Strassenkreuzung aus erblickte der Einwohner einen Turm, eine Fassade, die ihn an die andere Sphäre des Lebens erinnerte. Selbst in die kleinste Kammer drang der Ton der vielen Glocken, «die mit vertrauter Stimme bald Trauer, bald Freude, bald Ruhe, bald Unruhe kündeten, bald zusammenriefen, bald ermahnten».[589] Neben den reinen Gemeindekirchen St. Martin und St. Theodor, den Stiftskirchen St. Peter und St. Leonhard boten die überdimensionalen Räume der Laienschiffe in den Klosterkirchen reichlich Platz für alle religiösen Handlungen. An den grossen Ausfallstrassen fanden in den Niederlassungen auswärtiger Ritterorden vornehme Leute eine Unterkunft. Und der zu Safran zünftige Bürger konnte sich im eigenen Zunftgotteshaus am Andreasplatz den Schutz des Himmels für seine Geschäfte erflehen. Alles in allem: nie zuvor wurden so viele Gotteshäuser unterhalten und – das ist das Erstaunliche – erweitert und verschönert, mit Altären und Bildern versehen wie gerade in den Jahrzehnten vor der Reformation.[590]

Klöster

Die typischsten Institutionen des alten Glaubens waren die Klöster. Das reformierte Basel beseitigte sie alle. Darum blieben in Basel von ihren Wohnbauten nur wenige Teile erhalten: im St. Albanstift, im Waisenhaus (ehemals Kartause), im Stadt- und Münstermuseum am Rheinweg (ehemals Klingental). Die neun Klöster, fünf für Männer, vier für Frauen, standen bei der Bevölkerung in unterschiedlichem Ansehen.[591] Manche Politiker, die dann in der reformatorischen Bewegung mitsprachen, haben sie in Bausch und Bogen verurteilt, sie als Stätten der Trägheit und des Lasters bezeichnet. Falsch ist dieses harte Urteil gewiss hinsichtlich der letzten Klostergründung im vorreformatorischen Basel, der Kartause im Kleinbasel.[592] Hier, in der Stiftung eines reichen Baslers aus dem Jahr 1401, hausten sechzehn Mönche in mehrräumigen Zellen um einen Kreuzgang, hielten das Schweigegebot und das Verbot, Fleisch, Butter und Fett zu essen. Eine solche Askese hätte die Kartäuser fast zu Eremiten gemacht, wenn nicht ihre stille Arbeit in der Werkstatt, das Bücherabschreiben und das Studium der Bibel ihrem Dasein einen konkreten Sinn verliehen hätten. Nicht ohne Grund haben die Kartäuser der Glaubensänderung am längsten widerstanden.

Mehr Anlass zur Kritik boten die Frauenklöster, die übrigens infolge des mittelalterlichen Frauenüberschusses stets stärker bevölkert waren als die Männerklöster. Hier verbrachten ebenso reuige Dirnen wie Edelfrauen aus Adelsgeschlechtern ihre Tage. Harte Reaktionen in der Stadt löste immer wieder das Kloster Klingental aus, dessen vornehme Damen zeitweise einem lockeren Lebensstil huldigten.[593] Was die Kritiker aus der Bürgerschaft an den Klöstern auszusetzen hatten, betraf nun allerdings weniger die Kluft zwischen Ideal und Wirklichkeit des Mönchtums als ihre ökonomische Stellung. Alle diese Klöster und Stifte waren nämlich der städtischen Gerichts- und Steuerhoheit entzogen. Den Handwerkern war überdies deren Zollfreiheit beim Ein- und Verkauf der Waren, die sie produziert hatten, ein Dorn im Auge.[594] Aus solcher, gewiss einseitiger Sicht erschienen die Insassen der Klöster und Stifte nicht als fromme Leute, die aus der Welt geflohen waren, sondern als Basler, die von den Lasten und Pflichten der staatlichen Gemeinschaft fast ganz befreit waren. Diesen bevorzugten Einwohnern, deren Zahl etwa fünf Prozent der Gesamtbevölkerung ausmachte, begegnete der gewöhnliche Basler wohl auf Schritt und Tritt.

Privilegien der Klosterleute

Als ein Riesenorganismus, durch dessen Leib kraftvoll das Blut pulsierte, steht die spätmittelalterliche Kirche vor unsern Augen. Und doch – alle Leistungen der Amtsträger dieser religiösen Gemeinschaft und alle die Opfer der Gläubigen scheinen den Menschen letztlich nicht befriedigt zu haben. In einer einzigen Generation konnte die Reformation in Deutschland die alte Kirche fast völlig verdrängen und an ihrer Stelle ein neues Gebäude der christlichen Lehre errichten. Wie hat sich dies in Basel zugetragen?

Der weltweite Ärger über die Verweltlichung der Kirche wurde im 15. Jahrhundert besonders in den Reformkonzilien laut, zu denen auch das Basler Konzil zählt. Die innerkirchliche Kritik übte in Basel zu Beginn des 16. Jahrhunderts ein Mann aus, der den Zustand des Basler Bistums und seines Klerus von nahem kannte. Der mahnende Kritiker hiess Christoph von Utenheim (um 1450–1527).[595]. Er stammte aus adligem elsässischem Geschlecht, hatte in Basel studiert, viele Humanisten kennengelernt, war hier Domherr und am 1. Dezember 1502 Bischof von Basel geworden. Kaum im Amt, rief er alle Geistlichen der Diözese zu einer Synode im Oktober 1503 ins Basler Münster und liess ihnen dort die neuen «Synodalstatuten» verlesen, nachdem er eine Predigt über das Thema «Reformieren, besser werden, sich ändern» gehalten hatte. Die Synodalstatuten liess der Rat von Basel auf Rechnung der Stadt drucken. Am Vorabend der Reformation zeichnete hier der letzte vorreformatorische Basler Bischof – er residierte nur noch zeitweise in der Stadt – ein wenig erfreuliches Bild vom Zustand der Basler Kirche, vom Lebensstil des hiesigen Klerus. Utenheim sah die Ursache aller Übel allein in der Verdorbenheit und Schwäche der Basler Geistlichkeit. Wir zitieren einige Sätze: «Wir wollen unsern Klerus ermahnen zur Furcht Gottes, zur Frömmigkeit, zu allem Ernst in der Kleidung, in der Tonsur, zur Nüchternheit, Schamhaftigkeit, zu allem Ernst in Worten sowie dazu, dass er aus seinem Überfluss den Armen Almosen spende ... Gar leicht sündigt das Volk, wenn es die

Reformversuch des Bischofs Christoph von Utenheim

Priester sündigen sieht ... Deshalb wollen wir uns hüten, dass nicht das harte Wort, das Gott durch den Mund Maleachis gegen die Priesterschaft gesprochen hat, auf uns angewendet werden könne: ‹Ihr seid vom Wege abgetreten ... und habt den Bund Levis gebrochen ... darum habe ich euch auch verachtet und unwert gemacht dem Volk.› Deshalb sind fast alle Laien den Klerikern feindlich gesinnt, und es ist nicht zu verwundern, wenn sie von Tag zu Tag erbitterter uns zu verfolgen suchen; oh, werde es kein Ausrotten!»[596] Mit den letzten Worten scheint der fromme Bischof den Untergang der altgläubigen Kirche geahnt zu haben. Utenheims Reformversuch lag ganz in der Linie seines grossen Vorbilds, des Erasmus. Man musste, wie Erasmus immer wiederholte, nur bessere Menschen, bessere Priester heranbilden, dann würde das tausend Jahre alte Gebäude der Kirche dem drohenden Sturm widerstehen. Am Schluss seiner neuen Kirchenordnung empfahl der Bischof den Geistlichen noch einige Bücher zum Studium; es waren mittelalterliche Reformschriften. Aber – das Neue Testament mit dem Römerbrief fehlte auf dieser Liste.

Martin Luther

Etwa fünfzehn Jahre später las im Norden Deutschlands ein Augustinermönch just diesen Römerbrief gründlich. Was sich dabei ereignete, schildert er, Martin Luther, später so: «Da fühlte ich mich ganz neu geboren und wie durch offene Pforten in den Himmel eingetreten, und von da an zeigte mir die ganze Heilige Schrift ein anderes Gesicht.»[597] Luther, nicht Utenheim, nicht Erasmus, auch nicht Zwingli oder Ökolampad, hat das Feuer entfacht, das sich rasch wie ein Steppenbrand über Deutschland ausbreiten sollte. Ohne den Funken, den Luther in das Gebälk der mittelalterlichen Kirche geworfen hat, ist auch die Basler Reformation undenkbar.[598]

Luthers Wirkung auf Basel

Wie Luthers Kampfansage an die römische Kirche in Basel bekannt und aufgenommen wurde, kann man in grossen Zügen rekonstruieren. Es gibt beispielsweise zwei Zeugnisse, aus denen hervorgeht, wie rasch die Kunde davon an den Oberrhein gelangt ist und wie man in intellektuellen Kreisen darauf reagiert hat. Im Frühjahr 1518 fand ein junger Basler Student in Freiburg i.Br. – es war Bonifacius Amerbach, von dem noch mehrmals die Rede sein wird – auf dem Büchermarkt ein Flugblatt mit den Ablassthesen Luthers. Er kauft es, eilt heim und zeigt es seinem Studienfreund. Die beiden Jünglinge stellen entzückt fest: Damit ist der papistischen Hierarchie der Krieg erklärt.[599] Wie der schon ältere Franziskanermönch Konrad Pellikan (1478–1556) die ersten Lutherschriften aufgenommen hat, erzählt er selbst in seiner Autobiographie: «Zu Beginn des Jahres 1518 gingen zuerst etliche Predigten über die Busse eines Augustinermönchs, namens Luther, von Hand zu Hand; ich las sie mit Staunen ... In Mülhausen traf ich einen gelehrten Pfarrer, der sich die 95 Thesen verschafft hatte; er bot sie bei Tisch herum, las sie vor, und ich war ganz verblüfft, dass dergleichen öffentlich vorgetragen wurde ... Ich erklärte, an der vollen Wahrheit der Artikel über Ablässe, Beichte und den päpstlichen Primat sei gar kein Zweifel möglich.»[600] Von diesem Franziskaner, der zwei Jahre später Vorsteher des Basler Barfüsserklosters wurde, erfährt man auch, was man in Basel über Luther dachte. Er schrieb im März 1520 dem Reformator persönlich einen Brief, in dem die Sätze stehen: «Vernimm in wenigen Worten, wie eifrig man in Basel an der Arbeit ist. Schon im Herbst (1519) haben, während Froben abwesend war, seine Gehilfen Deine ‹Resolution von päpstlicher Macht› gedruckt. Bald darauf hat ein anderer, Andreas Cratander, alle Deine kleinen Schriften verbreitet. Wieder einer, Adam Petri, hat viele Deiner deutschen Schriften herausgegeben.»[601] Basel wegen dieser raschen Buchproduktion als eine Stadt zu bezeichnen, die Luthers Ideen sofort begeistert zustimmte, wäre nun aber doch ein historischer Irrtum. Hier dauerte es ja wesentlich länger als in Zürich und Bern, bis die reformatorische Bewegung zum Ziel gelangte. Warum hier so eifrig «Luther» gedruckt wurde, gesteht Froben einmal unverblümt: «Unsere Exemplare haben wir bis jetzt bis auf zehn Stück verkauft; das ist ein so glänzender Absatz, wie wir ihn noch bei keinem Buch je erlebt haben.»[602] Das Geschäft mit Luthers – zu Bestsellern gewordenen – Werken haben sich die Basler Drucker nicht entgehen lassen! Zur Ehre Frobens sei aber gesagt, dass er bald darauf verzichtete, mit Luthers Schriften Geld zu verdienen, weil er unter dem Einfluss seines Freundes Erasmus nicht gegen sein Gewissen, das immer für die katholische Seite eingenommen war, handeln wollte.

Basler Luther-Drucke

Die Basler Lutherdrucke gingen in alle Welt; namentlich werden Sendungen nach Paris, nach Brabant und England vermerkt. Gewiss wurden sie auch in Basel gelesen, aber was bei den Laien noch mehr einschlug als die gedruckten Texte, waren die Erklärungen, die der Mönch Johann Lüthard vor einer grossen Zuhörerschar in der Barfüsserkirche bot. Bald darauf begann eine kleine, aber vom neuen Glauben zutiefst überzeugte Schar von Predigern in der Stadt und auf der Landschaft die Bibel in reformatorischem Sinne auszulegen. Wir nennen einige Namen: Kaspar Hedio (1494–1552), Ulrich Hugwald (1496–1571), Thomas Geyerfalk (?–1560), Wolfgang Wissenburg (1494–1575), Markus Bertschi (1483–1566). Den grössten Zulauf hatte der Pfarrer zu St. Alban, der Schwabe Wilhelm Röublin (1480–um 1550). Von ihm berichtet der Chronist: «Er warf den Päpsten, Bischöfen und Pfaffen ihre Zeremonien und Kirchenbräuche, die man heilig hielt, mit der Heiligen Schrift alle um.»[603] Dieser aggressive Mann, der später im Lager der Täufer noch eine Rolle spielen sollte, löste in der Bürgerschaft eine hitzige Diskussion aus, als er bei der Fronleichnamsprozession 1522 statt einer Reliquie eine Bibel durch die Strassen trug und dabei rief: «Das ist das rechte Heiltum, das andere sind Totengebeine.» Auf die Beschwerden des Domkapitels hin beschloss der Rat, Röublin aus der Stadt zu weisen. Darauf zogen – es wird wohl die erste Frauendemonstration gewesen sein – etwa fünfzig «edel und andre wiber» zum Rathaus und baten die Regierung, allerdings vergeblich, um Rückruf der Ausweisung.[604]

Verkündung der neuen Lehre in Basel

Geradezu revolutionär handelten in den Augen der Altgläubigen einige Anhänger der Reformation, als sie am Palmsonntag 1522 im Klybeckschloss das

Fastengebot brachen und ein Spanferkel verzehrten. Sie blieben in Basel ungeschoren, aber als einer der Teilnehmer später nach Ensisheim im Elsass kam und sich dort der Tat brüstete, wurde er verhaftet und zum Tode verurteilt.

Johannes Ökolampad

In dieses schon erregte Basel, wo man Luthers Schriften las, über sie diskutierte und gegen Erlasse der Regierung demonstrierte, kam nun der Mann, dessen Statue in Stein vor der Wand des Münsterkreuzganges steht, weil er als der Reformator Basels gilt, Johannes Husschin, nach Humanistenmanier gräzisiert Ökolampad genannt.[605] Er war schon vierzig Jahre alt, als er am 17. November 1522 vom Buchdrucker Cratander an der Petersgasse freundlich aufgenommen wurde, denn der aus Weinsberg stammende Schwabe (seine Mutter war eine Baslerin) war in Basel gut bekannt, hatte er sich doch schon 1515/16 in der Druckerei Froben als Gehilfe des Erasmus mit seinen Hebräischkenntnissen nützlich gemacht.[606] Er hatte ein sehr bewegtes Leben hinter sich, Höhen und Tiefen kennengelernt. Den humanistisch gebildeten Theologen hatten die Augsburger als Prediger an ihren Dom berufen, doch was er dort erlebte – er las intensiv die Schriften Luthers –, trieb ihn dermassen um, dass er nach zwei Jahren die angesehene Stelle fluchtartig aufgab und in ein Klösterchen in Bayern eintrat. Seine kleinen Schriften aus dieser Zeit, eine über die Messe, die andere über die Beichte, beweisen eindeutig: der Klosterbruder Ökolampad war im Begriff, mit der Kirche des alten Glaubens zu brechen. Das Büchlein über die Beichte erregte den Zorn eines hohen römischen Prälaten, der eben in Deutschland weilte, so sehr, dass er nach Rom schrieb: «Dieser Mann ist schlimmer als Luther» («è peggior assai che Luther»).[607] Dass man ihm deswegen nach dem Leben trachtete, ist nicht erwiesen. Immerhin fühlte sich Ökolampad nicht mehr sicher, bat um Entlassung und sagte seinen Klosterbrüdern Lebewohl. Wenige Monate später traf er dann also in Basel ein. Der rastlos umhergetriebene und körperlich nicht robuste Mann scheint geahnt zu haben, wie wenig Jahre er noch zu leben hatte, denn in seinem ersten Brief aus Basel an einen Freund heisst es: «Bitte mit mir Gott, dass er wenigstens eine Zeitlang mich hier leben lässt, damit ich nicht immer umherirren muss; doch es geschehe sein Wille, nicht der meine.»[608] Kurz darauf begann der Briefwechsel mit Zwingli, zu dessen Beginn Ökolampad vorerst um die Freundschaft des Zürchers warb. Zwinglis Antwort enthält den vielsagenden Satz: «Ich habe dich immer mehr geachtet als gewisse bunte Pfauen, die bloss wegen der Farbenpracht ihres Stils für weise gelten; du aber bist ein Mann, der Frömmigkeit mit Gelehrsamkeit und feiner Bildung zu verbinden weiss.» (Der «Pfau» ist wohl eine Anspielung auf Erasmus.)[609]

Ökolampads Werdegang

Schon im April 1523 begann Ökolampad, wozu er als Doktor der Theologie berechtigt war, an der Universität Vorlesungen zu halten. Er legte den hebräischen Text des Propheten Jesaia für die Studenten in lateinischer Sprache aus und in einer zweiten Vorlesung vor etwa 400 Basler Laien nochmals deutsch. «Es waren die folgenreichsten Volkshochschulkurse, die je in Basel gehalten worden

Ökolampad als Universitätslehrer und als Prediger

Johannes Ökolampad. Bildnis von Hans Asper (1499–1571). Kunstmuseum.

sind.»[610] Bis zu seinem Tod sollte Ökolampad, der im Sommer 1523 zum Professor der Heiligen Schrift ernannt worden war, die wichtigsten Bücher des Alten und Neuen Testaments auslegen. Gewiss waren diese akademischen Vorlesungen für die Ausbreitung reformatorischen Gedankenguts bedeutsam; eine unmittelbarere Wirkung ging aber von den Predigten aus, die Ökolampad auf der Kanzel der Martinskirche hielt. Dort verkündete er das göttliche Wort, wie es heisst, auf eine Weise, wie es bisher noch nie gehört worden sei; die Gemeinde hätte ihr Leben gewagt, wenn ihm Leid widerfahren wäre. Ohne einen guten Fürsprecher in der Regierung wäre die Ökolampad gewährte Predigtfreiheit aber nicht möglich gewesen. Der Politiker, der von Anfang an seine schützende Hand über den besten Prediger des neuen Glaubens hielt, der Oberstzunftmeister Jakob Meyer zum Hirzen (1473–1541), ist wegen seiner Unterstützung des Reformators und der reformierten Partei dann auch an der Seite Ökolampads im Münsterkreuzgang begraben worden.[611] Anerkennung für das Gewährenlassen zollt Ökolampad dem Basler Rat in der Widmung seines Kommentars zum Propheten Jesaia. Er dankt für die Aufnahme in der Stadt, die ihm vom Grossvater mütterlicherseits her Heimat sei, und zählt darauf die bekannten Vorzüge der Stadt auf: ihre prächtigen Gebäude, ihr mildes Klima, ihren fruchtbaren Boden in der Umgebung, den Ruhm ihrer Buchdrucker, die politische Staatskunst der Behörden. Dann fährt er fort, dies alles sei vergänglich und werde untergehen, aber er preise Basel darum glücklich, «dass es den Herrn als seinen Gott anerkennt ... so soll auch Basel (Basilea = die Königliche) seinen Namen von keinem irdischen König, denn keinem solchen ist es untertan, sondern von Jesus Christus soll Basel wirklich heissen die Stadt des grossen Königs, dem alle Ehre sei».[612]

Als Ökolampad dies schrieb, war Basel dem Ziel, das dem Reformator vorschwebte, schon ein grosses Stück näher gekommen. In einigen Kirchen ertönte immer häufiger der deutsche Psalmengesang zum Abendmahl in beiderlei Gestalt, Mönche verliessen ihre Klöster, einst katholische Priester heirateten. Auch Ökolampad nahm sich 1528 eine Ehefrau, Wibrandis Rosenblatt. Vor allem stärkte die Entwicklung der Reformation in Zürich und Bern, mit deren Führern Ökolampad korrespondierte, die Neugläubigen in Basel. Als am 8. Februar 1529 in Basel die Entscheidung gefallen war, schrieb Ökolampad einem Freund: «Der böse Knorren hat seinen Keil gefunden.»[613] Die evangelische Partei siegte zwar an jenem Tag, aber Ökolampads Ideal von einer autonomen Kirche, in deren Dienst der Staat die Kirchenzucht handhaben würde, ist nie verwirklicht worden. Seine letzten Lebensjahre waren trotz dem erreichten Erfolg schmerzlich. Er vernahm noch die Kunde vom Tod Zwinglis, von der Niederlage der Reformierten bei Kappel, klagte bewegt darüber, liess einige Wochen später die Basler Prediger an sein Krankenbett rufen und rechtfertigte nochmals seine Lehre: «Mich irrt nicht, dass man mir Fälschung der Wahrheit zuschreibt. Ich trete mit gutem Gewissen vor den Richterstuhl Christi. Da wird sich zeigen, dass ich die Kirche nicht verführt habe.»[614]

Durchbruch der Reformation

Politische Komponenten

Die Kenntnis von Ökolampads Leben und Wirken ist zwar nötig, um zu verstehen, warum Basel 1529 eine reformierte Stadt geworden ist. Aber sie erklärt nicht alles! Nicht erst neue Forschung erkannte im damaligen Geschehen auch starke politische Strömungen und Kräfte, die mit reformierter Verkündigung wenig oder nichts gemein hatten. Schon Wurstisen (vgl. S. 22) sieht die Basler Reformationsgeschichte ziemlich realistisch, wenn er über den Bildersturm schreibt: «Daraus kann man lernen, wie gefährlich es ist, wenn sich der gemeine Mann aus der Halfter reisst . . . , es gibt ja allezeit auch unter denen, welche Gutes im Sinne haben, unbeherrschte Menschen, welche mehr zu Zerstörung denn zur Verbesserung Lust haben.»[615] Und 1729 stellte der Festprediger Johann Jakob Wettstein aus Anlass «der Widergedächtnis der seligen Reformation» kritisch fest: «Den Bürgern ist's eben so wohl um ihre politischen Freiheiten als um die seligmachende Religion zu tun gewesen. Sie haben auch kein Geheimnis daraus gemacht, sondern heiter gesagt, ‹weil sie sähen, dass zuletzt eine Tyrannei daraus erwachsen würde, wenn die Gewalt nur bei einigen wenigen bestünde, so wollten sie nicht mehr bittweise einkommen, sondern das Regiment selbst verändern ... es sei ihnen nicht bloss um das Evangelium, sondern um die Freiheit und gemeine Sicherheit zu tun›.»[616] Pfarrer Wettstein sah richtig. Am Feuer, das die Reformation entfacht hatte, kochten auch andere als in ihrem Gewissen bedrängte Menschen ihr Süpplein. Dies wird nun ein knapper Überblick über die wichtigsten Fakten in Basel zwischen 1521 und 1529 zeigen.

Entscheidendes geschah schon in dem politisch bewegten Jahr 1521. Man hörte damals zwar in der Diskussion im grossen Stadtparlament noch nicht die Parteinamen «Lutheraner» oder «Evangelische»; es drehte sich alles um eine sehr materielle Frage, nämlich darum, ob die französischen Pensionen (dies waren, derb gesagt, Bestechungs- oder Schmiergelder für schweizerische Politiker) in den Staatssäckel oder in die Taschen der einzelnen Ratsherren fliessen sollten.

«Pensionensturm»

In dem sogenannten «Pensionensturm», der sich deswegen erhob, verloren mächtige Männer ihre Ämter: der Bürgermeister Jakob Meyer zum Hasen (1482–1531?), den Holbein zweimal trefflich gemalt hat, und der Oberstzunftmeister Ulrich Falckner. An dessen Stelle trat nun Jakob Meyer zum Hirzen, der erste Politiker an der Regierungsspitze, der mit der evangelischen Bewegung sympathisierte, sich mit Ökolampad befreundete und den etwas zaghaften Neubasler kräftig zum Predigen ermutigte. Von 1522 an wird er im Kleinen Rat, der mehrheitlich von Altgläubigen besetzt ist, die Sache der Evangelischen konsequent vertreten.

Im Mai 1523 griff nun der Rat zum ersten Mal in den Streit zwischen alt- und neugläubigen Predigern ein. «Wir haben beschlossen, dass alle Pfarrer, Seelsorger und Ordensleute, die predigen, nicht anderes predigen als allein das heilige Evangelium und die Lehre Gottes; dagegen sollen sie alle andern Lehren, ob sie von Luther oder irgendwelchen andern Doktoren veröffentlicht seien, ganz und gar unterlassen.»[617] Dieses Ratsmandat, ein durch das Tagesgeschehen gebotener Akt der Regierung, um den heftigen rhetorischen Krieg auf den Kanzeln zu verhindern, ist historisch ein bedeutsames Dokument. Hier setzte der Staat erstmals Ordnungen fest, die bis dahin allein in der Kompetenz der Kirche gelegen hatten. «Es war ein bedeutsamer Schritt auf dem Weg zum Staatskirchentum.»[618]

Auf dem Weg zur Staatskirche

Ob der Aufstand der Baselbieter Bauern im Mai 1525, der in einem allerdings erfolglosen Zug von 1600 Bewaffneten vor die verschlossene Stadt kulminierte, durch die Predigten der neugläubigen Pfarrer veranlasst wurde, kann dokumentarisch nicht nachgewiesen werden. Die Unruhe lag in der Luft, die Unzufriedenheit der kleinen Leute auf dem flachen Land – besonders im Elsass und in Süddeutschland – sass tief und war älter als die reformatorische Bewegung. Doch behaupteten natürlich die Altkirchlichen, aller Aufruhr gegen die Obrigkeit gehe zu Lasten der «Lutherei».

Bauernunruhen

Nach dem Bauernaufstand schwankte der Waagebalken mit den politischen Gewichten der Alt- und der Neugläubigen in Basel noch drei Jahre lang auf und ab. Auf der beharrenden, romtreuen Seite standen das Domkapitel, die Mehrheit der Universitätsprofessoren und einflussreiche Kaufleute; auf der andern die evangelischen Prediger, theologisch, nicht politisch von Ökolampad instruiert, sowie die Menge der zünftigen Handwerker. Die Mehrheit, nicht alle! Die Metzger etwa und die Kleinbasler Handwerker zeigten sich lange den Evangelischen gegenüber feindlich. Zwischen den immer härter werdenden Fronten steuerte die Regierung einen Kurs, der von beiden Glaubensparteien gescholten wurde, bei unvoreingenommener Betrachtung aber doch einige Regierungsweisheit verrät. Hätte der Rat alle Wünsche der Evangelischen, wie das Verbot der Messe, die Entfernung der Bilder aus den Kirchen, die Aufhebung der Klöster, sogleich erfüllt, so wären dabei politische und ökonomische Dinge derart in Bewegung geraten, dass sie für die damals isolierte Stadt mit der katholischen habsburgischen Nachbarschaft hätten gefährlich werden können. Nur in kleinen Schritten befriedigte der Rat darum die Forderungen der Neugläubigen. Der «Durchbruch der Reformation» – wie der Titel eines bekannten Buches lautet – musste darum von unten, vom Volk her geradezu erzwungen werden.[619]

Schrittweises Vorgehen des Rats

Die letzte Phase des Kampfes begann am 23. Dezember 1528 im Zunfthaus zu Gartnern. Eine Versammlung von zweihundert evangelisch gesinnten Bürgern richtete an den Rat eine Bittschrift folgenden Inhalts: Da es um den Frieden in unserer Stadt geht, wenden wir uns an euch, gnädige Herren; der Rat soll das zwiespältige Predigen, die Ursache aller Verirrungen der Gewissen, abstellen; wir werden Tag und Nacht bitten, bis man uns erhört ...[620] Hinter der demütigen Formulierung stand freilich schon die Entschlossenheit, nötigenfalls mit Waffengewalt eine Veränderung zu erzwingen, denn man war gewiss, dass die reformiert gewordenen Städte Zürich und Bern die Sache der Basler Reformierten unterstützen würden. Der Rat suchte einen Ausweg aus der heiklen Lage, indem er auf den Monat Mai eine öffentliche Disputation über die Messe versprach. Danach sollten alle Bürger in ihren Zünften abstimmen, welchen Glauben sie für den richtigen hielten.[621] Es kam freilich nicht zu dieser Volksbefragung. Die Entscheidung fiel unerwartet am 8. und am 9. Februar. Am 8. Februar, an einem Montagmorgen, fanden sich etwa 800 Bürger um sechs Uhr in der Barfüsserkirche ein und beschlossen, eine Delegation mit einem genau umschriebenen Verhandlungsauftrag ins Rathaus zu schicken. Den Kern bildeten drei Forderungen:

Forderungen der Bürgerschaft

Erstens sollten alle Kanzeln von evangelischen Predigern besetzt werden; das war das alte, religiös begründete Postulat. Zweitens sollten zwölf namentlich genannte Ratsherren ihren Ratssitz verlassen, weil sie «unter einander befreundet waren und grossen Anhang bei den Pfaffen» hätten[622]; dies war die konsequente und notwendige personale Umkrempelung des Rates, wenn man den katholischen Geistlichen die Unterstützung entziehen wollte. Drittens aber – und dies war neu – sollte das Wahlsystem der Meister- und Vorstandswahlen in den Zünften so verändert werden, dass die ganze Zunft und nicht mehr nur der Vorstand die Zunftvertreter in den Räten wählte. Kurz gesagt: die Zunftwahlen sollten demokratischer werden. Man kann wohl nicht behaupten, diese dritte Forderung sei «des Pudels Kern» gewesen. Doch macht sie eines deutlich: innerhalb der echten religiösen Bewegung gab es eine politische demokratische Komponente, die sofort Hunderte von Zunftbrüdern motivieren konnte, mit Harnisch und Spiess auf den Marktplatz zu marschieren und dort in der Nacht vom 8. auf den 9. Februar zu kampieren. Diese unheimliche Nacht mit ihren Wachtfeuern, ihrem Waffengeklirr haben alle Erzähler der Basler Geschichte seit Wurstisen geschildert, am anschaulichsten Rudolf Wackernagel.[623] Die ersten Forderungen

Beim Bildersturm von 1529 wurde auch das Utenheim-Grabmal im Münsterkreuzgang stark beschädigt.

der Bürgerschaft wurden noch in der Nacht erfüllt; die Zustimmung zu einem neuen Wahlverfahren geschah erst am Dienstag, den 9. Februar, nachdem das übernächtigte Volk seinen Zorn mit der Zerstörung der Bilder und Altäre im Münster demonstriert hatte.

Bildersturm

Bilderstürme waren eine Begleiterscheinung des reformatorischen Geschehens, jedoch nur in republikanischen Städten, wie Zürich, Bern, Basel und St. Gallen, sowie in reformierten Ländern wie der Schweiz, den Niederlanden und Schottland, nicht aber in den lutherischen Territorien Nord- und Mitteldeutschlands.[624] So unerfreulich solche vandalischen Kraftäusserungen des evangelisch gesinnten Volkes (oder seiner Regierung) gewesen sein mögen – es ist doch auch daran zu erinnern, dass in jenen turbulenten Basler Fasnachtstagen kein Tropfen Bürgerblut geflossen ist. Keinem der Domherren wurde ein Haar gekrümmt. Der verhasste Bürgermeister Meltinger allerdings konnte wohl nur durch die nächtliche Flucht auf einem Rheinkahn sein Leben retten. Darum konnte Ökolampad wahrheitsgemäss nach Strassburg schreiben, er danke Gott, der «neue und gar schwere, doch unblutige Kämpfe unserer Kirche zu einem guten Ende geführt» habe.[625]

Wenn wir noch einen Blick auf die übrigen Tage jener Woche werfen, fällt uns auf, wie rasch die bürgerkriegsähnliche Stimmung vom Anfang der Woche gedämpft worden ist. Am 11. Februar wurde der Rat durch Wahlen wieder ergänzt; am 12. Februar schwuren die Bürger auf allen Zunftstuben der neuen Regierung Gehorsam, und – wenn stimmt, was der Chronist berichtet – «es verziehen alle Parteien einander, und es sollte auch denen verziehen werden, die ‹sich in diesem handel von der stat thon hatten› (die geflohen waren), und keiner sollte dem andern sein Betragen in diesen Tagen vorwerfen.»[626]

Institutionalisierung der Reformation

Am 1. April 1529 erhielt die junge evangelische Kirche Basels ihren «Geburtsschein», die sogenannte «Reformationsordnung».[627] Sie war zum Teil ein Werk Ökolampads, aber offensichtlich auch der staatlichen Behörden, die nun möglichst rasch dem Bürger kundtun wollten, woran er sich jetzt im religiösen und sittlichen Leben zu halten habe. Die Reformationsordnung macht überaus deutlich, dass der Staat an Stelle der alten kirchlichen Hierarchie getreten, dass die weltliche Obrigkeit auch in allen religiösen Fragen höchste Instanz, eine Art «Bischof», geworden war. Auf den zwanzig Druckseiten der Reformationsordnung von 1529 wird das ganze weite Feld des religiösen und des sittlichen Verhaltens reglementiert. In einem ersten Teil definiert der Rat, wie die Pfarrer das «göttliche Wort» auszulegen hätten, wann es verkündigt werden müsse, wie die Taufe und des «Herrn Nachtmahl» zu verstehen seien. Sehr breit wird das Thema Ehe und Ehescheidung behandelt. Da hier das alte Ehesakrament abgeschafft worden ist, galt es neue Normen für das Zusammenleben von Mann und Frau zu bestimmen. Der zweite Teil gleicht einem modernen Strafgesetzbuch, denn hier werden die Laster und die entsprechenden Strafen, die dem Übeltäter dro-

Inhalt der «Reformationsordnung»

hen, aufgezählt. Besonders harte Strafen – bis zu neun Tagen Gefängnis bei Wasser und Brot und sogar Landesverweisung – haben die Ehebrecher, Männer und Frauen, zu erwarten. Mit sofortiger Wirkung werden auch aufreizende Kleider, wie die sogenannten «zerhauenen Hosen», verboten. Schliesslich wird dem Alkoholmissbrauch, dem «Zutrinken», der Kampf angesagt, zuletzt noch die Höhe der Geldbusse für Nachtlärm und Übertretung der Polizeistunde bekannt gegeben. Bis ans Ende des 18. Jahrhunderts wird diese «Reformationsordnung zu Pflanzung der Ehrbarkeit und Ausreutung eingeschlichener Missbräuche» von einer ehrsamen, weisen Regierung, alle paar Jahre leicht verändert, dem Volk von den Kanzeln verkündet werden. Der Katalog der gerügten Laster änderte stets; das Grundübel ist natürlich geblieben, nämlich die menschlichen Schwächen oder, in der religiösen Sprache, die Sünden.

«Basler Bekenntnis»

Stärker auf wesentliche Glaubensfragen konzentrierte sich das «Basler Bekenntnis» von 1534, die «Bekanthnus unsers heyligen christenlichen gloubens, wie es die kylch zue Basel haldt». Es erklärt nicht nur dem evangelischen Bürger in Kürze, was er von Gott, Christus, der Kirche und der Obrigkeit zu glauben habe, es richtet sich offensichtlich auch an die kritischen Gegner, die Altgläubigen, denn in der Einleitung steht der Satz: Daraus sollen die «Widerwertigen» sehen, dass wir uns nicht von der Kirche losgerissen haben, wie man uns vorwirft, sondern dass wir nur der Stimme Christi gehorsam geworden sind.[628]

Als mit diesem Glaubensbekenntnis der Staat offiziell den Schlussstrich hinter die Umgestaltung der Kirche setzte, war jene in der Nacht vom 8. auf den 9. Februar 1529 in der Not gewährte Konzession, ein demokratischeres Wahlverfahren betreffend, schon wieder aufgehoben, das Wahlrecht aller Zunftbrüder bei der Besetzung des Zunftvorstandes und damit der Regierung eingeschränkt worden. Darum blieb es in Basel für die nächsten zweihundert Jahre beim bestehenden Zunftregiment oligarchischer Form, das heisst die Regierung wählte sich alle Jahre gleichsam selbst.[629]

Kampf gegen Andersgläubige

Doch nicht nur im politischen Bereich sah das dauerhafte Ergebnis der Reformation anders aus, als es sich der radikale Flügel der Handwerkerzünfte erhofft hatte, auch der religiöse «Abweichler» fand keinen Platz im evangelisch-reformierten Staat. Das erfuhr die kleine, dank ihrem Durchhaltewillen und ihrer totalen Hingabe an den Glauben nicht auszurottende Gemeinde der Täufer.

Täufer

Früher nannte man sie «Wiedertäufer», humanistisch gräzisiert «Anabaptisten», weil sie die Kindertaufe verwarfen und sich erst (oder ein zweites Mal) als Erwachsene taufen liessen.[630] Wie die Katholiken agitatorisch immer behaupteten, waren die Täufer tatsächlich ein Zweig am Stamm der reformierten Lehre, aber einer, den alle Reformatoren abbrachen und ins Feuer warfen. Ökolampad hat es sich dabei nicht leicht gemacht; er diskutierte mit den Täufern in seiner Wohnung, er predigte über das Thema, versuchte zu überzeugen. Umsonst, denn er klagt einmal: «Noch sind wir mit den Papisten nicht zu Ende, und schon geben uns die Anabaptisten zu schaffen.»[631] Was veranlasste eigentlich die evangelisch-reformierte Kirche und den Staat, diese kleinen Leute zu verfolgen, vor Gericht zu zerren und zuletzt gar dem Henker zu überantworten? Die Täufer nahmen die Parole der Reformatoren «Zurück zum Urchristentum» viel radikaler auf als die neue Kirche. Warum – so fragten sie – soll der Mensch, der sich der evangelischen Botschaft unterwirft, nicht frei von allen menschlichen Satzungen sein? Konnte man durch den Bund mit Christus, der in der Erwachsenentaufe besiegelt wurde, nicht ein neues, sündenloses Leben beginnen? Musste man sich darum nicht trennen von den Kindern dieser Welt? Wozu brauchte es studierte Prediger, wenn jeder Christ, der sich vom Heiligen Geist inspirieren liess, predigen und das Abendmahl austeilen konnte? Und schliesslich – dies zerstörte das Verhältnis zum Staat am meisten – warum sollte man den Gehorsamseid leisten, wenn Christus selbst den Schwur verboten hatte?

Für die letzte Frage hatte die Obrigkeit gar kein Verständnis. Nach damaligem Staatsbegriff mussten Leute, die den Eid ablehnten, bestraft werden. In vielen Fällen genügte der Prozess, die Drohung, um die Leute aus der Unterschicht einzuschüchtern. Andere verzogen sich in den Untergrund, nahmen an Versammlungen in den Wäldern der Juraberge teil. Solche «Winkelversammlungen» konnte und wollte der reformierte Staat nicht dulden; er schritt zum Äussersten. Zweimal, im Januar 1530 und im Februar 1531, liess er Täufer durch das Schwert oder durch Ertränken hinrichten.[632] Doch in der folgenden Zeit vernimmt man nichts mehr von solchen Exekutionen. War die Bewegung im Basler Territorium unterdrückt oder schämte sich die Regierung ihrer Härte? Es gibt keine eindeutige Erklärung. Gewiss existierten bis ins 18. Jahrhundert in der Schweiz, verfolgt, gebannt, aber nicht mehr dem Scharfrichter ausgeliefert, einzelne Täufergemeinden. Viele wanderten nach Mähren und Ungarn aus. Nachkommen dieser in Europa verfolgten «Sekte» bildeten in den Vereinigten Staaten die anerkannte Kirche der Mennoniten nach dem Namen eines ihrer Führer Menno Simons (1492–1559). In Basel wurde ihnen erst im Jahr 1847 der Bau einer Kapelle am Holeeweg erlaubt.

Hinrichtungen

Das Problem, ob der christliche Staat Menschen nur wegen ihres andern Glaubens hinrichten dürfe, lag denkenden Männern schwer auf dem Herzen. Dazu äusserte sich um die Mitte des 16. Jahrhunderts in Basel ein eingewanderter reformierter Franzose, Sebastian Castellio (1515–1563).[633] Der gelehrte Savoyarde hatte sich in Genf mit Calvin überworfen, war nach Basel gekommen und fristete zuerst kümmerlich sein Leben als Gehilfe in einer Buchdruckerei. 1553 wurde er Professor der griechischen Sprache an der Basler Universität; im folgenden Jahr veröffentlichte er das geistesgeschichtlich berühmt gewordene Büchlein «Über die Ketzer und ob man sie verfolgen soll» («De haereticis an sint persequendi»). Zwar gestand Castellio dem Staat die Bestrafung der Gotteslästerer in aller Härte zu, doch eines wollte er ausgeschlossen wissen, die Todesstrafe in Glaubensfragen, mit der Begründung, dass der Mensch gar nicht fähig sei, endgültig

Der Toleranzgedanke bei Sebastian Castellio

zu entscheiden, wer ein Ketzer sei. Warum handelt denn der Christ doch immer so voreilig? Dazu Castellio im Vorwort einer Bibelausgabe: «Oh, welche Zeit! Wahrlich, aus Eifer für Christus vergiessen wir Blut für den, der sein eigenes Blut hergab ... aus Eifer für Christus reissen wir das Unkraut aus, obwohl er uns geboten hat, es bis zur Ernte wachsen zu lassen, damit nicht der Weizen mit ihm ausgerissen werde.»[634]

Bonifacius Amerbach und die Reformation

Wir haben oben erzählt, wie die Ereignisse im Februar 1529 zwei berühmte Gelehrte veranlassten, Basel den Rücken zu kehren. Erasmus und Glareanus waren aber Fremde; der Entscheid mag ihnen, trotz den schönen Abschiedsversen des Niederländers, nicht allzu schwer gefallen sein. Hingegen focht ein guter Basler Bürger in jenen Monaten einen schweren seelischen Kampf aus, der in Briefen und in einem Tagebuch ergreifend Ausdruck gefunden hat.[635] Von Bonifacius Amerbach, dem Sohn des reichen Druckers, seit 1525 Professor für römisches Recht an der Universität, haben wir schon erzählt, dass er als Student in Freiburg i.Br. die ersten Schriften Luthers gelesen und ihnen begeistert zugestimmt habe. Seither verfolgte er intensiv und kritisch Schritt für Schritt den Werdegang des Reformators, und als sich in Basel die Geister immer mehr trennten, schloss er sich, ganz seiner eigenen Natur gemäss, Erasmus an und blieb der offiziellen Politik gegenüber völlig passiv, obwohl ihn der Rat in die Zensurkommission zur Prüfung einer Schrift Ökolampads gewählt hatte. Je näher der revolutionäre Tag der Basler Reformation kam, desto mehr grübelte er darüber nach, ob er jetzt die Vaterstadt verlassen oder bleiben wolle. Er schrieb darum einem Kollegen in Freiburg i.Br. schon im Januar 1529: «Wenn du eine Professur weisst, so bitte ich dich, an mich zu denken; denn ich bin entschlossen auszuwandern, wenn Ökolampad sein Stück zu Ende gespielt haben wird.»[636] Aber er blieb und ging seinen eigenen Weg, indem er Obstruktion leistete, den Eid gegenüber der neuen Regierung am 15. Februar nicht ablegte und fortan dem Abendmahl fernblieb, weil er das Brot (die Hostie) für den wahren Leib Christi und nicht nach ökolampadischer Auffassung nur für ein Zeichen der Anwesenheit Christi halten wollte. Wie hoch aber der Basler Rat den Professor Amerbach schätzte, zeigte sich in den neuen Anstellungsbedingungen, die nach der Reformation mit allen Dozenten der Universität vertraglich geregelt wurden. Amerbach wurde vorerst vom Zwang, zur Predigt und zum Abendmahlstisch zu gehen, befreit. Dies veranlasste ihn zu schreiben: «Ich werde hier bleiben ... aber ich werde mich unter diejenige Klasse rechnen, in der anderswo die Juden sind.»[637]

Etwas später fasste er sein Verhältnis zum Basler Staat in das prägnante Bild: «Es geht mir mit Basilea wie Ehemännern mit streitsüchtigen Ehefrauen; ob ich will oder nicht, ich muss sprechen: ich kann weder mit dir noch ohne dich leben.»[638] Er versuchte also weiterhin mit Basilea zu leben, denn auch in Freiburg i.Br., wo die Altgläubigen herrschten, sah er die alten Laster des Klerus weiter blühen. Auf die Dauer allerdings konnte auch in Basel niemand zwischen den Fronten leben; weder der Staat noch die Kirche duldeten ein neutrales Verhalten in Grundsatzfragen. Ein am 23. April 1531 erlassenes Gesetz verfügte, dass alle Nichtkommunikanten Mann für Mann verhört werden sollten.[639] Drei Jahre gelang es Amerbach, sich dem Zwang, zum Abendmahlstisch zu gehen – den er «eine Schlachtbank des Gewissens» nannte –, zu entziehen. Dann fand er innerhalb der verschiedenen protestantischen Auslegungen des Sakraments – Luther, Zwingli, Ökolampad und der Strassburger Butzer vertraten bekanntlich verschiedene Auffassungen – eine, die seiner Überzeugung nahe kam. Er unterwarf sich den Basler Gesetzen, nachdem er sein eigenes Glaubensbekenntnis formuliert und mit dem amtlichen verglichen hatte.[640] Bis zum Jahr 1548 unterrichtete Amerbach an der Basler Universität, stets sehr geschätzt. Berühmter wurde er aber als Rechtsberater in schwierigen zwischenstaatlichen Prozessen, und das schönste Andenken schuf er sich als getreuer Verwalter der Stiftung, die sein Freund Erasmus für Arme und Studierende errichtet hatte. Über den Juristen Amerbach urteilt ein Basler Rechtshistoriker: «Amerbach war keine geniale Persönlichkeit ... aber als Gelehrter, dessen Arbeit nur der Wissenschaft und in ihrem Dienst der Rechtsanwendung galt, ist er ein gewissenhafter Sucher, ein umsichtiger Finder und behutsamer Gestalter, somit ein treuer Diener des Rechts gewesen.»[641] Fügen wir dieser schönen Würdigung noch hinzu: Bonifacius Amerbach ist derjenige Basler gewesen, der die Sturmjahre der Reformation miterlebt, ja miterlitten und kritisch darüber nachgedacht hat. Seine Aufzeichnungen als Zeugnisse eines die Wahrheit suchenden Menschen gehören ebenso zur Reformationshistoriographie wie die bekannteren Chroniken des evangelischen Friedolin Ryff und des katholischen Kartäusermönchs Georg Zimmermann.

Ablehnung des Abendmahlzwangs

Wahrheitssucher

20. KAPITEL
DIE ERBSCHAFT DER REFORMATION

Übersicht 1529–1798

Im Zeitraum von 1529 bis 1798 wird das politische Handeln der Stadt Basel fast gänzlich durch den Entschluss, ins protestantische Lager zu wechseln, bestimmt. Man hatte 1529 gleichsam ein neues Haus gebaut, und nun galt es in den folgenden Zeiten, das Erbe der Reformation darin unterzubringen und es gegenüber einer feindlichen Umgebung zu wahren. Dreifacher Art war dieses Erbe. Erstens trat die Stadt ins Eigentumsrecht der aufgehobenen Klöster und Stifte und musste den Anspruch auf deren Vermögenserträge immer wieder rechtlich begründen und verteidigen. Zweitens wurde Basel in die nun ausbrechenden Religionskonflikte hineingezogen. Kämpfe, die nicht nur der Unterstützung eigener Glaubensgenossen dienten, sondern für die beteiligten Städte und Staaten schliesslich Machtzuwachs oder Machtverlust bedeuten konnten. Drittens trieb die Religionspolitik der grossen katholischen Mächte Tausende von Protestanten in die Emigration. Da sie auch in der evangelischen Stadt um Aufnahme baten, stand Basel hier erstmals einem schweren Flüchtlingsproblem gegenüber. Wir schildern diese Themen getrennt in der skizzierten Reihenfolge, obwohl sie in Wirklichkeit gleichzeitig die Behörden während langer Zeit beschäftigt haben.

Säkularisation der Klöster und Stifte

Die Säkularisation der Klöster und Stifte, d.h. ihre Aufhebung, nachdem die Insassen freiwillig oder unfreiwillig ausgezogen, war in allen Ländern, die sich dem neuen Glauben zugewendet hatten, die augenfälligste und populärste Massnahme der Reformatoren (neben der Abschaffung der Messe) gewesen.[644] Populär, weil der weltliche Besitz der Klöster, im Mittelalter dank den Schenkungen für fromme Zwecke gewaltig gewachsen, vielen Laien ein Dorn im Auge war und weil die von einem Kloster abhängigen Zinsleute eine Verminderung ihrer Abgabepflichten erhofften. Die protestantischen Theologen verwarfen das Mönchstum als unbiblisch, und die häufigen Verstösse gegen das Zölibat schienen zu beweisen, dass das monastische Leben sogar der menschlichen Natur zuwiderlief. Auch in Basel traf die neun Klöster der Todesstoss (vgl. S. 204). Es ist nun augenfällig, dass schon im Jahr 1525, also Jahre vor dem Sieg der Reformation, der Rat den Nonnen im Steinenkloster den Austritt freistellte. Im gleichen Jahr schloss das Chorherrenstift St. Leonhard auf eigenen Wunsch mit dem Rat Basels einen Vertrag, nach dem das Stift als ewige Schenkung an die Stadt fiel.[645] Den Austritt der Mönche und Nonnen erleichterte der Rat, indem er ihnen das ins Kloster eingebrachte persönliche Gut zurückerstattete und sogar für den Rest des Lebens eine Rente versprach. Überhaupt wurde der ganze Fragenkomplex juristisch sehr sorgfältig, fast ohne Gewaltanwendung, geregelt, denn der Staat wollte ja als Rechtsnachfolger der leergewordenen Klöster ihr Vermögen und damit dessen Erträge weiterhin verwenden. Es war für das reformatorische Basel selbstverständlich, der alten Kirche das Klostergut wegzunehmen, aber man schlug es nicht zum Staatsvermögen, sondern liess es der «neuen» Kirche zufallen. Darum blieb bis ins 19. Jahrhundert hinein das «Kirchen- und Schulgut» von der allgemeinen Staatsrechnung getrennt.[646] Dass es auch «Schulgut» heisst, erinnert daran, dass vor der Reformation der Staat nichts für die Schule geleistet hatte, die Kirche aber alles. Basel führte also mit seinem «Umlageverfahren» nur die mittelalterliche Tradition weiter. – Die Verwaltung eines säkularisierten Klosters oder Stifts wurde einem «Schaffner» anvertraut; die staatliche Aufsicht übten die «Pfleger», immer Mitglieder der Räte, aus. Es ist aber nicht zu überhören: die Verwaltung der Klostergüter bot fortwährend Anlass zur Kritik. Technisch leicht war sie ohnehin nicht, denn es handelte sich bis ans Ende des 18. Jahrhunderts nicht nur um ein Geldgeschäft, da der Ertrag auch in Naturalien, vornehmlich Korn und Wein, bestand. In der später zu schildernden «Einundneunzigerrevolution» wurde darum u.a. die miserable Verwaltung des Kirchenguts, die die privaten Kassen der Pfleger mehr fülle als das «Almosen», angeprangert (vgl. Kapitel 21).[647]

Juristische, nicht gewaltsame Lösungen

Mit der Reformation hatte Basel nun auch aussenpolitisch einen neuen und, wie sich zeigen wird, beschwerlichen Weg angetreten. Bekanntlich spaltete die Konfessionsfrage nach 1529 den Bund der 13örtigen Eidgenossenschaft so tief, dass sich die alten Verbündeten auf den Schlachtfeldern bei Kappel und am Gubel bei Zug erbitterte Gefechte lieferten. Basel, das sich im Dezember 1529 dem «christlichen Burgrecht», einem evangelischen Sonderbund zwischen Zürich, Bern, St. Gallen, Schaffhausen und Biel, angeschlossen hatte, war nun auf Gedeih und Verderb mit dem reformierten Lager verbunden. Im Jahr 1531 hielt es loyal zu Zürich und brachte bei Kappel und am Gubel seinen Blutzoll. «Wir verloren manchen guten, frommen Bürger und vier Büchsen (kleine Kanonen)», jammert der evangelische Chronist,[648] während der katholische Erzähler triumphierend erklärt, die verlorenen Büchsen habe die Stadt Basel aus den messingenen Lichtstöcken, die man in den Klöstern gestohlen habe, gegossen.[649] – In den späteren Glaubenskriegen, den sogenannten Villmergerkriegen von 1655 und 1712, hielt sich Basel an die im Bundesbrief auferlegte Neutralität und versuchte sogar zu vermitteln.

Aussenpolitische Behauptung

«Christliches Burgrecht»

Wir haben es schon oben gesagt: dem eigenen aussenpolitischen Spielraum Basels waren nach 1501 enge Grenzen gesetzt; der «territorialpolitische Traum»

DAS FÜRSTBISTUM BASEL IM 16. JAHRHUNDERT

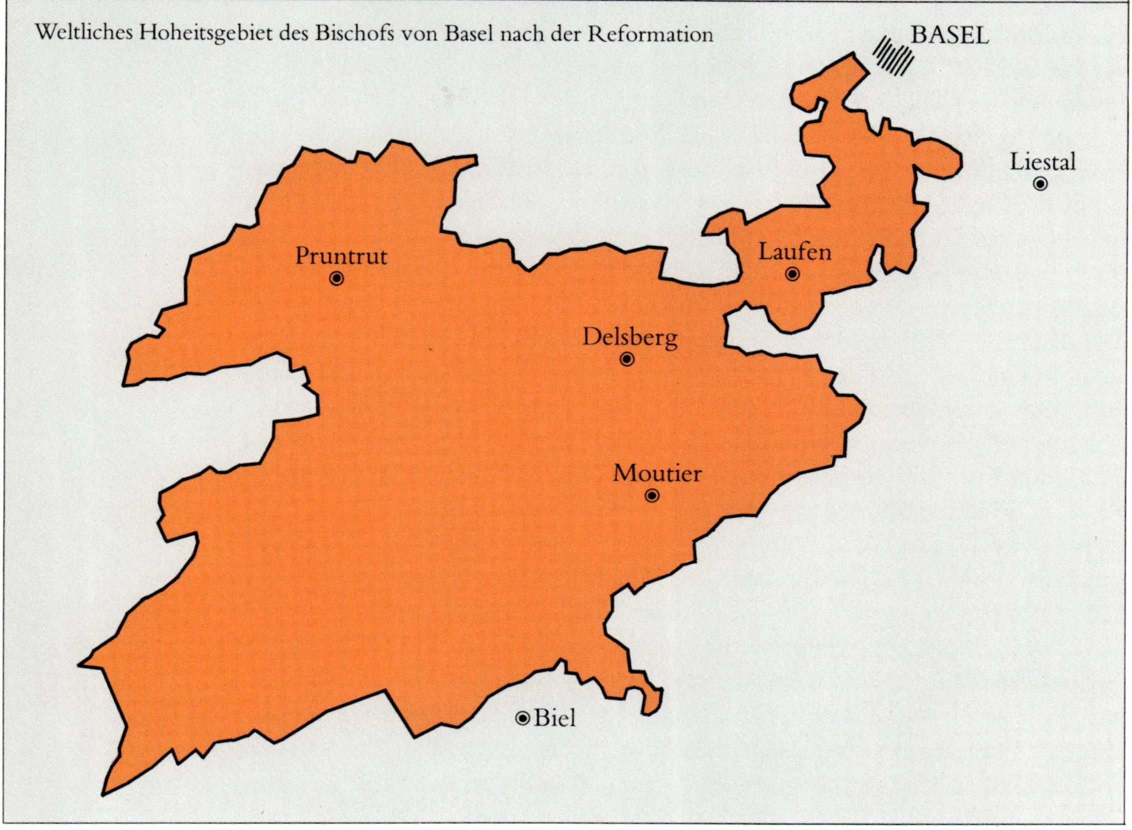

schien ausgeträumt.[650] Da bot sich fast schicksalhaft 1525 noch einmal eine Chance, das alte Juraprogramm zu realisieren. Die Idee, im Birstal bis zu den Juraübergängen Fuss zu fassen, war alt, lief doch hier ein wichtiger Strassenzug vom Norden ins schweizerische Mittelland. Bisher hatte der freundeidgenössische Konkurrent Solothurn in diesem Gebiet glücklicher agiert, was sich heute noch darin zeigt, dass die solothurnischen Bezirke Dorneck und Thierstein im natürlichen Einzugsgebiet Basels liegen. Als sich nun 1525 die Untertanen des Fürstbischofs im Birstal erhoben, vermittelten die Basler zwischen ihnen und ihrem Herrn in Pruntrut. Im allseitigen Einverständnis nahm Basel die Gemeinden des Laufentals und des Birsecks ins Burgrecht auf, d.h. die Dörfer Reinach, Ettingen, Therwil, Oberwil, Allschwil und das Amt Laufen schworen, der Stadt treu und hold zu sein.[651] Die Laufentaler, Birsecker und später auch die Delsberger hatten also fortan zwei Herren: als rechtlichen den Bischof und als wirklichen Beschützer die Stadt. Basel hatte also, ohne vollkommen Herr des Birstals zu sein, seinen Fuss zwischen Tür und Angel geklemmt und konnte warten, bis eine definitive

Laufental und Birseck ins Burgrecht aufgenommen

Ablösung des bischöflichen Gebiets, etwa durch Kauf wie früher, seinen Besitz abrunden würde. Inzwischen durfte in den betroffenen Gemeinden auch die evangelische Lehre ungehindert verkündet werden. Die Zeit schien nicht mehr fern, da Basel dem dahinserbelnden Bistum wieder ein Stück seines Territoriums abnehmen würde. Doch es kam anders.

Ein Mann von überragender politischer Begabung und voll Feuereifer für die gegenreformatorischen Ideen, die das Konzil von Trient verkündet hatte, zerstörte alle Basler Hoffnungen auf ein etwas umfangreicheres Hinterland. Der neue Herr des Hochstifts, der 33jährige Patriziersohn Jakob Christoph Blarer von Wartensee (1542–1608), nahm nicht nur den Kampf gegen die Missbräuche in der eigenen Kirche und gegen die reformierte Ketzerei auf; er erfasste mit scharfem Blick die Möglichkeiten, welche die damalige Situation in der Eidgenossenschaft bot, um sein Bistum im alten Umfang wiederherzustellen. Gewähren lassen, wie es seine Vorgänger taten, schien ihm so schändlich, dass er einmal schrieb, es wäre ihm lieber, seine Eltern hätten einen Sauhirten aus ihm gemacht, als dass er in seiner Amtsführung einen Schandfleck hinterlasse.[652] Diesem überragenden Politiker der Gegenreformation hatte man in Basel wenig entgegenzusetzen. Der Basler Zeitgenosse Andreas Ryff gesteht dies indirekt, wenn er sagt, Blarer habe gehandelt wie ein Fuchs.[653] Der neue Herr des Bistums war fest entschlossen, die Burgrechtverträge, die der Stadt in religiösen Fragen einen weiten Spielraum in den Birstalgemeinden gewährt hatten, zu liquidieren. Die 40 000 Seelen, die bis dahin «ketzerisch» gelebt, sollten wieder «in den Schafstall Christi» gebracht werden.[654] Da der Bischof den drohenden Konflikt mit Basel voraussah, sorgte er beizeiten für kräftige Rückendeckung und vollbrachte sein politisches Meisterstück: im Vertrag zwischen ihm und den sieben katholischen Orten der Eidgenossenschaft vom September 1579 versprachen sich die Kontrahenten, ihre Untertanen bei der katholischen Religion zu erhalten und die Mittel zu suchen, «die Abgefallenen mit der Zeit zu ihrem alten Gehorsam (Glauben) zu bringen».[655] Die Rekatholisierung der Gemeinden im Birs- und im Leimental konnte beginnen. In Basel musste man jetzt erfahren, dass die Unterstützung durch die reformierten Orte der Eidgenossenschaft nicht über Wortproteste hinausging. Die Evangelischen gingen das Risiko, wieder einen Feldzug wie bei Kappel zu führen, nicht mehr ein, und Basel musste die Sache als Rechtshandel vor eine eidgenössiche Vermittlungskommission bringen. Hier schraubte der kämpferische Blarer seine Forderungen hoch. Nicht nur die Burgrechtverträge sollten annulliert, nein, auch die ganze innenpolitische Entwicklung Basels seit rund 200 Jahren rückgängig gemacht werden. Das anno 1400 verpfändete Baselbiet betrachtete der Bischof immer noch als sein Land, das er nur gegen eine neue Zahlung von 700 000 Gulden der Stadt definitiv überlassen wollte. Die Vermittlungskommission schlug im April 1585 im Badener Vertrag einen Kompromiss vor: Die Burgrechtverträge werden so ausgelegt, dass die Stadt keine Chance mehr hat, die Laufentalergemeinden und das Birseck bei der Erhaltung des evangelischen Glaubens zu

Bischof Blarer als starker Gegner der Stadt

Rekatholisierung des Laufentals und des Birsecks

unterstützen, der Bischof hingegen verzichtet seinerseits auf die alten Rechte in der Stadt und auf die basellandschaftlichen Ämter gegen eine Entschädigung von 200 000 Gulden (mit aller bei einer Schätzung gebotenen Vorsicht dürfte man diese Summe doch wohl mit 20–30 Millionen heutigen Franken beziffern). Die Erregung in der Stadt über diese Vermittlervorschläge war so gross, dass man in Zunftkreisen einen Waffengang der reinen Kapitulation vorgezogen hätte. Doch der Rat entschied anders. Der schon genannte Andreas Ryff erklärt warum. Der Rat habe die weise Überlegung gemacht, dass es viel besser und nützlicher sei, im Frieden viel Geld auszugeben, als die armen Untertanen an Land, Gut und Blut schädigen zu lassen; darum habe man in Gottes Namen den Spruch angenommen.[656] Einen katastrophalen Spruch: Basel zahlte nochmals für die Landschaft, der Bischof rekatholisierte das Birseck, und die baslerische Staatsgrenze umschloss nicht einmal mehr die Dörfer Allschwil und Arlesheim. Dieser territoriale Zustand dauerte bis 1815, als ein Schiedsspruch der Grossmächte in Wien das untergegangene Fürstbistum Basel nicht mehr auferstehen liess, das Gebiet aber auch nicht zu Frankreich schlug, sondern zum grössten Teil Bern, zum kleineren Basel zusprach. Für diesen Teil kam schon 1833 der nächste Besitzerwechsel, denn abermals «zog der Pflug der Zeit seine gewaltigen und tiefen Furchen auf diesem kleinen Ackerfeld».[657]

Resignation Basels

Wir haben diesem Abschnitt baslerischer Aussenpolitik nach der Reformation ziemlich viel Raum gewährt. Mit Absicht, denn hier zeigt sich, wo heutige Probleme, wie die Jurafrage und – für Basel noch aktueller – die Laufentalfrage, ihre historischen Wurzeln haben. Die Kenntnis der Ursachen verspricht zwar keine Lösung, aber sie erklärt, warum das Problem überhaupt entstanden ist.[658]

Die Refugiantenfrage

Man könnte die eben geschilderten Ereignisse im Jura, trotz ihrem negativen Ausgang, als aktive Basler Religionspolitik definieren. Viel folgenreicher als diese war nun ihre Kehrseite, die «passive» Religionspolitik. Wir meinen damit die Rolle, die Basel aufgedrängt wurde, als protestantische Religionsflüchtlinge aus vielen Ländern in Basel erschienen und um vorübergehende, häufiger aber um dauernde Aufnahme baten. Das Thema «Refugianten» fehlt in keiner Basler Geschichte, und oft fällt dabei ein verklärender Schein auf «Basilea», die ähnlich der allegorischen «Helvetia» auf dem Strassburgerdenkmal am Centralbahnplatz ihren schützenden Schild über die Bedrängten hält. Die Wirklichkeit ist komplexer und bei Bedrängten und Beschützern sehr variantenreich.[659] Die Reihe der Anklopfenden reicht vom wirklich zutiefst überzeugten Christen evangelischer Konfession, der alles aufgab, um «Christo zu leben» (wie ein Basler Pfarrer einst formulierte), bis zum Schlaumeier, der mittellos ankam und, die Lücken im Wirtschaftsgefüge erspähend und hemmungslos die Ellbogen brauchend, rasch emporkletterte. Ob Glaubens- oder Geschäftsgründe die Auswanderung veranlasst haben, ist nicht in jedem Fall genau festzustellen. Wie verschieden auch die Motive gewesen sein mögen, Hauptursache der Flüchtlingswelle war die Intoleranz im sogenannten «konfessionellen Zeitalter», als in keinem Land der Andersgläubige geduldet wurde. Die Idee der Toleranz, das Geltenlassen anderer religiöser Überzeugungen, existierte zwar in den Köpfen einiger Denker, aber bis sie in Kirche und Staat, die damals zusammenspannten, politischer Grundsatz wurde, mussten noch zweihundert Jahre vergehen.[660] In dieser Epoche also brachen Menschen ihre «Zelte» in der alten Heimat ab und zogen in die Fremde. Es braucht wohl nicht besonders betont zu werden, dass Männer und Frauen, die solche Entschlüsse fassten, nicht zu den schwächlichen Seelen, sondern zur Elite gehörten. Fast durchweg rekrutierten sie sich aus der Oberschicht, häufig aus altem Adel. «Sie gehörten zu den edelsten und tüchtigsten Kräften ihrer Zeit überhaupt.»[661] Als sie in der Lombardei, in Süd- und Nordfrankreich, in den spanischen Niederlanden aufbrachen, stand als Ziel nur selten Basel vor ihren Augen. Sie liessen sich zuerst in den näheren Grenzorten, etwa Chiavenna, Lugano, Locarno, Genf, Montbéliard, Markirch im Elsass, auch in Frankfurt am Main nieder. Erst als diese Städte überfüllt waren, schauten sie sich nach andern möglichen Aufenthaltsorten um, und da muss Basel besonders verlockend gewesen sein, denn zu Anfang des Jahrhunderts hatten die Humanisten das Lob Basels gesungen; als Leute aus dem Handelsstand hatten die Auswanderer auch häufig vom blühenden Handelszentrum am Rhein gehört. Aber Basel – und nun kommen wir zur andern Seite – stand nach der Reformation unter dem ausgeprägtesten Handwerkerregiment seiner Geschichte.

Refugianten meist der Oberschicht zugehörig

Die Handwerker hatten sich in langen Kämpfen ihre zünftisch-gewerbliche Monopolstellung erkämpft. Ihre religiöse Begeisterung war ziemlich lau. Man hatte sich mit dem Übertritt ins protestantische Lager schon genug Feinde unter den Nachbarn aufgehalst, und draussen, im deutschen Reich, schien die Entscheidung, ob Protestanten oder Katholiken die Oberhand gewinnen würden, noch lange nicht zu fallen. Darum erfolgte 1546 jener oft zitierte Ratsbeschluss, dessen Eintrag im Protokollbuch die Abbildung zeigt. Wir geben den Text leicht gekürzt in modernem Deutsch wieder[662]:

Der Basler «Welschenerlass»

«Am 22. Februar 1546 haben unsere gnädigen Herren und beide Räte über die schwere Last, die unsere Bürger und Handwerker wegen der Welschen, die in Basel Bürger oder Hintersassen (Niedergelassene) geworden sind, drückt, nachgedacht und zum Wohl der Bürgerschaft einmütig beschlossen, dass von nun an kein Welscher mehr als Bürger oder Hintersass aufgenommen werden soll. Man soll alle gänzlich abweisen und sie in der Stadt Basel nicht mehr dulden. Jedermann soll seine Töchter vor einer Ehe mit einem Welschen warnen. Eine Frau, die einen Welschen ehelicht, soll man mit ihrem Mann aus der Stadt wegweisen. Niemand darf geschont werden. Doch behält sich der Rat vor, dass er dann, wenn ein reicher oder kunstfertiger Welscher, der Basel Nutzen, Ehre und Ruhm bringt, zuziehen will, tun und lassen kann, was ihm für die Stadt nützlich scheint.» (Genauer Wortlaut auf S. 226 f.)

Man beachte gut! Es handelt sich nicht um ein gänzliches Einwanderungsverbot. Die Türe war nicht für alle anklopfenden Protestanten verschlossen; der Rat konnte von Fall zu Fall entscheiden, wer «der Stadt von Nutzen und Ehre» sei. Vernunft sei entschieden dabei gewesen, behauptet Traugott Geering.[663] Man könnte jedoch beifügen: christliches Ethos eigentlich wenig! Wir möchten aber nicht über die Ratsherren von 1546 zu Gerichte sitzen; wir stecken nicht in ihrer Haut. Übrigens sind sich alle Kenner der Basler Geschichte darin einig: das Ergebnis dieser Flüchtlingspolitik gereichte der Stadt auf die Dauer zum Segen. Die gut belegten Geschichten der einzelnen Refugiantenfamilien und die Quellen der Wirtschaftsgeschichte beweisen, dass Basel seine spätere Bedeutung als Handels- und Industriestadt zu einem guten Teil den Einwanderern des 16. und des 17. Jahrhunderts verdankte. Aus der langen Reihe italienisch und französisch klingender Namen greifen wir einige exemplarisch heraus.

Utilitaristische Basler Flüchtlingspolitik

Schon bald nach Beginn der Verfolgungen um 1540 in Italien entzogen sich Anhänger der neuen Lehre in der Lombardei dem Druck der Inquisition. In der Hoffnung auf eine Änderung der kirchenpolitischen Lage, z.B. durch ein Konzil, blieben sie in der Nähe ihrer Heimat, etwa im südlichen Tessin auf eidgenössischem oder im Veltlin auf bündnerischem Territorium. Als ihnen da der Aufenthalt durch die katholischen eidgenössischen Orte versauert wurde, wandten sie sich nach Zürich und nach Basel. Einige wurden in Basel aufgenommen, weil sie die Bedingungen des oben genannten «Welschenerlasses» erfüllten. Es sind dies die Pellizari, die Sozzini, die Vertemate, die Orelli. Was man in Basel wohl erfahren hatte, sie verfügten alle wenn nicht über Kapital so doch über Kredit, hatten geschäftliche Beziehungen und waren qualifizierte Kaufleute und Spediteure. Beispielhaft für das Geschäftsgebaren der unternehmungslustigen Italiener ist etwa die Familie Pellizari aus Chiavenna. Als 1573 zwei Brüder Pellizari das Basler Bürgerrecht erwarben, registrierte man sie als Seidenhändler. Sie bezogen den nördlich der Alpen seit der Renaissance so hochgeschätzten Textilrohstoff aus ihrer alten Heimat. Doch schon kurz darauf erweiterten sie ihren Geschäftskreis, indem sie dem Handel einen Veredlungsprozess beifügten; sie richteten eine Seidenfärberei ein. Dadurch wurde nicht nur ein neues Gewerbe in Basel heimisch; auch die Produktionsform war neuartig, höchstens in den grossen Druckereien gelegentlich üblich. Die Pellizari beschäftigten in ihrem Haus – es ist der zum Teil heute noch bestehende Seidenhof am Blumenrain – fünfzehn, später gar dreissig Gesellen, lauter Italiener. Die Zünftler werden geschimpft haben, aber der Rat liess die Pellizari geschäften. Es wiederholte sich da ja eigentlich nur, was man schon früher den Papiermachern und den Druckern erlaubt hatte. Freilich, als der Chef des Hauses, Stefano Pellizari, mit dem Riesenprojekt einer Seidenmanufaktur mit 2000 Arbeitsplätzen vor den Rat trat, winkte dieser ab. Übrigens hatten die Pellizari unruhiges Blut; schon nach 1620 wohnte keiner mehr von ihnen in Basel. Anders die Sozzini oder Socin, wie man sie in Basel nennt, aus Bellinzona, wohin sie schon im 15. Jahrhundert wegen Parteistreitigkeiten in Siena ausge-

Italienische Familien

Der sogenannte Welschenerlass vom 22. Februar 1546 in moderner Schrift:

das man dhein Welschen me zuo burgern noch hintersassen annemen solle

Anno domini XV XLVI denn XXII tag Februarij
Habennd unnser Gnedig Herren bed Rath, der beschwer =
lichenn Last, der unns, unnsern Burgern unnd Handt =
werchenn von wegen der Welschenn, so bitzher Inn
Einer Statt Basell zu Burgern unnd Hindersassen
angenomen wordenn unnd Ingesessen sind, vilfaltig
begegnet, unnd furer, wo nit gepurlichs Insehen ge =
scheche, sich beschwerlicher zutrag machte etc zu hertzenn
genomenn, Erwegenn und bedacht, unnd sich daruff
gemeiner Statt, unnd Burgerschaftt Basel zu gutt
Einhellnig Erlutert, Entschlossen, das nun
hinafur kein Wellscher zu Burgern noch hindersass
nit angenomen, sonder die alle glat furgewisen
und Inn der Stat Basel nit geduldet werdenn
das ouch mengklicher die sinenn es syend dochtern
oder Wytwenn verwarne, das sich deren keine
mit keinem Wellschenn in die Ee begebe, dann
welche sich hierhinn ubersehenn einen Welschen zur
Ee nemen wurde, die soll unnd wurdet man mitt
dem Wellschenn Mann von Statt und Land hin =
weg schickenn unnd hierob niemands verschonenn
unnd will aber Ein Ersamer Rath Ime vorbehalten
habenn, Ob sich zutragenn das etwan ein Welscher
Rycher oder kunstricher Man zu uns zu ziechen begerte
dessen Ein Statt Nutz Eer unnd Rum habenn oder
umb siner kunst willen hie notturftig sin wurde etc
inn sollichen fallenn yeder zitt zuthun oder zulassen
was ein Ersamer Rath der Statt Nutz unnd
Eer sin bedunkt. Actum ut supra

---

wandert waren.[664] Antonio Sozzini, der 1560 das Basler Bürgerrecht «aus besonderen Gnaden und in Hinsicht seines bezeugten Wohlverhaltens» erhielt, handelte zuerst mit dem klassischen Nahrungsmittel seiner Heimat, mit Reis. Seine Söhne stiegen auf die wohl einträglichere Seidenfärberei um. An dieser Familie fällt ihre ungewöhnlich steile politische Karriere auf. In der zweiten Generation stellen sie 1636 schon einen Oberstzunftmeister, den Joseph Socin, Gastwirt im Storchen, in der vierten 1683 gar den Bürgermeister Emanuel (von ihm ist im folgenden Kapitel nochmals die Rede). Wie gut die gegenseitige Förderung im Refugiantenkreis spielte, beweist die Geschäftsverbindung des Stefano Pellizari mit Achilles Werthemann, einem Glied des adligen Geschlechtes der Vertemate

Das man khein Welschen me zu Burgern noch hindersessen angenemen solle,

Anno dni. xv°. xlvj°. dem xxi. tag Februarij.

Habend unser Gnedig Herren, Rät und Rath, den beschwerlichen last, der uns, unsern Burgern und Handtwercken, von wegen der Welschen, so bitzhär jnn Einer Statt Basell, zu Burgern und Hindersassen angenomen worden, und jngeslossen sind, vilfaltig begegnet, und fürer, wo nit gepürlich insehen geschehe, sich beschwerlicher zutrag mochte zu fürtzen gewonen. Erwegen und bedacht, und sich darumb gemeiner Statt, und Burgerschafft Basel zu gutt, Einhellig Erlutert, Entschlossen, Das nun hinfür kein Welscher zu Burgern noch hindersässen nit angenomen, Sonder die alle glat hingewisen und jnn der Stat Basel nit geduldet werden. Das auch menglicher dis Lands, es sigend Dochteren oder Wittwen, verwarne, das sich deren keine mit keinem Welschen, jn die Ee begebe. Dann welche sich hierin übersehen, Einen Walhen zu Ee nemen wurde, die soll und wurdet man mitt dem Welschen Mann, von Statt und Land hinweg schicken, und hierob niemands verschonen, Und will aber Ein Ersamer Rath, Jme vorbehalten haben, Ob sich zutragen, Das etwan Ein Welscher, Rycher, oder Kunstricher Man, zu uns zuziehen begerte, dessen Ein Statt Nutz Eer, und Ruhm haben, oder umb siner Kunst willen hie nottürfftig sin wurde, Jme sollichen fallen jederzitt, zufinden oder zulassen was ein Ersamen Rath der Statt, Nutz und Eer sin bedunckt. Actum ut supra.

in Plurs. Diese «Gutfertiger» (= Spediteure in der Sprache des 17. Jahrhunderts) wurden 1587 Basler Bürger; ihr Name dann lautlich verdeutscht.

Niederländer

Blicken wir nach Norden! In den spanischen Niederlanden nahm Herzog Alba 1567 den Vernichtungskampf gegen die Protestanten auf. Dem sicheren Kerker entzog sich einer der reichsten Männer Antwerpens, der konvertierte spanische Jude Marco Perez, durch die Flucht nach Basel. Der geniale Kaufmann und Bankier lebte hier noch fünf Jahre bis zu seinem frühen Tod und genoss hohe Achtung bei den Gelehrten und den Geistlichen Basels (man lese etwa das schöne Lob, das ihm Petrus Ramus in seiner Rede auf Basel 1572 gezollt hat).[665] Die Basler Kaufleute hingegen legten ihm noch und noch Hindernisse in den Weg. «Es handelte sich», so schrieb der ehemalige Basler Staatsarchivar August Huber, «um den Kampf des Welthandels gegenüber einem kleinen städtischen Warenverkehr.»[666] Noch war man in Basel nicht zum Schritt in die Weite bereit, aber wenn im 18. und 19. Jahrhundert baslerische Produkte in alle Welt geliefert wurden, so haben dazu die Refugianten mit ihren neuen Produktionsformen neben dem herkömmlichen Zunftgewerbe und Zunfthandel den Weg gewiesen. Als einen frühen Vertreter der Welthandelsidee in Basel mussten wir den sonst vergessenen Perez nennen. Das spätere Hauptexportprodukt aber ist überwiegend eine Schöpfung französischer Refugianten gewesen.

Hauptkontingent aus Frankreich

Aus Frankreich kam seit dem Ausbruch der Hugenottenkriege um 1550 der Hauptharst der Refugianten. Auch sie zählten zur Oberschicht und besassen kaufmännische Kenntnis und Welterfahrung. Die ersten ganz berühmten Hugenottenführer, die nach der Bartholomäusnacht 1572 in Basel Unterschlupf fanden, zogen allerdings freiwillig oder auf Wunsch des Rates bald wieder weg. Von ihnen erfuhr übrigens der Historiker Wurstisen die Einzelheiten jenes grauenvollen Ereignisses, das er am Schluss der «Basler Chronik» so packend geschildert hat (siehe S. 22). Aus dem Zentrum der französischen Seidenindustrie in Lyon erschienen Ende des 16. Jahrhunderts die Brüder Battier, deren Geschlecht bis zum Erlöschen im 19. Jahrhundert in Basel ökonomisch und politisch sehr erfolgreich gewesen ist. Zu Beginn des 17. Jahrhunderts liess sich ein anderer Franzose, Johann de Bary, hier nieder. Er wurde der Stammvater einer ausgesprochenen Fabrikantenfamilie, deren letzte Produktionsstätte, die Bandfabrik de Bary, erst in der Mitte des 20. Jahrhunderts «fast sang- und klanglos ihre Pforten geschlossen hat».[667]

Zahlreich erschienen die Refugianten in Basel während des Dreissigjährigen Krieges und dann wieder nach der Aufhebung des Edikts von Nantes 1685. Wir zählen des beschränkten Raumes wegen nur die bekanntesten Namen, den Herkunftsort und das Jahr der Niederlassung auf. Es sind dies die Miville, zuletzt aus Markirch, 1606; die Dienast aus der Pfalz, 1607; die Sarasin aus Lothringen, zuletzt aus Markirch, 1628[668]; die Chrétien, in Basel Christ geheissen, aus Nancy via Markirch, 1623; die Passavant aus Burgund, 1596; und schliesslich die süddeutsche Familie Vischer, von denen ein Zweig in Colmar lebte, um 1650.[669]

Hof des von Samuel Werenfels 1763/66 erbauten Blauen Hauses, das sowohl der Seidenbandfabrikation als auch dem Wohnen und der Repräsentation diente.

Posamenterie

Einem typischen Refugiantengewerbe verdankt Basel einen guten Teil seines Wohlstands im 17. und 18. Jahrhundert. Die Posamenterie, als Bandfabrikation ein Hauptpfeiler der Basler Wirtschaft bis in die Neuzeit, ist französischen Ursprungs (passementerie).[670] Das Wort bezeichnet das Weben von Borten und Fransen zum Schmuck oder von Bändern zum Binden; der baseldeutsche Ausdruck lautet «Bändel»; der Hersteller heisst «Basemänter», der Fabrikant «Bändelheer». Die ersten Basler Posamenterwerkstätten gehörten einem Refugianten aus den Niederlanden, Peter Servauter (um 1570), und einem Lothringer, Antoine Lescailles (um 1577). An der weiteren Entwicklung des Gewerbes beteiligten sich bald auch alteingesessene Familien. Rasch wuchs aus den bescheidenen Anfängen der Grossbetrieb mit Gesellen und auf der folgenden Stufe die fabrikmässige Produktion im kapitalistischen Unternehmen. Die Probleme, die dabei auftauchten, haben zwar nichts mit der Refugiantenfrage, die wir hier behandeln, zu tun; wir greifen sie dennoch auf, weil damals von der Obrigkeit entscheidende Beschlüsse für Basels Zukunft gefasst wurden.

Zimmer des Blauen Hauses als Beispiel für die insgesamt reiche Innenausstattung.

Typisches ehemaliges Posamenterhaus in Reigoldswil.

Die politische Frage, die während mehr als hundert Jahren die Obrigkeit beschäftigte, lautete knapp formuliert: Sollen die alten zünftischen Vorschriften, die sogenannten Handwerksordnungen, unverändert in Kraft bleiben, wie es z.B. die Webernzunft verlangte, oder durfte der Rat nach dem Grundsatz «freie Bahn dem Tüchtigen» das Zunftsystem, die politisch unverrückbare Grundlage des Staates, durchlöchern? Der Basler Rat hielt in seiner Entscheidung den Weg für

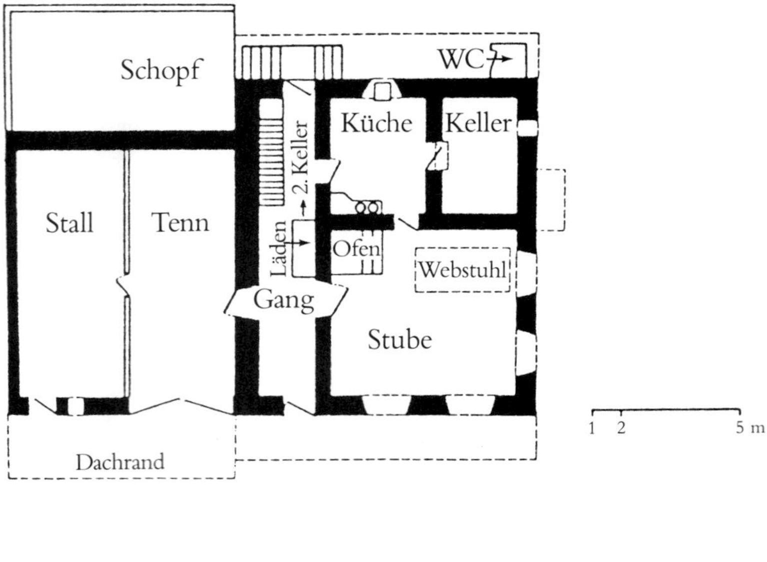

Charakteristischer Grundriss eines Baselbieter Posamenterhauses.

die Zukunft offen, indem er den sogenannten Kunststuhl, baseldeutsch die «Bändelmiili», eine webtechnisch sensationelle Erfindung des 17. Jahrhunderts, nicht verbot. Ein solcher Kunststuhl, dessen erstes Modell vom Fabrikanten Emanuel Hoffmann aus Holland illegal ausgeführt wurde, erlaubte gleichzeitig die Herstellung von sechzehn Bändern. Was die Regierungen grosser deutscher Handelsstädte aus Rücksicht auf das Textilhandwerk verboten, billigte der Basler Rat.

Posamenten als Heimarbeit

Dank dem Verlagssystem, d.h. der Ausgabe von Aufträgen an Heimarbeiter, breitete sich die Posamenterei über das ganze Baselbiet aus, wo zur Zeit der Hochblüte der Bändelindustrie im 19. Jahrhundert mehrere tausend Webstühle klapperten. Stadt und Landschaft bildeten eine Arbeitsgemeinschaft, deren Ertrag beiden, wenn auch in unterschiedlichem Masse, zugute kam; dem Baselbieter Kleinbauern sicherte die Heimarbeit das Existenzminimum, so dass er nicht auswandern musste, dem städtischen «Bändelheer» verschaffte sie jenes Vermögen, das in den Palastbauten des 18. und des 19. Jahrhunderts seinen sichtbaren Ausdruck fand.[671] Ob allerdings viele Baselbieter Posamenter so fromme Leute waren wie jener, dem ein geistlicher Liederdichter die folgenden Verse in den Mund legte, scheint uns fraglich.

«Hier steh ich bei dem Webestuhl.
Herr, mach ihn mir zur guten Schul,
Dass bei dem äusserlichen Werk
Mein Herz auf deine Wahrheit merk!

Die Seide kommt von Würmern her.
Herr, hilf, dass ich zu deiner Ehr,
Da du mich herrlicher gemacht,
Dir besser noch zu dienen tracht'!

Aus vielen Fäden wird ein Band.
So flicht die grosse Künstlerhand
Die rechten Christen insgemein
Zusammen, dass sie Eines sein.

Hallelujah! Was will ich mehr?
Der Heiland ist mein Bändelherr.
Er deckt uns hier und dort den Tisch.
Hallelujah! So web ich frisch!»

Der Autor dieses «geistlichen Passementerliedes» hiess Hieronymus Annoni (auch d'Annone geschrieben, 1697–1770) und war ein Nachfahre des 1564 aus Oberitalien geflüchteten Cristoforo Annoni.[672] Dies erinnert uns daran, das bisher von den Refugianten Gesagte aus einem anderen Blickwinkel ergänzen zu müssen. Von den Flüchtlingen waren nicht alle Wirtschaftsmanager. Manche zeichneten sich auch durch geistige Leistungen als Universitätslehrer und Prediger aus.

Refugianten als Bereicherer des Geisteslebens

Einen der ersten Gelehrten, den die Emigration nach Basel verschlug, den Savoyarden Sebastian Castellio, haben wir als frühen Vertreter der Toleranzideen schon erwähnt (vgl. S. 216 f.). Neben ihm wirkte an der Universität als Lehrer an der Artistenfakultät der Piemontese Coelius Secundus Curione (1503–1569), das geistige Haupt der italienischen Flüchtlingsgemeinde.[673] In der Basler Geistesgeschichte hat er sich als Verfasser anticalvinistischer Schriften und als Vermittler italienischen Gedankenguts der Renaissance ein bleibendes Denkmal gesetzt. Noch

Curione

heute erinnern an den geistvollen Italiener das Epitaph (= Grabtafel) im Münsterkreuzgang, das der Vater seinen drei vor ihm verstorbenen schönen und gescheiten Töchtern, und jenes, das ihm sein Sohn errichtet hat. Das Geschlecht ist seit Ende des 17. Jahrhunderts in Basel nicht mehr nachzuweisen.

Bauhin

Ein Hugenotte aus Amiens, der Arzt Jean Bauhin (1511–1582), fand erst nach einer Irrfahrt durch halb Europa 1541 in Basel Zuflucht.[674] Obwohl er mit Erfolg Margarete von Navarra, die Schwester des Königs Franz I., behandelt hatte, fühlte er sich in Frankreich nicht mehr sicher. In Basel wurde er Stammvater einer Ärztedynastie, denn sein Sohn Caspar (1560–1624) und sein Enkel Johann Caspar (1606–1685) wurden nachmals Professoren der medizinischen Fakultät. Ihre wissenschaftlichen Verdienste liegen allerdings eher auf dem Gebiet der Botanik, wo sie sich als Sammler und ordnende Systematiker ausgezeichnet haben.

Die Frage, ob Basel wirklich einmal in seiner Geschichte weltberühmte Genies hervorgebracht habe, beantwortete 1957 ein Mathematiker mit einem überzeugten Ja.[675] Er wies auf den Ruhm der Bernoulli und des Leonhard Euler (1707–1783), die unbestreitbar zu den Weltberühmtheiten zu zählen seien, weil im Herzen von Paris Strassen «Rue Bernoulli» und «Rue Euler» hiessen. Auch Eulers Vorfahren sind Ende des 16. Jahrhunderts nach Basel gekommen, und zwar aus Lindau. Ob aus religiösen Gründen, ist uns allerdings nicht bekannt. Sicher aber tragen religiöse Verfolgungen die Schuld am Aufbruch der Bernoulli in Antwerpen zur Zeit Albas. Der Grosskaufmann Jakob Bernoulli floh nach Frankfurt; einer seiner Enkel, ebenfalls Jakob mit Namen, wurde 1622 Bürger

Euler

Bernoulli

von Basel.[676] In den folgenden Generationen sind es nun gleich acht Bernoulli, die als Professoren den Basler Lehrstuhl der Mathematik oder Physik fast wie einen Familienbesitz gepachtet hatten. Anders als die oben genannten Refugiantenfamilien bleiben die Bernoulli in Basel lange Zeit ein blühendes Geschlecht, das sich bis heute immer wieder durch originelle Leistungen auszeichnete.

Skandal des David Joris

Am Schluss dieses Refugiantenkapitels müssen wir noch eine skandalöse Geschichte erzählen. Sie wird gelegentlich in den Darstellungen unterschlagen, weil sie im politischen und ökonomischen Leben Basels effektiv ohne Folgen geblieben ist.[677] Doch wirft sie auf die geistig-religiöse Situation des 16. Jahrhunderts ein grelles Licht. Im April 1544 bewilligte der Rat einem holländischen Glaubensflüchtling und seiner grossen Familie samt Dienstboten die Niederlassung. Der stattliche Mann mit rötlichem Vollbart nannte sich Johannes von Brügge (oder Bruck) und imponierte den Ratsherren durch sein bescheidenes, aber doch weltmännisches Auftreten so sehr, dass man von ihm keine Legitimationspapiere verlangte und ihn noch im gleichen Sommer ins Bürgerrecht aufnahm. Seine Gestalt im roten Mantel vor einer phantastischen Gebirgslandschaft kann heute noch jeder Besucher des Basler Kunstmuseums betrachten. Das Porträt trägt in Katalogen und Kunsthandbüchern die Bezeichnung «Jan van Scorel, Bildnis des Wiedertäufers David Joris».

Und nun das Skandalon im strikte reformierten Basel: Der vornehme Flüchtling Johann von Brügge und der «Wiedertäufer» Joris sind identisch! Zwölf Jahre lang, von 1544 bis 1556, schätzten die Basler Räte und die Geistlichen den stillen, freundlichen Herrn, der den schönen Spiesshof am Heuberg und das Binninger Schloss erworben hatte, der über ein grosses Vermögen zu verfügen schien, da er keinen Beruf ausübte, der als frommer Christ regelmässig zur Kirche und zum Tisch des Herrn ging, für dessen Kinder die Vornehmsten Basels die Patenschaft übernommen hatten und dessen Mildtätigkeit stadtbekannt war. Nach seinem Tod am 26. August 1556 wurde er in einem grossartigen Leichenbegängnis, an dem dem Verstorbenen nochmals reichliches Lob gespendet wurde, in der Leonhardskirche begraben. Man hätte ihn jetzt wie viele andere reiche Herren vergessen können, sein Name wäre nie in einer Basler Geschichte erschienen, wenn nicht einer seiner Diener ein Jahr später das arge Geheimnis gelüftet hätte. Jetzt fiel das rechtgläubige Basel, wo man jeden religiösen Abweichler bestraft und vor kurzem noch Täufer hingerichtet hatte, aus allen Wolken. Man musste sich rehabilitieren, und dies geschah im «grössten Sensationsprozess der Basler Geschichte». Was 1559 ans Licht kam, war allerdings aufsehenerregend und blamabel zugleich. Der Edelmann und Vorsteher der kleinen holländischen Basler Kolonie war einer der schlimmsten Ketzer, der je Basels Boden betreten hatte. David Joris, um 1500 in Flandern geboren, von Beruf Glasmaler, war als Jüngling zum Luthertum übergetreten, schloss sich nachher den Anabaptisten an, erduldete darum harte Folterungen und entwickelte sich in der

Links: Jakob Bernoulli (1654–1705). Porträt in der Alten Aula an der Augustinergasse.
◁

Rechts: Leonhard Euler (1707–1783). Porträt in der Alten Aula an der Augustinergasse.
◁

Folge «zum ekstatischen Propheten und quietistischen Mystiker.»[678] Erneut verfolgt, verschwand er heimlich aus Holland, liess aber eine verschworene Gemeinde zurück, die er brieflich von Basel aus betreute und die ihm das Geld für seinen seigneuralen Aufwand schickte. Was die Zeitgenossen nach seinem Tod im Sündenregister zusammengetragen haben, wird in der Ryffschen Chronik in fünfzehn Artikeln formuliert. Es heisst dort z.B., Joris behaupte, dass er der zweite Messias und wahrer Sohn Gottes sei, dass er Gewalt habe zu binden und zu lösen, dass er das letzte Gericht an der Welt vollziehen werde ...[679]

Nach langen sorgfältigen Untersuchungen durch Geistlichkeit und Rat wurde das Urteil gefällt. Die Nachkommen des Joris und die Glieder seiner in Basel wohnenden Gemeinde mussten ihren Irrglauben im Münster öffentlich abschwören, durften aber hier bleiben. Den einbalsamierten Leichnam des Ketzers jedoch grub man aus und verbrannte ihn in Anwesenheit einer gewaltigen Zuschauermenge auf dem Richtplatz vor dem Steinentor. Mit diesem «feierlich-widerwärtigen Totenautodafé»[680] glaubte man, den guten Ruf der rechtgläubigen Stadt wieder hergestellt zu haben. In der katholischen Schweiz aber spottete man: «Basel verbrennt die toten Ketzer und die lebenden nit.»

Der «Erzketzer» David Joris (1501 oder 1502–1556). Gemälde eines unbekannten Meisters. Kunstmuseum.

21. KAPITEL DAS ZUNFTREGIMENT VOM 16. BIS ANS ENDE DES 18. JAHRHUNDERTS

Wie im Leben des Menschen stürmische Jahre der Entwicklung mit ruhigen Zeiten, in denen scheinbar nichts Wesentliches geschieht, wechseln, so sieht man auch beim Blick auf die grossen Linien der Basler Geschichte einmal bewegte Epochen, dann wieder fast völligen Stillstand. Das Basler Spätmittelalter haben wir als eine unruhige Zeit kennengelernt, denn damals verdrängte die Bürgerschaft in stetem Kampf und mit Beharrlichkeit das ihrem Wesen fremde Element der monarchisch-bischöflichen Herrschaft und eliminierte den nicht integrierbaren Adel. In den folgenden 250 Jahren erlitt die Stadt zwar auch einige Erschütterungen; die staatliche Struktur aber verharrte in dem Zustand, wie ihn das Reformationsjahrzehnt geschaffen hatte. Diese Basler Zunftrepublik stellen wir in ihrer theoretisch ausgeprägtesten Form vor und schildern danach den einzigen Versuch einer Verfassungsänderung zwischen 1529 und 1798.[683]

Bürger, Hintersassen, Untertanen

Wie überall konnte auch in Basel Anteil am öffentlichen Leben nur nehmen, wer das Bürgerrecht besass. Politisch ausgeschlossen war also ein beträchtlicher Teil der Bevölkerung, die sogenannten Hintersassen oder «Schamauchen» und die Untertanen der Landschaft. Im 14. und 15. Jahrhundert, als man in Basel noch starke Fäuste für die Kriegszüge brauchte, kam jeder Zugewanderte, der sich einmal an einem Auszug beteiligt hatte, rasch in den Genuss des Bürgerrechts. Im 16. und 17. Jahrhundert, besonders aber im 18. Jahrhundert teilte die städtische Bürgerschaft ihre mühsam erworbenen Rechte nicht mehr gern mit Leuten, die mittellos durch die Stadttore hereingekommen waren. Das Bürgerrecht wurde nurmehr, wie wir gesehen haben, sehr selektiv erteilt.

Bürgerliche Mitsprache nur über Zunft möglich

Politisches Mitreden setzte aber immer noch mehr als nur das Bürgerrecht voraus, nämlich die Zugehörigkeit zu einer Zunft. Erst als Mitglied einer Zunft stand dem Basler Bürger der Weg ins «Stadtparlament» und damit zu den politischen Ämtern offen. Und dieser Weg führte ausserdem über die Mitgliedschaft im Zunftvorstand. Dieser wurde aus dem Zunftmeister, dem Zunftratsherrn und sechs Beisitzern gebildet, weshalb man seit dem Jahr 1400 nie von «Zunftvorstandsmitgliedern» redet, sondern immer von «Sechsern». Man könnte nun mei-

Glasscheibe mit Vorgesetztenessen der Zunft zu Gartnern, in der auch die Seiler (siehe Oberteil der Scheibe) inkorporiert waren. 1615. Historisches Museum.

nen, der Zunftvorstand sei durch die Gemeinschaft aller Zunftangehörigen gewählt worden, etwa so wie es bis heute in einem Verein geschieht. Doch dies war in 500 Jahren nur während ganz kurzer Zeiten der Fall! Das Tor zum Kreis der Sechser und damit ins «Stadtparlament» liess sich nur von innen öffnen, denn die bisherigen Sechser, die nach einem Jahr zurückzutreten hatten, wählten ihre Ersatzleute oder Nachfolger selbst, und dies waren üblicherweise ihre Vorgänger.

Wie seit der Reformation das «Stadtparlament» zusammengesetzt war, zeigt schematisch die folgende graphische Darstellung:

DIE ZUSAMMENSETZUNG DES GROSSEN UND KLEINEN RATES IM 17./18. JAHRHUNDERT

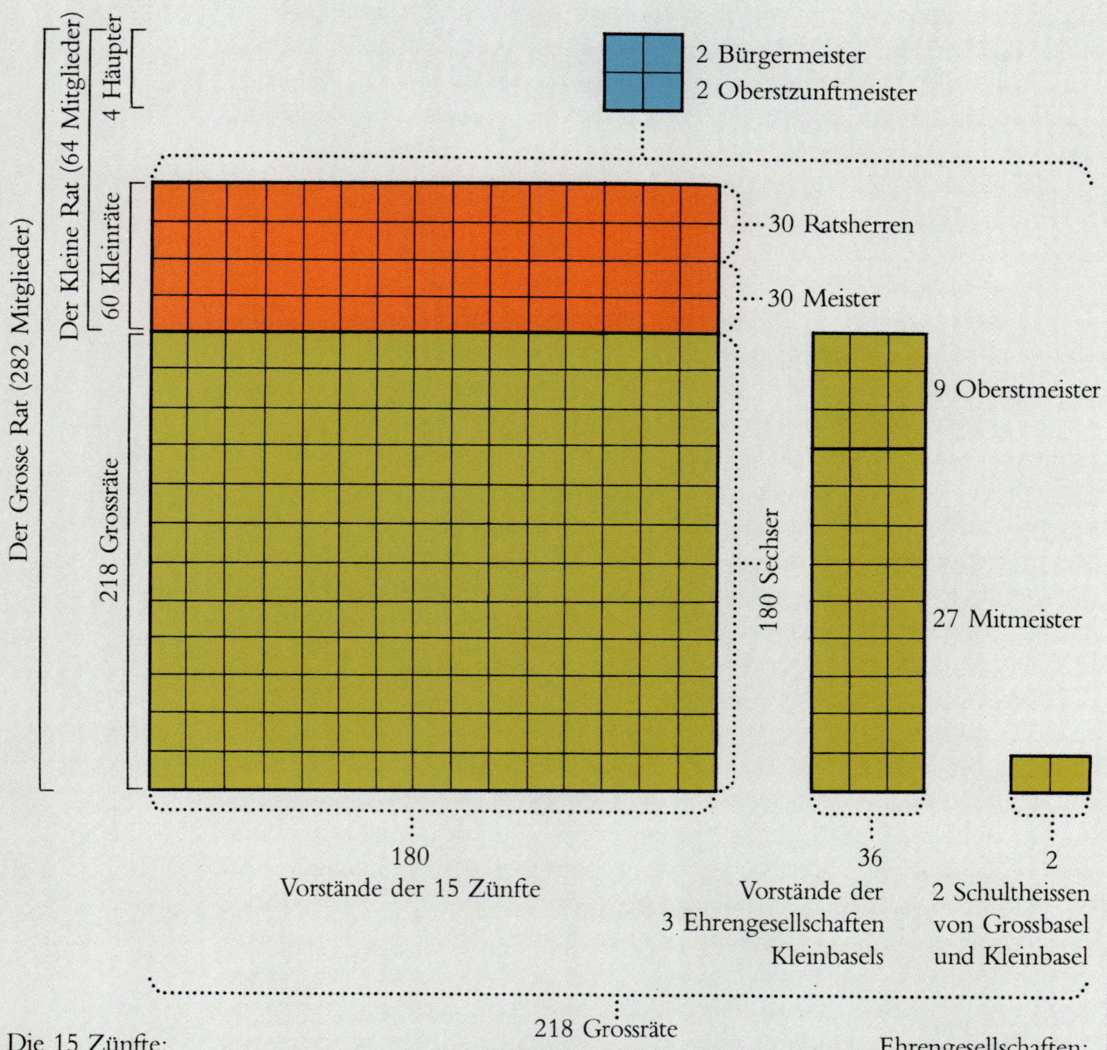

Die 15 Zünfte:			Ehrengesellschaften:
Kaufleuten	Becken	Metzgern	Greifen
Hausgenossen	Schmieden	Spinnwettern	Hären
Weinleuten	Gerbern und Schuhmachern	Scherern und Malern	Rebhaus
Safran	Schneidern und Kürschnern	Webern	
Rebleuten	Gärtnern	Fischern und Schiffleuten	

Im 18. Jahrhundert bestand der Grosse Rat aus 218 Baslern (natürlich nur männlichen Geschlechts), nämlich den 180 Sechsern der fünfzehn Zünfte, den 36 Vorstandsmitgliedern der drei Kleinbasler Gesellschaften und den zwei Schultheissen (Gerichtspräsidenten). Seit dieser Rat existierte, etwa seit dem Ende des 14. Jahrhunderts, wurde er selten einberufen, nämlich nur dann, wenn dem Kleinen Rat die Zustimmung zu einem besonders folgenschweren Beschluss nötig schien. Während des ganzen 17. Jahrhunderts geschah dies nur fünfzehnmal. Diese an sich schon schwerfällige Versammlung tagte aber nie allein, sondern immer in Gemeinschaft mit dem Kleinen Rat. (Daher am linken Rand des Schemas die Zahl 282.)

Grosser Rat

Die wichtige, als Regierung funktionierende Behörde, der Kleine Rat, zählte 64 Mitglieder, je dreissig Zunftmeister und 30 Ratsherren; er wurde präsidiert von den sogenannten Häuptern, den zwei Bürgermeistern und den zwei Oberstzunftmeistern. Diese Vier wären etwa den heutigen Regierungsräten gleichzusetzen. Nun ist aber ein wichtiges Merkmal der Verfassung zu beachten: Es herrschte eine Art Dualismus, der diesen Rat in zwei gleich grosse Teile zerschnitt. Der eine Teil nahm wärend eines Jahres die Regierungsfunktion wahr, der andere schaute gleichsam zu; der regierende Teil hiess der «neue», der in Ausstand getretene der «alte» Rat. An der Spitze des Basler Staates stand also während eines Jahres nur ein Bürgermeister und ein Oberstzunftmeister. Der Amtswechsel der beiden Ratshälften fand seit ältesten Zeiten im Juni statt. Obwohl diese sogenannte Regimentserneuerung im 18. Jahrhundert zu einer blossen Formalität herabgesunken war, wollen wir dem wichtigsten Tag im Leben des damaligen Baslers einige Zeilen widmen, denn er ist symptomatisch für die Staatsauffassung im letzten Jahrhundert vor der Revolution.[684]

Kleiner Rat, Bürgermeister, Oberstzunftmeister

Alter und Neuer Rat

Am Samstag vor dem St. Johannstag (24. Juni) versammelte sich der regierende Rat im Rathaus, wählte den «neuen» Rat, d.h. in praxi seinen Vorgänger, und beide Räte erkoren gemeinsam den neuen Bürgermeister und den neuen Oberstzunftmeister. Die Namen der «Neuen» blieben geheim bis zur öffentlichen Verkündigung am folgenden Sonntagmorgen auf dem Petersplatz. Vom Fenster des Stachelschützenhauses (heute Institut für Mikrobiologie und Hygiene) aus verlas der abtretende Bürgermeister die Namen der neuen Räte und hielt eine Rede vor der versammelten Bürgerschaft, die durch Gesetz zum Besuch der Zeremonie verpflichtet war. Der Aufbau der Rede des obersten Magistraten, der sich formelhaft Jahr für Jahr wiederholte, war etwa folgender: Zuerst begrüsste der Bürgermeister die Anwesenden so: «Edle, Gestrenge, Ehrenveste, Hoch- und Wohlgelehrte, fromme, fürsichtige, ehrsame, weyse, insbesondere günstige ehrende Herren, gute Freunde und getreue liebe Burger!» Dann teilte er mit, dass man nach altem Herkommen und «mit Hilf und Beistand des Allerhöchsten» einen neuen Bürgermeister, einen neuen Oberstzunftmeister und einen neuen Rat erkoren habe. Ihm habe Gott das Schwert, die Frommen zu schützen und die Bösen zu strafen, gegeben und ihm habe das Volk Gehorsam

Jährliche Regimentserneuerung

zu leisten. Und mit folgenden Worten schloss er die Rede: «Gott wolle uns allen die Gnade und Kraft des Heiligen Geistes miltiglich verleihen durch unsern Herrn und Heiland Jesus Christus, Amen!» Alle Amtshandlungen, Wahlen und Einsetzung des neuen Rates, begannen mit einem gemeinsamen Gottesdienst und endeten mit Gebet. Nicht nur bei dieser Zeremonie, auch dann, wenn sich die Ratsherren zur Sitzung ins Rathaus begaben, unterschied sie ihre Kleidung vom gewöhnlichen Bürger. Matthäus Merian zeichnete am unteren Rand seiner bekannten Vogelschaukarte der Stadt Basel von 1615 einen solchen Ratsherrn («Senator»). Er trägt Kniehosen, einen kurzen, gefalteten Überrock mit weiten, halblangen Ärmeln, einen steifen, doppelt gekräuselten Halskragen und den typischen hohen, kegelförmigen Baselhut.

Ratsherrenkleidung

Keine Gewaltentrennung

Was sich seit Montesquieu (1689–1755), dem französischen Staatstheoretiker, in den modernen Staaten durchgesetzt hat, die sogenannte Gewaltentrennung, sucht man im damaligen Basel vergeblich. Die verschiedenartigsten exekutiven, legislativen und juridischen Aufgaben, natürlich auch die Vergebung der hohen und niedrigen Staatsstellen, lauter Geschäfte, die man heute scharf voneinander getrennten Organen zuweist, wurden im gleichen Rat diskutiert und beschlossen. Umständehalber delegierte der Kleine Rat, der mit 60 bzw. 30 Räten immer noch ein zu grosses Gremium war, viele Verwaltungsaufgaben an Kommissionen, die «Kollegien» hiessen. Das wichtigste Kollegium, der Dreizehnerrat, bestand seit 1468; damals fungierte er als Kriegsrat. Die XIIIer besassen grosse Kompetenzen und verhandelten natürlich streng geheim. Der Rechtshistoriker Andreas Heusler hält den Dreizehnerrat sogar für die eigentliche Regierung Basels im 17. Jahrhundert.[685] Eine andere wichtige Kommission, die Dreierherren, verwaltete die Finanzen, nahm wöchentlich die Rechnungen entgegen und bezahlte die Lieferanten.

Ratskommissionen («Kollegien»)

Gar nicht im Sinne unseres medien- und transparenzfreudigen Jahrhunderts war eine weitere Eigenart des politischen Lebens jener Epoche, nämlich die Bestimmung, «in notwendigen Sachen so der Stadt Ehrhafft oder die Stadt oder einzelne Personen berühren», strenge Verschwiegenheit zu wahren.[686] Man durfte also in der Stadt nicht erfahren, was im Rathaus diskutiert worden war, bevor das Gesetz gedruckt veröffentlicht oder von den Kanzeln verlesen worden war.

Geheimhaltungspflicht

Eine letzte Anmerkung zum Regierungsschema. Die sogenannten Ehrenstellen der Häupter und der Kleinräte waren praktisch unbesoldet; die Verwaltung kostete den Bürger also wenig Geld, was er wohl geschätzt haben wird. Dafür musste er in Kauf nehmen, dass nur wohlhabende, über freie Zeit verfügende Männer sich den höchsten Ämtern widmen konnten, und darum wurde die Basler Zunftrepublik zwar nicht de jure, aber de facto ein Staatswesen, das von einer Geldaristokratie geführt wurde.

Ehrenamtliche Ratsarbeit

Man wird sich jetzt vielleicht fragen, wie ein solches Regierungssystem, in welchem – schematisch gesagt – A den B wählt und B nach einem Jahr wieder den A, eigentlich mit den herkömmlichen verfassungsrechtlichen Begriffen zu definieren sei. Von keinem Historiker bestritten, steht wohl fest: Basel ist trotz dem Sieg der Zunftbewegung im Spätmittelalter und in der Reformation nie eine reine demokratische Republik gewesen. Doch kannte die Stadt auch keine Geburtsaristokratie, d.h. es gab keinen gesetzlich festgeschriebenen Kreis von Familien, die allein wahl- und regimentsfähig gewesen wären. (Als Beispiel für die politischen Möglichkeiten einer neuzugezogenen Familie gilt bekanntlich Johann Rudolf Wettstein, von dem wir bald erzählen müssen.) Basel unterscheidet sich also von seinen Bundesgenossen, den aristokratisch regierten Städten Bern, Freiburg, Luzern, Solothurn oder von der grossen Republik Venedig, dem Urbild einer 700 Jahre lang aristokratisch regierten Stadt. Doch ist nicht abzustreiten, dass sich im Lauf des 17. Jahrhunderts eine kleine Zahl von Familien fast aller hohen Ämter bemächtigt hatte und auch ohne besondere Legitimation die Stadt beherrschte.

Weder rein demokratisches noch rein aristokratisches Staatswesen

Familienherrschaft im 17. Jahrhundert

Eine dieser Familien, die im 17. und 18. Jahrhundert viel von sich reden machte und welcher in der Episode, die wir sogleich erzählen werden, vornehmlich die Wut des aufbegehrenden Volkes galt, heisst Burckhardt.[687] Seit ihrer Niederlassung Anfang des 16. Jahrhunderts bis in die Neuzeit spielte sie eine so wichtige Rolle in Basel wie keine andere. Es ist keine Übertreibung, wenn der Biograph Jacob Burckhardts meint: «Die Geschichte des Geschlechts durch das 17. und 18. Jahrhundert hindurch verfolgen, hiesse die Geschichte der Stadt Basel schreiben.»[688] Der Stammvater der Basler Burckhardt, Christoph («Stoffel», um 1491 bis 1578), kam um 1520, vielleicht als Holzhändler, aus dem Münstertal im südlichen Schwarzwald, wo das kleine Kloster St. Trudpert liegt, in das damalige wirtschaftliche Zentrum am Oberrhein, erwarb hier schon 1523 das Bürgerrecht, brachte mit Tuch- und Seidenhandel ein Vermögen zusammen und starb hochbetagt. Die prachtvolle Grabtafel in der Martinskirche hält unter anderem fest, dass Frau Gertrud Burckhardt-Brand, die zweite Ehefrau Christophs, vor ihrem Tode im Jahr 1600 133 Nachkommen habe zählen können.[689] Dieser ungewöhnliche Kinderreichtum und die darum mögliche häufige eheliche Verbindung mit den eingesessenen Familien verschmolz die Burckhardts schon in der zweiten Generation völlig mit der älteren Basler Gesellschaft. Doch zeichnete ihre Glieder nicht nur Geld- und Kinderreichtum aus; das Geschlecht war wirklich begabt und andauernd leistungsfähig wie kaum ein zweites. Zwischen 1611 und 1798 sassen von ihm im Regiment, d.h. hatten eines der drei höchsten Ämter inne: Sieben Bürgermeister, drei Oberstzunftmeister und siebzehn Dreizehnerherren. Besonders häufte sich ihr Name in der Ämterliste vom Jahr 1666, als von den vier Häuptern drei Burckhardt hiessen und die vierte Stelle absichtlich vakant blieb, um noch einer andern Familie eine Regierungschance zu bieten.[690] War im 17. und im 18. Jahrhundert die Politik weitgehend die Domäne der Familie

Die grosse Familie Burckhardt

Burckhardt gewesen, so ändert sich dies im 19. und im 20. Jahrhundert, weil im Zeitalter der Demokratie neue Männer die Gunst der Wählermassen erwarben. Ungeschwächt vererbte sich aber die wissenschaftliche Begabung der Familie. Man liest z.B. im Verzeichnis der evangelischen Pfarrer zu Stadt und Land von der Reformation bis 1930 vierundzwanzig Mal den Namen «Burckhardt»[691]; und wer in einer der Universitätsgeschichten Basels blättert, begegnet unter den Gelehrten keinem Namen so oft wie dem der Burckhardt. Auch unsere lokale Historiographie wäre lückenhaft ohne die Arbeiten der Burckhardt. Dass einer von ihnen auch in der europäischen Geschichtsschreibung einen Ehrenplatz erworben hat, werden wir im 27. Kapitel erwähnen.

Die Staatskrise von 1691

Nach dem verfassungsrechtlichen Exkurs kehren wir zur Geschichte Basels im 17. Jahrhundert zurück. Auf die Konzentration der Macht in wenigen Familien reagierte die Bürgerschaft, vor allem der Handwerkerstand, im Jahr 1691, weshalb man diese Abrechnung mit den langjährigen Sünden der Oberschicht das «Einundneunzigerwesen» nennt.[692] Von den drei grossen Staatskrisen in den Jahren 1529, 1691 und 1798 ist die mittlere von 1691 die verworrenste, mit grotesken Zügen behaftet und trotz dem blutigen Strafgericht eine Art «Aufstand in Krähwinkel». Es fehlte damals eine grosse Idee wie in der Reformationszeit, als die Verkündigung der Freiheit der Kinder Gottes die Vorrechte des Klerus beseitigte; es fehlte die grosse Idee der Aufklärung, als die von den Philosophen verkündete Gleichheit der Menschen die Vorrechte der Privilegierten abschaffte. Immerhin hatten auch 1691 die Führer der Volksbewegung ein Ziel. Um die Ballung der Macht in wenigen Händen zu verhindern, sollte der Grosse Rat, die Vertretung der ganzen Bürgerschaft, wirklich zur Mitbestimmung und nicht nur zum kopfnickenden Jasagen berechtigt sein. Darum lag auch wieder jene, schon in den Februartagen 1529 erhobene Forderung nach einer Öffnung des Wählerkreises, der den Zunftvorstand nominierte, auf dem Tisch des Kleinen Rates. Was 1691 die Erregung des Volks provozierte, was reichlich Stoff für Debatten in Wirtshäusern und Werkstätten bot, war fast so etwas wie eine moralische Pest, die man das «Praktizieren» nannte. Darunter verstand man die uralte und überall vorhandene Neigung des Menschen, die Gunst eines einflussreichen Mannes zu gewinnen, indem man ihn beschenkt, freimütiger gesagt, zu bestechen versucht. Die «Mächtigen» waren in Basel jene dreissig Ratsherren und Zunftmeister und die vier Häupter, die, wie erwähnt, nicht nur die neue Ratshälfte wählten, sondern auch die fetten Posten von der Landvogtei auf der Farnsburg bis zum Nachtwächterämtlein vergaben.

Gegen Machtballung …

… und Bestechung

Dass jedermann einer Versuchung erliegen kann, wusste man auch im christlichen Basel, denn die Umtriebe der Kandidaten und ihrer Familienangehörigen, die sich mit sogenannten «Jagdhunden» Stimmen erkaufen wollten, waren stadtbekannt. Darum stand im Amtseid eines Neugewählten der Satz, er bestätige eidlich, keine Geschenke verteilt zu haben, und er werde in Zukunft auch keine entgegennehmen. Als nun trotz des Wahleids die «Gabenfresserei», wie ein eifriger Pfarrer das Übel nannte, kräftig weiter gedieh, versuchte man 1688 durch ein kompliziertes Wahlverfahren mit Kugeln, sogenannten Balloten, und mit einer Beschränkung des Wählerkreises im letzten Augenblick vor dem Wahlgang die Beeinflussung der Wähler zu verhindern. Doch alle Änderungen der Wahltechnik beseitigten das Problem nicht. «Man respektierte weder Gott noch den teuren Eid.»[693] Immer häufiger flüsterten sich die Bürger zu, jener Ratsherr habe ein Saum Schlipferwein, dieser einen silbernen Becher, eine Zunftmeistersfrau einen sonderbar köstlichen Kleiderstoff erhalten, und darauf folgte die Erklärung: Wer nicht spendiert, kommt nicht in den Rat.[694] Grund genug für die Geistlichkeit, von den Kanzeln gegen die Meineidigen zu wettern, und für die politische Opposition, alle missliebigen Amtsträger der aktiven oder passiven Bestechnung zu beschuldigen. Und tatsächlich wurde im Laufe des Jahres 1691 in den Untersuchungen gegen die Verdächtigen viel schmutzige Wäsche gewaschen. Freiwillig oder unter dem massiven Druck des Volkes traten die Betroffenen aus den Ämtern zurück. Besonders die Familien Burckhardt und Socin hatten sich den Zorn der Bürger zugezogen, und unter ihnen vor allem diejenige Baslerin des 17. Jahrhunderts, deren Leben aus den Verhören am besten bekannt ist, Salome Burckhardt-Schönauer (1640–1691). Sie, die Gattin des langjährigen, tüchtigen Oberstzunftmeisters Christoph Burckhardt (1631–1705) habe – wie ihr Biograph, eine Nachkomme übrigens, schrieb – die Neigung gehabt, den Basler Staatshaushalt mit ihrer eigenen Haushaltung zu verwechseln.[695] Im Volk ging das hämische Wort von einer «Weiberregierung» um, da das, was im Ratssaal hätte geschehen sollen, von gewissen Frauen schon längst abgekartet worden sei. Ein Historiker des 20. Jahrhunderts, der die Verhörakten wohl am gründlichsten studierte, erhielt den Eindruck, die Gemahlinnen seien damals ehrgeiziger gewesen als die Herren.[696] Ob die Vermutung zutrifft, lassen wir offen, stellen nur fest, dass die Hauptsünderin, Frau Salome Burckhardt, nach einer vollständigen Beichte im Mai 1691 von den Herren des Grossen Rats, der hier wieder einmal Justiz spielen durfte, mit einer unerschwinglichen Geldbusse und mit vier Jahren Hausarrest bestraft wurde. Das harte Urteil und das Verhalten ihres Mannes, der sich kaltherzig von den Übeltaten seiner Gattin distanzierte, brachen ihr das Herz. Sie starb im Juli 1691, als der Höhepunkt des revolutionären Geschehens schon überschritten war.

Untaugliche Änderungen der Wahltechnik

Üble Rolle der Salome Burckhardt-Schönauer

Salome Burckhardt-Schönauer (1640–1691).

Die Hinrichtung Fatios und zweier Mitverschworener auf dem Marktplatz am 28. September 1691. Zeitgenössischer Stich. ▷

Doch es ist an der Zeit, von den Männern des «Einundneunzigerwesens» zu sprechen; ihre Taten gehören zur eigentlichen Geschichte der Stadt. Die begleitende Skandalchronik belegt nur wieder einmal die menschliche Schwäche gegenüber der Versuchung durch den Ehrgeiz. Die Revolution von 1691 begann als ein Aufstand der Zünftler gegen die Alleinherrschaft und die schlechte Finanzwirtschaft der «Gnädigen Herren» des Kleinen Rates, richtete sich bald aber auch gegen den Grossen Rat, d.h. gegen die dort wirkenden Zunftvorstände. Die Zünfte als Ganzes waren darum zur Opposition nicht mehr qualifiziert; darum entstanden jetzt, wie in allen noch kommenden Revolutionen, jene bekannten Comités, die damals «Ausschüsse» genannt wurden. Ihre Führer formulierten die Anträge an die Räte, sie mobilisierten die Massen für die Demonstrationen vor

Zünftler gegen den Kleinen Rat

Bildung von «Ausschüssen»

dem Rathaus, die dreimal mit einer richtigen Belagerung enden sollten. Sie erfuhren aber auch den Wankelmut des Volkes, als die Stimmung aus mancherlei Gründen zu Gunsten der Regierung umschlug, und sie wurden schliesslich die Opfer, an denen die Rache der alten Behörden vollzogen wurde. Der erste Volksführer, Jakob Petri (1644–1695) – seit Erteilung des Adelsprivilegs durch einen deutschen Kaiser hiess die Familie Henric-Petri –, hatte zwar eine stolze Ahnenreihe, war Doktor der Rechte, hatte es aber in der Ämterlaufbahn nur bis zum Sechser gebracht. Als sich das Ende des Dramas mit einem Sieg der Regierung ankündete, floh er aus Basel und ärgerte seine Heimat mit dem berühmt-berüchtigten Büchlein mit dem Titel «Basel-Babel».[697] Der zweite Volksheld, Dr. Johannes Fatio (1649–1691), war Chirurg und leistete als Arzt Grosses.[698] Kurz vor der Revolution verfasste er ein medizinisches Lehrbuch «Helvetisch-Vernünftige Wehe-Mutter», das ihn als einen hervorragenden Mediziner ausweist. Das Werk konnte erst 1752 erscheinen, denn nach der Hinrichtung des Autors hätte es wohl niemand in Basel wagen dürfen, eine Schrift des fortschrittlichen Arztes zu drucken. Mit den «Ausschüssen» zusammen hatte Fatio eine Verfassung geschaffen, die den politischen Kurs Basels gänzlich geändert hätte, wenn Fatios fast diktatorische Machtstellung länger gedauert hätte. Jedoch als er bei der unter sich zerstrittenen Opposition in Ungnade fiel, war es für die Regierung ein Leichtes, ihn gefangenzunehmen und von ihm mit der Folter Geständnisse zu erpressen. Am 28. September 1691 liess der Rat das Todesurteil vollstrecken. «Mutig, wie wenn er zur Hochzeit ginge», soll Fatio zum Schafott geschritten sein und an die Bürgerschaft die herzliche Bitte um Vergebung gerichtet haben, so dass die Frauen (sie besonders kannten wohl seine medizinischen Fähigkeiten) heftig weinten. Grausiges, aber charakteristisches Detail der politischen Justiz des 17. Jahrhunderts: Fatios Kopf wurde auf eine Stange am Rheintor gesteckt und soll dort bis um 1750 gehangen haben, um zu verkünden, was demjenigen drohe, der sich wider die von Gott gesetzte Obrigkeit erhebe.

Jakob Petri

Johannes Fatio

Blutgericht

Gewiss, die Revolution von 1691 ist gescheitert, wenn man an die Ziele der reformfreudigen Politiker zur Zeit ihrer grössten Macht im Sommer jenes Jahres denkt. Die gnädigen Herren hatten im folgenden Jahr das Heft wieder fest in der Hand. Und doch hatte sich eine nicht unbedeutende Änderung in der politischen Praxis durchgesetzt, die für das ganze 18. Jahrhundert in Kraft bleiben sollte: der Grosse Rat wählte die Häupter, erliess Gesetze und kontrollierte die Verwaltung; er versammelte sich alle Monate, später sogar noch öfter. Jetzt führte er auch ein Protokollbuch, das Kunde gibt von seinen oft endlos langen Debatten. Hingegen hörten die Manipulationsversuche bei den Ersatzwahlen in den Kleinen Rat und in die hohen Ämter nicht auf. Um dieses politische Krebsübel endgültig zu beseitigen, beschloss der Kleine Rat am 3. Februar 1718 folgendes: «Es soll das Los, nach vorhergehender vernünftiger Wahl, hiermit in allen Ehrenstellen, erbetenen Ämtern und Diensten, sowohl in dem weltlichen als geistlichen Stande und löb-

Änderungen

Häufige Sitzungen des Grossen Rates

Wahlen durch das Los

licher Universität vom Obersten an bis auf den Untersten (ausgenommen der Bürgermeister) erkannt und eingeführt werden.»[699] Die Idee, durch das Los (aus mehreren vorgeschlagenen Kandidaten) den Mann zu bestimmen, der inskünftig an der Führung des Staates beteiligt sein oder ein hohes Amt verwalten sollte, scheint uns heute reichlich absurd. Das 18. Jahrhundert indes dachte anders; man überliess die Wahl nicht dem blinden Zufall, sondern hatte Raum gegeben, um Gott eingreifen zu lassen. Das 18. Jahrhundert kannte auch die modernen Begriffe Rechtsgleichheit, Individualfreiheit, aktives und passives Wahlrecht aller Bürger nicht. Zwar lebten Gedanken von Volkssouveränität und unverlierbaren Grundrechten schon in den Köpfen der grossen Denker des 17. und 18. Jahrhunderts, aber ins Bewusstsein des Volkes waren solche Ideen noch nicht gedrungen. Wenn trotzdem die Bürger und Hintersassen der Stadt Basel, im Unterschied zu manchen absolutistisch regierten Fürstenstaaten, vor der Willkür der Obrigkeit einigermassen geschützt waren, so sehen wir darin die Wirksamkeit der alten Gewohnheitsrechte und den Einfluss einer öffentlichen Meinung, die in der Zunftrepublik nie völlig unterdrückt werden konnte.

Bürgermeister während des 1691er Wesens: Emanuel Socin (1628–1717, seit 1683 im Amt). Ausschnitt aus einem Bildnis von Johann Rudolf Huber, 1707. Kunstmuseum.

22. KAPITEL ZWEI BEDEUTENDE BASLER DES 16. UND DES 17. JAHRHUNDERTS: ANDREAS RYFF UND JOHANN RUDOLF WETTSTEIN

Was in den vorangehenden Kapiteln nur kurz skizziert worden ist, ergänzen die Biographien zweier berühmter Basler. Andreas Ryff wurde schon als der «vollendete Typus des Basler Kaufmanns» charakterisiert,[704] und er war auch, was man beifügen muss, ein typischer Repräsentant des christlichen Obrigkeitsstaates im 16. Jahrhundert. Johann Rudolf Wettstein, in jedem Schweizer Geschichtsbuch als Diplomat am westfälischen Friedenskongress (1646–1648) lobend erwähnt, vertritt exemplarisch die Basler Politik während des Dreissigjährigen Krieges und des grossen Bauernaufstandes von 1653. Ausgezeichnet ist auch die Quellenlage für die Beschreibung dieser Männer, da von Ryff und von Wettstein amtliche und persönliche Zeugnisse in grosser Zahl vorliegen. Den darauf aufgebauten Darstellungen von tüchtigen Historikern darf der Autor dieser Basler Geschichte ruhig folgen.[705]

Andreas Ryffs Jugend

Die Familie Ryff ist wie so viele andere aus dem Elsass eingewandert. Etwa 400 Jahre liegen zwischen dem Einzug des Stammvaters, des Gärtners Claus, in Basel und dem Erlöschen des Geschlechts in der Mitte des 19. Jahrhunderts. Die Neubasler integrierten sich rasch, nahmen entschieden Partei für die Reformation, und in der zweiten Basler Generation sass Peter Ryff, der Tuchfärber, schon als Vertreter der Webernzunft im Kleinen Rat. Zur vierten Generation gehört unser Andreas (1550–1603). Hätte er nicht in einer gefahrvollen Stunde für die Stadt seinen Mann gestellt und sich darum einen Ehrenplatz in der Stadtgeschichte gesichert, so müsste man ihn seiner autobiographischen Schriften, besonders seiner «Jugendgeschichte» wegen schätzen.[706] Ryff schildert darin die Erlebnisse eines Basler Stadtbuben, der mit sieben Jahren vom etwas ehrgeizigen Vater in die Lateinschule auf Burg gesteckt wird, aber dort gar keinen Eifer entwickelt, nicht studieren will, weil sich – wie er formuliert – «seine complexion» auf ganz andere Dinge richtet, zum Beispiel auf «Bauen und Graben». Wie sich dieser Wunsch im Dienst der ersten Ausgrabungen in Augusta Raurica erfüllt hat, haben wir oben (S. 41) schon erzählt. Am liebsten begleitete er seinen Vater, den Tuchhändler und Tuchfärber, auf die kleinen Märkte in Liestal, Rheinfelden,

Kandern und Mülhausen. Das Handeln lag ihm im Blut. Das merkte der Vater und schickte den zehnjährigen Andreas in eine kaufmännische Lehre nach Genf, wo er trotz reichlichen Prügeln in einer calvinistischen Familie seine Glaubensfestigkeit fand, die ihn nie mehr verlassen sollte.

Frühe kaufmännische Erfolge

Vielleicht ist dieser Genfer Einfluss schuld daran, wenn der 22jährige Ryff keine Lust zeigt, sich mit der jungen Basler Gesellschaft einzulassen, denn sie war in seinen Augen «ganz unruhig, versoffen und zänkisch».[707] Er hingegen stürzte sich schon in diesem Alter ins kaufmännische Geschäft und wagte so viel, dass selbst seinem Vater Bedenken kamen. Doch der Sohn hatte Erfolg, den er freilich nicht seinem Talent und seiner Erfahrung zuschreibt, sondern «us sonderbarer gnaden und segen Gottes». Glück brachte ihm auch 1574 seine Heirat mit der

Andreas Ryff (1550–1603) im Alter von 42 Jahren auf einem zeitgenössischen Kupferstich.

Witwe Margaretha seines verstorbenen Freundes Imhof, die als Mitgift nicht nur fünf Kinder in die Ehe brachte, sondern auch ein Seidengeschäft und die Beteiligung an einem staatlichen Silberbergwerk im Elsass. Und da sein guter Ruf über die Grenzen drang, bat ihn eine grosse Antwerpener Tuchfirma, ihre Agentur in der Eidgenossenschaft zu übernehmen. Jetzt sieht man den rastlos tätigen Ryff mehr unterwegs als daheim im Büro, denn «die Technik des Handels jener Zeit besteht im wesentlichen aus dem Besuch möglichst vieler Messen und Märkte».[708] Wer wissen will, wohin ein Kaufmann des 16. Jahrhunderts reiste, wie lange solche Reisen dauerten, muss zum sogenannten «Reisebüchlein»[709] Ryffs greifen. Er schrieb das Büchlein im Jahr 1600 aus älteren Notizen zusammen und setzte eine echt Ryffsche Einleitung voran. Wenn der «grossgünstige läser» frage, warum er, Ryff, soviel Mühe auf ein solches Büchlein verwendet habe, das keinen materiellen Gewinn abwerfe, so müsse er ihm sagen, dass Geld wie Rauch und Dampf verschwinde, eine Schrift aber beständiger sei als Geld und dazu noch andere erquicke, wenn sie von der «Melancholia» befallen seien. Das Reisebüchlein erquickt freilich nur stellenweise. Ryff hat nicht den Blick des Romantikers, der Naturschönheiten sieht und dafür schwärmt; doch liegt – wie Hans Trog sagt – über der Schilderung der Italienreise im Jahr 1599 «ein Hauch von Glück und Glanz».[710] Im übrigen quillt das Büchlein über von Ortsnamen, Distanzangaben und Wegbeschreibungen. Noch heute beherzigenswert scheinen uns des Autors Ratschläge, etwa wenn er empfiehlt, wenig Bargeld mitzunehmen, mässig zu essen und zu trinken, sein Nachtlager vorher zu visitieren. Schliessen wir die Darstellung des Kaufmanns mit einigen Zahlen: Innerhalb von dreissig Jahren reiste er 63mal nach Zurzach, 35mal nach Solothurn, 55mal nach Strassburg, 54mal nach Frankfurt, usw. Und dies alles auf dem Rücken eines Pferdes, gelegentlich in den aufkommenden Reisekutschen, und, mit wenig Genuss, auch zu Schiff.

«Reisebüchlein»

Bevor wir uns dem politischen Tun Ryffs zuwenden, müssen wir das gelegentlich geäusserte Urteil, Ryff sei rastlos nur dem Geld nachgejagt, etwas mildern. Er hat sein wachsendes Vermögen nämlich nicht nur in neue Geschäfte gesteckt. Gut belegt sind seine Stiftungen für die Schule auf Burg, für die Universität und für die leidenden Mitmenschen im Baselbiet, denn der Neubau eines alten Spitals in Liestal erfolgte auf seine Kosten.

Wohltätigkeit

Politische und militärische Tätigkeit, «Rappenkrieg»

Die Ämterlaufbahn begann Ryff wie üblich in seiner Zunft. 1579 wurde er Sechser, 1591 Ratsherr und 1600 Mitglied der wichtigsten Behörde, des Dreizehnerrats. Diese Ehrenstellen brachten aber noch andere Ämter: 1592 die Mitgliedschaft im Stadtgericht und die Pflegerei des Klosters Gnadental, später des Münsterstifts. Seit 1596 gehörte er als Deputat zur Aufsichtskommission über Kirchen und Schulen.[711] Den Finanzkenner wählte man natürlich auch als Dreierherrn in die oberste Finanzbehörde. Man könnte meinen, alle diese Ämter und der intensiv betriebene Beruf hätten seine ganze Arbeitskraft beansprucht. Aber er fand noch Zeit für anderes, sehr Wichtiges im Staatswesen, nämlich für das Militär. Als Büchsenschützenmeister hatte er ein wichtiges Kommando inne. Und in dieser Stellung erlebte er im Mai 1594 seine grosse Stunde. Das kam so:

Ursache des «Rappenkriegs»

Jene Loskaufsumme von 200 000 Gulden, die Basel laut Badener Vertrag (siehe S. 222 f.) dem Bischof bezahlen musste, wurde bis Februar 1589 dem Herrn in Pruntrut wirklich abgeliefert.[712] Aber jetzt war die Staatskasse leer; für kommende Krisenfälle, wie Hungersnot oder Naturkatastrophen, war kein Geld vorhanden. Der Rat ging auf die Suche nach neuen Einnahmequellen. Die Lösung lag nahe: hatte man mit der Loskaufsumme nicht die Landschaft vor dem Heimfall an den Bischof und in die «Abgötterei» bewahrt? Also schien es recht und billig, von den Untertanen im Baselbiet einen Sonderbeitrag, über die bisherigen Abgaben hinaus, zu fordern. Der Rat beschloss darum, die Umsatzsteuer auf Wein zu erhöhen. Es handelte sich für den Konsumenten im Wirtshaus um eine relativ kleine Summe, nämlich einen Rappen pro ausgeschenktes Mass Wein. Das Ungeld (auch Umgeld), wie man diese Verbrauchssteuer nannte, wurde übrigens in der Stadt schon lange in dieser Höhe erhoben. Aber die Reaktion in manchen Baselbieter Gemeinden war heftig. In der Sprache des 16. Jahrhunderts wird die Entrüstung darüber so beschrieben: «Sie haben einen Pakt wider die Obrigkeit gemacht und sind in die äusserste Rebellion geraten.»[713] Der Verlauf dieser «Rebellion» ist charakteristisch für alle Baselbieter Aufstände (auch für die 1833er Wirren). Einzelne Ämter oder Gemeinden hielten zur Stadt, schluckten die Massnahme und waren darum drei Jahre lang den Gewalttätigkeiten der Rebellen ausgesetzt. Ein Hilferuf des bedrängten Bubendorf traf nun am 13. Mai 1594 in Basel ein, als sich Ryff gerade zum Wettschiessen mit seiner Schützengesellschaft rüstete. Statt zum fröhlichen Fest auf der Schützenmatte zog der Hauptmann Ryff mit seinen 75 Musketieren, Hellebardieren und Hakenschützen – wie es im Auszugsrodel heisst – auf Befehl der Regierung nach Liestal. Doch der «Rappenkrieg» fand nicht statt! Warum, erzählt uns der Hauptakteur in dem heute noch lesenswerten, anschaulich geschriebenen Büchlein.[714]

Verlauf des «Rappenkriegs»

Als Ryff am Abend des 13. Mai in Liestal mit seiner kleinen Truppe angekommen war, sicherte er durch geschickte Massnahmen die stadttreuen Orte und bereitete dann seinen besten Schachzug vor: Er lud den Haupträdelsführer der Bauern, Hans Sigrist aus Niederdorf, zu einer offenen Aussprache ein, um ihn über die wirkliche Gesinnung und die Absichten der Obrigkeit zu informieren. Unter Zusicherung freien Geleites sollte der Gesprächspartner zum «Barlement» (so Ryff) etwa 30 Mann mitbringen. Sigrist wünschte als Verhandlungsort die abgelegene Wildensteinerweide auf der Höhe zwischen Bubendorf und Niederdorf. Dort traf er wirklich am 17. Mai ein, aber in Begleitung von 800 bewaffneten Bauern, Männern und Frauen. Ryff liess sich nicht einschüchtern und hielt vor der Volksmenge seine erste Rede an diesem Tag. Selbst wenn der gedruckte Text nicht dem wirklichen Wortlaut entspräche, müsste man aus ihr schliessen: sie hatte Stil! Von der Anrede – «Liebe Landleute, ich wünsche euch allen einen

Andreas Ryff verhandelt am 17. Mai 1594 mit den Aufrührerischen vor Schloss Wildenstein (Bildhintergrund rechts). Zeichnung von 1839 nach einem Glasbild von 1595.

glückseligen guten Morgen» – bis zur klaren Definition des Verhältnisses Obrigkeit/Untertanen – «Jede christliche Obrigkeit ist vor Gott schuldig, ihre Untertanen vor Gewalt zu schirmen; die Untertanen sind vor Gott schuldig, der Obrigkeit zu gehorchen» – spricht ein Meister der volkstümlichen Formulierungskunst. In der zweiten Verhandlungsrunde stehen der Basler Ratsherr und der Bauernführer im Kreis von sechs Begleitern einander gegenüber. Ryff liest dem Rebellen hart die Leviten, macht ihn für ein kommendes Blutbad verantwortlich, verspricht aber bei einer Versöhnung völlige Amnestie, worauf Sigrist sein

Unrecht eingesteht und sich als Getriebener, nicht als Antreiber der Volksstimmung entschuldigt. In der dritten Rede bittet Ryff wieder das ganze Volk, um der Heimat, der Frauen und Kinder willen den Frieden statt den Krieg wegen einer kleinen Steuer zu wählen. Das Volk erhebt zustimmend die Hand; die Rebellion ist zu Ende. Nach den langen Stunden des «Parlamentierens» lässt der Basler Hauptmann Wein, Brot und Käse herbeischaffen und kehrt bei einbrechender Nacht mit seinen Begleitern nach Liestal zurück. «Wir haben das Völklein ob dem Fass Wein kämpfen lassen.» Erst abends um neun sei er vom Pferd gestiegen, auf dem er von morgens acht Uhr an, dreizehn Stunden lang, gesessen sei.[715]

Glückliches Ende

Diese zweite Baselbieter Rebellion – die erste von 1525 haben wir in Kapitel 19 erwähnt – ist dank dem klugen Verhandeln, in dessen Verlauf auch einige finanzielle Forderungen der Stadt gestrichen wurden, und der Überzeugungskraft eines klugen Politikers ohne Blutvergiessen abgelaufen. Seine Verhandlungstaktik findet in der Korrespondenz, die Ryff in jenen Tagen mit der Regierung in Basel führt, eine gute bildhafte Formulierung. Auf den Vorwurf der verspäteten Berichterstattung antwortet Ryff: «Ich hatte keine Stunde eher Zeit, denn ich habe bisher Tag und Nacht in einer Hand die Hellebarte und in der andern die Schreibfeder gehalten.»[716]

Ryff auf Gesandtschaftsreisen

Wie ein weitgereister Kaufmann mit vielen persönlichen Beziehungen auch diplomatisch dem Staat dienen kann, erfährt man aus Ryffs «Liber legationum» (Buch der Gesandtschaften).[717] Er verzeichnete darin jene Reisen, die er als Vertreter Basels von 1593 bis 1602 unternommen hat, also die Gesandtschaftsritte zu den Konferenzen der evangelischen Orte und zu den gemeineidgenössischen Tagsatzungen. In der Vorrede bezeugt er, dass es in diesem merkwürdigen staatlichen Gebilde des 16. Jahrhunderts trotz vielen bösartigen Konflikten so etwas wie einen Gemeinsinn gegeben habe, nämlich: «Die Eidgenossen sind in gemeinsamen Geschäften des Vaterlandes einig trotz verschiedenen Sprachen, Religionen, Sitten; dafür muss man in erster Linie Gott danken, aber auch die menschlichen Begegnungen bringen eine ‹guotte corespotentz, freindtschaft und einikeit›; man redet einander freundlich an in der Begrüssung, und im friedlichen Gespräch werden die Missverständnisse ausgeräumt.»[718] Diese Erfahrung habe ihn bewogen, das Büchlein zu schreiben, damit man die eidgenössischen Verhältnisse und die unter ihnen handelnden Menschen kennenlerne, denn er glaube, wo Menschen miteinander freundlich und geduldig sprächen, erkenne man das Wesentliche einer Sache («die Supstantz») und bringe sie zu einem guten Ende. Der Herausgeber von Ryffs Büchlein sagt dazu: «In der Vorrede begegnet uns der Basler Staatsmann ... als wahrer Verkörperer jener echt baslerischen Politik, deren Leitgedanke es ... stets gewesen ist, über alle trennenden Gegensätze hinweg das Gemeinsame nie aus den Augen zu verlieren.»[719]

Johann Rudolf Wettstein

Der andere bedeutende Basler, Johann Rudolf Wettstein (1594–1666), ist einer der wenigen Politiker unserer Stadt, von dem jede Schweizergeschichte Notiz nimmt. Selbst in einer Universalgeschichte wird sein Name erwähnt, nämlich dort, wo von den Folgen des Dreissigjährigen Krieges für die Schweiz und von den damaligen Friedensverhandlungen geredet wird.[720] Im Jahr 1879 erhielt die zweite Rheinbrücke Basels seinen Namen, und 1955 setzte man ihm vor der Theodorskirche ein Denkmal samt Brunnen, ein Werk des Basler Bildhauers Alexander Zschokke.[721] Auch die Literaten hat Wettstein beschäftigt. Eine einst viel gelesene Schriftstellerin schrieb einen historischen Roman mit dem reisserischen und auf den echten Republikaner Wettstein nicht zutreffenden Titel «Der Schweizerkönig»[722]; der bekannte Journalist Albert Oeri verfasste ein Festspiel «Wettstein und Riehen» (1923), zu welchem Hermann Suter die Musik komponierte. Der darin erklingende «Marsch der Stadtreiterei» ist zum musikalischen Volksgut der Basler geworden. Schliesslich ist die wissenschaftliche biographische Literatur über Wettstein so umfangreich wie über keinen andern Basler (ausgenommen über Jacob Burckhardt).[723]

Und noch scheint historiographisch das Thema Wettstein nicht erschöpft, denn im Aktenberg, den der Westfälische Friedenskongress von 1645 bis 1648 zurückgelassen hat, finden Historiker immer noch neue Dokumente, die etwas über Wettsteins Mission in Münster und Osnabrück aussagen. Um oft und gut Gesagtes über Wettstein nicht zu wiederholen, stellen wir hier den Bürgermeister als Vertreter einer christlichen Obrigkeit im 17. Jahrhundert und seine exemplarische politische Laufbahn in den Vordergrund.

Herkommen und Jugend

Im Sommer 1597 kam der Winzer Johann Jakob Wettstein aus Russikon im Kyburger Amt nach Basel, erhielt dank guten Zeugnissen bald das Bürgerrecht und wegen seiner Fachkenntnisse die Stelle eines Kellermeisters im Spital. Johann Rudolf, sein am 27. Oktober 1594 geborener Sohn, war also ein Stadtkind, aber doch ein Homo novus, ein Emporkömmling in den Augen alter Basler Familien. Wenn er trotz dieser Aussenseiterherkunft die höchste Stufe der Ämterlaufbahn erklomm, so spricht dies primär für ihn, dann aber auch für seine Mitbürger. Sie erkannten seine Zuverlässigkeit, seine Beharrlichkeit, seinen realitätsbezogenen Sinn und die fast unerschöpfliche Arbeitskraft, wohl alles typische Eigenschaften aus dem bäuerlichen Erbgut. Leicht hatte es der «Emporkömmling» zuerst nicht, denn seine frühe, übereilte Verbindung mit einer alten reichen Familie – er heiratete mit siebzehn Jahren eine Falkner – warf bis ans Lebensende einen Schatten auf seine Existenz. Als kleiner Kanzlist ohne Vermögen, ökonomisch zu stark belastet und zu stolz, vor den angeheirateten Verwandten zu Kreuze zu kriechen, tat er den oft geschilderten Schritt eines damaligen «Aussteigers»; er nahm Dienst bei einer venezianischen Truppe von Schweizer Söldnern. Dauernde Folgen hatte das knapp einjährige Abenteuer in Oberitalien nicht, wenn man darin nicht auch

Bürgermeister Johann Rudolf Wettstein (1594–1666). Schabkunstblatt nach 1666.

einen Reifeprozess sehen will. Aber es hat der Nachwelt «ergreifende Dokumente baslerischen Lebens in der Spätrenaissance» hinterlassen: den Brief des zornigen jungen Wettstein aus Bergamo und die Antwort seiner klugen Mutter.[724]

Ämterlaufbahn

Nach dieser überwundenen Jugendkrise durchmass Wettstein innerhalb von fünfundzwanzig Jahren die ganze Basler Ämterlaufbahn. Die Zeit war für den Aufstieg eines Mannes wie Wettstein ungewöhnlich günstig; die Stadt hatte ihrerseits einen solchen Mann nötig, denn 1618 brach der grosse Krieg aus, der dreissig Jahre dauern und der Grenzstadt Basel unsägliche Scherereien bringen sollte. In dieser Epoche schlugen sich fast alle europäischen Völker auf dem Boden des deutschen Reichs miteinander, häufig in der Nähe Basels, im Elsass und in der badischen Nachbarschaft. Namen wie Wallenstein, Tilly, Gustav Adolf gingen von Mund zu Mund und machten die Protestanten oder die Katholiken zittern. Dass die Eidgenossenschaft (allerdings ohne Graubünden) damals ziemlich ungeschoren wegkam, erzählt jedes Geschichtsbuch; weniger bekannt sind die damaligen Probleme der Stadt Basel. Wettsteins politische Biographie ist voll davon.

Die Stationen der Ämterlaufbahn waren natürlich die gleichen, wie wir sie bei Ryff aufgezählt haben, führten aber Wettstein noch höher hinauf: 1635 ins Oberstzunftmeisteramt, 1645 zur Bürgermeisterwürde. Da die «Ehrenstellen» – wie das Wort sagt – viel Ehre, aber wenig Einkommen erbrachten, musste ein Politiker von einem Vermögen leben können oder einen Beruf ausüben. Als «kaiserlicher Notar» hatte Wettstein beruflich begonnen, zwar ohne Universitätsstudien, aber er muss – mit aller Vorsicht sei es gesagt – ein juristisches Naturtalent besessen haben und ein peinlich genauer Rechner gewesen sein. Dies merkten seine Mitbürger bald und vertrauten dem erst Fünfundzwanzigjährigen Verwaltungsposten an, in denen er sich bewähren und aus denen er auch etwelchen materiellen Profit ziehen konnte. Auf die einträglichen Pflegerstellen der Stiftsgüter Gnadental und Steinenkloster sowie das gewinnbringende Amt eines Münzverwalters (1622–1624) folgten die Landvogteien auf Farnsburg und in Riehen. Was hier an Naturalieneinkünften und Gerichtsgebühren dem Landvogt zukam, enthob ihn aller materiellen Sorgen, auch wenn er für eine grosse Familie zu sorgen hatte. Forderten solche Ämter von ihrem Inhaber schon in Friedenszeiten einiges Können und Klugheit, so verlangten sie im Sturm des Dreissigjährigen Krieges überdurchschnittliche Tatkraft, Leistungs- und Improvisationsfähigkeit. Wettstein hat die Aufgaben gemeistert als ein Mann, der «sich seiner Dienste wollte gebrauchen lassen».[725] Dafür einige Beispiele.

Zu allen Zeiten war es eine der wichtigsten Aufgaben eines Staates, in Kriegszeiten die Ernährung der Bevölkerung sicherzustellen. Für den Stand Bern wurde dies nie zum Problem, für Basel hingegen, das sein Korn und seinen Wein aus dem Sundgau bezog, war die ungehinderte Einfuhr gelegentlich eine Überlebensfrage. Was in Friedenszeiten dank alten Verträgen mit Österreich, der im Oberelsass herrschenden Macht, recht und schlecht funktionierte, brachte der Krieg zum Stillstand, sei es, dass das Land selbst kaum mehr produzierte, sei es, dass die fremden Armeen – Kaiserliche, Spanier, Schweden – die Felder abräumten. Im Jahr 1631 verfügte die österreichische Regierung im Elsass gar ein völliges Exportverbot. Basel musste unverzüglich neue Versorgungsgebiete finden, z.B. mit der Hilfe Berns, schliesslich gar die Brotrationierung einführen. Alle diese grossen und kleinen gordischen Knoten mühsam zu lösen, gelegentlich zu durchschneiden, dafür eignete sich in Basel niemand besser als Wettstein, der als Landvogt z.B. den eigenen Bauern genau nachrechnete, wie hoch sich der sogenannte Zehnten, der in natura abzuliefern war, belaufen musste.

Ausser der Frage: «Haben wir genug Brot, genug Salz?» beschäftigte den Basler Rat in den 1620er Jahren ebenso intensiv die andere: «Was tun gegen die Inflation? Gegen das Münzchaos? Gegen den Währungszerfall?» Wettstein, 1622 als einer der vier Münzverwalter bestimmt, schlug sich zwei Jahre mit dem dornenvollen Problem herum, zwar mit wenig Erfolg für die Stadt, dafür um eine Erfahrung reicher. Populäres Lob wurde ihm dabei nicht zuteil.

Einsatz für die militärische Verteidigung

Mehr Anerkennung, wenn auch wiederum viel Enttäuschung, brachte ihm sein Einsatz für die Vorbereitung der Verteidigung von Stadt und Landschaft im Falle einer Überrumpelung durch Kriegsvolk, das sich in der Nähe Basels lagerte. Als einer der Hauptleute der städtischen Miliz (1622) und als Mitglied der Militärkommission (1633) inspizierte er persönlich Wehrmänner und Waffen bis zur letzten Muskete. Was er sah, war wenig erfreulich. Mit viel Geld hatte Basel starke Bastionen angelegt, aber auf ihnen standen untaugliche Bürgersoldaten, und auf der Landschaft verliessen die Bauernsoldaten jeweils im Mobilisationsfall nach wenigen Tagen disziplinlos ihre Posten und kehrten zur Feldarbeit zurück. Neutralitätserklärungen hin oder her – kaiserliche und schwedische Generäle missachteten sie mehrmals ungehindert, denn das wusste wohl jeder Befehlshaber: die konfessionell gespaltene Eidgenossenschaft würde keinem kriegsgewohnten General geschlossen entgegentreten. Das Fazit von Wettsteins langer politisch-militärischen Erfahrung: Die Eidgenossenschaft ist nicht mehr die respektierte Militärmacht des 15. Jahrhunderts; es gilt, andere Mittel zu suchen, um die staatliche Existenz und die Unabhängigkeit zu wahren. In einem einzigen – man möchte sagen typischen – Wettsteinsatz formulierte der Staatsmann seine Erkenntnis: «Es erfordert wahrlich die Staatsräson etwas ganz anderes, als nur Hellebarten ausputzen zu lassen und zum Polierer zu tragen.»[726] Aus solchen Gedankengängen erwuchs die Idee, während der internationalen Friedenskonferenz in Westfalen nicht abseits zu stehen. Die Geschichte von Wettsteins Mission im Jahr 1647 verschieben wir auf das Ende des Kapitels und verfolgen zunächst die Linie seiner Politik in Basel weiter.

Bauernaufstand 1653

Was Ryff 1594 gelungen war, wiederholte sich sechzig Jahre später nicht mehr! Der Baselbieter Bauernaufstand von 1653 wird nur im Rahmen der Schweizergeschichte verständlich.[727] Der wohl schlimmste Aufruhr der Untertanen begann nämlich nicht in der Basler Landschaft, sondern im Entlebuch und ergriff dann das Mittelland; die Entscheidung, die militärische Niederwerfung, fiel ohne Basler Militär im Aargau und im Bernbiet. Grundsätzlich waren aber die Beschwerden überall die gleichen: In der schweren Wirtschaftskrise, die zu Beginn der 1650er Jahre eine Kriegskonjunktur ablöste und die Bauern in grösste Bedrängnis brachte, empfanden diese die Steuern der städtischen Obrigkeit, die während des Krieges auferlegt worden waren und nun weiterhin eingetrieben wurden, als schweres Unrecht. Wo die Baselbieter Bauern der Schuh drückte, schildert präzis eine «Supplikation der Ausschüsse ab der Landschaft» vom November 1651.[728] Sie ist übrigens von den Untervögten, den Sprechern des gemeinen Mannes, in untertänigster Form abgefasst und richtet sich an die «Hochgeachteten, Edeln, Gestrengen, Frommen, Ehrsamen Herren und Oberen». Während des Krieges – wird ausgeführt – sei es für die Untertanen ein Leichtes gewesen, das 1627 auferlegte Soldatengeld abzuliefern, heute drücke sie die grösste Not. Zwei Sätze verdienen ihrer wirtschaftsgeschichtlichen Bedeutung wegen eine genaue Zitation (wir übertragen sie in ein modernes Deutsch): «Wenn Ihr, gnädige Herren, die Landschaft betrachtet, so werdet Ihr sehen, dass sie grösstenteils schwer zu beackern ist; wir müssen mit drei bis vier Paar Ochsen pflügen, wo es andernorts leicht mit zwei Paaren geschieht.» Hier wird die naturbedingte Benachteiligung des Jurabewohners gegenüber dem Mittelland- und dem Elsassbauer beklagt. Das zweite Zitat belegt ein demographisches Phänomen. «Vor Zeiten musste ein Vater von seinem Hof etwa zehn Menschen ernähren, heute hingegen müssen seine Söhne bald für dreissig Personen sorgen.»

Beschwerde der Bauern

Die Antwort auf diese und später folgende Supplikationen lag im Aufgabenkreis des Bürgermeisters. In langwierigen Verhandlungen, in deren Verlauf Wettstein auch den Gang nach Liestal und die Diskussion mit den Rebellen nicht scheute, war man einer Verständigung schon sehr nahe gekommen. Die Stadt liess beispielsweise das Soldatengeld und eine Hochzeitssteuer fallen, forderte aber von den Landschäftlern, dem *neuen* Bund der Bauern – einem unrealistischen Gegenstück zum *alten* Bund der dreizehn Orte – fernzubleiben. Aber die Baselbieter hielten zu den Rebellen jenseits des Juras und wurden mit ihnen ins Verderben gezogen, als Zürich und Bern mit überlegener Macht und Diplomatie den Bauernbund vernichteten. Nun konnte Basel die Landschaft kampflos besetzen, die Anführer verhaften und, wie die andern Stadtregierungen, die «ehr- und gottlose» Rebellion bestrafen.

Scheitern der Verhandlungen

Die 78 gefangenen Rädelsführer liess Basel vor Gericht stellen. Wie schwer wog ihre Untat, und wie war sie zu beurteilen? Das wollte Wettstein vom Basler Pfarrerkollegium wissen. Das Gutachten der Geistlichkeit war ausführlich und theologisch abgestützt auf Bibelstellen vor allem aus dem Alten Testament, etwa den folgenden: «Gott hat den Richtern seines Volkes befohlen, die Verführer nicht zu schonen, sondern sie zu Tode zu steinigen (5. Mose 13, 8–10); Darum sei verflucht, wer sein Schwert aufhält, dass es nicht Blut vergiesse (Jeremias 48,

10).»[729] Nach solchen Leitsätzen verfuhren die Basler Räte, denn sie waren doch die «Richter seines Volkes». Am 24. Juli 1653 sprach ein Sondergericht die Urteile. Sechs Baselbieter wurden zum Tod durch das Schwert, ein siebter zum Tod durch den Strang verurteilt. Noch am gleichen Tag läutete die Papstglocke; die Hinrichtungen wurden draussen vor dem Steinentor vollstreckt.

Hartes Strafgericht

1953, dreihundert Jahre nach den leidvollen Ereignissen, schrieb ein Baselbieter Historiker: «Es ist nicht Aufgabe einer historischen Untersuchung, früheren Generationen zu Stadt und Land Noten zu erteilen; sie hat die Zeit des Bauernkrieges mit ihren Hintergründen sachlich und leidenschaftslos zu erfassen und darzustellen.»[730] Die Hintergründe erfassen heisst nun, die Grundlagen des damaligen Staates zu sehen. Dazu ein Wort. In der ersten Hälfte des 17. Jahrhunderts wurde das absolutistische Prinzip ausgeprägt, denn eine lange Kriegszeit forderte für die ausserordentlichen Aufgaben auch ausserordentliche Mittel. Der Staat, bisher nur eine das Volk schützende Gewalt, brauchte zur Sicherung seiner Existenz neue Mittel, die er nun vom Volk erzwang. Seine Wirtschaftspolitik musste darum mit den mittelalterlichen Privilegien aufräumen. Dabei half ihm die Doktrin vom Gottesgnadentum der Regierungen. Es ist Wettstein gewesen, der die neuzeitliche Staatsidee mit aller Härte vertrat. «Er war ein grundsätzlicher Feind der Revolution wie des konservativen Freiheitsprinzips der Bauern, da dieses mit der Schwäche des mittelalterlichen Privilegienstaates zusammenging; er aber tendierte dahin, die Staatsgewalt zu höherer, zeitgebotener Leistung emporzuheben.»[731]

Wettstein als Vertreter des absolutistischen Prinzips

Wettsteins Westfälische Mission

Der wichtigste Beitrag Wettsteins zum eidgenössischen Staatsleben war seine Westfälische Mission. Über diese Reise nach Münster und Osnabrück vom Dezember 1646 bis Dezember 1647 führte er ein Tagebuch, das «Münsterisch Diarium».[732] Dank diesem und zahlreichen Briefen und Aktenstücken kann man sein diplomatisches Geschäft fast von Tag zu Tag verfolgen. Man hört seinen Gesprächen zu, vernimmt seine Ernährungssorgen (in Westfalen koche man zu fett), seine Unterkunftsprobleme (in den übervölkerten Kongressorten seien gute Mietwohnungen für sein kleines Budget unerschwinglich), seine gesundheitlichen Beschwerden (er leide an hartnäckiger Gicht), seine Triumphe, wenn etwas gelungen ist, seine Depressionen, wenn alles Tun fragwürdig geworden ist.

Es war eine der grossen Stunden Basels, als der Rat am 28. November 1646 seinen Bürgermeister zum alleinigen Abgesandten zu jenem Friedenskongress wählte, wo die Grossmächte eine Neuordnung Europas versuchten. Dass die Initiative dieser – schliesslich für alle dreizehn Orte schicksalhaften – Mission allein von Basel ausging, ist nicht erstaunlich. Wir haben die Nöte der Grenzstadt oben geschildert. Auch erkannte man hier deutlicher als andernorts die sich anbahnenden Veränderungen der politischen Landkarte am Oberrhein. Dazu kam gegen Kriegsende ein weiterer ärgerlicher Anlass. Zwei Rechtshändel zwischen Basel und auswärtigen Klägern waren von diesen vor das oberste deutsche Gericht, das Reichskammergericht in Speyer, gezogen worden. Jetzt wurde plötzlich deutlich, dass in der grossen historischen Wende Basels von 1501 nur das Bündnis mit den Eidgenossen rechtlich genauestens definiert, von einer Befreiung von deutschen Steuern oder deutscher Gerichtsbarkeit in der «Reichsstadt» Basel kein Wort gesagt worden war. Jetzt, in der Mitte des 17. Jahrhunderts, wurde die nie gelöste Frage wieder aktuell. «Nachdem über hundert Jahre praktisch Stillschweigen geherrscht hatte, pochten die Reichsorgane wiederum auf die Zugehörigkeit der beiden Städte Basel und Schaffhausen.»[733] Der Reichstag schickte Einladungen zu seinen Sitzungen, das Reichsgericht Zitationen vor seine Richter. Während sich die innerschweizerischen Orte um solche Fragen keinen Deut kümmerten, weil sie nicht davon betroffen waren, wurden die Plackereien für Basel unerträglich, als kraft rechtlicher deutscher Verfügungen den Basler Kaufleuten auf der Reise nach Frankfurt die Handelswaren konfisziert wurden. Das Problem musste angepackt werden! Darum der Entschluss, am Friedenskongress dabeizusein. Von vorneherein war aber klar, dass ein nicht kriegführender Kleinstaat nicht mitsprechen, seine Wünsche nicht äussern konnte, ohne der Unterstützung einer Grossmacht sicher zu sein. Man fand sie bei Frankreich.

Gründe für die baslerische Initiative

Während fast eines Jahres räumte Wettstein in Westfalen unermüdlich die Hindernisse, die sich vor ihm und seiner Sache immer von neuem auftürmten, aus dem Weg. Am meisten ärgerte ihn dabei die schwache Rückendeckung durch die eidgenössische Heimat. Dort kümmere man sich um kleine Dinge, aber nicht um wirklich Grosses, um des Vaterlandes Freiheit und Ehre, klagte er. Ihm freilich gelang das «wirklich Grosse». Kaiser Ferdinand III., Oberhaupt des Heiligen Römischen Reiches, lenkte ein, in der Erkenntnis, dass es klüger sei, auf Überholtes zu verzichten, als die Eidgenossen noch stärker an die Seite Frankreichs zu treiben. In den am 24. Oktober 1648 feierlich proklamierten Friedensverträgen von Münster und von Osnabrück ist die schweizerische Unabhängigkeit vom deutschen Reich für alle Zeiten festgeschrieben worden. Es steht dort im lateinischen Originaltext: «... civitatem Basileam caeterosque Helvetiorum Cantones in possessione vel quasi plenae libertatis et exemptionis ab imperio esse ac nullatenus eiusdem imperii dicasteriis et judiciis subjectos ...» Zu deutsch, «dass die Stadt Basel und die übrigen eidgenössischen Kantone im Besitz völliger Freiheit und Unabhängigkeit vom Reich und dessen Gerichten in keiner Weise unterworfen seien».[734]

Schweiz erlangt rechtliche Unabhängigkeit vom Reich 1648

An Wettsteins Tat erinnert heute noch der sogenannte «Nautilusbecher» im Historischen Museum Basel.[735] Dankbare Kaufleute haben ihn Wettstein geschenkt. Auch dessen allegorischer Schmuck erzählt, freilich nur dem Eingeweihten, in der künstlerischen Sprache des 17. Jahrhunderts die Geschichte von Wettsteins Mission. Andere Objekte aus dem Nachlass bezeugen daneben die Anerkennung, die Wettstein im Ausland gefunden hat. Nicht unmittelbar sichtbar ist eine kulturelle Tat des Bürgermeisters, und doch sollte der Basler gerade

Wettstein als Retter der Amerbach-Sammlung

beim Museumsbesuch an sie denken. Viele der herrlichen Kunstschätze – Münzen, Kleinkunstwerke und die Bilder Holbeins – müsste man in bayrischen oder holländischen Museen besichtigen, wenn sie die Stadt Basel nicht im November 1661 gekauft hätte. Das entscheidende Wort in diesem Geschäft – 9000 Taler ausgeben oder den Verkauf der sogenannten Amerbach-Sammlung ins Ausland dulden – sprach nämlich Wettstein. Wir wollen dem Erzpolitiker zwar nicht auch noch Sinn für die grosse Kunst zuschreiben, aber er hörte auf den Rat der Kunstverständigen, und dies war wohl auch eine kulturelle Tat.

Der von dankbaren Kaufleuten ihrem Bürgermeister J.R. Wettstein verehrte prachtvolle Nautilusbecher, 1649 geschaffen von Georg Gloner in Strassburg. Historisches Museum (Depositum aus Privatbesitz).

23. KAPITEL DIE AUFKLÄRUNG IN BASEL UND DIE STAATSUMWÄLZUNG VON 1798

Die Ideen der Aufklärung

Wir haben in diesem 5. Buch einen grossen Bogen geschlagen vom Beginn der «Neuzeit» bis zum Jahr 1798. Die Epoche begann geistesgeschichtlich mit dem Humanismus, politisch mit dem Eintritt der Stadt Basel in den Bund der Eidgenossen; ihr Ende ist politisch auf den Tag genau zu bestimmen. Doch geht auch hier geistesgeschichtlich eine neue Denkweise voraus. Das Ferment, das die Gesellschaftsstruktur des Absolutismus auflöste und schliesslich zerstörte, heisst «Aufklärung». Wie beim Humanismus handelte es sich um eine gesamteuropäische Geistesbewegung. Sie holte ihr Rüstzeug aber nicht wie jene aus der Antike, sondern mass alles an der «Vernunft», die darum nicht nur Leitlinie alles Handelns, sondern fast zu einer neuen Gottheit wurde. (Symptomatisch dafür etwa die Feier der Pariser Revolutionäre, die ihren neuen Kalender mit dem «Kultus der Vernunft» in der Kirche Notre Dame begannen.) Unter den populären Losungen, die durch ganz Europa gingen, hat der deutsche Philosoph Immanuel Kant (1724–1804) die kürzeste und darum schlagkräftigste Formulierung geprägt: «Habe Mut, dich deines eigenen Verstandes zu bedienen!» Und da die französischen Aufklärer die Vergangenheit mit einer dunklen Nacht verglichen, brach für sie jetzt das «siècle des lumières» an.[737]

Vernunft

Gewiss waren die Gedankengänge der französischen, englischen und deutschen Aufklärungsphilosophen nur den Gebildeten vertraut. Aber da die «Aufklärung» auch eine ganz auf das Praktische gerichtete Komponente besass, veränderte sie schliesslich doch den politischen Alltag. Die Vernunft, so argumentierten die Aufklärer, ist allen Menschen von Natur eigen, also sind sie gleichen Wesens. Gleichheit ist freilich unvereinbar mit der Lehre vom Gottesgnadentum, vom Gott wohlgefälligen Unterschied zwischen Herren und Untertanen. Das Zauberwort von der Gleichheit aller Menschen und der darum unabdingbaren Freiheit des Individuums fand Eingang in Unabhängigkeitserklärungen, in neue Staatsgrundgesetze, in revolutionäre Proklamationen. In der Unabhängigkeitserklärung der Vereinigten Staaten von Amerika im Jahr 1776 heisst es z.B.: Alle Menschen sind gleich geschaffen, der Schöpfer hat ihnen gewisse unveräusserliche Rechte verliehen, zu denen unter anderm Leben, Freiheit und

Gleichheit

das Streben nach Glückseligkeit gehören. Dreizehn Jahre später verkündet die französische Nationalversammlung in der Erklärung der Menschenrechte: Die Menschen sind frei und an Rechten gleich geboren; die gesellschaftlichen Unterschiede können nur auf dem allgemeinen Nutzen begründet werden. Solche Ideen haben vor der Grenze der Alten Eidgenossenschaft nicht haltgemacht. Wir kehren zur Geschichte Basels zurück, um zu sehen, wie sie dort gewirkt haben.

Basels konservative Bürgerschaft

Anders als so mancher eidgenössische Ort erlebte Basel im 18. Jahrhundert, also bis 1798, keine innerstädtische Rebellion und keinen Aufruhr der Landleute. Hier liess sich keine gewichtige Stimme – mit Ausnahme des noch zu erwähnenden Isaak Iselin – hören, die kraftvoll Reformen des politischen Systems verlangt hätte. Die Bürgerschaft, Herren wie Handwerker, wollte die bestehende Ordnung, die ihnen eine von keiner Konkurrenz gefährdete materielle Sicherheit bot, nicht verändern. Ängstlich hütete man sich deshalb davor, den Kreis der selbständigen Handwerker und Kaufleute durch die Aufnahme neuer Bürger zu erweitern. Die Begründung für die wiederholten Beschlüsse, keine Fremden mehr als Bürger aufzunehmen, lautete bisweilen grotesk. Die folgende Anekdote, die Peter Ochs erzählt, ist vielleicht nicht wörtlich zu nehmen, jedoch für die engherzige Geisteshaltung der damaligen Basler charakteristisch. Emanuel Falkner (1674–1760), sechsunddreissig Jahre lang Oberstzunftmeister bzw. Bürgermeister, soll im Grossen Rat einmal genealogisch bewiesen haben, dass alle Ratsherren untereinander verschwägert seien, und danach gerufen haben: «Lasst uns dieses edle, reine, baslerische Blut nicht durch fremden Zusatz verunreinigen!»[738]

Isaak Iselin

Ganz anderer Auffassung als der Bürgermeister war nun der junge Ratsschreiber, der Sekretär der städtischen Republik, Isaak Iselin (1728–1782).[739] Er stammte aus einem alten Basler Geschlecht, hatte sich in der Welt umgesehen, liebte seine Heimat, sah aber klar die Mängel ihres politischen Systems und die Unfähigkeit ihrer Regenten. «Ein Mann, der den Spott nicht scheute, der keine Angst hatte, Ideen in Taten umzusetzen, der dem behaglichen Treiben der Geldverdiener und Wirtshausbesucher etwas höher gesteckte Ziele wies als das Routinepolitisieren von einer Stellenbesetzung zur andern.»[740] Es wäre nun reizvoll, Leben und Werk dieses Philosophen, Philanthropen und Pädagogen – er war ein guter Freund Pestalozzis – zu schildern, aber dies ist schon oft und gut geschehen, so dass wir uns hier darauf beschränken können, aus dem grossen Schrifttum Iselins einige politische Ideen herauszugreifen.

Iselins fundierte Kritik an den politischen Zuständen

Sein oft scharfes Urteil über die Basler und die Basler Zustände hat wohl Gewicht, weil er als Ratsschreiber ins innerste Getriebe der Stadtpolitik hineinsah. Im ganzen Rat von Kaufleuten und Handwerkern sei kein einziger, «der sich jemals im geringsten auf Staatssachen geleget», meint er, als er 1758 in die Diskussion um die Aufnahme neuer Bürger eingriff.[741] Mit der Flugschrift «Freimütige Gedanken über die Bevölkerung unserer Vaterstadt» konnte er zum min-

Ratsschreiber Isaak Iselin (1728–1782). Porträt in der Alten Aula an der Augustinergasse (Ausschnitt).

desten einen temporären Erfolg buchen; «ich ziehe ferner daraus die Folge, dass es sehr nötig gewesen, dem verblendeten Bürger die Augen zu öffnen.»[742] Ungeteilte Zustimmung fand bei den denkenden Köpfen der Eidgenossenschaft sein Büchlein «Philosophische und patriotische Träume eines Menschenfreundes» (1755). Darin pries er entgegen der herrschenden Machtpolitik die «Liebe» als das vornehmste Geheimnis der gesunden Staatskunst.[743] Durch die gleichgesinnten Männer, mit denen er im Jahr 1762 die «Helvetische Gesellschaft» gründete, war er auch mit den Zuständen in den andern Orten der Alten Eidgenossenschaft vertraut geworden. In diesem Staatenbund hatte die Ungleichheit der Stände – ein Problem, das Iselin seit seinem Aufenthalt in Paris 1752 intensiv beschäftigte – krasse Formen angenommen, denn alle Kantone, ohne Ausnahme, regierten über eigene oder gemeineidgenössische Untertanen. Was er davon hielt, formulierte er in einem Brief an einen Freund so: «Je mehr ich nachsinne, je abscheulicher finde ich den Zustand und die Verfassung unseres Vaterlandes ... Nach meiner Meinung werden die Untertanen Ihro Gnaden aller Kantone nicht glücklich sein, bis ein mächtiger Nachbar gnädig geruhen wird, sie zu erobern.»[744] Ein prophetisches Wort, wenn man an das Ende des Ancien Régime und die Basler Revolution von 1798 denkt. Bevor wir sie schildern, ist ein kurzer Exkurs über die Untertanen Basels fällig.

Das Basler Untertanengebiet

Die Basler Landschaft – darunter verstand man alle ausserhalb des Stadtbanns liegenden Territorien – umfasste eine Fläche von rund 380 km^2, die Stadt eine Fläche von etwa 20 km^2. Nach Volkszählungen im 18. Jahrhundert wohnten auf der Landschaft ca. 23 000 Menschen, in der Stadt ca. 15 000.[745] Verwaltungsmässig bestand der nicht städtische Teil aus sieben Ämtern: Farnsburg, Waldenburg, Homburg, Liestal, Münchenstein, Riehen und Kleinhüningen. Ihre ungleiche Grösse erinnert daran, dass die Stadt zwischen 1400 und 1640 diese Dörfer und Ländereien einzeln von ihren Herren, z.B. dem Bischof oder den Thiersteinern-Falkenstein gekauft hat.[746]

Landvögte in den Ämtern und Schultheiss in Liestal

Die Verwaltung legte die Stadt in die Hände von gewählten (und zuletzt durch das Los bestimmten) Landvögten; in Liestal ernannte sie einen Schultheissen.[747] Während acht Jahren sassen die Repräsentanten der Stadt auf ihren Schlössern, bezogen die Abgaben der Bauern in Naturalien oder Geld, sprachen Recht (ausser über todeswürdige Verbrechen) und führten mehr oder weniger genau die Buchhaltung des Amtes mit Hilfe von Landschreibern. Man verbindet gemeinhin die Vorstellung von «Landvogt» mit dem Bild, das der aufklärerische Dichter Schiller im «Wilhelm Tell» von ihm zeichnet. Solche Figuren gab es natürlich auch. Der bekannte Baselbieter Ständerat Martin Birmann (1828–1890) schildert in seinen Lebenserinnerungen, wie sein Grossvater beim letzten Landvogt auf der Farnsburg, Hans Franz Hagenbach, die Eheerlaubnis holen wollte, und, obwohl unschuldig, abgekanzelt wurde.[748] Aber es sind auch Vögte bekannt, die mit dem Landvolk umzugehen wussten. Wenn man die Sammlung der Landvogtbiographien durchgeht, fällt auf, wie oft Metzger, Bäcker, Schuhmacher, Kürschner Landvögte geworden sind – ein geschickter Akt der Oberschicht, die damit den Handwerkern einen beträchtlichen Teil der ergiebigen Staatsverwaltung überliess und sie damit auch zu Stützen des bestehenden Regiments machte. «Es mag ein flottes Leben gewesen sein auf jenen Schlössern der Landschaft, wo der Vogt, umgeben von seinen Dienern und der Wache der Burg, den Gebieter über sein Territorium spielte.»[749]

Lasten der Untertanen

Und wie «flott» lebten anderseits die Untertanen der Basler Landschaft? Mühselig genug, scheint es, wenn man die lange Liste der «Lasten der baslerischen Untertanen im 18. Jahrhundert» studiert.[750] Darin werden aufgezählt: Die Bodenzinsen (meist in Naturalabgaben, Korn, Wein, usw.); der Zehnten (ursprünglich eine Abgabe für die Kirche gemäss 3. Mose 27, 30 und 4. Mose 18, 21); die Taxen für unmässig viele rechtliche Urkunden, die der Landvogt ausstellte; der Ehrschatz (eine Abgabe beim Wegzug aus der Heimat); die Ehesteuer; das Fasnachtshuhn (eine eher symbolhafte Abgabe als Zeichen der Untertanen-

DIE ÄMTER (VOGTEIEN) DES KANTONS BASEL IM 18. JAHRHUNDERT

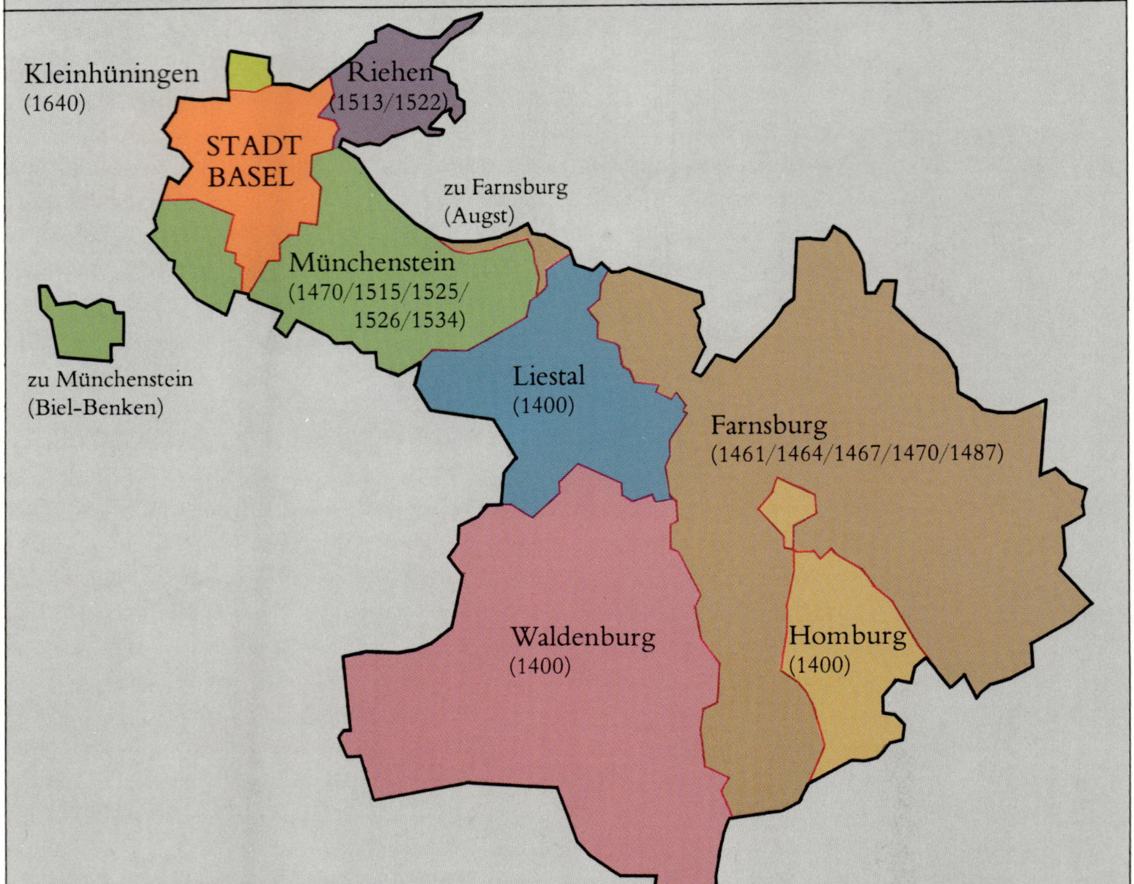

In Klammern das Jahr der Erwerbung durch die Stadt

schaft); die Waldgebühren (das sogenannte Holzgeld); das Metzgergeld; das Salzregal, usw. Dazu kamen die persönlichen Dienstleistungen, die Frondienste, wenn es nötig war, Strassen und Brücken zu erstellen oder Schlösser zu renovieren. Zwei Bemerkungen drängen sich nach dieser Aufzählung der Lasten auf: Nicht erst die Stadt Basel hat dem Landvolk den Grossteil der Lasten auferlegt; sie hat beim Kauf der Landschaft nach damaligem Recht die Pflichten der Bevölkerung (und ihre Rechte!) mitübernommen.[751] Im Lauf des 17. Jahrhunderts veränderte sie freilich manche Abgabeform, vereinheitlichte – «zentralisierte» würde man heute sagen – und fügte unter dem Druck der Kriegslasten (vgl. Kapitel 22) neue Umsatzsteuern hinzu, die der Stadtbürger schon längst entrichten musste. Gegen solche Neuerungen, nicht gegen den «alten Brauch», rebellierten die Baselbieter 1525, 1594 und 1653. Ihrerseits hatte die Stadt immerhin Gegenleistungen zu erbringen, nämlich die Sicherheit des Lebens der Bewohner zu garantieren (was im Dreissigjährigen Krieg allerdings nur höchst unzulänglich getan wurde), dem Landvolk bei Missernten und Hochwasser zu helfen und – auch dies ein Erbe der Reformation – die Pfarrer der Landgemeinden zu besolden.

Drückender für den Landmann als Abgaben und Leistungen war seine politische Ohnmacht, der Ausschluss aus dem Kreis der Mitbestimmenden, besonders wenn es um Gewerbeordnungen ging, überhaupt das Gefühl, zwar Basler, aber Basler Bürger zweiter Klasse zu sein. Was das hiess, zeigt der Huldigungseid, den die Untertanen mit entblösstem Haupt vor jedem neuen Landvogt anzuhören und zu beschwören hatten. Auf die wichtigsten Sätze reduziert, lautete er so: «Ihr werdet schwören, unsern Herren, dem Bürgermeister, dem Oberstzunftmeister und dem Rat der Stadt Basel treu und gehorsam zu sein, ihre Gebote und Verbote zu halten, euere Steuern genau zu entrichten, mit der Stadt in den Krieg zu ziehen, wohin immer gefordert wird, aber keinen Krieg anzufangen, keine heimliche Versammlung oder Landsgemeinde zu besuchen ...»[752] Dass nach 1797 die Untertanen einen solchen Eid nicht mehr schwören wollten, war nicht primär ihr eigener Entschluss, sondern die Folge jener weltgeschichtlichen Umwälzung aller Dinge, die im grossen Nachbarland Frankreich 1789 begonnen hatte.

Fanal der Französischen Revolution 1789

Jahrhundertlang bestanden zwischen Frankreich und der Schweiz enge politische, geistige und wirtschaftliche Beziehungen. Nach jenem Tag, an dem in Paris die Revolution anfing – es war der bis heute gefeierte «Quatorze Juillet» –, musste sich jeder Eidgenosse, ob Regent im städtischen Rathaus oder Landmann im Alpental, mit einem Sohn im französischen Solddienst fragen, welche Folgen die radikale Veränderung in Frankreich haben werde. Jedermann war darüber im Bild, denn die Revolutionäre verkündeten im Geist der Aufklärung eine neue Gesellschaftsordnung und gingen daran, sie mit missionarischem Pathos allen «Unterdrückten» Europas als eine neue Heilsbotschaft zu predigen. Was in Paris geschah – die Verkündigung der Menschenrechte, die Abschaffung der absoluten Monarchie, die Beseitigung aller Privilegien des Adels und der Geistlichkeit –, musste jeden Schweizer zum Nachdenken anregen. Schon nach wenigen Jahren, als man neben den guten auch die bösen Früchte der Revolution erkennen konnte, war die Parteibildung in der Eidgenossenschaft vollzogen.

Spaltung der Schweizer in «Aristokraten» und «Patrioten»

Die regierende Oberschicht in den Stadt- wie in den Landkantonen verurteilte aufs schärfste, was geschah, wies auf die teilweise chaotischen Zustände in Frankreich hin und versuchte im Extremfall, «den Untertanen die demokratischen Grimassen zu vertreiben».[753] Ihre Gegner bezeichneten alle, die so dachten, summarisch als «Aristokraten», selbst wenn sich wie in Basel einfache Handwerker in dieser antirevolutionären Partei befanden. «Patrioten» nannten sich selbst die Anhänger der Reform- oder später der Revolutionsideen. Es waren vornehmlich jüngere Intellektuelle in den kleinen Landstädten, aber auch bedeutende Köpfe, die den aufklärerischen Idealen treu blieben, selbst als sich Enttäuschung, ja Empörung über die stets deutlichere imperialistische Aussenpolitik Frankreichs einstellten. Zu ihnen gehörten in Zürich und Bern z.B. Paul Usteri, Konrad Escher, Heinrich Pestalozzi, Emanuel von Fellenberg, Albert Stapfer und andere, deren Namen man in jeder Schweizergeschichte nachlesen kann; in Basel Peter Ochs und Lukas Legrand, von denen wir bald mehr hören werden. Die grosse Mehrheit des Volkes verhielt sich freilich neutral. In einer solch verfahrenen Situation konnte in der Alten Eidgenossenschaft ein gemeinsamer Entschluss, wie man dem immer aggressiveren Frankreich und seinen siegreichen Armeen unter General Bonaparte begegnen sollte, nicht zustande kommen. Jeder Kanton hielt an seiner Autonomie fest und behielt sich die Freiheit vor, seine eigene Revolution oder seinen eigenen Untergang auf dem Schlachtfeld zu wählen.[754]

Die Basler «Revolution von oben»

Basel führte als erster Kanton der 13örtigen Eidgenossenschaft seine «Revolution» durch; die Initiative dazu ging bemerkenswerterweise von städtischen, gebildeten Kreisen aus, weshalb sie ohne Blutvergiessen verlief. Man spricht darum in der Literatur von einer Revolution von oben, weshalb wir das Wort soeben in Anführungszeichen gesetzt haben.[755] Wenn der baslerische Staat kurz vor dem Untergang der Alten Eidgenossenschaft seinen eigenen Weg ohne Rücksicht auf die andern Orte gegangen ist, so sind die Gründe leicht zu erkennen. Hier sah man aus nächster Nähe die Folgen des Bastillesturms, als nämlich die Elsässer Bauern Zinsen und Zehnten verweigerten und Schlösser in Flammen aufgingen. Schon im September 1789 stellte ein Vertreter altbaslerischer Kreise, Abel Merian, im Grossen Rat den später zum Beschluss erhobenen Antrag, die Leibeigenschaft der Baselbieter für beendigt zu erklären und so zu beweisen, dass man nicht mehr in der Barbarei des Mittelalters lebe.[756] Er gehörte jener Gruppe von Reformfreunden an, die, obwohl von verschiedener Herkunft und Bildung, durch die Fragen der Gegenwart ernstlich bedrängt wurden und sie in privaten Herrenclubs und darauf im Grossen Rat zur Sprache brachten. In den Beratungen über die Aufhebung der Leibeigenschaft findet man nun folgendes Votum: «Wie können Christen, deren Grundlehren auf Demut und Gleichheit beruhen, einen Unterschied des Standes und der Geburt unter sich dulden?»[757]

Leibeigenschaft der Untertanen aufgehoben 1790

Peter Ochs

Der Mann, der eine politische Alltagsfrage in diesen grossen Zusammenhang stellte, hiess Peter Ochs. Als einem Historiker des Aufklärungszeitalters sind wir ihm schon im 2. Kapitel begegnet (vgl. S. 24 ff). Jetzt müssen wir ihn als den wichtigsten Basler Politiker der Revolution vorstellen, erklären aber im vornherein, dass wir seine Bedeutung für die gesamte Schweizergeschichte nicht würdigen können. Aber doch soviel: das Schillerzitat über Wallenstein «Von der Parteien Gunst und Hass verwirrt, schwankt sein Charakterbild in der Geschichte» trifft auf keinen andern Schweizer so sehr zu wie auf Peter Ochs.[758] Die Beurteilungsskala reicht vom «Landesverräter», der am Unglück der Nidwaldner schuld sein soll, weil er die helvetische Verfassung entworfen hat, bis zum

Peter Ochs (1752–1821), Dr. iur., letzter Oberstzunftmeister, helvetischer Direktor, Staatsrat, Historiker.

«Befreier» der Basler Landschaft, dem «in den stillen Tälern des Baselbiets die reinsten Tränen nachgeweint wurden».[759]

Im Alter von 27 Jahren liess sich der in einem vornehmen Kaufmannshaus in Hamburg aufgewachsene Ochs – sein Vater war Basler Bürger, seine Mutter hugenottischer Herkunft – in seiner Heimat endgültig nieder. Ganz fremd, wie einige Basler spöttelten, war er damals allerdings nicht, denn schon dreimal hatte er sich hier aufgehalten; er war hier getauft worden, hatte die Freundschaft Isaak Iselins gewonnen und an der Universität zum Doktor der Jurisprudenz promoviert.[760] Obwohl er z.B. das Baseldeutsch nie völlig beherrschte[761], schätzten die Mitbürger seine Geistesgaben und legten seinem politischen Aufstieg nichts in den Weg. Als Nachfolger Iselins wurde er 1782 Ratsschreiber, 1794 Grossrat und 1796, vom Los begünstigt, Oberstzunftmeister, der letzte der langen Reihe seit 1305. Dank seinen guten Beziehungen zu hochgestellten Franzosen konnte er der Stadt Basel als Sonderbotschafter mehrmals gute Dienste leisten. Sein Herkommen, seine Bildung und sein Ehrgeiz, Ideen zu verwirklichen, prädestinierten ihn

Ochs' politischer Aufstieg

zum führenden Kopf der Basler «Patrioten». Dass er eine Veränderung der staatlichen Verhältnisse in der ganzen Schweiz glühend wünschte, ist unbestritten. Ob er für die Realisierung dieses Wunsches Landesverrat begangen hat und wie ein solcher aus Schweizer Sicht zu beurteilen sei, wird wie gesagt immer Gegenstand von Diskussionen bleiben. Die berühmte Szene vom 8. Dezember 1797 in Paris, in der Ochs, Reubell (Mitglied der obersten Behörde Frankreichs) und General Bonaparte die Frage der Revolutionierung der Eidgenossenschaft besprachen, macht immerhin eines deutlich: Napoleon, für den die militärische Okkupation der Schweiz beschlossene Sache war, missbrauchte den idealistischen, schwachen und doch ehrgeizigen Ochs für seine Pläne.[762]

Landvogt Hans Franz Hagenbach wird am 17. Januar 1798 in einer «Hutte» aus der Farnsburg getragen, bevor das Schloss in Flammen aufgeht. Zeitgenössisches Blatt. ▷

Für die Basler Geschichte ist es nun bedeutsam, dass Ochs von Paris aus Brief über Brief nach Basel schickte, um seine Freunde von der Notwendigkeit einer freiwilligen Umwälzung zu überzeugen. Er überzeugte: Sein Schwager, der Ratsherr Peter Vischer (1751–1823), selbst Angehöriger der bevorrechteten Schicht, stellte am 8. Dezember 1797 im Grossen Rat den Antrag, die politische Diskriminierung der Landschaft aufzuheben. Das Ergebnis war für den sensibeln Ratsherrn deprimierend. Der Grosse Rat verwarf den Antrag unter Schmähreden, die Vischer zu Tränen bewegten. Aber es war ein Pyrrhussieg der Altgesinnten. Der Kreis der städtischen Patrioten, unter ihnen jetzt auch der Iselinschüler und Philanthrop Johann Lukas Legrand (1755–1836)[763], selbst Zunftmeister, wuchs täglich, und zum Glück für Basel fanden die städtischen Reformfreunde unter den Untertanen besonnene Männer wie Wilhelm Hoch (1750–1826), Uhrmacher in Liestal, Johann Jakob Schäfer (1749–1823), genannt der «Orismüller», Hans Georg Stehlin (1760–1832) aus Benken, alle drei bereit, mit den Herren der Stadt zusammenzumarschieren.[764] Zwar machte sich auf der Landschaft der Unmut gelegentlich Luft; Landvogteischlösser wurden angezündet, nachdem man das Mobiliar herausgetragen hatte; in Liestal tanzte man um einen Freiheitsbaum, das Symbol der Revolution à la française. Aber – und das war entscheidend – von Liestal kam am 13. Januar 1798 kein bewaffneter Volkshaufen wie 1525, sondern nur eine «Erklärung der Bürgerschaft». Diese enthielt in vier Artikeln die Forderungen der Landschaft. Eine Woche später wurden diese Artikel jeder Zunft einzeln zur Annahme vorgelegt, durchweg einhellig angenommen – übrigens eine ganz seltene Art der Volksbefragung – und darauf in den sogenannten Freiheitsbrief vom 20. Januar integriert. Die vier Artikel lauteten: «1. Sind wir entschlossen, Schweizer zu bleiben; 2. Wollen wir Freiheit, Gleichheit, die heiligen unverjährbaren Rechte des Menschen, und eine Verfassung, wozu Repräsentanten aus dem Volk gewählt werden; 3. Eine enge Vereinigung der Stadtbürger mit den Landbürgern, als zu *einem* Körper gehörend, welche gleiche Rechte und gleiche Freiheit zu geniessen haben; 4. Endlich begehren wir unverzüglich eine Volksversammlung, wozu von Stadt und Land nach zu bestimmenden Regeln, z.B. von 50 Bürgern einer erwählt würde, welche den zu bestimmenden Gesetzen für die Zukunft, vorläufig beiwohnen können.»[765] Die Basler Revolution

Freiheitsbrief für die Landschaft 1798

war zu Ende, und das «erste Fest der brüderlichen Vereinigung der Bürger der Stadt und der Landschaft» konnte den Schlusspunkt hinter eine fast 400jährige Vergangenheit setzen.[766]

«Fest der brüderlichen Vereinigung»

Werfen wir einen Blick auf die Verbrüderungsfeier am 22. Januar 1798. Gewiss sind solche Feiern keine politischen Akte von historischer Bedeutung; doch offenbart sich in der Symbolik der Formen der Zeitgeist deutlicher als in manchem wichtigen Aktenstück. Der 22. Januar war ein solcher symbolträchtiger Tag. Am Vormittag beschloss der Grosse Rat: Von nun an sollen alle Titel, wie «Gnädige Herren», abgelegt sein; sollen der Baselhut, Habit und Krös (Halskrause) der Klein- und Grossräte abgetan sein; sollen die Stadtuhren gleich den Uhren auf der Landschaft gerichtet werden. (Sie gingen seit Jahrhunderten eine Stunde voraus.) Am Nachmittag versammelten sich die Räte im Rathaus und zogen unter Glockengeläute ins Münster, wo der Pfarrer von St. Theodor, Johann Jakob Faesch, eine Rede hielt.[767] Man höre den Anfangspassus: «Gleich einem gewaltigen Sturm eilt der Geist der Zeiten von den berühmten Gestaden

Freiheitsfeier auf dem Münsterplatz am 22. Januar 1798. Kolorierte Radierung von F. Kaiser, 1798. ◁

der Seine (Paris) durch Europas blühende Gefilde bis an des Ozeans entfernteste Inseln... Lange sahen wir nur von fern den täglichen Wunder-Szenen zu... Endlich schlug auch für uns die im Ratschluss der ewigen Weisheit festgesetzte Stunde... O Freiheit und Gleichheit, ihr seid die herrlichsten Güter dieser Unterwelt!» Pfarrer Faesch erweist sich als guter Kenner des menschlichen Herzens; er fährt fort: «Hütet euch, Mitbürger! Freiheit ist nicht Gesetzlosigkeit, nicht Tilgung aller Abgaben ... Gleichheit ist nicht jenes Räubersystem, dem kein Eigentum heilig ist ...» Und schliesslich muss der Redner in dieser Stunde die «Gleichheit der Rechte» als unumstössliche Wahrheit begründen. Er tut es, doch nicht mit den Lehren des Naturrechts, nicht mit Rousseau. Er wäre sonst von den vor ihm sitzenden Handwerkern der Stadt und den Bauernvertretern der Landschaft nicht verstanden worden. Er tut es mit den «erhabenen Grundsätzen des Evangeliums». Dort finde er keine einzige Stelle, «die Anlass gebe zu behaupten, der Landmann sei bloss zum Gehorchen, der Städter allein zum Herrschen bestimmt». Im Gegenteil, da lese man: «Wir sind *alle* göttlichen Geschlechts (Apostelgeschichte 17, 29), vor Gott ist kein Ansehen der Person (Römer 2, 11).» Bei der Lektüre solcher Beweise für die Gleichheit von Stadt und Land erinnert man sich an eine andere Äusserung der Basler Pfarrer. Genau 145 Jahre früher haben auch sie aus der Bibel, vornehmlich aus dem Alten Testament, der städtischen Obrigkeit das Recht zugesprochen, die Untertanen mit dem Schwert zu richten!

Nach der Festpredigt folgte der «Freiheitsgesang, feierlich abgesungen in der Münsterkirche». Hier einige Strophen[768]:

«Holde Freiheit! Sei gegrüsst,
Vom Olymp kommst du zurück
Wer dich, Kind der Gottheit, küsset,
Fühlt ein himmlisch Glück.

Schöner hat im jungen Lenze
Uns der Erdball nie gelacht,
Der dir frühe Blumenkränze
Jauchzend dargebracht.

Ährenreiche Felder dünget
Kein unschätzbar Menschenblut,
Und kein wilder Krieger ringet
Nach verbotnem Gut!

Freunde, Gatten und Geschwister
Knüpfen ein vertrautes Band;
Denn der Krieg, der Volksverwüster,
Schonte unser Land.

Einmarsch der Franzosen 1798

Grausame Ironie der Geschichte! Kaum waren die festlichen Lieder verhallt, änderte sich die schweizerische Szene völlig. Der «wilde Krieger rang nach verbotnem Gut», «der Krieg, der Volksverwüster» tobte im Schweizerland. Am 11. Februar 1798 liess Frankreich seine Armeen ins alteidgenössische Gebiet einmarschieren, um der Revolution nachzuhelfen und sich nachher für die «Befreiung» bezahlen zu lassen. Die neue Eidgenossenschaft, die «Helvetische Republik», wurde ein Vasallenstaat und – wie bis heute in solchen Fällen üblich – bis aufs Blut ausgesaugt, was die «Hilfe» Österreichs nach sich zog. Die Schweiz wurde Kriegsschauplatz der Grossmächte. Davon aber mehr im nächsten Kapitel.

«Helvetische Republik»

Nach dem 20. Januar 1798 musste also in Basel eine neue Verfassung geschaffen werden. Sie sollte von einer gewählten Volksversammlung, die nach französischem Vorbild «Nationalversammlung» hiess, entworfen und durchberaten werden. Im Vorfeld dieser Wahlen der «Volksrepräsentanten» taucht erstmals jenes schwere , typische Basler Problem auf, an dem 35 Jahre später der Kanton Basel zerbrechen sollte. Nach welchem Verteilerschlüssel sollten Stadt und Landschaft in der sechzigköpfigen Versammlung vertreten sein? 1798 fand man folgende Lösung: Zwanzig Repräsentanten wählte die Stadt, zwanzig die Landschaft; die restlichen zwanzig durfte, entsprechend der grösseren Bevölkerungszahl, ebenfalls die Landschaft, aber nur aus Stadtbürgern, wählen.[769] Diesem Kompromiss stimmten damals die Führer der Landschaft zu, wenn auch mit dem Vorbehalt «ohne Folgen für die Zukunft». Auf diese Weise wurde verhindert, dass die Stadt von einer Mehrheit der Landschäftler beherrscht wurde, was geradezu eine Umkehr des früheren Verhältnisses bewirkt hätte; ein Zustand, den niemand im neuen Kanton wünschte. Aber ebenso war ein Rückfall ins vorrevolutionäre Regime ausgeschlossen. – In der schwersten Basler Krise von 1831 bis 1833 fehlten diesseits und jenseits der Birs die Männer, die einen ähnlichen tragfähigen Kompromiss hätten finden und realisieren können.

Inhalt der neuen Verfassung

VI. BUCH

24. KAPITEL
BASEL IM ZEITALTER NAPOLEONS

Napoleon und Basel

Mit Absicht haben wir den Namen des französischen Kaisers über dieses Kapitel gesetzt, obwohl es in der Basler Geschichtsschreibung sonst nicht üblich ist. Aber nie hat jemand das Schicksal Basels so beeinflusst, ja zeitweise beherrscht wie der mächtige Korse. Und dies, obwohl Basel nicht wie die andere Grenzstadt, Genf, ohne Aufhebens eines Tages von der «grossen Republik» annektiert wurde.

Nur einmal und nur wenige Stunden, am 24. November 1797, weilte General Bonaparte auf Basels Boden, als er eilends von Italien durch die Schweiz nach Rastatt zu einem Friedenskongress reiste. Von Genf bis Basel empfing man den 29jährigen Sieger über Österreich in Oberitalien mit Jubel. Beim Bankett, das die Basler Regierung im Gasthof «Zu den drei Königen» dem General gab, hielt der amtierende Bürgermeister Andreas Buxtorf (1740–1815) in französischer Sprache eine Rede, in der er unter anderem sagte: «Der Lorbeer des Sieges verleiht dem Helden Unsterblichkeit, der Ölzweig des ruhmreichen Friedens verewigt den Wohltäter seines Vaterlandes. Sie, Bürger General, glänzen durch diese beiden Arten des Ruhms.» Noch in der gleichen Stunde bewies Napoleon die Meisterschaft seines politischen Talents, indem er die Basler Herren unvermittelt gefragt haben soll: «Was wollen Sie uns für das Fricktal geben? Es gehört uns, und es würde Ihnen passen.»[770] Auf diesen Köder bissen die Basler an und kamen der Aufforderung Napoleons, einen Gesandten zu Verhandlungen über das verlockende Geschäft nach Paris zu schicken, eilfertig nach. Noch bevor der Monat November zu Ende ging, fuhr der gewünschte Verhandlungspartner – es war Peter Ochs – mit Instruktionen der Basler Regierung in der Diplomatentasche nach Paris.[771] Dass dort über weit mehr als über das Fricktal verhandelt wurde, haben wir bereits erzählt.

Bankett für Napoleon

Der Kuriosität halber sei noch erwähnt, dass man in Basel einen kleinen, aber nicht unwesentlichen Grund fand, auf Napoleons besonderes Wohlwollen zu hoffen. Der Held Frankreichs begrüsste nämlich in Basel einen Verwandten. Seine Grossmutter hatte in zweiter Ehe einen Basler Bürger, Franz Faesch, geheiratet. Die Basler Verwandten hatten sich einmal den französischen Faesch gegenüber hilfreich erwiesen, weshalb Napoleon den alten Zuckerbäcker Werner Faesch ins

Napoleon zieht am 24. November 1797 in einer achtspännigen Karosse durch das St. Alban-Tor in Basel ein. Kolorierte Radierung von F. Kaiser, 1797.

Gasthaus kommen liess und ihn bei der Begrüssung vertraulich mit «mon cousin» anredete.

Von jenem Tag bis zum Sturz Napoleons wiederholten sich Jahr für Jahr die Gelegenheiten, bei denen auch Basler Staatsmänner in den Chor jener Schweizer einstimmten, die das Lob des Kaisers sangen, singen mussten. Hiezu zwei Beispiele. Als Napoleon im Frühjahr 1805 nach Mailand reiste, um sich dort zum König Italiens krönen zu lassen, sandten die Schweizer zur Gratulation eine Gesandtschaft nach Chambéry.[772] Ihr gehörte auch der Basler Bürgermeister Andreas Merian (1742–1811) an, übrigens ein Konservativer und zufälligerweise ein Namensvetter jener Kaufmannsfamilie, die der Kaiser besonders hasste. Eine Dreiviertelstunde lang – so berichtet Merian – unterhielt sich Napoleon gnädigst mit den beiden Schweizern: «Er war so aufgeräumt und so freundschaftlich, dass es einigemale zu lachen gab.» Ein Jahr später gab es nichts mehr zu lachen, als Napoleon das Verbot erliess, auf dem Kontinent mit englischen Waren Handel zu treiben, und damit die schweizerische Textilindustrie aufs empfindlichste schädigte.

Napoleonkult

Den Höhepunkt erreichte der Napoleonkult in Basel wohl am 9. April 1811, als man, wie in andern Kantonen, die Geburt des Königs von Rom, des einzigen

Sohns des Kaisers und der Habsburgerin Marie-Louise, in der französischen Kirche in Anwesenheit der Regierung und hoher Gäste feierte.[773] Ein Pfarrer pries das glückliche Ereignis, ein «Te Deum» wurde angestimmt, und beim Bankett bezeugte Peter Ochs in französischen Versen seine grenzenlose Freude. Noch ein Jahr später, an der Eröffnung der eidgenössischen Tagsatzung im Basler Münster, rief der amtierende Landammann Peter Burckhardt (1742–1817) aus: «Gebenedeit sei von uns dieser grosse König (Napoleon II.), gebenedeit von der ganzen schweizerischen Nation als ihr erblich verbündeter Vermittler.»[774] Dieser gebenedeite König, bekannter als Herzog von Reichsstadt, starb übrigens nach einem völlig unbedeutenden Leben in Wien, wo als einziges Zeugnis seines Daseins noch seine Wiege gezeigt wird.

Bevor jemand solche Lobhudeleien als Ausdruck baslerischer Unterwürfigkeit verurteilt, muss er sich in die Situation jener verantwortlichen Männer hineindenken. 1811 etwa glaubten sie an den Retter Napoleon und hofften als Folge seiner Heirat mit der österreichischen Prinzessin auf einen allgemeinen Frieden nach bald zwanzig Kriegsjahren in Mitteleuropa. Ferner gab es seit 1802 zwei sehr handfeste Gründe, dem mächtigsten Manne Europas nicht nur verbal zu huldigen, sondern wirklich dankbar zu sein: Er allein hatte sich fähig gezeigt, den zerstörerischen Hausstreit zwischen den Föderalisten und den Unitariern in der Schweiz zu dämpfen, indem er als «Vermittler» den inneren Frieden erzwang.

Angst vor Napoleon

Aber stärker als die Dankbarkeit wirkte noch die oft gehörte Drohung, Frankreich könnte Basel bis zur Birs vom Bund der Eidgenossen lostrennen oder gar – dies ein Wort Napoleons selbst – der Kaiser könnte eines Nachts aufwachen und mit einem Federstrich die Schweiz aus der Reihe der selbständigen Staaten eliminieren. Unter solchen Voraussetzungen muss man die Geschichte der Helvetischen Republik und ihres Gliedes Basel von 1798 bis 1813 betrachten. Sie zerfällt in zwei untereinander deutlich verschiedene Epochen, die Helvetik und die Mediation.

Helvetik 1798–1803

Die «Helvetik», präziser «die eine und unteilbare helvetische Republik», jene von Frankreich aufgezwungene, aber auch von vielen schweizerischen Patrioten mit Begeisterung begrüsste neue Gestalt der alten Eidgenossenschaft war ein allzu künstliches Gebilde und darum von kurzer Dauer. Man renovierte – um ein Bild zu brauchen – nicht ein altes Haus mit teils unbewohnbar gewordenen Räumen; man riss das ganze bis auf den Grund nieder und konstruierte auf dem Reissbrett ein Gebäude, das den einen als idealer Palazzo, den andern als Gefängnis erschien. Dennoch tut man der Helvetik Unrecht, wenn man sie nur nach ihren Mängeln beurteilt. Rechtsgleichheit aller Bürger, Freizügigkeit der Niederlassung auf dem ganzen Staatsgebiet, Religionsfreiheit, Gewaltentrennung – dies waren Errungenschaften jener Zeit, die seither kein Bürger eines demokratischen Staates vermissen möchte. Was den neuen Staat jedoch rasch in Verruf brachte, ist in der Hauptsache Frankreich zu belasten, dessen drückende Präsenz auf allen Gebieten dominierte – in der extremsten Form, wenn die französischen Armeen Schweizer Territorium überschwemmten, um schon hier und nicht erst in Frankreich den Österreichern und Russen entgegenzutreten. Doch dies ist Gegenstand jeder Schweizergeschichte; wir haben hier nur die Basler Ereignisse und Zustände zu betrachten.

Jene oben erwähnte Basler Nationalversammlung, mit dem Auftrag, eine Verfassung für das nachrevolutionäre Basel zu entwerfen, löste sich schon im April 1798 wieder auf; sie hatte nämlich nichts zu tun, da in der «unteilbaren helvetischen Republik» eine besondere Republik Basel keinen Platz mehr hatte. In der am 12. April 1798 proklamierten Helvetischen Republik regierte allein die Zentralgewalt, ein Direktorium von fünf Mitgliedern wie in Paris. (Der Name der Zentralregierung wechselte später.) Die ehemaligen Kantone sanken zu Verwaltungsbezirken herab, glichen nun den «départements» der fränkischen Republik und bekamen von der Zentralregierung wie jene einen Präfekten, hierzulande «Regierungsstatthalter» genannt, vorgesetzt.[775] Solch tiefe Eingriffe in die alte eidgenössische Ordnung mussten natürlich den Widerstand weiter Kreise wecken.

Entmachtung der Zünfte

Indes, die helvetischen Politiker besassen auch einen Blick für die Notwendigkeiten der Zeit. In Basel bliesen sie einer überlebten Institution das Lebenslicht aus, verhalfen dafür einer andern zur Existenz. Keinen Raum mehr im neuen Staat mit den egalitären Formen fanden die Zünfte als politische Körperschaften. Nach 400 Jahren verschwanden sie zwar nicht gänzlich aus dem wirtschaftlichen Bereich der Stadt, wie die Geschichte des 19. Jahrhunderts zeigen wird, aber ihre politischen und juridischen Vorrechte, z.B. die Zunftgerichtsbarkeit, gehörten für immer der Vergangenheit an.[776] Eine gute Neuerung von Dauer war nun aber die Organisation des Gemeindewesens. Alle Bewohner der Helvetischen Republik waren nach Artikel 19 der Verfassung Bürger geworden und sollten überall ihr Bürgerrecht ausüben können. Neben die alte, weiterhin bestehende Bürgergemeinde trat also die politische oder Einwohnergemeinde, die alle darin niedergelassenen Schweizer umfasste.[777] Damit waren die kantonalen Schranken des Ancien régime niedergerissen. Diese Zweiteilung in politische und Bürgergemeinde ist bis heute in der Schweiz erhalten geblieben.

Schaffung von Bürgergemeinde und Einwohnergemeinde

Basels Geschichte von 1798 bis 1803 ist also weitgehend identisch mit derjenigen der ganzen Schweiz. Auch hier lagen zeitweise französische Besatzungstruppen, auch hier forderte ein französischer General in Geldnöten einmal binnen 24 Stunden hunderttausend Franken als Kontribution (Kriegssteuer), auch hier fieberte die Bevölkerung vor den Entscheidungen auf den europäischen Schlachtfeldern. Aber spezifisch baslerisch und aufschlussreich für die Mentalität zu Stadt und Land scheint uns der sogenannte Bodenzinssturm im Jahr 1800 und das, was ein Augenzeuge davon erzählt. Dieser Augenzeuge, Heinrich Zschokke (1771–1848), wurde in Magdeburg geboren, kam nach einem Studium der Philosophie 1795 erstmals in die Schweiz, wurde Schulleiter in Graubünden, wo man

Heinrich Zschokke helvetischer Regierungsstatthalter in Basel ihn ins Bürgerrecht aufnahm, und bald darauf, da er sich als treuer Anhänger des helvetischen Staates auszeichnete, von der Regierung mit heiklen Aufgaben betraut. Im September 1800 schickte ihn die helvetische Regierung als ihren Statthalter nach Basel. Hier habe ihn, so berichtet er in seiner Autobiographie, eine fühlbare Kälte angeweht. «Ich war der erste Fremdling, der hier seit Jahrhunderten die oberste Landesstelle bekleidete. Meine Person wurde gewissermassen zur Beleidigung für das Selbstgefühl einer Bürgerschaft, die der tüchtigen Männer soviel in eigner Mitte besass.»[778] Scharf analysierte er den Zustand Basels nach 1798, in dem die Stadt «an altväterischen Herkömmlichkeiten und spiessbürgerlichen Kleinigkeiten» festhält, während die Landschäftler «jenen frechen Übermut zeigen, welcher Sklaven eigen ist, denen plötzlich die Fesseln von der Hand fallen».

Zschokke trat sein Amt in einem der kritischsten Augenblicke der Helvetik an. Kurz vor seiner Ankunft in Basel hatte die Zentralregierung die 1798 beschlossene Abschaffung der Bodenzinsen und Zehnten rückgängig gemacht, da dem Staat neue anderweitige Einkünfte fehlten, jene Abgaben aber bisher die Existenzgrundlage der Spitäler, Schulen, Kirchen und Fürsorgeeinrichtungen gebildet hatten. (Übrigens konnte die Helvetik das schwere Problem der Ablösung der Feudallasten durch Loskauf nie lösen.) Die Bauern, die nach der Basler Revolution glaubten, aller alten Lasten und Abgaben für immer los und ledig zu sein, erhoben sich in offener Empörung.[779] Als im oberen Baselbiet die Sturmglocken läuteten, als bewaffnete Haufen nach Liestal marschierten, ritt ihnen Zschokke in der Nacht vom 4. auf den 5. Oktober 1800 mit kleiner militärischer Begleitung entgegen. «Jeder wollte mich hören, jeder mich sprechen ... hinter mir dehnten sich Schwärme, die meisten von Wein und Branntwein beseligt ... der Oberst befahl den Vordersten zurückzuweichen, man antwortete mit Flintenschüssen. Nun lief alles erschrocken auseinander. Geschrei auf allen Seiten, Flucht meiner Schutzwache, Flucht der Bauern ... ich stand plötzlich verlassen und wandte mein Pferd nach Liestal, links und rechts von Flintenschüssen begleitet.»[780]

Bodenzinssturm 1800

Am andern Tag handelte Zschokke so, wie ein helvetischer Beamter in der Bedrängnis zu tun pflegte: er bat einen französischen General um Hilfe. Als dieser mit 1800 Franzosen ins Baselbiet einrückte, brach der Aufstand rasch zusammen. Ein gerichtliches Nachspiel verurteilte die Rädelsführer, aber, auf Zschokkes Fürbitte hin, eher glimpflich. Er wollte kein Blut fliessen sehen. Aus einer Proklamation an die Aufständischen spricht die ganze Zwiespältigkeit des Revolutionsfreundes, der die chaotischen Folgen der idealistischen Gleichheitsparolen erkennt: «Ihr habt eure Obrigkeit beschimpft, eure Gesetze gebrochen; der Rebell ist von Gott und Menschen verlassen; aber ich kann euch nicht verlassen ... mein Herz blutet bei eurem Unglück.»[781] Zschokke zog sich bald darauf, müde von solchen Erfahrungen, ins Privatleben zurück. Er hoffe nun, so schrieb er, endlich Zeit zu finden, sein Vermögen zu mustern, wie es in «dieser alten Handelsstadt, wo selbst Diogenes im Fass gelernt haben würde, kaufmännisch zu denken», üblich sei.[782]

Mediationszeit 1803–1813

Die zweite Epoche des napoleonischen Zeitalters in der Schweiz dauerte von 1803 bis Ende 1813. Ihre Staatsform beruhte auf der sogenannten «Vermittlungsakte des ersten Konsuls der fränkischen Republik», bestehend aus einer Bundesverfassung und neunzehn Kantonsverfassungen. In der dazu gedruckten Einleitung richtet sich Bonaparte so an die Schweizer: «Helvetien, der Zwietracht preisgegeben, war mit seiner Auflösung bedroht. In sich selbst konnte es die Mittel nicht finden, um wieder zu einer verfassungsgemässen Ordnung zu gelangen.»[783] Er habe es sich darum zur Pflicht gemacht, als Vermittler zwischen den einander bekämpfenden Parteien einzugreifen. Man kann es nicht bestreiten: dieses Verfassungswerk aus den Händen des Vermittlers beweist eine gründliche Kenntnis der schweizerischen Eigentümlichkeiten, die der Erste Konsul nun – im Unterschied zu 1797 – berücksichtigte. Das Rad der Geschichte wurde gleichsam zurückgedreht, den Kantonen fast ganz die frühere Souveränität zurückgegeben, aber – so heisst es im Artikel drei der Bundesverfassung – «Untertanenlande, Vorrechte der Orte, der Geburt, der Personen, der Familien gibt es in der Schweiz nicht mehr»! Die veränderte Stellung Bonapartes gegenüber seiner früheren aggressiven Interventionspolitik spricht aus dem oft zitierten Satz, den er zu Peter Ochs am 19. Februar 1803 in der Abschiedsaudienz gesprochen haben soll: «La révolution est finie, Monsieur Ochs.»[784]

Die Basler Verfassung von 1803

Basel hatte wieder eine eigene Verfassung.[785] Wenn man unter «Verfassung» die schriftliche Fixierung der Organisation des Staates, der Rechte und Pflichten seiner Bürger in einem einzigen Dokument versteht, dann ist das Papier von 1803 überhaupt die erste Verfassung Basels. Gleichwertiges gab es vor 1803 nicht, und – wir halten diese erstaunliche Tatsache im Blick auf die kommenden Kapitel jetzt schon fest – auch das 20. Jahrhundert schuf keine neue Basler Verfassung; das 19. hingegen bescherte dem Kanton Basel bzw. dem Kanton Basel-Stadt gleich achtmal neue Grundgesetze![786] Diese totalen Verfassungsrevisionen entsprechen alle – mit Ausnahme der blutigen von 1833 – stillen Revolutionen, d.h. einer Veränderung der Machtstruktur, die das jeweils neue Verfassungswerk zu legalisieren hatte. An der Verfassung von 1803 erscheint uns nun folgendes wesentlich: die gesetzgebende Gewalt Basels, der Grosse Rat, bestand aus 130 Mitgliedern, die in den drei Distrikten Stadt Basel, Liestal und Waldenburg zu wählen waren. Der sehr komplizierte Wahlvorgang vollzog sich unter Zensusbestimmungen und mit Hilfe des Loses.[787] Im Ergebnis wurde dabei das Prinzip der Gleichheit zwischen Stadt und Landschaft gewahrt, wenn auch nicht arithmetisch genau. So sassen 1803 im ersten Grossen Rat 82 Landschäftler und 53 Stadtbasler, was nicht genau den Bevölkerungszahlen der beiden Kantonsteile entsprach, aber doch der Landschaft die Mehrheit sicherte. Wieder standen zwei Bürgermeister an der Spitze des Staates; einen Oberstzunftmeister hingegen gab es nicht mehr. Als Bürgermeister alternierten in den Mediationsjahren zwei Anhänger altbaslerischer Zustände: Andreas Merian (1742–1811) und Bernhard Sarasin (1731–1822).

Aufs ganze gesehen, erlebte Basel die Mediationsjahre ohne schwere äussere Störung oder leidenschaftliche Parteikämpfe.[788] Der Kriegsschauplatz hatte sich dank den Siegen des französischen Kaisers von den Grenzen der Schweiz weit nach Osten verschoben. Immerhin lastete die der Schweiz aufgezwungene Militärallianz mit Frankreich, die dem Eroberer Europas die Werbung von 16 000 Schweizer Söldnern erlaubte, schwer auf dem Land. Welche Abenteuer in diesen Jahren ein Basler in Spanien, ein Glarner in Russland zu bestehen hatte, kann man in ihren anschaulichen Berichten nachlesen.[789]

Schwerer als der Zwang, Söldner zu stellen, lastete auf der Basler Bevölkerung die andere Form der Kriegsführung, die Napoleon ebenso rücksichtslos handhabte wie die militärische, nämlich der Wirtschaftskrieg, den er gegen das auf dem Meer nicht zu besiegende England und dessen Kolonien führte. Schon 1803 wurde auf Druck des Ersten Konsuls in der Schweiz der Transport englischer Waren an die französische Grenze und die Errichtung von Warenlagern in deren Nähe verboten.[790] Mit der zunehmenden Verhärtung und Länge des französisch-englischen Krieges steigerte Napoleon die prohibitiven Massnahmen gegen den Handel mit englischen und kolonialen Waren bis ins Unerträgliche. Die Schweiz, formalrechtlich immerhin noch selbständig und neutral, wehrte sich ihrer Haut so gut wie möglich. Es gab Dutzende von Schweizer Firmen, die der drohenden Abschnürung und Erdrosselung des Handels mit allen erlaubten und, im Machtbereich des französischen Kaisers, auch unerlaubten Mitteln entgegenwirkten. Keine Schweizer Firma erregte dadurch so sehr den Hass Napoleons wie die Handelsfirma der Brüder Jean-Jacques Merian-Merian (1768–1841) und Christoph Merian-Hoffmann (1769–1849) in Basel. «Denn keine andere Schweizer Firma verstand sich so meisterhaft darauf, die unnatürlichen Einschnürungs- und Absperrmassregeln des Kaisers gegenüber England immer wieder zu umgehen und zu durchbrechen und sich den hohen Preis, der infolge dieser Unterbindung des Verkehrs für die britischen und die Kolonialprodukte namentlich zur Zeit der Kontinentalsperre galt, zu nutze zu machen. Allerdings meistens ohne greifbar gegen den Wortlaut der immer schärferen Zollverfügungen des Kaisers zu verstossen.»[791]

Last des Wirtschaftskriegs

Die für Basel peinlichste Affäre in diesem Zusammenhang ereignete sich in den ersten Monaten des Jahres 1806. Frankreich hatte (durch Landabtausch) die preussische Enklave Neuenburg (Neuchâtel) erworben. Bevor sich der Anschluss an Frankreich vollzog, exportierten schweizerische Kaufleute, unter ihnen auch die Basler Merian, eine grosse Menge englischer und schweizerischer Baumwollfabrikate in neuenburgisches Gebiet, um sie nach der Vereinigung zollfrei in Frankreich absetzen zu können. Doch schlug die Spekulation fehl. Napoleon liess die Waren sofort konfiszieren und verlangte vom Basler Bürgermeister Merian, der damals auch Landammann der Schweiz war, die Verhaftung und Bestrafung der beteiligten Kaufleute. Der integre, am Geschäft völlig unbeteiligte Andreas Merian setzte sich beherzt für seine Landsleute ein, indem er in der amtlichen Korrespondenz die Situation so schilderte: «Der Handel der Schweiz liegt in den letzten Zügen. Seit den jüngsten Verkehrsverboten geht fast nichts mehr. Die Fabriken stehen leer. Die Auswanderung hat begonnen und nimmt bedrohliche Formen an. Wie kann man da unsern Kaufleuten und Industriellen ein Verbrechen daraus machen, dass sie einen mässigen Teil ihrer unverkäuflichen Lager vor Torschluss noch in Neuenburg unterzubringen suchten.»[792] Beeindruckt hat Merian damit den nur auf Frankreichs Wohl bedachten Kaiser nicht. Dessen Zorn legte sich erst, als die schweizerische Tagsatzung im Juni 1806 ein Verbot der Einfuhr englischer Waren in die ganze Schweiz erliess und damit schon die später (November 1806) von Napoleon für ganz Europa verfügte Kontinentalsperre vorwegnahm.

Beginn der Restaurationszeit

Mit dem Sturz Napoleons, der bekanntlich im brennenden Moskau im Winter 1812/13 begann und im Oktober 1813 mit der Riesenschlacht bei Leipzig besiegelt wurde, brach auch in der Schweiz der vom Vermittler geschaffene Staat zusammen. Wieder einmal, wie 1798 und 1803, kam der Anstoss zur Staatsumwälzung von aussen, und wieder setzte sich auch diesmal die vorherrschende europäische politische Tendenz durch. Und dies war nach 15 Jahren des französischen Imperialismus die antirevolutionäre Bewegung, die nach einer Wiederherstellung vorrevolutionärer Zustände rief, weshalb die fünfzehn folgenden Jahre unter dem Stichwort «Restauration» stehen. Davon mehr im nächsten Kapitel.

Hier sind noch jene Tage zu schildern, die zu den bewegtesten der ganzen Basler Geschichte überhaupt gehören, war doch die Stadt während eines Monats so etwas wie das militärische und politische Hauptquartier der grossen antinapoleonischen Koalition. Ähnlich wie zur Zeit des grossen Kirchenkonzils hat die Stadt selbst nicht Geschichte «gemacht», aber als Schauplatz Geschichte erlitten. Nach dem Sieg bei Leipzig wälzten sich die alliierten Heere auf zwei Routen dem Rhein entgegen: Nördlich Richtung Koblenz/Mosel eine kleinere Armee unter General Blücher, südlich – mit dem Ziel der Basler Rheinbrücke – die Hauptmacht der Österreicher und Russen; an ihrer Spitze die Herrscher Russlands, Österreichs und Preussens. Die militärischen Ereignisse jener Tage liefern uns ein geradezu klassisches Lehrstück zu Theorie und Wirklichkeit der schweizerischen Neutralitätspolitik. Die Schweiz teilte den Kriegsparteien mit, dass sie sich neutral verhalten, die Grenzen für fremde Truppen sperren und notfalls mit Waffengewalt ihr Territorium verteidigen werde. Tatsächlich wurden auch 12 000 Mann als Grenzschutz aufgeboten. Napoleon nahm diese Botschaft natürlich dankbar entgegen; sie passte in sein strategisches Konzept. Die Alliierten hingegen lehnten eine Änderung ihres Feldzugplans, der die Überquerung des Rheins zwischen

Marsch der alliierten Truppen über die Basler Rheinbrücke am 21. Dezember 1813. Zeitgenössischer Holzschnitt.

Basel und Schaffhausen vorsah, kategorisch ab. Was sollte sie auch bewegen, jetzt auf die Schweiz Rücksicht zu nehmen, da sie in den Schlachten in Russland und Deutschlands Osten immer wieder gegen die vier Schweizer Regimenter im Heer Napoleons hart hatten fechten müssen? Gegenüber diesen Argumenten und angesichts einer zehnfach überlegenen Armee kapitulierte Niklaus Rudolf von Wattenwyl (1760–1832), der Schweizer General der Grenzbesetzungstruppen, und räumte Basel.[793] Der Weg durch die Stadt stand den Alliierten offen.

Am Morgen des 21. Dezember 1813 begann der Durchmarsch Richtung Jurapässe und Elsass; in den folgenden Stunden sahen die Basler achtzigtausend Mann wohlgeordnet über die Rheinbrücke marschieren. Ein Basler Schulmeister hielt das Schauspiel in seiner Hauschronik so fest: «Nunmehr glich Basel vollkommen einer belagerten Stadt, die Strassen waren immer dicht mit Soldaten besetzt; das ging immer auf und zu mit Ein- und Abmarschieren, Aus- und Einquartieren von Leuten mit allen Farben und von allen Nationen, österreichischen, preussischen und russischen Untertanen von allen Kreuzecken und Enden, deren Sprache kein Mensch verstand.»[794] Was sich in den vornehmen Häusern, wo die königlichen Hoheiten logierten, zutrug, erzählt eine junge Baslerin, die Tochter des Bandfabrikanten Peter Vischer, in ihrem Tagebuch anschaulich.[795]

Marsch der Alliierten durch Basel

Wenn die deutschen und österreichischen Heere jener Zeit in Basel mehr Sympathie genossen haben als die französischen Okkupanten, so muss man darauf hinweisen, dass bayrische, österreichische und sogar Basler Truppen in einer kurzen Kampfgemeinschaft einem gefürchteten Ungetüm, das wie der Drache der Sage vor Basels Toren lag, den Todesstoss versetzt haben. Um 1680 hatte König Ludwig XIV. durch Vauban die mächtige Festung Hüningen wenige Kilometer nördlich von Grossbasel bauen lassen. Sie konnte ihre Kanonen nicht nur gegen einen Feind jenseits des Rheines richten; sie konnte auch Basel, vor allem seine Rheinbrücke, zerstören. Während einiger Tage im Jahr 1815 – es war die Zeit der sogenannten 100 Tage Napoleons – schlugen denn auch haufenweise Geschosse in allen Teilen der Stadt ein. Es brauchte eine mehrwöchige Belagerung, bis der bonapartistische Kommandant Barbanègre am 28. August vor dem Befehlshaber der alliierten Truppen, Erzherzog Johann von Österreich, kapitulierte. Von der Erinnerung an das glanzvolle Fest, das die Basler zu Ehren des Erzherzogs auf dem Petersplatz am 4. September 1815 gaben, haben sie noch lange wohlgelebt.[796]

Kapitulation der Festung Hüningen 1815

Was die Basler damals zu ertragen hatten, lassen zwei Zahlen ahnen: das Quartieramt zählte vom Dezember 1813 bis zum Juni 1814 800 000 Verpflegungstage der uniformierten «Gäste»; 800 Basler wurden Opfer des Flecktyphus, den die fremden Soldaten eingeschleppt hatten.

In eben jenem Sommer 1815, als wieder kriegerischer Lärm die Stadt erfüllte, fasste ein kleiner Kreis frommer Männer den Entschluss, ein friedliches Werk, die «Basler Mission», zu gründen. Der erste Missionsinspektor sagt vom Gründungsakt: «Als Heere fremder, kaum dem Namen nach bekannter Völker, Kalmücken, Baschkiren usw., durch unsere Stadt zogen, gab Gott einigen unsrer Freunde den Gedanken ins Herz, ihnen die ewige Rettung zu zeigen.» [1157] Wie der Missionsgedanke realisiert wurde, wird weiter unten berichtet (S. 322).

Russische Kosaken in der Umgebung von Hüningen. Zeitgenössische Zeichnung von 1813.

25. KAPITEL DIE ZEIT DER RESTAURATION 1814–1830

Im Juni 1815 besiegten die alliierten Mächte Österreich, Preussen, England und Russland den Kaiser der Franzosen auf dem Schlachtfeld von Waterloo in Belgien endgültig. In jenen Sommertagen wurde nicht nur das Grossreich des französischen Emporkömmlings zerstört; das alte Europa hatte über das revolutionäre triumphiert und schmiedete nun die geistigen Waffen, um die Ideen der Revolution zu bekämpfen. Denkwürdig ist, dass zu diesem Kampf der Geister ein Schweizer einen namhaften Beitrag geleistet hat: der Berner Staatstheoretiker Carl Ludwig von Haller (1768–1854). Sein Hauptwerk «Die Restauration der Staatswissenschaften» (1816 ff.) lieferte nämlich für die Jahre 1814–1830 die seither im deutschen Sprachgebiet übliche Epochenbezeichnung «Restauration». Was heisst eigentlich das Wort «Restauration» oder deutsch «Wiederherstellung»? Das Bild einer Wanduhr kann es erklären: Das Pendel hat wieder weit auf die andere Seite ausgeschlagen. Nicht «Freiheit und Gleichheit» sind Grundlagen des Zusammenlebens der Menschen entsprechend der gottgewollten Ordnung, sondern – so Haller – das Naturgesetz, das den Stärkeren herrschen bzw. den Schwächeren väterlich führen heisst. Der «künstlichen Lehre vom Staatsvertrag» (Rousseau) stellt Haller den Grundsatz von den geschichtlich gewordenen Herrschaftsverhältnissen entgegen. Die Berner Aristokraten taten ganz im Sinne des «Restaurators» sofort den Schritt zur praktischen Anwendung der Lehre und forderten von den Siegermächten, die in Wien versammelt waren, die Waadt und den Aargau zurück.[797]

Begriff der «Restauration»

In dieser wirren Zeit, in der wie 1798 ein tiefer Graben die Schweizer revolutionärer und antirevolutionärer Gesinnung trennte, handelte jeder Kanton eigenmächtig. Und wieder war es der Kanton Basel, der zuerst und *vor* dem gesamtschweizerischen «Bundesvertrag» (August 1815), nämlich am 4. März 1814 sein eigenes Haus in Ordnung brachte. Im neunten Artikel der Kantonsverfassung von 1814 liegt nun der Keim jenes Problems, das nach 1830 die Kantonstrennung ausgelöst hat.[798] Man änderte 1814 nur wenig am Text von 1803, milderte einige Bedingungen für das aktive und passive Wahlrecht, verschob aber das Schwergewicht der politischen Führung durch Gross- und Kleinräte wieder deutlich in die Stadt. Darum sah der Artikel «Von den öffentlichen Gewalten»

Basler Verfassung von 1814

anders aus als elf Jahre früher. Der Grosse Rat sollte 150 in einem komplizierten zweistufigen Wahlverfahren auf Lebenszeit gewählte Mitglieder zählen. Neunzig Grossräte mussten Stadtbürger sein, sechzig durfte die Landschaft delegieren. Das reine Repräsentativsystem, d.h. eine Vertretung entsprechend der Volkszahl der verschiedenen Teile des Kantons, war dadurch klar verletzt. Die Schöpfer der Verfassung waren sich dessen bewusst und gaben im Ratschlag eine Begründung dafür. Man habe zwar das Repräsentativsystem abgeschafft, wolle aber keineswegs wie vor der Revolution die Landbevölkerung von den Regierungsgeschäften ausschliessen; doch erachte man es als gerecht, «der gebildeten und zu den öffentlichen Geschäften in mancher Hinsicht geeigneteren Klasse der Kantonsbürger einen leichteren und sicherern Weg zu den öffentlichen Gewalten zu eröffnen und somit der Stadt wieder einiges Äquivalent ihrer ehemaligen Rechte zu verschaffen».[799] Was hier erstmals als Begründung für die Ablehnung des reinen Repräsentativsystems vorgebracht wurde, wird fünfzehn Jahre später zum eigentlichen Zankapfel im Streit zwischen der Stadt und der Landschaft. Wir werden das Problem und die Meinung der Stadtbürger, wie es zu behandeln sei, im nächsten Kapitel genauer betrachten.

Man kann in der zweiten Hälfte des 20. Jahrhunderts eine solche Vorstellung von Volksvertretung in den staatlichen Behörden als typisch für die Anmassung der damaligen Basler Bürgerschaft bezeichnen. Der Baselbieter Historiker Karl Weber sieht es anders. Da in jener Sitzung vom 4. März 1814, als die neue Verfassung genehmigt wurde, nur 67 Grossräte, vorwiegend solche aus der Stadt, anwesend waren, fragt er: «Wo waren die 78 Landgrossräte, die die ... Auslöschung der Freiheitsurkunde von 1798 hätten verhindern können?» und antwortet: «Der Vertretung der Landschaft fehlten die Köpfe, fehlte das politische Interesse.» Zum Problem, ob der Anspruch der Verfassung von 1814, der gebildeteren Klasse sei ein Vorzug bei der Vertretung im Grossen Rat zuzugestehen, gerecht war oder nicht, sagt der gleiche Historiker: «Und in der Tat, diese intellektuellen und durch Praxis befähigteren Lenker des Staatswesens haben den Kanton und die Landschaft gut regiert.»[800]

Wiener Kongress 1815

Wichtigeres und für die ganze Schweiz Dauerhafteres als in Basel geschah jedoch in Wien. Dort hatten sich die Diplomaten der Grossmächte und vieler Kleinstaaten eingefunden und feilschten hartnäckig um die Grenzen im nachnapoleonischen Europa. Auch die Schweiz war durch eine offizielle Delegation in der Kongressstadt vertreten: durch den Zürcher Hans Reinhard (1755–1835), den Freiburger Johann von Montenach (1766–1842) und den Basler Bürgermeister Johann Heinrich Wieland (1758–1838). Ausser den gesamtschweizerischen Anliegen, die hier nicht darzulegen sind, sollte Wieland für ein altes baslerisches Geschäft wirken (wir kennen es aus dem 20. Kapitel). Er hatte dazu die schriftliche Vollmacht, nämlich «alles anzuwenden, damit ein Teil des ehemaligen Bistums Basel ... mit unserm Kanton vereinigt werde».[801] Der Zeitpunkt hiefür schien

günstig. Das ehemalige Fürstbistum Basel, von den Franzosen 1793 annektiert und Departement «Mont Terrible« getauft, war jetzt herrenlos und wurde zum Tauschobjekt, das hartnäckige Berner Ansprüche befriedigen sollte. Aber Basel hatte zuvor den Österreichern noch eine Rechnung zu präsentieren. Die Kosten des Durchmarsches von 1813 bis 1815 – wir erinnern uns an die 800 000 Verpflegungstage – waren noch nicht beglichen, und in Basel war man jetzt geneigt, statt Geld Territorien entgegenzunehmen. Was im 16. Jahrhundert durch Bischof Blarer verhindert worden war, gelang zum Teil jetzt. Durch den Entscheid in Wien

Die Schiffländе um 1840. Gemälde von Konstantin Guise (1812–1858). Kunstmuseum.

Basel bekommt das Birseck

erhielt Basel die neun Gemeinden des Birsecks: Arlesheim, Reinach, Aesch, Pfeffingen, Ettingen, Therwil, Oberwil, Allschwil und Schönenbuch. Die Vereinigungsurkunde ist vom 26. Dezember 1815 datiert. Gewiss war dies weniger, als man in Basel erhofft hatte, doch Wieland war befriedigt und schrieb im amtlichen Bericht nach Hause: «Die Übergabe des Birsecks an unsern Kanton wird gewiss von unsern Kindern und Enkeln mit Dank anerkannt werden.»[802] Welch ein Irrtum! Weder die Kinder noch die Enkel, nicht einmal der alte Wieland selbst haben sich am neuen Bezirk im Kanton Basel freuen können. Schon fünfzehn Jahre später wurde gerade hier die heftigste Opposition gegen die Stadt ausgelöst, und aus dieser Ecke des Kantons hörten die Basler die unversöhnlichsten Tiraden. Zunächst allerdings freute man sich in der Stadt und gab sich Mühe, die neuen katholischen Mitbürger wegen ihres Glaubens nicht zu diffamieren. «Den Gemeinden des Birsecks wird die freie Ausübung der römisch-katholischen Religion gewährleistet», steht in der Vereinigungsurkunde.[803] Noch mehr; man nahm auch Rücksicht auf die religiösen Gefühle der Grossräte aus dem Birseck. Sie sollten beim Eintritt in den Ratsaal nicht mehr den Heiligen Vater in der Hölle sehen, wie es das Bild des Jüngsten Gerichts auf dem Podest der Ratstreppe zeigte. Man nahm 1825 in einer Übermalung dem Papst die dreifache Krone weg, so dass er nicht mehr als solcher identifiziert werden konnte. Die Erklärung für diese Massnahme überlieferte der Pfarrer Jakob Burckhardt, der Vater des Historikers, in einem Bericht über die Gemälde des Rathauses: «Bei der jetzigen Renovation ist die goldene Papstkrone weggetan worden, und zwar namentlich deswegen, weil nun auch Katholiken aus dem Bezirk Birseck in den Rat kommen, denen der Anblick des Papstes in der Hölle hätte ärgerlich werden können.»[804] Geärgert haben sich die Birsecker aber trotzdem, doch nur über das, was im Ratssaal über die Abgaben bzw. Aufhebung der Feudallasten im neuen Bezirk geredet und beschlossen wurde. Nach der Kantonstrennung fiel die diskrete Rücksicht auf die katholischen Baselbieter weg, und man kennzeichnete den Papst in der Hölle 1854 wieder durch seine Krone.

Die populäre Geschichtsschreibung des 19. Jahrhunderts hat meistens für die Taten der Staatsmänner am Wiener Kongress wenig Lob übrig. Man darf aber nicht übersehen, dass neben den arg verschrieenen restaurativen Änderungen im Bereich der individuellen Freiheitsrechte nun zwischen den Staaten Europas ein Gleichgewichtszustand geschaffen wurde, der dem Kontinent eine so lange Friedenszeit sicherte wie nie zuvor. Die Völker konnten sich wieder friedlicheren Geschäften widmen als dem Kriegshandwerk.

Geistiges Leben

Auch in Basel fand man jetzt Zeit und Mittel, die in der Helvetik laut verkündeten Bildungsprogramme – «Aufklärung ist besser als Reichtum und Pracht» – endlich mit Leben zu füllen. Daraus zog die Basler Hochschule am meisten Nutzen. Kurz nach 1800 hatte sie aus sehr verschiedenen Gründen den Tiefpunkt ihrer langen Geschichte erreicht.[805] Das alte Prunkstück der Stadt war Ende des

18. Jahrhunderts ziemlich morsch geworden. Der veraltete Lehrbetrieb lockte keine Studenten mehr nach Basel. Im Jahr 1801 unterrichteten an der philosophischen Fakultät acht Professoren nur siebzehn Studenten; an der medizinischen und juristischen Fakultät war die Zahl der Lehrer gelegentlich grösser als diejenige der Studierenden. Ein guter Kenner des Universitätsbetriebs, Peter Ochs, nach seinem Rückzug aus der hohen Politik jetzt engagierter Fachmann auf dem Gebiet des Schulwesens, sprach gelegentlich boshafte Worte über die hohe Schule, z.B. sie sei nur noch eine Versammlung von Geistlichen, die ein Gehalt bezögen, ohne etwas zu leisten («chanoines percevant des revenus sans rien faire»), oder, das Professorenkollegium habe eine Scheu vor Arbeiten, die zum besoldeten Lehrstuhl gehörten.[806] Aber im zweiten Jahrzehnt des 19. Jahrhunderts kam doch die Wende. Ein frischer Wind wehte, so dass man zwei Gesetze über das Schulwesen und die Universität zustande brachte: 1817 ein Gesetz über die öffentlichen Lehranstalten, das als wichtigste Neuerung das Pädagogium ins Leben rief, und 1818 das Gesetz über die Organisation der Universität.[807] Von da an war die Universität eine staatliche Bildungsanstalt wie jede andere Schule; ihre noch aus der ersten Epoche stammenden Privilegien oder Ansprüche auf Privilegien wurden endgültig aufgehoben. Die Lehrfreiheit blieb ihr zwar zugesichert, aber über ihre Tätigkeit wachte und wacht bis heute der (politisch zusammengesetzte) Erziehungsrat.

Frischer Wind im Universitäts- und Schulwesen

Nachdem der alte Zopf des Losentscheids bei Professorenwahlen schon in der Helvetik diskussionslos abgeschnitten worden war, verzichtete man jetzt auch auf die alte Gewohnheit, nur Basler mit einer Lehrtätigkeit an der eigenen Hochschule zu betrauen. «Man holte nun tüchtige Leute da, wo sie zu finden waren, und machte nicht Halt an den Grenzen des Landes oder gar der Stadt.»[808] An die Spitze des Gymnasiums berief man z.B. einen Thurgauer, den Theologen Rudolf Hanhart (1780–1856), in den Lehrkörper des Pädagogiums wählte man den Waadtländer Alexander Vinet (1797–1847), einen glänzenden Romanisten, der zugleich auch als französischer Prediger amtete, sowie den deutschen Philologen Franz Dorotheus Gerlach (1793–1876), der sich später als Altphilologe um die Universität und ihre Bibliothek Verdienste erwerben sollte.

Berufung auswärtiger Gelehrter

Bevor wir von andern Nichtbaslern, die hier wirkten und neuartige Probleme mit sich brachten, reden, müssen wir eines Einheimischen, sozusagen eines genialen Aussenseiters, des Nationalökonomen und Technologieprofessors Christoph Bernoulli (1782–1863), gedenken. Der Spross der berühmten Gelehrtenfamilie wurde zum Pionier jener liberalen Wirtschaftstheorie, welche die Basler Industriellen um die Mitte des Jahrhunderts in die Praxis umsetzten. Von seinem Auslandsaufenthalt in Deutschland und Frankreich brachte er Ideen mit, die man im Kleinstaat Basel bisher nicht zu hören gewohnt war. «Nach der geistigen Verschlafenheit Basels zu Beginn des 19. Jahrhunderts war ein solcher rastloser Anreger eine Lebensnotwendigkeit.»[809] Seine erste Wirkungsstätte schuf er sich selbst. Er eröffnete 1806 eine Privatschule, ein «Philotechnisches Institut für

Christoph Bernoullis neue Ideen

Jünglinge, die Kaufleute, Fabrikanten, Ökonomen werden oder sich dem sogenannten Geschäftsstande widmen wollen». Es mag viele Basler schockiert haben, hier eine Schule zu sehen, welche die traditionelle Ausbildung eben dieser Jünglinge durch Gymnasium und philosophische Fakultät konkurrenzierte. Darum vielleicht hielt sich die Schule nur bis 1817. Zwei Jahre darauf fand Bernoulli für die Verkündigung seiner Theorien eine neue Kanzel, den Lehrstuhl für Naturgeschichte und später auch für Technologie an der Universität. Bahnbrechend wirkte er in den Disziplinen Technik und Nationalökonomie.[810] Publizistisch packte er heisse Eisen an mit Büchern, wie «Was ist von Staatsschulden zu halten?» (1832) und «Populationistik oder Bevölkerungswissenschaft» (1840). Immer mehr fesselte ihn die rapide technische Entwicklung des 19. Jahrhunderts, die Dampfmaschine und die Eisenbahn, worüber er 1838/39 in einer öffentlichen Vortragsreihe sprach. Am meisten Erregung brachte freilich sein 1822 erschienenes Büchlein «Über den nachteiligen Einfluss der Zunftverfassung auf die Industrie mit besonderer Hinsicht auf Basel». Erinnern wir uns kurz! 1803 auferstand das Zunftwesen aus der Asche, zwar nicht mehr als einzige politische Organisation für die Ratswahlen, sondern vor allem als Gewerbeinstitution, die Gesetze durchdrückte, welche die Einfuhr von Handwerkserzeugnissen verboten, damit die Waren verteuerten und die Landschäftler verärgerten. Bernoulli griff diese Privilegien der Zünfte scharf, aber wissenschaftlich durchdacht an. Sie seien Schranken, welche die Entwicklung zum allgemeinen Wohlstand, den jetzt die Industrialisierung ermögliche, hemmten. Die heftige Reaktion der Zünftler blieb nicht aus; die Metzgerburschen verschmierten sein Landhaus mit Blut, die Bürger wählten ihn 1830 nicht mehr in den Grossen Rat. Doch an der Universität dozierte er ungehindert und erfolgreich weiter. Zu seinen Füssen sassen, wie zum Teil schon früher in seinem philotechnischen Institut, die kommenden Wirtschaftsführer, ein Carl Geigy, ein Benedikt La Roche, ein Achilles Bischoff, ein Felix Sarasin, deren Namen man wieder im 28. Kapitel begegnen wird.

Der Erneuerung des Basler Lehrkörpers kam nun in den 1820er Jahren zugute, dass nicht wenige gut qualifizierte Wissenschaftler Deutschland den Rücken kehrten, da sie dort ausgewiesen, verfolgt oder ihrer Ämter entsetzt wurden. Den Fürsten Preussens und Österreichs schien nämlich damals nichts gefährlicher als die Verbreitung revolutionären Gedankengutes durch akademische Lehrer unter den Studenten. Aus diesen Gründen kamen nach Basel 1821 der Jurist Wilhelm Snell (1789–1851) – nicht zu verwechseln mit den Altbaslern Rudolf und Johannes Schnell –, 1822 der Jurist und Publizist Karl Follen (1795–1840), von dem ein Neujahrslied existiert, das mit der rüden Aufforderung beginnt: «Freiheitsmesser gezückt, Hurra, den Dolch durch die Kehle gedrückt!»[811] Es folgte auf dem Umweg über Paris der hervorragende Mediziner Carl Gustav Jung (1794–1865), und schliesslich erschien, nicht als Flüchtling, sondern von der Regierung berufen, 1822 der lang umstrittene Theologe Wilhelm Martin Leberecht De Wette (1780–1849), kein Revolutionär, doch wegen der

Basel nimmt akademische Flüchtlinge auf

Das alte Spital an der Freien Strasse (Häuser rechts im Bild), 1843 abgebrochen. Lichtdruck von E. Schärer, 1843.

Sympathiekundgebung für einen Terroristen in Deutschland aus dem Lehramt ausgestossen.[812] Unsere Liste ist nicht vollständig, doch macht sie schon deutlich, warum in Preussen und Österreich die Universität Basel in den Ruf geriet, eine Pflanzstätte des Demagogentums zu sein und weshalb den deutschen Studenten verboten wurde, in Basel zu studieren. Bald folgten härtere Massnahmen. Die Basler Emigrantenprofessoren erschienen als so gefährliche Männer, dass die Gesandten der beiden deutschen Grossmächte ihre Auslieferung verlangten. Die temporäre Hauptstadt, der Vorort Bern, wurde unter Druck gesetzt, und tatsächlich winkte die «Landesregierung» mit dem Zaunpfahl. Doch nun erhob sich der Basler Stolz und berief sich auf die kantonale Souveränität, auf das Recht, in der Frage der Flüchtlingsaufnahme selbst entscheiden zu dürfen. Diese Haltung veranlasste den preussischen Gesandten zu folgendem Satz in einem Gesandtschaftsbericht: «Der Kanton Basel durfte sich unterstehen, gegen die Zwecke der allerhöchsten Monarchen zu handeln, was bestätigt, dass für die Aufrechterhaltung des monarchischen Prinzips Massregeln getroffen werden müssen.»[813] Dr. Karl Follen setzte sich nun mit Hilfe der Basler Freunde nach Amerika ab; Professor Snell blieb mit seiner grossen Familie und las an der Universität bis zu seiner Wahl an die Zürcher Hochschule (1833). Er hat der Stadt Basel ihre Grossmut vergolten, indem er in den Dreissigerwirren leidenschaftlich Partei ergriff – für die Landschaft!

Beeindruckt steht man wieder einmal vor der Relativität der Beurteilung politischer Fakten. Die gleiche Stadt, die von den Grossmächten als revolutionäre Brutstätte verschrien worden war, bekam wenige Jahre später zu hören (noch waren die gleichen Männer in der Regierung), sie sei ein Hort der Reaktion, eine Hochburg der Aristokratie.

Baselbieter Verhältnisse

Wir haben im Blick auf das geistige Leben während der Restauration nur von der Basler Universität und dem Gymnasium gesprochen. Man muss beifügen, dass auch die Landschaft damals kulturell gefördert wurde, lebten doch auch in Basel noch alte helvetische Ideale von Volksbildung im Sinne Pestalozzis.

Schulwesen

Neue Schulgesetze (1817, 1820, 1826), neue Schultypen (Mädchenschule in Liestal), neue Schulhäuser (Martin Birmann erwähnt 34 neue Schulhausbauten), neue Besoldungsansätze für die Lehrer – all dies hob das Bildungsniveau der Landbevölkerung wie nie zuvor.[814] Die Fürsorge der städtischen Ratsherren für das Landvolk wird noch bei andern Gelegenheiten sichtbar. Zweimal während der Restauration brachen Naturkatastrophen über die Landschaft herein, von denen der gemeine Mann noch lange erzählte.

Hungersnot 1817

Die Hungersnot von 1817 infolge von Missernten, eine gemeinschweizerische Erscheinung, traf die bäuerlichen Gegenden am härtesten, wo die Erträge einer Ernte die Existenz für das ganze nächste Jahr sichern mussten. Zur Zeit der grössten Teuerung stieg im Baselbiet der Preis für Kartoffeln auf das Zehnfache des normalen Standes. Die für solche Fälle besser gewappnete Stadt zögerte keinen Augenblick, aus ihren Vorräten, mit Unterstützungsgeldern oder durch karitative Hilfe den Betroffenen zu helfen. «Ohne das ordnende Eingreifen und die Bereitstellung von Mitteln hätten die Gemeinden der Landschaft dem Unglück wohl in grosser Verlegenheit gegenüber gestanden.»[815] Hungers gestorben ist damals auf der Landschaft kein Mensch. Hingegen verloren in der andern Naturkatastrophe an einem Tag, in der

Wassersnot 1830

Wassersnot vom 16. Juli 1830, neunzehn Personen im Baselbiet das Leben.[816] Innerhalb weniger Stunden wurden Bäche wie die Frenke, der Diegterbach, die Ergolz zu reissenden Strömen, zerstörten Fluren und Häuser und rissen bis nach Liestal alle Brücken hinweg. In der Stadt wurde sogleich eine Kommission gebildet,

Basel hilft

welche die Aufräumungsarbeiten staatlich organisierte. Echt baslerisch ist dann der Appell an die christliche Wohltätigkeit der Mitbürger, der am Sonntag, 1. August 1830, von allen Kanzeln verlesen wurde und die Herzen und Portemonnaies so öffnete, dass allein in der Stadt 57 000 Franken gespendet wurden. (Die geschätzte Summe der Schäden an Privathäusern und Fluren betrug etwa 84 000 Franken.) Die Naturkatastrophe muss die Basler fast wie ein Gottesgericht erregt haben. Als man am Ende des Jahres für das seit einem Jahrzehnt erscheinende «Neujahrsblatt für die Jugend» ein Thema suchte, wich man vom üblichen Schema der Betrachtung weit zurückliegender Ereignisse ab und beschrieb die jüngste Vergangenheit, «Das Jahr 1830, ein wichtiges Blatt zur Chronik Basels». Der Autor, der junge Theologe Karl Rudolf Hagenbach, wusste natürlich, dass nicht die Wasserflut im Baselbiet das wichtigste Ereignis des Jahres gewesen war, sondern die Julirevolution in Paris und ihre Folgen für die benachbarten Niederlande. Ein Vergleich drängte sich dem gut informierten Mann auf. «Was ist wohl das verheerende Bild der Wasserflut gegen die Tumulte empörter Volkshaufen?» Hagenbach schien etwas zu ahnen, denn er redet noch von andern «Heimsuchungen». «Von zeitgemässen Veränderungen der Verfassung (er meint diejenige von 1814) ist auch bei uns geredet worden ... aber Dank sei allen Edlen ... das Stürmische, Gewaltsame, Gesetz- und Regellose ist bisher von den Gauen unseres Kantons ferngeblieben, und mit Zuversicht darf jeder Bessere zu Stadt und Land dem Neuen entgegensehen.»[817] Hätte er drei Jahre später wieder die «Chronik Basels» schreiben müssen, so hätte er feststellen müssen, dass jene «Zuversicht» angesichts der Ereignisse, die das Thema unseres nächsten Kapitels sind, eine gewaltige Täuschung war.

Wasserflut bei Hölstein am 16. Juli 1830 (Sicht talabwärts). Lithographie nach einem Gemälde von Jakob Senn.

26. KAPITEL
DIE KANTONSTRENNUNG

Einschneidendstes Ereignis der Basler Geschichte

Die schwerste Staatskrise unserer Stadt war ohne Zweifel die Revolution der Landschaft in den Jahren 1830 bis 1833. Als «Basler Wirren» ist sie in die Geschichtsbücher eingegangen. «Das Jahr 1833 bedeutete einen tieferen Einschnitt als alles, was dieser Staat seit der Reformation erlebt hatte.»[820] Was nun für den Historiker die Darstellung jener Jahre so schwierig macht, ist nicht der Mangel an Quellen, die bergweise vorliegen, sondern das erstaunliche Phänomen, dass über diese Vergangenheit noch nicht soviel Gras gewachsen ist, dass man sie ganz ohne innere Teilnahme wie andere, ältere stürmische Zeiten schildern kann. Alle jeweils zwischen den Halbkantonen Basel-Stadt und Basel-Landschaft auftretenden Probleme und alle Jubiläumsfeiern werfen ja immer wieder die Frage auf, warum es so habe kommen müssen, wer etwa schuldig zu sprechen sei, was dem unabwendbaren Schicksal und was der Torheit oder Hartnäckigkeit der damaligen Führer zuzuschreiben sei. Dieser Frage konnten die Historiker, die nicht bloss die Fakten aufzählten, sondern nach dem Wesentlichen forschten, nicht ausweichen; alle nahmen die Sichtung und die Bewertung der Fakten von ihrem Standpunkt aus vor.[821] Auch wir stehen nicht über den Dingen; und so lassen wir denn aus wichtigen Quellen die Stimmen beider Parteien hören, doch bringen wir Verständnis dafür auf, dass sich die Stadt den Forderungen des schweizerischen Radikalismus der 1830er Jahre nicht bedingungslos unterworfen hat, weil wir die tausendjährige Geschichte Basels einigermassen kennen.

«Regeneration»

Die geistige «Wasserflut», von der Karl Rudolf Hagenbach erschrocken sprach – man vergleiche den Schluss des 25. Kapitels –, überschwemmte Ende 1830 auch die Schweiz und bekam von den Historikern den Namen «Regeneration», was ähnlich wie Renaissance «Wiederherstellung», «Wiedergeburt» bedeutet. Wiedergeboren wurde diesmal die Freiheits- und Gleichheitsideologie der Französischen Revolution, die nur eine Generation früher die Massen ergriffen hatte. Da in der Schweiz, im Unterschied zu östlichen Staaten Europas, die Untertanenverhältnisse beseitigt waren, da das Individuum nirgends in drückenden Abhängigkeitsverhältnissen lebte, erfasste die Regeneration vor allem jene Kantone, in denen die Hauptstadt in Räten und Regierungen überdurchschnittlich vertreten war und demnach in der Gesetzgebung durch die bevorzugten Bürger das entscheidende Wort gesprochen hatte. Das zweite grosse Anliegen der Regeneration war die Erneuerung des eidgenössischen Bundes, die Beschränkung der föderalistischen Autonomie zu Gunsten einer stärkeren Zentralgewalt, also jene Umgestaltung der Schweiz, die erst 1848 vollendet werden sollte. Diesem Prozess hatte die Stadt Basel bis 1832 nie Widerstand geleistet, daran hinderten sie schon ihre ganze wirtschaftliche Existenz und noch mehr ihre Erfahrung als Grenzstadt in Zeiten der Ohnmacht des schweizerischen Bundes. Aber an der Forderung, die Kantonsverfassung im Sinne der Regeneration zu erneuern, ist der alte Basler Staat zerbrochen.

Liberale und Radikale

Zum Verständnis der Ereignisse ist es noch wichtig festzuhalten, dass die Anhänger der Regeneration in zwei Richtungen zerfielen: Die Liberalen und die Radikalen. Auch die Liberalen, von denen es in Basel bis 1831 nicht wenige gab, wünschten eine Erweiterung der Volksrechte, z.B. eine in der Verfassung verankerte Presse-, Religions- und Gewerbefreiheit. Die Reformen sollten aber allmählich, mit Hilfe der Gesetzgebung erreicht werden; die Radikalen hingegen – wie der Name sagt – glaubten, das Übel an der Wurzel (lateinisch «radix») packen und, wenn dies raschen Erfolg versprach, mit Gewaltakten einen Umsturz alles Bestehenden erzwingen zu müssen. In elf Kantonen erreichten sie im Winter 1830/31 dieses Ziel; in Basel (und übrigens auch in Schwyz) kam es zum Bürgerkrieg, an dessen Ende die Kantonstrennung stand.[822]

Den Stein ins Rollen brachte im Kanton Basel eine Versammlung von vierzig Bürgern der Landschaft am 18. Oktober 1830 im Bad Bubendorf und ihre dort formulierte Bittschrift. Sie ist nun keineswegs als singuläre Manifestation eines besonders unterdrückten Bevölkerungsteils in der Schweiz zu deuten. Landauf, landab strömten manchmal wenig, manchmal Tausende von Landbürgern und liberalen Kleinstädtern zu Versammlungen, wo laut vor allem die sofortige Verfassungsänderung durch einen dazu gewählten Verfassungsrat verlangt wurde. Fand eine diesbezügliche Petition an die Regierung in der Stadt kein Gehör, so verschafften ihr Tausende bewaffneter Männer, deren Gewehre nach eidgenössischer Tradition zu Hause an der Wand hingen, Nachdruck.[823] Innert Jahresfrist kapitulierten fast ein Dutzend Regierungen, darunter so starke wie diejenigen Zürichs und Berns. In andern Kantonen veränderten Putschversuche wenig; die übrigen wurden von den Regenerationsunruhen nicht erfasst. Nur in Basel nahm nach der Bubendörfer Versammlung die Regeneration einen tumultuarischen, ja revolutionären Verlauf mit dem bekannten Ende.

Die Bittschrift von Bubendorf

Die Bittschrift von Bubendorf stellt nach üblicher geschichtlicher Überlieferung den Auftakt zum Verfassungsstreit und damit zum Bürgerkrieg dar. Dies stimmt nicht ganz, wenn damit die Vorstellung verbunden wird, die Herren in der Stadt hätten bis dahin sozusagen geschlafen und von den Forderungen der Gegenwart nichts gespürt. Ähnlich wie vor 1798 existierte in Basel ein Kreis liberal denkender intelligenter Bürger, die die Zeichen der Zeit verstanden und ihre Meinungen in Publikationen vertreten durften.[824] Wir erinnern an Christoph Bernoulli, dessen Kritik die Handwerker in Harnisch brachte. Es gab also ein liberales Basel, aber was nun die Bittschrift forderte und was sie kurz darauf an Unruhen und Tumult in Form von bewaffneten Streifzügen vor die Stadt auslöste, machte die Regierung halsstarrig.

Stephan Gutzwiller

Bevor wir uns mit der Bittschrift von Bubendorf, diesem wichtigsten Zeugnis der politischen Stimmung jener Tage beschäftigen, muss man den Autor des Dokuments, Stephan Gutzwiller, den geistigen Führer der «Landpartei» kennenlernen. Wir schreiben «Landpartei», was in der Literatur üblich geworden, aber nicht völlig berechtigt ist, da es sich damals nur um eine Minorität der Landbevölkerung handelte. «Oppositionspartei» nannte man sie in der Stadt, in den Kampfschriften schliesslich die «Insurgenten». – Als Stephan Gutzwiller am 30. Brumaire des Jahres XI (21. November 1802) als Sohn des Hufschmieds Joseph Thomas in Therwil geboren wurde, gehörte, wie das Datum schon kundtut, das Dorf zu Frankreich, zum Département Haut-Rhin.[825] Ähnlich wie bei Peter Ochs weckten die Jugendjahre eine starke Sympathie für den westlichen Nachbarn. «Französische Sprache und Sitten, Literatur und Geschichtsschreibung blieben ihm bis ins Alter sympathischer und geläufiger als die deutschen.»[826] Nach dem Besuch des Lyzeums in Solothurn, ermöglicht durch den Therwiler Pfarrer, begann er in Würzburg das Theologiestudium, wechselte nach zwei Jahren zur Jurisprudenz und studierte deshalb in Heidelberg, später in Basel, wo er 1827 mit der Anwaltsprüfung sein Studium abschloss. Der junge, von Ideen des Liberalismus begeisterte Basler – denn ein solcher war er durch den Anschluss des Birsecks geworden – eröffnete am Barfüsserplatz ein eigenes Büro und wurde im Herbst 1827 von dem oft als reaktionär verschrieenen Grossen Rat, der sich damals teilweise selbst ergänzte, zum Mitglied des Parlaments gewählt. Damit begann die politische Karriere des Mannes, der als Hauptführer der Baselbieter Revolution mithelfen sollte, den Kanton Basel zu zerstören und einen neuen Kanton ins Leben zu rufen. Freunde und Gegner attestieren ihm hohe Intelligenz, feurige Beredsamkeit und brennenden Ehrgeiz. Später – einige Jahre nach der Kantonsgründung – soll sich Gutzwiller dem Volk entfremdet haben. «Denn seine Mitbürger fragten sich, ob man sie mit der Revolution nicht getäuscht habe, wenn es einzelnen Führern jetzt materiell viel besser gehe, während für sie die Lage nicht besser war als vor der Trennung.»[827] Gestorben ist Gutzwiller am 25. August 1875, begraben wurde er auf eigenen Wunsch nicht in Therwil, sondern in Liestal.

Inhalt der Bittschrift

Wir nehmen den Faden der Ereignisse seit dem 18. Oktober 1830 wieder auf. Die entscheidenden Abschnitte der «Bittschrift an den grossen Rat des Kantons Basel vom 18. Oktober 1830» lauten so: «Dafür, dass die Landschaft gerechte Ansprüche auf Vermehrung ihrer politischen Rechte zu machen habe, erheben sich ... selbst in der Stadt viele Stimmen, mannigfach verschieden scheinen aber die Ansichten darüber zu sein, wie weit sich diese gerechten Ansprüche erstrecken. Wir glauben den Gegenstand aus zwei Gesichtspunkten, dem natürlichen nämlich und dem urkundlichen betrachten ... zu müssen; beide scheinen zu dem gleichen Resultat hinzuführen, dass das Landvolk allervorderst eine Veränderung in dem Repräsentations-Verhältnisse zwischen Stadt und Land verlangen könne und müsse.»[828] Am Schluss fehlt die Forderung, dass die Veränderung streng nach Grundsätzen der Gleichheitsurkunde «in der nächsten ausserordentlichen Sitzung (des Grossen Rates) wieder herzustellen» sei, nicht. Ob dieser Wink oder die schon weitverbreitete Bereitschaft der Stadt zur Verfassungsrevision den Ausschlag gegeben hat, ist nebensächlich. Tatsächlich wurde das Geschäft mit grosser Eile vorangetrieben. Am 26. Oktober traf die Bittschrift beim Bürgermeister ein, in den ersten Novembertagen diskutierte der Grosse Rat schon die Frage, wie die Revision anzupacken sei; am 11. Dezember wählte er eine paritätische Verfassungskommission (nicht einen Verfassungsrat gemäss Bevölkerungszahl von Stadt und Land) und legte selbst die Hauptlinien fest, vor allem das Verhältnis der Stadt- und Landvertreter im Grossen Rat; am 28. Februar 1831 konnte das Volk in der Stadt und auf dem Land darüber abstimmen. (Im Vergleich zu heute eine bewundernswerte Speditivität der früheren Basler, die wichtige Gesetzeswerke in kurzer Zeit durchdachten und zustande brachten.)

Speditive Behandlung durch den Grossen Rat

Bevor allerdings diese neue Verfassung in der Stadt und auf dem Land den Bürgern vorgelegt wurde und das Ja oder Nein jedes Einzelnen zahlenmässig registriert werden konnte, war der erste Aufstand auf der Landschaft schon ausgebrochen. Die Stadt fühlte sich bedroht und schlug vom 13. bis zum 16. Januar den Aufruhr mit militärischer Kraft nieder. Es war Blut geflossen. «Ein wüster Bodensatz von Rohheit und Rachgier stieg wie bei jedem Bürgerkrieg auf.»[829] Und warum dies alles? Weil die Verfassung, wie schon im Dezember vom Grossen Rat festgelegt, das Repräsentativ-Verhältnis, die «allervorderste» Bedingung laut Bittschrift vom 18. Oktober, nicht berücksichtigte, wenigstens nicht so, wie es die radikalen Führer geheischt hatten. In den künftigen Grossen Rat des Kantons sollte die Landschaft mit ihren ca. 36 000 Einwohnern 79, die Stadt mit ihren ca. 18 000 Einwohnern 75 Mitglieder delegieren.[830] (Die etwas sonderbaren Zahlen bedürfen einer Erklärung: Nach dem bisherigen Wahlsystem wurden durch Wahlzünfte zu Stadt und Land dreissig Städter und vierunddreissig Landschäftler gewählt; dazu kamen noch in den Bezirkswahlen weitere 90 zu kürende Räte, und deren Sitze sollten zu gleichen Teilen Stadt und Land zufallen.) An dieser Repräsentation entbrannte der Bürgerkrieg. Seit jenen Tagen wurde zuerst in den Streitschriften der radikalen Partei, dann in der freisinnigen Geschichtsschreibung dieser Anspruch der Stadt als Anmassung, Starrköpfigkeit, aristokratische Allüre angeprangert. Auf die zahlenmässige Überlegenheit im Grossen Rat wie nach 1814 – damals sassen 90 Stadtvertreter 60 Landschäftlern gegenüber – hatte die Stadt zwar verzichtet, aber an der paritätischen Machtteilung hielt sie beharrlich fest, obwohl dies nicht dem neuen Dogma der Volkssouveränität entsprach. Warum sie – und darin waren sich alle Stände der Stadt einig – dies tat, ist aus manchen Quellen zu erfahren.[831]

Begründung des städtischen Mehrheitsanspruchs

Es sind im wesentlichen zwei Grundsätze, an denen die Stadt unerschütterlich festhielt. Erstens müsse derjenige Teil des Gesamtstaates, der mehr als $3/5$ der Staatsausgaben aufbringe, also die Hauptlast trage, mehr Mitspracherecht ausüben können. Historisch gesehen ist dieser Grundsatz nicht eine Erfindung der Basler «Aristokratie», gleichsam ein ideologischer Rettungsanker im Kampf mit der egalitären Theorie; er ist vielmehr uralt und wird seit den Tagen der athenischen Demokratie und ihrer Staatstheoretiker bis zu den heutigen soziologischen Diskussionen um die Mitbestimmung immer wieder vertreten. Übrigens, wenn man die Basler Verfassung von 1831 bezüglich des Repräsentationsverhältnisses mit den von den Radikalen gepriesenen Grundgesetzen der regenerierten Kantone vergleicht, wird man rasch feststellen, dass Basel weitaus die bescheidensten Ansprüche gestellt hat. – Stimmt nun die Behauptung «Wir (die Stadt) zahlen das Meiste an Abgaben»? Die Staatsrechnung von 1828 liefert folgende Angaben.[832] Die einzige damalige direkte Steuer, die sogenannte Handels-, Gewerbe-, Kapitalisten- und Beamtensteuer erbrachte im Kanton ca. 91 000 Franken, davon waren in der Stadt ca. 88 000 Franken (96%), auf der Landschaft ca. 3400 Franken (4%) eingegangen; pro Kopf hiess dies: der Städter bezahlte fünf Franken, der Landschäftler nicht ganz zehn Rappen. Ökonomisch ist dieses Steuerverhältnis nicht erstaunlich; die Stadt war ein schon stark industrialisiertes Gemeinwesen mit regem Gewerbebetrieb, die Landschaft ein fast agrarisches Gebilde und eben erst auf dem Weg zur intensiveren Bodennutzung. – Und wie stand es mit den indirekten Abgaben, welche – wie die Geschichte zeigte – die Landschäftler schon längst als drückend empfanden? Die indirekten Abgaben, wie Handänderung, Weinungeld, Metzgergeld usw., belasteten die Landschaft pro Kopf mit Fr. 2.40, die Stadt pro Kopf mit Fr. 6.30. Auszuklammern sind in dieser Betrachtung natürlich immer die Bodenzinsen und Zehnten, die seit dem Ancien régime nicht überall abgelöst worden waren; doch gehörte die definitive Lösung dieses Problems nicht in eine Verfassung.

Der zweite Grund, den die Stadt für ihre prozentuale Mehrvertretung im Grossen Rat vorbrachte, wurde etwa so formuliert. In einem Rat, der über Wohl und Wehe eines komplizierten Staates entscheide, sollten Leute mit Einsicht und Bildung sitzen. Die Stadt biete eher Gewähr dafür, da die Selektion der Kandidaten härter sei als auf der Landschaft. Für unser heutiges Demokratieverständnis ist eine solche Wahlbedingung unbegreiflich. Zu Beginn des 19. Jahrhunderts aber treffen wir in allen Staaten, in grossen und in kleinen Kantonen Beschränkungen im aktiven und passiven Wahlrecht, sogenannte Zensusbestimmungen, die den Kreis der Kandidaten einengten. In diesem Zusammenhang erinnert man sich an einen Brief des besten Freundes der Landschaft, des Peter Ochs. Er schrieb aus Paris im Jahr 1803 aus Anlass der Wahlen zur Mediationsverfassung: «Die

Verfassung gibt der Landschaft mehr Überlegenheit (plus d'avantages), als ich vorschlug.» Wenn die Landschaft dieses Wahlrecht missbrauche, d.h. alle ihr zustehenden Kandidaten nur aus ihren Bezirken wähle, so hätte dies böse Folgen, nämlich: «Ces premières élections prouveront si ceux-ci voulaient l'égalité pour n'être pas opprimés, ou s'ils la voulaient pour opprimer les autres et être eux-mêmes mal gouvernés; je crains surtout que l'envie d'obtenir le rachat de la dîme à quelques pour-cent meilleur marché qu'il ne serait juste ne les porte à faire de mauvaises élections.» (Diese ersten Wahlen werden beweisen, ob sie [die Landschäftler] die Gleichheit wollen, um nicht unterdrückt zu werden, oder ob sie sie wollen, um die andern zu unterdrücken und selbst schlecht regiert zu werden; ich fürchte vor allem, dass der Wunsch, den Zehnten um einen geringeren Preis zurückzukaufen, als er gerecht wäre, sie dazu treibt, schlechte Wahlen durchzuführen.[833])

Die neue Verfassung, gewiss kräftig, aber nicht ausschliesslich durch die Bubendörfer Bittschrift angeregt, wurde den Bürgern des Kantons am 22. Februar 1831 zur Annahme oder Verwerfung vorgelegt. Das Ergebnis der Abstimmung überraschte Anhänger und Gegner dieser Verfassung. Mit 6497 Ja zu 2583 Nein wurde sie klar angenommen.[834] Auch die Landschaft hatte mit 4994 Ja zu 2579 Nein zugestimmt. Am 19. Juli des gleichen Jahres sprach die eidgenössische Tagsatzung, die «Zentralregierung», die Anerkennung, was soviel wie Gewährleistung hiess, mit fünfzehn Standesstimmen ohne Gegenstimme aus. Die übrigen Kantone hatten keine Instruktionen geschickt oder waren nicht vertreten. Die überwiegende Zustimmung in der Stadt und auf der Landschaft, die Bestätigung durch die eidgenössischen Stände durfte die Regierung der Stadt als einen Sieg buchen; für sie schien der Verfassungsstreit im Juli 1831 zu Ende.

Klare Annahme der neuen Verfassung 1831

Auf dieser Position des rechtlich fundierten Zustandes ist die Stadt bzw. ihre Regierung stehengeblieben, bis ans bittere Ende. Basel «hatte das historische und tatsächliche Recht eines alten Staatsgebildes auf seiner Seite», beurteilt der Historiker Werner Kaegi diese Position, und er fährt fort: «... aber alle elementaren Kräfte der Gegenwart und das neue Rechtsbewusstsein einer revolutionären Epoche gegen sich.»[835] Diese «elementaren Kräfte» werden nun in den folgenden zwei Jahren den Gang der Entwicklung bestimmen; die auf ihrem Rechtsstandpunkt verharrende Stadt ohne überragenden Führer, ohne neue Ideen wird immer hinterher, manchmal halbbatzig (wie in der Frage, ob die Revolutionsführer straffrei bleiben sollen oder nicht), manchmal töricht (in der noch zu erwähnenden Trennungsfrage) reagieren. Die Ereignisse jener Zeit, etwa die militärischen Expeditionen ins Baselbiet, besonders jene für die Stadt katastrophale vom 3. August 1833, sind oft und gewissenhaft beschrieben worden. Wir verzichten auf eine Wiederholung und verweisen besonders auf die knappe Darstellung Paul Burckhardts in seiner «Geschichte der Stadt Basel». Doch müssen wir noch zwei Problemkreise besonders beleuchten: die eidgenössische Vermittlung und das Trennungsgeschehen.

Mangelnde Flexibilität der Stadt

Die Rolle der Eidgenossenschaft

Nur im Rahmen der gesamteidgenössischen Politik jener Zeit sind der Basler Verfassungskampf und sein Ausgang zu verstehen; und hier sind zwei Aspekte zu betrachten: einerseits handelt die Zentralregierung, die mit wenig wirklichen Kompetenzen ausgerüstete Tagsatzung, anderseits steht sie selbst unter dem Einfluss der stets wechselnden öffentlichen Meinung, damals durch die junge politische Presse vertreten. Und diese Presse verbreitete eine Greuelpropaganda gegen die Stadt Basel, «wie sie die Schweizergeschichte ausser im alten Zürichkrieg und in den Kappelerkriegen noch nie erlebt hatte».[836] Besonders gerne zeichnete jener Journalismus das Bild einer frömmelnden Stadt, die in den Eingeweiden des Bauernvolks wühle.

In normalen Zeiten mochte die Tagsatzung genügen, um die Aufgaben des Gesamtstaates zu bewältigen. In Krisenepochen, wie nach 1830, offenbarte sich ihre gänzliche Unfähigkeit, war sie doch selbst durch die Parteibildung in den verschiedenen Landesteilen zerrissen. In den Basler Wirren stand sie wirklich nicht tatenlos abseits, aber ihr Eingreifen vermochte weder der Stadt die Sicherheit zu gewähren, auf welche eine legitime Regierung Anspruch erhob, noch die revolutionäre Bewegung mit Gewalt an Übergriffen zu hindern. Am 16. Januar 1831 erschienen zum ersten Mal jene Repräsentanten der Tagsatzung, wie sie, oft mit unklaren Vollmachten ausgerüstet, in den nächsten zweieinhalb Jahren in den Kanton Basel geschickt wurden, um zu vermitteln. In vielen gedruckten Berichten teilen sie der «hohen eidgenössischen Tagsatzung» mit, was sie gesehen haben, geben Ratschläge und versäumen es nicht, in Beilagen die ihnen gemeldeten Untaten der einen oder der andern Partei protokollmässig zu schildern. Es ist sinnlos, Schilderungen dieser oder jener «Greueltat» herauszugreifen; solche Berichte tragen nichts zur Schuld- oder Ursachenklärung bei, sie bezeugen lediglich eine starke emotionale Aufgewühltheit, die immer zu Übertreibungen neigt. Wir zitieren eine einzige Stelle aus diesen Amtsberichten, weil sie etwas historisch Wichtiges aussagt, da sie auf Basels Verwaltungstätigkeit in der Restaurationsepoche einiges Licht wirft. Die Repräsentanten Johann Friedrich von Tscharner (1780–1844) aus Graubünden und Victor Glutz von Blotzheim (1780–1858) aus Solothurn unternahmen im November 1831 eine Rundreise durch das Baselbiet und führten zahlreiche Gespräche in allen Gemeinden mit Behörden, Gemeindevertretern und einzelnen Personen. Alle durften sich, wie der Bericht glaubwürdig aussagt, freimütig äussern. Darauf schrieben die beiden Emissäre mit Datum vom 7. November 1831: «Höchst merkwürdig (= bemerkenswert) war bei allen bisherigen Besprechungen das Ergebnis der Anfrage über die öffentliche Verwaltung bis zum Ausbruch der Unruhen ... diejenigen Länder möchten selten sein, wo eine Regierung, bei der Erörterung dieses Gegenstandes, sich in den ruhigen Zeiten eines Zeugnisses von ihrem Volk erfreuen dürfte, wie die Behörden des Standes Basel es dermalen im Zeitpunkt der grössten Aufreitzung von ihren erbitterten Gegnern in allen bis jetzt von uns besuchten Gemeinden einstimmig erhalten haben.»[837]

Unklare Vollmachten der eidgenössischen Repräsentanten

Als nach der Partialtrennung (davon mehr im nächsten Abschnitt) die Entwicklung in Basel der Katastrophe entgegentrieb, war wie in den Reformationskriegen der Bund der Eidgenossen, also auch dessen oberste Behörde, gespalten: Die sieben sogenannten regenerierten Kantone vereinigten sich zum Schutz ihrer Verfassung im «Siebnerkonkordat», fünf konservative anderseits im «Sarnerbund». Es kündigte sich bereits die Gruppierung des Sonderbundskrieges an.

Gespaltenheit der obersten eidgenössischen Behörde

Ein letztes Mal griffen die eidgenössischen Repräsentanten in das Schicksal Basels ein, als sie die von der Tagsatzung beschlossene «Gütertrennung» zwischen Stadt und Landschaft vorzunehmen hatten. In der parteipolitisch zusammengesetzten Teilungskommission sassen zwei Sympathisanten der Stadt und zwei Freunde des Landkantons. Der Präsident der Kommission, der freisinnige Zürcher Jurist Friedrich Ludwig Keller (1799–1860) gab jeweils den Stichentscheid, und zwar immer zu Gunsten der Landschaft. Keller, der den «Aristokraten» Basels 1833 in eigener Kompetenz viel Schaden zugefügt hat, erlebte bald wieder eine Revolution. Aber diesmal, 1848, wohnte er in Berlin und wurde dort Mitglied des aristokratischsten Parlaments Europas, des preussischen «Herrenhauses»![838]

Die eigentliche Trennung

Nachdem wir die Konfliktursachen und die Vermittlungstätigkeit der Eidgenossenschaft dargelegt haben, ist noch das eigentliche Trennungsgeschehen zu betrachten. – Nach dem klaren Ergebnis der Abstimmung über die Verfassungsfrage kehrte nicht etwa Ruhe auf der Landschaft ein. (Übrigens gibt es keine ernsthaften Beweise für ihre unkorrekte Durchführung.) Die unterlegene Revolutionspartei kämpfte, auf ihr «heiliges Recht» pochend, unentwegt weiter, auch unter den Augen der eidgenössischen Repräsentanten, und erhielt moralische und materielle Hilfe von den Gesinnungsfreunden jenseits des Juras. So lagen denn stadttreue Gemeinden und antibaslerische ziemlich bunt durcheinander; im oberen Baselbiet eher die stadttreuen, im untern, vor allem im Birseck, antibaslerische. Wenn die Aufständischen je zu einem Schlag gegen die Stadt ausholen wollten, mussten sie vorher allen Gemeinden ihre politischen Ansichten aufzwingen. Sie mussten handeln, und sie taten es so, wie es einer ihrer Tagesbefehle vom 20. August 1831 in Liestal proklamierte: «Jeder, der zu Gunsten von Basel agiert oder Proklamationen verteilt, wird vogelfrei erklärt.»[839] Neben dieser Gewaltpolitik im Kanton lief eine andere einher, die diplomatische auf eidgenössischem Boden. Am 15. Oktober 1831 wurde z.B. ein «Aufruf der Landschaft Basel an die schweizerische Eidgenossenschaft, insbesondere an die löblichen Grossen Räte und Landsgemeinden der Schweiz» verschickt. (Ähnliche Briefaktionen unternahm auch die Stadt.) Im genannten Aufruf heisst es nun: «Alle weiteren Versöhnungsversuche mit der Stadt werden nunmehr fruchtlos und die einzige Lösung der vorliegenden Verwicklung liegt in der Trennung des Landes von der Stadt.»[840]

Baseltreue und antibaslerische Gemeinden

Wenige Wochen später griff die Regierung Basels diesen Gedanken auf und legte am 17. November 1831 dem Grossen Rat die Trennungsfrage vor: «Wo die

Bande der Gesetzlichkeit zweimal frevlerweise gebrochen werden und wo das Ansehen der Regierung nur mit dauernder Gewalt und übermässiger Anstrengung der treuen Bürger gehandhabt werden kann, da ist es Pflicht, auf Mittel zu denken, damit wenigstens der gute Bürger nicht Opfer der schlechtgesinnten werde.»[841] So begründet die Regierung die Anordnung einer Abstimmung auf der Landschaft, in der dem Bürger die Frage vorgelegt werden sollte, ob er beim Kanton Basel mit seiner gegenwärtigen Verfassung verbleiben oder sich lieber trennen wollte. Das Abstimmungsresultat vom 23. November 1831 war zwar deutlich, denn 3865 Landschäftler stimmten für Bleiben, nur 802 für die Trennung, aber eine klare Willensäusserung des gesamten Landvolks war daraus nicht abzulesen, denn die Oppositionsführer hatten Stimmenthaltung geboten, mit Erfolg. Ein Drittel der Stimmberechtigten weniger als in der Verfassungsabstimmung vom 22. Februar war an die Urne gegangen. Darum konnten die Parteiführer auf der Landschaft den Trennungsgedanken unverdrossen weiterhin propagieren. Drohungen und Schreckmittel, Fenstereinschlagen, Schiessereien und ähnliche Gewalttätigkeiten gegenüber den Stadttreuen nahmen kein Ende, denn «die Erwartung, in absehbarer Zeit unter keiner baslerischen Obrigkeit mehr zu stehen, riss manchen Hitzkopf zu unüberlegten, gesetzwidrigen Handlungen hin».[842] Als von der Tagsatzung im Dezember 1831 keine bedingungslose Unterstützung mehr zu erwarten war – sie war wieder einmal uneinig auseinandergegangen –, entschlossen sich Regierung und Grosser Rat in Basel zu einer Art Verzweiflungstat und fassten folgenden Entschluss: «.... allen denjenigen Gemeinden unseres Kantons, in denen sich bei der am 23. November stattgehabten geheimen Abstimmung über die Trennungsfrage nicht die Mehrheit der stimmfähigen (so!) Bürger für das Bleiben erklärt hat, soll einstweilen mit 15. März nächstkünftig die bisherige öffentliche Verwaltung entzogen werden.» Diesen sogenannten Ausstossungsbeschluss nennt Paul Burckhardt «den törichtsten Beschluss, den die Geschichte unserer Stadt kennt».[843] Man hat ihn oft als einen Kniff der Kantonsregierung bezeichnet; sie habe dabei erwartet, dass die Ausgestossenen, erschrocken über ihre Unfähigkeit zu eigener Existenz, bald zu Kreuze kriechen würden. Vielleicht wirkten solche Spekulationen im Kleinen und im Grossen Rat mit. Aber die Instruktionen für die Gesandten an die nächste Tagsatzung, die dieses Geschäft behandeln musste, lauten weniger macchiavellistisch: Falls die unbedingte Garantie zur bestehenden Verfassung nicht mehr erhältlich sei, solle die Ausführung der definitiven Trennung beantragt werden.[844] Einstweilen aber, so bestimmte der sechste Artikel des Ausstossungsbeschlusses, solle die Tagsatzung für die öffentliche Ordnung und die allgemeine Sicherheit in den abgetrennten Gemeinden sorgen. Die Tagsatzung sollte also den «Vormund» des ausgestossenen «Kindes» spielen. Dazu war sie aber weder fähig noch willens.

Ausstossungsbeschluss gegen antibaslerische Gemeinden

Schon zwei Tage nach dem 15. März, dem Trennungstag, handelten die Führer der Oppositionspartei. Im Rathaus von Liestal traten die Abgeordneten der losgelösten 42 Gemeinden zusammen, konstituierten einen selbständigen Kan-

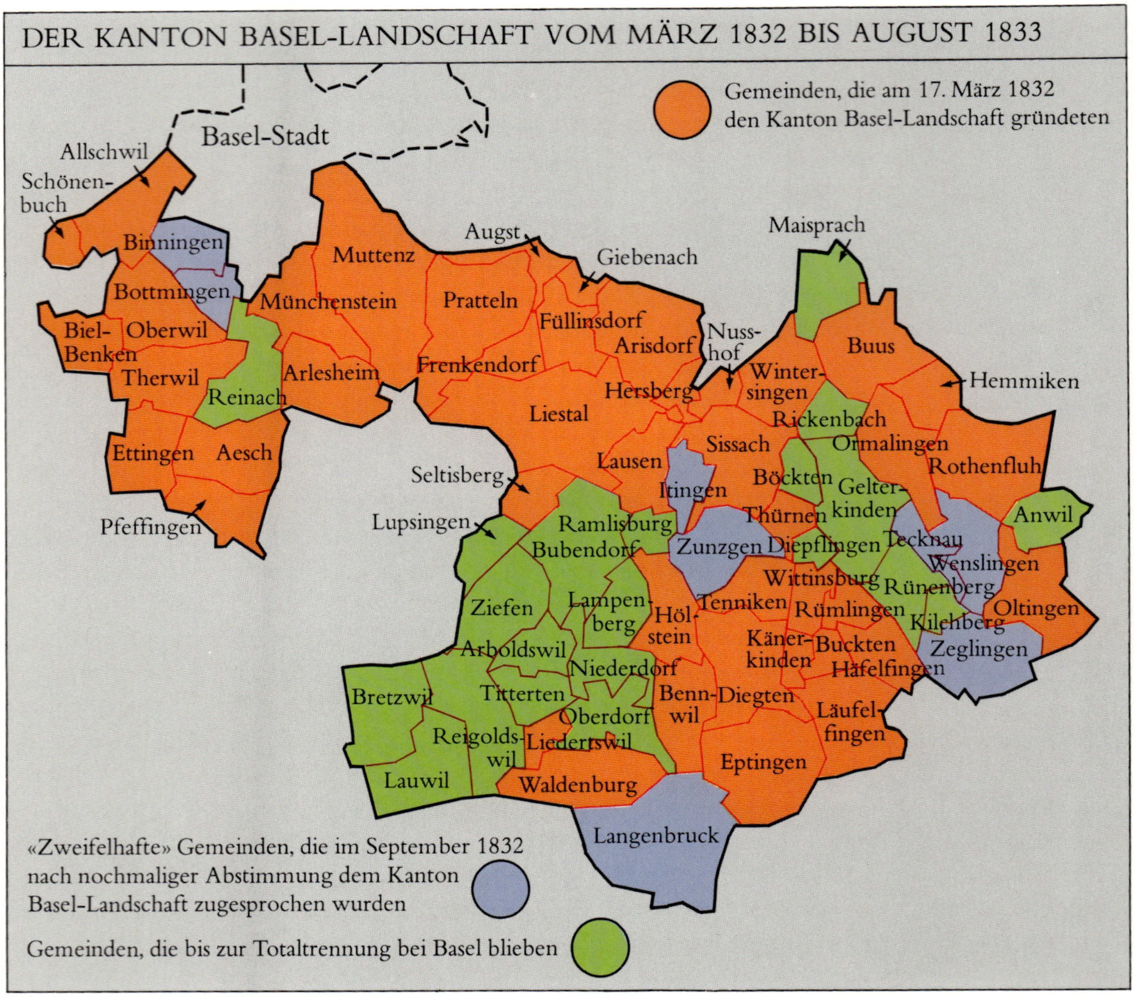

ton und wählten eine provisorische Behörde. Der 17. März ist darum der Geburtstag des Kantons Basel-Landschaft. Schon am 4. Mai wurde dem Volk des abgetrennten Teils eine Verfassung vorgelegt und mit 3996 Stimmen gegen nur 157 angenommen. Am 14. September 1832 anerkannte eine knappe Mehrheit der Tagsatzung den neuen Kanton.

Proklamation eines selbständigen Landkantons 1832

Doch welch verstümmeltes Gebilde war dieser erste Kanton Basel-Landschaft! Mitten drin lagen stadttreue Gemeinden wie Reinach, Bubendorf, Reigoldswil und Gelterkinden, in den äussersten Winkeln Anwil und Maisprach. Ein schweres Ärgernis für den neuen Kanton und eine schwere Last für den Stadtteil. Er nahm nämlich sein Versprechen, den treuen Gemeinden im Fall von Bedrängnis militärisch zu Hilfe zu kommen, ernst. Doch am 6./7. April 1832 musste er schmerzlich erkennen, wie schwierig ein solches Unternehmen durchzuführen

«Gelterkindensturm»

war, als der sogenannte Gelterkindensturm mit einer Plünderung des Dorfes durch den Baselbieter Landsturm endete.[845] Wie jede revolutionäre Bewegung, musste auch diejenige des Baselbiets die andersdenkenden, noch nicht «erlösten» Nachbarn für sich gewinnen. Und solche Nachbarn waren nicht die militärisch und ideologisch unangreifbaren Stadtbasler, sondern die ungeschützten Gemeinden im Gelterkinden- und Reigoldswilertal. Zwar vermochten die eidgenössischen Besatzungstruppen und die wie Prokonsuln herrschenden Repräsentanten bis Ende April 1833 den offenen Bürgerkrieg zu verhindern. Da fiel, weit weg vom Basler Gebiet, der Funke ins Pulverfass.

Im ebenfalls geteilten Kanton Schwyz – seine Teilung wurde nach einem Jahr wieder rückgängig gemacht – entschloss sich die Regierung des alten Kantonsteils am 31. Juli zu einem Gewaltstreich gegen den abgefallenen Bezirk Küssnacht. Da Basel-Stadt in der «Sarner Konferenz» mit Schwyz verbündet war, glaubte man auf der Landschaft begreiflicherweise, doch irrtümlich, an ein grosses Komplott der Konservativen gegen die Radikalen. Man mobilisierte, die Gewehre gingen los. Die Vertreter der städtischen Behörden in Gelterkinden und Reigoldswil, ihrerseits überreizt, fürchteten eine Wiederholung der früheren Überfälle und sandten Hilferuf nach Hilferuf in die Stadt. Am 3. August 1833, an einem Samstag, erfüllte die Stadt ihr Versprechen vom 20. Oktober 1832, in Not geratenen, hilfeheischenden Gemeinden beizustehen; der bekannte Auszug fand am Morgen statt, am späten Nachmittag war die Niederlage des 800 Mann starken Expeditionskorps besiegelt.[846]

Niederlage des baselstädtischen Expeditionskorps

In der sofort folgenden Untersuchung durch die Tagsatzung fällten die eidgenössischen Kommissäre folgendes Urteil: Die Schiessereien im oberen Baselbiet waren unwichtige Landjägerkrawalle, der deshalb unternommene Feldzug der Stadt also unberechtigt; sie und nur sie müsse deshalb des frevelhaften Landfriedensbruchs angeklagt werden. Für eine solche Beweisführung liessen sich leicht Indizien finden, aber dem Basler Volk und seiner Regierung wurde man damit nicht gerecht. Aus den mühsamen und äusserst bewegten Verhandlungen in der Basler Regierung, die vom 2. auf den 3. August bis weit über Mitternacht dauerten, geht hervor, dass die Stadt nicht einen längst geplanten Feldzug gegen den neuen Kanton Basel-Landschaft zu unternehmen gedachte, dass man vielmehr alle möglichen Varianten des Handelns in diesem, nicht von ihr provozierten Fall, durchdiskutierte und dass schliesslich nur der Gedanke, «den bedrängten Brüdern» zu helfen, den Ausschlag gab.[847]

Basel zum Landfriedensbrecher gestempelt

Am 3. August 1833 verloren die Basler, besonders auf dem Rückzug von der Hülftenschanze durch die Hard, durch den Tod 65 Mann; sie wurden auf dem Friedhof neben der Arbogastkirche in Muttenz begraben; unter ihnen befand sich auch der letzte Nachkomme des Bürgermeisters Wettstein. Aber es ging noch mehr verloren. Die bis dahin stadttreu gebliebenen Gemeinden schlossen sich nach diesem schwarzen Tag für die Stadt dem Kanton Basel-Landschaft an. Die Tagsatzung sprach am 26. August 1833 die Totaltrennung aus.

Totaltrennung

Die Abtrennung der Landgemeinden links des Rheins, zu der die Stadt durch ihren Ausstossungsbeschluss vom 22. Februar 1832 nicht wenig selbst beigetragen hatte, liess sich damals, als sich die Handels- und Industriestadt alles, was sie benötigte, beschaffen konnte, verhältnismässig leicht verkraften. Aber bitter schmeckte das von der Tagsatzung gefällte Teilungsdiktat: «Das gesamte Staatsgut des Kantons Basel an Kapitalien, Gefällen, Gebäuden, Kriegsmaterial ohne irgendwelche Ausnahme und ausdrücklich mit Inbegriff des Kirchen-, Schul- und Armenfonds soll auf billigem Fusse ... ausgeschieden und geteilt werden.»[848] Auf «billigem Fuss» hiess in diesem Fall, dass dem Kanton Basel-Landschaft 64%, dem Kanton Basel-Stadt 36% dieses Staatseigentums zufiel.[849] Zu diesem Staatsgut wurde auch der alte Münsterschatz, der seit der Reformation in einem Schrank aufbewahrt worden war, gezählt. Das Schicksal der goldenen Altartafel des Kaisers Heinrich II. kennt jeder Basler. Der heikelste Akt der Teilung, der das Universitätsgut betraf, liess in der Stadt lang eine starke Erbitterung zurück. Wohl blieben ihr aus vernünftigen Überlegungen der Schiedsrichter die Sammlungen, Bibliotheken und Bilder usw. erhalten, aber ⅔ davon musste sie bar abgelten. Da die Auszahlung an den Kanton Basel-Landschaft im Betrag von rund 2 800 000 Franken das Barvermögen überstieg, nahm die Stadt eine Anleihe von 1 600 000 Franken auf.[850] In den meisten Fällen hatte der Obmann des Schiedsgerichts, der schon erwähnte Dr. F.L. Keller aus Zürich, bei Stimmengleichheit entschieden. Dies veranlasste einen Lokaldichter zu folgenden Versen in einem längeren Gedicht[851]:

Teilungsdiktat

«Und ein Obmann hat gerichtet –
Wie beim Kapitolium
Brennus einst die Wucht des Schwertes
Höhnend in die Wage schmiss,
Und das ‹Wehe den Besiegten!›
Unser Recht zu Boden riss.»

Als der Historiker Werner Kaegi in der Jacob Burckhardt-Biographie jenes Ende der Basler Staatskrise zu schildern hatte, verstand er es «nur als elementare Auseinandersetzung zwischen Siegern und Besiegten». Und zwar darum: «Der Spruch der Tagsatzung war gefällt von einem Standpunkt aus, der allem Herkommen Hohn sprach. Hier wurde in einem Zeitalter, in dem man anderswo den Staat als ein historisch gewordenes Gebilde zu verstehen gelernt hatte, ein einheitliches Staatsvermögen nach Kopfzahl der Individuen verteilt. Jener organische Kern von Institutionen, welche die Stadt geschaffen hatte und an deren Lasten die Landbürger weder geistig noch materiell je einen ihrer Bevölkerungszahl entsprechenden Anteil geleistet hatten, wurde faktisch dem Ruin übergeben ... Was hier geschah, war für die Basler bitterer als die Beraubung Berns durch die Franzosen im Jahr 1798. Dort war es wenigstens der Landesfeind gewesen, der als Sieger handelte. Hier kleidete sich die Beraubung in das Gewand eines freundeidgenössischen Vermittlungsaktes.»[852]

◁
«Trennung», Karikatur von Ludwig Adam Kelterborn (1811–1878). Schmollend kehren sich Städter und Landschäftler den Rücken zu, indes der Teufel die trennende Mauer aufführt und Wilhelm Tell (= Eidgenossenschaft) gemächlich zuschaut.
(Siehe S. 323.)

Jeder Stadtbasler Historiker fragt sich immer wieder, was die Stadt eigentlich hätte tun müssen, um die Trennung zu verhüten. Warum hat sie der Landschaft nur eine echte Parität zugestanden und ihr nicht gerade die vollständige Unterwerfung gemäss der kleineren Bevölkerungszahl angeboten? Hat sie der oft gerügte Starrsinn daran gehindert, die Zeichen der Zeit zu verstehen? Seit den Tagen, als der erste Andreas Heusler die Trennungsgeschichte schrieb[853], gibt es nicht wenige Historiker, die meinen, sie habe die Zeichen wohl verstanden, denn die Trennung sei ihr wahres Glück gewesen, nämlich nur so habe sie ihr seit Jahrhunderten gewachsenes Wesen und ihre kostbarste Institution, die Universität, bis in eine spätere Zeit hinüberretten können.

Trennung für Basel ein Glücksfall?

Gedenktafel für 33 am 3. August 1833 gefallene Stadtbasler im Kirchhof der Arbogastkirche in Muttenz.

VII. BUCH

27. KAPITEL DIE ERSTEN JAHRZEHNTE DES KANTONS BASEL-STADT

Basels Reaktion auf die Trennung

Wer in baslerischen Dokumenten aus den Tagen nach dem 3. August 1833 blättert, stösst auf erschütternde Zeugnisse einer tiefen Niedergeschlagenheit. Und als im April 1835 das Ergebnis der Staatsteilung vor aller Augen lag, erinnerte sich wohl mancher Basler an die bisher grösste Katastrophe, die Basel erlebt hatte, das Erdbeben von 1356. Damals hatte man sich aber der Hilfe gutgesinnter Nachbarn erfreuen dürfen; diesmal bedrückten der Spott und die Schadenfreude mancher Miteidgenossen an der Demütigung der Stadt stärker als je in einer bösen Zeit. «Die mich hassen ohne Ursache, derer ist mehr, denn ich Haare auf dem Haupte habe» – diesen Vers aus Psalm 69 setzte der erste Stadtbasler Darsteller der Trennungsgeschichte, Andreas Heusler (1802–1868), als Motto auf das Titelblatt seines Buches.[855]

Resignation

Der Moll-Ton in der stadtbaslerischen Geschichtsschreibung ist nie ganz verklungen. Nie hat auch der Stadtteil seinen Geburtstag, den 26. August 1833, festlich begangen wie die Landschaft. Noch im Sommer 1933 stand in einem Gedenkartikel an die Augusttage 1833: «Der dritte August ist für unsere Stadt ein Trauertag.»[856] Andere Autoren brauchten für das Ereignis von 1833 Wendungen wie: die Zeit der Heimsuchung, der Aderlass.[857] Den 150. Geburtstag überging man 1983 offiziell mit Stillschweigen.

Zuversicht

Aber diesen Zeugnissen der Trauer um das erlittene Schicksal stehen schon früh andere, optimistischere, gegenüber. So prophezeite der Theologieprofessor Wilhelm Martin Leberecht De Wette (1780–1849) 1834: «Indess wird die reiche Handels- und Gewerbestadt am Rhein diese Verluste verschmerzen», allerdings nur dann, «wenn durch Staatsklugheit und Einsicht in den wahren Vorteil die Nachteile vermieden werden können.»[858] Schon zwanzig Jahre nach der Trennung meinte Professor Wilhelm Theodor Streuber (1816–1857): «Die Stadt konnte existieren ohne Landschaft, ja es zeigte sich bald, dass diese jener mehr bedurfte als umgekehrt.»[859] Und etwa 100 Jahre später beurteilte der beste Kenner der neueren Basler Geschichte, Paul Burckhardt, die Folgen der Isolierung so: «Die Abschliessung führte nicht zum behaglichen Schlendrian einer selbstzufriedenen Kleinstädterei; vielmehr spornte das Geschehene alle vorhandenen Energien an, dem Unglück und der Feindschaft zum Trotz die geliebte Vaterstadt wieder emporzubringen.»[860]

Es ist übrigens eine bemerkenswerte Tatsache, dass nach dem 3. August 1833 in der Stadt kein Scherbengericht stattfand. Nach einer bitteren Niederlage pflegen die Völker meistens einen Sündenbock zu suchen und ihn lärmend anzuklagen. Das geschah in Basel nicht. Eine ungewöhnliche Einigkeit der Herzen und der Geister hatte alle Bürger erfasst. In wenigen Herbsttagen des Jahres 1833 wurde die von der schweizerischen Tagsatzung geforderte neue Verfassung des Kantons Basel-Stadtteil – so hiess der neue Kanton bis 1848 – entworfen und mit grossem Mehr angenommen.[861] Sie blieb bis 1875 trotz einigen Revisionen das Fundament, auf dem der neue Kanton sein Haus gebaut hat.

Bild der Stadt

Bevor wir die Geschichte des Kantons Basel-Stadt in den folgenden 150 Jahren darstellen, versuchen wir, die Stadt jener Zeit, die mit den drei Gemeinden Riehen, Bettingen und Kleinhüningen wieder ein rein städtisches Gemeinwesen von rund 25 000 Einwohnern geworden war, zu schildern. Das Material dazu liefern uns die zahlreichen Basler Zeichner und Maler in der ersten Hälfte des 19. Jahrhunderts, der malende Verleger Johann Friedrich Mähly (1805–1848) mit seinem Stadtplan aus der Vogelperspektive von 1845 und verschiedene topographische Beschreibungen der Zeitgenossen.[862]

Im Sommer 1844 – also im Jahr, in dem der Mählyplan entstand – bewegte ein grosser festlicher Anlass die Bürgerschaft Basels: ein eidgenössisches Schützenfest sollte die 400-Jahrfeier der Schlacht bei St. Jakob eröffnen. Man wollte sich nicht nur der Heldentaten der Vorfahren erinnern, sondern jetzt ein Zeichen setzen, dass ein neues, besseres Verhältnis zwischen der konservativen Stadt und den vorwiegend radikal gesinnten Eidgenossen bestünde.[863] Mancher junge Eidgenosse, der in seiner Heimat nur Schlechtes vom hassenswerten «Aristokratennest» gehört hatte, wird im Sommer 1844 neugierig und misstrauisch zugleich die Stadt betreten haben. Was aber konnte er sehen, wenn er mit offenen Augen und die Einheimischen fragend durch die Strassen zog?

Im Gesamtblick bot die Stadt, wenn man sich ihr über die Jurahöhen näherte, noch das gleiche Bild wie den Eidgenossen, die 1501 zum Bundesschwur nach Basel geritten waren. Noch erschien sie als eine wohlbewehrte Festung mit Mauern, Gräben, Schanzen und sieben Toren, die abends um 10 Uhr geschlossen wurden. Und immer noch ragten über die Hausdächer hinaus nur die beiden roten Münstertürme und die Kirchtürme von St. Peter und St. Leonhard. Freilich, man hatte es schon gewagt, ausserhalb der Mauern, aber noch im Stadtbann, entlang den Landstrassen in alle Himmelsrichtungen Häuser zu bauen. Etwa 500 sollen es gewesen sein. An einer Stelle, am Rand der Stadt, entstand eben das Bauwerk, das symbolhaft den Beginn der «neuen Zeit» ankündigte, der erste Bahnhof auf Schweizerboden, die Endstation der Eisenbahnlinie Strassburg-Basel. Er lag auf dem «Schällemätteli», also ausserhalb des alten Mauerrings. Man hat sei-

Erhaltung des spätmittelalterlichen Aspekts

Erster Bahnhof der Schweiz

Der Barfüsserplatz zur Biedermeierzeit. Aquarell von Johann Jakob Neustück (1799–1867).

netwegen die Stadtmauer an der Schanzenstrasse abgebrochen, aber schutzlos wollte man auch jetzt noch in Basel nicht leben. Ob den Baslern noch die Angst vor Überfällen wie 1831 im Nacken sass, ob der Wunsch der Eidgenossen nach Sicherung der Neutralität den Ausschlag gab – man errichtete rings um den Bahnhof ein neues Festungswerk, liess die Eisenbahn durch ein Tor einfahren und schloss es hinterher mit dem Fallgitter. Die in Basel gewiss wohlbekannte Geschichte vom Trojanischen Pferd sollte sich nicht wiederholen! Etwas vom Geist dieser Ängstlichkeit findet man noch auf dem Stahlstich des Mählyplanes, wenn man dort das leicht veränderte Psalmwort liest: «Der Herr mache die Riegel deiner Tore fest.»[864] Der eidgenössische Gast konnte hier nicht nur zum ersten Mal in der Schweiz einen Eisenbahnzug sehen, er wird auch ein Dampfschiff bestaunt haben, das an der Schifflände die Passagiere zur Fahrt rheinabwärts aufnahm.[865] Zehntausend Personen haben die Dampfboote schon im Jahr 1839 befördert.[866] Übrigens währte diese Blütezeit der regulären Rheinschiffahrt nicht lange; bald unterlag das Schiff der Eisenbahn. Staunend wird der Gast am Grossbasler Brückenkopf gestanden sein. Dort hatte man vor kurzem das mächtige alte Rheintor mit dem Lällekönig des starken Verkehrs wegen abgerissen. An diesem Ort, schrieb Jeremias Gotthelf in seinem Roman «Jakobs Wanderungen durch die Schweiz», stehe man an einer Pulsader Europas, und wer in die Bewegung

Dampfschiffahrt

Ankunft des ersten Dampfschiffs in Basel am 28. Juli 1832. Lichtdruck nach einer Zeichnung von H. Frey.

hineinsehe, werde von einem jämmerlichen Gefühl der Ohnmacht ergriffen.[867] Pferdekarren, Chaisen und Omnibusse, Reiter und Fussgänger bewegten sich ohne Unterlass über die einzige Brücke vom Kleinbasel zum Marktplatz, durch die Freie Strasse hinauf zum Aeschentor in solcher Zahl, dass man 1839 die Eisengasse verbreitern musste, um wenigstens das Kreuzen zweier Lastwagen zu ermöglichen. Das Trottoir zum Schutz der Fussgänger fehlte übrigens bis in die 1840er Jahre hinein. Unweit dieser geschäftsträchtigen Stelle hatte 1842 der Schneidermeister J.J. Senn das alte Gasthaus zu den «Drei Königen» abreissen und vom Architekten Amadeus Merian (1808–1889) ein modernes Hotel bauen lassen. Es besass nicht nur 120 Zimmer, einen 40 m langen Speisesaal, dessen Tafel zur Essenszeit ein kleiner Springbrunnen zierte; man sorgte baslerisch auch für das seelische Wohl der Fremden, denn ein angestellter Geistlicher hielt in einer Betkapelle des Hotels während der Reisesaison englischen Gottesdienst.[868]

Gastlichkeit

Wollte der Fremde nun den Durst löschen, so boten sich 150 Wein- und Pintenschenken, 10 Bierbrauereien und sechs Kaffeehäuser an. Der anspruchsvollere Gast suchte gewiss die damals schon berühmte Sammlung der Holbeinbilder in der «Mücke» oder die reichen naturhistorischen Kollektionen im Falkensteinerhof am Münsterplatz auf. Er konnte auch im Stadtführer lesen, dass der «anständige Fremde» zur Allgemeinen Lesegesellschaft leicht Zugang habe und

Sehenswürdigkeiten

dort 80 Zeitungen finde.[869] Besass der Fremde gar medizinische Interessen, so wird er das anatomische Institut, das Professor Carl Gustav Jung (1794–1864) am Rheinsprung errichtet hatte, besucht haben. Wollte er erfahren, wie man in Basel die Kranken, Alten und Irren behandle, so zeigte man ihm stolz das «neue Spital» in der neuen Vorstadt (Hebelstrasse), wo sich im ehemaligen markgräflichen Palast die «Pfrundanstalt» und, im rechten Winkel dazu, der hundert Meter lange Krankenhaustrakt erstreckte. Falls er sich nach den Betriebskosten erkundigte, erfuhr er, dass die Einnahmen aus den Zinsen des Spitalvermögens, die Almosen und die Kostgelder im Jahr 1839 76 200 Franken betrugen und die Ausgaben von 72 400 Franken gedeckt hatten.[870] Ein anderes Zeugnis städtischer Für- und Vorsorge traf der Fremde an der Ecke des Petersgrabens und der Spalenvorstadt, das Kornhaus. Auf seinen verschiedenen Böden lagerten die Vorräte für Notzeiten in Kästen voller gedörrter Früchte.

Kommunikation auf der Strasse

Ergänzen wir aus der heutigen Sicht, was einem Besucher von 1844 in Basel kaum auffiel, uns aber auf den Bildern der Basler Kleinmeister in die Augen sticht! Die Strassen waren mit gespaltenen Rheinkieseln gepflästert. Vor vielen Häusern stand eine hölzerne Bank, auf der man sich dem abendlichen Schwatz mit den Nachbarn hingab. Diese «Bänkli» waren auch die Orte der täglichen Kommunikation, wo oft «harmlose Geschichten bis ins Ungeheuerliche» übertrieben wurden. Die alte Behauptung, es sei alles schon da gewesen, scheint wahr zu sein, wenn man von einem bekannten Basler Geschichtenerzähler erfährt, die an der untern Freien Strasse wohnende Frau La Roche habe einmal das Klavier vom ersten Stock auf die Strasse schaffen lassen und dann öffentlich reizvolle Melodien gespielt.[871] Überhaupt, die Strassen waren eben Allmend, nicht nur zur Abendstunde, sondern auch tagsüber. Die Handwerker, die Küfer, Kupferschmiede, Wagner, nahmen sie oft bis zur Mitte in Anspruch und liessen ihre Abfälle liegen, bis einer der Anwänder zum Besen griff. Die staatlich organisierte Strassenreinigung wurde erst 1891 gesetzlich verordnet. Auf der Strasse wurde auch das Brennholz klein gehackt und vor dem Winter mit der Dachwinde auf den Estrich hinaufgezogen. Die dazu nötigen Konstruktionen, die sog. Dachaufzüge, sind auf den damaligen Stadtbildern häufig zu sehen.[872]

Pferde und Grossvieh in der Stadt

Suchte der Fremde in Basel einen Bekannten, so fand er dessen Haus entweder unter seinem Namen, z.B. «Zum roten Schneck», «Zur Sonne», «Zum Schlegel», vornehmer «Zum ... hof», oder mit Hilfe der Hausnummern. Leicht war dies nicht, denn die rund 2200 Häuser waren durchnumeriert.[873] Der Ernauerhof am St. Alban-Graben hatte z.B. die Nummer 1046, ein Haus an der Eisengasse die Nummer 1590. Zu den erwähnten 2200 Häusern kamen noch über 300 Ställe, in denen neben 600 Pferden auch Grossvieh und 300 Schweine untergebracht waren.[874] So prächtig und imponierend die Strassenfassaden mancher Wohnhäuser waren, ihre Rückseite bot ein hässliches Bild. Dort befanden sich bis ans Ende des 19. Jahrhunderts die Abtrittürme, die «Privete», die an keine Kanalisation angeschlossen waren, sondern ihre Abwässer in den Birsig entleerten

Blick von der St. Alban-Schanze auf die noch völlig intakte Stadtbefestigung im St. Alban-Tal. Aquarell, wohl von Anton Winterlin (1805–1894), 1865.

oder einfach im Boden versickern liessen.[875] Dies scheint einem französischen Reisenden entgangen zu sein, denn er schrieb 1837: «Es ist unmöglich, von der ausgezeichneten Reinlichkeit der Strassen Basels eine richtige Vorstellung zu geben. Da ist keine Spalte, kein Riss, kein Flecken zu sehen auf allen diesen in Öl gemalten Mauern, kein Sprung in allen diesen Gittern von wunderbarer Arbeit, welche die untersten Fenster schützen. Die Sommerbänke neben der Türschwelle sind sorgfältig in der Mauer befestigt zum Schutz gegen Regen und Sonne. Bildet die Strasse einen steilen Abhang, so unterstützen Mauerlehnen die Schritte des Greises und beladenen Landmanns. Überall findet ihr diese ins Kleine gehende Aufmerksamkeit, diese Beachtung der Bedürfnisse der Menge, diese Sorgfalt des Eigentümers und des Familienvaters. Man fühlt es, dass in Basel nichts dem Auge der Regierung entgeht und dass sie jeden Abend in ihren Staaten die Runde macht.»[876]

Epoche des «Ratsherrenregiments»

Die rund 40 Jahre dauernde Epoche bis zur nächsten politisch einschneidenden Zäsur bezeichnet man als die Zeit des «Ratsherrenregiments». In den Handbüchern wird dieses Regiment auch als «aristokratische Herrschaft», sogar als «Gottesgnadentum» charakterisiert.[877] Diese Etiketten treffen konstitutionell, d.h. verfassungsmässig gewiss nicht zu, denn die Basler Verfassung von 1833 war, verglichen mit denen anderer Kantone, sehr liberal. Die anderswo heftig umkämpfte Pressefreiheit genossen alle Bewohner Basels. Freilich, politisch handlungsfähig waren bis 1848 nur die protestantischen Kantonsbürger, die erst noch einer Zunft angehören mussten. Da die männlichen Dienstboten und Armengenössigen, auch alle, die weniger als sechs Franken Steuern bezahlten, ausschieden, waren nur 1800 Bürger von 24 000 Einwohnern (!) berechtigt, den Grossen Rat zu wählen. Die 119 Grossräte erkoren aus ihrer Mitte die Regierung, den Kleinen Rat, also die 15 Ratsherren, denen die gesamte Verwaltung des Kantons oblag. So wurde der Kleine Rat gleichsam zum Kopf des kantonalen Parlaments, der die politische Richtung festlegte. Zwei der Ratsherren führten den Titel «Bürgermeister». Sie wechselten jährlich in der Amtsführung, trugen bei allen Ratssitzungen Hut und Degen und mussten als «Hochgeachteter Herr Bürgermeister» angesprochen werden. Dies alles erinnert an die jahrhundertealte Basler Tradition der «Häupter»; sie hat also bis ins 19. Jahrhundert hinein weitergelebt.

Wenn dieses politische System – mit einigen Revisionen in den Jahren 1847 und 1858 – bis 1875 existieren konnte, so darf man es den staatsmännischen Qualitäten vieler Ratsherren zuschreiben. Gewiss waren sie keine Genies und keine Engel, doch gehörten sie nicht mehr «zum Typus des vornehmtuenden, unbedeutenden Aristokraten», der früher in die höchsten Ämter gelangen konnte.[878] Sie besassen Weltkenntnis, in der Regel humanistische Bildung und waren fast ausnahmslos ihrem christlichen Gewissen verpflichtet. Die meisten von ihnen hatten sich längst zu eigen gemacht, was der Ratsherr Peter Merian (1795–1883) 1860 in einer Rede forderte: «Zur Kräftigung eines gesund sich entwickelnden republikanischen Staatswesens ist es erforderlich, dass der einzelne Bürger durch freiwillige Leistungen das Gedeihen des Ganzen zu fördern trachtet.»[879] Als freiwillige Leistung darf man die Arbeit eines Ratsherren wohl betrachten, bezog er doch jährlich nur 400 Franken «Gehalt», der Staatsschreiber aber 3200 Franken (im Jahr 1840). Ein Ratsherr hatte nicht nur zweimal wöchentlich am Vormittag an der Sitzung des Kleinen Rates teilzunehmen, er präsidierte eine der zehn Kommissionen, Collegien genannt, die alle Geschäfte

Ratsherr Peter Merian (1795–1883).

Sparsame Verwaltung

vorbereiteten oder ausführten. Schwerfällig war diese Verwaltung gewiss, aber sie funktionierte nicht schlecht. Vor allem – und dies galt strikte in den ersten Jahrzehnten nach der Trennung – war sie sehr sparsam. Einer, der die Staatsverwaltung genau kannte, meinte einmal, Basel sei eine vorsichtige Stadt, die den Taler viermal drehe, bevor sie ihn ausgebe.[880]

Aber schon damals genügte sparen allein nicht in einer Zeit, in der die Ansprüche an den Staat, besonders auf dem Bausektor, stiegen und Schulden aus der Kantonstrennung abzutragen waren. Die Basler Lösung des Finanzproblems im Jahre 1840 war nun so originell, dass sie sogar die englische Regierung veranlasst haben soll, das Basler System studieren zu lassen.[881] Gemäss einem Ratschlag der Regierung stimmte der Grosse Rat im April 1840 einem neuen Steuergesetz zu. Es ersetzte die alte Steuerordnung mit der Bezeichnung «Handels-, Gewerbe-, Kapitalisten- und Beamtenabgabe» des Jahres 1805, das den Kaufleuten höchst ungerecht schien. Der Handel wurde nämlich für die Erhebung der Steuer nach dem Umsatz geschätzt, auch wenn der Gewinn klein war. Die Benachteiligung gegenüber dem Handwerkerstand war offensichtlich. Zwanzig Jahre dauerte das Ringen um eine gerechtere Besteuerung, deren Grundzüge der junge Kaufmann Johann Georg VonderMühll (1789–1853) schon 1818 beschrieben hatte.[882] Erst 1840 brachte der konservative Ratsherr und Präsident des Finanzkollegiums, Bernhard Socin (1777–1854), das neue Steuergesetz beim Grossen Rat durch.[883] Sein wichtigster Grundsatz beruhte auf dem Gedanken, dass der Reiche mehr leisten müsse als der Arme. Darum führte man in der für alle geltenden direkten Einkommenssteuer den Grundsatz des progressiven Steuerfusses ein. In der konsequenten Durchführung dieser Idee ist Basel allen andern Staaten vorangegangen! Halten wir noch zwei Eigentümlichkeiten dieses Gesetzes mit sozialpolitischem Charakter fest: Von der Steuer befreit waren ledige Frauenspersonen, Witwen und Waisen, deren Einkommen unter 500 Franken lag, und alle Dienstboten, Taglöhner, Fabrikarbeiter, die Lohn bezogen (diese Erleichterung fiel aber schon 1866)[884]; ferner berechnete der Steuerpflichtige die Höhe seiner Steuerschuld selbst «nach Pflicht und Gewissen» und brachte das Geld ohne eine Deklaration des Einkommens zum Steuerbeamten.[885] Wer nun meint, im damaligen Basel hätten, im Vergleich zu heute, herrliche Zustände geherrscht, muss wissen, dass der Staat und die Stadt ausser den Steuern eine Menge Gebühren bezog, z.B. die Transitzölle, den Wege- und Rheinbrückenzoll, die Sicherheitsgebühr und die – natürlich höchst unbeliebten – Umsatzsteuern, Ohmgeld geheissen, auf Wein, Bier und Branntwein. Auch der Salzhandel war ein uraltes Staatsmonopol. Schliesslich wurden auch die Toten «besteuert», denn sechs Batzen gingen von jedem Sterbefall an die Totengräber und 15 Batzen fielen als Beerdigungsgebühr an das Kirchen- und Schulgut.[886]

Basel erster Staat mit progressiver Besteuerung

Gebühren und Umsatzsteuern

Das Steuergesetz Basels hat im Laufe des 19. Jahrhunderts noch einige Revisionen, natürlich zu Gunsten der Staatskasse, erfahren. Doch das, was 1840 geschaffen worden war, scheint noch 50 Jahre später richtig und gerecht gewesen zu sein. Der deutsche Nationalökonom Professor Karl Bücher schrieb 1888 darüber: «Das Basler Gesetz über die direkten Steuern ist, mit dem Massstab der strengen Finanztheorie gemessen, in manchen Einzelheiten vielleicht unvollkommen, die Vorschriften über Ausmittelung des Einkommens und Vermögens sind unvollständig, die Kontrollmittel unzulänglich; aber in der Klarheit der Grundgedanken, ihrer Anpassung an die tatsächlichen Verhältnisse und in der Sicherheit der praktischen Durchführung wird es schwerlich von einem Steuergesetz der Schweiz oder eines auswärtigen Staates übertroffen.»[887]

Eines der besten Steuergesetze

Kein Lob wie das Steuergesetz, sondern reichlich Kritik erfuhr von Einheimischen, besonders aber von Niedergelassenen und Fremden, ein anderes Basler Gesetz, das, kurz gefasst, verlangte: wer ein Gewerbe treiben will, muss zünftig sein. An dieser Stelle müssen wir nochmals von den Basler Handwerkern und ihren Zünften sprechen. Dreimal haben wir es schon getan: im 4. Buch wurde der kämpferische Aufstieg zur Macht, im 5. Buch das Zunftregiment und dessen Ende, im 6. Buch seine Wiederbelebung geschildert. Jetzt nach 1833 handelt es sich um die langsame Agonie des zünftig geregelten Handwerks.

Zünfte verhindern Gewerbefreiheit

Im Sturm des Revolutionsjahres 1798 hatten die Zünfte ihre politische Macht verloren. Sie wiederzuerlangen, versuchte im Zeitalter des demokratisch-repräsentativen Systems kein Basler Handwerker mehr, aber seine ökonomische Existenz wollte er in einer veränderten Wirtschaftswelt wenigstens sichern. Also forderten die Meister des Handwerks unablässig ein Verbot und ein Gebot. Erstens sollten solche Waren, die in der Stadt hergestellt werden konnten, nicht importiert werden; zweitens sollten Neuzugezogene, die fähig waren, ein Handwerk auszuüben, um die Aufnahme in eine Zunft bitten. Die Stunde für solche Begehren war nach 1833 günstig. Hatten die Handwerker in den schweren Jahren der Baselbieter Revolution nicht treu zur Stadt gehalten? Stellten sie zahlenmässig mit ihren Familien nicht einen grossen Anteil der Bevölkerung, besonders der Bürgerschaft?[888] Waren sie nicht, wie die konservative Basler Zeitung noch 1843 schrieb, «ein Kern, der am Hergebrachten hänge» und zwischen alten und neuen Bevölkerungsschichten ausgleichend und deshalb «mässigend» wirkte?[889] Die Regierung stimmte, nicht ohne Bedenken, den Forderungen zu, und so kam es, dass in der Stadt, die ihren Wohlstand zu allen Zeiten dem freien Handel und Verkehr verdankt hat, noch bis in die Mitte des 19. Jahrhunderts hinein, viel länger als in jeder Schweizer Stadt, die Gewerbefreiheit nicht geduldet war. Erst die Bundesverfassung von 1848 hat den berüchtigten «Basler Zopf» beschnitten und diejenige von 1874 schliesslich ganz abgeschnitten.

Es hat etwas Bemühendes, ja Lächerliches an sich, zu hören, dass an den Toren der Stadt, die ihre Manufakturen, die Seidenbänder, in alle Welt hinausschickte, der Eintretende untersucht wurde, ob er Brot, Fleisch oder Schuhe auf der Landschaft gekauft habe, oder wenn der Empfänger eines Postpaketes befragt wurde, ob er einen Hut oder eine Kleidung aus Paris oder Mülhausen bezogen habe.[890] Übrigens war es jedermann klar, dass die staatliche Verwaltung zu jener

Einfuhrkontrolle

Zeit nicht fähig gewesen wäre, die Einfuhr fremder Gewerbeartikel wirksam zu kontrollieren, aber gefordert hat man es immer wieder, stand doch deutlich noch in der Basler Verfassung vom April 1847 im Artikel 11: «Die Einführung der Gewerbefreiheit ist der Gesetzgebung nicht gestattet.» Die Folgen dieses Systems wurden schon in einem Zeitungsartikel im Oktober 1833 angeprangert. «Jeder Handwerker ist ein entschiedener Feind aller Fremden; in jedem Ausländer sieht er einen schädlichen Konkurrenten; keine fremde Handelsware duldet er. Wie lässt sich da eine Befreundung mit der Umgebung denken? Diese gegenseitige Bedrückung erzeugt einen geheimen Krieg Aller gegen Alle; der Zwang schadet dabei dem Handwerker selbst.»[891]

Der Keim des Unterganges lag aber nicht in den unmöglichen Verboten, sondern in der Zunftordnung selbst. Die strikte Trennung der Gewerbe, die traditionelle Arbeitsteilung, einst vernünftig, verhinderte in einer Zeit mit gänzlich veränderten Bedürfnissen jede Anpassung an den Geschmack der Konsumenten. So durfte z.B. ein Schreiner, der an seinen Möbeln die gewünschten gedrechselten Bestandteile anbringen wollte, keinen Drehstuhl besitzen, obwohl der Drechsler gerade diese benötigten Artikel nicht liefern konnte. Er musste sie also aus dem Ausland kommen lassen.[892]

Ende des zünftigen Handwerks 1874

Den Todesstoss hat, wie erwähnt, dem zünftigen Handwerk in Basel erst der Artikel 41 der Bundesverfassung von 1874 gegeben: «Die Freiheit des Handels und der Gewerbe ist im ganzen Umfang der Eidgenossenschaft gewährleistet.» Bekanntlich sind die Zünfte aber nicht aus dem Leben unserer Stadt verschwunden. Befreit von allen beruflichen Zwängen, bestehen seit 1881 zwanzig gleichberechtigte Zünfte als öffentlich-rechtliche Korporationen, die keinen andern Zweck mehr haben, als das Zunftvermögen zu verwalten, einen eventuellen Überschuss an gemeinnützige Institutionen zu verteilen und die «werten Zunftbrüder» alljährlich bei einem festlichen Mahl zu vereinen, bei dem nicht wie im Mittelalter kulinarische Orgien gefeiert, sondern vor allem Basler Geist und Witz sowie vaterländischer Sinn liebevoll gepflegt werden.

Rettung der Universität

Wie in dieser Stadtrepublik nach der Trennung Energien frei geworden sind, zeigt am eindrücklichsten der Wille der Bürgerschaft, das kostbarste Erbe der Vergangenheit, die 370 Jahre alte Universität, zu erhalten. Das Lieblings- und Sorgenkind der Stadt hatte schon manche Krise erlebt. Jetzt, 1833/34 stand wieder einmal seine Existenz auf dem Spiel. Der Trennungsakt hatte auch (vgl. Kapitel 26) die Universitätsgüter in die Teilung einbezogen. Doch konnte der Kanton Basel-Stadt mit einer Zahlung von rund 330 000 Franken erreichen, dass die Universität und ihre Sammlungen ungeteilt der Stadt verblieben.[893] Aber mit Recht fragte sich mancher Basler, welchen Sinn es habe, diese Institution, die jährlich viel Geld verschlang, aber damals nur von ca. 40 Studenten besucht wurde, am Leben zu erhalten. Doch die Regierung sah weiter – und, wie wir heute wissen, richtig –, denn in ihrem Ratschlag vom 2. März 1835 betreffend Universitätsorganisation heisst es: wir haben viele Gründe, uns einzuschränken, aber «das Bedürfnis geistiger Regsamkeit und Tüchtigkeit und die eigentümliche Isolierung rufen Basel zu, durch zweckmässige und wohl eingerichtete wissenschaftliche Anstalten sein künftiges Wohl zu sichern».[894] Der Grosse Rat stimmte zu, die Universität blieb am Leben, freilich mit sehr harten Sparmassnahmen. So wurden die Gehälter der 20 ordentlichen Professoren (1840) stark reduziert, ihr Pensum entsprechend kleiner. Echt baslerisch war auch die ältere Vorschrift, die die neun Professoren der philosophischen Fakultät dazu verpflichtete, je acht Schulstunden am Pädagogium (d.h. am oberen Gymnasium) zu erteilen. Trotz solchen Massnahmen hätte die Universität gleichwohl kaum weiter bestehen können, wäre nicht in diesem dunklen Augenblick die Bürgerschaft helfend eingesprungen. Im Frühjahr 1835 erliessen vier prominente Basler, Andreas Heusler (I.), Christoph Burckhardt, Daniel La Roche und Peter Merian einen Aufruf zur Bildung einer «Freiwilligen Akademischen Gesellschaft». Es heisst darin: «Es geziemt sich, dass in freien Staaten die schönen und grossen Zwecke der Gesellschaft auch durch freiwillige Mitwirkung wohldenkender Bürger unterstützt und gefördert werden.»[895] Ihre bald hundert Mitglieder äufneten in 15 Jahren ein Vermögen von 50 000 Franken, dessen Erträge hervorragenden Gelehrten und wissenschaftlichen Anstalten zugute kamen.

«Freiwillige Akademische Gesellschaft» 1835

Die Opfer für die Universität und der Wille, sie durchzutragen, haben sich gelohnt, denn in der zweiten Hälfte des 19. Jahrhunderts erlebte die Basler Hochschule eine neue Blütezeit.[896] Gewiss nicht wegen reicher Mittel, wie sie den deutschen «Fürstenuniversitäten» zuflossen, sondern dank ihren Lehrern. Man kann ihre Porträts in der «Alten Aula» im Naturhistorischen Museum betrachten. Nicht alle sind aus städtischen Geschlechtern hervorgegangen; erstaunlicherweise liessen sich immer wieder hervorragende Ausländer, namentlich Deutsche und Österreicher, an die Basler Universität berufen. Manche von ihnen zogen nach wenigen Jahren wieder weg, sei es, dass ihnen in Deutschland höhere Gehälter versprochen wurden, sei es, dass ihnen die Zahl ihrer Studenten zu klein erschien. Sie alle namentlich aufzuzählen, würde hier zu weit führen. Man findet sie in der reichen Literatur zur Universitätsgeschichte.[897]

Neue Blütezeit

Doch müssen wir von den vielen immerhin zwei Basler Gelehrte als Vertreter der Universität und der geistigen Oberschicht erwähnen: Jacob Burckhardt (1818–1897) und Johann Jakob Bachofen (1815–1887). Sie waren Zeitgenossen, lebten mit Ausnahme längerer Auslandsreisen immer in ihrer Vaterstadt und stammten aus alteingesessenen Geschlechtern. Die Burckhardt hatten sich durch Staatsmänner, Gelehrte und Geistliche ausgezeichnet, die Bachofen sich als geschickte Handelsherren und Fabrikanten, die in der Seidenbranche reich geworden waren, erwiesen. Die beiden Familienvertreter haben in der wissenschaftlichen Welt grossen Ruhm erworben, aber charakterlich waren sie eben so verschieden wie ihre Forschungsgebiete.

Zwei bedeutende Basler Gelehrte

Jacob Burckhardt

Lithographie nach einer Porträtzeichnung von Hans Lendorff.

Jacob Burckhardt, der Sohn des Antistes, d.h. des ersten Münsterpfarrers und Vorstehers der Basler Kirche, verkörpert für viele den Basler Gelehrten schlechthin.[898] Fast ein halbes Jahrhundert – mit Ausnahme der drei Jahre dauernden Professur an der Eidgenössischen Technischen Hochschule in Zürich – lehrte er Geschichte und Kunstgeschichte in den engen Räumen der alten Universität am Rheinsprung. Im Sommer 1844 hielt der junge Historiker vor sechs Studenten seine erste Vorlesung; im Mai 1893 bat er um Entlassung vom akademischen Lehramt. Ausser den Studenten, die uns berichtet haben, welche Faszination von seinen Vorlesungen ausging, kamen oft mehrere hundert Basler aller Stände in den Genuss seiner Vorträge in der Universitätsaula oder im Bernoullianum. Seine Lebensaufgabe sah er nicht – was so manchem Gelehrten das Höchste scheint – in der Publikation möglichst vieler Schriften, sondern in der mündlichen Belehrung weiter Volkskreise. Er verzichtete, nach seinen eigenen Worten, «von Herzen gern» auf literarische Erfolge und bezeichnete sein Wirken schlicht als «allgemeine Anregung zu geschichtlicher Betrachtung der Welt».[899] Und dazu war er mit seiner Rednerkunst befähigt wie kein anderer Basler Lehrer. Nicht zu Unrecht ist Burckhardt so etwas wie ein Stadtheiliger geworden, denn «sein ganzes Dasein gehörte der Stadt und seinen Mitbürgern».[900] Wie nachhaltig er bis zum heutigen Tag gewirkt hat, beweisen die stets neuen Auflagen einzelner Werke. Der einst viel benützte Cicerone, eine Anleitung zum Genuss der Kunstwerke Italiens, ist wohl für immer aus dem Reisegepäck der Italienfahrer verschwunden, aber die «Griechische Kulturgeschichte» und die «Weltgeschichtlichen Betrachtungen» sind heute noch eine geschätzte Lektüre für gebildete Laien und jene Politiker, die im weltgeschichtlichen Chaos nach einem geistigen Führer suchen. Vor allem entdeckte man ihn seit der Ausgabe sämtlicher Briefe als einen der faszinierendsten Epistolographen des 19. Jahrhunderts. Wer baslerischen Alltag und kritische Beurteilung der europäischen Ereignisse zwischen 1840 und 1895 kennenlernen will, muss zu den Briefen dieses gewiss konservativen, aber immer geistvollen Mannes greifen.

Johann Jakob Bachofen

Weit weniger bekannt und in Basel verehrt als «Keebi» (wie man Burckhardt familiär nennt) wurde Bachofen.[901] Vielleicht weil er nur wenige Jahre an der Universität lehrte, dann freiwillig als Sohn wohlhabender Eltern auf den Lehrstuhl für römisches Recht verzichtete, um sich ganz seinen – für viele

Zeitgenossen reichlich geheimnisvollen – Studien über das Mutterrecht und die Gräbersymbolik zu widmen. Dabei drang er allerdings in Gebiete vor, die wenige Gelehrte vor ihm beackert hatten. Die Fachleute, denen wir hier das Urteil überlassen müssen, meinen, sein Mutterrecht, eine «Geschichte der Familie als sozialer Institution» sei eine geniale Leistung. Erst das 20. Jahrhundert hat es wieder entdeckt und in sorgfältigen Editionen jenen Forschern, die sich dem Studium der gesellschaftlichen Formen der Urzeit und der Urreligion widmen, zugänglich gemacht. Wenn Burckhardts Stärke, wie erwähnt, im mündlichen Vortrag lag, so kommt Bachofen der Ruhm zu, in den kleineren Abhandlungen, z.B. in der «Griechischen Reise», kunstvoll geschrieben zu haben. Dass sich der traditionsbewusste Basler nicht mit dem Studierzimmerdasein zufrieden gab, beweist seine langjährige Mitgliedschaft beim Appellationsgericht. Politisch war Bachofen noch weit mehr als Burckhardt dem Konservativismus verpflichtet. «In dem Herkommen erkennt und verehrt ein Volk die Summe höherer Weisheit, eine göttliche Offenbarung, niedergelegt in tausend Kundgebungen und geweiht durch die Schicksale aller früheren Geschlechter ... ein Volk, aus dessen Herzen dieser Glaube gerissen wird, verliert seinen inneren Halt.»[902] Diese Worte wurden 1848/50 geschrieben, kurz nach dem Sieg des Radikalismus in der Schweiz.

Spätere Entwicklung der Universität

Da wir in den späteren Kapiteln nicht mehr von der Universität reden, mag hier ein Blick auf die folgenden hundert Jahre geworfen werden. Die Universität hat nicht nur ihren 400., sondern auch ihren 500. Geburtstag festlich feiern können. Die um 1850 verlästerte «Miniaturuniversität»,[903] der man neben den neuen Hochschulen in Zürich und Bern jede Berechtigung absprach, wuchs, bezog 479 Jahre nach ihrer Gründung ein neues Kollegiengebäude und zählte im Jahr 1983 in dem der Kanton Basel-Stadt 150 Jahre alt wurde, 6310 Studierende und 652 Lehrer, von denen 127 einen ordentlichen Lehrstuhl innehatten. Nicht wenige von ihnen gelangten zu internationalem Ruhm; dreimal wurde der Nobelpreis Lehrern der Basler Hochschule, zweimal den Forschern der Basler Chemiefirmen verliehen. Zwar ist die Basler Universität zur Hochschule der Regio Basiliensis geworden; nur noch ein Drittel der Studierenden stammt aus dem Stadtkanton; aber die Hauptlast trägt der Kanton Basel-Stadt grösstenteils allein.[904]

«Das fromme Basel»

Wer im 19. Jahrhundert in der Schweiz von unserer Stadt redete, brauchte gerne Wendungen wie «das reiche Basel», «das fromme Basel». Und identisch wurden die beiden etwa im Scherzwort: «In Basel kommen sogar die Reichen in den Himmel.»[905] Gewiss war vieles dieser Frömmigkeit, die in Basel stärker als in andern Schweizer Städten in Erscheinung trat, alte, ja veraltete Gewohnheit. Aber ein ganz leerer Wunsch war das Neujahrsgedicht 1833 eines Wochenblattes doch nicht[906]:

«Bewähre dich als fromme Stadt
Vor aller Welt in Wort und Tat
Und halte fest am alten Glauben ...!»

Es wäre freilich historisch falsch zu behaupten, die grossen Werke der Basler Wohltätigkeit, die sogenannten Reichgotteswerke, wären alle Früchte der Zeit nach 1833. Die bekannten charitativen und christlichen Werke, die «Gesellschaft zur Beförderung des Guten und Gemeinnützigen» und die «Deutsche Christentumsgesellschaft» haben ihre Wurzeln im philanthropischen Geist des 18. Jahrhunderts. Aber es ist unübersehbar: bald nach 1833 mehren sich solche Werke, sie wachsen und blühen. Ein frommer Laie oder ein engagierter Pfarrer entwickelt einen Gedanken, erwägt ihn mit Gleichgesinnten bedächtig, sie gründen einen Verein und finden immer – Geldgeber. Ein typisches Beispiel einer solchen Stiftung ist die gut überlieferte Gründungsgeschichte des ersten Basler Kinderspitals.[907] Eine reiche 60jährige Witwe empfindet es als Unglück, mit ihrem Vermögen keine karitative Aufgabe erfüllen zu können. Sie fragt einen Pfarrer um Rat; er weist sie an einen Arzt, der nun auf eine Lücke im Spitalwesen hinweist. Wenige Wochen später wird ein erstes Krankenzimmer für pflegebedürftige Kinder in Betrieb genommen. Stifterin, Arzt und Wärterin stehen um die Betten. Der Pfarrer liest die Geschichte von des Jairus Töchterlein und hält eine kurze Predigt – das war das «Tauffest» des ersten Basler Kinderspitals. In rascher Folge entstanden damals die «Sonntagssäle für Knaben und Lehrlinge» (1835), die «Taubstummenanstalt» in Riehen (1839), die «Pilgermission» (1840), das «Diakonissenhaus» in Riehen (1852), die «Anstalt zur Hoffnung» (1857).[908] Auch die schon 70 Jahre alte GGG blieb nicht müssig. Zu ihren «gesegneten Früchten» – so der Titel eines Rechenschaftsberichtes – gehören z.B. die «Lukasstiftung» (1856), der Bau von Arbeiterwohnungen (1862), die Speisehütten (1868) und vieles andere.[909] Das bekannteste Beispiel individueller Wohltätigkeit, das in der ganzen Schweiz Aufsehen erregte, war das Testament des reichsten Baslers, Christoph Merians (1800–1858). Aus Dankbarkeit für die Wohltaten Gottes, schrieb er darin, fühle er sich verpflichtet, «diesen Dank zu beurkunden durch Linderung der Not und des Unglücks, sowie beizutragen zur Förderung des Wohls der Menschen».[910]

Wohltätige Werke und Stiftungen

Motive der Wohltätigkeit

Die Frage nach den Motiven der Stifter ist nicht präzis zu beantworten. Waren es, wie man vage sagt, «Äusserungen des Glaubenslebens» oder leitete die wohlhabenden Kreise nach der Katastrophe der Trennung eine Art Bussgeist? Die Tatsache bleibt: nie vorher und nachher häuften sich die Gründungen privater sozialer Werke wie in den vier Jahrzehnten nach 1830.[911] Aufgefallen ist dies allen deutschen Professoren der Nationalökonomie, die nach 1855 an der Universität gewirkt haben. Das Basler Bürgertum sei erfüllt von jenem «noblesse oblige», welches die ethische Grundlage der freien Gemeinden bilde (so Alphons Thun, 1883)[912], die karitative Tätigkeit habe sich an keinem andern Ort so reich entwickelt wie in Basel (so Karl Bücher, 1883–1891 in Basel)[913], der Geist der mittelalterlichen Wohlfahrtspflege sei in christlichen, gemeinnützigen und philanthropischen Werken wieder lebendig (so Georg Adler, 1896)[914].

Wir wissen heute, dass mit allen diesen privaten Werken die «soziale Frage» längst nicht gelöst, dass dem Pauperismus nicht wirksam auf den Leib gerückt worden ist, aber Vorläufer, die wichtige Erfahrungen lieferten, sind jene Werke doch gewesen. Viele von ihnen hat der Staat des 20. Jahrhunderts adoptiert; die finanziell gesunden Institutionen vollbringen heute noch selbständig wertvollste Dienstleistungen.

«Basler Mission»

Ein Werk aber beanspruchte bis heute nie die Hilfe des Staates, die 1815 gegründete «Evangelische Missionsgesellschaft Basel», kurz «Basler Mission» (vgl. S. 283). Seit in Basel die «Deutsche Christentumsgesellschaft» bestand, wurde der Boden, auf dem ein solches Werk gedeihen konnte, vorbereitet. Der Mann, der hier säte, Christian Friedrich Spittler (1782–1867), war 1801 als Sekretär der Christentumsgesellschaft von Schorndorf (Württemberg) nach Basel berufen worden. Dieser schwäbische «Urpietist» trug wohl am meisten dazu bei, dass Basel die Stadt der vielen Reichgotteswerke wurde.[1158] Gewiss ist die Basler Mission nicht nur sein Werk, sondern die Schöpfung eines Komitees gewesen; doch ohne sein praktisch planendes Talent und seine nie erlahmende Energie hätte sie nie so rasch eine globale Ausdehnung erreicht. Den sieben ersten, nicht akademisch gebildeten Zöglingen, die im August 1816 ihre Ausbildung als Heidenmissionare im Haus «Zum Panthier» (Ecke Rittergasse/St. Alban-Graben) begannen, folgten während mehr als hundert Jahren alljährlich je etwa zwanzig junge Männer.

Die «Basler Mission» nimmt in der christlichen Missionsgeschichte einen wichtigen Platz ein. Natürlich änderten sich im Lauf der 170 Jahre ihre Methoden und Zielsetzungen. Längst hat sie die christliche Verkündigung den einheimischen afrikanischen und indischen Kirchen überlassen. Sie widmet sich noch der theologischen Schulung eingeborener Pfarrer und – dies wird allmählich das Hauptarbeitsfeld – sie lindert soziales Elend, indem sie die Ärmsten in Südamerika, in Indien und in Afrika zur Selbsthilfe anleitet.[1159]

Blickt man von hoher Warte auf die vier ersten Jahrzehnte des Kantons Basel-Stadt, so erscheinen sie nicht als die Jugendjahre eines neuen Staatswesens, sondern als die letzte Phase einer Stadtrepublik, deren Anfänge im Mittelalter und in der Reformationszeit liegen. Beispielhaft zeigt diesen Zusammenhang ein Wort des Basler Ratsherren Bernhard Socin (1777–1854) im Jahre 1848: «Jedermann ist Untertan der Obrigkeit, denn es ist keine Obrigkeit ohne von Gott», und Socin fügt hinzu: «Gott wird die Obrigkeit, die ihre Pflicht nicht erfüllt, schon dafür zu finden wissen, aber dem Volk gebührt das Richteramt nicht.»[915] – So durfte man nach 1875 nicht mehr sprechen!

28. KAPITEL
DER KANTON BASEL-STADT UND DIE EIDGENOSSENSCHAFT

Basel und der Sonderbund 1847

Die geschilderte Stadtrepublik war auch nach 1833 keine einsame Insel. Sie blieb ja entgegen den landesverräterischen Gedanken einiger Wirrköpfe, die meinten, man müsse sich nun von der Eidgenossenschaft trennen, ein treues Mitglied dieses Staates, der seit 1815 mit einem Bundesvertrag 22 ziemlich autonome Stände aneinander gebunden hatte. Freilich, dieser Bundesvertrag, ein arger Kompromiss zwischen den gegensätzlichen Tendenzen, überdeckte nur oberflächlich die starken Spannungen; der Zündstoff für revolutionäre Explosionen war vorhanden. Ein Vorspiel, die Basler Wirren, haben wir kennengelernt. Immer härter wurden nun die Kämpfe zwischen Radikalen und Konservativen, Föderalisten und Zentralisten, Katholiken und Jesuitengegnern, bis sich das Gewitter 1847 im letzten schweizerischen Bürgerkrieg, im Sonderbundskrieg, entlud.

Wie verhielt sich Basel in diesen turbulenten Jahren? Der Maler Ludwig Adam Kelterborn hat damals eine Karikatur geschaffen, die Wilhelm Tell, die allegorische Figur der Schweiz, müssig Pfeife rauchend und Kaffee trinkend zeigt, während der Teufel eine Mauer zwischen Stadt und Landschaft Basel aufrichtet (siehe S. 304). Viele Altbasler sahen das Verhältnis aber noch schwärzer. Sie fühlten sich nicht nur im Stich gelassen, sondern verraten. Der Groll darüber sass noch jahrelang tief. Als beim eidgenössischen Schützenfest 1844 in Basel radikale Wortführer in der Festhütte laut und aggressiv auftraten, prägte ein Berichterstatter, der junge Jacob Burckhardt, das böse Wort vom «Brüllradikalismus».[916]

Basel nimmt seine Vermittlerpflicht wahr

Es ist nun aber zu beachten: Das offizielle Basel hielt sich streng an die ihm auferlegten Verpflichtungen im Bundesbrief von 1501 und suchte beispielsweise bis in die letzten Stunden vor dem Ausbruch des Sonderbundskrieges zu vermitteln. Mit dem Herzen waren die Basler Konservativen natürlich auf Seiten des Sonderbunds, mit dem Verstand erkannten sie die unheilvolle Entwicklung, die sich anbahnen musste, wenn die Innerschweiz starr an ihrem Standpunkt festhielt. Anschaulich spiegelt sich der baslerische Standpunkt etwa im Briefwechsel zwischen dem Basler Ratsherrn Andreas Heusler (I.) und dem Luzerner Politiker Philipp Anton Segesser.[917] Wenn der Luzerner meint, der alte Bund der Eidgenossen sei ein gordischer Knoten geworden, der nur noch mit dem Schwert durchhauen werden könne, beschwört der Basler die Luzerner, von jeder Gewaltanwendung abzusehen. «Bürgerkriege sind auch für die siegende Partei immer ein Unglück ... Ist der Sturm da, verhallt die Stimme der Vernunft.» Als der Sturm losbrach, verhielt sich Basel – baslerisch zwiespältig! Die fünf Teilnehmer am ersten Freischarenzug im Dezember 1844 wurden nach ihrer Heimkehr als Friedensbrecher zu Gefängnisstrafen verurteilt.[918] Und als zwei Jahre später im November 1847 der Befehl der Tagsatzung zur Teilnahme am Feldzug gegen den Sonderbund in Basel eintraf, leistete die Regierung Folge, allerdings schweren Herzens, aber in richtiger Einschätzung der Lage. Im Grossen Rat freilich diskutierte man elf Stunden lang heiss, wie sich Basel zu verhalten habe. Die grundsatztreuen Konservativen wurden nicht müde, das Unrecht zu schildern, das jetzt den sieben Kantonen des Sonderbunds zugefügt werde, denn «politische Immoralität ist ewig ein Unglück».[919] Die Radikalen, die Anhänger der Tagsatzungsmehrheit, fochten weniger mit Grundsätzen als mit dem schlichten Argument, die Mehrheit der Bürger wünsche gegen den Sonderbund ins Feld zu ziehen. Und tatsächlich, draussen auf der Treppe, im Hof des Rathauses und auf dem Marktplatz hörte man den Lärm des auf den Entscheid wartenden Volkes. Als abends um zehn Uhr bekannt wurde, der Grosse Rat habe nach dem Vorschlag der Regierung beschlossen, die Basler Truppen ausziehen zu lassen, brach der Jubel aus.

Oben: ▷
Achilles Bischoff (Text siehe Seite 327) und Carl Geigy (Text siehe Seite 327).

Unten: ▷
Benedikt La Roche (Text siehe Seite 327) und Johann Jakob Speiser (Text siehe Seite 327).

Auszug zum Sonderbundskrieg

Immerhin kam in dem kurzen Sonderbundskrieg kein Basler Soldat zum Schuss. General Dufour, selbst konservativer Protestant, kannte das Basler Dilemma genau, liess das Basler Infanteriebataillon «zur Bewachung der Grenze» zu Hause und erteilte nur der Zwölfpfund-Batterie den Marschbefehl.[920] In der militärischen Hierarchie des eidgenössischen Heeres war Basel aber hoch oben vertreten: Johann Burckhardt, der Enkel des erzkonservativen Erbauers des Kirschgartens, kommandierte die 2. Division in Dufours Armee, und auf der andern Seite, im Generalstab der Sonderbündler, tat Leutnant Eduard Merian – freiwillig – Dienst.[921]

Basel und der Bundesstaat von 1848

Dass man in Basel trotz der starken Sympathie für die föderalistische Innerschweiz die Zeichen der Zeit erkannt hatte, beweist das Ergebnis der Abstimmung über die neue Bundesverfassung von 1848. Basel nahm sie mit 1364 gegen 186 Stimmen an. (Stimmberechtigt waren nach damaligem Gesetz nur die anwesenden männlichen Kantonsbürger). Das Resultat mag überraschen, aber die Basler hatten eingesehen, dass der Verlust mancher kantonaler Souveränitätsrechte nicht allzu schwer wog, ihre Handelsstadt dafür im grösseren Bundesstaat wirtschaftliches Gedeihen erwarten durfte.

Im neuen Bundesstaat galt der Kanton Basel-Stadt politisch allerdings nicht viel. Von den 111 Nationalräten der ersten Jahre nach 1848 kam ein einziger aus Basel-Stadt. Bis 1897 musste der Stadtkanton auf die Wahl eines Baslers in den Bundesrat warten. Und doch darf man ohne Übertreibung behaupten, der junge

HELVETIA
2 Fr.
1850
1 Fr.
1850
20
1
IN PACE DOMINI CONSERVA NOS
BASILEA
DOMINE CONSERVA NOS IN PACE
RESPUBLICA BASILIENSIS
MONETA REIPUB. BASILEENSIS
1/3
1764
CONCORD. CANTONE DER SCHWEIZ
5 B
1826
CANTON BASEL
1 BATZ
CANTON BASEL
3
BATZ
1810
2
RAPPZN
1810
CANTON BASEL

Konservative Basler als «Baumeister des Bundesstaats»

Bundesstaat verdanke in seiner Aufbauphase einigen Baslern sehr viel. Vier von ihnen sind in die jüngere Schweizergeschichte eingegangen.[922] Sie waren alle keine radikalen Parteileute wie die übrigen «Baumeister des Bundesstaates», sondern gemässigte Konservative, sogenannte Liberal-Konservative. Schon 1849 wurde Johann Jakob Speiser (1813–1856), ein Basler Bankier, vom Bundesrat beauftragt, die heikle Münzreform durchzuführen. Seine Gutachten und Gesetzesvorschläge machten dem eidgenössischen Münzwirrwarr in Kürze ein Ende und ersetzten ihn durch das System, das noch heute gültig ist. Gleichzeitig entwarf Benedikt La Roche (1802–1876) auf Wunsch des Bundesrates als erster und letzter «Generalpostdirektor» die Grundlinien des eidgenössischen Postwesens und schloss die nötigen Verträge mit den ausländischen Staaten. Seine Überzeugung, dass eine gut funktionierende Post sogar zu einer kräftig sprudelnden Einnahmequelle des Bundes werden könnte, hat sich bewahrheitet. Als die Zollartikel der Bundesverfassung zu realisieren waren, wurde diese Aufgabe dem Ratsherrn Achilles Bischoff (1795–1867) übertragen. Er beendete das Werk, das ebenso viel Geschick im Umgang mit den geldheischenden Kantonen wie Diplomatie den Nachbarmächten gegenüber verlangte, zur grossen Zufriedenheit des Bundesrates. Schliesslich hatte Basel auch seinen grossen Eisenbahnpolitiker, Carl Geigy (1798–1851). Obschon seinem gescheiten «Bericht über die Ausführung eines schweizerischen Eisenbahnnetzes» von 1850 kein Erfolg in der Bundesversammlung beschieden war, so hat doch die spätere Entwicklung ihm und nicht dem Zürcher Alfred Escher recht gegeben.

Müllerweg (jetzt Spalenring) mit der Elsässerbahn um 1860.

◁ Johann Jakob Speiser bereitete dem eidgenössischen Münzwirrwarr ein Ende. Oben: die neuen Schweizer Münzen von 1850. Unten: eine kleine Auswahl der zum Teil während Jahrhunderten verwendeten Basler Münzen – aus der Zeit, da die Münzhoheit noch bei den Kantonen lag.

29. KAPITEL
DIE GROSSE WANDLUNG

Basler Chemiefabrik-Landschaft auf einer Lithographie um 1900. Rechts im Bild der alte Badische Bahnhof. ▷

Starke Bevölkerungszunahme

Gewandelt haben sich Bevölkerung und Bauten in Basel immer. Es gab nie einen völligen Stillstand, doch vollzog sich der Änderungsprozess manchmal langsamer, manchmal schneller. Was seit der Mitte des 19. Jahrhunderts geschah, hatte ein Ausmass und eine Geschwindigkeit wie nie zuvor. Nun ereignete sich, was Basel bisher nie erlebt hatte: die Zahl der hier wohnenden Menschen stieg und stieg – wie der Rhein bei Hochwasser, denn keine Pestwelle schwächte die Vermehrung ab, kein Niederlassungsverbot hemmte die Einwanderung. Wohnten 1833 etwa knapp 20 000 Menschen innerhalb der Mauern, so zählte man 1860 doppelt soviel und gegen das Ende des Jahrhunderts gar das Fünffache.[923] Basel war das Sammelbecken jener Landschäftler, Schweizer und vor allem Deutscher geworden, die hier eine neue, bessere Existenz aufzubauen versuchten.[924] Von einer «Partei gegen Überfremdung» hören wir zwar nichts, aber es gibt Stimmen, die belegen, dass die verschiedenen Bevölkerungsgruppen keineswegs in Kürze eine harmonische Bürgerschaft geworden sind. Als in einer Basler Zeitung einmal von «Gästen», nicht von Gastarbeitern, gesprochen wurde, fühlte sich der deutsche Professor Karl Bücher, ein prominenter Statistiker, veranlasst, den Baslern vorzurechnen, dass 1888 in ihrer Stadt 22 500 Deutsche arbeiteten, dass die Hälfte der Bäcker- und Metzgermeister und fast alle Apotheker Deutsche seien und dass, wenn man die Stammbäume vieler Basler studiere, man bekennen müsse: «Wir sind allzumal Schwoben und ermangeln des Ruhms.»[925] Nicht die deutschen, sondern die Einwanderer aus der Ostschweiz hatte Jacob Burckhardt vor Augen, wenn er, mit einem Vorgang in der Spätantike vergleichend, grollte: «Wir leben hier in einer eroberten Stadt. Es ist eine Invasion von Osten her eingedrungen wie in den Provinzen Rhätien und Vindelicien in den Tagen des Hl. Severinus.»[926]

Einwanderungswellen hatte Basel, wie wir in Kapitel 13 geschildert haben, schon früher erlebt. Wie damals strömten jetzt Scharen der Unterschicht vom Land in die Stadt, auf Arbeit und Verdienst hoffend. Ein Ereignis, von dem wir später reden werden, zeigte es deutlich: Basel hatte seit den 1860er Jahren ein Proletariat, nämlich die Tausende von Arbeitern in den Bandfabriken und den mit

ihnen verwandten Betrieben. Wer aber als zugewanderter Schweizer, nach der Aufhebung des Zunftzwangs, ein Gewerbe betreiben konnte, schloss sich nicht dem konservativen Bürgertum an, sondern der zur Macht drängenden freisinnigen Bewegung. Wie stark jedoch anderseits immer noch die Assimilationskraft Basels war, konnte man aus der Umgangssprache der Einwanderer hören. Sie oder ihre Kinder haben in kurzer Zeit den Basler Dialekt, freilich nach Quartieren bzw. sozialen Schichten differenziert, angenommen. Dadurch unterscheiden sich bis heute die Basler von den andern Eidgenossen hörbar.[927]

Basels Assimilationskraft

Wenn immer neue Scharen aus der Nachbarschaft nach Basel strömten, so müssen sie hier Arbeit gefunden haben. Das war dank dem steten Wachstum der Basler Industrie der Fall. Es blühten nicht nur immer noch die alten Zweige der Seidenbandfabrikation und der Schappeproduktion; es entstand damals eine neue, bald exportfähige Industrie.[928] Warum sie gerade in Basel Fuss fassen

Blüte alter und Entstehung neuer Industrien

konnte, ist kurz zu begründen. Neue wissenschaftliche Erkenntnisse revolutionierten zuerst in England die Farbstoffherstellung. Man entdeckte dort den Weg, um aus Steinkohlenteer einen künstlichen Farbstoff zu gewinnen. Auch in Lyon und im benachbarten Mülhausen gelang wenig später die Herstellung neuer Farbstoffe, die man zum Färben der Seide verwendete. Die Basler Seidenfärberei Clavel produzierte 1859 erstmals für den Eigenbedarf das rote Fuchsin, denn der gebürtige Lyoner Alexander Clavel hatte dank verwandtschaftlicher Beziehung Kenntnis vom neuen Verfahren bekommen. In grossem Mass ging aber die alte Drogenfirma Geigy an die industrielle Ausbeutung der Teerfarbenchemie. Das Geschäft gedieh glänzend, brauchten doch die hiesigen Seidenfärbereien und die Indiennestoffdruckereien in Mülhausen und Lörrach grosse Mengen an Farbstoffen. Bis zur Jahrhundertwende konnte die Teerfarbenindustrie exportmässig Seidenband und Schappe einholen, um 1920 übertraf sie an Ertrag beide bei weitem.[929]

Absorptionsanlage in einer chemischen Fabrik um 1890.

Oben: Die Fabrik Bindschedler & Busch, eine Vorgängerin der heutigen Firma Ciba-Geigy AG, 1879. ▷

Unten: Blick auf die Fabrikanlagen der Ciba-Geigy AG unterhalb der Dreirosenbrücke, 1977. Der Kreis bezeichnet die ungefähre Lage der oben abgebildeten Fabrik. ▷

Im Jahr 1835 schrieb ein Basler Industrieller, die Basler Industrie sei auf dem Weltmarkt konkurrenzfähig, weil die Arbeitslöhne niedrig seien, was dank den niedrigen Lebenskosten und den geringen Steuern die «arbeitsamen Sitten» des Volkes nicht beeinträchtige.[930] Nach 30 Jahren tönte es freilich ganz anders. Empört bemerkte ein Arbeiter in einer Zeitung, nachdem er ausgerechnet hatte, dass ein Wochenlohn von zehn Franken auch zum einfachen Lebensunterhalt keineswegs ausreiche: «Es ist daher kein Wunder, wenn die Arbeiter zusammenstehen ..., wenn die Arbeiter fühlen, dass sie nicht besser dran sind als die schwarzen Sklaven; diese brauchen nur acht Stunden zu arbeiten, während wir von morgens sechs oft bis abends neun und zehn Uhr, also 14–16 Stunden schaffen müssen.»[931]

Akutwerden der sozialen Frage

Das erwähnte «Zusammenstehen» nahm bereits 1866 Gestalt an, als in Basel eine Sektion der «Internationalen Arbeiter-Association» gegründet wurde. Sie zählte zwar nur wenig Mitglieder, aber viele Sympathisanten und zerfiel nach 1870 rasch wieder. Doch der von ihr inszenierte Streik der Färber im November 1868 mit seinen Demonstrationen und hitzigen Reden in den Versammlungen beunruhigte das Basler Bürgertum zutiefst. Die erste grosse Aktion der Arbeiterschaft trug eben schon deutlich die Züge eines Klassenkampfes.[932] Schlagartig war den Baslern klar geworden, dass das bisherige patriarchalische Verhältnis zwi-

schen Fabrikanten und Arbeitern in die Brüche gegangen und die Spannung nur noch durch die Intervention des Staates zu mildern war.[933] Jene bösen Tage haben manchem Politiker – viele Fabrikanten sassen auch im Grossen Rat – die Augen für die «soziale Frage» geöffnet. Die Einsichtigen waren jetzt bereit, neue Wege zu gehen. Schon ein Jahr später, noch unter dem Ratsherrenregiment, wurde das erste Basler Fabrikgesetz geschaffen, mit dem zwar längst nicht alle Forderungen der Arbeiter erfüllt wurden, das aber immerhin den Zwölfstundentag brachte und Basel auch international eine führende Stellung in der Sozialpolitik verschaffte.[934]

Stadterweiterung

Die Folgen der geschilderten Entwicklung haben mit bemerkenswerter Klarheit schon die Ratsherren erkannt, schrieben sie doch in einem Ratschlag an den Grossen Rat im Juni 1859: «Die Zeiten haben sich geändert; vermehrte Bevölkerung, zehnfach gesteigerter Verkehr und ganz umgestellte Industrieverhältnisse verlangen breitere, ebenere und bequemere Strassen und erheischen im Interesse öffentlicher Sicherheit und Salubrität (Hygiene) tätigeres Einschreiten und Eingreifen des Staates in die Wohnungs- und Bauverhältnisse der Bürger und Anwohner.»[935] Das Gesetz, das aus den Beratungen hervorging, ist eines der folgenreichsten in der Geschichte der Stadt geworden. Es ist unter dem Namen «Stadterweiterungsgesetz» bekannt, denn es erweiterte durch den Abbruch der Mauern und Wälle den Lebensraum in die alte Bannmeile hinaus und öffnete, namentlich den Eisenbahnen, den ungehinderten Zugang in die Stadt. Der mittelalterliche Mauerring, einst Schutz, jetzt Zwangsjacke, wurde niedergerissen, und Basel erhielt seinen prächtigen Grüngürtel rings um den Stadtkern.[936] Wie

Abbruch der Stadtmauern

Abbruch des St. Alban-Schwibbogens am Eingang zur Rittergasse, 1878.

▷ Prekäre Wohnverhältnisse in der Altstadt noch in der zweiten Hälfte des 19. Jahrhunderts. Das Bild zeigt das inzwischen längst verschwundene Badergässlein im Kleinbasel zwischen Teichgässlein und Webergasse.

es in jenen Monaten einem alten Basler zu Mute war, schildert der Spitaldirektor Theodor Meyer-Merian (1818–1867) in dem köstlichen kleinen Epos «Die Nachbarn»[937]:

> «... die Tore
> Stürzten und füllten mit Schutt die Gräben der Stadt und die Gärtchen;
> Nichts mehr zeigte Bestand, nur Staub und Trümmer bedeckten
> Öde Plätze, darauf mühsam sich aus der Verwüstung
> Hob die vereinzelte Mauer, der Anfang werdender Strassen.
> Staunend sieht die Zerstörung der ruhige Bürger; die einen
> Voll von Hoffnung allein und Zuversicht in das Neue,
> Stolz, als Grossstadt schon im Geiste die Vaterstadt schauend,
> Als notwendiges Übel nur leicht das Lästige nehmend.
> Nicht so rosig und hell schien andern dagegen die Zukunft ...»

Noch ein Jahrzehnt später vermissten die Ästheten des Basler Kunstvereins beim Gang über das Bruderholz «schmerzlich die alte, stolze, malerische und zugleich heimelige Umgürtung mit Mauern, Zinnen und Türmen».[938] Aber um der Wahrheit willen kann man nicht verheimlichen, dass in diesem «malerischen» Basel Tausende von Neuzugezogenen in himmeltraurigen Wohnungen hausten, dass die Strassen voll Unrat und der offene Birsig eine Kloake waren. Die verheerende Choleraepidemie im Sommer 1855 wurde eindeutig durch die Seuchenherde in der «heimeligen» Stadt verursacht.

Prekäre Wohnverhältnisse

Zwar noch nicht in jener Zeit, sondern erst 30 Jahre später untersuchte man in Basel die Wohnverhältnisse genauestens. Diese «Wohnungs-Enquête» im Jahre 1889 war, da ohne Präzedenz, eine Basler Pioniertat. Innerhalb von nur drei Wochen wurden 13 000 Wohnungen mit 55 000 Räumen inspiziert und vermessen. Das statistische Ergebnis interpretierte der schon mehrmals genannte Nationalökonom Karl Bücher, denn die gewonnenen Erkenntnisse sollten den Bau- und Sanitätsbehörden die Unterlagen für die künftige Gesetzgebung liefern.[939] Basel, meinte Bücher, weise zwar nicht so schlimme Verhältnisse wie andere europäische Grossstädte auf, aber doch seien auch hier «die Wohnungen übervölkert»; es gebe Wohnungen ohne Küchen, und fast die Hälfte biete nicht den Minimalwohnraum. «Wir fanden das Schlafgängerwesen in seinen niedrigsten Formen.» Die Anklagen sind nicht ungehört verklungen. Als in den 1890er Jahren in den neuen Aussenquartieren die Spekulationsbauten aus dem Boden schossen, berief sich die Regierung ausdrücklich auf die Forderungen der «Wohnungs-Enquête».[940] Das «Schwarze Buch» Büchers war nicht umsonst geschrieben worden. Die stürmische bauliche Wandlung Basels klang nach 1890 ab; das Abreissen und Aufbauen hörte aber bis auf den heutigen Tag nicht auf. Von dem alten, «malerischen» Basel ist ausser den Kerngebieten der Altstadt und einigen besonders wertvollen Gebäuden nicht mehr viel zu sehen.[941]

30. KAPITEL
DIE HERRSCHAFT DES FREISINNS

Ende des Ratsherrenregiments 1875

Den tiefsten Einschnitt in der Geschichte des 150jährigen Stadtkantons bewirkte die Verfassungsänderung im Mai 1875.[942] Mit der Verfassung jenes Jahres – es ist die vierte seit der Kantonstrennung und die umwälzendste – nahm Basel endgültig Abschied von der ehrwürdigen Institution «Bürgermeister und Rat», die ihrem Wesen nach noch im Mittelalter verwurzelt war. Die Konservativen verloren ihre Führungsrolle, die sie seit dem Beginn des Jahrhunderts besessen hatten; fortan regierte 30 Jahre lang, fast ununterbrochen, der Freisinn. In einer stillen Revolution liess man «treu Gehütetes beinahe schmerzlos und ohne viel Aufhebens» fallen.[943] Man hat damals vom «neuen Basel» im Gegensatz zum «alten» gesprochen, doch sind solche Unterscheidungen relativ, denn jede Generation, die Wesentliches ändert, hält ihr Werk für «neu» und besser.

Neuerungen in der Verfassung von 1875

Was ist wirklich anders geworden? Erstens: An die Stelle des bisherigen «Ratsherrenregiments» traten sieben, vom grossen Rat gewählte, vollamtliche, besoldete Regierungsräte. Jährlich bestimmte der Grosse Rat den «Regierungspräsidenten». Dieser war freilich längst nicht eine solche Respektsperson wie der «Bürgermeister» früherer Zeiten, der oft lebenslänglich an der Spitze des Staates gestanden hatte. Vorher konnte in das Amt eines Ratsherrn nur ein wohlhabender Bürger aufrücken; jetzt stand der Aufstieg jedem Tüchtigen, unabhängig von seinem sozialen Rang, offen. Fügen wir gleich bei: die nächste Verfassungsrevision von 1889 ging noch einen Schritt weiter; sie liess den Regierungsrat durch das Volk wählen. – Zweitens: Das alte komplizierte und stark selektionierende Wahlsystem für den Grossen Rat wurde im Sinn der freisinnigen Vorschläge vereinfacht. Die Zünfte verloren ihre Funktion als Wahlkörper. – Drittens: Die Änderungen in der Bundesverfassung von 1874 mussten berücksichtigt werden; also wurden das Referendums- und das Initiativrecht eingeführt. Im repräsentativ-parlamentarischen System hatte das Volk nun ein direktes Mitspracherecht. Und schliesslich wurde schmerzlos ein spezifischer Basler Zopf beseitigt: die Doppelverwaltung von Stadtgemeinde und Kanton, wie sie seit 1803 bestand,

Bürgergemeinde

verschwand. Der neu geschaffenen Bürgergemeinde blieben nur geringe Rechte der bisherigen Stadtgemeinde.[944] Sie bekam damals die Aufgabe zugewiesen, die städtischen Armenanstalten mit Hilfe des ihr zugesprochenen Vermögens und der Stiftungserträge zu unterstützen. Ein letzter Abglanz der früheren Macht ist ihr noch geblieben: sie erteilt bis heute das Basler Bürgerrecht.

Die Verfassung von 1875 wurde durch die Revision von 1889 in ihren Grundzügen nicht verändert, weshalb bis heute die Legislaturperioden des Grossen Rates von 1875 an gezählt werden. 1984 begann also beispielsweise die 35. Legislaturperiode. Was in einer Zeit grosser sozialer und bevölkerungspolitischer Veränderungen so lange hält, muss klug konzipiert worden sein. Ein Professor des Staatsrechts der Basler Universität zollte daher diesem Werk hohes Lob. «In der Familie der schweizerischen Kantonsverfassungen und in der vergleichenden Begegnung mit ausländischen Verfassungen sticht diejenige von Basel aus dem Jahr 1875 durch ihre ungewöhnliche Klarheit, Präzision und Einfachheit hervor.»[945]

Vormarsch des Freisinns

Fragt man nun nach der Ursache dieser stillen Revolution des Jahres 1875 (ausser der rechtlichen Notwendigkeit infolge der Bundesverfassung von 1874), so muss man die Basler Neuzugezogenen genauer ins Auge fassen. Die hier niedergelassenen Schweizer oder die Söhne der Einwanderer aus Deutschland waren nicht in der Basler Tradition aufgewachsen; sie hingen politisch den gesamtschweizerischen, ja europäischen populären Ideen von «Fortschritt», von «Volksrechten» und von «Volksfreiheit» an. Noch undeutlich, aber schon vernehmbar klang ein sozialistischer Unterton mit. Die Anhänger solcher Ideen, die das alte Bürgertum seit der Mitte des Jahrhunderts in die Minderheit versetzt hatten, nannte man die «Radikalen», später die «Freisinnigen». Nach 1833 noch unbedeutend, wuchs die Bewegung – von einer Partei kann man noch nicht sprechen – rasch, organisierte sich in Vereinen, wie dem «Patriotischen Verein» (1841) und dem «Grütliverein» (1844),[946] und geisselte in den neu erscheinenden Zeitungen, der «Neuen Basler Zeitung», und der «Schweizerischen Nationalzeitung» die baslerischen und eidgenössischen Zustände.

Wilhelm Klein (1825–1887).

Den starken Mann, der diese Bewegung in Basel zum Sieg führen sollte, lernte die Öffentlichkeit erstmals in einer Flugschrift «Ob Frieden oder Krieg? Antworten an Herrn Daniel Schenkel», Basel 1847, also kurz vor dem

Wilhelm Klein

Sonderbundskrieg, kennen.[947] Er hiess Wilhelm Klein (1825–1887), war damals 22 Jahre alt, Student der mathematischen Wissenschaften, und bewies trotz seiner Jugendlichkeit, dass er alle Regeln des politischen Schlagabtauschs beherrschte.[948] Diese Schrift war nicht nur das persönliche Bekenntnis eines jungen Baslers; sie enthielt alle jene Ideen, die der freisinnige Politiker in Basel später verwirklichen wird oder zu verwirklichen versucht. Klein geht mit den Sonderbundskantonen scharf ins Gericht. Sie hätten den grossen Sündenfall begangen, sie hätten die Freiheit ermordet. Gelungen sei ihnen der Mord, weil das Volk der Urschweiz wegen seiner «Unwissenheit» den ultramontanen Regierungen ausgeliefert war. Darum heisse «Volksbefreiung» Volksbildung! Und schon taucht hier der später so vehement vertretene Gedanke von der Trennung zwischen Kirche und Staat auf. «Der konfessionelle Friede wäre bald hergestellt, wenn wir statt einer herrschenden Staatskirche eine freie Kirche hätten.»[949]

Klein marschierte bald darauf mit den Basler Artilleristen in den Feldzug gegen den Sonderbund; diesmal im Einverständnis mit der Obrigkeit. Drei Jahre vorher war er nämlich auf eigene Faust losgezogen, um sich einem studentischen Freikorps anzuschliessen, und war deshalb nachher in Basel zu einer kurzen Gefängnisstrafe verurteilt worden. Seither galt er bei seinen Parteifreunden als Märtyrer. Zuerst Lehrer, dann Redaktor des «Schweizerischen Volksfreundes», widmete er sich nach 1860 ganz der Politik. Seine Laufbahn ist beeindruckend: 25 Jahre gehörte er dem Grossen Rat an, 14 Jahre wirkte er im Regierungsrat als Vorsteher des Erziehungs- oder des Sanitätsdepartements und 21 Jahre lang konnte man im Nationalrat seine sachlich gut dokumentierten und schwungvollen Reden hören. Diese in der Stadtrepublik ungewöhnliche Führerrolle verdankte er nicht nur der herrschenden politischen Strömung; er besass als echter Volkstribun die Gabe, mit zündenden Reden die Massen mitzureissen. Und als gescheiter Journalist verstand er es, in einfachen, freilich oft simplifizierenden Analysen die Gegenwart zu deuten. Am Neujahrstag 1875 schrieb er zum Beispiel: «Die gute alte Zeit ist gottlob vorüber ... Die Massen sind heute im Fluss und gewaltig strebt unsere Zeit vorwärts.»[950] Der Mann, der so bestimmt von einer Zeitenwende sprach, erschien seinen Anhängern als der Herkules, der «den Augiasstall der Basler Plutokratie» auszumisten fähig sei.[951] Als echte Führernatur hat er den Basler Freisinn an die Macht gebracht, aber als er Regierungsrat geworden war, blieb ihm der volle Erfolg versagt. Sein Hauptwerk, ein neues Schulgesetz, in dem er seinen Lieblingsgedanken einer bis zum 15. Lebensjahr reichenden Einheitsschule zu verwirklichen hoffte, wurde infolge einer andern politischen Konstellation – Klein war 1878 aus der Regierung weggewählt worden – von dem konservativen Paul Speiser auf andere Weise verwirklicht. Die Zerstörung des «eigentlich humanistischen Unterrichts» habe er verhindern können, schreibt Speiser in seinen Lebenserinnerungen. Wir müssen ergänzen: das Gute von Kleins

Erneuerung des Schulsystems

Entwurf, der Gratisunterricht an der Volksschule und den weiterführenden Schulen sowie die kostenlose Abgabe der Lehrmittel, ist auch in Speisers Schulgesetz enthalten. Das Gesetz war also nach rechts und links abgewogen und konnte bis 1929 die Grundlage des baslerischen Schulwesens bleiben.[952]

Da die Zahl der Schüler in den folgenden drei Jahrzehnten von 7000 auf 23 000 stieg, wuchsen in rascher Folge die Schulhäuser aus dem Boden.[953] Das freisinnige Basel war gerne bereit, die Hand für die monumentalen, manchmal fast palastähnlichen Bauten in allen Quartieren zu öffnen. Erstaunt rechnete ein deutscher Nationalökonom aus, dass Basel für die Schulen mehr aufwende als irgend ein Staat auf der Welt.[954] Der Altbasler Jacob Burckhardt hingegen seufzte: «Wir hier in Basel müssen einstweilen etlichen ‹Kelch› des Radicalismus leeren und wahrscheinlich bald tüchtig an sogenannte ‹notwendige› Fortschrittsbauten zahlen.» Einige Jahre später sieht er als Folge des Gratisunterrichts eine «Überfüllung mit Fächern des Wissens und Nötigung der Lehrer zu oberflächlicher Vielseitigkeit» und als Folge davon «Unzufriedenheit Aller mit Allem».[955]

Aufkommen der Katholiken

So grosszügig der Basler Freisinn für die Volksbildung wirkte –, eines duldete er um keinen Preis: eine katholische Privatschule. Eine solche bestand aber im Kleinbasel schon achtzig Jahre lang.[956] Während der Helvetik war mit dem ersten katholischen Pfarrer auch ein Lehrer nach Basel gekommen. Aus den kleinsten Anfängen gedieh die Schule, denn viele Katholiken wollten ihre Kinder nicht einer konfessionslosen oder einer protestantischen Staatsschule anvertrauen. Eine Anzahl von Lehrbrüdern und Lehrschwestern einer kleinen elsässischen Kongregation unterrichtete seit 1839 diese Primarschüler um Gotteslohn. 1836 konnte die katholische Gemeinde den Hattstätterhof am Lindenberg kaufen. Erstaunlicherweise findet man unter den Geldspendern auch die Regierung des Kantons Basel-Stadt und den Stadtrat, zwar mit bescheidenen Summen, aber die Katholiken sahen darin ein schönes Zeugnis christlichen Brudersinns.[957] Im Jahr 1881, als die Schule über 1400 Kinder zählte, begann aber der Kampf, denn das neue Schulgesetz schien die Handhabe zu bieten, die den Radikalen verhasste Institution zu vernichten. Wir müssen hier den Konflikt etwas ausführlicher schildern, weil er zeigt, dass der weltweite sogenannte Kulturkampf nicht nur im deutschen Reichstag tobte, sondern auch im Basler Rathaus. Von der Heftigkeit des Kampfes zeugt z.B. ein Satz aus einer Rede des Regierungsrates Rudolf Falkner in einer Versammlung. «Wir wollen diese geistlichen Stromer – gemeint waren die Lehrbrüder im Hattstätterhof – fortweisen, wir wollen sie hinausschicken, indem wir ihnen sagen: hier in Basel wird nicht gebettelt, noch gestohlen.»[958] Im Ratssaal, wo die Katholiken noch keinen Vertreter hatten, verteidigten zwei protestantische Konservative die katholische Schule. Regierungsrat Speiser widerlegte als Jurist die rechtlichen Bedenken gegen die Schule, deren Existenz keineswegs gegen die Artikel 27 und 51 der Bundesverfassung verstosse, und fuhr fort: «Glauben Sie, es gehe auf die Länge an, dass wir unsere Katholiken als Ultramontane und Vaterlandslose behandeln, ohne Tatsachen gegen sie vorzubringen?»[959] Und vielleicht noch umfassender sah Regierungsrat Carl Burckhardt, der Gross-

Konflikt um konfessionelle Schule

vater des Danziger Hochkommissars Carl Jacob Burckhardt, das Problem: «Man bedenkt nicht, dass wir ein kleines Gemeinwesen sind, das zu seinem Gedeihen der Mitwirkung aller guten Kräfte bedarf. Wir haben in den letzten Jahren viele Arbeiten unternommen ... und noch viel Aufgaben sozialer Art warten dringend auf Erledigung. Diese Aufgaben aber gerade können nicht nach einer alten Parteischablone gelöst werden, sondern nur mit Hilfe aller, die es mit unserm Gemeinwesen wohl meinen. Das ist aber nicht möglich, wenn ganze Klassen der Bevölkerung in dem Staat nicht mehr den Hüter des Rechts und den Schützer aller berechtigten Interessen sehen, sondern das Organ einer ihnen feindlichen Partei.»[960] Solche Rufe nach Toleranz und Gerechtigkeit verhallten zwar nicht ungehört, aber die Majorität im Grossen Rat siegte. Mit 66 gegen 50 Stimmen wurde der Aufhebungsbeschluss der Regierung sanktioniert. Die erste katholische Schule in Basel verschwand. Doch, wie die Konservativen prophezeit hatten, die katholische Gemeinde war dadurch nicht ins Herz getroffen worden. Paradoxerweise hatte sie nun sogar mehr Mittel frei als vorher und verwendete sie zum Bau der ersten eigenen Kirche, St. Marien an der Holbeinstrasse. Bis dahin war sie in der Clarakirche, die ihr heute gehört, nur geduldet gewesen.

Aufhebung der katholischen Schule

In jenen Jahren des Kulturkampfes fiel ein junger Mann als gewandter Verteidiger und schlagfertiger Redner der katholischen Sache auf. Er hiess Ernst Feigenwinter (1853–1919), stammte aus dem Birseck wie Stephan Gutzwiller, fand aber in Basel, wo er 1879 ein Anwaltsbüro eröffnete, seine zweite Heimat.[961] Wie Wilhelm Klein die Radikalen, so führte Feigenwinter die Basler Katholiken, zwar nicht zum absoluten Sieg, aber er verschaffte dem politischen Katholizismus die Stosskraft, dank der die Katholische Volkspartei nach der Einführung des Proporzwahlsystems 1905 in den Grossen Rat mit zehn, 1908 gar mit 17 Vertretern einzog.

Ernst Feigenwinter, Vorkämpfer der Katholiken

Fünfzig Jahre nach der Aufhebung der ersten katholischen Schule hatten sich die bevölkerungspolitischen und kirchlichen Verhältnisse in Basel so geändert, dass im April 1933 der Bischof von Basel die zweite katholische Privatschule einweihen konnte. Auch die Theresien-Mädchenschule an der Thiersteinerallee gedieh, aber in einer weltanschaulich wieder andern Situation wurde sie, ohne staatlichen Zwang, sondern aus freiem Ermessen der Katholiken 1970 wieder geschlossen.[962] Und hundert Jahre nach jenem heissen Kulturkampf, als das protestantische Basel der Reformation gedachte, sass unter den Gästen der evangelisch-reformierten Kirche auch – der Bischof von Basel (vgl. Kapitel 19).

Wir haben einen Bogen von 1880 bis 1979 geschlagen, weil dabei ein häufig erscheinendes historisches Faktum sichtbar wird: einst unversöhnliche geistige Gegensätze verschwinden, verlieren in wenigen Generationen ihren Sinn und machen dem «Miteinander» Platz. Doch – kehren wir nochmals ins späte 19. Jahrhundert zurück!

Spaltung des Protestantismus

In altbaslerischen kirchlichen Kreisen hat man den freisinnigen Führern gelegentlich vorgeworfen, sie seien «areligiös».[963] Dies trifft freilich nicht zu. Wilhelm Klein liess sich in den letzten Lebensjahren noch in den Kirchenvorstand von St. Leonhard wählen. Das war kein politischer Winkelzug, sondern ein ehrliches Bekenntnis, freilich ein anderes als dasjenige der herkömmlichen Basler Kirche. Parallel zur politischen Bewegung des Freisinns in der Mitte des 19. Jahrhunderts hatte sich in der Kirche eine «Reformpartei» gebildet. Ihre Anhänger gründeten 1866 den protestantischen Reformverein.[964] Was diese Leute in die Opposition zur Basler Orthodoxie trieb, erklärt das Zitat eines ihrer Theologen. Die Grundlage der Reformtheologie sei «nicht die Religion in der Form des alten Wunderglaubens, welcher nach unserer Überzeugung von der Wissenschaft überwunden ist und im Herzen des nachdenkenden Volkes keine Wurzel mehr hat, sondern die Religion, welche gerade in der unverbrüchlichen Gesetzmässigkeit alles Geschehens die schönste Offenbarung Gottes, in Vernunft und Gewissen ihre beredtsten Zeugen findet».[965] Als Ziel verkündeten diese «Freisinnigen» eine Kirche, die «ein sittliches Leben fördert, das nicht mehr auf Aberglauben, sondern auf vernünftiger Erkenntnis beruhe».[966] Fast wie in der Reformation spielte sich der Wortkampf innerhalb der reformierten Kirche in stark besuchten Vorträgen mit Disputationen ab. Noch vor dem Sieg des politischen Freisinns errang der kirchliche seinen ersten Erfolg.

Erfolg des kirchlichen Freisinns

Im Oktober 1874 konnte der erste Reformtheologe, Alfred Altherr (1843–1918) in der Leonhardskirche seine Antrittspredigt halten. Ein Zeitgenosse feierte dieses Ereignis so: «In Basel, dem weitbekannten Vorort des Pietismus und der Orthodoxie, der Stadt der Mission und Traktätlein, hat sich der freie Geist geregt und sich festen Boden errungen.»[967] Von nun an teilten sich die Kirchgemeinden mit all ihren Vereinen in eine «positive» und eine «freisinnige» Richtung, die um die Seele der Kirchgenossen rangen. Wie weit die Beeinflussungsversuche gehen konnten, mag eine Kleinbasler Anekdote illustrieren, die erzählt, eine alte Baslerin habe ihrer neuen Dienstmagd, die sich zum Kirchgang bereit machte, zugerufen: «Elise, gang si nit in d Theoodere, dert brediged hit e Reformer!» Der Streit innerhalb der reformierten Kirche schmerzte nicht nur viele Christen, er war auch dem Staat ein Ärgernis. Bekenntnisfragen und Pfarrwahlrekurse wurden in den Ratssaal hineingezerrt, da der Staat verfassungsmässig immer noch als «Landesbischof» funktionierte.

Dann machte die Verfassung von 1875 den ersten Schritt zur Auflösung des alten Bündnisses. Von nun an sollte die Kirche «unter Oberaufsicht des Staates ihre innern confessionellen Verhältnisse selbständig ordnen».[968] Wir nehmen die weitere Entwicklung voraus, obwohl sie erst gegen Ende des 20. Jahrhunderts ihren vorläufigen Abschluss finden sollte. Im März 1910 stimmte das Basler Volk einer Änderung der Verfassung zu, die unter der ungenauen Bezeichnung «Trennung von Kirche und Staat» jedem Glied der evangelisch-reformierten Kirche bekannt ist, denn seither muss er eine Steuer zur Bestreitung der Kultusbedürfnisse an die Verwaltung der Kirche abliefern. Wie die Trennung eigentlich zu bewerten ist, hat der Schöpfer des Gesetzes, Dr. Carl Christoph Burckhardt-Schazmann (1862–1915) gleichnishaft so formuliert: «So wird die Aufgabe sein, die Kirche nicht mehr wie einen Unmündigen zu gängeln, sie aber auch nicht vorzeitig ganz aus dem Hause auszuscheiden, sondern ihr wie einem Hausgenossen, der sein Brot selber verdient, eine freiere Stellung im bisherigen Haus zu gewähren, bis der Zeitpunkt kommt, wo sie sich entscheiden mag, ob sie sich völlig von den alten Verhältnissen trennen soll.»[969] Dieser historisch so bedeutsame Akt verbesserte freilich das Verhältnis des Staates zur katholischen Bevölkerung nicht. Noch 60 Jahre lang musste die römisch-katholische Gemeinde, ebenso die israelitische, warten, bis eine Verfassungsänderung im Jahr 1972 den beiden die Parität mit der reformierten und altkatholischen Kirche zugestand.[970]

«Trennung von Kirche und Staat»

Erneuerung der städtischen Infrastruktur

Wenden wir uns nach der Darstellung konstitutioneller und kirchlicher Fragen wieder materiellen Dingen zu: Will man die letzten Jahrzehnte des 19. Jahrhunderts kennenlernen, so muss man auch die wachsenden Bedürfnisse der Bevölkerung und ihre Befriedigung betrachten. Der Staat sah sich damals zum Teil durch ganz neue Probleme herausgefordert. Die Menschen, die sich jetzt in den neuen Quartieren ausserhalb der alten Gräben niederliessen, brauchten Wasser, die ganze Stadt bald auch Gas und schliesslich Elektrizität. Damals entstanden die industriellen Werke Basels.[971] Es war grösstenteils das Verdienst des herrschenden Freisinns, die moderne Infrastruktur geschaffen zu haben, wobei aber zu ergänzen ist, dass die konservativen Ratsherren schon Wichtiges, z.B. die Wasserversorgung, in Angriff genommen hatten.

Wasser

Bis in die Mitte des 19. Jahrhunderts holte die Basler Hausfrau, häufig auch die Magd, das Trinkwasser an einem der zahlreichen öffentlichen Brunnen, die schon Enea Silvio Piccolomini gerühmt hatte. Nicht wenige Häuser besassen ihre eigenen Sodbrunnen oder bezogen ihr Wasser aus einem der sogenannten Lochbrunnen, die besonders an der linken Talseite des Birsigs von den austretenden Quellen gespeist wurden. Das änderte sich nach 1860 rasch. Die neuen Quartiere ausserhalb der Altstadt fanden keine solchen alten, teils aus dem Mittelalter stammenden Brunnwerke vor. Darum liess 1863 der Stadtrat, die städtische Exekutive, die Frage studieren, woher man in grossen Mengen reines Wasser beziehen könnte. Über die Rhein- und Birswasserprojekte siegte damals die Idee, das lebensnötige Element als Quellwasser aus dem Seewener- und Pelzmühletal herzuleiten. Aber – und dies ist für die damalige Ängstlichkeit in finanziellen Dingen charakteristisch – nicht der Staat sollte das Werk errichten, sondern eine private Aktiengesellschaft die Leitung bauen und das Wasser verkaufen. Darum erteilte die Stadt der «Gesellschaft für die Wasserversorgung der Stadt Basel» eine Konzession für dreissig Jahre. Der Gesellschaft scheint nun der Geschäftsgewinn wichtiger als die billige und sichere Lieferung von Wasser gewesen zu sein. Der Staat nahm daher schon 1875 aus guten Gründen das Geschäft in eigene Hände.[972] Der 27. Mai 1875 ist der Geburtstag der modernen staatlichen Wasserversorgung. Von nun an floss sauberes Wasser reichlich in die Häuser. Aber das beschmutzte wollte auch wieder weggeleitet sein: ein Kanalisationsnetz musste also die Wasserversorgung ergänzen. Doch jetzt zeigte sich das Volk widerborstig und machte zum ersten Mal Gebrauch von der verfassungsmässigen Möglichkeit, ein Referendum gegen einen Grossratsbeschluss zu ergreifen. Eine erste Kanalisationsvorlage wurde 1876 mit grossem Mehr verworfen.[973] Sodbrunnen und Abtrittgruben blieben in manchen Höfen «brüderlich nebeneinander stehen, als ob beide die besten Freunde wären».[974] Doch 20 Jahre später hatten die Basler, infolge der Typhusepidemie, etwas gelernt; sie stimmten am 1. Juli 1899 der letzten Birsigkorrektion zu. So wurde das grosse Werk vollendet, «das Basel von einer jahrhundertealten gesundheitsmörderischen Schande befreite».[975] Alle Abwässer aus Küchen, Abtritten, Regenabläufen und Gewerbebetrieben ergossen sich nun durch grosse Kanäle – zwar noch ungeklärt – in den Rhein, der manchmal, nicht aus Scham, sogar eine rote Farbe annahm. Erst in den 80er Jahren unseres Jahrhunderts, im Zeitalter eines sensibilisierten Umweltgewissens, wurden die Basler Abwässer rechts und links des Rheins vor der Einmündung in den Strom geklärt.[976]

Unüberdeckt floss der Birsig bis gegen Ende des 19. Jahrhunderts als regelrechte Kloake dahin, z.B. an der Stelle der heutigen Falknerstrasse. ▷

Gas

Mit einer im Unterschied zum Wasser ganz neuen Materie musste sich der Stadtrat seit 1844 befassen: mit dem Gas zum Zweck der Strassenbeleuchtung. Bis zu diesem Jahr war die Stadt spärlich mit Öllaternen beleuchtet.[977] Wer nachts noch ausging, hatte die obrigkeitlich vorgeschriebene Handlaterne mitzutragen. Aber in den Grossstädten Europas, in London, Paris, Wien, aber auch schon in Bern erhellte man Strassen und Häuser mit Gas, das aus Holz oder Steinkohle gewonnen worden war. Nun entschloss sich auch Basel zur neuen Beleuchtungsart. Vorsichtig alle Folgen abwägend, überliess man die Gasproduktion zunächst dem Ingenieur Dollfus aus Mülhausen in einer kleinen Fabrik vor dem Steinentor pachtweise. In den dunkelsten Winternächten des Jahres 1852 flammten zum ersten Mal die Gaslaternen in den Strassen Basels auf; allerdings nicht in jeder Nacht. In den Mondscheinnächten wurde die Gasbeleuchtung eingespart. Das Experiment bewährte sich, technisch und finanziell. Also übernahm der Staat im Februar 1868 die Gasfabrik; sie befand sich jetzt weit draussen im äusseren St. Johannsquartier.[978] Bald wurde in jedem Haus Gas für die Beleuchtung, später auch für Kochzwecke verwendet. Als die Ausdehnungsmöglichkeiten im

St. Johann-Gelände erschöpft waren, wurde die Fabrik nach Kleinhüningen in die Nähe des Rheinhafens verlegt. Hier konnte die benötigte Kohle bis vor die Türe des Werks auf dem billigen Wasserweg transportiert werden. Am 22. Juni 1970 verzichtete Basel auf die Eigenherstellung von Gas, die Gaskokerei wurde stillgelegt. Von da an bezieht die Stadt den Energieträger Gas durch lange Leitungen aus Holland.[979]

Elektrizität

Kaum hatte das Gas als Beleuchtungsquelle seinen Siegeslauf angetreten, als sich schon ein künftiger Konkurrent, die Elektrizität, als noch besserer Lichtspender anmeldete. In Basel selbst wurde ein wichtiger technischer Beitrag zur Entwicklung der neuen Energieform geleistet, verbesserte doch schon 1875 der

Ingenieur Emil Bürgin (1848–1933) die in Deutschland erfundene Dynamomaschine und gründete am Claragraben eine Fabrik zur Produktion elektrischer Bogenlampen.[980] Als Antriebskraft für seine Gleichstromdynamos verwendete er Gas- oder Petrolmotoren. Privates Unternehmertum bot nun die Möglichkeit, in den Häusern und Werkstätten elektrische Installationen einzurichten, aber – jetzt verweigerte die Regierung die Benützung der Allmend für ein Leitungsnetz. Anders als bei der Wasserversorgung wollte man von Anfang an die Erzeugung und den Verkauf der Elektrizität in staatliche Regie nehmen, um das noch junge Gaswerk nicht so rasch konkurrenzieren zu lassen und überhaupt einmal die Fortschritte der Elektrotechnik abzuwarten. Immerhin beschloss die Regierung 1888, versuchsweise den Musiksaal elektrisch zu beleuchten, und zehn Jahre später nahm die staatliche Kraftstation an der Voltastrasse mit drei Gasmotoren die Erzeugung von Strom für ein städtisches Leitungsnetz auf. Etwa 400 Abonnenten mit 15 000 Glühlampen bezogen im ersten Jahr staatlichen Strom und bezahlten pro Kilowattstunde 80 Rappen. Der finanzielle und technische Erfolg ermutigte die Behörden zu weiteren Schritten. Jetzt prüfte man die Verwendung der Wasserkraft des Rheins für die Stromerzeugung. Aber erst am 17. August 1912, nach langwierigen Verhandlungen mit dem nördlichen Nachbarn und den Kantonen Baselland und Aargau, begann vom Werk Augst elektrischer Strom nach Basel zu fliessen. Man lächelt heute über die damaligen Sorgen der Direktion des Elektrizitätswerkes, die sich Gedanken machte, wie man 150 Millionen Kilowattstunden, die Augst liefern konnte, verwenden könnte, denn bis zu jenem Zeitpunkt hatten die bestehenden Kraftstationen erst den Bedarf von 7 Millionen gedeckt. Doch – da half die Weltgeschichte! Der Erste Weltkrieg, der Basel einerseits wirtschaftliche Schwierigkeiten und viel soziale Nöte brachte, befreite anderseits die Elektrizitätswirtschaft von ihren Absatzsorgen. Die hohen Preise für die ausländische Kohle und die Rationierung des Kochgases liessen den Bedarf an elektrischem Strom sprunghaft ansteigen. Am Ende des Ersten Weltkriegs stellte die Direktion des Elektrizitätswerkes (EW) «eine sehr erfreuliche finanzielle Erstarkung dieses jüngsten industriellen Unternehmens unserer Stadt» fest.[981] Für den Laien schwindelerregend sind nun die Zahlen, die uns das EW, heute ein Sektor der Industriellen Werke Basel (IWB), 90 Jahre nach Beginn der staatlichen Stromversorgung nennt. Wir erfahren, dass der Energiebezug 1981 fast 2000 Gigawattstunden betrug (eine Gigawattstunde = eine Million Kilowattstunden), dass man den Strom ausser den stadtnahen Rheinkraftwerken bei Birsfelden und Augst auch aus dem Berner Oberland, aus dem Wallis und aus dem Tessin bezieht[982], und wir vernehmen Mitte der 70er Jahre die Stimme des Direktors des EW, der den Baslern prophezeit: «Ohne die Kernenergie ist die Zukunft der Energiewirtschaft nicht denkbar.»[983]

Kraftwerk Augst

Öffentliches Verkehrsmittel

Die Darstellung der Anfänge der öffentlichen Betriebe Basels, welche die Bevölkerung mit Wasser, Gas und Elektrizität versorgt haben, bedarf einer Ergänzung.

Trammotorwagen auf der alten Mittleren Brücke, vor 1900.

Seit dem 6. Mai 1895 konnten auch die Basler in einer Strassenbahn oder im «Trämli», wie man sie liebevoll baseldeutsch nennt, durch die Stadt rollen.[984] Als erste Wagenführer standen meist ehemalige Fuhrleute, schnauzbärtige Gesellen, im Führerstand. Der Dienst auf der ungeschützten Plattform war hart, weshalb niemand daran Anstoss nahm, wenn Wagenführer und Billeteur an der Endstation einen Zweier Rotwein genehmigten. Im Vergleich zu anderen Städten hatte man in Basel erst spät mit dem Bau der ersten Strassenbahnlinie, vom Badischen Bahnhof zum Centralbahnhof, begonnen, aber nun besass man dank der elektrischen Traktion mit Oberleitung die modernste Strassenbahn der Schweiz. Die Phase der Pferdetrams, die andernorts lange dauerte, hat man in Basel praktisch wohl wegen der topographischen Verhältnisse übersprungen.[985]

Auch von dem hitzigen Streit über die Frage, ob Staats- oder Privatbetrieb, der die Gemüter in der schweizerischen Eisenbahnfrage so stark erregte, blieb Basel verschont. In wenigen Wochen setzte sich der Standpunkt der Regierung mit dem konservativen Staatsmann Paul Speiser als Befürworter einer staatlichen Lösung durch. Welche Vorzugsstellung man dem Tram im damaligen Verkehr zugebilligt hat, zeigt eine Verordnung der Strassenpolizei von 1909, in der es heisst: «Es ist untersagt, vor einem in Gang befindlichen Strassenbahnwagen mit einem Abstand von weniger als 20 Meter auf dem Geleise her zu fahren oder her zu reiten, oder vor einem herannahenden Strassenbahnwagen innerhalb dieses Abstandes das befahrene Geleise zu kreuzen.»[986]

Technischer Fortschritt drückt sich auch hier in Zahlen aus. Die Jubiläumsschriften der Basler Verkehrs-Betriebe liefern sie in Fülle. Im ersten Jahr beförderte das Tram 1 895 000 Passagiere, 1910 20 Millionen, 1930 43 Millionen, 1945 57 Millionen und 1980, zusammen mit Trolleybus und Autobus, 100 Millionen.[987]

Wir haben in der Darstellung vorausgegriffen, um zu zeigen, wie seit den kleinen Anfängen in der zweiten Hälfte des 19. Jahrhunderts die öffentlichen Betriebe Basels zu grossen Unternehmen geworden sind, die das Wachstum der Stadt im 20. Jahrhundert wenn nicht gar erst ermöglicht, so doch ganz wesentlich gefördert haben.

Erste Proporzwahlen 1905

Weniger spektakulär, doch für die politische Entwicklung sehr folgenschwer war nun das Wahlgesetz vom Februar 1905. Mit einer hauchdünnen Mehrheit von zehn Stimmen bei 10 500 Abstimmenden nahm das Basler Volk dieses Gesetz, das für die Grossratswahlen das Proporzsystem einführte, an. Mit den Wahlen in den Grossen Rat im Mai 1905 ging darum die Herrschaft des Basler Freisinns zu Ende, und der Kampf einiger Politiker, der schon im Verfassungsrat 1875 begonnen hatte, fand seinen Abschluss. Der unermüdliche Streiter für eine gerechte Vertretung aller Volksschichten im Grossen Rat hiess Eduard Hagenbach-Bischoff (1833–1910) und war Professor der Mathematik und Physik an der Universität.[988] Seinem Gerechtigkeitssinn widersprach ein Wahlsystem, das den Minderheiten jede Mitwirkung in der Legislative versagte, weil ein Parteibeschluss der radikalen Majorität in ihrem «Storchenklub» jede Diskussion im Rat überflüssig machte. Seine mit wissenschaftlichem Scharfsinn verfassten Publikationen über «Proportionalvertretung» und seine Belehrung des Volkes in öffentlichen Versammlungen wirkten aufklärend.[989] Dem sachkundigen Streiter schlossen sich aus Überzeugung Politiker der Minderheitsparteien wie Paul Speiser (liberal), Ernst Feigenwinter (katholisch) und Eugen Wullschleger (sozialdemokratisch) an. Die Grossratswahlen vom Mai 1905 gaben zum ersten Mal ein Bild der wirklichen Parteistärken.[990] Die politische Landschaft hatte sich für immer verändert.

Basler Gewerbeausstellung von 1877 im Musiksaal.

31. KAPITEL DER KANTON BASEL-STADT IN DER ERSTEN HÄLFTE DES 20. JAHRHUNDERTS

(MIT EINER DARSTELLUNG DES PARTEIWESENS BIS 1983)

Andreas Heusler schloss seine «Geschichte der Stadt Basel» mit dem Jahr 1848 ab. Resigniert bedauert er den Verlust der fast völligen Autonomie des ehemaligen Standes Basel. «Damit endet die politische Geschichte Basels.»[991] Die weitere Entwicklung, die er noch selbst miterlebt hatte, schien ihm nicht mehr geschichtswürdig. Der Historiker von heute sieht es anders. Er überblickt 150 Jahre und stellt fest: der Stadtstaat Basel hat zwar keine dramatische, aber eine unverwechselbare eigene Geschichte. Freilich, der Spielraum ist verglichen mit früher kleiner geworden; der eidgenössische Bund hat ihn immer mehr eingeschränkt. Aber auch im 20. Jahrhundert bestimmen die Einwohner Basels auf dem kleinen Spielfeld von 3694 Hektaren einen guten Teil der Spielregeln noch selbst, freier als die Bürger mancher grossen europäischen Provinz. Der Philosoph Karl Jaspers (1873–1969, Professor in Basel 1948–1969) konnte darum, als er in hohem Alter das Basler Bürgerrecht erhalten hatte, sagen: «Nun bin ich Bürger von Basel und bin froh, mich wieder als Bürger eines Staates zu fühlen, der mitsprechen oder wenigstens mitstimmen darf beim Stadt- und beim Staatsregiment, so wie es einst die Athener getan haben.»[1160]

Verengerung des politischen Spielraums

Die 150 Jahre dauernde politische Geschichte des Kantons Basel-Stadt zerfällt in zwei Epochen, die sich ziemlich gleichmässig auf das 19. und das 20. Jahrhundert verteilen. In den ersten 75 Jahren stritten die Basler im Rathaus und in der noch jungen Presse um institutionelle Fragen: Freiheit des Individuums und Mitbestimmung des Volkes durch Referendum und Initiative; dies waren die Parolen. Darum wurde zwischen 1833 und 1889 die Basler Verfassung fünfmal geändert. Im Jahr 1905 war das Ende dieser Entwicklung zur Demokratie erreicht, sie hatte dem Bürger ein Höchstmass an Mitbestimmung in politischen Fragen gebracht. Anders im 20. Jahrhundert. Jetzt wird um die Frage gerungen, wie der Staat das Leben des einzelnen Bürgers erleichtern, verschönern, sorgenfreier zu gestalten habe. In dieser Epoche ist das Basler Staatswesen zum modernen Sozialstaat ausgebaut worden. Die Motoren dieser Entwicklung sind die politischen Parteien gewesen.[992] Anders als im 19. Jahrhundert, als sich die Wähler oft nur befristet vor Wahlen zu lockeren Vereinen zusammenschlossen, hat man es jetzt mit festgefügten Organisationen zu tun: Parteiprogramme verkünden Ziele, Parteisekretariate führen Mitgliederlisten, versenden in Kampfzeiten Werbebroschüren und lassen Wahlplakate drucken, Parteivorstände bestimmen die Strategie, und die Fraktionen der Parteien, d.h. ihre Vertreter im Grossen Rat, legen ihre Meinungen zu den Sachgeschäften im Parlament fest. Und auch in der Basler Geschichte stösst man auf ein bekanntes Phänomen: Parteien können sich spalten, wenn engagierte Politiker abweichende Meinungen hartnäckig vertreten, Parteien können verschwinden, wenn ihre Wählerschaft als Folge wirtschaftlicher Veränderungen zusammenschmilzt, Parteien können unvermittelt aufblühen, wenn ein Problem das Volk beunruhigt. Aus den vier Parteien, die der Alterspräsident, Eduard Hagenbach-Bischoff, 1905 bei der Eröffnung der neuen Legislaturperiode begrüsst hat, sind im Laufe der folgenden 75 Jahre zehn geworden. Wir lassen sie – mit Ausnahme der «Nationalen Aktion» – Revue passieren. Die Partei gegen «Überfremdung» wird im nächsten Kapitel erwähnt, da ihre Existenz mit dem Bevölkerungsproblem nach 1945 zusammenhängt. Die erstmals 1984 kandidierende «Demokratisch-Soziale Partei» wird nicht berücksichtigt, hingegen die während 50 Jahren im Grossen Rat vertretene «Bürgerpartei».

Die Rolle der politischen Parteien

Um die Entwicklung und das Kräfteverhältnis der Parteien zu veranschaulichen, nehmen wir die graphische Darstellung zu Hilfe. Die Diagramme zeigen in der Vertikalen die Zahl der Grossräte einer Partei, in der Horizontalen die Wahljahre. Von 1905 bis 1956 dauerte eine Legislaturperiode drei, nachher vier Jahre. Die starke vertikale Linie bezeichnet das Jahr, in dem im Kanton Basel-Stadt das Frauenstimmrecht eingeführt worden ist.

Freisinnige

Paul Scherrer

Im Jahre 1894 haben die Freisinnigen die «Freisinnig-demokratische Partei Basel-Stadt» gegründet.[993] Ihr erster Präsident, Paul Scherrer (1862–1935), der Sohn eines Thurgauer Kleinbauern, hatte sich in Basel als 22jähriger den Titel eines Dr.iur. erworben und war schon mit 25 Jahren Mitglied des Grossen Rates geworden. Nicht ohne Grund haben sich die Freisinnigen jahrzehntelang gegen die Einführung des Proporzsystems hartnäckig gewehrt. Im Kampf für die Vermehrung der Individualrechte hatte man Anhänger in allen Schichten gefunden; die grossen Ziele waren erreicht. Viele Wähler wandten sich nun der sozialdemokratischen Partei zu, von der sie sich die Erfüllung ihrer sozialen Wünsche erhofften. Dass die Vorherrschaft des Freisinns auf tönernen Füssen stand, zeigte sich sogleich nach der Einführung des Proporzwahlsystems. Noch ging die Partei 1905, wie unsere graphische Darstellung zeigt, mit 51 gewählten Grossräten wieder als stärkste Fraktion aus den Wahlen hervor. Aber an der Frage, wie man sich zu der steigenden Flut der sozialen Postulate zu verhalten habe, ist sie auseinandergebrochen. Zwar haben die Jungfreisinnigen unter ihrem Führer Dr. Viktor

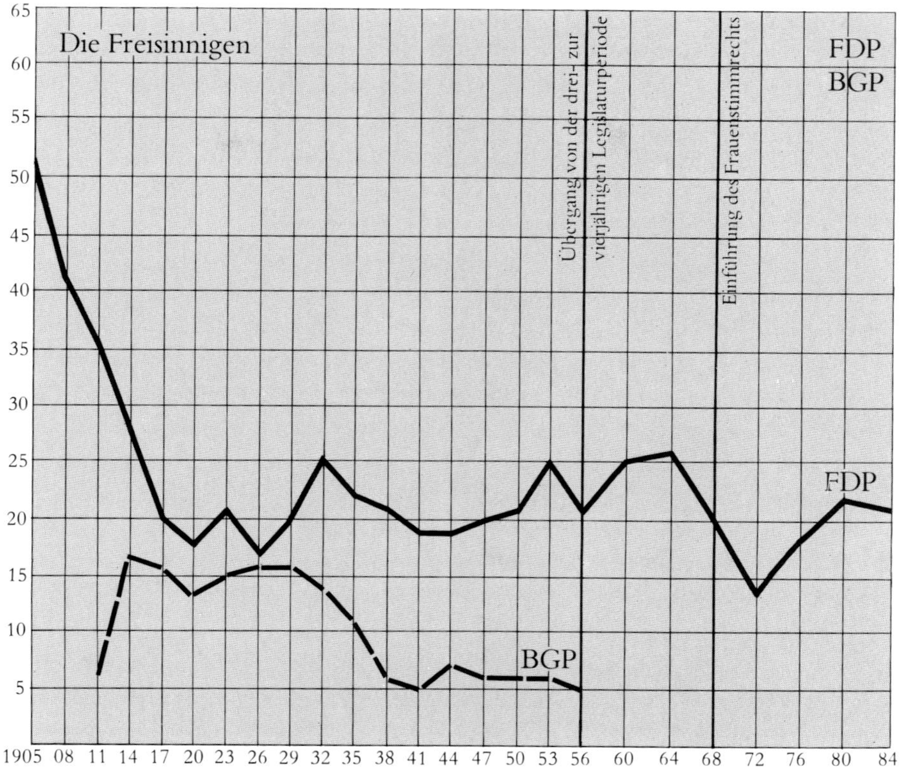

Viktor Emil Scherer

Emil Scherer (1881–1941), dem später prominentesten freisinnigen Politiker, das Band zur Mutterpartei nicht durchschnitten, sie aber nach links gedrängt.[994] Die Reaktion der Gewerbetreibenden, die bisher einen grossen Harst im freisinnigen Lager gebildet hatten, blieb nicht aus. Sie bildeten 1911 eine eigene Partei, die «Fortschrittliche Bürgerpartei». (In der graphischen Darstellung die untere Linie). Das grosse Zauberwort des 19. Jahrhunderts «Fortschritt» warfen sie aber bald weg, nannten sich seit 1920 «Bürgerpartei», 1934 «Nationale Volkspartei», 1944 «Bürger- und Gewerbepartei» und schlossen sich im März 1957, als ihre Grossratsfraktion auf fünf Mitglieder zusammengeschmolzen war, der «Liberaldemokratischen Partei» an.

Im Jahre 1908 fiel die freisinnige Partei, an der Zahl der Grossräte gemessen, auf den zweiten Platz hinter die Sozialdemokraten, aber unter den vier bürgerlichen Parteien behauptete sie seither, fast immer, den ersten Rang. Im Parteiprogramm von 1914 definierte sie ihre Stellung in den sozialen Kämpfen so: «Die freisinnig-demokratische Partei anerkennt rückhaltlos das allen Klassen zustehende Recht, sich zur Verfechtung ihrer Interessen zu organisieren. Sie nimmt aber entschieden Stellung gegen den Klassenkampf in seiner Theorie und Praxis.»[995] In den ersten Jahren nach dem Ersten Weltkrieg stand sie freilich innerhalb der Basler bürgerlichen Parteien und innerhalb des schweizerischen Freisinns am weitesten links. Sie brachte dies auch in einer Namensänderung zum Ausdruck; sie nannte sich von 1919 an «Radikal-demokratische Partei». «Radikal» erinnerte an die Aufbruchstimmung in den 1830er Jahren. Scharten sich damals vor allem Selbständigerwerbende um die freisinnigen Führer, so waren es jetzt Angestelltenkreise, die Dr. V.E. Scherer unbedingt Gefolgschaft leisteten. Die Wende zur «Partei der Mitte» fand unter dem Druck des heisser werdenden Kampfes in den 1930er Jahren statt. Um die Jahrhundertmitte stand die radikal-demokratische Partei an erster Stelle unter den bürgerlichen. Neben zwei Regierungsräten und zwei Nationalräten stellte sie von 1960 bis 1967 auch den Basler Ständerat.[996] 1964 war der Zenit erreicht. Merkwürdigerweise brachte die Einführung des Frauenstimmrechts den Radikalen einen auffälligen Mandatsverlust. Sie verzichteten 1973 auf das ominöse «radikal» und nannten sich wie zur Gründungszeit wieder «Freisinnig-demokratische Partei». In jüngster Zeit (1980) sind sie die stärkste bürgerliche Partei in Basel.

Im 19. Jahrhundert bezeichneten die Wörter «liberal» und «konservativ» gegensätzliche politische Positionen. Wenn die Konservativen Basels, im 19. Jahrhun- Liberale

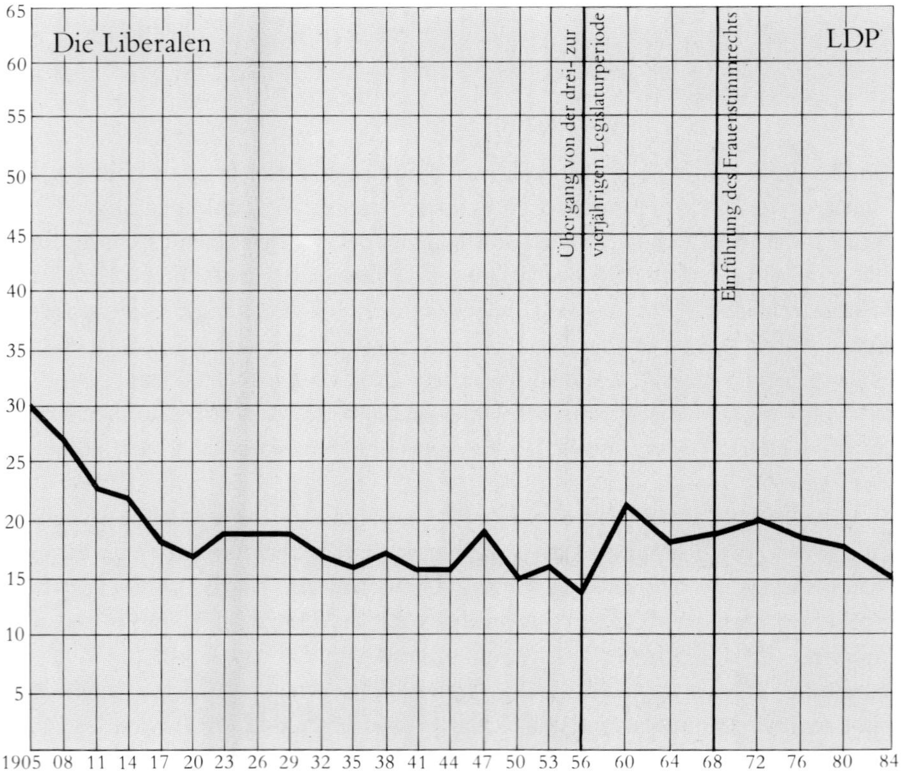

dert eine geistige und ökonomische Elite, sich 1905 zu einer Partei zusammenschlossen und sie «liberale Partei» nannten, so war dies jetzt nicht paradox. Die frühen Liberalen der 1830er Jahre waren inzwischen «Radikale» geworden, die den Staat mit immer mehr Macht auf Kosten der individuellen Freiheit ausstatteten und geschichtlich Gewordenes preisgaben. Gegen diese Entwicklung wehrten sich die Liberalen. Die Grundsätze ihrer Partei sind seit 75 Jahren fast unverändert geblieben.[997] Sie verteidigt wie einst «die persönliche Freiheit als ein Grundrecht», fügt freilich neuerdings hinzu: «und als eine soziale Chance». Seit dem Zusammenschluss mit der ehemaligen Bürger- und Gewerbepartei (siehe S. 349 unter «Freisinnige») im Jahre 1957 wollen die Liberalen auch eine Gewerbepolitik auf freiheitlicher Basis betreiben.
Es ist charakteristisch für die liberale Partei, dass sie sich nie an die Massen gewendet hat. Die Freiheit des selbständigen politischen Denkens stellte sie höher als die Bindung an eine Parteischablone.[998] Es scheint uns darum aufschlussreicher, zwei grosse liberale Basler Politiker zu schildern, als den liberalen Varianten der bürgerlichen Politik nachzugehen. Weit über den Durchschnitt der Basler Regierungsräte seit 1875 ragte Paul Speiser (1846–1935) hervor, weit über das Mittelmass der Grossräte Albert Oeri (1875–1950).

Paul Speiser (1846–1935).

Paul Speiser hat seine «öffentliche Tätigkeit» von 1875–1919 selbst nüchtern und doch anschaulich geschildert.[999] Man kann dieses Erinnerungswerk zu den klassischen Texten der neueren Basler Geschichte zählen. Wir haben schon beschrieben, wie Speiser im Kampf um die katholische Schule für die Katholiken gegen seine Parteifreunde stramm protestantischer Richtung aus Toleranzgründen eine Lanze gebrochen hat. Er wird später gegen die herrschende freisinnige Meinung für die Verstaatlichung der Schweizer Eisenbahnen eintreten und die Basler Strassenbahnen von Anfang an in die Obhut des Staates nehmen. Was ihm richtig und für das Gemeinwesen nützlich schien, verteidigte er nach rechts und links. Man dürfe für die Bedürfnisse des Fortschrittes nicht blind sein, und man müsse handeln, bevor die Reformen «überreif» würden, meinte er einmal. Als anerkannter Finanzfachmann schuf er für Basel ein Steuergesetz, das auch für andere Kantone vorbildlich wurde. Und sehr zäh hat er die altbaslerische Meinung vertreten, auch der Staatshaushalt habe sich nach der

Decke zu strecken. Das Schuldenmachen, das dem Freisinn und später den Sozialdemokraten so leicht fiel, war ihm im Innersten zuwider. Die seltene Ausgewogenheit seines Denkens und Handelns kam aus einem unkomplizierten christlichen Glauben, bekennt er doch einmal fast beiläufig: «Ich bin von Gott mit sichtbarer Gnade geführt worden.»[1000]

Der andere prominente Liberale, Albert Oeri (1875–1950), ist als Publizist und Redaktor der «Basler Nachrichten» während vieler Jahre für die Basler so etwas wie ein Lehrer des staatsbürgerlichen Denkens gewesen.[1001] Seine liberalkonservativen Ideen hat er als Grossrat und Nationalrat so geistreich und in sprachlich so vollkommener Form vertreten, dass seine Stimme, besonders dank den «Basler Nachrichten», weit über den Kreis der Basler Liberalen hinaus gehört worden ist. Wenn Oeri einer der wenigen Schweizer Politiker war, der von europäischer Politik und Geschichte gründliche Kenntnisse besass, so darf man dies vielleicht als eine Eigenschaft bezeichnen, die den hellhörigen Bewohner der Grenzstadt immer ausgezeichnet hat.[1002] Solches Wissen erwarb sich Oeri nicht erst als Mitglied der Schweizer Delegation im Völkerbund; er, der Grossneffe Jacob Burckhardts, brachte es schon aus dem Humanistischen Gymnasium und der Universität, wo er klassische Sprachen studiert hatte, mit. Die vielleicht schönste Formulierung dessen, was Oeri in der Politik für unabdingbar hält, lautet: «Es gibt in der Politik keine schwerere Sünde als die Verantwortungsscheu und keine grössere Tugend als die Verantwortungsbereitschaft.»[1003]

Blicken wir noch auf die graphische Darstellung der Fraktionsstärke der Liberalen im Grossen Rat, so zeigt sich: von der Höchstzahl von 30 Grossräten im Jahr 1905 sank ihre Vertretung 1956 auf das Minimum von 14 herab. Seit der Fusion mit der ehemaligen Bürger- und Gewerbepartei pendelt sie um die Zahl 20 herum. Schmerzlich für die Basler Liberalen ist der Verlust ihres einst weit hörbaren Sprachrohrs, der «Basler Nachrichten». Sie hat 1977 aus wirtschaftlichen Gründen mit der ehemaligen «National-Zeitung» zur «Basler Zeitung» fusionieren müssen.[1004]

Katholiken

Zum ersten Mal zogen in den Maiwahlen des Jahres 1905 die Katholiken als selbständige Partei und nicht mehr als Anhängsel der Konservativen in den Kampf um eine gerechte Vertretung im Grossen Rat.[1005] Ihr Anspruch war berechtigt, war doch der katholische Teil der Bevölkerung seit 1860 stärker gewachsen als der protestantische; 1905 bekannte sich schon ein Drittel der in Basel wohnenden Männer und Frauen zum katholischen Glauben. Führer auf dem langen Marsch ins Basler Parlament war der aus dem Birseck stammende kämpferische Advokat Dr. Ernst Feigenwinter (1853-1919) gewesen.[1006] Zwar brauche gute christliche Politik nicht von vornherein ein katholisch-politisches Parteigebilde, meint ein Historiker der katholischen Volkspartei Basel-Stadt; aber da auch der Staat eine von Gott gewollte und letztlich Gott dienende Gemeinschaft darstelle, sei auch die Verbindung von Religion und Politik gegeben.[1007] Von den bisherigen drei

Ernst Feigenwinter

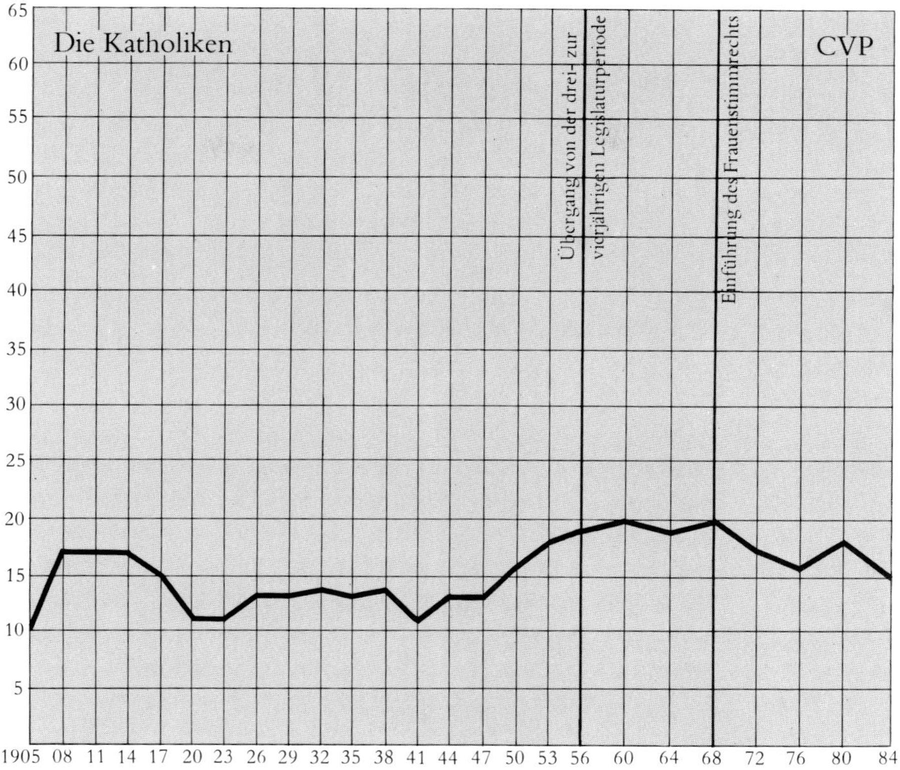

Parteien, der freisinnigen, der liberalen und der sozialdemokratischen, unterschied sich die neue seit ihrem Einzug in die politische Arena bis heute deutlich. Als eine «Weltanschauungspartei» vertrat und vertritt sie nicht eine wirtschaftliche Gruppe, sondern alle Stände: Arbeitgeber, Arbeiter und freie Berufe, insofern sie durch das Band des Glaubens stärker verbunden als durch soziale Schranken getrennt sind. Das war ihre Stärke, zeitweise aber auch ihr Problem. Dank ihrer weltanschaulichen Geschlossenheit wehrte sich die katholische Volkspartei am konsequentesten von allen bürgerlichen Parteien gegen die Eliminierung des Religionsunterrichts und gegen das Verbot des Schulgebets im neuen Schulgesetz.

Noch 14 Jahre nach der Gründung musste die katholische Volkspartei Basel-Stadt auf eine Vertretung im Regierungsrat warten, da weder die Radikalen noch die Liberalen auf ihre Doppelvertretung verzichten wollten. Es war die Erfahrung des Krisenjahres 1918 mit den bürgerkriegsähnlichen Ereignissen nötig, bis das protestantische Bürgertum den Regierungsanspruch der Katholiken unterstützte. Als infolge Demission zweier Regierungsräte im Februar 1919 Zwischenwahlen nötig wurden, zog erstmals ein Katholik, Dr. Rudolf Niederhauser (1881-1966), in die Exekutive ein.[1008] Noch einmal während neun Jahren – es war die Ära der sogenannten roten Mehrheit von 1935-1944 – sahen sich

Rudolf Niederhauser

die Katholiken von der Regierung ausgeschlossen. In einem erbitterten Wahlkampf, in dem auch schrille kulturkämpferische Töne hörbar wurden, war der katholische Kandidat dem Ansturm der Linken erlegen. Doch seit 1944 blieb die Einervertretung der Katholiken unangefochten.

Im Jahr 1961 änderte die katholische Volkspartei ihren Namen in «katholische und christlichsoziale Volkspartei», zehn Jahre später – der schweizerischen Gesamtpartei folgend – in «Christlich-demokratische Volkspartei» (CVP).[1009] Seit den 1960er Jahren steht die CVP in fast gleicher Stärke neben den beiden andern bürgerlichen Parteien. In kirchenrechtlicher wie in politischer Hinsicht sind heute die einst im protestantischen Basel scheel angesehenen Katholiken völlig integriert.

Sozialdemokraten, Kommunisten, Progressive

Keine Basler Partei weist in ihrer Geschichte von 1900 bis 1980 solche Höhe- und Tiefpunkte auf wie die sozialdemokratische Partei Basel-Stadt; keine focht so heftige innere Kämpfe aus, keine erlebte so schmerzhafte Amputationen wie sie.[1010] Gewiss hat der Gang der Weltgeschichte die Basler Arbeiterbewegung stärker beeinflusst als die andern politischen Gruppierungen, aber man darf wohl behaupten, der immer wieder aufbrechende Streit um die «richtige Politik» gehöre zum Wesen dieser Partei. Eine vom Wunschdenken motivierte Partei, welche die Umgestaltung der Gesellschaftsordnung und als letztes Ziel die Befreiung des Menschen von Not und Ungerechtigkeit postuliert, eine solche Partei wird an der Frage, welchen Weg man einschlagen müsse, immer wieder auseinanderbrechen. Aber trotz den ideologischen Stürmen Anfang der 1920er und der 1930er Jahre zeigt ihre Geschichte auch, dass sie am erfolgreichsten die Massen der Basler Bevölkerung zum Kampf auf der Strasse oder zum Urnengang mobilisieren konnte und damit die soziale Struktur des früheren bürgerlichen Stadtstaates entscheidend verändert hat.

Blenden wir in die Anfänge zurück! Jener sturmartige Auftritt der «Internationalen» Ende der 1860er Jahre ist – wie geschildert (siehe S. 330 f.) – nur eine Episode gewesen.[1011] In den darauf folgenden Jahrzehnten umwarb der Freisinn die Arbeiterschaft. Er hat tatsächlich oft und kräftig die Sache der ärmeren Schichten vertreten. Aber als sich zeigte, dass die Partei des bürgerlichen Mittelstands die tiefsten Wünsche der Arbeiter nicht rasch genug erfüllen konnte, sagten sich die umworbenen Schützlinge los und gründeten ihre eigenen, gewerkschaftsähnlichen Organisationen. Wie einst die Freisinnigen in Wilhelm Klein, so fanden die Sozialdemokraten in Eugen Wullschleger (1862–1931) den Mann, der sein organisatorisches Talent für die Arbeiterbewegung einsetzte und der als Redaktor des «Arbeiterfreunds», später des «Basler Vorwärts», nie müde wurde, den Baslern zu erklären, was demokratischer Sozialismus heisse.[1012] Das wohl auch von ihm formulierte Parteiprogramm der Basler Sozialdemokraten von 1902 trägt kaum Spuren der marxistischen Lehre.[1013] Die politischen und sozialen Postulate darin waren relativ bescheiden: von der Einführung des Handarbeitsunterrichts bis zur

Eugen Wullschleger

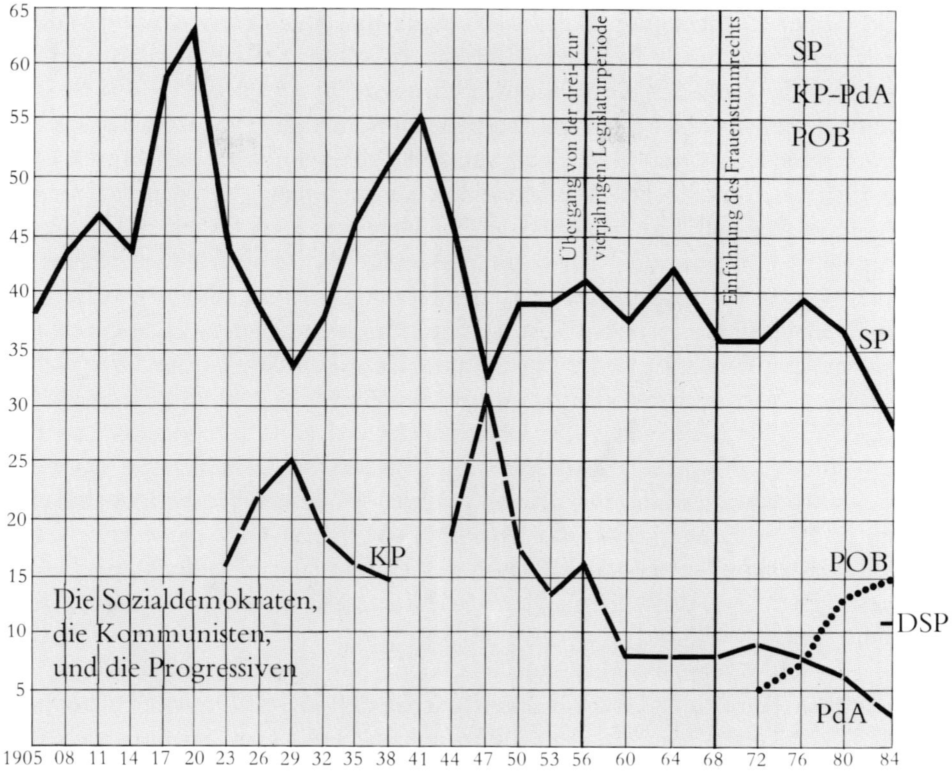

Friedrich Schneider

Besteuerung des arbeitslosen Gewinnes aus Grund- und Bodenspekulation gab es keine Forderungen, vor denen das Bürgertum hätte Gänsehaut bekommen müssen. Das änderte freilich bald, als 1905 die Partei, ihrer Stärke dank 38 Grossräten nach der ersten Proporzwahl bewusst, auf die klassenkämpferische Linie einschwenkte. Schon 1908 verkündet eine «Aufklärungsschrift» der Sozialdemokraten Basels: «So macht der Kapitalismus eine Minderheit von Privilegierten stets reicher und die Massen immer ärmer.» Kurz vor dem Ersten Weltkrieg liess sich in Basel dann jener Mann nieder, der als Arbeitersekretär, später Parteisekretär und als Redaktor des «Vorwärts» zu einem Motor der Basler Arbeiterbewegung geworden ist, Friedrich Schneider (1886–1966).[1014] Der in der Nähe Solothurns geborene Schneider lernte den Kunstglaserberuf, verschrieb sich sehr jung der Gewerkschaftsbewegung, durchwanderte halb Europa, studierte als Autodidakt die marxistischen Lehrbücher und hatte sich in Zürich als Streikorganisator einen Namen gemacht, als Basel seine zweite Heimat wurde. Hier haben ihn die Massen zeitweise wie einen Heros gefeiert, den eben aus dem Gefängnis entlassenen Landesstreikführer in die Regierung gewählt (1920–1923) und ihn immer wieder nach Bern in den Nationalrat geschickt. Bei den bürgerlichen Parteien aller Schattierungen war er als «Bolschewik» gebrandmarkt, weil er aus seiner politischen Überzeugung kein Hehl machte und etwa öffentlich verkündete: «Ich habe längst nicht mehr den Glauben, dass es uns gelingt, mit dem Stimmzettel in der Hand den Kapitalismus aus den Angeln zu heben.»[1015] Was für den Historiographen diese «oft vom Sturm umwitterte Figur» (wie er selbst sagt) so interessant macht, sind seine Schriften. Alle Politiker, die als Redaktoren tätig waren, haben geschrieben, aber Schneiders Autobiographie mit dem Titel «Hieronymus Roggenbachs Erlebnisse» ist ein Memoirenwerk, das einen Historiker der Basler politischen Geschichte immer fesseln wird. Er erzählt auch, warum er 1920 von den Sozialdemokraten zu den Kommunisten überlief und warum er bald darauf wieder zu einem von deren grimmigsten Gegnern wurde. «Ich galt in den Kämpfen der zwanziger Jahre mit den Kommunisten als erster Feuerwehrmann», schrieb er in den «Erinnerungen eines 80jährigen Gewerkschafters».[1016] Als sich in der Mitte der 1930er Jahre die schweizerische Sozialdemokratie und mit ihr die baslerische entschlossen, die marxistische Klassenkampftheorie als Grundlage ihrer Politik über Bord zu werfen, hat Schneider die Entwicklung gutgeheissen. Er anerkannte nun, wie sein Parteifreund Martin Stohler bezeugt, dass das schweizerische Staatswesen so, wie es sich in den dreissiger Jahren präsentierte, Möglichkeiten zu einer friedlichen Evolution im sozialistischen Sinne bot.[1017]

Die erste Abspaltung der kommunistisch orientierten Sozialdemokraten im Jahr 1921 kostete die Mutterpartei 16 Grossratsmandate. (Der Trennungsvorgang wird unten dargestellt.) Die Wiedergeburt der Kommunistischen Partei als Partei der Arbeit (PdA) im Jahr 1944 reduzierte wiederum die sozialdemokratische Grossratsfraktion; sie fiel zwischen 1941 und 1947 auf den bisher niedrigsten Stand ihrer Geschichte (vgl. die graphische Darstellung).

1972 verlor die SP einen Teil ihres jugendlichen Anhangs an die neue progressive Organisation Basel (POB), und bis 1983 sind an Stelle der einzigen links orientierten Arbeiterpartei des Jahres 1905 fünf getreten: die Sozialdemokraten, die Dissidenten (DSP), die PdA, die POB und die SAP (sozialistische Arbeiterpartei, einst RLM). Ob daran wieder tiefgreifende Meinungsunterschiede über den «richtigen Weg» oder eine veränderte Bevölkerungsstruktur der Stadt oder persönliche Rivalitäten schuld sind, muss der Historiker, der einst die Geschichte der sozialdemokratischen Partei Basel-Stadt aus Anlass ihres 100jährigen Bestehens schreiben wird, untersuchen.

Gründung der kommunistischen Partei

Hingegen kennen die Historiker die Gründe, die 1921 zur Abspaltung der sozialdemokratischen Linken und zur Gründung der kommunistischen Partei in der Schweiz und in Basel geführt haben, sehr genau.[1018] Das Basler Parteigefüge geriet damals in Bewegung, weil sich im fernen Russland wichtige Ereignisse abspielten, deren Wellengang bis nach Basel zu spüren war. Nach dem Sieg der bolschewistischen Partei in der Oktoberrevolution glaubten nicht wenige

Schweizer Sozialisten, die Morgenröte eines neuen Zeitalters sei angebrochen.[1019] Doch nach dem Scheitern des schweizerischen Landesstreiks im November 1918 erkannten ebenso viele Genossen, dass die Lage in der Schweiz nicht mit jener des Zarenreichs zu vergleichen war. Um den Gedanken der Weltrevolution nach marxistisch-leninistischem Programm über den ganzen Erdball auszubreiten, wurde schon im März 1919 in Moskau die dritte «Internationale», die sogenannte «Komintern», gegründet. Die in ihr zusammengeschlossenen Landesparteien, eigentlich nur Sektionen der kommunistischen Weltpartei, mussten allerdings 21 Aufnahmebedingungen akzeptieren, die ihnen materielle und ideologische Hilfe Moskaus zusicherten, sie alle aber an eine sehr kurze Leine legten.[1020] An der Frage, ob die schweizerische Sozialdemokratische Partei der «Komintern» beitreten soll oder nicht, zerbrach die bisher einheitliche Arbeiterbewegung.[1021] Die Beitrittswilligen gründeten im April 1921 die Basler Sektion der Kommunistischen Partei der Schweiz, womit «jene Tragödie des Bruderkampfes begann, der jahrzehntelang dauern sollte» (Friedrich Schneider). Weil nur in Basel die Mehrheit der organisierten Arbeiter in die neue Partei eintrat, wurde Basel – und nicht etwa Zürich – der Hauptsitz der Schweizer KP. Hier wurde der «Basler Vorwärts», das offizielle Organ der KP Schweiz, redigiert, hier präsidierte der Jurist Dr. Franz Welti (1879–1934) jahrelang die KPS, und hier stritt sein Nachfolger, Dr. Fritz Wieser (1890–1952), bis zu seinem Austritt aus der Partei für eine relativ eigenständige schweizerische kommunistische Partei. Leicht hat die Moskauer Zentrale das Leben ihren Anhängern in Basel nicht gemacht. Sie griff der Schweizer KP zwar finanziell kräftig unter die Arme, verlangte dafür aber strikten Gehorsam gegenüber dem jeweiligen Kurs der Kominternleitung. Der Gehorsam soll so unbedingt gewesen sein, dass der Chefredaktor des Parteiorgans, Robert Krebs (1898–1982), seine Leitartikel nach dem Diktat eines hinter ihm stehenden Abgesandten aus Moskau oder Berlin in die Schreibmaschine tippte.[1022] Die Schimpfwörter, die die Kommunisten in Zeiten heftiger Konfrontation ihren sozialdemokratischen Genossen im Rat zuriefen, stammten allerdings aus ihrem eigenen Sprachschatz.[1023]

Als 1941 der Bundesrat kraft seiner Vollmachten die schweizerische KP verbot, verschwanden die Kommunisten aus den Ratssälen – in Basel zählte man damals 15 kommunistische Grossräte –, sie lebten aber ungeschoren weiter und waren drei Jahre später wieder alle da. Die zweite Epoche kommunistischer Aktivität begann 1944. Als die siegreiche Rote Armee die deutschen Heere aus Russland zurückdrängte und zum Sturm auf das nationalsozialistische Deutschland ansetzte, erstand in der Schweiz, unbehelligt vom Bundesrat, die «Partei der Arbeit» (PdA). Der Name hatte gewechselt; Kader und Fussvolk bildeten freilich die ehemaligen Kommunisten.

«Partei der Arbeit»

Schon im März 1944 gewann in Basel eine «Liste der Arbeit» 18 Mandate im Grossen Rat. «Eine neue Zeit ist angebrochen; sie wird die alte wegfegen, die Stunde der sozialen Befreiung kommt», schrieb damals der Redaktor der Zeitschrift «Sozialismus».[1024] Der Erfolg in den Wahlen von 1947 schien die Prognose zu bestätigen; die PdA wurde nach den Sozialdemokraten die zweitstärkste Fraktion im Basler Parlament. Und wieder lieferten sich Sozialdemokraten und Kommunisten Rededuelle im Grossen Rat, wobei der sozialdemokratische Regierungsrat Gustav Wenk den Genossen zur Linken einmal zurief: «Die Demokratie ist zwar die Staatsform der Geduld, sie ist aber nicht die Staatsform des Selbstmordes!»[1025] Der Aufstand des ungarischen Volkes gegen die sowjetische Macht erschreckte schliesslich auch die linientreuen Kommunisten. Freiwillige Rücktritte dezimierten ihre Fraktion auf sechs Mitglieder. Den weiteren Verlauf zeigt die graphische Darstellung: 1976 wird die PdA von der dritten Linkspartei, den progressiven Organisationen Basel (POB), eingeholt, 1980 gar überrundet.

Progressive Organisationen (POB)

Wenn man die Manifeste der POB, die seit 1972 eine Sektion der POCH (progressive Organisationen der Schweiz) bildet, liest[1026], erinnert man sich eines Satzes von Albert Oeri. Er schrieb 1933, als die schweizerische studentische Jugend in Unruhe geraten war: «Die Revolutionen der Jugend sind eigentlich die verständlichsten aller Revolutionen.»[1027] Die Rebellion der Basler Jugend begann mit einem «Meeting» der Studentenschaft im Juni 1968 auf dem Petersplatz als eine Vietnam-Demonstration. Rasch wurden die progressiven Organisationen der Studenten, Lehrlinge und Mittelschüler zum Sammelbecken aller Unzufriedenen, denen vor der Kehrseite des wirtschaftlichen Wachstums und den Atomkraftwerken graute. Laut verkündete diese neue Linke, sie habe den Glauben an das Können und den Willen der alten Parteien, die Welt zu verändern, verloren. Mit jugendlichem Schwung und teilweise idealistischem Elan begann sie den Marsch durch die Institutionen der schweizerischen Demokratie. Das bisher in Basel Erreichte ist – wie die graphische Darstellung zeigt – zu beachtlich, als dass die ältere Politikergeneration darüber nicht nachdenken müsste.

Landesring der Unabhängigen

Die Krisenjahre brachten ausser den «Fronten», die nicht hier, sondern später erwähnt werden sollen, noch eine neue Partei hervor.[1028] Da die Bezeichnung «Partei» in den Jahren heftigster Demokratiekritik verpönt war, nannte sie sich nach den altschweizerischen Landsgemeinden «Ring» und fügte hinzu: «der Unabhängigen». Die neue Partei war nicht auf baslerischem Boden gewachsen; sie war eine Schöpfung des Zürcher Grosskaufmanns Gottlieb Duttweiler (1888–1962), der 1935 als Nationalrat erfolgreich in die Politik eingestiegen war. Im Dezember 1936 wurde der «Landesring der Unabhängigen» konstituiert, und schon fünf Jahre später erlebte er in Basel einen spektakulären Erfolg. 1941 zogen 21 Unabhängige ins Basler Rathaus; ihre Fraktion war jetzt die zweitstärkste im Grossen Rat. Es ist viel über diese Wahlsensation geschrieben worden. War es der geschickte Reklameapparat, der dank Migrosgeldern die parteilich ungebundenen Wähler dem Landesring zuführte, oder war es das Verschwinden der kommunistischen Partei, deren Mitläufer weder bürgerlich noch in Menge sozialde-

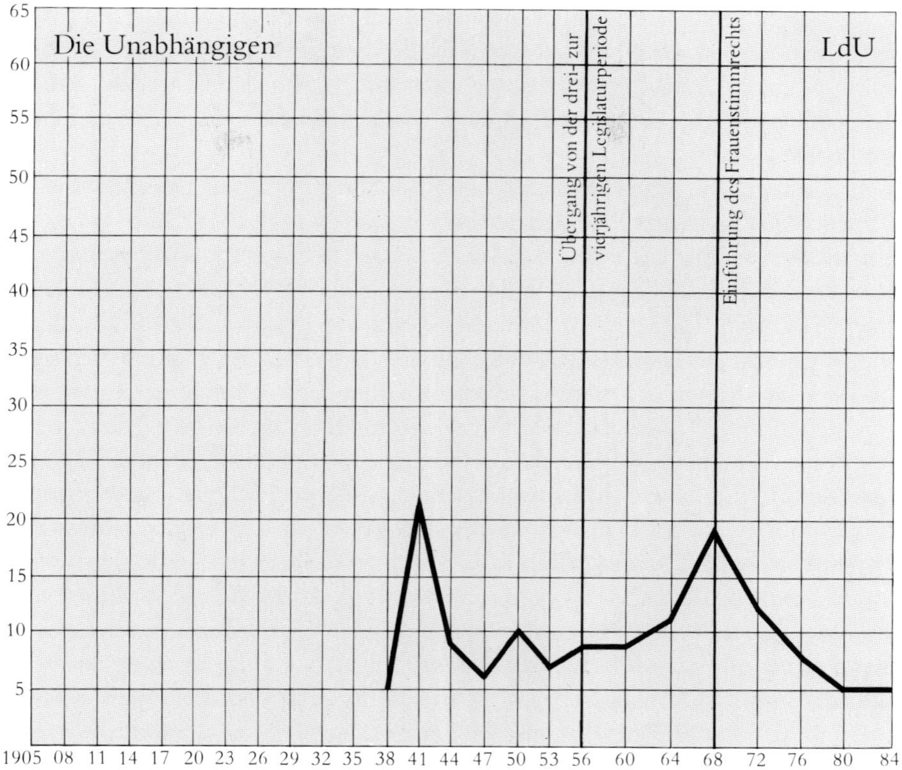

mokratisch wählten, sondern ihre Stimme einer Partei gaben, die den Kampf gegen die Trusts auf die Fahnen geschrieben hatte. Der Höhenflug dauerte freilich nur drei Jahre, dann kam der Abstieg zur kleinen Fraktion. Doch als die Frauen im Kanton Basel-Stadt zum ersten Mal Grossräte wählten, erreichte der Landesring erneut die Stärke der drei alten bürgerlichen Parteien.

Als wirkungsvolle Opposition wollten die Basler den Landesring im Parlament vertreten sehen, als mitregierende Partei haben sie ihn, im Unterschied zu Zürich, nie zugelassen. Fünfmal scheiterte der Versuch des Landesrings, in den Regierungsrat zu kommen. Doch in der Basler Nationalratsdelegation befanden sich von 1939 bis 1943 gar zwei Unabhängige.

Dem bösen Schlagwort der politischen Gegner, der Landesring sei die «Partei der organisierten Programmlosigkeit», setzt dieser die von Duttweiler geprägten Grundsätze entgegen, deren einer heisst: «Das Wohlergehen der breiten Volksschichten und die freie Aufstiegsmöglichkeit für alle haben als erste Sorge der Wirtschaftspolitik zu gelten.»

Trotz der temporär kleinen Zahl der Grossräte ist der Landesring als Zünglein an der Waage zwischen den bürgerlichen Parteien von grossem Einfluss gewesen.

Die Evangelischen

Zwischen Bürgerblock und Sozialisten stand seit 1920 die kleine Partei der Evangelischen; die Vertretung im Grossen Rat überstieg jahrzehntelang die Zahl fünf nicht. Aber ihr Einfluss war manchmal beträchtlich, ja, ebenfalls als Zünglein an der Waage ähnlich dem Landesring, wurde sie gelegentlich von rechts und links umworben.

Die Idee, «für einen Staat nach den Massstäben göttlicher Gerechtigkeit zu kämpfen», ist zwar nicht in Basel, sondern in der Zwinglistadt Zürich nach den Landesstreiktagen verkündet worden.[1029] Aber der geistige Führer und der Redaktor der «Evangelischen Volkszeitung» von 1920–1922, Professor Hermann Bächtold (1882–1934), wohnte in Basel, wo er den Lehrstuhl für allgemeine mittlere und neuere Geschichte an der Universität innehatte.[1030] Kriegs- und Nachkriegswirren lasteten schwer auf seiner Seele. Die Umgestaltung der politischen Verhältnisse schien ihm nur dann möglich, wenn das Trachten nach dem Reich Gottes die politischen Führer bei ihren Entschlüssen beherrschte. Für eine Reform der Wirtschaftsordnung hielt er weder den Liberalismus noch den Sozialismus für fähig. Besser werden könne es nur, wenn der Geist entschlossener Bruderliebe den Bürger ergriffen habe. Wenn solche hohen Ideen in den zwanziger Jahren auch wenig sichtbaren Einfluss auf die Basler Politik ausübten, einmal wenigstens hat das Volk zu einer konkreten Forderung der «Evangelischen» Stellung nehmen müssen. Doch wurde ihre Initiative für die staatliche Subvention der Privatschulen, wo der kommende Bürger als Christ erzogen werden sollte, im Februar 1923 stark verworfen. Seit 1948 nennt sich die ehemalige Evangelische Volkspartei, indem sie die Bezeichnung «Partei» absichtlich vermeidet, «Vereinigung evangelischer Wähler» (VEW).

Stimmbeteiligung

Wir haben unabhängig von der Chronologie der Basler Geschichte Auf- und Abstieg der Parteien, d.h. ihrer Grossratsfraktionen betrachtet. Am Schluss sei noch auf ein Phänomen hingewiesen, das die Politologen beunruhigt. In der ersten Hälfte unseres Jahrhunderts, in den bösen Zeiten der Weltkriege und der grossen Wirtschaftskrise, gingen jeweils 60–80% der Stimmberechtigten zur Urne. In den Wahlgängen 1967 (Nationalratswahlen) und 1968 (Grossratswahlen) sank die Wahlbeteiligung auf 49% und 47%, und seither bemühen sich immer weniger Basler an die Urne; 1980 taten dies noch 39%. Die Gründe dieser politischen Abstinenz sind gewiss komplex, aber in die Augen springt eine Tatsache: Wirtschaftlich harte Zeiten stärken den Willen des Bürgers «dabeizusein»; in den Jahren des steigenden Wohlstands ist es der Mehrheit gleichgültig, wer im Rathaus oder im Bundeshaus Gesetze macht und den Staatshaushalt überwacht.[1031]

Nehmen wir den Faden der Erzählung jetzt wieder auf und betrachten wir die wichtigsten Ereignisse der Basler Geschichte in der ersten Hälfte des 20. Jahrhunderts.

Der Maurerstreik 1903

Der erste grosse soziale Konflikt dieses Jahrhunderts, der Maurerstreik im April 1903, nahm ein Ausmass an wie in den vergangenen 35 Jahren kein Klassenkampf.[1032] Er schien der Regierung so bedrohlich, dass sie zum Schutze der freiwillig Arbeitenden und zur Aufrechterhaltung der Ordnung ein Bataillon Basler Truppen aufbot. Der Streik wurde nach wenigen Tagen abgebrochen und brachte den Bauarbeitern wenig Verbesserungen, aber zwei Nebenerscheinungen machen ihn doch denkwürdig. Von Allschwil marschierte ein Demonstrationszug italienischer Maurer und Handlanger zur Stadt. An der Delsbergerallee gebot ihm ein junger Leutnant mit einigen Soldaten Halt. Der Offizier – es war der spätere Regierungsrat Rudolf Niederhauser (1881–1966) – verhandelte mit dem Anführer der Streikenden, der den Ernst der Lage sogleich begriff und den Befehl zum Rückzug gab. Nicht ganz zwanzig Jahre später marschierte der gleiche Anführer wieder an der Spitze einer Demonstration, diesmal mit mehr Erfolg, denn er kam unangefochten – nach Rom. Er hiess Benito Mussolini.[1033]

Benito Mussolini

Der Streik hatte noch einen andern Nachhall. Wohl zum ersten Mal hörten die Besucher des Gottesdienstes im Münster am 20. April 1903 eine Predigt, in der ein Pfarrer nicht nur Verständnis für die streikenden Arbeiter zeigte, sondern die Ereignisse als «Vorboten der gewaltigen, weltumgestaltenden Kämpfe und Katastrophen» deutete. Die Predigt von Leonhard Ragaz hat einige Tage später – auch dies dürfte zum ersten Mal geschehen sein – der sozialistische «Basler Vorwärts» vollumfänglich abgedruckt.[1034] Die «gewaltige Katastrophe» liess aber noch einige Jahre auf sich warten und brach dann in einer andern Gestalt über die Völker Europas herein, als sie der Münsterpfarrer erwartet hatte.

Leonhard Ragaz

Zunächst schien die ruhige Entwicklung der Basler Sozialgesetzgebung trotz den jährlichen Streiks gewährleistet. Mit berechtigtem Stolz stellte die Basler Handelskammer im Jahresbericht 1907 fest: «Basel-Stadt ist durch die überaus volksfreundliche Ordnung seiner Steuern, seiner Schulen, seiner Armen- und Krankenpflege, seiner Wohlfahrtseinrichtungen im weitesten Sinn allen andern Städten und Kantonen schon um mehrere Kopflängen voraus.»[1035] Zum Optimismus berechtigte auch die wirtschaftliche Situation. Immer noch prosperierten die alten typischen Basler Industrien: Bandweberei, Schappe und Farbstoffe. Zu ihnen hatten sich eine kräftig expandierende Maschinen- und Elektroindustrie gesellt.[1036] Und die überragende Bedeutung des Verkehrsknotenpunktes Basel wurde für jedermann sichtbar in den monumentalen Bauten des Centralbahnhofs (1907), des Badischen Bahnhofs (1913)[1037] und den neuen Hafenanlagen für die Rheinschiffahrt, die 1914 einem neuen Transportrekord entgegensteuerte.

Sozialistischer Friedenskongress im Basler Münster 1912

Da kam im August 1914 die Katastrophe! Innerhalb von wenigen Tagen waren die fünf europäischen Grossmächte Deutschland, Österreich-Ungarn, Frankreich, Russland und England in einen Kampf auf Leben und Tod verwickelt. Unerwartet rasch hatte sich die Gewitterwolke entladen. Manche hellhörige Europäer aber hatten schon Jahre vorher den Sturm kommen sehen. Angesichts der drohenden Kriegsgefahr im Jahre 1912 hatte die sozialistische Internationale die europäischen Arbeiterorganisationen zu einem Friedenskongress nach Basel eingeladen.[1038] Die denkwürdige Versammlung erreichte ihren Höhepunkt, als am 24. November 1912 über 5000 Menschen ins Basler Münster strömten, um die Reden der führenden Sozialisten aus vielen Ländern anzuhören. «Auf ins Münster zu dem hoheitsvollen aller Gottesdienste, zum internationalen Friedensschwur», hatte der «Basler Vorwärts» einige Tage vorher geschrieben. Man kennt das magere Ergebnis jener Friedensdemonstration; der Glaube der Teilnehmer, es «werde da ein Stück Weltgeschichte gemacht», erwies sich als schöner Traum. Die Weltgeschichte hat vom Basler Friedenskongress keine Notiz genommen, aber in die Basler Geschichte eingegangen ist die Bewilligung der kirchlichen Behörden, besonders des Kirchenvorstands der Münstergemeinde, den «Roten» das Münster als Versammlungsraum zu überlassen. Primär mag wohl die Ansicht, jede Friedensdemonstration sei von Christen zu unterstützen, den damals in Basel viel diskutierten Entscheid der Münstergemeinde beeinflusst haben, doch wird mit Recht der «Durchbruch zu einer freundlicheren Wertung der Arbeiterbewegung durch die Kirche» festgestellt.[1039]

Basel im Ersten Weltkrieg 1914–1918

Den Ersten Weltkrieg (und ebenso den Zweiten) erlebte die Stadt Basel infolge ihrer Lage ganz anders und viel intensiver als alle andern grösseren Schweizer Städte.[1040] Hier hatte man den Krieg unmittelbar vor Augen, hier hörte man jahrelang den Kanonendonner von Istein und von den Vogesen, hier sah man die Scheinwerfer nachts den Himmel nach Flugzeugen absuchen und konnte – wozu viele Basler Lust verspürten – auf dem Margrethenhügel wie in einer Loge das Kriegstheater im Elsass verfolgen. Gelegenheiten, das Mitleid mit den Kriegsopfern zu bezeugen, gab es in den Basler Bahnhöfen bei der Durchfahrt der Verwundeten und Evakuierten beider Kriegsparteien. Die Stadt verwandelte sich in eine Garnison; Feldbefestigungen ringsherum machten sie zu einer Festung, in der sich Bewachungstruppen aus allen Gegenden der Schweiz regelmässig ablösten. Während man nach einigen Monaten – wie der Chronist des Basler Jahrbuchs fast empört festhält – gegenüber den Ereignissen im Kriegsgebiet abgestumpft war, wurde der tägliche Jammer über das eigene Schicksal immer lauter. Nach einer Friedenszeit von 43 Jahren war man schlecht auf einen so langen Krieg vorbereitet. Es fehlte anfänglich eine Rationierung der Hauptlebensmittel und der Brennmaterialien[1041], und besonders schlimm wirkte sich der gänzliche Mangel an erprobten Gesetzen aus, die den Soldaten während langer Dienstzeiten vor starken Lohneinbussen hätten schützen können. Fast hilflos stand man in den ersten Monaten dem Phänomen der kriegsbedingten Teuerung gegenüber, bis dann eine Flut von Geboten und Verboten auf kantonaler und eidgenössischer Ebene einsetzte. Zwar entfaltete sich nach alter Basler Tradition im ersten Kriegsjahr die Mildtätigkeit, um das Los der vom Krieg betroffenen Basler zu erleichtern. Den Mangel an frischem Elsässer Gemüse glich

Teuerung

man aus, indem man rings um die Stadt – und sie hatte damals noch mehr Grünflächen als heute – etwa 10 000 «Pflanzplätze» anlegte. Von einer Hungersnot konnte man nie reden, aber diejenigen Basler, die dienstlich oder privat in die innere Schweiz kamen, stellten empört fest, dass man andernorts frischeres Brot, mehr Eier und Milch bekam als in der äussersten Ecke des Vaterlandes.[1042] Hier stieg die materielle Not nämlich von Jahr zu Jahr und belastete die ärmeren Schichten ungleich mehr als den Mittelstand und die Oberschicht.[1043] 1917 setzte auch in Basel wie in allen grösseren Schweizer Städten die Spaltung des Volkes in zwei feindliche Lager ein. Der materielle Druck und die psychische Belastung der Massen führten schliesslich zur grössten Krise der neueren Schweizer Geschichte, zum Landesstreik vom 12.–14. November 1918.

Landesstreik 1918

Der Tag, an dem die führenden Köpfe der sozialdemokratischen Partei und der Gewerkschaften, vereinigt im Oltener Aktionskomitee, die Parole des unbeschränkten Landesstreiks ausgaben, war der 11. November. Am gleichen Tag hatten die kriegführenden Grossmächte das Feuer eingestellllt, kurz vorher waren «die Kronen über die Strasse gerollt», war das gesellschaftliche System unserer Nachbarn Deutschland und Österreich in wenigen Tagen zusammengebrochen; im Osten Europas hatten die Arbeiter- und Soldatenräte genau ein Jahr früher die Macht an sich gerissen. Jetzt schien für manchen sozialistischen Führer die Zeit reif, auch in der Schweiz die Machtverhältnisse durch einen politischen Wandel zu verändern. Das Ziel hatte das Oltener Komitee schon im März 1918 verkündet: «Der Kampf gegen die Not ist ein Teil des Kampfes um die Befreiung der Arbeiterklasse; in letzter Linie muss das Ziel die Beseitigung der kapitalistischen Ordnung sein.»[1044]

Hier müssen wir eine wichtige Bemerkung anbringen. Die Ereignisse im November 1918 und die damit wohl zusammenhängenden im August 1919 in Basel lassen sich auf Grund der heute zugänglichen Quellen weitgehend darstellen. Doch die Frage nach «Schuld» bzw. «Unschuld», nach «Recht» bzw. «Unrecht» veranlasst heute noch engagierte Historiker zu Plädoyers für das eine oder andere Lager. Wir halten die Diskussion für müssig und meinen, die Geschichte habe das Urteil selbst gesprochen. Die kurze Dauer des als «unbefristet» erklärten Streiks beweist, dass sich die Landesstreikführer über die geistige Verfassung des Schweizer Volks getäuscht hatten. Das heisst nicht, dass der Landesstreik wirkungslos gewesen wäre, denn Volk und Regierung haben aus dem Ersten Weltkrieg und der lebensgefährlichen Krise die Lehren gezogen. Den Zweiten Weltkrieg hat die Schweiz trotz wesentlich stärkerer Isolierung heil überstanden, und wenn wir nachher den zweiten weltgeschichtlich wichtigen Waffenstillstandstag schildern, wird man den gewaltigen Unterschied zum 11. November 1918 erkennen.

Kehren wir zu den Basler Ereignissen des Jahres 1918 zurück. Dem Landesstreik war in Basel ein Sturmzeichen vorangegangen. Am 20. Juni 1918 endete eine Protestversammlung gegen die Teuerung auf dem Marktplatz mit einem

Marsch von 200 erregten Jugendlichen auf den Barfüsserplatz und einem Sturm auf das Stadt-Casino.[1045] Die sozialdemokratische Partei verurteilte später die «Sonderaktion provokativer Elemente», aber das Bürgertum war aufgeschreckt. Als die Streikparole des Oltener Komitees bekannt geworden war, verlangte eine Delegation der bürgerlichen Parteien vom Regierungsrat das Aufgebot von Truppen für den Ordnungsdienst und den Schutz der Arbeitswilligen. Zwei von fünf Regierungsräten, die mit den beiden Sozialdemokraten gegen das Truppenaufgebot stimmten, der freisinnige Armin Stöcklin und der parteilose Fritz Mangold, haben deswegen einige Wochen später als Regierungsräte zurücktreten müssen.[1046] Die Streikparole wurde in Basel vom 12. bis zum 14. November 1918 fast von der ganzen Arbeiterschaft befolgt. Die Maschinen in den Fabriken standen still, die Strassenbahnen und die Eisenbahnzüge blieben in den Depots, und nach dem Einmarsch des Baselbieter Regiments 21 bot Basel das Bild einer besetzten Stadt, in der die Zivilgewalt weitgehend an das Militär übergegangen war.

«Bürgerwehr»

Ein Novum in diesen Streiktagen war das Auftreten einer zivilen, nicht bewaffneten, aber militärisch organisierten «Bürgerwehr», für die sich etwa 6000 männliche Basler eingeschrieben hatten. Die zwei, in Basel eigentlich drei Streiktage verliefen ohne heftige Zusammenstösse zwischen Militär und Streikenden, aber die Frage nach der Berechtigung dieses Streiks spaltete Volk und Behörden in zwei feindliche Lager. Am 14. November kam die Nachricht von der bedingungslosen Kapitulation des Oltener Komitees. Nur widerwillig fügten sich die ca. 1800 Basler Arbeiter dem Abbruchentscheid, was den «Basler Vorwärts» am 15. November zu der Drohung veranlasste: «Der Kampf ist beendet, wir rüsten zum nächsten.»[1047] Andere Konsequenzen zogen die Führer des «Nationalen Blocks». In ihrem Aufruf vom 20. November heisst es: «Die Stunde erfordert Versöhnlichkeit und nicht Verschärfung der Gegensätze. Wir fordern darum die Inhaber aller Betriebe auf, keinerlei Sperren und Entlassungen eintreten zu lassen. Vergessen wir nie, dass weite Kreise unseres Volkes schweren Mangel gelitten haben und noch leiden und dass mit der Abwehr des Generalstreiks diesem Mangel nicht abgeholfen ist. Das Schweizer Volk besitzt den Willen ..., sein Wirtschaftsleben auf verfassungsmässigem Wege im Interesse des arbeitenden Volkes umzugestalten und auszubauen.»[1048]

Anderer Auffassung waren einige Führer der Arbeiterschaft. Während der Grosse Rat verschiedene Arbeiterbegehren erfüllte und Geld für Notstandsarbeiten bewilligte, entwarf der militante Friedrich Schneider das «Basler Aktionsprogramm». Auch nach dem misslungenen Landesstreik waren er und die Genossen Dr. Wieser und Dr. Welti nicht zur Kompromisspolitik bereit. «Als Marxisten werden wir den Entscheidungskampf zur Erringung der politischen Macht aufnehmen, wenn die innenpolitische und vor allem die internationale Situation günstig erscheint», verkündet dieses Basler Aktionsprogramm.[1049] Innenpolitisch schien die günstige Gelegenheit gekommen, als Ende Juli 1919 in der Färberei Clavel und Lindenmeyer ein Konflikt um die Einstellung eines nicht genehmen Meisters ausbrach.[1050] Die Unternehmer schlossen die Fabrik, der Textilarbeiterverband unterstützte die Ausgesperrten. Als das schiedsgerichtliche Verfahren keine Lösung brachte, schlossen sich schliesslich alle organisierten

Streik von 1919

Arbeiter Basels dem Streik an. Vom 31. Juli an bot Basel das gleiche Bild wie im November 1918, ja die Lage erwies sich sogar als schlimmer. Wieder forderte der Regierungsrat vom Bund ein Aufgebot von Truppen, wieder zirkulierten Lastwagen mit Maschinengewehren durch die Strassen, um Ansammlungen von Demonstranten zu zerstreuen, und diesmal fielen im Kleinbasel jene fatalen Schüsse, die fünf Opfer forderten. Nach wenigen Tagen bröckelte die Streikbereitschaft ab; am 10. August war der Machtkampf zu Ende. Regierung und Militär hatten härter zugegriffen als im Landesstreik.[1051] Die Staatsarbeiter, die sich am Streik beteiligt hatten, wurden mit Geldbussen bestraft. Auf bürgerlicher Seite und bei der Arbeiterschaft motteten Verbitterung und Feindschaft noch 15 Jahre lang, manchmal offen, manchmal latent, weiter, bis die grosse Krise der dreissiger Jahre und die Bedrohung durch das nationalsozialistische Deutschland die Basler Parteien zum gemeinsamen Handeln zwang. Innerhalb der Arbeiterbewegung aber kam es zu jener Spaltung zwischen Sozialdemokraten und Kommunisten, die wir oben (S. 356 ff.) beschrieben haben.

Zwischenkriegszeit 1919–1939

Fast genau 20 Jahre nach dem Ende des Ersten Weltkriegs stürzte die Welt in einen neuen grossen Krieg. Die Zeit zwischen den beiden Weltkriegen wird in der Industriestadt Basel von der weltweiten ökonomischen Depression geprägt. Vom Wellengang der internationalen Wirtschaft beherrscht, schwankt die Kurve, welche die fetten und die mageren Jahre anzeigt, auf und ab. Der Pegel der Konjunktur oder der Krise ist im 20. Jahrhundert die Anzahl der Arbeitslosen. In der Zwischenkriegszeit sank ihre Zahl im Jahr 1929 auf den niedrigsten Stand. Da kündete der Börsenkrach am 29. November 1929 in New York den Ausbruch einer weltweiten Wirtschaftskrise an. Sie griff im Jahr 1930 auf Europa über, lähmte das Geschäftsleben in einem nie gekannten Ausmass und trieb bekanntlich in Deutschland die Millionenheere der Arbeitslosen in die Arme

Arbeitslosigkeit

Hitlers. In Basel standen sie Schlange vor dem kantonalen Arbeitsamt an der Utengasse, wo man die staatliche Unterstützung von ca. drei Franken gegen einen Stempel bezog. Darum nannte man diese «Tätigkeit» der vornehmlich jungen Männer «stempeln gehen». Ihre Zahl stieg von ca. 4200 im Jahr 1933 auf 6400 anno 1936 (Jahresmittel) und erreichte den höchsten Stand mit 7600 im Februar 1936.[1052] Menschlicher als aus allen Zahlen spricht die Not dieser jungen Männer aus einem Gedicht des Baselbieter Dichters Traugott Meyer[1053]:

«Arbetslos

Si hangt au über eusem Huus
Wie Wättergwülch, die bösi Zyt.
Nümm lang ... si leert und ladet uus,
Bis alles möltsch am Bode lyt.

I wärdi einisch d'Stütze sy,
So hei si glaubt. Und i bi dra!
Es Gspängscht goht aber uus und y,
Stiert eim us allen Eggen a.

Und bi doch jung! Und ha zwo Händ!
Für was? Für wär? ... I frog und suech
Und suech und frog ... und putsch a Wänd:
Kei Arbet meh! ... Jung sy, e Fluech!

E Fluech, wo sackschwer uf is lyt.
Wie Zange hebt. Kein chunnt meh druus!
's isch gnue! 's isch übergnue ... und Zyt!
Mer gheien um! Lad ab! Leer uus!

Wie hat der Kanton Basel-Stadt auf die steigende Flut der ökonomisch Bedrängten reagiert? Wie alle Kantone hatte er im 20. Jahrhundert nach und nach die Fürsorgeinstitutionen und die Arbeitslosenversicherung ausgebaut und durfte 1939 immer noch wie 1907 den Ruhm beanspruchen, an der Spitze in der Schweiz zu stehen. Ende der 1930er Jahre floss der fünfte Teil aller Staatsausgaben den sozialen Werken zu. Das 20. Jahrhundert ist in dieser Hinsicht nicht hinter dem 19. zurückgeblieben, aber die helfende Hand bot immer mehr der Staat, während die freiwilligen Leistungen der wohlhabenden Basler aus verständlichen Gründen stets kleiner wurden.

Zwei Pionierwerke der Zwischenkriegszeit sind nun ausführlicher zu schildern, denn sie sind Marksteine in der Basler Sozialgeschichte; die kantonale Altersversicherung und der «Arbeitsrappen».

Kantonale Altersversicherung

Lange bevor die eidgenössische Alters- und Hinterlassenenversicherung Wirklichkeit wurde, hat der Kanton Basel-Stadt mit dem Gesetz vom 4. Dezember 1930 eine kantonale AHV geschaffen. Die Vorgeschichte dieses Sozialwerkes geht allerdings bis ins Jahr 1907 zurück, doch erst 1926 brachte eine Initiative der Radikaldemokratischen Partei für eine «Altersfürsorge» das immer wieder aufgeschobene Traktandum in die Realisierungsphase.[1054] Um den Finanzbedarf, der natürlich durch die Zahl der kommenden Rentner bedingt war, vorauszuberechnen, zählte man die über 70 Jahre alten Basler des Jahres 1925, nämlich 4340, und prognostizierte für das Jahr 1970 10 900. In Wirklichkeit erfreuten sich dann in diesem Jahr in Basel über 20 000 dieses Alters! Der Wahrheit halber muss man

Arbeitslose. Gemälde von Paul Camenisch (1893–1970), 1934/35.

die oft gehörte Behauptung, Basel-Stadt sei der erste Kanton mit einer obligatorischen Altersversicherung gewesen, korrigieren; Glarus und Appenzell-Ausserrhoden sind gesetzgeberisch vorangegangen. Trotzdem – das Gesetz betr. staatliche Alters- und Hinterlassenenversicherung war eine grosse Tat. Das Volk hat es im März 1931 mit grossem Mehr gutgeheissen. Seit dem 1. Juli 1932 bezogen nun männliche Rentner über 70 Jahre im Jahr 720 Franken, Frauen 600 Franken. Bemerkenswert ist der Unterschied zur eidgenössischen AHV: die Renten blieben für alle Bezüger gleich; die Prämien richteten sich nach dem Eintrittsalter in die Kasse: der Zwanzigjährige z.B. zahlte Fr. 5.20, der 49jährige – dies war das letzte Jahr, in dem ein Eintritt möglich war – Fr. 9.55 als Monatsprämie.

Schaffung des «Arbeitsrappens» als Basler Pionierleistung 1936

Der Basler Arbeitsrappen gilt im Urteil der Zeitgenossen als eine «grossartige Solidaritätsaktion», weil der Erwerbstätige zu Gunsten des Arbeitslosen ein

Opfer brachte; er sei auch eine «revolutionäre Tat», weil man auf eine in Basel noch nie verwirklichte Weise versuchte, der Not Herr zu werden.[1055] Neu war der Gedanke, dass der Staat nicht nur mit Unterstützungsbeiträgen den Bedürftigen helfen müsse, sondern selbst als grosser Auftraggeber die Wirtschaft ankurbeln sollte. Besonders von der Krise ergriffen waren alle Zweige des Baugewerbes. Ihm musste geholfen werden. Aber woher für grosse Bauten das Geld nehmen, wenn die Staatsrechnungen seit 1931 mit Defiziten von vier bis sieben Millionen Franken schlossen? Wie wenig kreditwürdig der Staat schien, bewies der Misserfolg einer 22-Millionen-Anleihe im August 1935. Den neuen Weg, um zu Geld zu kommen, zeigte der Nationalökonom der Universität, Professor Edgar Salin (1892–1974), und mit ihm zusammen kämpften für die Idee der Präsident des Gewerbeverbandes, Dr. Gustav Bohny (1895–1967), und der Arbeitersekretär Christoph Bollinger (1892–1959).[1056] Die Lösung sah so aus: Der Staat sollte ausserhalb seines normalen Haushalts 24 Millionen Franken aufnehmen und die Amortisation und Verzinsung durch eine Extrasteuer sichern. Diese Extrasteuer, von den Gegnern sogleich als «Negersteuer» verschrien, wird in dem Gesetz so definiert: «Der Arbeitsrappen ist ein Opfer der in Arbeit stehenden Bevölkerung zu Gunsten der Arbeitslosen.» Das Gesetz war auf zehn Jahre befristet. Gleichsam als Gegenleistung der Unternehmer und des Gewerbes wurden die eben ausgehandelten Gesamtarbeitsverträge im Baugewerbe garantiert, d.h. der Arbeiter wurde dadurch vor einem einseitigen Lohnabbau geschützt. Zu den in den folgenden Jahren verwirklichten sogenannten «Rappenbauten» gehören unter andern das rechtsrheinische zweite Hafenbecken samt Verwaltungsgebäuden sowie das Kinderspital; andere Gebäude wie die Taubstummenanstalt, die Schule des Kaufmännischen Vereins, das Radiostudio, wurden mit 15% der Baukosten aus dem Arbeitsrappenfonds subventioniert. Um die vielen ungelernten Arbeitskräfte zu beschäftigen, wurden verschiedene Subventionen mit der Auflage belastet, die Baugrube «von Hand auszuheben». Die Arbeitsrappenerträge von rund 40 Millionen Franken in zehn Jahren erlaubten nicht nur die Amortisation der ersten Anleihen, sondern liessen am Ende der Aktion noch einen Fonds übrig, aus dem in den fünfziger Jahren Altwohnungen subventioniert werden konnten. Das vom Grossen Rat fast einmütig beschlossene Gesetz – nur die Kommunisten hatten dagegen gestimmt – wurde in der Volksabstimmung vom 4. Oktober 1936 mit 13 659 Ja gegen 12 057 Nein angenommen. Der Solidaritätsgedanke hatte gesiegt, freilich nicht besonders glanzvoll!

«Rote» Regierungsmehrheit

Es ist ganz natürlich, dass Wirtschaftskrisen, in denen die Bedrängten eine Hilfe vom Staat erwarten, die politische Szene gründlicher verändern als die guten Zeiten. In Basel geschah dies in den Regierungs- und Grossratswahlen im März und April 1935. Nach einem ungewöhnlich heftigen Wahlkampf zogen die vier Sozialdemokraten Fritz Brechbühl (1887–1963), Fritz Ebi (1889–1961), Fritz Hauser (1884–1941) und Gustav Wenk (1884–1956) in die Exekutive ein. Zum ersten

Fritz Hauser

und letzten Mal in der Geschichte des 150jährigen Kantons Basel-Stadt wurde Basel während 15 Jahren von einer «roten Mehrheit» regiert. Da der Erdrutsch auch im Grossen Rat stattgefunden hatte, war der Regierung – mit Ausnahme der Legislaturperiode von 1941–1944 – auch die parlamentarische Unterstützung sicher. Weil in jenem Wahlkampf die Person und die Amtsführung des Vorstehers des Erziehungsdepartements Dr. Fritz Hauser im Feuer stand, muss seiner hier kurz gedacht werden.[1057] Es ist bezeichnend für den Basler Stadtstaat, dem man oft einen stockfinsteren Konservatismus vorwirft, dass der Sohn eines deutschen Schneidergesellen zu den höchsten Ämtern – Hauser war auch Nationalrat – aufsteigen konnte. Es ist aber auch für Hauser, den gewiegtesten Vertreter der Sozialdemokratie, charakteristisch, dass er in diesem Staat nicht nur einen idealen Tummelplatz für seine grosse Begabung fand, sondern ihm mit einer Hingabe diente, die seine letzten Kräfte bis zu seinem frühen Tod aufgezehrt hat. Die von ihm geschaffenen Gesetze für das Schulwesen (1929) und die Universität (1937) sind noch heute gültig, und die für das Niveau der Lehrerbildung so wichtigen Institutionen wie das Kantonale Lehrerseminar und die «Basler Schulausstellung» (heute ULEF) sind ebenfalls seine Werke. Selbst seine politischen Gegner – und er hatte deren nicht wenige – anerkannten in ihm den «ganz hervorragenden Verwaltungsmann»[1058], der zwar nicht nach altbaslerischer Art den Franken dreimal umdrehte, bevor man ihn ausgab, denn «Sparen ging ihm wider den Strich».[1059] Als sichtbarste Zeugnisse künden das Kunstmuseum und das Kollegiengebäude am Petersplatz von der Grosszügigkeit der Ära Hauser. Man kann sich mit Recht fragen, ob diese beiden Kulturpaläste je gebaut, so gebaut worden wären, wenn man in den letzten Friedensjahren aus finanziellen Erwägungen die Erfüllung alter Basler Wünsche verzögert hätte.

Mit der Wahlschlacht im Jahr 1935 war der Siedepunkt der Klassenkampfatmosphäre in Basel erreicht. Nun folgten deutliche Signale einer Veränderung des politischen Klimas: das Arbeitsrappenwerk; die Beschlüsse des Parteitages der Schweizerischen sozialdemokratischen Partei, die zur «Klassenpartei» Nein und zur Landesverteidigung Ja sagte; die bekannten Friedensabkommen zwischen Unternehmern und Gewerkschaften. Statt Konfrontation suchte man jetzt zur Rechten und zur Linken die Verständigung. Es war allerhöchste Zeit, denn am europäischen Himmel waren wie 1912 dunkle Wolken aufgezogen, die den kommenden Sturm verrieten. Die militärische Aufrüstung Deutschlands machte einen Krieg immer wahrscheinlicher. Man begann sich in der Schweiz und in Basel zu wappnen. Dazu gehörte die klare Distanzierung von den Extremisten rechts und links. Mit einer freilich knappen Mehrheit stimmte das Basler Volk am 27. November 1938 dem Ausschluss der Kommunisten und der Mitglieder anderer staatsgefährlicher Organisationen aus dem Staatsdienst zu.[1060] Zu diesen «staatsgefährlichen Organisationen» zählte der Regierungsrat auch den «Volksbund» = Nationalsozialistische Schweizer Arbeiterpartei und die «Nationale Front».[1061] Unter dem Einfluss der nationalsozialistischen Machtergreifung in Deutschland hatte sich in Basel – nach einigen Streitereien mit den «Fronten» – der «Volksbund» gebildet. Ihr Führer, Ernst Leonhardt (1885–1945), ein Kaufmann mit rhetorischen Fähigkeiten, versammelte seine Anhänger unermüdlich um sich. Aber trotz gelegentlichen Schlägereien und «Sieg-Heil-Rufen» vor dem Haus des Führers an der Furkastrasse hinterliessen die Basler Nazi keine Spuren in der Stadtgeschichte. Nie haben sie – dies im Unterschied zu Zürich und Schaffhausen – in Basel versucht, ein Mandat im kantonalen Parlament zu erringen. Ihre Zahl schätzt man auf höchstens 400 Mitläufer.[1062] Aber tausend erklärten wenige Wochen nach der Machtergreifung Hitlers ihren Beitritt zu einer Organisation, die «mit den Waffen des Geistes gegen den Geist der Waffen» kämpfen wollte. Im Mai 1933 fand im grossen Musiksaal eine Kundgebung für «Frieden und eine europäische Völkergemeinschaft» ein solches Echo, dass der Initiant, Dr. Hans Bauer (*1901), mit Gleichgesinnten die heute noch bestehende «Europa-Union», die schweizerische Bewegung für die Einigung Europas, ins Leben rufen konnte. Es musste die Katastrophe des Zweiten Weltkriegs über Europa hereinbrechen, bis die Nachkriegspolitiker die Idee in Taten umsetzten. In der Basler Historiographie ist jener idealistische Akt fast unbeachtet geblieben, aber 50 Jahre später nannte sie ein Basler Regierungsrat «eine der originellsten Leistungen, die im politischen Leben der Schweiz nachweisbar sind».[1063]

Frontistische Bewegung mit Ernst Leonhardt

Gründung der «Europa-Union»

Ein anderes Zeichen baslerischer Toleranz in einer intoleranten Zeit war die Wahl des grimmigen Kommunisten Emil Arnold (1897–1974) zum Präsidenten des Grossen Rates im Jahr des Kriegsausbruchs. Es ist immerhin zu ergänzen, dass sich der Grossratspräsident nach der Mobilisation der Armee zum Hilfsdienst gemeldet hat und mit der eidgenössischen Armbinde zu sehen war.[1064]

In den letzten Monaten vor Kriegsausbruch hat man in Basel nicht nur den Ernstfall vorbereitet, die Minen in den Rheinbrücken installiert und die vom Bundesrat verordneten Notvorräte angelegt, hier wurde auch in einer Veranstaltung der Neuen Helvetischen Gesellschaft von Bundesrat Obrecht am Tag nach der deutschen Besetzung Prags das Wort gesprochen, das aller Welt verkündete: «Jedermann muss wissen, dass dem, der uns angreift, der Krieg wartet. Wir werden nicht ins Ausland wallfahrten gehen, um Hilfe zu suchen, sondern wir werden uns selbst, auf uns selbst gestellt, unserer Haut zu wehren wissen.»[1065]

Kriegsbereitschaft

Errichtung einer Tanksperre in der Stadt während des Zweiten Weltkrieges.

Basel im Zweiten Weltkrieg 1939–1945

Bekanntlich musste sich die Schweiz auch im Zweiten Weltkrieg nicht «ihrer Haut wehren». Wieder ging das furchtbarste Gewitter des 20. Jahrhunderts um unser Land herum; ein Schicksal, das heute noch den damaligen Zeitgenossen wie ein Wunder erscheint. Auf den Kriegsschauplätzen wiederholten sich, nur mit wesentlich grösserer Wucht, die Ereignisse des Ersten Weltkriegs. Hingegen war die Situation der Schweiz militärisch und wirtschaftlich wesentlich schlechter, umschloss sie doch der Würgegriff einer einzigen Kriegspartei, der Achsenmächte, während fünf Jahren. Wenn sie trotzdem diese Kriegsjahre besser überstand als diejenigen von 1914 bis 1918, so darum, weil die Behörden – wir meinen damit alle eidgenössischen, kantonalen und kommunalen Institutionen – aus den Erfahrungen des Ersten Weltkriegs gelernt hatten. Es war z.B. dank der frühzeitigen Preiskontrolle möglich, die Teuerung auf ca. 50% zu beschränken; fünfundzwanzig Jahre früher hatte sie 100% betragen. Und ganz unschätzbar wichtig für die Moral und den Durchhaltewillen der mobilisierten Soldaten war die Einfüh-

Lohnersatz für Wehrmänner 1939

rung der «Lohn- und Verdienstersatzordnung» auf Bundesebene im Dezember 1939. Der Basler Oberstkorpskommandant Rudolf Miescher (1880–1945) charakterisierte dieses rasch realisierte Sozialwerk so: «Die heilvolle Wirkung dieser Einrichtung ist gar nicht hoch genug einzuschätzen; die Führer und Offiziere unserer Armee sind dadurch einer Sorge enthoben, die sie im letzten Krieg schwer belastet hat, und der einzelne Wehrmann ist an einer Fürsorgeanstalt berechtigt, die mit Armengenössigkeit nun auch gar nichts mehr gemein hat. Er kann die Einrichtung benützen wie ein Schulkind die öffentliche Schule.»[1066]

Temporärer Exodus 1940

Wenn man fragt, wie sich die Bevölkerung der am meisten bedrohten Schweizer Stadt im Zweiten Weltkrieg verhalten habe, so darf man heute feststellen: Sie war im grossen und ganzen nicht tapferer und nicht kopfloser als das übrige Schweizervolk – mit einer Ausnahme. Als am 14. Mai 1940 der schweizerische Nachrichtendienst im südlichen Schwarzwald Truppenansammlungen der deutschen Wehrmacht beobachtet hatte, woraus man auf einen unmittelbar bevorstehenden Angriff auf die Schweiz schloss, bemächtigte sich der Basler Bevölkerung eine Nervosität, ja teilweise eine Panik. Viele Tausende, alte Leute, Frauen und Kinder, verliessen die Stadt in langen Autokolonnen oder mit der Bahn Richtung Innerschweiz. Die Regierung hatte zwar keinen Evakuationsbefehl erlassen, den Exodus aber auch nicht verhindert. Die spätere Geschichtsforschung hat bewiesen, dass jene deutschen Manöver allein die Irreführung der Franzosen bezweckten, dass kein Angriff auf die Schweiz vorbereitet war, doch konnte dies im Mai 1940 kein Mensch wissen.[1067] Darum bleibt das Urteil des damaligen Regierungspräsidenten Carl Ludwig (1889–1967) wohl zu Recht

«Exodus» eines Teils der Basler Bevölkerung in den Maitagen 1940. Andrang in der Schalterhalle SBB.

Soldaten beim Wachtdienst vor dem Letziturm im Zweiten Weltkrieg. Farblithographie von Niklaus Stoecklin (1896–1982). ▷

bestehen: «Es ist absolut ungerecht und unbegründet, wenn nachträglich gegen diejenigen, die am 14. und 15. Mai ihre Frauen, Kinder und alten Leute von Basel weggeschickt haben, irgendwelche Vorwürfe erhoben werden. Im Gegenteil, Militär- und Zivilbehörden haben diese Absicht durchaus begrüsst. Denn wenn es zum Kampf in der Stadt gekommen wäre, so hätte die Anwesenheit von Greisen, Frauen und Kindern zu den allergrössten Schwierigkeiten führen müssen.»[1068]

Die in der ganzen Schweiz kriegsbedingten Massnahmen: Rationierung der Lebensmittel, der Textilien, der Brennmaterialien, die «Anbauschlacht», die Altstoffsammlungen, die Verdunkelung hat das Basler Volk so gewissenhaft unterstützt oder so geduldig ertragen wie alle andern Schweizer. Davon ist hier nicht ausführlich zu reden. Hingegen liegen auf dem Gebiet der geistigen Landesverteidigung die Zeugnisse einiger Basler vor, in denen noch etwas vom traditionellen Geist des christlichen Basel atmet. Wir zitieren ihrer drei: Albert Oeri, Ernst Staehelin, Karl Barth. Wie Albert Oeri, der Chefredaktor der «Basler Nachrichten», auf die Versuche des Politischen Departements, die Schweizer Presse 1940 an eine kurze Leine zu nehmen, reagiert hat, enthüllt ein (erst viel später bekannt gewordener) Brief vom 24. Juli 1940 an den Bundesrat. Oeri bezweifelt darin die Festigkeit des Bundesrats, dem deutschen Druck mutig entgegenzutreten; offenkundige Schwäche verleite aber das triumphierende deutsche Reich zu weiteren Druckversuchen, in der Hoffnung, «der Apfel falle selbst vom Baum»; das Zeugnis des Widerstands aber werde Deutschland aus sehr rationalen Überlegungen davon abhalten, die Schweiz zu okkupieren. Dieser Widerstandswille müsse deutlich proklamiert werden, und dies sollte durch eine nicht gemassregelte Presse geschehen. Der Brief, der die Seelenstärke des Schreibenden offenbart, schliesst so: «Mein persönliches Schicksal ist mir ganz gleichgültig. Ich bin fünfundsechzig Jahre alt, habe ein glückliches Leben hinter mir und erwarte nicht den geringsten Anspruch darauf, dass es mir in meinen alten Tagen besser gehe als unzähligen braven Leuten, die durch die Weltereignisse unter die Räder geraten sind. Auch bin ich ein gläubiger Christ und schon darum nicht ängstlich für meine Person.»[1069]

Geistige Landesverteidigung

Albert Oeri (1875–1950).

Ernst Staehelin

Das zweite Zeugnis baslerischen Widerstandsgeistes wurde am 1. August 1940 an der Bundesfeier auf dem Münsterplatz verkündet. Der Theologieprofessor Ernst Staehelin (1889–1980) forderte die anwesenden Basler auf, in einer Zeit, in der eine Reihe von Völkern in Unfreiheit, Not und Kummer gestürzt worden seien, nach den letzten Grundlagen der schweizerischen Eidgenossenschaft zu suchen. Was haben die Schweizer dem überspannten Nationalismus gegenüberzustellen, fragte der Redner. Nicht einen ebenfalls fragwürdigen Schweizer Nationalismus, sondern etwas «Ewig-Gültiges». Das «Ewig-Gültige» sah Staehelin dokumentiert in der Einleitung des Bundesbriefs von 1291 «In nomine Domini». Jetzt gelte es, die überall in Misskredit geratene Demokratie aus der göttlichen Welt heraus zu erneuern. Von dieser hohen Warte aus rief Staehelin den Baslern, deren sich angesichts der Triumphe des deutschen Reichs Resignation zu bemächtigen begann, die Verheissung zu: «Nubicula est, transibit» (Es ist ein Wölkchen und geht vorüber)![1070]

Karl Barth

Der dritte Basler, der Theologe Karl Barth (1886–1968), hat am häufigsten und im Ton am schärfsten seine Stimme gegen den Defaitismus und die Kapitulation vor Hitlers Macht erhoben. Selbst durch den Äther erklang sein Wort, wenn das englische Radio die Weihnachtsbotschaften Barths an die Christen in Deutschland und Norwegen ausstrahlte. Hinterher wurde Barth wegen solchen Aktionen jeweils von den Behörden gerügt. Seine Reden, Aufsätze und die Briefe, die «unterirdisch» zu den Christen in den besetzten Ländern gelangten, sind nach dem Krieg veröffentlicht worden. Seinen Landsleuten interpretierte er das Wort «Eidgenossenschaft» so: «Keine Neutralität… kann daran etwas ändern, dass die Schweiz als solche und jeder Schweizer als solcher steht und fällt mit dem Eide, in dessen Kraft wir deren Glieder sind. Es steht in keinen Sternen und auch nicht in unserer Brust geschrieben, dass wir nicht Deutsche, Franzosen oder Italiener sein könnten. Wir haben es aber beschworen, wir haben uns vor Gott dafür verantwortlich gemacht, dass wir das alles, soviel an uns liegt, nicht werden, dass wir keine fremden Richter über uns haben, dass wir Schweizer sein und bleiben wollen.»[1071]

Wenn wir hier Zeugnisse nur von Baslern zitiert haben, so soll dies nicht bedeuten, dass nicht auch andernorts die Stimme der Humanität oder der christlichen Tapferkeit laut geworden wäre. Aber in der Grenzstadt Basel erklang sie damals in besonders kraftvoller Artikulation.

Bekanntlich ist in allen Büchern, in denen nach dem Krieg kritisch Rückschau auf die Schweiz jener Jahre gehalten wurde, immer wieder auf den schwarzen Fleck auf der weissen helvetischen Weste hingewiesen worden. Wir

Flüchtlingsfrage

meinen die «Flüchtlingsfrage». Ob die von den Bundesbehörden erlassenen Vorschriften über die beschränkte Aufnahme der an unserer Grenze Einlass heischenden Flüchtlinge richtig oder falsch, menschlich oder unmenschlich gewesen sind, bleibt bis heute noch umstritten. Das uralte Problem: Staatsräson und Menschlichkeit kann hier nicht erörtert werden. Tatsache aber ist es, dass die Polizeiinstanzen der Grenzkantone oft weniger den eidgenössischen Vorschriften gehorchten als ihrem Gewissen. Zu diesen menschlich grosszügigen Beamten ist auch der damalige Polizeidirektor von Basel-Stadt, Fritz Brechbühl (1897–1963), zu zählen.[1072]

Nachdem in den letzten Kriegsmonaten der nahe Schlachtenlärm, das Geheul der Luftschutzsirenen und ein Bombardement des Güterbahnhofs der Basler Bevölkerung nochmals drastisch das Kriegsgeschehen vor Augen geführt hatten, verkündete das Radio am 7. Mai 1945 mittags die Kapitulation der deutschen Wehrmacht. Wie anders verlief dieser Tag des Waffenstillstands, der 8. Mai 1945, als der 11. November 1918. Der Geschichtsschreiber kann im Leben eines Volkes so wenig glückliche Stunden schildern, dass es ihm gestattet sei, den vielleicht grössten Freudentag der neueren Geschichte Basels nach den Zeugnissen von Zeitgenossen zu beschreiben:

Kriegsende

«Die Geschäfte schlossen, das Erziehungsdepartement erklärte den Nachmittag schulfrei ... die Bevölkerung strömte zur Waffenstillstandsfeier, zu der die Regierung aufgerufen hatte, auf den Marktplatz ... Freudig leuchteten die Gesichter, leicht schlugen die Herzen ... der schwere Druck war gewichen ... Vom Balkon des Rathauses herab sprachen der Regierungspräsident Brechbühl, der Basler Divisionskommandant Iselin und der Rektor der Universität, Professor Henschen ... Kaum waren die Glocken um acht Uhr abends verklungen, erschienen auf dem Marktplatz Hunderte von freudetrunkenen Elsässern. Sie hatten die Grenzsperre am Lysbüchel durchbrochen, marschierten die Marseillaise singend und «Vive la Suisse» ausrufend in die Basler Innerstadt ... Der Krieg war wirklich zu Ende ... der Friede da, und die Grenze zum alten Nachbarn wieder offen ...»[1073]

Am 4. März 1945 wurde der Güterbahnhof Wolf durch die allierte Flugwaffe bombardiert.

32. KAPITEL DER KANTON BASEL-STADT 1945 BIS 1983

(MIT EINER HISTORISCHEN DARSTELLUNG SEINER ZENTRUMSFUNKTION ALS KULTURSTÄTTE DER REGIO BASILIENSIS)

Das letzte Kapitel unserer Basler Geschichte umfasst den Zeitraum von 1945 bis 1983. Die Aufgabe wird für einen Historiker, der diese Zeit miterlebt hat, nicht einfacher als die Darstellung früherer Jahrhunderte. Im Gegenteil, es wird trotz der unübersehbaren Fülle der Quellen, z.B. der Zeitungen und Jubiläumspublikationen, schwieriger, das Wesentliche, das, was den Augenblick überdauern wird, vom Kurzlebigen zu unterscheiden. Wir versuchen darum, eher die grossen «Fluida», die Strömungen, zu erkennen, als einzelne Ereignisse oder noch lebende Personen darzustellen.

Wirtschafts- und Bevölkerungswachstum

Zunächst begann unmittelbar nach Kriegsende eine Entwicklung, die kein Mensch vorausgesehen hatte. Noch kurz zuvor beschäftigten Volk und Behörden die Frage, was in einem wirtschaftlich ruinierten Europa geschehen werde. Und liess die Erinnerung an die erste Nachkriegszeit auch diesmal böse Krisenjahre erwarten, so erwiesen sich bald alle derartigen Befürchtungen als grundlos. Nicht nur erhielt die völlig intakte Basler Industrie massenhaft Aufträge aus dem Ausland; die wirtschaftliche Genesung Europas erfolgte dank amerikanischer Hilfe so rasch, dass nicht nur keine Massenarbeitslosigkeit auftrat, sondern dass der Industrie bald ein neues Phänomen zu schaffen machte: der Mangel an Arbeitskräften.[1074] Wieder, wie nach der Mitte des 19. Jahrhunderts, strömten aus den ländlichen Gegenden der Schweiz Scharen von Männern und Frauen in die Industrie- und Handelsstadt, und bald gesellten sich dazu Tausende von Italienern, Spaniern und Jugoslawen. Die statistischen Erhebungen liefern die genauen Zahlen: Von 1950 bis 1970 wuchs die Wohnbevölkerung dank dem sogenannten Wanderungsgewinn um rund 40 000 Menschen auf 212 000 Seelen in der Stadt, auf 234 000 im Kanton; Anfang der 1970er Jahre zählte man 40 000 ausländische Arbeitskräfte mit ihren Familien.[1075] Ihr Anteil an der Gesamtbevölkerung betrug 1969 17%, doppelt soviel wie 1959.[1076] Die Veränderungen, die dieses Bevölkerungswachstum mit sich brachte, kennt jeder Basler, der die Stadt aufmerksamen Blickes durchwandert. In manchen Strassen des Bläsi- und des St. Johann-Quartiers wechselten die Bewohner fast vollständig. Wo vorher an den Briefkästen vertraute baslerische Namen gestanden hatten, erschienen fremdländisch klingende; und in den Primarschulklassen einiger Schulhäuser standen die Lehrerinnen vor Problemen der sprachlichen Verständigung mit den Gastarbeiterkindern, auf die sie kein Seminar vorbereitet hatte.[1077] Angesichts der neuen Probleme entstand auch in Basel jene Partei, die in unserm Spiegel der etablierten Parteien und ihrer Abspaltungen wegen der erst kurzen Existenz nicht erwähnt worden ist; die «Aktion gegen Überfremdung» erreichte in den Grossratswahlen 1968 einen Wähleranteil von 2,3% und darum nur zwei Vertreter im Grossen Rat; aber 1972, mit der Listenbezeichnung «Nationale Aktion gegen die Überfremdung», waren es 8,1%, was der neuen Partei zu zehn Grossräten verhalf; 1984 sank diese Zahl auf sieben Grossräte.

«Aktion gegen die Überfremdung»

Das Wachstum der Bevölkerung schuf aber noch andere Probleme. Der Wohnraum, seit jeher im Kanton Basel-Stadt beschränkt, wurde noch knapper und der Boden immer teurer. Also förderte der Staat intensiv den sozialen Wohnungsbau. Schliesslich war der Raum, der einst zwischen den Stadtmauern und der Kantonsgrenze lag, ausgefüllt. Tausende verliessen die Stadt, weil nur noch in der Umgebung billigere und wohl auch gesündere Wohnungen erhältlich waren. Jetzt stieg die Bevölkerung im Kanton Basel-Landschaft kräftig an und übertraf im Jahr 1974 zum ersten Mal nach hundert Jahren wieder diejenige des Stadtkantons.[1078]

Sozialer Wohnungsbau

Man hat diese jüngsten Jahrzehnte wirtschaftsgeschichtlich schon als neue, dritte Phase einer weltweiten industriellen Revolution charakterisiert. Dass Basel daran mehr als jede andere Schweizer Stadt Anteil gehabt hat, verdankte es seinen alten Produktionsstätten. Die ältesten Industrien, die Bandfabrikation und die Schappe, verzeichneten allerdings nur in den ersten Nachkriegsjahren eine kurze Blüte, dann sanken sie bis zur Bedeutungslosigkeit ab oder liquidierten ihr Geschäft.[1079] Neuer Hauptpfeiler von Basels Wirtschaft wurde die Chemie, deren Anfänge im 19. Jahrhundert wir geschildert haben. Jetzt waren aus den bescheidenen Fabrikationsstätten im Kleinbasel und am Rheinufer die Weltfirmen Ciba, Geigy (seit 1970 Ciba-Geigy), Roche und Sandoz geworden. Lassen wir zur Veranschaulichung einige Zahlen sprechen: der Farbenexport erreichte 1974 seinen bisherigen Höhepunkt; 50 000 Tonnen verliessen die Fabriken, was einem Wert von 1 500 Millionen Franken entsprach.[1080] Hinter der typischen Basler Industrie traten die andern Produktionsstätten ertragsmässig zurück, doch arbeiteten auch die Maschinen-, Apparate- und Metallindustrie, die besonders in der Agglomeration angesiedelt waren, jahrzehntelang auf Hochtouren.[1081]

Chemie-Boom

Ebenso hat Basel seinen alten Ruf als Handelsstadt in der Nachkriegszeit gefestigt. Das Angebot an Arbeitsplätzen bei den Banken, den Versicherungen und Handelshäusern wuchs und absorbierte schliesslich ein Viertel aller Berufstätigen. Die mächtigste unter den vier Grossbanken, der Schweizerische Bankverein verzeichnete 1975 eine Bilanzsumme von 44,8 Milliarden Franken.[1082] Wenn man die Geschichte Basels als eines aufsteigenden Gemeinwesens gerne

Handel und Verkehr

mit dem Brückenbau von 1225 beginnen lässt, so hat die jüngste Zeit die internationale Verkehrsfunktion der Stadt zu Land, zu Wasser und in der Luft bestätigt. Zu den fünf Eisenbahnlinien, die seit dem 19. Jahrhundert Basel zustreben, kam ein Autobahnnetz, das hier die Nationalstrassen der Schweiz mit den Autobahnen Deutschlands und Frankreichs verbindet. Schliesslich brachte der Bau eines Flughafens im Elsass (im Ausland!) den Anschluss an das internationale Flugliniennetz.

Reichhaltiges Kulturangebot

Die wirtschaftlich fetten Nachkriegsjahre sind auch die «goldenen Jahrzehnte» für die Basler Kultur geworden. Private Initiative und staatliche Förderung haben ein so reichhaltiges Kulturleben erblühen lassen wie kaum in einer europäischen Stadt vergleichbarer Grösse. Prägnant ist diese Form der Kulturförderung in einem Verwaltungsbericht 1969 formuliert worden. «Nicht der Staat ist es, sondern die Gesellschaft, die das Kulturleben trägt . . . Dem Staat verbleibt die Aufgabe, die äusseren Bedingungen für das Kulturleben sicherzustellen, das freie künstlerische Schaffen im Rahmen seiner Möglichkeiten zu fördern.»[1083] Dieses Verhältnis bestand freilich in früheren Jahrhunderten nicht, obwohl künstlerische Taten in der Universitätsstadt seit dem Spätmittelalter immer wieder gefördert worden sind. Erst im 19. Jahrhundert nahm sich das Gemeinwesen der Kunst an, ohne indessen eine «Staatskunst» zu schaffen. Dieser historische Vorgang soll geschildert werden; der Rückblick auf die letzten 150 Jahre erhebt also nicht den Anspruch, eine Basler Kulturgeschichte zu sein. Deutlich aber soll daraus hervorgehen, dass der heutige hohe Stand ohne die Leistungen der früheren Generationen nicht möglich geworden wäre.

Musikpflege

Basel ist als ein Ort reger Musikpflege bekannt, obwohl hier das gleisnerische Gehaben gewisser Festspielorte, die von Zeit zu Zeit mit einem musikalischen Feuerwerk die Massen anziehen, fehlt.[1084] Dafür haben seine regelmässigen Konzerte im Münster, in der Martinskirche, im Musiksaal bei den Musikfreunden, seine Ausbildungsstätten für Musiker und seine Sammlungen bei den Musikwissenschaftlern internationalen Ruf. Musizieren galt im 18. und im beginnenden 19. Jahrhundert nicht nur als schöpferische Betätigung, sondern unter Umständen auch als Gottesdienst; Theaterspielen als eine weltliche Belustigung hingegen widersprach der Basler Frömmigkeit. Was damals in den Monarchien der Adel für die Förderung der Musik leistete, vollbrachten in der kleinen Republik die reichen Bürger. Der Seidenbandfabrikant Lucas Sarasin (1730–1802) zum Beispiel liess im «Blauen Haus» am Rheinsprung einen Musiksaal errichten. In die Geschichte eingegangen ist jenes Konzert im Januar 1814 mit Kaiser Franz I. am Violinpult, wozu der Hausherr Peter Vischer-Sarasin (1751–1823) seine Instrumente auslieh.[1085] Um die Mitte des 19. Jahrhunderts wurde dann das Haus des Bankiers Friedrich Riggenbach-Stehlin (1821–1904) der Mittelpunkt privater Basler Musikpflege. Dort wagte sich ein Gesangskränzchen von 25 bis 40 Singenden, dem auch Jacob Burckhardt eine

Zeitlang angehörte, an Chorwerke Bachs, Mendelssohns und Haydns.[1086] Solches Musikmäzenatentum ist auch im 20. Jahrhundert nicht erloschen, stellt doch ein Musikhistoriker fest, Basel sei durch Dr. Paul Sacher das Mekka der zeitgenössischen Tonkünstler geworden. Seit dieser Dirigent 1926 das Basler Kammerorchester ins Leben rief, gelangten viele Kompositionen in Basel zur Uraufführung.[1087] Man zehrte in Basel nicht nur von der Tradition, sondern öffnete sich auch dem Neuen mit seinen ungewohnten Klängen. Die jüngste private Schöpfung der Basler Musikkultur, die Paul Sacher-Stiftung mit der Sammlung von Partituren und Briefen der grossen Musiker des 20. Jahrhunderts, hat wohl nicht ihresgleichen in der Welt.

Paul Sacher

Mit der Demokratisierung des Basler Staates in der ersten Hälfte des 19. Jahrhunderts hängt es nun zusammen, wenn jedermann, der eine gute Stimme und Lust zum Singen hatte, Mitglied eines Chors unter kompetenter Leitung werden konnte. Im Mai 1824 begann der «Basler Gesangverein» als erster gemischter Chor der Schweiz unter der Leitung von Ferdinand Laur (1791–1854) mit etwa 30 Sängern seine Proben.[1088] Die Konzertprogramme des ersten Jahrzehnts enthalten heute vergessene Namen wie Romberg, Schneider, Neukomm, Rinck, aber schon im dritten Konzertjahr taucht Mozart auf; Händel, Haydn, Beethoven folgen immer häufiger, und am Musikfest 1853 erklingt unter dem Dirigenten Ernst Reiter (1814–1875) zum ersten Mal eine Kantate Bachs. In den 150 Jahren seines Bestehens hat der Basler Gesangverein das Ziel der Gründer, «in unserer Stadt den Sinn und die Empfänglichkeit für ernste, würdige und religiöse Tonkunst zu wecken und zu beleben», unter den Dirigenten Alfred Volkland (1841–1905), Hans Huber (1852–1921), Hermann Suter (1870–1926) und Hans Münch (1893–1983) gewiss erreicht.[1089] Unter den gleichen Dirigenten pflegten seit 1826 der «Basler Männerchor» und seit 1852 die «Basler Liedertafel» den Chorgesang aller Epochen und Sparten.[1090]

«Basler Gesangverein»

Das kostbarste «Musikinstrument» ist bekanntlich das Orchester. Basel besitzt seit 1969 zwei grosse Klangkörper: das «Basler Sinfonie-Orchester» und das «Radio-Sinfonieorchester», und seit 1926 einen kleineren, das «Basler Kammerorchester».[1091] Die sehr bescheidenen Anfänge gemeinsamen Musizierens liegen fast 300 Jahre zurück. Das «Collegium musicum», ein Liebhaberorchester, spielte damals jede Woche im oberen Kollegium der Universität an der Augustinergasse vor geladenen Gästen ohne vorherige Probe vom Blatt.[1092] Seit Mitte des 18. Jahrhunderts konnten sich die Musikfreunde auf diese Konzerte abonnieren; der Konzertbesuch wurde zum Gemeingut. Man ging hin, um zu sehen und gesehen zu werden; die Jugend benützte die Gelegenheit zum Schäkern. So schildert es eine satirisch-kritische Erzählung eines Unbekannten «Die Reise nach dem Concerte», aus dem Jahr 1755.[1093] Bis in die ersten Jahre des 19. Jahrhunderts galt der Konzertraum als ein öffentlicher, der Unterhaltung gewidmeter Ort. Doch dann hob sich das Niveau der Musiker und damit der Konzerte dank vortrefflichen, mitspielenden Dirigenten, die von auswärts nach Basel gezogen sind:

Entwicklung der Orchestermusik

Münsterkonzert. Lithographie von Burkhard Mangold (1873–1950), um 1920. ▷

Johannes Tollmann (1777–1829), Ernst Reiter (1814–1875), August Walter (1821–1896). Die Jahre 1826 und 1876 sind in doppeltem Sinn Marksteine des Basler Musiklebens geworden. Mit dem Bau des Stadtcasinos am Steinenberg 1826 kam Basel zu seinem ersten eigentlichen Konzertraum, und im gleichen Jahr nahm eine «Konzertgesellschaft» das Orchester in Obhut. 1876 wiederholte sich Ähnliches; Johann Jakob Stehlin der Jüngere baute den heute noch bestehenden Musiksaal neben dem Casino, und die «Allgemeine Musikgesellschaft» (AMG), ein Zusammenschluss älterer Konzertveranstalter, betreute von nun an das Orchester.[1094]

Felix Weingartner

Als «goldenes Zeitalter» des Basler Konzertlebens ist die Ära Weingartner in die Musikgeschichte eingegangen. Der geniale Interpret klassischer Musik, Felix Weingartner (1863–1942), dirigierte von 1927 bis 1935 die Symphoniekonzerte der Allgemeinen Musikgesellschaft. Als Initiant der Jugendkonzerte und der in gewissen Zeitabständen stattfindenden Musikfeste von internationaler Bedeutung wird man den Österreicher Weingartner in Basel nicht so schnell vergessen.

Von der «Allgemeinen Musikschule» zur «Musik-Akademie»

Eine qualitätsvolle Musikpflege ohne eine Ausbildungsstätte für Instrumentalisten und Sänger ist in der Neuzeit nicht mehr möglich. Im Jahr 1867 trat die «Allgemeine Musikschule» ins Leben.[1095] Der vor allem durch sein Gesangbuch «Lieder für Jung und Alt» bekannte Basler Waisenvater Johann Jakob Schäublin (1822–1901) hatte für die Idee einer Musikschule geworben; die schon mehrmals erwähnte «Gesellschaft zur Beförderung des Guten und Gemeinnützigen» (GGG) legte die materielle Grundlage, auf der die Schule rasch aufblühte. Zweimal änderte sie ihren ursprünglichen Namen, entsprechend den Aufgaben, die sie sich vornahm. Bei der Gründung hiess sie schlicht «Allgemeine Musikschule». Als ihr eine Berufsabteilung angegliedert wurde, bekam sie die Bezeichnung: «Musikschule und Konservatorium», seit 1954 nennt sie sich «Musik-Akademie». In jenem Jahr wurde ihr auch die 1933 von Paul Sacher gegründete «Schola Cantorum Basiliensis» als Ausbildungsstätte für alte Musik angegliedert. Heute ist das ehemalige Kind der GGG eine privatrechtliche Stiftung, also keine Staatsanstalt, aber ohne grosse Staatssubvention wäre sie nicht lebensfähig.

Die grossen Festspiele 1892 und 1901

Was in den 150 Jahren in den Konzerten der Allgemeinen Musikgesellschaft, des Basler Gesangvereins und der Basler Liedertafel erklungen ist, gehört dem Reich der Töne ohne Grenzen an und fand den Beifall der oberen Schichten. Die ganze Bevölkerung ergriffen jedoch nur jene baslerischen Eigenproduktionen, die für Festspiele aus Anlass historischer Gedenkfeiern komponiert wurden. Zweimal geriet, wie die Berichte festhalten, das Basler Volk in einen Rausch der Begeisterung: im Juli 1892 bei der Feier zur Erinnerung an die Vereinigung Gross- und Kleinbasels und im Juli 1901 bei der Jubiläumsfeier zum Gedenken an die Aufnahme Basels in den eidgenössischen Bund.[1096] Der Komponist der Festspielmusik, Hans Huber (1852–1921), war in jenen Tagen der populärste Mann in Basel. Grosser Beliebtheit erfreut sich bis in die Gegenwart auch die

«Musik zum Riehener Festspiel» (1923) von Hermann Suter (1870–1926). Der «Wettsteinmarsch» jenes Spiels ist – neben «Z Basel an mym Rhy» – eine allen Baslern bekannte Melodie geworden, womit durch ein Beispiel bestätigt wäre, was der Dichter Carl Spitteler behauptete: «Bedeutsame Ereignisse hinterlassen in Basel einen Trommelmarsch, wie anderswo ein Lied oder ein Epos.»[1097]

Nach dem Ersten Weltkrieg ging die (fast) «staatsfreie» Ära des Basler Musiklebens zu Ende. Damals wurde offenkundig, dass die privaten Vereine den wichtigsten Träger des öffentlichen Musizierens, das Orchester, nicht mehr aus eigenen Mitteln und den Konzerteinnahmen am Leben erhalten konnten. Der Staat musste eingreifen. Die 1921 gegründete «Basler Orchester-Gesellschaft» (BOG) zählte von Anfang an auf staatliche Hilfe.[1098] Und der Staat hatte wirklich «Musikgehör». Der 1921 erstmals ins Staatsbudget aufgenommene Beitrag von 100 000 Franken an die BOG erhöhte sich bis 1983 auf 12 Millionen Franken.

Die grossen Subventionsbeträge kamen allein den ausübenden Musikern zugute; die schöpferischen Komponisten gingen leer aus. Zur Förderung des musikalischen Schaffens nahm der Kanton Basel-Stadt als erster Schweizer Kanton 1931 auf Anregung von Professor Wilhelm Merian einen «Musikkredit» ins Budget auf.[1099] Er betrug im ersten Jahr 4000 Franken, 1983 30 000 Franken. Dank den Aufträgen der Musikkredit-Kommission entstanden seither viele originelle Tonschöpfungen, die von der Blasmusik bis zur Live-Elektronik alle Formen des Musizierens bereichert haben.

«Musikkredit» seit 1931

Es mag einen nicht mit den Basler Gewohnheiten vertrauten Leser erstaunen, wenn wir noch einer Tonkunst gedenken, die von fremden Hörern eher als «Lärm» qualifiziert wird. Wir meinen das Basler Trommeln. Trommeln ist keine Basler Erfindung; es war seit dem Mittelalter in den Städten (zusammen mit Querpfeife) als Begleitmusik zum Tanzen und auf den Landstrassen Europas als «Marschmusik» der Söldnerheere zu hören. Was das Basler Trommeln, «diese sonderbare Basler Affektion»[1100], vor allem andern Trommeln unterscheidet, ist die hochentwickelte Technik und die Vielfalt der hier geschaffenen Kompositionen, der sogenannten Märsche. Erst im 20. Jahrhundert, genau nach dem Festspiel von 1901, begann der qualitative Aufschwung vom landesüblichen militärischen Trommeln zur eigentlichen Trommelkunst. Trommelschulen vermittelten das handwerkliche Können, und Trommellehrer schufen dank einer genauen Notation geradezu Kunstwerke.[1101] Heute beherrscht das Trommeln, begleitet vom mehrstimmigen Piccoloklang, nicht nur akustisch die drei Fasnachtstage (siehe S. 391 ff.) und ist bei jedem öffentlichen Anlass unerlässlich; es ist sogar konzertreif geworden. Im «Geigy-Festival» von Rolf Liebermann (1958) wurde die Trommel als Soloinstrument eingesetzt. Die Aufführungen haben auch ausserhalb Basels das Konzertpublikum begeistert.[1102]

Trommelkunst

Theater

Neben der Musik, dem verwöhnten Lieblingskind der Basler Gesellschaft des 19. Jahrhunderts, erscheint die benachbarte Kunstgattung, das Theater, lange Zeit

fast wie ein Stiefkind. Natürlich liegt es in der Natur des Theaters, dass es mit seiner Bühne, seinen Kulissen, seinen professionellen Schauspielern und dem in Opern mitwirkenden Orchester viel grösseren Aufwand erheischt als der Konzertbetrieb. Die Geschichte des Basler Stadttheaters beginnt, wenn man von den älteren künstlerisch belanglosen Wandertruppenaufführungen im «Ballenhaus» absieht, am 6. Oktober 1834 mit der Eröffnung des Theaters auf dem «Blömlein».[1103] Noch mitten in den Trennungswirren hatte sich eine Gesellschaft von Theaterfreunden als Aktiengesellschaft konstituiert und vom Architekten Melchior Berri (1801–1854) auf dem Areal der alten Reitschule neben dem ehemaligen Steinenkloster für 90 000 Franken ein Theater mit 400 Sitzplätzen im neoklassizistischen Stil bauen lassen.[1104] Aber über diesem Theater, in dem bis 1875 gespielt wurde, strahlte nicht die Sonne fürstlicher Gunst wie in den deutschen Residenzen; der republikanisch-protestantische Stadtstaat glaubte mit der Schenkung des Bauplatzes und einem verzinslichen Vorschuss von 20 000 Franken genug für diese zweifelhafte Kunst getan zu haben. In der Stadt mit dem noch einheitlich reformierten Charakter fragten sich die Behörden nämlich lange, ob Theaterspielen überhaupt zu fördern sei oder nicht. Und als 1846 das bis dahin

Johann Jakob Stehlin d.J. (1826–1894) schuf am oberen Steinenberg mit dem Bau des Stadttheaters und der Kunsthalle ein bedeutendes städtebauliches Ensemble. Zeichnung des Architekten.

geltende Verbot, am Sonntag Theater zu spielen, gelockert wurde, ging für den frommen Basler eine jahrhundertalte Epoche strenger Sonntagsheiligung zu Ende wie 1875 für den konservativen Bürger eine politische Ära. Wenn sich dieses erste Basler Theater nur mühsam durch ein halbes Jahrhundert quälen konnte, so war ein verhängnisvoller Circulus vitiosus schuld: um die Leute ins Theater zu locken, musste der Direktor, der während einer ganzen Spielzeit auf eigene Rechnung arbeitete, leichte Ware anbieten, sogar Zauberer und Athleten mitwirken lassen. Gerade diese Aufführungen hielten aber das ernsthafte Publikum, das literarische Kost suchte, davon ab, ins Theater zu gehen. «Alle Verhältnisse sind hier so schäbig als möglich», urteilte Jacob Burckhardt 1850 über das Basler Theater.[1105] Der wohl beste Kenner der älteren Basler Theatergeschichte, Ernst Jenny, sieht allerdings im damaligen zwiespältigen Ja und Nein zum Theater eine Äusserung baslerischer Lebensanschauung: «Man möchte fortschreiten mit der Zeit, man möchte sich begeistern für alles Grosse und hinter andern nicht zurückstehen in der Pflege des Schönen; aber da sind Berge von orthodoxen und pietistischen Hindernissen zu beseitigen; und sind die religiösen Bedenken niedergekämpft, so steht dem ungetrübten Genuss noch anderes im Wege: die schwerfällige, nicht zu naivem Lebensgenuss geschaffene Art.»[1106] Immerhin, die erste Unterstützung des Theaters durch die Stadtregierung fiel in die Zeit des Sonderbundskrieges und bestand aus 15 geschenkten Klaftern Eichenholz, einem Beitrag an die Heizungskosten.[1107] In der Spielsaison 1866/67 öffneten Staat und Stadtgemeinde ihre Hand; die erste Subvention betrug 5000 Franken, ein Zeichen des Wandels, den wir dem Wachstum der Bevölkerung und der damit verbundenen gesellschaftlichen Veränderung zuschreiben.

Theaterbau 1875

Aufblühen konnte das Theater aber erst, als man 1875 in den neuen Bau von Johann Jakob Stehlin d.J. (1826–1894) am obern Steinenberg einziehen konnte und das Pachtdirektorensystem zu Gunsten eines festbesoldeten Direktors aufgab.[1108] Die Bausumme von 600 000 Franken hatten die Theaterfreunde, die «Gesellschaft für das Basler Stadttheater», aufgebracht. Nun flossen die staatlichen Gelder reicher. Von 1875 bis 1904, dem Jahr, in dem das Theater ein Raub der Flammen wurde, stiegen sie von 12 000 auf 55 000 Franken. Im Zeichen der freisinnigen Bildungsideale sollte der Theaterbesuch dem ganzen Volk ermöglicht werden; man hatte den Bildungscharakter dieser Institution erkannt. Dass man aber noch weit vom Theater für das «Volk» entfernt war, beweist die Form des Zuschauerraums mit den vier Rängen, womit – so der Architekt Stehlin – «eine gewisse, den hiesigen Anschauungen entsprechende Verteilung der Theaterbesucher» berücksichtigt sei.[1109] In dem so vornehm wirkenden barocken Innenraum gab es zwar 1400 Sitzplätze, aber nur knapp tausend boten eine gute Sicht

Theaterbrand 1904

auf die Bühne. In der Nacht vom 6./7. Oktober 1904 brannte dieses erste Theater am Steinenberg aus unbekannten Gründen aus. Erstaunlicherweise baute man, freilich nach hartem Abstimmungskampf, das barocke Standestheater mit all seinen Unzulänglichkeiten wieder so auf, wie es vorher gewesen war. Diesmal beteiligte sich der Staat an den Baukosten von 1,2 Millionen Franken mit rund 80% und seine jährliche Subvention stieg bis zum Jubiläumsjahr 1934 kontinuierlich bis auf 500 000 Franken. Aber die Theatergesellschaft war längst nicht frei von Sorgen. In der Jubiläumsschrift schrieb der Präsident der 1921 gegründeten «Genossenschaft des Basler Stadttheaters», Dr. Rudolf Schwabe (1883–1976), das Theater habe in den ersten hundert Jahren seines Bestehens in der Hauptsache nur Not und Kampf gekannt, und auch jetzt noch bekenne sich das Basler Publikum nicht zum Theater.[1110]

Wie sich die «fetten Jahre» nach 1945 auf das Theaterwesen ausgewirkt haben, steht heute vor jedermanns Augen. Das neue Basler Stadttheater, 1975 eröffnet, brach auch architektonisch völlig mit der früheren Bautradition. Aus dem Rangtheater wurde – wie die Theaterarchitekten sagen – das «demokratische Theater», das nicht nur allen Besuchern eine gute Sicht auf die Bühne versprach, sondern auch die gesellschaftlich trennenden Ränge wie die Foyers zu Gunsten offener Räume aufgegeben hat.[1111] Der kleine Stadtstaat Basel hat dafür tief in die Tasche greifen müssen; die Baukosten betrugen brutto 58,372 Millionen Franken.

Theaterbau 1975

Künstlerisch erfuhr nach dem Zweiten Weltkrieg ein bislang wenig gepflegter Zweig der Basler Theaterkultur eine unerwartete Blüte, das Ballett. Seine grosse Zeit begann 1955, als der Choreograph Wazlaw Orlikowsky nach Basel berufen wurde und unter seiner Regie grosse Ballettwerke, z.B. der «Schwanensee» von Peter Tschaikowsky, in ungekürzter Form getanzt wurden. Das damals Gebotene war so einzigartig, dass begeisterte Kritiker behaupteten, Basel sei ein «Mekka des Balletts».[1112] Noch heute zählt in der Fachwelt das Basler Ballettensemble, dank den Auslandstourneen nach Amerika und China international bekannt, zu den besten Vertretern der klassisch europäischen Tanzkultur.

Ballett

Immer noch, wie seit 150 Jahren, betreibt eine private Gesellschaft, die «Genossenschaft der Basler Theater», das Stadttheater und die dazu gemietete «Komödie». Das immer grössere Loch des Betriebsdefizits stopft allein der Kanton Basel-Stadt, obwohl etwa 40% der Theaterbesucher jenseits der Kantonsgrenzen wohnen und dort Steuern bezahlen.[1113] Der Aufwand für die Basler Theater wurde in der Staatsrechnung für die Saison 1983/84 mit 24,750 Millionen Franken verbucht. Und da solche Summen nicht wie in der Barockzeit aus der unkontrollierten Schatztruhe eines Fürsten stammen, sondern vom kantonalen Parlament bewilligt werden müssen, ist das Kulturinstitut «Theater» zu einem Politikum ersten Ranges geworden.[1114]

Basel als Kunststadt

Erst seit wenigen Jahrzehnten ziehen Basels Bühnen Scharen von Besuchern aus der Region an. Der Ruf Basels als Musikstadt ist, wie gesagt, wesentlich älter. Noch älter aber ist der Ruhm als Stadt kostbarer Kunstsammlungen. Durch Ankäufe des Staates, durch Geschenke von Firmen und Privaten sind in den Jahren der Wirtschaftsblüte diese Sammlungen stark bereichert worden. Das Beste

Biedermeierliche Kunstbetrachtung: Universitätspedell Emanuel Scholer erläutert den Besuchern die in der «Mücke» untergebrachten Werke der Öffentlichen Kunstsammlung. Aquarell von Hieronymus Hess (1799–1850).

haben aber doch wohl die früheren Generationen getan, weshalb wir ziemlich weit zurückblicken müssen.

Die Tage der Bilder zerstörenden Basler Reformation lagen 130 Jahre zurück, als der Rat 1661 auf Anregung des Bürgermeisters Johann Rudolf Wettstein und mit finanzieller Hilfe der Universität eine wertvolle Bildersammlung kaufte und sie damit vor dem Verkauf ins Ausland rettete. Es war fast ein Akt der Wiedergutmachung früherer Barbarei, denn es handelte sich um Ölgemälde, Zeichnungen und Holzschnitte, vornehmlich von der Hand Holbeins, aus dem Besitz der Familie Amerbach.[1115] Als die Bilder im Haus «Zur Mücke» am Schlüsselberg ausgestellt wurden, hatte Basel die erste öffentliche Kunstsammlung der Welt.[1116] Kein reisender Kunstfreund verliess Basel, ohne die Schätze der «Mücke» gesehen

zu haben.[1117] Eine zweite grosse Sammlung, das «Faesch'sche Museum», wurde 1823 Eigentum des Staates. Jetzt zwang die Raumnot die Behörden, ein neues Heim für die kunsthistorischen und naturwissenschaftlichen Sammlungen zu bauen. Es entstand jener stolze Museumsbau Melchior Berris an der Augustinergasse, in dessen zweitem Obergeschoss von 1849 an die alten Bestände, ergänzt durch Kunstwerke, die zur Eröffnung des Museums geschenkt wurden, bewundert werden konnten. Ein Glücksfall ohnegleichen für den Kanton Basel-Stadt war es, dass bei der Kantonstrennung die Kunstsammlungen nicht wie der Münsterschatz geteilt werden mussten, sondern die Stadt den Schatz gegen eine Entschädigung von 22 000 Franken an die Landschaft behalten konnte. Die Zahl der Schenkungen nahm im ganzen 19. Jahrhundert zu, und die Zinsen einer Stiftung ermöglichten den Ankauf zeitgenössischer Werke von Schweizer Künstlern, ohne dass der Staat öffentliche Gelder zuschiessen musste. Neben Hans Holbein d.J. war damals viel beachteter Höhepunkt der Sammlung der Saal mit den Gemälden Arnold Böcklins (1827–1901). Im Auftrag der Museumskommission malte dieser Künstler 1868/69 die monumentalen Fresken im Treppenhaus.

Arnold Böcklin

Wir haben schon erwähnt, dass 1936, in der Ära Fritz Hausers, die Kunstwerke im öffentlichen Besitz ihre dritte Unterkunft im Kunstmuseum am St. Alban-Graben gefunden haben. Stolz verkündet die Inschrift in Stein über der Eingangsfront: *«Die Stadt Basel den Werken der Kunst»*[1118].

Auch auf dem Feld der bildenden Kunst blieb man in Basel – wie in der Musik – nicht beim Sammeln längst anerkannter Werke stehen.[1119] In den dreissiger Jahren gelang es dem damaligen initiativen Direktor, Dr. Georg Schmidt (1896–1965), Werke der sogenannten entarteten Kunst zu kaufen.[1120] Den mutigen Schritt zu den Schöpfungen der jüngsten Zeit tat Basel mit der Errichtung des «Museums für Gegenwartskunst» im St. Alban-Tal. Die Christoph Merian Stiftung und die offene Hand von Frau Maja Sacher-Stehlin haben, ohne Staatshilfe, ein Haus für die modernste Kunst geschaffen, das als bemerkenswerte Leistung der Architektur selbst eine Auszeichnung erfahren hat.[1121]

Georg Schmidt

Mehr als 300 Jahre lang also zeigte Basel die Werke der toten Künstler in würdigen Ausstellungsräumen und bot damit dem kunstsinnigen Bürger die Möglichkeit, die Schätze der Vergangenheit geniessend zu betrachten. Doch um die lebenden Künstler kümmerte sich der Staat im 19. Jahrhundert – mit wenigen Ausnahmen, wie eben z. B. Böcklin – nicht. Auf diese Lücke der Kulturförderung machte im April 1919 die Gesellschaft Schweizerischer Maler, Bildhauer und Architekten, Sektion Basel, den Grossen Rat und die Regierung in einem Schreiben aufmerksam.[1122] Der Staat habe bisher für die bildende Kunst, «soweit sie dem öffentlichen Leben zu Gute kommt, nichts getan». Da der private Kunstsinn der Basler sich mehr der alten Kunst zuwende, sei es Pflicht des Staates, in die Lücke zu treten. «Wir bitten Sie deshalb, in Ihr jährliches Budget einen Betrag von 30 000 Franken für Kunstzwecke einzusetzen», heisst es im Brief. Grosser Rat und Regierung waren beeindruckt, beschlossen den Kredit, und darauf

Die Kunst wird häufig ins Leben der Stadt integriert, so z.B. der Wettsteinbrunnen des Bildhauers Alexander Zschokke (1894–1981) bei der Theodorskirche, 1955.

begann eine staatliche Kunstkredit-Kommission zu wirken; sie verteilte in den ersten fünfzig Jahren ihres Bestehens für mehr als drei Millionen Franken Aufträge an die Künstler. Ferner musste nach einem Beschluss des Regierungsrates im Jahr 1946 das Baudepartement ½ bis 2% der Baukosten öffentlicher Gebäude für künstlerischen Schmuck verwenden. Das Basler Volk nahm die Entscheide der «Kunstkredit-Kommission» im ganzen günstig auf; es war manchmal auch kritisch und gelegentlich verständnislos bis feindlich. «Z Basel zahlt e Kommission / De Moler Günschtlings-Subwänzion» – das eine heitere fasnächtliche Reaktion.[1123] Bedenklicher die andere: Mehrmals wurden neue, im Auftrag des Kunstkredits geschaffene Werke nächtlicherweise verschmiert und demoliert.[1124] Aber auch das Urteil der Basler Künstler traf nicht immer den Kern. Der wohl bedeutendste Basler Maler seiner Zeit, Hieronymus Hess (1799–1850), schrieb einmal verärgert: «Die Leute hier verstehen soviel von Kunst als wie ein Esel vom Lautenschlagen.»[1125] Der 1839 gegründete «Baslerische Kunst-Verein» beweist allerdings das Gegenteil. Seit der Gründung unterstützten zwei- bis dreihundert Basler, um die Jahrhundertwende über tausend, diesen Verein, der, laut Statuten, den Sinn für bildende Kunst in Basel anregen und verbreiten wollte.[1126] Die Mittel dazu waren Ausstellungen, der Ankauf von Bildern und deren Verlosung unter den Mitgliedern. 1872 bezog der Kunst-Verein ein eigenes Haus, die Kunsthalle am Steinenberg. Diese «Stätte der edlen Arbeit und förderlicher Geselligkeit» hatte der Verein aus eigenen Mitteln errichtet. Der Baufonds war auf originelle Weise zustande gekommen. Die Hennen, die goldene Eier legten, waren – wie es in einem Jahresbericht heisst – die drei Rheinfähren, die der Kunst-Verein nach einer Idee seines Präsidenten Johann Jakob Im Hof (1815–1900) betreiben liess.[1127]

Kunstkredit seit 1919

Kunstverein seit 1839

Abschliessend heben wir aus der langen Geschichte der staatlichen Kunstförderung noch ein Ereignis hervor, weil es Licht auf die sonst schwer zu beantwortende Frage wirft: Was hält das Volk, nicht nur eine elitäre Schicht, von der zeitgenössischen Kunst? Der Ankauf zweier Picassobilder mit einem vom Grossen Rat im Oktober 1967 bewilligten Kredit von sechs Millionen Franken brachte die Gemüter in Wallung. Ein Referendum erzwang eine Volksabstimmung. Ihr ging eine Polemik keineswegs politisch orientierter Parteien voraus: für oder gegen Picasso, aber auch für oder gegen Verwendung grosser Staatsmittel zu Kunstzwecken. Vielleicht trug der fast magische Klang des berühmten Künstlernamens mehr als das reine Kunstverständnis dazu bei, dass fast 60 000 Basler zur Urne gingen und die Mehrheit den teuren Kauf guthiess. Für das Kunstmuseum hatte der Entscheid übrigens erfreuliche Folgen; der Künstler, beeindruckt von einem solchen Volksentscheid, schenkte vier weitere seiner Gemälde.

Volksentscheid über Picasso-Bilder 1967

Was den bildenden Künstlern 1919 recht war, schien den Schriftstellern 1921 billig. Damals wurden erstmals zur «Förderung des heimischen Schrifttums» 5000

Literaturförderung seit 1921

Franken ins Budget eingesetzt.[1128] Seit 1956 heisst die Kommission, die das Geld verteilt, «Staatliche Literatur-Kreditkommission» und der Budgetposten «Literaturkredit». Im Jahr 1983 waren 50 000 Franken verfügbar. Im Unterschied zum Theater, zum Orchester und zur bildenden Kunst, die öffentliche Unterstützungen geniessen, sind die Schöpfungen der Dichter nicht so leicht wahrnehmbar. Abgesehen von wenigen öffentlichen Vorlesungen, wird nur der Leser im bekannten stillen Kämmerlein erkennen, was der Dichter mit Hilfe des sogenannten Werkbeitrags geschaffen hat. In den Rechenschaftsberichten der Literaturkommission von 1921 bis 1981 findet man vermutlich alle Namen der in Basel schreibenden Poeten, Dichter und Schriftsteller. Es ziemt sich für den zeitgenössischen Historiker nicht, hier wertend Namen herauszugreifen,[1129] aber als baslerisches Kuriosum sei erwähnt, dass einmal (1963) auch «Fasnachtszeedel» prämiert worden sind, womit also offiziell bestätigt wäre: auch fasnächtliche Dichtung gehört zur Basler Literatur. Wir möchten aber nicht unbedingt behaupten, dass damit auch die Basler Fasnacht in den Rang eines Kulturfaktors erhoben worden wäre. Dabei ist sie unzweifelhaft die wichtigste Äusserung der Basler Volkskultur.[1130]

Die Fasnacht

Die Fasnacht, früher immer Fastnacht geschrieben, gehört noch mehr als die Konzerte und die Theateraufführungen zu den Anlässen, die der Bevölkerung ein alljährlich wiederkehrendes Gemeinschaftserlebnis vermitteln, so dass man mit Schiller von der Fasnacht sagen kann, was er von der «Freude» behauptet hat: «Ihre Zauber binden wieder, was die Mode streng geteilt.» Oder baslerischer mit den Versen des Stadtpoeten Blasius[1131]:

«E Larve vor em Gsicht macht mi fideel,
I bi uffs Mol mit Heere und mit Knote
– i kenn mi sälber nit – ai Härz und Seel.»

Die heutige Form der Basler Fasnacht ist das Ergebnis einer etwa 150jährigen Entwicklung.[1132] Die Ursprünge liegen bekanntlich mehr als ein halbes Jahrtausend zurück, denn sie hängen mit dem spätmittelalterlichen kirchlichen Fastengebot vor dem Osterfest zusammen. Die Basler Volkskundler Karl Meuli und Eduard Hoffmann-Krayer haben jedoch komplexere Zusammenhänge aufgedeckt.[1133] In der Fasnacht lebt nach ihnen noch heidnisches Brauchtum, wie Frühlingsfeier, Dämonenvertreibung, Totenkult, weiter. Typisch städtisch war nun die Sitte der Zünfte, vor den fleischlosen Tagen in den Stuben und Gesellschaftshäusern üppig der Lebenslust zu frönen. Vermummungen und gegenseitige Besuche mit Trommelklang erhöhten das Vergnügen. Die Reformation hob das Fastengebot auf, der einst so wichtige Aschermittwoch wurde bedeutungslos, aber die Fastnacht, d.h. das Fest am «Vorabend der Fastenzeit» blieb erhalten und konnte trotz kirchlichen Geboten nicht mehr ausgerottet werden, ja sie dehnte sich, terminlich nicht mehr gehemmt, auch auf die Tage nach dem Sonntag Invocavit aus. Umsonst versuchten jahrhundertlang die Ratsmandate dem «sündhaften» Treiben Einhalt zu gebieten. Bis ins 19. Jahrhundert hinein unterschied sich die Basler Fasnacht kaum vom «Fasching» und «Karneval» in andern europäischen Ländern. Der Basler Fasnachtsstil nahm erst um 1830 seine unverwechselbaren Züge an. Seit dann berichten die Zeitungen von einem «Morgenstreich» (entstanden aus der militärischen Tagwacht), von Laternen (1848), von «Cliquen» (1851). 1884 entstand die älteste der heute noch aktiven Cliquen, die «Vereinigten Kleinbasler». Erst seit 1910 wacht das «Comité» als sanfter Regent über dem Treiben der vielen Tausend Fasnächtler.

Herausbildung eines besonderen Fasnachtsstils

Was der fremde Betrachter dieser kostspieligen farbenprächtigen Schau nicht verstehen will, ist die Tatsache: der Staat hat das fasnächtliche Treiben noch

mit keinem Franken unterstützt. Aber er hat in Kriegszeiten – und 1919 – das öffentliche Auftreten der Cliquen verboten. Den letzten Grund, der die Basler Fasnacht zu einem dreitägigen einzigartigen Volksfest werden liess, sah Paul Kölner «in der Lebenslust, die dem Basler im Blut liegt». Ihm widerspricht allerdings sein Zeitgenosse Siegfried Streicher (1893–1966) mit der gegenteiligen Behauptung, in Basel liege die Schwermut in der Luft.[1134] Man sieht – rasch gerät man ins Dickicht der Meinungen, wenn man nach *dem* Basler Charakter sucht, welcher für das typische Basler Fest verantwortlich zu machen wäre. Der Historiker darf wohl von einer Charakteranalyse absehen und, die Geschichte Basels überblickend, sagen, in einer jahrhundertelang streng kirchlich orientierten Gesellschaft sei es menschlich, wenn der Angehörige eines solchen Stadtstaates einmal im Jahr den durch Sitte und Konvention genormten Geboten ein Schnippchen schlägt.

Wandel des Stadtbilds seit 1945

Die dreissig Jahre dauernde wirtschaftliche Expansion nach 1945 hat – wie in der zweiten Hälfte des 19. Jahrhunderts – auch das Stadtbild wieder stark verändert. Der Basler, der einst als Schüler auf den Wasserturm geführt wurde und sich die markanten Punkte des Stadtpanoramas einprägen musste, erblickt als alter Mann eine andere Heimat. Von grünen Oasen nur hie und da unterbrochen, dehnt sich das Häusermeer ins Rhein- und Birstal aufwärts bis zu den Jurahöhen. Die Kirchtürme, einst die einzigen über die Hausdächer aufsteigenden Spitzen, versinken heute neben den massigen Hochbauten der chemischen Industrie am nördlichen und am östlichen Stadtrand.[1135] Die politischen Grenzen, einst als Mauerring, dann als Grüngürtel Stadt und Nachbarstaaten trennend, sind heute kaum mehr zu erkennen. Umso ausgeprägter sind diese Grenzen auf den politischen Karten eingezeichnet. Sie machen überaus deutlich, wo die Steuerhoheit des Kantons Basel-Stadt aufhört. Und darum müssen wir das erfreuliche Bild eines blühenden Gemeinwesens ergänzen durch eine Skizze, in der die bedrängenden Probleme des Stadtkantons am Ende unseres dargestellten Zeitraums angedeutet werden.

Finanzprobleme

Auch im Staat werden die Bedürfnisse der Glieder dieser Gemeinschaft wie im Privathaushalt durch die Einnahmen an Bargeld befriedigt. Aber während in der Familie normalerweise noch der Grundsatz gilt, dass man nicht mehr Geld ausgeben soll, als man eingenommen hat, lebt der Staat längst – nicht nur in Basel – nach andern Maximen. Die Ausgaben für die Aufgaben, die ihm durch Verfassung und Gesetz aufgebürdet sind, erheischen ebenso hohe Einnahmen oder, falls sie zu klein sind, die dazu nötigen Anleihen. Die gesetzmässigen Aufgaben sind durch das Volk oder seine parlamentarischen Organe gewünscht, gefordert, erzwungen worden. Wie das geschieht, hat der bedeutende Basler Staatsmann und Finanzdirektor Paul Speiser in seinen «Erinnerungen» geschildert: «Ich habe in meinen langen Erfahrungen gesehen, dass alle Parteien, wenn sie eine Ausgabe im Kopf haben, in ihren Attentaten auf die Staatskasse rücksichtslos sein kön-

◁ Tambouren einer Fasnachtsclique in voller Aktion.

nen.»[1136] Der um 1980 in Basel amtierende Finanzdirektor spricht nicht mehr die sarkastische Sprache Speisers; er redet von «Ausgabenmechanismen». Wir denken nicht daran zu zeigen, wer und wann in der 150jährigen Geschichte des Kantons Basel-Stadt solche «Attentate» unternommen oder solche «Ausgabenmechanismen» geschaffen hat. Wir begnügen uns damit, in einem Überblick über das Finanzgebaren Basels bis in die Gegenwart ein historisch bedeutsames Phänomen darzustellen. Lückenlos gibt uns die Statistik der Staatsrechnungen seit 1833 alljährlich Auskunft, wieviel Geld der Kanton Basel-Stadt eingenommen, wieviel Geld er ausgegeben und wie hoch der jeweilige Überschuss oder der Fehlbetrag gewesen ist. Um die Entwicklung des Staatshaushaltes, die ja auch vom inneren Wachstum des Staates Kunde gibt, zu veranschaulichen, nehmen wir die statistische Darstellung zu Hilfe.

DIE ENTWICKLUNG DER AUSGABEN DES KANTONS BASEL-STADT VON 1835 BIS 1983

	I. Ausgaben in Franken	II. Wohnbevölkerung	III. Ausgaben pro Kopf in Franken	IV. Preisindex 1980 = 100	V. Pro Kopf-Ausgaben zu Preisen von 1980
1835	499 000	23 300	21.40	13*	165.–*
1880	4 729 000	64 200	73.66	18*	409.–*
1900	12 930 000	112 200	115.24	17*	678.–*
1920	42 762 000	140 700	303.92	50	608.–
1940	66 102 000	170 000	388.84	35	1111.–
1960	256 612 000	225 600	1 137.46	60	1896.–
1980	1 761 299 000	203 900	8 638.05	100	8638.–
1983	2 009 474 000	199 400	10 077.60	116	8688.–

* nach grober Schätzung

Die Zahlen der Kolonnen I–III sind unverändert der Statistik entnommen (vgl. Anmerkung 1137). Sie bedürfen nun einer Korrektur, da wegen der Geldentwertung ein Franken von 1835 nicht einem Franken von 1980 gleichgesetzt werden kann. Mit Hilfe des Preisindexes von Kolonne IV wurden in Kolonne V die Pro Kopf-Ausgaben zu Preisen von 1980 errechnet (siehe Anmerkung 1137). Nach diesen Zahlen steigerte der Staat seit 1835 die Pro Kopf-Ausgaben so:

1880 gab er das 2,5 fache von 1835 aus.
1900 gab er das 4,1 fache von 1835 aus.
1920 gab er das 3,7 fache von 1835 aus.
1940 gab er das 6,7 fache von 1835 aus.
1960 gab er das 11,5 fache von 1835 aus.
1980 gab er das 52,4 fache von 1835 aus.
1983 gab er das 52,7 fache von 1835 aus.

Entgegen der baslerischen Redensart «Vom Gäld redt me nit, das het me!» fragen wir am Schluss noch nach der finanziellen Situation des Kantons Basel-Stadt, 150 Jahre nach seiner Entstehung. Eine Reihe von jüngsten Erklärungen des Gesamtregierungsrats und des Finanzdirektors gibt uns ungeschminkt Auskunft. Wir zitieren: «Eine noch nie dagewesene Phase ständig steigender Defizite» charakterisiert die letzten 1970er und ersten 1980er Jahre.[1138] (Sie stiegen von 1979 bis 1982 von 32 Millionen auf 109 Millionen Franken.) Die «Ausgabenexplosion» begründet der Regierungsrat so: «Das starke Wirtschaftswachstum der Nachkriegsjahre – in Verbindung mit der Prosperität der Einnahmen – führte zu einem umfangreichen Ausbau der Staatsleistungen, so in den Bereichen der sozialen Sicherung, des Gesundheits- und Bildungswesens oder des Verkehrs. Der Leistungsstandard der Staatsleistungen erhöhte sich infolge der ständig wachsenden Ansprüche an den Staat permanent und entwickelte eine Eigendynamik.» Die Tonart aller Äusserungen des Regierungsrates ist auf Moll gestimmt, und der Grundakkord erklingt disharmonisch: «Basel-Stadt lebt somit über seine Verhältnisse.»[1139] Es wäre wohl verfehlt, daraus zu schliessen, in Basel hätten Volk und Behörden hochstaplerisch gelebt. Gewiss sind die Ansprüche aller Schichten des Volks gestiegen, doch damit ist nicht alles erklärt. Zutiefst liegt die Ursache in der historisch gewordenen Situation des Stadtstaates, in seiner tausendjährigen Geschichte. Weil es der Stadt nie gelungen ist, wegen der mächtigen Nachbarn im Norden und im Osten ein Territorium zu erwerben und weil das am Ende des Mittelalters gewonnene Gebiet zuerst an das Fürstbistum Basel fiel, dann durch die Kantonstrennung verlorenging, ist sie politisch auf ein Inseldasein beschränkt. Wirtschaftlich freilich brachte die Lage im Schnittpunkt so vieler Verkehrswege und im Zentrum einer stark besiedelten Landschaft grosse Vorteile. Doch heute verspürt sie bedrückender denn je die Nachteile dieser – wir verwenden das hässliche, aber begrifflich präzise Wort – «Zentrumsfunktion». Von ihr sagt der Regierungsrat: «Basel erfüllt vielfältige Zentrumsfunktionen für die ganze Region, namentlich im Bildungs- und Kulturbereich, die immer teurer werden und im allgemeinen nur ungenügend abgegolten werden.»[1140] Wer solche Botschaften hört, erkennt, dass Basel-Stadt 1983, ähnlich wie 1833, in eine neue Epoche seines Daseins eintritt, eines Daseins mit schweren Problemen. Der Regierungsrat glaubt, die zu lösenden Probleme seien zu meistern, doch setze dies voraus «sozialen Frieden, Verzicht auf Gruppenegoismus und ein politisches Klima, das die konstruktive Zusammenarbeit der im Kanton wirkenden politischen Gruppierungen und einen echten Dialog fördert».[1141]

Ausgabenexplosion

Basels Zentrumsfunktion

Anläufe zur Wiedervereinigung von Basel-Stadt und Basel-Landschaft

Eine Geschichte des Kantons Basel-Stadt kann man im Jahr 1983 nicht beenden, ohne nochmals jenes «Geburtsdokument» vom 26. August 1833 in die Hand zu nehmen, den ersten Artikel zu lesen und zu fragen, was seinetwegen in den vergangenen 150 Jahren geschehen ist. Was 1833 die Mehrheit der schweizerischen Tagsatzung – sie war damals die oberste staatliche Gewalt im Bund – den beiden getrennten Brüdern in die Geburtsurkunde geschrieben hat, lautete so: «Der Kanton Basel wird in seinem Verhältnis zum Bunde wie bis anhin einen einzigen Staatskörper bilden, in bezug auf die öffentliche Verwaltung hingegen, *jedoch unter Vorbehalt freiwilliger Wiedervereinigung,* in zwei besondere Gemeinwesen geteilt.» Also: *ein* Staatswesen und doch *geteilt* und – als wär's ein Provisorium – mit der Möglichkeit «freiwilliger Wiedervereinigung». Der «Vorbehalt» bot als Schlüssel, bei gegenseitig gutem Willen, die Gelegenheit, das trennende Tor wieder einmal aufzuschliessen.

Überblickt man im Zeitraum der letzten 150 Jahre die Geschichte der Wiedervereinigungsversuche, so wird man an ein klassisches Drama mit breiter Exposition, langen Pausen, homerischen Reden der Antagonisten, Peripetie und Schlussakt mit dem (vorläufigen) Tod des einen «Helden» erinnert.[1142] Historisch gesehen, sind drei deutlich verschiedene Phasen dieses Prozesses zu unterscheiden.

In den ersten dreissig Jahren nach der Trennung, als wirtschaftlich und kulturell zwei sehr heterogene Staaten nebeneinander bestanden, wurde, wer immer ernsthaft von jenem «Vorbehalt» Gebrauch machen wollte, schon frühzeitig durch ein «Niemals» aus Liestal zum Schweigen gebracht. Kein Kantonsteil war geneigt, intensiv eine Annäherung zu versuchen. Der stolze Ehrgeiz der Landschäftler, d.h. der Gründergeneration, zu beweisen, dass man trotz revolutionärer Geburt ein geordnetes Staatswesen bilden könne, und der ebenso stolze Sinn der Städter zu zeigen, dass man trotz eidgenössischer Demütigung und territorialer Amputation gedeihen könne – das waren zwei so verschiedene Geisteshaltungen, dass sie jeden Gedanken an eine «freiwillige» Wiedervereinigung ausschlossen. Vielleicht ist für diese Epoche der moderne Begriff «kalter Krieg» angebracht.

In der zweiten Hälfte des 19. Jahrhunderts wird nun auch das Baselbiet von dem gewaltigen Wandel aller Lebensverhältnisse durch die industrielle Entwicklung erfasst.[1143] Der Agrarstaat der Gründerjahre veränderte sich in wenigen Jahrzehnten; der einst zahlenmässig stark überwiegende bäuerliche Volksteil sank bis 1880 auf knapp einen Drittel der Gesamtbevölkerung. Für den Absatz ihrer landwirtschaftlichen Produktion waren die Bauern auf die Stadt angewiesen; die unbeschäftigten Hände der Unterschicht fanden in der Stadt Arbeit und Verdienst. Diese wirtschaftliche Strukturänderung gebot, dass «Baselland mit seinen Nachbarn und vor allem mit Basel-Stadt im Frieden und guten Einvernehmen leben» musste.[1144] Und da in der Stadt die politische Wandlung 1875 das konservative Regiment beseitigt hatte, diesseits und jenseits der Birs der ähnliche freisinnige Geist regierte, gab man sich mit dem Zustand eines freundlichen, aber wenig reglementierten Zusammenlebens zufrieden.

Friedliche Symbiose im letzten Viertel des 19. Jahrhunderts

Dieses Verhältnis änderte sich in den ersten Jahrzehnten des 20. Jahrhunderts erneut. Es begann die dritte Phase in den Beziehungen der beiden Halbkantone. Wirtschaftliches Denken in der Stadt und – das war neu und entscheidend – in den stadtnahen Gemeinden siegte über traditionelle politische Animositäten. Ein Beispiel dafür ist etwa das Festspiel zum Kantonalschützenfest beider Basel «Die

Umkehr der Stäbe», in dem der Dichter Carl Albrecht Bernoulli durch den Träger einer Hauptrolle die Verse sprechen lässt: «Basel-Stadt und Baselland – sind doch zwei Finger an einer Hand.»[1145] Man hielt die Trennung der so eng verbundenen Gemeinwesen für einen Anachronismus. Die Überlegungen der jetzt organisierten Wiedervereinigungsfreunde formulierte der Wirtschaftsfachmann Rudolf Gelpke (1873–1940) 1904 so: «Das Unzulängliche eines politisch eingeengten Staatswesens, wie Basel-Stadt es darstellt, gestaltet sich je länger je unerträglicher. Dieser, die gesunde organische Entwicklung des städtischen Gemeinwesens hemmenden Erscheinung kann allein begegnet werden durch eine politische Verschmelzung beider Halbkantone, Basel-Stadt und Baselland, zu einem einheitlichen Ganzen. Die aus dieser Verbindung resultierende Neugestaltung der beiden Staatsverbände wird nicht verfehlen, namentlich in wirtschaftlichem Sinne, sowohl auf die Stadt wie auf das Land eine wohltuende Rückwirkung auszuüben.»[1146] – Wer in solchen Gedankengängen nur den materiellen Egoismus der Stadt zu erkennen meint, muss wissen, dass Basel nach dem finanziellen Aderlass durch die Trennung einzig dank der wirtschaftlichen Expansion seine Universität und die Mittelschulen durchhalten und so auch unzähligen Landschäftlern jenes Bildungsgut vermitteln konnte, mit dem diese später in ihrem Heimatkanton segensreich gewirkt haben.

Wirtschaftliche Gründe für Wiedervereinigung

Wie stark sich übrigens die Mentalität im Lauf der Zeit ändern kann, zeigt die Unterstützung der stadtnahen Gemeinden, die sie den Wiedervereinigungsfreunden in den dreissiger Jahren gewährten. Vor hundert Jahren hatten dort die lautesten «Revoluzzer» gewohnt. Als der Wiedervereinigungsprozess begann, befanden sich hier die besten Freunde der Stadt. Die Versuche, die Wiedervereinigung der beiden Basel herbeizuführen, dauerten fast vier Jahrzehnte. Sie begannen 1933 mit der Initiative für einen gleichlautenden Wiedervereinigungsartikel in beiden Kantonsverfassungen.[1147] Nachdem die Wiedervereinigungsfreunde zwei Hürden in Volksabstimmungen überwunden hatten, endete das Verfahren zunächst, lange vor dem Ziel, 1948 in den eidgenössischen Ratssälen. Beide Kammern verweigerten die Gewährleistung der veränderten Kantonsverfassungen, wohl in der Absicht, keine Änderung an den bisherigen föderalistischen Strukturen eintreten zu lassen.[1148] Es waren in der jüngeren Schweizergeschichte denkwürdige Entscheidungen, als die eidgenössischen Räte den Zusammenschluss der Basler Halbkantone verweigerten, jedoch 25 Jahre später der Spaltung des Kantons Bern zustimmten.

Bundesversammlung blockiert 1948 konkrete Schritte

Ein neuer Impuls zur Aufhebung der Kantonsgrenze ging nach 1950 vornehmlich vom unteren Baselbiet aus, wo sich die «Aktion Kanton Basel» (AKB) konstituiert hatte. Mit einer Initiative, die ca. 60% der Stimmbürger im Baselbiet unterstützten, wurde im Juni 1958 der Landrat gezwungen, mit einer Standesinitiative den Widerruf der Nichtgewährungsbeschlüsse von 1948 zu erwirken.[1149] Diesmal setzten die eidgenössischen Räte auf Empfehlung des Bundesrates dem Wiedervereinigungsverfahren kein Veto entgegen. Jetzt, im September 1960, konnte ein paritätisch gewählter Verfassungsrat daran gehen, eine Verfassung für einen Kanton Basel zu beraten. Es dauerte mehr als acht Jahre, bis das Werk abstimmungsreif vorlag. Gemäss Auftrag waren neben der neuen Verfassung auch die Grundzüge der Gesetzgebung, das Wahlgesetz und die Geschäftsordnung des neuen Kantonsrats auszuarbeiten.[1150]

Paritätischer Verfassungsrat 1960 eingesetzt

Alles in allem, eine beispielhafte Arbeit, die auch in andern Kantonen später grosse Beachtung fand. Nach einem Abstimmungskampf, der im Baselbiet eine bisher nie gesehene Flut von Plakaten, Zeitungsartikeln, Werbebroschüren und Versammlungen brachte, fiel das Nein des Baselbieter Volks vom 7. Dezember 1969 deutlich aus. Es war den Gegnern der Wiedervereinigung gelungen, das Ja von 1958 besonders im zahlenmässig entscheidenden Bezirk Arlesheim zu dezimieren und insgesamt in ein Nein zu verwandeln.[1151]

Immerhin konnten die Sieger nicht übersehen, dass ca. 40% der Stimmenden eine Änderung des bestehenden Zustands gewünscht hatten. Statt Wiedervereinigung boten sie nun die «Partnerschaft» zwischen den Halbkantonen an. Am 8. Dezember 1974 ergänzten Stadt und Land ihre Verfassungen durch einen Partnerschaftsartikel.[1152] Er hat folgenden Wortlaut[1153]:

Partnerschaft statt Vereinigung 1974

1. Die Behörden arbeiten zur Erfüllung von Aufgaben, die im gemeinsamen Interesse liegen, mit den Behörden der Region, insbesondere mit denjenigen des Kantons Basel-Landschaft (bzw. des Kantons Basel-Stadt) zusammen und suchen dabei namentlich
   a) Vereinbarungen abzuschliessen;
   b) gemeinsame Institutionen zu schaffen;
   c) den gegenseitigen Lastenausgleich zu ordnen;
   d) die Gesetzgebung anzugleichen.
2. Es sind Regeln für die wirksame Zusammenarbeit der Behörden aufzustellen.»

Übrigens wurden im Baselbiet in der gleichen Abstimmung die Wiedervereinigungsartikel (§§ 57 und 57 bis) in der Verfassung gestrichen, in der Basler Verfassung ist der entsprechende Artikel (§ 58) nach dem Willen des Grossen Rates bis heute stehengeblieben.

Als Programm eines neuen Zusammenlebens der beiden Basel steht dieser Partnerschaftsartikel – ein Novum in den schweizerischen Kantonsverfassungen – am Ende der 150jährigen Geschichte seit der Trennung. Was er realiter bringen wird, muss die Zukunft zeigen. Der Historiker hat sich nicht darüber zu äussern, er darf aber die Meinung eines Politikers zitieren: «Partnerschaft ist keine Wiedervereinigung durch die Hintertür, sondern eine taugliche, verheissungsvolle Alternative, eine Chance, die, wenn sie nicht energisch und zielbewusst genutzt wird, die gedeihliche Entwicklung der aufeinander angewiesenen beiden Basel ernsthaft in Frage stellt.»[1154]

Die Region Basel ▷ mit eingezeichneten Grenzen aus der Vogelschau.

«Regio Basiliensis»

Die unsichtbare und doch wirkungsvolle politische Grenze zwischen den beiden Basel bleibt also auf lange hinaus bestehen, die Beziehungen sind vertraglich geregelt. Sichtbare Schlagbäume hingegen zeugen von der Existenz der noch deutlicheren Grenze zu den Nachbarn Deutschland und Frankreich. Obwohl hier täglich Zehntausende von Grenzgängern aus Baden und dem Elsass die Landesgrenzen überschreiten, um in der Stadt zu arbeiten, ist fast nichts vertraglich geregelt.[1155] Hier eine ganz neue Aufgabe angepackt zu haben, ist die Pionierleistung eines Vereins, den junge Wirtschaftsleute im Februar 1963 in Basel gegründet haben, der «Regio Basiliensis».[1156] Er bezweckt, wie der Artikel 1 der Statuten sagt, «die Mitwirkung bei der Planung und die Förderung der wirtschaftlichen, politischen und kulturellen Entwicklung des als Regio bezeichneten Raumes, der das durch Jura, Schwarzwald und Vogesen begrenzte Gebiet am Rhein umfasst. Dabei sollen die spezifischen Funktionen und Belange der Teilgebiete Berücksichtigung finden». Dieser Mutterorganisation ist seit 1970 eine «Internationale Koordinationsstelle», die finanziell von den beiden Basel getragen wird, angegliedert. Und da grenzregionale Politik nicht mehr ohne Mitwirkung der Landesregierungen gemacht werden kann, ist – zweifellos ein Erfolg der Basler Idee – 1975 die «Deutsch-französisch-schweizerische Regierungskommission» für nachbarschaftliche Fragen gegründet worden. Gewiss entscheiden über die Formen der Grenzkontrollen bis hin zur Bestimmung des Standorts von zu bauenden Atomkraftwerken immer noch die nationalen Regierungen. Doch scheint der herkömmliche Entscheidungsmechanismus dank der Kooperation der Regio-Institution von unten her aufgelockert zu werden, denn seit zwanzig Jahren wird wenigstens in vielen Kontakten der Nachbar darüber informiert, was man selbst plant oder was jetzt planerisch gemeinsam in Angriff genommen werden müsste. Langsam wird auch der Bevölkerung im grossen Umkreis des Rheinknies bewusst, dass sie in einer «Regio» lebt, die im Lauf der Jahrhunderte in vielen Beziehungen zusammengewachsen, aber zugleich durch häufig veränderte politische Grenzen wieder zerstückelt worden ist. Bevor in weiter Zukunft diese Grenzen beseitigt werden, sollen wenigstens noch im 20. Jahrhundert die wirtschaftlichen und kulturellen Mauern zum Wohl der Bevölkerung in der Regio niedergelegt werden. Diese anspruchsvolle Aufgabe erkannt und in Angriff genommen zu haben, ist das Verdienst der Stadt Basel.

Kern und Einzugsgebiet der Region Basel. ▷

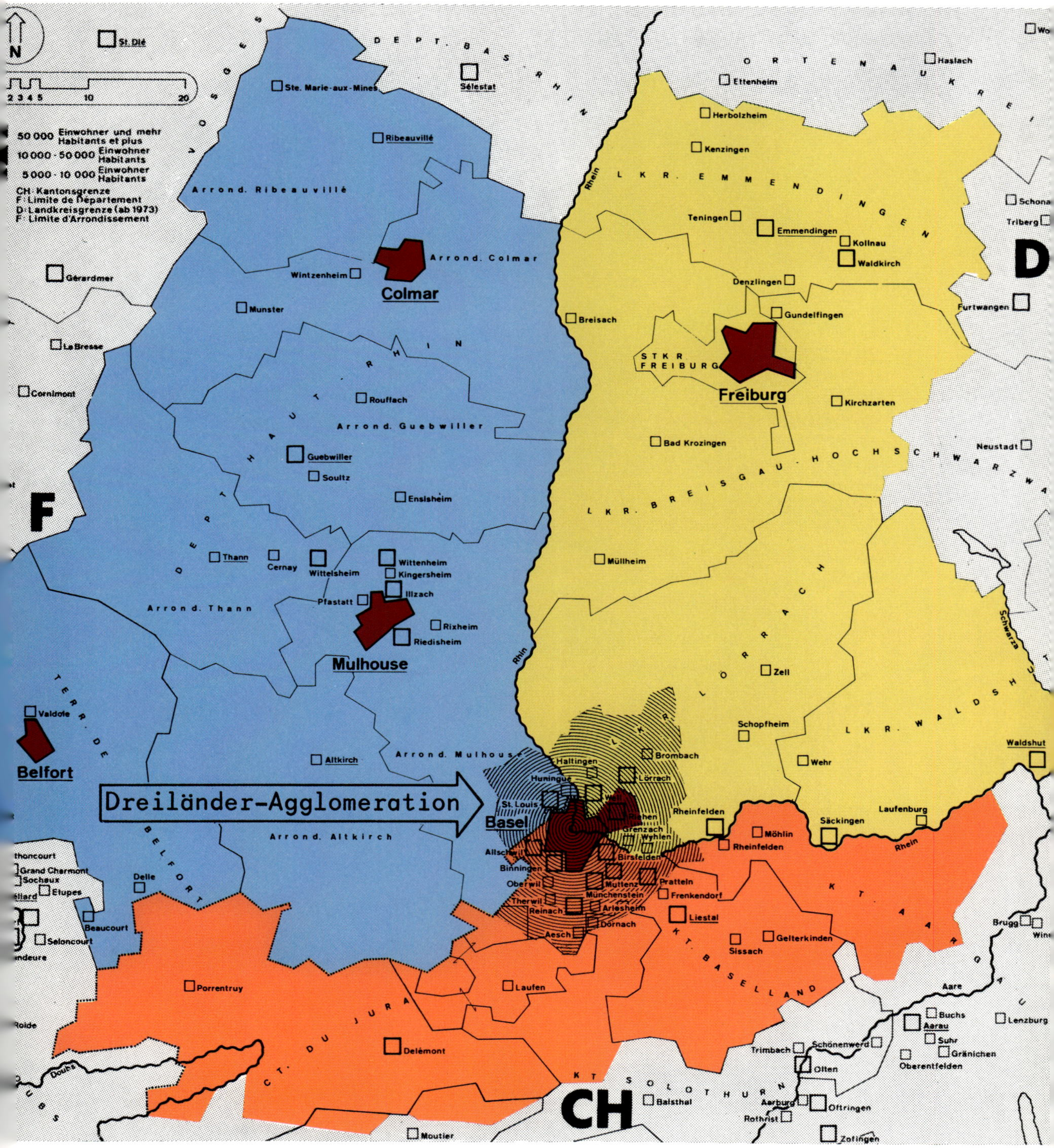

N
2 3 4 5 10 20
50 000 Einwohner und mehr Habitants et plus
10 000 - 50 000 Einwohner Habitants
5 000 - 10 000 Einwohner Habitants
CH: Kantonsgrenze
F: Limite de Département
D: Landkreisgrenze (ab 1973)
F: Limite d'Arrondissement
F
D
CH
Dreiländer-Agglomeration
St. Dié
D E P T. B A S - R H I N
Sélestat
V O S G E S
Ste. Marie-aux-Mines
Ribeauvillé
Arrond. Ribeauvillé
Arrond. Colmar
Colmar
Wintzenheim
Gérardmer
Munster
La Bresse
Cornimont
D E P T. H A U T - R H I N
Rouffach
Arrond. Guebwiller
Guebwiller
Soultz
Ensisheim
Thann
Cernay
Wittelsheim
Wittenheim
Kingersheim
Illzach
Pfastatt
Rixheim
Riedisheim
Mulhouse
Arrond. Thann
Arrond. Mulhouse
Altkirch
Arrond. Altkirch
T E R R. D E B E L F O R T
Valdoie
Belfort
Delle
Beaucourt
Seloncourt
Etupes
Sochaux
Grand Charmont
Huningue
St. Louis
Basel
Allschwil
Binningen
Oberwil
Therwil
Reinach
Aesch
Münchenstein
Arlesheim
Dornach
Muttenz
Birsfelden
Pratteln
Frenkendorf
Liestal
Sissach
Gelterkinden
K T. B A S E L L A N D
K T. A A R G A U
Rheinfelden
Möhlin
Säckingen
Laufenburg
Waldshut
Haltingen
Lörrach
Brombach
Grenzach
Wyhlen
Schopfheim
Zell
Wehr
L K R. L Ö R R A C H
L K R. W A L D S H U T
Schwarza
Rhein
Rhin
O R T E N A U K R E I S
Haslach
Ettenheim
Herbolzheim
Kenzingen
L K R. E M M E N D I N G E N
Teningen
Emmendingen
Kollnau
Waldkirch
Denzlingen
Gundelfingen
Breisach
S T K R F R E I B U R G
Freiburg
Kirchzarten
Bad Krozingen
L K R. B R E I S G A U - H O C H S C H W A R Z W A L D
Müllheim
Neustadt
Furtwangen
Triberg
Schonach
Porrentruy
C T. D U J U R A
Delémont
Laufen
Moutier
K T. S O L O T H U R N
Balsthal
Trimbach
Olten
Schönenwerd
Aarburg
Rothrist
Oftringen
Zofingen
Aarau
Buchs
Suhr
Gränichen
Oberentfelden
Lenzburg
Brugg
Aare
Doubs

ANMERKUNGEN

ABKÜRZUNGEN

Abschiede	Amtliche Sammlung der älteren eidgenössischen Abschiede, Serie 1245–1798. Verschiedene Erscheinungsorte 1839–1890
Acten	Acten der Basler Revolution. Auf Befehl der Regierung gesammelt, Basel 1898 (bearbeitet von Dr. Rudolf Wackernagel)
ADB	Allgemeine Deutsche Biographie, 56 Bände, Leipzig 1875 ff.
Allen	P.S. und H.M. Allen: Opus epistolarum Desiderii Erasmi Roterodami, 11 Bände und Index, Oxford 1906–1958
ASA	Anzeiger für schweizerische Altertumskunde, Zürich 1868–1938
ASG	Anzeiger für schweizerische Geschichte, Bern 1870–1920
BB	Basler Beiträge zur vaterländischen Geschichte, 15 Bände, Basel 1839–1901
B.N.	Basler Nachrichten
BRA	Aktensammlung zur Geschichte der Basler Reformation in den Jahren 1519 bis Anfang 1534, 6 Bände, Basel 1921–1950 (Herausgeber Emil Dürr und Paul Roth)
Bs.Chr.	Basler Chroniken, 1.–7. Band, Leipzig 1872–1915, 8.–10. Band, Basel 1945–1976
Bs.Jb.	Basler Jahrbuch, Basel 1879, 1882–1959
Bs.Stb.	Basler Stadtbuch (Fortsetzung des Basler Jahrbuchs), Basel 1960–1984. Bs.Stb. 1973² = Basler Stadtbuch 1973, 2. Ausgabe
Bs.Nbl.	Basler Neujahrsblatt, Basel 1821–1985
Bs.Tb.	Basler Taschenbuch, 11 Bände, Basel 1850–1864
BZ	Basler Zeitschrift für Geschichte und Altertumskunde, Basel 1901–1985; zitiert wird jeweils die Bandnummer
Conc. Basiliense	Concilium Basiliense, Studien und Quellen zur Geschichte des Concils von Basel, 8 Bände, Basel 1896–1936
Erdbebenbuch	Basel im 14. Jahrhundert. Geschichtliche Darstellungen zur 5. Säcularfeier des Erdbebens am St. Lucastage 1356, Basel 1856 (verschiedene Autoren)
GdV	Die Geschichtsschreiber der deutschen Vorzeit (in deutscher Bearbeitung). Zweite Gesamtausgabe, Leipzig 1884 ff.
Geering T.	Handel und Industrie der Stadt Basel. Zunftwesen und Wirtschaftsgeschichte bis zum Ende des XVII. Jahrhunderts, Basel 1886
GR	Grosser Rat
HAGB	Historische und Antiquarische Gesellschaft zu Basel
HBLS	Historisch-biographisches Lexikon der Schweiz, 7 Bände und Supplement, Neuenburg 1921–1934
Hb.	Handbuch
Helvetia sacra	Hg. von Albert Bruckner, Abteilung I, Band I. Schweizerische Kardinäle, das apostolische Gesandtschaftswesen in der Schweiz, Erzbistümer und Bistümer I, Bern 1972
Heusler (1860)	Andreas Heusler (II.): Verfassungsgeschichte der Stadt Basel im Mittelalter, Basel 1860

Hist. Festbuch	Historisches Festbuch zur Basler Vereinigungsfeier 1892, Basel 1892
His, Gelehrte	Eduard His: Basler Gelehrte des 19. Jahrhunderts, Basel 1941
His, Handelsherren	E.H.: Basler Handelsherren des 19. Jahrhunderts, Basel 1929
His, Staatsmänner	E.H.: Basler Staatsmänner des 19. Jahrhunderts, Basel 1930
Jb.	Jahrbuch
Jhb.	Jahresbericht
KDM-BS	Die Kunstdenkmäler des Kantons Basel-Stadt. Bis jetzt 5 Bände, Basel 1932–1966
MA	Mittelalter
MGH	Monumenta Germaniae historica (Quellensammlung zur deutschen Geschichte des Mittelalters)
NDB	Neue Deutsche Biographie, Berlin 1954 ff. (noch nicht vollständig)
Ochs, P.	Peter Ochs: Geschichte der Stadt und Landschaft Basel, 8 Bände, Berlin/Leipzig und Basel 1786–1822
Oechsli (1893)	Wilhelm Oechsli: Quellenbuch zur Schweizergeschichte, Neue Folge, 1893
Reformationsbuch	Der Reformation verpflichtet. Gestalten und Gestalter in Stadt und Landschaft Basel aus fünf Jahrhunderten, 450 Jahre Reformation, Basel 1979
R.W.	Rudolf Wackernagel: Geschichte der Stadt Basel, 3 Bände in 4 Büchern, Basel 1907–1924
STAB	Staatsarchiv Basel-Stadt
Stat.Jb.	Statistisches Jahrbuch
Sig.	Signatur
SZG	Schweizerische Zeitschrift für Geschichte, Zürich 1951 ff.
Trouillat	Joseph Trouillat: Monuments de l'histoire de l'ancien évêché de Bâle, 5 Bände, Porrentruy 1852–1867
UB	Urkundenbuch der Stadt Basel, 11 Bände, Basel 1890–1910
UB-BS	Universitätsbibliothek Basel
UFAS	Ur- und frühgeschichtliche Archäologie der Schweiz, 6 Bände, Basel 1968–1979
Wurstisen	Christian Wurstisen: Basler Chronik («Baszler Chronick»), Basel 1580
ZSG	Zeitschrift für schweizerische Geschichte, Zürich 1921–1950, Fortsetzung siehe SZG

Bei den nachstehend fehlenden Nummern handelt es sich um nachträglich eliminierte Anmerkungen.

1 Der Rhein erscheint als geradezu mythisches Wesen in Gotthelfs Roman «Jacobs Wanderungen durch die Schweiz». Im 30. Kapitel heisst es: «Draussen auf der Brücke fesselte Jacob der Anblick des Rheines wieder unwillkürlich, er wusste lange nicht, was ihn so ergriff. Endlich fühlte er, es war die gewaltige Kraft, welche stetig, schön, in gewaltiger Gelassenheit, aber in sichtbarer Unwiderstehlichkeit dahinfliesst, unbekümmert um alles Menschengerede, ungehindert vom menschlichen Getriebe; es war eine sichtbare Gotteskraft, welche allen menschlichen Kräften zu Diensten steht, aber auch über alle menschlichen Kräfte geht und, wenn sie im Zorne erbraust, alles Menschenwerk zermalmt. Es ist eine lebendige Predigt den Baslern, ein Prediger, sie mögen ihn auf vier Jahre wählen, die Basler, oder lebenslänglich, welcher nie verstummt, welcher lange ihre Frömmigkeit gespeiset und getränket. Gehn zu Basel die Ohren zu für solche Predigten, dann wehe Basel, es wird Sidon und Tyrus erträglicher ergehen an jenem Tage, denn wer Ohren hat, und wem gepredigt wird, und er hört die Predigt nicht, der wird mit doppelten Streichen geschlagen werden.»

2 Traugott Geering in «Basel, ein Stadtbuch» (1932), meint S. 111, von Konstanz abwärts bis zum Meer habe keine feste Rheinbrücke im ersten Viertel des 13. Jahrhunderts bestanden. Wir bezweifeln diese Aussage, da man von älteren Brücken in Mainz weiss.

3 Gottlieb Burckhardt: Basler Heimatkunde, II. Bd., Basel 1927, S. 57. – Die baslerische Geographie haben auch behandelt: Rudolf Hotz (Basels Lage und ihr Einfluss auf die Entwicklung und Geschichte der Stadt, Basel 1894), Hugo Hassinger (Basel, ein geographisches Städtebild, in «Beiträge zur oberrheinischen Landeskunde», Breslau 1927).

4 «Die oberdeutsche Tiefebene und das deutsche Reich im Mittelalter», Preussische Jahrbücher, 30. Bd., 1872.

5 Rudolf Wackernagel in «Basel», hg. vom Verkehrsverein, Genf 1924, S. 2 (Text leicht verändert).

6 Berthe Widmer: Enea Silvio Piccolomini – Papst Pius II., Basel 1960, S. 349.

7 Rudolf Wackernagel (Anm. 5), S. 1.

8 Jeremias Gotthelf: Jacobs Wanderungen, 3. Kapitel.

9 G. Burckhardt (Anm. 3), S. 228.

10 B. Widmer (Anm. 6), S. 363.

11 Wilhelm Theodor Streuber: Die Stadt Basel (1853), S. 250.

12 Peter Ochs: Geschichte der Stadt und Landschaft Basel, (1786–1822) VI. Bd., S. 260.

13 Ludwig August Burckhardt: Der Kanton Basel, 1841, S. 68.

14 Paul Suter: Zur Erinnerung an den Bauernkrieg von 1653 auf der Landschaft Basel, in «Baselbieter Heimatblätter», 18. Jg. Oktober 1953, S. 222 ff.

15 Werner Kaegi: Jacob Burckhardt, 1. Bd., S. 224.

16 Peter Ochs (Anm. 12), 1. Bd., S. IV. (Zitat sprachlich geändert).

17 Peter Ochs (Anm. 12), 1. Bd., S. LXXXVIII.

18 Heinrich Boos: Geschichte der Stadt Basel im Mittelalter, Basel 1877, S. VIII.

19 Vgl. Andreas Staehelin im Jahresbericht des Staatsarchivs Basel 1977.

20 Rudolf Wackernagel: Geschichte der Stadt Basel, 2. Bd., 2. Teil, Basel 1916, S. 894 f.

21 R. Wackernagel (Anm. 20), 1. Bd., S. VII.

22 Eduard His: Basler Gelehrte des 19. Jhs., Basel 1941, S. 263. – Vgl. auch Theodor Bühler: Andreas Heusler als Historiker, (BZ 65. Bd.).

23 Carl Bischoff: Andreas Heusler, Bs. Jb. 1923, S. 28.

24 Karl Gauss: Geschichte der Landschaft Basel und des Kantons Basel-Landschaft, Liestal 1932, I. Bd., Vorwort. I. Bd. von K. Gauss allein, II. Bd. von L. Freivogel, O. Gass, K. Weber.

25 Paul Burckhardt: Geschichte der Stadt Basel von der Zeit der Reformation bis zur Gegenwart, Basel 1942, S. VII.

26 Werner Kaegi, BZ 55. Bd., S. 6.

27 Paul Burckhardt: Lebensbericht, in «Paul Burckhardt 1873–1956», Sammlung «Leichenreden» des Staatsarchivs Basel.

28 Andreas Staehelin: Peter Ochs als Historiker, S. 65.

29 Daniel Bruckner: Versuch einer Beschreibung historischer und natürlicher Merkwürdigkeiten der Landschaft Basel, Basel 1748–1763, 1. Bd., S. 9 und S. 59.

30 Markus Lutz: Neue Merkwürdigkeiten der Landschaft Basel, 3 Bände, Basel 1805–1816.

31 Eduard His: Geschichte der Historischen und Antiquarischen Gesellschaft zu Basel im ersten Jahrhundert ihres Bestehens 1836–1936, BZ 35. Bd.

32 Richard Feller: Die Schweizerische Geschichtsschreibung im 19. Jahrhundert, Zürich 1938, S. 144.

33 1. Neujahrs-Blatt für Basels Jugend, herausgegeben von der Gesellschaft zur Beförderung des Guten und Gemeinnützigen, 1821. (Autor: Daniel Bernoulli) Isaak Iselin, S. 3. – Vgl. dazu Walter Staehelin: Die gesegneten Früchte, Basel 1943, S. 200. – Walter Staehelin: GGG Der Zeit voraus, dem Staat voraus, Bs. Nbl. 1977, S. 36.

34 Bs. Jb. 1879, S. VII.
35 Bs. Stb. 1973. Zum neuen Basler Stadtbuch, Dr. Hans Meier, Adelheid Fässler, Heinz Kreis.
36 E. His (Anm. 31), S. 59 f.
38 Ammians «Geschichte» (= res gestae) wurde schon im 16. Jahrhundert in Basel gedruckt. Im 30. Buch, Kapitel 3, Abschnitt 1 erscheint «Basilia». Zweisprachige Ausgabe von Wolfgang Seyfahrt, Berlin-Ost 1968; deutschsprachige Ausgabe von Otto Veh, Zürich 1974. Wir zitieren im folgenden diese Edition und ihre Einleitung von Gerhard Wirth.
39 B. Widmer (Anm. 6), S. 371. An anderer Stelle (S. 353) gibt er die Meinung wieder, Basel sei von «Basilius», einem römischen Stadtgründer, abgeleitet.
40 So z.B. H. Boos (Anm. 18), S. 4 und Albert Burckhardt in «Die Stadt Basel und ihre Umgebung», 1898, S. 21. – H.G. Wackernagel (KDM-BS 1. Bd., S. 26) und Ludwig Berger (Anfänge Basels, in «Basel, eine illustrierte Stadtgeschichte», 1969, S. 22) lassen diese Möglichkeiten offen.
41 Ökolampad in der Widmung seines Jesaiaskommentars an den Basler Rat, in «Das Buch der Basler Reformation», hg. von E. Staehelin, Basel 1929, S. 111.
42 Wurstisen: Basler Chronik 1580, 2. Buch, 4. Kapitel. Zum Basilisken als Mythus von Basel vgl. Werner Kaegi, in «Discordia concors», I. Bd., S. 135.
43 Peter Ochs (Anm. 12), 1. Bd., S. 106.
44 Albert Oeri: Basilia und Robur in ASG 1896, Nr. 6, S. 403, und Felix Staehelin: Das älteste Basel, BZ 20. Bd., S. 136 f. – Die Schweiz in römischer Zeit, 1948, S. 45.
45 Rudolf Laur-Belart: Über die Colonia Raurica und den Ursprung von Basel, 1957, S. 72.
46 Rudolf Fellmann: Das römische Basel, Führer durch das historische Museum, Basel 1981, S. 49. – Felix Staehelin: Das älteste Basel, BZ 20. Bd., S. 137.
47 Max Niedermann: Munimentum prope Basiliam, in «Festschrift für A. Oeri», 1945, S. 314.
48 August Meyer: Ursprung und Geschichte von St. Alban in Basel, 1975, S. 14.
49 Andreas Staehelin und Ulrich Barth: Der Baselstab, Bs. Stb. 1975 (mit vielen Abbildungen).
50 François Maurer: KDM-BS 1. Bd., Nachdruck 1971, S. 717. – Hans Georg Wackernagel: Die Stadt Basel in der sakralen Welt des Mittelalters, in «Basel, Denkschrift zur Erinnerung an die vor 2000 Jahren erfolgte Gründung der Colonia Raurica 44. v. Chr. bis 1957», Basel 1957, S. 58. – Rudolf Moosbrugger-Leu: Germanus, der vergessene Juraheilige, Bs. Stb. 1975.
51 Andreas Staehelin und Ulrich Barth (Anm. 49), S. 157.
52 Wurstisen (Anm. 42), 2. Buch, 4. Kapitel.
60 Die römische sagenhafte Überlieferung nennt das Jahr 753 v. Chr. als Gründungsjahr (nach Livius: «Ab urbe condita»).
61 So z.B. Gregor von Tours in seiner «Geschichte der Franken».
62 So z.B. Felix Staehelin: Die Schweiz in römischer Zeit, 3. Aufl. Basel 1948, S. 4.
63 Basler Nachrichten 19. Juni 1938, «Basel und die schweizerische Urgeschichte. Den schweizerischen Prähistorikern Gruss und Willkomm!» Die B.N. schreiben «Frühgeschichte», nach der modernen Terminologie müsste es heissen: «Ur- und Frühgeschichte».
64 Darstellungen der schweizerischen Urgeschichte in UFAS, I–VI, Basel 1968–1979. – Handbuch der Schweizer Geschichte I., Zürich 1972 (Aufsatz Urgeschichte von E. Vogt).
65 Bei Ammianus Marcellinus einmal «Basilia» (XXX.3.1.), siebenmal «Rauracum» (lt. Register in der Ausgabe von O. Veh und G. Wirth, vgl. Anm. 38).
66 Felix Staehelin: Munatius Plancus, Basler Biographien I. Bd. 1900, S. 1 und Anm. 1.
67 Zum Basler Humanismus vgl. man das 18. Kapitel.
68 Ammian-Druck in Basel, vgl. Einleitung von G. Wirth, S. XXIX. (vgl. Anm. 38).
69 Text der Inschrift in der Anm. 134. – Zu den Plancus-Denkmälern vgl. F. Staehelin (Anm. 66). – Albert Burckhardt und Rudolf Wackernagel: Geschichte und Beschreibung des Rathauses zu Basel, Basel 1886. – KDM-Basel I, S. 438 ff. – G.A. Wanner: Rund um Basels Denkmäler, Basel 1975. – Elisabeth Landolt: Die Statue des Munatius Plancus und der Bildhauer Hans Michel, Bs. Stb. 1980.
70 «Im späten 16. Jahrhundert war es in der Regio Basiliensis Mode, kleine Objekte aus Augst zu sammeln», so Elisabeth Landolt: Kabinettstücke der Amerbach im Historischen Museum Basel, Basel 1984, S. 66.
71 Alle Texte, die auf Augst und das alte Basel Bezug nehmen, (von Caesar bis zu den Protokollen der HAGB von 1909) verzeichnet Karl Stehlin: Bibliographie von Augusta Raurica und Basilia, BZ 10. Bd. Fortsetzung von Max Martin: Bibliographie ... 1911–1970. Augst 1975. – Th. Burckhardt-Biedermann: Zerstörung und Erhaltung der römischen Ruinen zu Augst, Bs. Jb. 1892.
72 Andreas Ryff: Zirkel der Eidtgnoschaft, 1597, zitiert von W. Vischer, BB IX. Bd., S. 185.
73 Daniel Bruckner (vgl. Anm. 29), S. 2669–3077; vgl. dazu Beat Trachsler: Der Basler Zeichner Emanuel Büchel, Basel 1973.
74 Zitiert von Paul Bürgin, BZ 73. Bd, S. 8.

75 Bs. Nbl. 1845, S. 13. – Zu Fechter vgl. E. His: Basler Gelehrte des 19. Jhs., S. 374.

76 Werner Kaegi urteilt so über das 24. Neujahrsblatt von Jacob Burckhardt, in «Jacob Burckhardt», II. Bd., S. 372.

77 Über W. Vischer vgl. E. His (Anm. 75), S. 125. – August von Gonzenbach: Lebensbild des Prof. Dr. W. Vischer, in «W. Vischer: Kleine Schriften», Bd. II, Leipzig 1878.

78 In den «Kleinen Schriften» Vischers, Bd. II., Leipzig 1878.

79 Vgl. K. Schefold, BZ 54., 55., 56. Bd.

80 Vgl. über Burckhardts Forschungen E. His: Geschichte der Historischen und Antiquarischen Gesellschaft zu Basel im ersten Jahrhundert ihres Bestehens 1836–1936, BZ 35. Bd., S. 75 f.

81 Über Felix Staehelin vgl.: Paul Burckhardt: F. St., Bs. Jb. 1953. – Rudolf Laur: Worte der Erinnerung an Prof. Dr. F. St., BZ 51. Bd. – Wilhelm Abt: F. Staehelins Reden und Vorträge, Basel 1956. – In dem ganz F. St. zum 70. Geburtstag gewidmeten Band, BZ 42, eine Bibliographie seiner Werke von W. Abt. (Berichtigungen in BZ 46. Bd.).

82 Edgar Bonjour: Die Universität Basel von den Anfängen bis zur Gegenwart, Basel 1960, S. 651.

83 Die 3. und letzte Auflage erschien 1948.

84 Über Karl Stehlin vgl. E. His: Basler Gelehrte des 19. Jhs., S. 358. – F. Staehelin, BZ 33. Bd. Worte der Erinnerung ... – E. His: Geschichte der HAGB, BZ 35. Bd.

85 Über Rudolf Laur-Belart vgl. Paul Bürgin: Worte des Gedenkens an Prof. Dr. R. Laur-Belart, BZ 73. Bd. – Hans Franz Sarasin / Karl Schefold in «Provincialia», Festschrift für R.L.-B., Basel 1968.

86 So z.B. «Römerzeit», Leseheft, Schweizer Schulfunk Heft 10, 1970, und «Über die Colonia Raurica und den Ursprung von Basel», Zur Erinnerung an die vor 2000 Jahren erfolgte Gründung der Colonia Raurica, August 1957.

87 1931/32 standen für Ausgrabungen, Unterhalt der Ruinen usw. 5000 Franken zur Verfügung. 1972 verausgabte die Stiftung eine Million Franken, Paul Bürgin (Anm. 74), S. 5 f.

88 Vgl. die historische Karte von A. Furger: Das keltische Basel, 1981. Führer durch das Historische Museum Basel, Heft 1. und Andres Furger-Gunti: Die Helvetier, Kulturgeschichte eines Keltenvolkes, Zürich 1984. (Siehe auch oben, S. 48.)

89 Im Jahr 52 v. Chr. beim Kampf um Alesia, an dem auch ein Kontingent der Helvetier und Rauriker teilnahm. Vgl. «Gallischer Krieg» Buch 7. 75. 3.

90 Auch die Galater in Kleinasien, an die der Apostel Paulus einen Brief schrieb, waren ein versprengter Keltenstamm.

91 So Emil Vogt im Ausstellungskatalog «Kelten» in Schaffhausen 1957, S. 13: «Ein Volk ..., das in unserm Volkstum als eine Hauptkomponente weiterlebt.»

92 Die Poseidonios-Texte findet man in den Werken Diodors und Strabos, z.B. in den Übersetzungen der «Langenscheidtschen Bibliothek sämtlicher griechischer und römischer Klassiker». – Auszüge der Texte über die Kelten bei Klaus E. Müller: Geschichte der antiken Ethnologie und ethnologischen Theorienbildung, Teil I, Wiesbaden 1972. – Martin Ninck: Die Entdeckung von Europa durch die Griechen, Basel 1945.

93 So übersetzt Th. Mommsen die Worte Catos: «Pluraque Gallia duas res industriosissime persequitur; rem militarem et argute loqui». Die Schweiz in römischer Zeit, Zürich 1854, S. 15.

94 Verschiedene Auffassungen bei F. Staehelin (Anm. 62), S. 27, und bei Ernst Meyer: Handbuch der Schweizer Geschichte, 1. Bd., 1980, S. 57.

95 E. Howald und E. Meyer: Die römische Schweiz, Zürich 1940, S. 59 und 61 f.

96 Caesar, «Gallischer Krieg», Buch 1, 5.

97 R. d'Aujourd'hui: Basel zur Zeit der Antike. (Manuskript eines Kolloquiums im Gymnasium Bäumlihof) 1979, S. 13.

98 Keltenstämme in der Schweiz und die römische Provinzeinteilung der Schweiz, Historischer Atlas der Schweiz, Aarau 1958, Karte 7.

99 Caesar nennt sie «Rauracer».

100 So auch die Bezeichnung in der Ausstellung und im Führer des Historischen Museums Basel, Heft 1. – Vgl. dazu Emil Major: Gallische Ansiedlung mit Gräberfeld bei Basel, Basel 1940.

101 Ein Ort in der Nähe Basels auf der römischen Strassenkarte des 4. Jhs., die man «Tabula Peutingeriana» nennt, heisst so. – Max Martin sieht Arialbinnum bei Weil am Rhein, «Führer zu vor- und frühgeschichtlichen Denkmälern», Bd. 47, Lörrach und das rechtsrheinische Vorland von Basel, Mainz 1981, S. 65 und 86. – Anders F. Staehelin (Anm. 62)., S. 49.

102 A. Furger (im Museumsführer 1981): Basel-Gasfabrik wurde in der Spätlatènezeit, ca. 120 v. Chr. besiedelt. Zur Begründung der Chronologie vgl. A. Furger und H.M. v. Kaenel: Die keltischen Fundmünzen in Basel, Numismatische Rundschau, Bd. 55, 1976.

103 Diodors Schilderung (aus Poseidonios) nach Klaus Müller (Anm. 92), S. 327, und Martin Ninck (Anm. 92), S. 236.

104 So z.B. L. Berger und ähnlich A. Furger (Anm. 102).

105 A. Furger und v. Kaenel: Keltische Fundmünzen in Basel (siehe Anm. 102).
106 Caesar «Gallischer Krieg», Buch 1, 2.
107 Schilderung der Schlacht bei Bibracte im «Gallischen Krieg», 1. Buch, Kap. 25–27; «kein Feind floh», 1. Buch, Kap. 26, 2.
108 F. Staehelin (Anm. 62), S. 83.
109 Caesar «Gallischer Krieg», 1. Buch, Kap. 28, 4.
110 F. Staehelin und E. Meyer nehmen ein Bündnis zwischen Rom und den Helvetiern an. Dagegen Regula Frei in SZG 1975, S. 127.
111 Berichte der Ausgrabungen im BsStb. 1976, S. 215–224.
112 BZ 72. Bd. S. 392–452. Jahresbericht der Archäol. Bodenforschung.
113 Caesar «Gallischer Krieg», 7. Buch, 23.
114 Vgl. dazu F. Staehelin (Anm. 62) S. 118 und 121.
115 A. Furger: Torius, der bisher älteste mit Namen bekannte Basler, BsStb. 1978. – F. Staehelin nennt noch einen Namen, «Minni», auf dem Boden eines Trinkgefässes (Anm. 62), S. 122.
116 Sie hätten dort Wein, Weib und Gesang gefunden, formuliert anschaulich R. Fellmann: Das römische Basel, Museumsführer 2, 1981. Vgl. auch R. Fellmann: Basel in römischer Zeit, Basel 1955.
117 R. Fellmann (Anm. 116) Karte S. 28.
118 Modell des Heiligtums im Hist. Museum Basel. Beschreibung im Buch «Riehen, Geschichte eines Dorfes», 1972, S. 49.
119 Bruchstücke sind im Keller der «Mücke» konserviert und zugänglich. Vgl. L. Berger: Archäologischer Rundgang durch Basel, 1981, S. 41.
120 Solche Inschriften bei Gerold Walser: Römische Inschriften in der Schweiz, Teil II, Bern 1980.
121 F. Staehelin (Anm. 62), S. 279.
122 Ammianus Marcellinus, 14. Buch, 10. 7. (Anm. 38).
123 So F. Staehelin (Anm. 62), S. 294.
124 Ammianus Marcellinus, 28. Buch, 2. 1. (Anm. 38).
125 Ammianus Marcellinus, 30. Buch, 3. 1. (Anm. 38). – Übersetzung so bei Howald/Meyer (Anm. 95), S. 149, und F. Staehelin (Anm. 62), S. 301.
126 Siehe Exkurs auf Seite 436.
127 Die Stelle bei Ammianus Marcellinus «munimentum prope Basiliam quod appellant accolae robur» kann man ev. auch so übersetzen, dass Robur ein anderer Name für Basilia wäre, d.h. «quod» bezöge sich dann auf «Basilia», nicht auf «munimentum». Gute Philologen, wie Albert Oeri und Rudolf Fellmann, haben diese Interpretation als grammatikalischen Kunstgriff abgelehnt.
128 Die «Robur-Autoren» seit 1548 verzeichnet R. Moosbrugger-Leu, BZ 74. Bd., S. 351 ff.
129 Rudolf Moosbrugger, BsStb. 1974, S. 61–70. – So auch Rudolf Fellmann, Museumsführer 2, S. 45. Dagegen Werner Meyer in BZ 81. Bd., S. 304 und in «Burgen von A–Z», Basel 1981.
130 Wurstisen: Basler Chronik, 1580, S. 77.
131 Felix Staehelin (Anm. 62), S. 316.
132 Felix Staehelin (Anm. 62), S. 318.
133 Bei der Berechnung ist zu bedenken, dass das Jahr 0 nicht existiert.
134 Die Inschrift von 1528 wird von Wurstisen: Epitome, 1577, S. 235 überliefert. Im ersten Teil werden biographische Daten von Plancus vermittelt, im zweiten wird begründet, warum Plancus in Basel verehrungswürdig sei, nämlich: Rat und Volk von Basel haben dem Plancus, « dem ältesten Erleuchter dieses Landstrichs, aus Bewunderung der Tapferkeit (virtutis), die auch bei einem Feind der Verehrung würdig ist», dieses Bild gestiftet. Die heute noch lesbare Inschrift am Denkmal im Rathaushof von 1580 verzichtet auf den Hinweis vom «Feind», gibt etwa den Text der Gaëta-Inschrift wieder und hält das Ereignis der Völkerwanderung fest. (Vgl. dazu Kapitel 10.). – Zum Denkmal vgl. KDM-BS I. Bd., S. 440, und G.A. Wanner: Rund um Basels Denkmäler, Basel 1975.
135 Bs.Nbl. 1845, S. 11.
136 F. Staehelin: Munatius Plancus, Basler Biographien, 1. Bd., Basel 1900.
137 Lucius = Vorname, Munatius = Familienname, Plancus («Plattfuss») = Beiname der Glieder dieses Familienzweiges.
138 Den «Briefwechsel des L. Munatius Plancus mit Cicero» hat 1957 Gerold Walser aus Anlass der 2000-Jahrfeier lateinisch und deutsch herausgegeben.
139 Diese Politik des Plancus geht aus dem Briefwechsel hervor (vgl. Anm. 138).
140 F. Staehelin (Anm. 136), S. 27.
141 R. Fellmann: Das Grab des Lucius Munatius Plancus bei Gaëta, mit einem Beitrag von G. Gullini, Basel 1957.
142 G. Walser (Anm. 138), S. 90 f.
143 F. Staehelin (Anm. 136), S. 28.
144 So Howald/Meyer: Die römische Schweiz, Zürich 1940, S. 307, und R. Laur: Führer durch Augusta Raurica, 4. Aufl. Basel 1966, S. 10. Eine andere, sprachlich dem Wortlaut mehr angenäherte Übersetzung gibt Max Martin: Römerhaus und Museum Augst, Jhb. 1971, S. 5, nämlich: «und führte in Gallien Kolonien nach Lugdunum und Raurica.» So wäre «Raurica» nicht der Name der neuen Kolonie, sondern eines

schon bestehenden Ortes und dieser Ort wäre – nach M. Martin – dann das Basler Oppidum.

145 Hans Stohler: Über die Orientierung der Stadtpläne von Augusta Raurica und Basilia Romana, BZ 38. Bd., S. 300. – Zum Stadtplan vgl. R. Laur: Führer durch Augusta Raurica, Basel 1978 (Nachdruck der 4. Aufl. 1966), S. 24 u. 28.

146 Denis van Berchem: Die Gründung der Kolonie Raurica und die älteste Geschichte Basels, Antrittsvorlesung am 7. Mai 1957, im Basler Schulblatt, Juni 1957.

147 F. Staehelin (Anm. 62), S. 91.

148 So Ammianus Marcellinus, 15. Buch, 11. 11. (Anm. 38).

149 R. Laur (Anm. 144), S. 165, «vermutlich um 300 erbaut». – Nach R.-M. Swoboda: Neue Ergebnisse zur Geschichte des castrum Rauracense, im Jhb. der Schweizerischen Gesellschaft für Ur- und Frühgeschichte, 1972, «erst in konstantinischer Zeit».

150 Annemarie Kaufmann-Heinimann und Alex R. Furger: Der Silberschatz von Kaiseraugst, Augster Museumsheft 7, Augst 1984.

151 So R. Laur, Der spätrömische Silberschatz von Kaiseraugst, Katalog 1967, S. 5.

152 F. Staehelin (Anm. 62), S. 587, Anm. 2. – Zum Problem, ob die überlieferten Texte richtig sind, vgl. man Ludwig Berger: Die Ausgrabungen am Petersberg in Basel, Basel 1963, Exkurs I., S. 97 ff. und Helvetia sacra 1/1, Bern 1972, S. 127 und 163.

153 F. Staehelin (Anm. 62), S. 583.

154 Legenda aurea des Jacobus de Voragine, hg. von R. Benz, Heidelberg 1975.

155 Zur Ursulabüste vgl. Hans Reinhardt: Das Ursula-Haupt aus dem Basler Münsterschatz, Jhb. des Historischen Museums 1955, S. 27.

156 F. Staehelin (Anm. 62), S. 586, und Howald/Meyer (Anm. 95), S. 205.

157 G. Walser: Römische Inschriften in der Schweiz, II. Teil, Bern 1980, Nr. 243.

158 A. Furger: Frühchristliche Grabfunde, Basler Kostbarkeiten 4, Basel 1983, S. 14 ff. Christogramm: X = griechisch CH und P = griechisch Rho, Abkürzung für griechisch «Christos».

159 Vgl. Anm. 152.

160 R. Laur: Die frühchristliche Kirche mit Baptisterium und Bad in Kaiseraugst, Basel 1967.

161 Jacob Burckhardt: Historische Fragmente 9, Gesamtausgabe Bd. VII, S. 234.

170 Das 4. Jh. schilderte als Augenzeuge am ausführlichsten Ammianus Marcellinus, das 6. Jh. Gregor von Tours (um 540–594).

171 Vor allem dazu die drei Werke von R. Moosbrugger-Leu: Die frühmittelalterlichen Gürtelbeschläge der Schweiz, Basel 1967; Basel und die Schweiz im Frühmittelalter, Inst. für Erziehungs- und Unterrichtsfragen (Basler Schulausstellung), Basel 1961; Die Schweiz zur Merowingerzeit. Die archäologische Hinterlassenschaft der Romanen, Burgunder und Alamannen. 2 Bände, Bern 1971.

172 Wilhelm Bruckner: Schweizer Ortsnamenkunde, Basel 1945, und: Ortsnamen, Siedlungsgrenzen, Volkstum in der deutschen Schweiz, Schweiz. Archiv für Volkskunde. Bd. XXXVII (1939/40), S. 201 ff. – Stefan Sonderegger: Volks- und Sprachgrenzen in der Schweiz im Frühmittelalter, SZG Jg. 13, 1963.

173 Bs. Nbl. 1846. S. 5. (Autor nicht genannt; es ist Jacob Burckhardt, vgl. Gesamtausgabe, I. Bd., Basel 1930).

174 Zur Geschichte der Alemannen: 1. Ludwig Schmidt: Geschichte der deutschen Stämme bis zum Ausgang der Völkerwanderung. Die Westgermanen, II. Teil, 2. Aufl. München 1940. – 2. Hans Conrad Peyer: Frühes und hohes Mittelalter im Handbuch der Schweizer Geschichte I. – 3. Beck/Moosbrugger/Sonderegger: Volks- und Sprachgrenzen in der Schweiz im Frühmittelalter mit besonderer Berücksichtigung der burgundisch-alemannischen Grenze, SZG 13, 1969. – 4. W. Kaegi: Die Rheingrenze in der Geschichte Alemanniens, Historische Meditationen I, Basel 1942. – 5. Max Martin: Die Schweiz im Frühmittelalter. Vom Ende der Römerzeit bis zu Karl dem Grossen, Bern o.J. – 6. Rudolf Laur-Belart: Urgeschichte und Schweizertum, Basel 1939.

175 Tacitus: Germania, cap. 39. (hier nach W. Kaegi: Rheingrenze, S. 45 f.).

176 Zur Deutung des Namens vgl. L. Schmidt (Anm. 174), S. 5.

177 Zitat aus Agathias in W. Oechsli: Quellenbuch zur Schweizergeschichte, 1893, S. 80. Zitiert wird von Agathias der Römer Asinius Quadratus, dessen Werk sonst verloren ist. Vgl. W. Kaegi: Rheingrenze, S. 46, Anm. 4.

178 Bei L. Schmidt (Anm. 174), S. 74; die Quellenzitate aus Ammian u.a.

179 Basler Chronik, 2. Buch, 2. Kapitel.

180 F. Staehelin (Anm. 62), S. 318, und L. Schmidt (Anm. 174), S. 52 f.

181 Max Martin (Anm. 174), S. 22.

182 S. Apollinaris: Carmen VII, 372 ff. Vgl. Howald und Meyer (Anm. 95), S. 154 f.

183 R. Moosbrugger: Die frühmittelalterlichen Gürtelbeschläge der Schweiz, S. 166.

184 Cassiodor: Variae II. 41. Deutsch bei W. Oechsli: Quel-

lenbuch zur Schweizergeschichte, 1893, S. 50 f.

185 L. Schmidt (Anm. 174), S. 79.

186 Dazu vgl. man: Das Leben des Hl. Gallus, deutsch in GdV 2. Gesamtausgabe, 12. Bd., 3. Aufl. Leipzig 1932.

187 L. Schmidt (Anm. 174), S. 90.

188 Am gründlichsten behandelt Gürtelbeschläge und Fibeln R. Moosbrugger in seiner Dissertation: Die frühmittelalterlichen Gürtelbeschläge der Schweiz; die archäologische Hinterlassenschaft der Alemannen und der Burgunder in seinem Werk: Die Schweiz zur Merowingerzeit, Bern 1971.

189 Zu den Stilfragen vgl. ausser den genannten Werken Moosbruggers auch Max Martin (Anm. 174), S. 66 ff., und R. Laur-Belart: Urgeschichte und Schweizertum, Basel 1935, S. 59 ff.

190 Karte aus Max Martin: Das Fortleben der spätrömisch-romanischen Bevölkerung aus Kaiseraugst und Umgebung im Frühmittelalter auf Grund der Orts- und Flurnamen, in «Provincialia, Festschrift Rudolf Laur-Belart», Basel 1968 (Karte S. 140). Zur Karte sagt Martin: «Die romanischen Orte sind von den alemannischen fast ganz umschlossen. Besiedlung durch Alemannen weitgehend von Süden und Südosten.»

191 W. Bruckner: Ortsnamen (Anm. 172), S. 137 ff.

192 Text der Inschrift in KDM-BS. I. Bd., S. 440, und F. Staehelin: Munatius Plancus, Basler Biographien, 1. Band, Basel 1900, S. 32.

193 Laur (Anm. 174), S. 62.

194 Die Bekehrungsgeschichte erzählt Gregor von Tours in seiner «Geschichte der Franken» im 30., die Massentaufe im 31. Kap. des II. Buches.

195 Gregor von Tours (Anm. 194), V. Buch, Einleitung.

196 Max Martin: Das fränkische Gräberfeld von Basel-Bernerring, Basel 1976. Vgl. dazu auch R. Moosbrugger: Die frühmittelalterlichen Gräberfelder von Basel, Führer durch das Historische Museum Basel, Heft 3, Basel 1982.

197 R. Moosbrugger, UFAS VI, S. 42. – R. Wackernagel: Geschichte der Stadt Basel, I. Bd., S. 2 und S. 115. – August Bernoulli: Basel im frühesten Mittelalter, Bs. Jb. 1922, S. 295 ff.

198 Wurstisen, 2. Buch, 7. Kap.

199 Vgl. Helvetia sacra I/1, Bern 1972, Walter Leimgruber: Die Karte des Bistums Basel. Text S. 316 ff. und die Karte: Die Diözese Basel vor der Reformation.

200 Capitularien Haitos, Nr. 8. bei R. Thommen: Basler Annalen, BB XV. Bd., S. 257., und Trouillat I, S. 98.

201 Zu Columban vgl. Fritz Blanke: Columban und Gallus. Urgeschichte des schweizerischen Christentums, Zürich 1940. – Albert Burckhardt: Die Heiligen des Bistums Basel, Bs. Jb. 1889.

202 Zu Ragnachar vgl. Helvetia sacra I/1. S. 163, und MGH SS. IV., S. 123.

203 Zu Germanus: Trouillat I, Nr. 29, Vita Sancti Germani. R. Moosbrugger: Germanus, der vergessene Juraheilige, Bs. Stb. 1975.

204 H. Reinhardt und H.G. Wackernagel plädieren für den Germanusstab als Reliquie. Vgl. H. Reinhardt: Bs. Nbl. 1942, S. 28.

205 Zu Haito (Heito, Hatto) W.Th. Streuber: Bischof Hatto oder Basel unter fränkischer Herrschaft, Bs. Nbl. 1847. – Abel Burckhardt: Bilder aus der Geschichte von Basel, 2. Bd. 1882.

206 Gedichte von Walahfrid Strabo in MGH. Poetae latini aevi Carolini. Deutsch bei R. Thommen: Basler Annalen, BB XV. Bd., S. 158 ff.

207 Trouillat I, Nr. 46

208 Trouillat I, Nr. 45, S. 87 f. Deutsch von R. Thommen: Basler Annalen, S. 155. (Anm. 206.)

209 Trouillat I, Nr. 45, S. 89.

210 Trouillat I, Nr. 50 (lat.). Deutsch von R. Thommen in Basler Annalen, S. 255. (Anm. 206.) Vgl. W. von den Steinen: Literarische Anfänge in Basel, BZ 33. Bd.

211 Nach Abel Burckhardt: Bilder aus der Geschichte von Basel, 1882, S. 13.

212 Hans Rudolf Sennhauser: Das Münster des Bischofs Haito, in «Bodenfunde aus Basels Ur- und Frühgeschichte», hg. von Peter Heman, Basel 1983.

213 Im Buch (Anm. 212) auch eine Übersetzung des Gedichtes von W. Strabo. Zur Interpretation des Gedichtes vgl. man Christian Wilsdorf: L'évêque Haito reconstructeur de la cathédrale de Bâle, in Bulletin monumental, Tome 133 II, Année 1975. Wir geben hier die deutsche Fassung des Gedichtes von R. Thommen, Basler Annalen, S. 158, wieder.

214 Vgl. dazu den erwähnten Aufsatz von Chr. Wilsdorf und R. Thommen, Basler Annalen, S. 159. (Anm. 206.)

215 Schon Streuber schrieb im Bs. Nbl. 1847 am Schluss der Haitodarstellung: «Dafür möge er bei uns in gerechtem Andenken fortleben.»

216 Wipo: Das Leben Kaiser Konrads II. Kap. 8, lateinisch MGH. SS. 11, deutsch in GdV. 2. Gesamtausg. Bd. 41.

217 Diese Epoche behandeln folgende Neujahrsblätter: Theophil Burckhardt: Das Königreich Burgund 888–1032, Bs. Nbl. 1848. Hans Trog: Die Schweiz vom Tode Karls des Grossen bis zum Ende des burgund. Reichs, Bs. Nbl. 1889. Albert Burckhardt: Die Schweiz unter den salischen Kaisern, Bs. Nbl. 1890. Hans Reinhardt: Kaiser Heinrich II. und das Basler Bistum, Bs. Nbl. 1942.

218 Z.B. Besuch Rudolfs I. in Basel im Jahr 911 (Trouillat I, Nr. 72).
219 Trouillat I, Nr. 75 (deutsch in Basler Annalen, BB XV. Bd., S. 175).
220 Vgl. dazu: KDM-BS. I, S. 53.
221 Zu den verschiedenen Münsterbauten in Kurzform François Maurer: Das Münster von Basel, Schweiz. Kunstführer, 1981. (Der Münsterband der KDM fehlt z.Z. noch.)
222 Zur Frage der Übergabe der heiligen Lanze vgl. Carl Pfaff: Kaiser Heinrich II., sein Nachleben und sein Kult im mittelalterlichen Basel, Basel 1963, S. 11 f. – Hans Reinhardt (Anm. 217) berichtet sogar von zwei heiligen Lanzen.
223 So Thietmar von Merseburg, 7. Buch, 21. Kap. (GdV-Ausg. 1892).
224 Vgl. Schenkungsurkunde an den Bischof von Sitten in Oechslis Quellenbuch (1893), S. 149.
225 Urkunde bei Trouillat I, Nr. 85 und 86, Erläuterungen bei Rudolf Massini: Das Bistum Basel zur Zeit des Investiturstreites, Basel 1946, Kap. I/1. – Vgl. dazu auch H. Büttner: Basel, die Zähringer und Staufer, BZ 57. Bd.
226 Zu Heinrich II. (ausser Literatur in Anm. 217) auch Heinrich Günter: Kaiser Heinrich II., der Heilige, München 1904.
227 Vgl. Text und Bilder bei H. Reinhardt: Das Basler Münster, Basel 1949 (2. Aufl.).
228 Vgl. C. Pfaff (Anm. 222), S. 87 ff., und KDM-BS. I, S. 199.
229 Eine treffliche Abhandlung dazu von H. Reinhardt, Bs. Nbl. 1942, S. 16. Vgl. dazu auch Julia Gauss, BZ 81. Bd.
230 Dazu der Text in den Basler Annalen zum Jahr 1006 (nach den Jahrbüchern von Einsiedeln), BB XV. Bd. – Die Geschichte erzählt auch der Chronist Thietmar von Merseburg, 7. Buch, 20. Kap., GdV. 3. Aufl., 39. Bd. 1892.
231 Trouillat I, Nr. 89. Schenkung datiert 1. Juli 1004, also zeitlich vor den Besuchen Heinrichs in Basel, was zeigt, dass Heinrich schon zu Beginn seiner Regierungszeit Basel in seine Politik einbezogen hat.
232 Dazu wieder H. Reinhardt, Bs. Nbl. 1942 (Kap. Münsterbau).
233 Wipo (Anm. 216), Kap. 21, 29, 30, 32.
234 Formulierung von W. Kaegi: Vom Mythus Basels, in «Festgabe für Edgar Bonjour zu seinem 70. Geburtstag 1968», S. 134.
235 So z.B. Heinrich VI., 1185 (Trouillat I, Nr. 260) und Friedrich II., 1218 (Trouillat I, Nr. 313).
236 Die Bevölkerungszahlen nach Franz Gschwind: Bevölkerungsentwicklung und Wirtschaftsstruktur der Landschaft Basel im 18. Jahrhundert, Liestal 1977. Gschwind nennt die Zeit von 1000 bis 1300 die erste Wachstumsperiode Basels. – Das Wachstum der Stadt erklärt Heusler (1860) S. 50 f.
237 Dazu die Ausführungen von François Louis Ganshof in der Propyläen-Weltgeschichte, hg. von Golo Mann, Bd. V/2. 1976, S. 414 ff.
238 Text in UB I, Nr. 14, S. 9.
239 Die ältere Literatur zu der 1. und der 2. Mauer: August Bernoulli: Basels Mauern und Stadterweiterung im Mittelalter, BZ 16. Bd. – Rudolf Kaufmann: Die bauliche Entwicklung der Stadt Basel, Bs. Nbl. 1948. – C.A. Müller: Die Stadtbefestigungen von Basel, Bs. Nbl. 1955. – Die neuen Forschungsergebnisse von Rolf d'Aujourd'hui und Guido Helmig: Die Burkhardsche Stadtmauer aus dem späten 11. Jahrhundert, Bs. Stb. 1983, und: Archäol. Bodenforschung des Kantons Basel-Stadt, Jahresbericht 1982.
240 Diese Zahl nach G. Burckhardt: Basler Heimatkunde, 2. Bd., S. 232. (Anm. 3.)
241 Vgl. Plan: Basel im 11. und im 12. Jh., Bs. Stb. 1983, S. 240.
242 Zur Schönheit der mittelalterlichen Stadt vgl. R. Kaufmann (Anm. 239).
243 Formulierung so von R. Wackernagel: Geschichte der Stadt Basel, 1. Bd., S. 52.
244 Zu der Lebensweise der Domherren vgl. Rudolf Wackernagel I., S. 122.
245 Statut über die vom Domprobst zu Weihnachten und zu Ostern den Domherren zu gebenden Festmahlzeiten 1185/90, UB III, S. 327.
246 Über Herkunft der Dienstleute vgl. Heusler (1860) S. 64 f. und Aug. Burckhardt, Bs. Nbl. 1919 und BZ 22. Bd.
247 Vgl. Werner Meyer: Der mittelalterliche Adel und seine Burgen im ehemaligen Fürstbistum Basel, Bs. Nbl. 1962; und Psitticher und Sterner, BZ 67. Bd.; ferner Aug. Burckhardt, BZ 22. Bd.
248 Urkunde vom April 1180, UB. I. Nr. 49.
249 A. Heusler: Geschichte der Stadt Basel, S. 7. – Rudolf Wackernagel I., S. 10 und S. 53.
250 R. Kaufmann (Anm. 239), S. 48.
251 UB III. S. 347 (Nachtrag Nr. 2).
252 Zum Thema vgl. Trouillat II. Introduction: Origine du pouvoir temporel des évêques de Bâle. – A. Heusler: Verfassungsgeschichte der Stadt Basel im Mittelalter, Basel 1860. – Helvetia sacra, Abt. I, Band I, Bern 1972. – Albert Bruckner: Die mittelalterliche Stadt, in: «Basel, Denkschrift zur Erinnerung ...», Olten 1957. – Hans

Rohr: Die Entstehung der weltlichen, insbesondere der grundherrlichen Gewalt des Bischofs von Basel, Diss. Bern 1915. – Reinhard Patemann: Die Stadtentwicklung von Basel bis zum Ende des 13. Jahrhunderts, Ztschr. für Geschichte des Oberrheins, 112. Bd., 2. Heft, 1964.

253 Trouillat II, Nr. 153, S. 200. Ein anderes Beispiel UB I, S. 14: «dedi sancto Albano.»

254 Vgl. Heusler (1860), S. 5 f. Er umschreibt Immunität so: immunitas ab introitu judicum publicorum. – A. Heusler: Deutsche Verfassungsgeschichte, Leipzig 1905, S. 97. – J. Wackernagel, BZ 19. Bd., S. 176.

255 Basler Chronik 2. Buch, IX. Kap.

256 Vgl. dazu Heusler (1860), S. 58 f.

257 Heusler (1860), S. 42.

258 Trouillat II, Nr. 81, S. 114 ff. Interpretation von W. Wackernagel: Das Bischofs- und Dienstmannenrecht von Basel in deutscher Aufzeichnung, Basel 1852.

259 Trouillat I, Nr. 113, S. 174 f.: «Quisquid sibi ad utilitatem ecclesie placuerit.»

260 Die Beziehungen der Bischöfe zu den Saliern bei Rudolf Massini: Das Bistum Basel ... (Anm. 225).

261 A. Heusler: Deutsche Verfassungsgeschichte, Leipzig 1905, S. 203.

262 Zu Bischof Burkhard vgl. Rudolf Massini (Anm. 225).

263 Die Canossageschichte erzählt Lampert von Hersfeld (Text in «Geschichte in Quellen» II. Bd., München 1970, S. 306 und S. 309).

264 UB I, S. 9.

265 UB I, S. 9.

266 Zum Vorgängerbau der Mönchskirche vgl. KDM-BS III, S. 43.

267 UB I, S. 9.

268 UB I, Nr. 12, S. 6. Deutsch bei Massini (Anm. 225), S. 174.

269 KDM-BS III, St. Alban.

270 Vgl. Eduard Schweizer: Die Lehen und Gewerbe am St. Albanteich, BZ 21. und 22. Bd.

271 Mehr über die Papierindustrie im 17. Kapitel.

272 Zur Geschichte des Klosters vgl. KDM-BS III.

273 R. Massini (Anm. 225), S. 162.

274 Zu Bischof Heinrich II. vgl. NDB. – L.A. Burckhardt: Bischof Heinrich von Thun, Bs. Nbl. 1854. – Albert Burckhardt-Finsler: Basler Biographien II, 1904, S. 9.

275 Zur Rheinbrücke vgl. E.A. Meier: 750 Jahre Mittlere Rheinbrücke, Bs. Stb. 1975.

276 UB I, Nr. 106. – Trouillat I, Nr. 333.

277 Vgl. Historisches Festbuch zur Basler Vereinigungsfeier 1892.

278 R.W. I. S. 24.

279 Dazu K.R. Hagenbach: Die Bettelorden in Basel, Bs. Nbl. 1855. Betr. Beichte S. 24. – Die Ordenskirchen in KDM-BS III und V.

280 UB I, Nr. 108, deutsch in Oechsli (1893) S. 189 f. – Zum Thema Zunft vgl. die Literatur im 14. Kapitel.

281 Dazu R.W. I. S. 21, der sogenannte Ulmer-Spruch.

282 UB I Nr. 92. – Trouillat I, Nr. 315. Dazu im gleichen Sinn UB I, Nr. 91 und 93. «Goldene Bulle» wegen des Siegels, das noch daran hängt. – Zum Widerruf vgl. Heusler (1860), S. 107.

283 Vgl. dazu E.A. Stückelberg, BZ 8. Bd.

284 Alb. Burckhardt-Finsler, Basler Biographien, II. Bd. 1904.

285 «Quasi illiteratus» nach Trouillat II, S. 253.

286 Zum Adel in der Stadt vgl. Werner Meyer: Der mittelalterliche Adel und seine Burgen im ehemaligen Fürstbistum Basel, Bs. Nbl. 1962.

287 Zu Rudolf von Habsburg: Oswald Redlich: R. v. H., Innsbruck, 1903. – Wilhelm Arnold: R. v. H. und die Basler, Bs. Nbl. 1857. – K.R. Hagenbach: R. v. H. vor Basel 1273, Bs. Nbl. 1829.

288 Zum Grab der Königin Anna, vgl. H. Wölfflin: Das Grabmal der Königin Anna im Münster zu Basel, Festbuch zur Eröffnung des Historischen Museums, Basel 1894.

289 Über den Krieg Heinrichs mit Rudolf von Habsburg zahlreiche Quellen in Trouillat II, Nr. 171, 176, 181, 182.

290 R.W. I, S. 33.

291 Den Ausruf des Bischofs zitiert Wurstisen (2. Buch, 21. Kap.) nach dem Chronisten Matthias von Neuenburg.

292 So Alb. Burckhardt-Finsler (Anm. 284), S. 79.

293 UB IV, Nr. 134. – Trouillat III, Nr. 287. Interpretationen: A. Heusler (1860) S. 127. – Alb. Burckhardt-Finsler (Anm. 284), S. 46. – R.W. I. S. 33 f.

294 Vgl. Heusler (1860) S. 254 f.

295 Zunftbriefe: UB I, Nr. 430 (Gärtner). – UB II, Nr. 9 (Weber), UB II, Nr. 77 (Maurer).

296 Handfeste für Kleinbasel: UB II, Nr. 146.

300 Wir stützen uns im folgenden auf die Bischofsbiographien in der Helvetia sacra I/1 und die dort zitierte Literatur.

301 In den Urkunden ist «Stift» meistens feminin, noch bis ins 19. Jh. so.

302 Das Wormser Konkordat ist eine Kompromisslösung im Kampf der weltlichen und geistlichen Mächte um die Einsetzung der Bischöfe. Die Bischöfe werden vom Papst bestimmt (mit und ohne Vorschlagsrecht des Domkapitels) und erhalten nach der Wahl die Regalien vom König.

303 Z.B. kommen 1275–1382 von elf Bischöfen nur zwei vom Kapitel vorgeschlagene Kandidaten auf den Bischofsstuhl.

304 Die «Chronik des Matthias von Neuenburg», übersetzt von G. Grandaur, GdV., 14. Jh., 6. Band (1892) Kap. 36. Original in MGH. SS NS. 4. (1924–1940).

305 «Schisma» nennt man die abendländische Kirchenspaltung von 1378–1417. (In Rom und Avignon residieren gleichzeitig Päpste.)

306 So z.B. im Jahr 1381. Nach Helvetia sacra I/1 gab es drei «Electi»: Wolfhart von Erenfels, Werner Schaler, Imer von Ramstein.

307 In den Jahren 1320–1330 hielt Basel zum deutschen Kaiser Ludwig dem Bayer; der Papst stellte sich auf die Seite des Gegenkönigs Friedrich von Österreich. Der Papst strafte darum die Stadt Basel mit dem Interdikt (1325).

308 Trouillat II, Nr. 363.

309 So erklärt z.B. Bischof Johann II. 1352: Seine Vorgänger «non habentes pro tunc bona mobilia de quibus suis satisfacere possent creditoribus». Trouillat IV, Nr. 9.

310 Trouillat IV, Nr. 128.

311 UB IV, Nr. 359 und 360.

312 UB V, Nr. 150.

313 R.W. I, S. 316.

314 UB V, Nr. 159. «wir gelobent, dass wir von der phlege der egenannten Stift nüt stan noch lassen söllent.»

315 Dazu anschaulich R.W. II, S. 210 ff. – Aktenmässig belegt in den Bs. Chr. II. Bd., Beilage XIV, «Der Streit der Stadt Basel mit Bischof Johannes von Venningen. 1476–1477».

316 So R.W. II., S. 213.

317 D. Fechter, Topographie im Erdbebenbuch. (Basel im 14. Jahrhundert, 1856) S. 5, und Bs. Nbl. 1850, S. 39.

318 Bs. Chr. IV. Bd., S. 57 (aus den Ratsbüchern).

319 Bs. Chr. IV. Bd., S. 98 (noch 1527!).

320 So Gustav Steiner: Basels Weg zur Stadtfreiheit . . ., Bs. Nbl. 1945.

321 Der Satz steht im Manuskript «Cirkel der Eidgenossenschaft» 1597 (Kopie aus dem 18. Jh.). Universitätsbibliothek Ms. H. I 6, 153 V.

322 Historisches Festbuch zur Basler Vereinigungsfeier 1892, Basel 1892, S. 35.

323 Die Verfassungsgeschichte Basels im Spätmittelalter haben ausser Heusler (1860) und R.W. behandelt: Elisabeth Rütimeyer: Stadtherr und Stadtbürgerschaft in den rheinischen Bischofsstädten, Diss., Basel 1928. – Reinhold Patemann: Die Stadtentwicklung von Basel bis zum Ende des 13. Jahrhunderts, in Zschft. für Geschichte des Oberrheins 112. Bd. 1964. – Hans Rudolf Hagemann: Basler Rechtsleben im Mittelalter, Band I Basel 1981, Band II Basel 1987. – Gisela Mönke: Bischofsstadt und Reichsstadt. Ein Beitrag zur mittelalterlichen Stadtverfassung von Augsburg, Konstanz und Basel, Diss. Berlin 1973.

324 Trouillat II, Nr. 2 (mit falschem Datum). Vgl. UB I, Nr. 21.

325 UB III. Nachträge Nr. 2. Vgl. dazu Patemann (Anm. 323), S. 445.

326 UB I, Nr. 55.

327 UB I, Nr. 106.

328 UB I, Nr. 398. Die Originalurkunde befindet sich in Strassburg. Die erste deutschsprachige Urkunde in Basel ist der Zunftbrief von 1264/1269.

329 Abbildung des Originaleintrags im Roten Buch. STAB Ratsbücher A 1.

330 Die Basler Zunftliteratur ist sehr umfangreich. Heusler (1860), Rudolf Wackernagel, besonders T. Geering (Anm. 331) schrieben zuerst über die Zunftbewegung. – Der bekannteste Basler Zunfthistoriker war Paul Koelner: Spinnwetternzunft 1931, Safranzunft 1935, Rebleutenzunft 1942, Basler Zunftherrlichkeit 1942, Schlüsselzunft 1953. Mit Koelner setzt sich auseinander G. Steiner: Bs. Nbl. 1945 (vgl. Anm. 320), und: Entstehung und Charakter der Basler Zünfte im 13. Jahrhundert, Bs. Jb. 1948. – Letzte zusammenfassende Darstellung von G.A. Wanner: Zunftkraft und Zunftstolz, Basel 1976; zu den Theorien über die Entstehung der Zünfte S. 11 ff.

331 Wir folgen hier Traugott Geering: Handel und Industrie der Stadt Basel – Zunftwesen und Wirtschaftsgeschichte bis zum Ende der XVII. Jahrhunderts, Basel 1886.

332 Vgl. Geering (Anm. 331), S. 3.

333 Vgl. Anm. 280.

334 Gartnerzunft UB I, Nr. 430. – Weberzunft UB II, Nr. 9. – Bauleute UB II, Nr. 77.

335 H.R. Hagemann: Basler Rechtsleben im Mittelalter, Basel 1981, S. 9, sagt, nur ein Fünftel der Bevölkerung sei zunftlos gewesen.

336 Gustav von Schönberg: Finanzverhältnisse der Stadt Basel im 14. und 15. Jahrhundert, Tübingen 1879. – Bernhard Harms: Die Münz- und Geldpolitik der Stadt Basel im Mittelalter, Tübingen 1907 (Ergänzungsheft 23 der Zschft. für die gesamte Staatswissenschaft). – B. Harms: Der Stadthaushalt Basels im ausgehenden Mittelalter. Quellen und Studien zur Basler Finanzgeschichte, 3 Bände, Tübingen 1909–1913.

337 Der Staat betätigte sich, um Geld zu bekommen, im Versicherungs- und Darlehensgeschäft. «Zinsrente»,

d.h. der Gläubiger erhält einen festen Zins, und das Kapital muss zurückbezahlt werden; «Leibrente», d.h. der Gläubiger erhält lebenslänglich eine Rente; das Kapital muss nicht zurückbezahlt werden. Über diese Finanzpolitik vgl. Hans-Jörg Gilomen: Die städtische Schuld Berns und der Basler Rentenmarkt im 15. Jahrhundert, BZ 82. Bd.
338 Schönberg (Anm. 336), S. 27.
339 B. Harms (Anm. 336), 1. Bd., S. 8, und «Münzpolitik», S. 43.
340 Dazu Heusler (1860), S. 415. – R.W. III. S. 301.
341 Heusler (1860), S. 428. Text im «Quellenbuch» von Nabholz/Kläui, S. 144 ff.
342 P. Ochs (Anm. 12), Bd. 5, S. 352.
343 Am Ende des 7. Buches wird der Versuch grenzüberschreitender Politik geschildert. «Regio» ist auch «Aussenpolitik», da das Verhältnis Basels zu den Nachbarn geregelt wird, soweit es die Bundesverfassung erlaubt.
344 «Riesenheere» der Söldner in der Umgebung Basels: 1365 erschienen die «Engländer» (englisch-bretonische Söldner), 1375 die «Gugler», 1439 die Armagnaken im Elsass, 1444 die Armagnaken in der Umgebung Basels.
345 Vgl. zur Frage Verhältnis Basel-deutsches Reich Gisela Mönke (Anm. 323), S. 241.
346 Heusler (1860), S. 320. – Zwei hübsche Beispiele dieser Politik berichtet Knebel: Bs. Chr. II. Bd., S. 9, und III. Bd., S. 488. 1473 entgegnete der Rat dem Kaiser Friedrich III.: «Wir sind dem Bischof untertan, ihm müssen wir gehorchen.» – 1476/77 sagt er dem Bischof: «Wir sind vom römischen Kaiser mit Freiheiten versehen.» («hoch gefryet und bestettet»).
347 R.W. I, S. 604. Weitere Literatur über Henman Offenburg in dem Buch von Elsanne Gilomen-Schenkel: Henman Offenburg (1379–1459) Ein Basler Diplomat im Dienste der Stadt, des Konzils und des Reichs, Basel 1975.
348 «Wettstein», so Heusler (1860) S. 324.
349 Genealogie der Offenburg von J.A. Häfliger, BZ 31. Bd., S. 313 ff.
350 Die Reisen Offenburgs sind alle genau verzeichnet bei E. Gilomen, (Anm. 347), S. 149 ff.
351 Bs. Chr. V. Bd., S. 234.
352 Vgl. Anm. 347 und Einleitung zur «Chronik» von Aug. Bernoulli.
353 Über die Entdeckung der «Chronik» Offenburgs durch Jakob Burckhardt (Vater) vgl. Werner Kaegi: Jacob Burckhardt, I. Bd., S. 165.
354 KDM-BS III, S. 519.
355 Von «thelonia iniusta» (ungerechte Zölle) wird schon im Städtebundvertrag von 1254 geredet. Vgl. Anm. 356.
356 Quellen zum Rheinischen Städtebund: Trouillat I, Nr. 425 (lat.) sowie Geschichte in Quellen, München 1970, Bd. II. S. 725 ff. (deutsch).
357 UB IV, Nr. 59. – Ähnlich UB VI, Nr. 156, mit guter Definition des Zwecks.
358 Betr. Organisation im Krieg vgl. August Bernoulli: Die Organisation von Basels Kriegswesen im Mittelalter, BZ 17. Bd.
359 Hans Brüglinger in Bs. Chr. IV. Bd., S. 192.
360 A. Heusler: Geschichte der Stadt Basel, S. 58.
361 Über diese Schlacht vgl. Hugo Hantsch: Geschichte Österreichs, 1. Bd. 1959, S. 111, und die Basler Neujahrsblätter 1857 und 1893 von Arnold und Wackernagel.
362 R.W. II, S. 305.
363 Über die Erwerbung der Landschaft vgl. H. Boos: Wie Basel die Landschaft erwarb, Bs. Nbl. 1885.
364 UB VII, Nr. 286. R.W. bezeichnet diese Agententätigkeit als einen Akt der Notwehr. R.W. I, S. 602.
365 Hugo Hantsch (Anm. 361), S. 107. – HBLS: Stichwort «Habsburg».
366 Bemerkenswert das Urteil J. Burckhardts über Rudolf: «Der erste Schweizer, der eine weltgeschichtliche Stellung für sich und sein Geschlecht einleitet.» (nach Werner Kaegi, Jacob Burckhardt, II. Bd. S. 364.)
367 Rudolf IV. (der Stifter) † 1365, Albrecht III. † 1395, Leopold III. † 1386 waren Söhne Albrechts II. († 1358) und Enkel des bei Windisch ermordeten Albrecht I. († 1308). Die Zeit Leopolds III. beschreibt A. Heusler am besten: Wie Gross- und Kleinbasel zusammenkamen, im Historischen Festbuch zur Basler Vereinigungsfeier 1892, Basel 1892.
368 1368–1805 ist Freiburg i.Br. eine österreichische Stadt gewesen.
369 UB IV, Nr. 389.
370 UB IV, Nr. 399.
371 Bs. Chr. V. Bd., S. 120, Rötteler Chronik.
372 Namen der gefangenen Herren erfährt man aus ihren sogenannten Sühnebriefen, UB IV, Nr. 400.
373 Wackernagel denkt sogar an eine bewusste Provokation des Adels, R.W. I, S. 295.
374 R.W. I, S. 296. Vergleich zwischen Leopold und Basel in UB IV, Nr. 406.
375 UB V, Nr. 32 und 33.
376 Zu Sempach am ausführlichsten Theodor von Liebenau: Die Schlacht bei Sempach, Gedenkbuch zur 5. Säcularfeier, Luzern 1886.
377 UB V, Nr. 74, (Prag, 1. Aug. 1386).
378 UB V, Nr. 172, 173, 183.
379 Andreas Heusler: Festbuch 1892, S. 40.

380 UB Baselland (Boos), Nr. 526. vom 26. Juli 1400.

381 Schiedsspruch in diesem Prozess vom 1. April 1585 in UB X, Nr. 581. Dazu mehr im 20. Kapitel.

382 Bündnisvertrag in UB V, Nr. 266.

383 Dazu Theophil Burckhardt-Piguet: Basel im Kampf mit Österreich und dem Adel, Bs. Nbl. 1861.

384 Genauer: Max I. wird schon zu Lebzeiten seines Vaters 1486 deutscher König. In den österreichischen Vorlanden regierten im 15. Jh. die Herzöge Leopold IV., Friedrich IV., Albrecht VI., Sigismund.

385 Einer der wichtigsten Gründe für den Hass Österreichs und seines Adels gegen Basel und die andern eidgenössischen Städte war der «freie Zug» = Die Flucht der Landleute (Eigenleute) in die Stadt, wo sie nach einem Jahr schon sesshaft werden durften.

386 Sozusagen alle Quellen zu St. Jakob sind publiziert in den beiden Gedenkbüchern: «Die Schlacht bei St. Jakob in den Berichten der Zeitgenossen, Saecularschrift der Historischen Gesellschaft zu Basel», Basel 1844, und «Gedenkbuch der 500 Jahrfeier der Schlacht bei St. Jakob an der Birs», Basel 1944. – (Ausführliche Darstellungen findet man in allen älteren Schweizergeschichten (Dierauer, Kriegsgeschichte u.a.). – Monographien in den Bs. Nbl. 1824 (Hagenbach), 1844 (Reber), 1882 (Bernoulli), 1944 (Hartmann, Bruckner, Suter). – Poetisch geistvoll behandelt wird St. Jakob von Hermann Schneider in «Wie ich St. Jakob sah» (1944). – Alle Jubiläumsliteratur von 1944 in der Basler Bibliographie 1944/45, S. 68–71.

387 Brief im Gedenkbuch 1944, S. 289 (lat.) und deutsch in UB VII, Nr. 47.

388 Vgl. Artikel «Armagnaken» im HBLS.

389 Über die Verhandlungen mit den Franzosen berichtet der Chronist Brüglinger, Bs. Chr. IV. Bd., S. 181.

390 Siehe Anm. 386.

391 Vgl. Bs. Chr. IV. Bd., S. 178.

392 Gedenkbuch 1944 (Anm. 386), S. 292.

393 D. Fechter, Bs. Tb. 1862, S. 42 (Fechter schildert die ganze Epoche).

394 R.W. I, S. 564.

395 A. Heusler: Geschichte der Stadt Basel, S. 58.

396 UB VII, Nr. 193, 194, 195.

397 Diarium Johannis Knebel in Bs. Chr. II. Bd., S. 4 ff. (lat.). (Deutsch von K. Buxtorf: Chronik des Kaplans Joh. Knebel, Basel 1851.) Darstellungen von A. Burckhardt, Bs. Nbl. 1835, und K. Buxtorf, Bs. Nbl. 1864.

398 Bs. Nbl. 1835 von A. Burckhardt, S. 17.

399 UB VIII, Nr. 463.

400 Das Thema «Basel und die Burgunderkriege» wird von August Bernoulli in den Bs. Nbl. 1898, 1899, 1900 breit behandelt.

401 Joh. Knebels Tagebuch, Bs. Chr. III. Bd., S. 15.

402 Vgl. Rud. Wackernagel: Basels Anteil an der Burgunderbeute, Bs. Jb. 1894. Andreas Staehelin: Basel und die Burgunderbeute, «Basler Nachrichten», Nr. 498, 1963. Vier Schmuckstücke und den Hut Karls des Kühnen hielt man 28 Jahre in Basel versteckt; dann verkaufte sie die Stadt Basel an die Fugger in Augsburg um 47 000 Gulden.

403 Dazu am ausführlichsten: Albert Bruckner: Basels Weg zum Schweizerbund, in «Basel und die Eidgenossen», Festschrift von E. Bonjour und A. Bruckner, Basel 1951. – P. Burckhardt: Basels Eintritt in den Schweizerbund, Bs. Nbl. 1901.

404 P. Burckhardt (Anm. 403), S. 23.

405 Ältere eidgenössische Abschiede III, 2. Bd. Nr. 49.

406 A. Heusler: Basels Aufnahme in die Schweizer Eidgenossenschaft, Festgabe der Universität Basel zum 13. Juli 1901.

407 In «Basel und die Eidgenossen» (vgl. Anm. 403), S. 132 ff.

408 Aus «Anonyme Chronik des Schwabenkriegs», in Bs. Chr. VI. Bd., S. 18.

409 Vgl. dazu Einleitung von K.R. Hagenbach in der Erinnerungsschrift: Basel im 14. Jahrhundert, Basel 1856.

410 Wurstisen: Chronik 1580, S. 169.

411 Franz Gschwind: Bevölkerungsentwicklung und Wirtschaftsstruktur der Landschaft Basel im 18. Jahrhundert, Liestal 1977, S. 172. – Valentin Lötscher: Felix Platter, Beschreibung der Stadt Basel 1610 und Pestbericht 1610/11, Basel 1987, S. 74 ff.

412 Piccolominis Text jetzt am besten bei Berthe Widmer: E.S. Piccolomini – Papst Pius II., Basel 1960, S. 164.

413 Basler Chroniken IV. Bd., S. 372 f.

414 Wurstisen: Chronik 1580, S. 170.

415 Chronik von Matthias von Neuenburg, GdV. 14. Jh., 6. Bd., S. 173.

416 Heusler (1860), S. 197.

417 V. Lötscher (Anm. 411), S. 80.

418 V. Lötscher (Anm. 411), S. 98.

419 Dazu Theodor Nordmann: Zur Geschichte der Juden in Basel, Jubiläumsschrift 1955. Aus diesem Buch alles folgende. – A. Nordmann: Geschichte der Juden in Basel . . ., BZ 13. Bd.

420 An den Lateransynoden 1131 und 1179 wurde Zinsnehmen von Christen verboten.

421 UB I, Nr. 83. Im Jahr 1213 bestimmt Bischof Lüthold eine Geldsumme für die Einlösung beim «villicus iudeus».

422 Zu den Geisslern vgl. auch Th. Meyer-Merian im «Erdbebenbuch» 1856.
423 Matthias von Neuenburg in GdV. 14. Jh., 6. Bd., Kap. 118, S. 179 f. Vgl. auch Urteil Wurstisens, Chronik 1580, S. 173.
424 So auch Th. Meyer-Merian im «Erdbebenbuch», S. 208.
425 Dazu «Erdbebenbuch» 1856. – W. Wackernagel, Bs. Tb. 1862. R. Suter: Basel und das Erdbeben von 1356, Basel 1956. Andreas Staehelin: Das Erdbeben von Basel, Bs. Jb. 1956. Max Bider: Die Erdbebentätigkeit in Basel und Umgebung seit dem grossen Erdbeben, Bs. Jb. 1956.
426 In der Quellensammlung von W. Wackernagel «Erdbebenbuch» 1856, Nr. I und II.
427 Sie sind exzerpiert im «Erdbebenbuch».
428 Vgl. dazu «Erdbebenbuch», Auszüge aus dem Roten Buch, S. 226.
429 Wackernagels These im «Erdbebenbuch», S. 215. – Über die zerstörten Burgen (samt Karte) vgl. C.A. Müller: Die Burgen in der Umgebung von Basel und das Erdbeben von 1356, BZ 55. Bd. Müller meint, dass die völlige Zerstörung nur wenige Burgen betroffen habe, die meisten seien rasch wieder aufgebaut worden, was Wackernagels Darstellung Lügen straft.
430 So erzählt Felix Faber «Erdbebenbuch» S. 238. Von Historikern, z.B. Boos, bestritten, von R.W. nicht erwähnt.
431 UB IV, Nr. 255.
432 Nach Abel Burckhardt: Bilder aus der Geschichte von Basel, 2. Bd. 1. Heft, S. 95.
433 A. Bernoulli, BZ 16. Bd. – KDM-BS I, S. 145.
434 Text z.B. Wurstisen (1580), S. 176 und R. Suter (Anm. 425), S. 78.
435 Basel in einigen alten Stadtbildern und den Beschreibungen des Aeneas Silvius, Basel 1954, S. 25.
436 UB VI, Nr. 178, datiert in Rom 10. April 1424. Deutsch bei P. Roth: Das Basler Konzil, Bern 1931.
437 Die schönsten Sätze lauten: Das Konzil werde nach Basel kommen, weil man in Rom «die Integrität der Basler in Glaubensdingen, die Reife des Rates, die Weisheit, die Würde und die Hingabe an die heilige römische Kirche» kenne.
438 Dass die Basler sich nicht um das Konzil bewarben, sagt deutlich E.S. Piccolomini im Brief vom 21. Mai 1437, Basel sei gewählt worden «ohne jedes Bemühen von Seiten der Basler». B. Widmer (Anm. 440), S. 159.
439 Kriegerische Unruheherde: im Osten Hussiten-Kriege; im Westen Hundertjähriger Krieg zwischen Frankreich und England/Burgund. Hier allerdings gelang mit Hilfe des Konzils der Friedensschluss von Arras (1435), der wenigstens zwischen Frankreich und Burgund Frieden herstellte.
440 Die Stadtbeschreibung des E.S. Piccolomini existiert in zwei Fassungen: 1. vom Winter 1433/34; 2. vom Herbst 1438. Lateinisch in Basilea Latina, hg. von Alfred Hartmann, Basel 1931 (mit gutem Kommentar). Deutsch und lateinisch (gekürzt) in: Basel in einigen alten Stadtbildern und in den beiden berühmten Beschreibungen des Aeneas Silvius Piccolomini, Basel 1951 und 1954². – Berthe Widmer: Enea Silvio Piccolomini – Papst Pius II., Basel 1960.
441 Von E.S. Piccolomini sprechen alle Historiker, die im 17. Kapitel erwähnt werden. Die beste Auswahl aus seinen Werken lateinisch und deutsch jetzt von Berthe Widmer (Anm. 440). Darin alle wichtige Literatur über E.S. Piccolomini.
442 Bs. Chr. VII. Bd., S. 55.
443 Jacob Burckhardt: Kultur der Renaissance, Gesamtausgabe Bd. 5, S. 215.
444 Wir vermischen hier die in Anm. 440 genannten zwei Beschreibungen in eine und ziehen den Aufsatz von A. Hartmann: Die Stadt Basel zur Zeit der Schlacht, Bs. Nbl. 1944 (Die Schlacht bei St. Jakob a.d. Birs), als Ergänzung bei.
445 Z.B. C.J. v. Hefele: Conciliengeschichte, Freiburg 1874. Hubert Jedin: Kleine Konzilsgeschichte, Freiburg 1959. – Zum Basler Konzil: Paul Roth: Das Basler Konzil, Bern 1931. – Theodora Von der Mühll: Vorspiel zur Zeitenwende, Das Basler Konzil 1431–1448, München 1959. – M.A. Schmidt: Das Basler Konzil – Ursachen, Verlauf, Bedeutung, Bs. Stb. 1981. – Richard Zwölfer: Die Reform der Kirchenverfassung auf dem Konzil von Basel, BZ 28. und 29. Bd.
446 Zwölfer (Anm. 445), Bd. 28, S. 146.
447 B. Widmer (Anm. 440), S. 163. (Übrigens war in Basel im Jahr 1061 schon einmal ein erfolgloser Gegenpapst gewählt worden.)
448 Heinrich von Beinheim, Bs. Chr. V. Bd., S. 408, und UB VII, Nr. 171 (Bericht von der Sitzung im Barfüsserkloster).
449 Nach Theodora Von der Mühll (Anm. 445), S. 226. Die Autorin belegt die von ihr zitierte Stelle allerdings nicht, so dass sie zur Zeit auch für Fachleute unauffindbar ist. Man vergleiche dazu die gründliche Untersuchung von Dr. Uta Fromherz: Johannes von Segovia als Geschichtsschreiber des Konzils von Basel, Basel 1960.
450 H. Jedin (Anm. 445). S. 73.
451 B. Widmer (Anm. 440), S. 147.
452 Der Dienstvertrag in UB VI, Nr. 282.

453 Nach B. Widmer (Anm. 440), S. 179 ff.

454 Tagebuch des Andrea Gattaro, hg. von R. Wackernagel, Bs. Jb. 1885, in deutscher Sprache. Original italienische Fassung in Concilium Basiliense, Bd. 5, Basel 1905.

455 Diese merkwürdige Geschichte ist m.W. nur von Wurstisen (1580, S. 405) überliefert. Von ihm übernahm sie R.W. I, S. 532.

456 Vgl. die Geleitsbriefe Sigismunds und Basels, UB VI, Nr. 278 und 284.

457 R.W. I, S. 486.

458 Zweite Stadtbeschreibung, in «Basel...» (Anm. 440), S. 40.

459 Nach R. Thommen: Basel und das Basler Konzil, Bs. Jb. 1895, S. 188.

460 R.W. I, S. 490.

461 Kapitel Konzil in R.W. I. – R. Thommen: Basel und das Basler Konzil, Bs. Jb. 1895.

462 Basler Chr. V. Bd., S. 494, Beilage.

463 Zum Konzilswunsch R.W. II, S. 554. – E. Bonjour: Die Universität Basel von den Anfängen bis zur Gegenwart, Basel 1960, S. 24.

464 Dazu J. Burckhardt: Erzbischof Andreas von Krain und der letzte Concilversuch in Basel 1482–1484, Basel 1852, in der Gesamtausgabe Bd. 1. – Alfred Stoecklin: Der Basler Konzilsversuch des Andrea Zamometić vom Jahre 1482, Basel 1938, und: Das Ende des Basler Konzilsversuchs 1482, Zs. Schweiz. Kirchengesch. 1985.

465 Bs. Chr. V. Bd., S. 304.

466 Dazu Pater Virgil Redlich in zwei Aufsätzen. 1. Historisches Jahrbuch der Görres-Gesellschaft, Bd. 49, München 1929. (Eine Universität auf dem Konzil in Basel); 2. National-Zeitung 173, 1929, Sonntagsbeilage Nr. 11 (Eine neuentdeckte Universität im alten Basel). – In Monumenta conciliorum Bd. II, S. 188 (Segovia-Text) Kap. XVIII steht: «ut tempus deducerent (= die Prälaten) excercicio fructuoso, quod magister Simon de Valli legeret in iure canonico.»

467 Belege vgl. Anm. 466.

468 Text lateinisch und deutsch in Wilhelm Vischer: Geschichte der Universität Basel von der Gründung 1460 bis zur Reformation 1529, S. 268 ff. lateinisch, S. 26 ff. deutsch.

469 Wir folgen hier Alfred Hartmann, Bs. Nbl. 1944, S. 22.

470 Die Gründungsgeschichte und die Initianten gut dargestellt von E. Bonjour: Die Universität Basel, Basel 1960, und von W. Vischer: Geschichte der Universität Basel... 1460 bis zur Reformation, Basel 1860.

471 Gutachten Beinheims, Bs. Chr. V. Bd., S. 465 ff.

472 Grabinschrift von Beinheim, Bs. Chr. V. Bd., S. 335. (S. 330 die Biographie dieses bedeutenden Baslers).

473 Abgedruckt in BZ 54. Bd. (E. Bonjour: Zur Gründungsgeschichte der Universität Basel; Text dieses «Ratschlages» S. 35–50).

474 Zur Disziplinordnung für die Studenten vgl. E. Bonjour, BZ 54. Bd., S. 42.

475 Zum Bild der Eröffnungsfeier in der Universitätsmatrikel vgl. man P.L. Ganz: Die Miniaturen der Basler Universitätsmatrikel, Basel 1960, S. 76.

476 Proklamation und Einladung in W. Vischer (Anm. 468), S. 292. («de fonte doctrine potare».)

477 Sitz der Universität wurde das Haus der Witwe Zibol am Rheinsprung, das der Rat um 900 Gulden gekauft hatte. Dieses Haus, später als «Unteres Kollegium» bezeichnet, ist bis 1939 Mittelpunkt der Universitätsverwaltung geblieben. Über die Gebäudeprojekte vgl. Festschrift der Universität Basel zur Einweihung des neuen Kollegiengebäudes am 10. Juni 1939, Basel 1939.

478 Über die Basler Bursen bei E. Bonjour (Anm. 463) das Kapitel «Studenten», S. 70 ff. Zum Studentenleben auch Fechter, Bs. Nbl. 1863, S. 15.

479 Zu den akademischen Freiheiten vgl. E. Bonjour: (Anm. 463), 2. Kapitel.

480 Aus der Stiftungsurkunde; vgl. Vischer (Anm. 468), S. 27.

481 Darüber T. Geering (Anm. 331), S. 286 ff. – Eduard Schweizer: Die Gewerbe am Kleinbasler Teich. BZ 26., 27., 28. Bd. Die Lehen und Gewerbe am St. Albanteich. BZ 21., 22. Bd. – Hans Kälin: Papier in Basel bis 1500, Basel 1974. Kälin meint, man dürfe den Einfluss des Konzils nicht überbewerten (S. 171).

482 T. Geering, (Anm. 331), S. 289.

483 UB VIII, Nr. 404. – Vgl. dazu Markus Fürstenberger und Ernst Ritter: 500 Jahre Basler Messe, Basel 1971.

484 UB VIII, Nr. 120. Es fragt sich, ob der in Basel vorhandene Brief der einzige ist oder ob Pius II. einen gleichen an den Kaiser direkt geschickt hat.

490 «Säcularfeier der Buchdruckerkunst in Basel 1840». Das Buch aus der Bibliothek des Antistes Jacob Burckhardt enthält gebunden alle Publikationen aus Anlass dieser Feier. Die wichtigste wissenschaftliche heisst: «Beiträge zur Basler Buchdruckergeschichte von Immanuel Stockmeyer und Balthasar Reber» (Signatur der UB-Basel: Falk. 1436). – Josef Benzing: Die Buchdrucker des 16. und 17. Jahrhunderts im deutschen Sprachgebiet, Wiesbaden 1963. (Über Basel S. 28–44.)

491 Festkatalog zum Gutenberg – Jahr 1968, Mainz 1968.

492 Vgl. Anm. 491. S. 40, und «Gesamtkatalog der Wiegendrucke», Leipzig 1925–1940.

493 Basel oder Beromünster? Vgl. dazu Daniel Fechter: Beiträge zur ältesten Geschichte der Buchdruckerkunst zu Basel, Bs. Tb. 1863. – Das Lexikon des Mittelalters, Artikel «Basel» hiezu: «Der Beginn des Basler Buchdrucks ist noch nicht völlig geklärt.»
494 Nach Stockmeyer/Reber, vgl. Anm. 490.
495 Text nach D. Fechter (Anm. 493), S. 250.
496 T. Geering (Anm. 331), S. 335.
497 Thomas Platter: Lebensbeschreibung, Basel 1944, S. 118.
498 Thomas Platter (Anm. 497), S. 129.
499 Z.B. Fechter (Anm. 493). – Stockmeyer/Reber (Anm. 490). – Lexikon des Mittelalters, Artikel «Buchdruck», Schweiz.
500 Über Johannes Amerbach vgl. die Amerbachkorrespondenz, hg. von Alfred Hartmann, Band I–V, Basel 1942 ff., und Beat Rudolf Jenny, Band VI–IX. Die vollständige Korrespondenz von drei Generationen wird elf Bände umfassen und etwa 1990 abgeschlossen sein. – In der NDB, Artikel «Amerbach», lautet der Name des Vaters von Johannes Amerbach Peter Welker. Johannes hätte also diesen Namen in Basel aufgegeben. – Th. Burckhardt-Biedermann: Hans Amerbach und seine Familie, im «Historischen Festbuch», 1892. – Veraltet, aber leicht lesbar die Basler Neujahrsblätter von 1840 und 1863.
501 Im Brief Nr. 83, Amerbachkorrespondenz I. Bd. (Vorwort zu einer Bibelausgabe).
502 Georg Carpentarius in der Kartäuserchronik, Bs. Chr. I. Bd., S. 344.
503 Über die Basler Klosterbibliotheken vgl. den Aufsatz von C. Ch. Bernoulli, Bs. Jb. 1895.
504 Dazu C.H. Baer in KDM-BS III, S. 54 ff. (mit Literaturangaben).
505 Über die geschäftliche Seite des Buchdrucks in Basel im 16. Jahrhundert orientiert gründlich Martin Steinmann: Johannes Oporinus, ein Basler Buchdrucker um die Mitte des 16. Jahrhunderts, Basel 1967. (Abschnitt: Druckerei.)
506 «Fränkische Druckersippe», so A. Pfister im Artikel «Froben» in der NDB.
507 Dazu D. Fechter, Bs. Tb. 1863, S. 258.
508 Vgl. Anm. 500.
509 Vgl. Kabinettstücke der Amerbach im Historischen Museum Basel. (Text von E. Landolt), Basel 1984.
510 Den hübschen Einblick ins Familienleben der Amerbach gibt Alfred Hartmann: Familiäres aus der Amerbachkorrespondenz, Bs. Jb. 1951 und in «Basilea latina» vom gleichen Autor, Basel 1931, S. 149 ff.
511 Festbuch 1892 (Anm. 500), S. 106.
512 Original bei Allen: Opus epistolarum ..., Nr. 1900. – Gekürzt in «Basilea latina» (Anm. 510), S. 130 ff. – Deutsch bei W. Köhler: Erasmus von Rotterdam, Briefe, Bremen 1956[3], Nr. 270.
513 H. Froben in der Vorrede zur Ausgabe des Ammianus Marcellinus, Paris 1544.
514 Vgl. dazu Ernst Walser: Studien zur Weltanschauung der Renaissance, BZ 19. Bd.
515 Werner Kaegi: Humanismus der Gegenwart. Eine Rede, Zürich 1959, S. 29 ff.
516 Eugenio Garin: Der italienische Humanismus, Bern 1947, S. 11. Daselbst auch eine treffliche Darstellung der italienischen Ursprünge des Humanismus.
517 Ludwig Sieber: Neue Nachrichten über das Erdbeben von 1356, BB X. Bd., S. 255.
518 Einen Bericht über den Stand der Forschung zur Geschichte des Basler Humanismus verfasste Guido Kisch im «Archiv für Kulturgeschichte» Bd. 40, 1950. – Die Anfänge des Humanismus in Basel schildert Martin Steinmann auf Grund der Schrift, die den Humanisten charakterisiert, im «Archiv für Diplomatik», Bd. 22, 1976. – Vgl. auch Hans R. Guggisberg: Neue Forschungen zur Geschichte des Basler Humanismus, in «Schweizer Monatshefte», Bd. 49, 1969.
519 Die bisher umfassendste und gründlichste Biographie Heynlins von Max Hossfeld, BZ 6. und 7. Bd. Alle Zitate sind dieser Darstellung entnommen.
520 Dazu Wilhelm Vischer: Geschichte der Universität Basel (1460–1529), Basel 1860, S. 143 ff. Das hier behandelte Thema des «alten und des neuen Wegs» in der Artistenfakultät wurde im Text nicht aufgegriffen.
521 Wie Anm. 519. BZ 7. Bd., S. 137.
522 Wie Anm. 519.
523 Wie Anm. 519. BZ 7. Bd., S. 180.
524 Wie Anm. 519. BZ 7. Bd., S. 182.
525 Wie Anm. 524.
526 Sebastian Brant im «Narrenschiff», Kap. 105.
527 Bs. Chr. I. Bd., S. 342 f.
528 Sebastian Brant: Narrenschiff, Ausgabe 1854, Anhang, S. 191, und BZ 7. Bd., S. 336.
529 Über ihn H. Rosenfeld, Artikel «Brant» in NDB. – Friedrich Zarncke in der Einleitung zur Ausgabe des «Narrenschiffs» (1854). – Betr. Lehrtätigkeit in Basel vgl. die Universitätsgeschichten von W. Vischer und E. Bonjour.
530 Allen (Anm. 537), Bd. II. S. 7.
531 Vgl. Anm. 528 und 529.
532 «Narrenschiff», Ausgabe 1854, S. 114. – Ausgabe von H. Koegler, Basel 1913, V. iij (alte Paginierung).
533 Karl Schmidt: Einige deutsche Gedichte von Sebastian Brant, Colmar 1875, S. 20.

534 Über Geiler vgl. E. Bonjour, W. Vischer (Universitätsgeschichten) passim und die «Vita Geileri» von Rhenanus im «Briefwechsel des Beatus Rhenanus» (Anm. 562), S. 31 ff.

535 Sehr ausführlich der Artikel «Reuchlin» von L. Geiger in der ADB. – Johannes Reuchlin, 1455–1522, Festgabe seiner Vaterstadt Pforzheim, hg. von Manfred Krebs (Beiträge zur Reuchlinbiographie von verschiedenen Autoren), Pforzheim 1955.

536 Festgabe (Anm. 535), S. 101 ff.

537 Aus der umfangreichen Erasmusliteratur nennen wir: Jan Huizinga: Erasmus, deutsch von Werner Kaegi, mit Holz- und Metallschnitten von Hans Holbein d.J., Basel 1928 (4. Aufl. 1951). – August Rüegg: Desiderius Erasmus von Rotterdam, Bs. Nbl. 1937. – Emil Major: E.v.R., zur Erinnerung an seinen 400. Todestag, Basel 1936. – Erwin Treu: Die Bildnisse des E.v.R., Gute Schriften, Basel 1959. – Die Hauptquelle ist das grosse Werk von P.S. und H.M. Allen: Opus epistolarum Des. Erasmi Roterodami, Oxford 1906–1958. – Auswahl aus dieser Briefsammlung von Walther Köhler: Briefe, Bremen 1956, (3. Aufl.). – Alfred Hartmann/Emil Major: Das Lob der Torheit, Basel 1966 (6. Aufl.).

538 Die deutsche Fassung der Grabinschrift nach E. Major: E.v.R., Virorum illustrium reliquiae I. Basel 1926, S. 34.

539 W. Kaegi: Erasmus im 18. Jahrhundert, in den «Historischen Meditationen», 1. Bd., Zürich 1942, S. 186.

540 Brief vom 15. Okt. 1518, Ausgabe von Köhler (Anm. 537), Nr. 132.

541 Vgl. Anm. 537.

542 In Rotterdam 1469 (?) als uneheliches Kind eines Priesters geboren – Schule in Deventer – zwangsweise Mönch im Kloster Emaus in Steyn bei Gouda – Student und Erzieher in Paris 1495–1499 – erster Aufenthalt in England 1499/1500, Freundschaft mit Thomas Morus – 1502–1505 in Paris und den Niederlanden – 1505 zweiter Aufenthalt in England – 1506–1509 Reisen und Studienaufenthalte in Italien – 1509–1514 dritter Aufenthalt in England – 1514–1516 Basel – 1516–1521 in Brüssel und Löwen, auch am Hof des Kaisers Karl V. – 1521–1529 wieder in Basel – 1529–1935 Freiburg i.B. – 1535/36 Basel.

543 So J. Huizinga (Anm. 537), S. 87.

544 Allen (Anm. 537), Nr. 305; Köhler (Anm. 537), Nr. 75.

545 Je nachdem man Unterbrechungen oder Kurzbesuche zählt, sind es drei oder fünf Aufenthalte in Basel.

546 Allen (Anm. 537), Nr. 364 (das Datum ist zweifelhaft).

547 Bs. Chr. I. Bd., S. 23.

548 Allen (Anm. 537), Nr. 360; Köhler (Anm. 537), Nr. 85.

549 Allen (Anm. 537), Nr. 348; Köhler (Anm. 537), Nr. 84.

550 Joh. Kessler: Sabbata, St. Gallen 1902, zitiert von E. Major: E.v.R., 1926 (Anm. 538), S. 20.

551 Vgl. dazu W. Kaegi: Hutten und Erasmus. Ihre Freundschaft und ihr Streit, in der Historischen Vierteljahrschrift 22, 1924/25. – Huizinga (Anm. 537), S. 168.

552 Ernst Staehelin: Das Buch der Basler Reformation, Basel 1929, S. 9.

553 E. Staehelin (Anm. 552), S. 11.

554 So äussert sich Erasmus mehrmals, z.B. in seinem «Compendium vitae». Allen I. S. 46 ff.

555 Siehe Anm. 537.

556 Auch Anm. 537.

557 Das Gedicht (in einem Brief an Pirkheimer) wird zitiert von Cornelius Reedik: Das Lebensende des Erasmus, BZ 57. Bd., S. 37. Die metrisch schöne Übersetzung verfasste Dr. Wilhelm Abt in Basel.

558 Amerbachkorrespondenz, Bd. 3, Nr. 1349. Vgl. Anm. 500.

559 Vgl. Anm. 557.

560 A. Rüegg (Anm. 537), S. 51.

561 Dazu Paul Wernle: Calvin und Basel bis zum Tode des Myconius, 1535–1552, Basel 1909.

562 Briefwechsel des Beatus Rhenanus, hg. von A. Horawitz und K. Hartfelder, Leipzig 1886. Darin eine lateinische Biographie des Rhenanus von Joh. Sturm, (1551). – Adalbert Horawitz: Beatus Rhenanus, Wien 1872. (Sitzungberichte der Akademie der Wissenschaften, 70. Bd.).

563 Dazu Eduard Fueter: Geschichte der neueren Historiographie, München 1925, S. 190.

564 R.W. III, S. 146.

565 Briefwechsel (Anm. 562), S. 590.

566 Allen, II. Nr. 394. (Est apud nos Henricus Glareanus ... decus inter tot iuvenis).

567 Zu Glarean vgl. NDB, Artikel«Glarean». – Rudolf Aschmann u.a.: Der Humanist Heinrich Loriti, genannt Glarean, 1488–1563. Beiträge zu seinem Leben und Werk, Mollis 1983. – Marc Sieber: Glarean in Basel, 60. Jahrbuch des Historischen Vereins des Kantons Glarus, 1963. – Feller/Bonjour: Geschichtsschreibung der Schweiz I (Basel 1962), S. 311.

568 Henricus Glareanus: Helvetiae Descriptio-Panegyricum, hg. von Werner Näf, St. Gallen 1948. (Mit deutscher Übersetzung, aus der wir «Basel» abgedruckt haben.)

569 Nach Sieber (Anm. 567), S. 74.

570 Vgl. E. Bonjour (Universitätsgeschichte), S. 101.

571 Dazu die umfassende Darstellung, die wir für alles folgende benützt haben, von Karl Heinz Burmeister: Sebastian Münster, Versuch eines biographischen Ge-

samtbildes, Basel 1963.

572 Burmeister (Anm. 571), S. 64.

573 Burmeister (Anm. 571), S. 109.

574 Man findet sie alle erwähnt von R.W. III 6. Kap.

575 Joseph Gantner: Konrad Witz, Wien 1943, 2. Aufl. – Rudolf Kaufmann: Die künstlerische Kultur von Basel, die Blütezeit, Bs. Nbl. 1941, passim. Über die Beziehungen des Konrad Witz zum Papst Felix V. vgl. Florens Deuchler in «Unsere Kunstdenkmäler» 1985, 3. Dort ist auch die neue Witz-Literatur verzeichnet.

576 Heinrich Wölfflin: Die Kunst Albrecht Dürers, München 1914.

577 Alles über Holbein hier Gesagte aus dem Aufsatz von Hans Reinhardt: Die Malerfamilie Holbein in Basel, im Ausstellungskatalog mit dem gleichen Titel, Basel 1960. (Reiche Bibliographie!)

578 Hans Reinhardt: Erasmus und Holbein, BZ 81. Bd.

579 Hans Reinhardt (Anm. 577), S. 33. – Noch Prof. Karl Bücher, der deutsche Nationalökonom, der von 1883 bis 1890 in Basel lehrte, schreibt in seinen Lebenserinnerungen: «Man musste in Basel sein Fass Wein im Keller haben, von dem täglich gezapft wurde.» (S. 335).

585 «Der Reformation verpflichtet», hg. vom Kirchenrat der Evangelisch-reformierten Kirche Basel-Stadt, Basel 1979, S. 5. – Symptomatisch für das neue Lutherbild der Katholiken ist z.B. die Schrift «Luther heute», in der Reihe «Entscheidung», Münster 1969.

586 Zwei Darstellungen ragen hervor: Rudolf Wackernagel: Geschichte der Stadt Basel, 3. Bd. 1924. – Paul Burckhardt: Geschichte der Stadt Basel von der Zeit der Reformation bis zur Gegenwart, Basel 1942. – Die originalen Quellen wurden ausgewählt und ediert von Emil Dürr und Paul Roth: Aktensammlung zur Geschichte der Basler Reformation in den Jahren 1519 bis Anfang 1534, 6 Bde., Basel 1921–1950 (hier abgekürzt BRA). – Bearbeitete Quellen wurden herausgegeben von Ernst Staehelin: Das Buch der Basler Reformation, Basel 1929.

587 Verfassung der Evangelisch-reformierten Kirche des Kantons Basel-Stadt vom 21. Nov. 1910, I. Teil. § 1.

588 KDM-BS III, S. 23.

589 J. Huizinga: Herbst des Mittelalters, Stuttgart 1952, S. 2.

590 Vgl. R. Wackernagel: Mitteilungen über Raymundus Peraudi und kirchliche Zustände seiner Zeit in Basel, BZ 2. Bd.

591 Manche Historiker zählen das Chorherrenstift St. Leonhard dazu.

592 Zur Kartause vgl. Bs. Nbl. 1838, 1873, 1935, 1971. – KDM-BS III. – H. Boos im «Historischen Festbuch», 1892.

593 Vgl. Renée Weis-Müller: Die Reform des Klosters Klingental und ihr Personenkreis, Basel 1956.

594 Vgl. dazu Traugott Geering (Anm. 331) S. 381 ff.

595 Artikel «Utenheim» NDB, 3. Bd. – J.J. Herzog: Christoph von Utenheim, BB I. Bd.

596 Das Buch der Basler Reformation, hg. von E. Staehelin, Basel 1929, Nr. 1. – Originaltext in der UB-BS Sign. Falk. 929a. Übersetzung nach Wilhelm Oechsli: Quellenbuch zur Schweizergeschichte, Neue Folge, 1893, Nr. 151.

597 Propyläen-Weltgeschichte, Frankfurt 1976, Bd. VII/1, S. 32. (Luther schildert diese Wende seines Lebens erst 1545.)

598 Sehr ausführlich und gut belegt Paul Wernle: Das Verhältnis der schweizerischen zur deutschen Reformation, BZ 17. Bd.

599 Theophil Burckhardt-Biedermann: Bonifacius Amerbach und die Reformation, Basel 1894, S. 316.

600 Die Hauschronik Konrad Pellikans von Rufach, deutsch von Theodor Vulpinus, Strassburg 1892, S. 68.

601 Buch der Basler Reformation (Anm. 596), Nr. 9.

602 Vgl. Anm. 601, Nr. 8.

603 Bs. Chr. I. Bd., S. 33.

604 Bs. Chr. I. Bd., S. 34.

605 Ernst Staehelin (Hg.): Briefe und Akten zum Leben Ökolampads, 2 Bde., Leipzig 1927 und 1934. – Ernst Staehelin: Das theologische Lebenswerk Johannes Ökolampads, Leipzig 1939. – E. Staehelin: Ökolampad-Bibliographie, BZ 17. und 27. Bd.

606 Zu Ökolampads vier Basler Aufenthalten vgl. E. Staehelin BZ 17. Bd., S. 367.

607 Briefe und Akten ... (Anm. 605), Bd. I, Nr. 105.

608 Wie Anm. 607, Nr. 135.

609 Buch der Basler Reformation (Anm. 596), Nr. 15.

610 Paul Burckhardt: Geschichte der Stadt Basel, Basel 1942, S. 8.

611 Zu J. Meyer zum Hirzen vgl. Paul Meyer: Bürgermeister Jakob Meyer, BZ 23. Bd.

612 Wie Anm. 609, Nr. 31.

613 Wie Anm. 609, Nr. 60.

614 Wurstisen (1580) 8. Buch, 14. Kap.

615 Wurstisen (1580) 7. Buch, 23. Kap.

616 Predigt v. J.J. Wettstein (1729) publiziert 1819, im Convolut Falk. 851 der Universitätsbibliothek. Der kritische Prediger hat später Basel verlassen müssen und wurde Professor in Holland.

617 BRA (vgl. Anm. 586) I. Bd., Nr. 151. – Buch der Basler Reformation, Nr. 19. – Vgl. dazu Karl Gauss: Basels erstes Reformationsmandat, Bs. Jb. 1930.

618 Paul Burckhardt (Anm. 586), S. 9.

619 Paul Roth: Durchbruch und Festsetzung der Reformation in Basel, Basel 1942.
620 BRA III. Bd., Nr. 291.
621 Bs. Chr. I. Bd., S. 76 ff.
622 Bs. Chr. I. Bd., S. 83.
623 R.W. III, S. 513.
624 Vgl. dazu Friedrich Fischer: Der Bildersturm in der Schweiz und in Basel im besonderen, Bs. Tb. 1850.
625 Buch der Basler Reformation, Nr. 60. – Briefe und Akten (Anm. 605), Nr. 636 (lateinisch).
626 Bs. Chr. I. Bd., S. 89.
627 BRA III, Nr. 473.
628 BRA VI, Nr. 400.
629 Vgl. dazu die sorgfältige Untersuchung der politischen Struktur der Stadt Basel von Hans Füglister: Handwerksregiment. Untersuchungen und Materialien zur sozialen und politischen Struktur der Stadt Basel in der ersten Hälfte des 16. Jahrhunderts, Basel 1981.
630 Paul Burckhardt: Die Basler Täufer. Ein Beitrag zur schweizerischen Reformationsgeschichte, Basel 1898. – Markus Mattmüller: Die Basler Täufer. Überblick über den Stand der Forschung, Zürich 1967. – Hanspeter Jecker: Die Basler Täufer, Studien zur Vor- und Frühgeschichte, BZ 80. Bd. Jecker weist eine Verbindung des Täufertums mit der vorreformatorischen Laienfrömmigkeit nach. Kurzfristig sei Basel das Zentrum der Schweizer Täufer gewesen.
631 Briefe und Akten (Anm. 605), Nr. 269.
632 BRA IV, Nr. 313, und V, Nr. 132.
633 Hans R. Guggisberg: Sebastian Castellio, in «Der Reformation verpflichtet», Basel 1979. – Werner Kaegi: Castellio und die Anfänge der Toleranz, Basel 1953.
634 Guggisberg (Anm. 633), S. 54.
635 Theophil Burckhardt-Biedermann: Bonifacius Amerbach und die Reformation, Basel 1894.
636 Vgl. Anm. 635, S. 68.
637 Anm. 635, S. 71.
638 Anm. 635, S. 237 (Brief vom 2. Febr. 1530 an Erasmus).
639 BRA V, Nr. 217.
640 Vgl. Anm. 635, S. 395.
641 Guido Kisch: Bonifacius Amerbach. Gedenkrede. Basel 1962, S. 30.
644 Den Säkularisationsvorgang in Basel haben dargestellt Eduard Schweizer: Das Basler Kirchen- und Schulgut in seiner Entwicklung bis zur Gegenwart, BZ 9. Bd. – Karl Lichtenhahn: Die Secularisation der Klöster und Stifter Basels, BB I. Bd. – Rudolf Wackernagel: Das Kirchen- und Schulgut des Kantons Basel-Stadt, BB XIII. Bd.
645 UB X, No. 34.
646 Z.B. ·betrug 1838 das Vermögen des Kirchen- und Schulgutes Fr. 1 307 420.–, der Ertrag Fr. 48 500.–. Angaben nach L.A. Burckhardt, Canton Basel-Stadtteil, 1841, S.173.
647 Ein Kritiker schrieb damals das Gedicht: «Die Schätz der Kirchen nimmt man hin, das wird ihn bringen klein Gewinn, die Armen lässt man leiden Not und nimmt ihn aus dem Mund das Brot.» (vgl. Anm. 697).
648 Bs. Chr. 1. Bd., S. 134 (Fridolin Ryff).
649 Bs. Chr. 1. Bd., S. 486 (Kartäuser).
650 Formulierung nach R.W. III, S. 397.
651 Beispiel eines solchen Burgrechtsvertrages in UB X, Nr. 47. – Vgl. dazu Fritz Grieder: Das bischöflich-baslerische Bündnis von 1579 mit den sieben katholischen Orten, Bs. Stb. 1964. – Karl Gauss: Die Gegenreformation im baslerisch-bischöflichen Laufen, Bs. Jb. 1918, 1919. – K. Gauss: Der Badische Vertrag zwischen Basel und dem Bischof... vom Jahre 1585 und seine Geschichte, BZ 21. Bd. – Jakob Burckhardt (Vater): Die Gegenreformation in den ehemaligen Vogteien Zwingen, Pfeffingen und Birseck, Basel 1855 (protestantische Sicht und Beurteilung). – Wilhelm Brotschi: Der Kampf Jakob Christoph Blarers von Wartensee um die religiöse Einheit im Fürstbistum Basel (1575–1608), Freiburg i.Ue. 1956 (katholische Sicht).
652 Joh. Dierauer: Geschichte der schweizerischen Eidgenossenschaft, 3. Bd. 1907, S. 354, Anm. 1.
653 Andreas Ryff: Der Rappenkrieg 1594, hg. von F. Meyer, BZ 66. Bd., S. 18.
654 Die zitierten Stellen aus Grieder (Anm. 651), S. 32 und 36, sowie Dierauer, Anm. 652, S. 352.
655 Grieder (Anm. 651), S. 38.
656 A. Ryff (Anm. 653), S. 20. – Anders urteilt J. Burckhardt (Anm. 651), S. 80: «Das Werk lobt den Meister; denn den Bürgern von Basel war ein Stein vom Herzen gefallen. Es war eine Exemtio ähnlich derjenigen... durch den westfälischen Friedensschluss.» (Gemeint ist Wettsteins Werk.)
657 J. Burckhardt (Anm. 651), S. V.
658 Dazu: Laufental – woher? wohin? 17 Laufentaler Autoren, Lugano 1978.
659 Dazu August Huber: Die Refugianten in Basel, Bs. Nbl. 1897. – Ludwig A. Burckhardt: Die französischen Religionsflüchtlinge in Basel, BB VII. Bd. – Andreas Staehelin: Die Refugiantenfamilien und die Entwicklung der baslerischen Wirtschaft, in «Der Schweizer Familienforscher», 29. Jhg. 1962, Nr. 8/9. – Andreas Staehelin: Gold aus Seide, in «Schaffendes Basel», Basel 1957. – Das Hauptwerk zur Wirtschaftsgeschichte der Refugianten immer noch Traugott Geering: Handel und In-

dustrie ... (Anm. 331), Kap. IX und X.

660 Hans R. Guggisberg: Wandel der Argumente für religiöse Toleranz und Glaubensfreiheit im 16. und 17. Jahrhundert, in: «Zur Geschichte der Toleranz und Religionsfreiheit», Darmstadt 1977.

661 T. Geering (Anm. 331), S. 440.

662 Originaltext im «Schwarzen Buch» (STAB Ratsbücher A 6, fol. 116 verso).

663 T. Geering (Anm. 331), S. 447.

664 Dazu Theophil Burckhardt-Piguet: Aus der Socin'schen Familiengeschichte, BB XII. Bd.

665 Petrus Ramus: Basilea. Eine Rede an die Stadt Basel aus dem Jahr 1570, hg. von Hans Fleig, Basel 1944.

666 August Huber (Anm. 659), S. 17.

667 A. Staehelin (Refugiantenfamilien, Anm. 659), S. 89.

668 Emil Schaub, R. Wackernagel, T. Geering: Geschichte der Familie Sarasin in Basel, 2 Bde., Basel 1914.

669 Fritz Vischer: Die Familie Vischer in Colmar und Basel, Basel 1933.

670 Vgl. dazu Paul Fink: Vom Passementerhandwerk zur Bandindustrie, Bs.Nbl.1979, und die Diss. vom gleichen Autor: Geschichte der Basler Bandindustrie 1550–1800, Basel 1983; Fritz Grieder: Glanz und Niedergang der Baselbieter Heimposamenterei im 19. und 20. Jahrhundert, Liestal 1985.

671 P. Fink: In den 1790er Jahren flossen jährlich etwa 700 000 Gulden an Arbeitslöhnen auf die Landschaft. (Diss. S. 154).

672 Gustaf Adolf Wanner: Hieronymus Annoni, in «Der Reformation verpflichtet», Basel 1979. – Das Gedicht in der Sammlung «Erbaulicher Christen-Schatz», 1739.

673 Markus Kutter: Celio Secundo Curione. Sein Leben und sein Werk, Basel 1955.

674 J.W. Hess: Kaspar Bauhins, des ersten Professors der Anatomie und Botanik an der Universität Basel, Leben und Charakter. BB VII. Bd. – Vgl. auch M. und H.P. Rieder, Rudolf Suter: Basilea botanica, Basel 1979, passim.

675 Otto Spiess: Die Weltberühmten, in «Basel, Denkschrift zur Erinnerung an die vor 2000 Jahren erfolgte Gründung der Colonia Raurica», Basel 1957. – Andreas Speiser: Die Basler Mathematiker, Bs. Nbl. 1939.

676 Carl Albrecht Bernoulli: Gedenkbuch der Familie Bernoulli zum 300. Jahrestag ihrer Aufnahme ins Basler Bürgerrecht, 1622–1922, Basel 1922.

677 Aus der Joris-Literatur nur die wichtigsten Titel. Paul Burckhardt: David Joris, Basler Biographien, 1. Bd., Basel 1900. – Paul Burckhardt: David Joris und seine Gemeinde in Basel, BZ 48. Bd. – Roland H. Bainton: David Joris, Wiedertäufer und Kämpfer für Toleranz im 16. Jahrhundert, Leipzig 1937. – Zum Bild im Kunstmuseum vgl. Hans Koegler: Einiges über David Joris als Künstler, Jahresberichte der Öffentlichen Kunstsammlung Basel 1928–1930.

678 So Bainton (Anm. 677), S. 13.

679 Bs. Chr. I. Bd., S. 168, «von Davidt Gergen sachen».

680 P. Burckhardt: D. Joris, Basler Biographien, I. Bd., S. 146 und 149 (Schlusszitat).

683 Literatur zur Verfassungsgeschichte: Alfred Müller: Die Ratsverfassung der Stadt Basel von 1521 bis 1798, BZ 53. Bd. – Ulrich Im Hof: Vom politischen Leben im Basel des 18. Jahrhunderts, BZ 48. Bd. – August Burckhardt: Stände und Verfassung in Basel vom 16. bis 18. Jahrhundert, Bs. Jb. 1915. Aug. Burckhardt: Bürgerschaft und Regiment im alten Basel, Bs. Nbl. 1919.

684 Paul Roth: Wahltage im alten Basel, Bs. Jb. 1927. Hier auch alle folgenden Zitate.

685 A. Heusler: Geschichte der Stadt Basel, 1917, S. 138.

686 A. Müller (Anm. 683), S. 85. «Ehrhafft» bedeutet hier wohl «Ansehen», «Würde».

687 August Burckhardt: Herkommen und Heimat der Familie Burckhardt in Basel, Basel 1925.

688 Werner Kaegi: Jacob Burckhardt, 1. Bd., Basel 1947, S. 36.

689 Abbildung in KDM-BS IV, S. 356.

690 Alle Ehrenämter der Burckhardt von 1625–1798 bei August Burckhardt (Anm. 687), S. 27 f.

691 Karl Gauss: Basilea reformata, Basel 1930, S. 55 ff.

692 Dazu am ausführlichsten Eduard Schweizer: Eine Revolution im alten Basel/Das Einundneunziger Wesen, Bs. Nbl. 1931. – Paul Burckhardt: Der Oberstzunftmeister Christof Burckhardt, BZ 9. Bd. – Theophil Burckhardt-Piguet: Bürgermeister Emanuel Socin, BB XIII. Bd.

693 Peter Ochs, 7. Bd., S. 418.

694 Nach Abel Burckhardt: Das einundneunziger Wesen, Bilder aus der Geschichte von Basel, Heft V. 1882, S. 6.

695 P. Burckhardt, vgl. Anm. 692.

696 E. Schweizer (Anm. 692), S. 24.

697 Basel/Babel: Das ist gründlicher Bericht über den höchst-verirrt- und verwirrten Zustand der Statt Basel, 1693.

698 Julius Gerster: Johannes Fatio, ein Basler Chirurg und Geburtshelfer des 17. Jahrhunderts, Diss. Basel 1917.

699 Albrecht Burckhardt: Über die Wahlart der Basler Professoren, besonders im 18. Jahrhundert, BZ 15. Bd., S. 32. – Ulrich Im Hof (Anm. 683) schildert genau den Vorgang einer Loswahl im Jahr 1762.

704 So T. Geering (Anm. 331), S. 398.

705 Zu Ryff Friedrich Meyer: Andreas Ryff, Bs. Stb. 1962

und in den Einleitungen zum «Reisebüchlein» und «Liber legationum», BZ 72. Bd. sowie 58. und 59. Bd. – W. Vischer, Bs. Nbl. 1872. – Zu Wettstein vgl. Anm. 723.

706 Publiziert von W. Vischer, BB IX. Bd. 1870.

707 Vgl. Anm. 706, S. 89.

708 T. Geering (Anm. 331), S. 406.

709 Gut ediert von F. Meyer, BZ 72. Bd.

710 Hans Trog: Das Reisebüchlein des Andreas Ryff, Bs. Jb. 1891, S. 221.

711 Deputaten = ursprünglich Aufsichtskommission für die Universität, seit 1533 auch für das Kirchen- und Schulgut.

712 Das Domkapitel erhielt zusätzlich noch 50 000 Gulden.

713 Andreas Ryff: Der Rappenkrieg, BZ 66. Bd., S. 21.

714 Vgl. Anm. 713.

715 Zitate aus «Rappenkrieg» (Anm. 713), S. 64 f.

716 Brief Ryffs vom 19. Mai 1594 an den Rat, BB IX. Bd., S. 160.

717 Publiziert von F. Meyer, BZ 58./59. Bd.

718 Anm. 717, S. 15 und 16.

719 Friedrich Meyer, Bs. Stb. 1962, S. 300.

720 Propyläen – Weltgeschichte, 7. Bd. 1976 von Golo Mann.

721 Beschreibung des Denkmals von G.A. Wanner: Rund um Basels Denkmäler, Basel 1975.

722 Mary Lavater-Sloman: Der Schweizerkönig, Zürich 1935.

723 Das Standardwerk von Julia Gauss und Alfred Stoecklin: Bürgermeister Wettstein, der Mann, das Werk, die Zeit, Basel 1953. – Frieda Gallati: Die Eidgenossenschaft und der Kaiserhof zur Zeit Ferdinands II. und Ferdinands III., Zürich 1932. – Drei weitere Publikationen von Julia Gauss behandeln das schwierige Exemtionsproblem: Die westfälische Mission im Widerstreit zwischen Reichstradition und Souveränitätsidee, 1948; Bürgermeister Wettstein und die europäischen Konfessions- und Machtkämpfe seiner Zeit, 1946; Bürgermeister Wettstein und die Trennung der Eidgenossenschaft vom Deutschen Reich, 1948. – Populäre Darstellung von Franz Fäh in den Bs. Nbl. 1894 und 1895.

724 Zuerst publiziert von J. Burckhardt (Vater) in BB I. Bd. 1839, S. 140 ff. – Dazu W. Kaegi: Jacob Burckhardt, 1. Bd., S. 163.

726 J. Gauss/A. Stoecklin, 1953 (Anm. 723), S. 26.

727 Oft zitiert, z.B. bei Gauss: Wettstein und die Trennung ... (1948), S. 9.

727 Ausser Wettstein-Literatur orientiert darüber Andreas Heusler (I): Der Bauernkrieg von 1653 in der Landschaft Basel, Basel 1854.

728 Originaltext hg. von Paul Suter: Zur Erinnerung an den Bauernkrieg von 1653 auf der Landschaft Basel in «Baselbieter Heimatblätter», 18. Jhg. Oktober 1953, S. 222 ff.

729 Abgedruckt bei Heusler (Anm. 727), S. 182 ff.

730 P. Suter (Anm. 728), S. 245.

731 J. Gauss: Wettstein (1953), S. 490.

732 Herausgegeben von J. Gauss in den «Quellen zur Schweizergeschichte», III. Abt., Band VIII, 1962.

733 J. Gauss: Wettstein ... Trennung (1948), S. 12.

734 Der ganze Text des Vertragsartikels bei Gauss (Anm. 733), S. 34. – Die Problematik der Interpretation dieses Artikels behandelt u.a. Karl Mommsen: Bodins Souveränitätslehre und die Exemtion der Eidgenossenschaft, in «Discordia concors», Festgabe für E. Bonjour, 1968. – Wettsteins Tat ist 1969 nochmals in der Dissertation von H. Viehl (Mainz) untersucht worden. Er schrieb (S. 259): «Wettstein war unbestritten ein grosser Schweizer. Wir glauben, ihn auch einen grossen Deutschen nennen zu dürfen, denn ... ihm war das Schicksal Deutschlands nicht gleichgültig.»

735 Depositum aus Basler Privatbesitz.

737 Die Literatur zum Thema im Handbuch der Schweizer Geschichte, 2. Bd., Zürich 1980. (Ancien Régime von Ulrich Im Hof.)

738 Peter Ochs (Anm. 12), 8. Bd., S. 6.

739 Zu Iselin vgl. die Werke von Ulrich Im Hof: Isaak Iselin, sein Leben und die Entwicklung seines Denkens bis zur Abfassung der «Geschichte der Menschheit» von 1764, zwei Bde., Basel 1947. – U. Im Hof: Isaak Iselin und die Spätaufklärung, Bern 1967. – Im Hof: Isaak Iselin, Bs. Nbl. 1960.

740 U. Im Hof, Bs. Nbl. 1960, S. 33.

741 Ferdinand Schwarz: Der Kampf um die Wiederaufnahme neuer Bürger in Basel, 1757–1762, Bs. Jb. 1925, S. 220.

742 Die Flugschrift «Freimütige Gedanken» erschien 1758 anonym. Das Zitat aus einem Brief Iselins bei Schwarz (Anm. 741), S. 226.

743 U. Im Hof, Bs. Nbl. 1960, S. 23.

744 P. Ochs 8. Bd., S. 230. Ebenso Albert Burckhardt, Bs. Jb. 1899, S. 3.

745 Die Zahlen nach Franz Gschwind: Bevölkerungsentwicklung und Wirtschaftsstruktur der Landschaft Basel im 18. Jahrhundert, Liestal 1977.

746 Vgl. dazu Heinrich Boos: Wie Basel die Landschaft erwarb, Bs. Nbl. 1885.

747 Dazu Ludwig Freivogel: Stadt und Landschaft Basel in der 2. Hälfte des 18. Jhs., Bs. Jb. 1899, 1902, 1903. –

L. Freivogel: Die Lasten der baslerischen Untertanen im 18. Jahrhundert, Bs. Jb. 1924, 1925, 1927, 1929. – Paul Roth: Die Organisation der Basler Landvogteien im 18. Jahrhundert, Diss. Basel 1922. – Christian Simon: Untertanenverhalten und obrigkeitliche Moralpolitik, Diss. Basel 1981.

748 Martin Birmann: Lebenserinnerungen, 1. Bd., Basel 1894.

749 Paul Roth (Anm. 747), S. 41.

750 Vgl. Freivogel (Anm. 747), Bs. Jb. 1924 usw.

751 Die Herrschaftsverhältnisse der Landschaft Basel *vor* dem Erwerb durch die Stadt schildert L.A. Burckhardt: Die Verfassung der Landgrafschaft Sisgau, BB II. Bd. 1843.

752 Eidesformel bei P. Roth (Anm. 747), S. 66.

753 J. Dierauer: Geschichte der schweizerischen Eidgenossenschaft, 4. Bd., S. 385.

754 Bern und Nidwalden wählten den Kampf, die übrigen Orte resignierten unter dem Druck der französischen Armeen.

755 Gustav Steiner: Die Befreiung der Landschaft Basel in der Revolution von 1798, Bs. Nbl. 1932. – Hans Frey: Die Staatsumwälzung des Cantons Basel im Jahre 1798, Bs. Nbl. 1876. – A. Burckhardt-Finsler: Die Revolution zu Basel im Jahr 1798, Bs. Jb. 1899. – Gustav Steiner: Mittel und Wege zur helvetischen Revolution, BZ 30. Bd.

756 G. Steiner, Bs. Nbl. 1932, S. 33.

757 G. Steiner (Anm. 756), S. 37.

758 Vgl. dazu U. Im Hof im Handbuch der Schweizer Geschichte II. Bd., S. 775, Anmerkungen. Eine wissenschaftliche Biographie von P. Ochs fehlt immer noch; auch G. Steiner sagt, seine biographische Einleitung zur Briefausgabe enthalte nur das Material dazu. (Vorwort der Korrespondenz, S. XXIII.)

759 Martin Birmann in der ADB, Artikel Ochs (letzter Satz).

760 G. Steiner: Der Einfluss Isaac Iselins auf Peter Ochs, Bs. Jb. 1921. – G. Steiner: Die Herkunft des Basler Staatsmannes Peter Ochs, Bs. Stb. 1960.

761 Immerhin scheint ihn der Dialekt interessiert zu haben; hinterliess er doch eine handschriftliche, 1782 begonnene «Kleine Sammlung von Provinzialwörtern, wie sie in unsrer Vaterstadt im gemeinen Leben gebraucht und ausgesprochen werden». (Sig. UB-Basel A, A, I. 3[a].)

762 Nach Andreas Staehelin: Peter Ochs als Historiker, Basel 1952, S. 198.

763 Über Legrand vgl. die Biographie von Hans Buser, Basler Biographien, 1. Bd., Basel 1901.

764 Würdigung der Baselbieter Führer bei G. Steiner, Bs. Nbl. 1932, S. 69 f.

765 Acten der Basler Revolution 1798, hg. von R. Wackernagel, Basel 1898, Nr. 21 und 56.

766 Acten (Anm. 765), Nr. 64.

767 Acten (Anm. 765), Nr. 63.

768 Acten (Anm. 765), Nr. 64.

769 Acten (Anm. 765), Nr. 95 und 117.

770 Hans Frey: Die Staatsumwälzung des Cantons Basel im Jahre 1798, Bs. Nbl. 1876, S. 20 ff. – Gustav Steiner: Bonapartes Reise durch die Schweiz, Bs. Jb. 1928.

771 Die Instruktion in G. Steiner: Korrespondenz des Peter Ochs, II. Bd., Basel 1935, Nr. 99.

772 Reisebericht Merians, Bs. Jb. 1917, hg. von E. Refardt.

773 Bs. Jb. 1890, Miscellen 1, Fest in Basel zu Ehren des Königs von Rom 1811, S. 219.

774 Hans Buser: Basel in den Mediationsjahren 1807–1813, Bs. Nbl. 1904, S. 20.

775 Basel erlebte vier helvetische Statthalter; drei waren hier daheim: J.J. Schmid, J.H. Wieland, S. Ryhiner. Der vierte galt als Fremder. Vgl. Anm. 778.

776 Vgl. Gustaf Adolf Wanner: Zunftkraft und Zunftstolz, Basel 1976, S. 44 ff.

777 Vgl. Andreas Linn: Baselstädtisches Gemeinderecht, im Handbuch des Staats- und Verwaltungsrechts des Kantons Basel-Stadt, Basel 1984.

778 Heinrich Zschokke: Eine Selbstschau, Aarau 1842 und 1859. (Kapitel 18, Sturmtage in Basel.)

779 Hans Buser: Der Bodenzinssturm in der Landschaft Basel, Bs. Jb. 1901.

780 Vgl. Anm. 778.

781 Vgl. Anm. 778.

782 Vgl. Anm. 778 (Kapitel 19, Freuden der Ruhe).

783 Hans Nabholz und Paul Kläui: Quellenbuch zur Verfassungsgeschichte der Schweizerischen Eidgenossenschaft und der Kantone, Aarau 1940. Mediationsverfassung S. 185.

784 Zur Herkunft des bekannten Satzes vgl. Charles Bourcart: Aus den Papieren des Samuel Ryhiner, BZ 11. Bd., S. 202. – Gustav Steiner: Korrespondenz Ochs, III. Bd., S. 100, Anm. 1.

785 Albert Burckhardt-Finsler: Zwei Basler Verfassungen aus dem Anfang unsres Jahrhunderts, Bs. Jb. 1896. (Es sind die Verfassungen von 1803 und 1814.)

786 Es sind die Verfassungen von 1803, 1814, 1831, 1833, 1847, 1858, 1875, 1889.

787 Zensus: d.h. für das passive Wahlrecht war nicht nur eine Altersgrenze festgesetzt, sondern auch ein Vermögen von 3000 Franken nachzuweisen.

788 Gute Schilderung der Zeit von Hans Buser: Basel während der ersten Jahre der Mediation 1803–1806, Bs.

Nbl. 1903, und Fortsetzung für die Jahre 1807–1813, Bs. Nbl. 1904.

789 Z.B. Erinnerungen eines alten Soldaten der ersten Kaiserzeit (Johannes Wieland, 1791–1832), Bs. Tb. 1864. – Denkwürdigkeiten aus dem russischen Feldzug vom Jahre 1812 (Thomas Legler, 1782–1835), im Jb. des Historischen Vereins Glarus, 1868.

790 Für alles Folgende vgl. Traugott Geering: Christoph Merian, Basel 1908, III. Kapitel. – Gustaf Adolf Wanner: Christoph Merian, Basel 1958, III. Kapitel.

791 Geering (Anm. 790), S. 23.

792 Geering, (Anm. 790), S. 29.

793 Vgl. dazu Gustav Steiner: Der Bruch der schweizerischen Neutralität im Jahre 1813, Bs. Nbl. 1924.

794 Nach W. Kaegi: Jacob Burckhardt, 1. Bd., S. 108.

795 Carl Burckhardt: Aus dem Tagebuch einer Baslerin zur Zeit des Durchmarsches der Alliierten, BB XIV. Bd.

796 Gute Darstellung der Geschichte Hüningens von Carl Wieland: Basel während der Vermittlungszeit bis zur Einnahme der Festung Hüningen, Bs. Nbl. 1878.

797 Das Thema «Restauration» wird in allen Schweizergeschichten ausführlich behandelt. Zu Haller vgl. Feller/Bonjour: Geschichtsschreibung der Schweiz, Band II., S. 626, und J.Ch. Biaudet: Der modernen Schweiz entgegen, im Hb. der Schweizer Geschichte II, S. 889 (dort weitere Literatur).

798 Sammlung der Gesetze und Beschlüsse ... des Kantons Basel, 4. Bd. 1818.

799 Nach Wilhelm Vischer: Basel in der Zeit der Restauration 1814–1830, Bs. Nbl. 1905, S. 20.

800 Karl Weber in der «Geschichte der Landschaft Basel und des Kantons Basellandschaft», Liestal 1932, 2. Bd., S. 363 und 365.

801 Carl Wieland: Bürgermeister Johann Heinrich Wieland in den Jahren 1813–1815, Bs. Tb. 1863, S. 36. – Über Wieland vgl. Eduard His, Staatsmänner.

802 W. Vischer (Anm. 799), S. 45.

803 Publiziert in der Sammlung der Gesetze und Beschlüsse ... des Kantons Basel, 4. Bd. 1818. (26. Dezember 1815.)

804 Werner Kaegi: Jacob Burckhardt, 1. Bd., S. 170 f.

805 Zum Thema Universität vgl. Andreas Staehelin: Geschichte der Universität Basel 1818–1835, Basel 1959, und: Die Universität Basel zu Anfang des 19. Jahrhunderts, ihr Verhältnis zum Staat und ihre Reorganisation im Jahre 1818, BZ 52. Bd.

806 Nach Staehelin, BZ 52. Bd., S. 124 und 126.

807 Gesetz über die Organisation der Universität vom 17. Juni 1818 bei A. Staehelin: Geschichte der Universität (Anm. 805), S. 161.

808 W. Vischer: Die Basler Universität, Bs. Nbl. 1911, S. 71.

809 E. His, Gelehrte, S. 50.

810 Dazu Alfred Bürgin: Geschichte des Geigy-Unternehmens von 1758 bis 1939, Basel 1958, 2. Kapitel.

811 W. Vischer: Basel in der Zeit der Restauration, II. Teil, Bs. Nbl. 1906. S. 39.

812 Die De Wette-Literatur ist sehr umfangreich. Vgl. dazu Andreas Lindt: De Wette in «Der Reformation verpflichtet», 1979 (mit Literaturangaben).

813 W. Vischer (Anm. 811), S. 42.

814 Dazu K. Weber (Anm. 800), S. 360 ff., S. 378 f.

815 K. Weber (Anm. 800), S. 375.

816 Nach dem Bs. Nbl. 1831 von K.R. Hagenbach.

817 Hagenbach (Anm. 816), S. 12.

820 Werner Kaegi: Jacob Burckhardt, 1. Bd., S. 203.

821 Die ausführlichste Darstellung von Eduard Schweizer, BZ 30., 33., 36., 38., 39., 40., 43., 45., 46. Bd., insgesamt ca. 1400 Seiten! – August Bernoulli in den Bs. Nbl. 1907, 1908, 1909, 1910, auch als Buch «Basel in den Dreissigerwirren», Basel 1910. Neben diesen Vertretern des städtischen Standpunktes der Landschäftler Karl Weber: Die Revolution im Kanton Basel 1830–1833, Liestal 1907.

822 Darstellung und Literatur der schweizerischen Regeneration im Hb. der Schweizer Geschichte, 2. Bd., S. 918 ff.

823 Aarau wurde am 6. Dezember 1830 von 6000, Lausanne am 17. Dezember 1830 von 5000 Bauern besetzt.

824 Über diesen Kreis vgl. P. Burckhardt: Geschichte der Stadt Basel, S. 155.

825 Kaspar Birkhäuser: Der Baselbieter Politiker Stephan Gutzwiller (1802–1875), Liestal 1983.

826 K. Birkhäuser (Anm. 825), S. 4.

827 K. Birkhäuser (Anm. 825), S. 293.

828 Oft publiziert, jüngst von Fritz Klaus: Basel-Landschaft in historischen Dokumenten, 1. Bd. Liestal 1982, S. 39.

829 Paul Burckhardt (Anm. 824), S. 170.

830 Genaue Zahlen für das Jahr 1830 gibt es nicht, da zuletzt 1815 eine Volkszählung in Basel stattgefunden hat; die Stadt zählte damals 16 600 Einwohner, die Landschaft 28 400; dazu kam noch die Bevölkerung des Birsecks mit ca. 4000–5000 Einwohnern. In einem Flugblatt von 1831 stehen die Zahlen: Stadt 18 000, Landschaft 36 000 Einwohner.

831 Am ausführlichsten Peter Merian: Über die dem Grossen Rat des Kantons Basel in der Novembersitzung 1830 vorgelegte Bittschrift, Basel 1830.

832 Vgl. dazu E. Schweizer (Anm. 821), BZ 30. Bd., S. 207 ff.

833 Gustav Steiner: Korrespondenz des Peter Ochs, 1. Bd. Nr. 57.

834 Amtliche Publikation «Ergebnis der Abstimmung in allen Gemeinden des Kantons Basel über Genehmigung oder Verwerfung der revidierten Verfassung vom 28. Hornung 1831, Basel, 2. März 1831».
835 Werner Kaegi: Jacob Burckhardt, 1. Bd., S. 207.
836 Paul Burckhardt (Anm. 824), S. 172.
837 Bericht Nr. II der Herren von Tscharner und Glutz von Blotzheim, eidgenössischer Repräsentanten im Kanton Basel, an die eidgenössische Tagsatzung vom 7. Wintermonat 1831, S. 5.
838 Vgl. dazu Werner Kaegi: Jacob Burckhardt, 1. Bd., S. 236, und 3. Bd., S. 616, wo ein Urteil Gottfried Kellers über seinen Namensvetter zitiert wird.
839 K. Weber, (Anm. 821), S. 75.
840 Aufruf der Landschaft an die Schweizerische Eidgenossenschaft und insbesondere an die löblichen Grossen Räte und Landsgemeinden der Schweiz, Sursee 1831, S. 11.
841 A. Heusler: Die Trennung des Kantons Basel, 1. Bd. Zürich 1839, S. 262 f.
842 K. Weber (Anm. 821), S. 118.
843 Paul Burckhardt (Anm. 824), S. 185.
844 A. Heusler (Anm. 841), S. 319. Hier auch der Ausstossungsbeschluss im Wortlaut, S. 314–319.
845 Ein Bericht von Frau Lucie Burckhardt-Jacot, Bs. Jb. 1887, S. 72 ff. (Beitrag zur Geschichte der Basler Wirren).
846 Augenzeugenbericht eines Teilnehmers, Rudolf Hausers, Bs. Jb. 1884 (Der 3. August 1833).
847 In der Predigt von Pfr. Daniel Kraus aus Anlass der Totenfeier am 10. August 1833 für die gefallenen Basler wird dieser Gedanke zum Leitmotiv.
848 A. Heusler (Anm. 841), II. Bd., S. 463 ff. Der Text auch in Fritz Klaus (Anm. 828), S. 92 ff.
849 Eduard His: Eine historische Staatsteilung, Festgabe für Fritz Fleiner, Tübingen 1927.
850 Josef Rosen: Chronik von Basel, Basel 1971, S. 142.
851 Paul Barth: Die Pfarrkirche St. Theodor, in «Basler Kirchen», hg. von E.A. Stückelberg, 1917, 1. Bändchen, S. 23. (Gedicht im Jahr 1836 in den restaurierten Turmknopf gelegt.)
852 Werner Kaegi: Jacob Burckhardt, 1. Bd., S. 210.
853 Vgl. Anm. 841.
855 A. Heusler (Anm. 841).
856 Basler Nachrichten vom 3. August 1933.
857 A. Rüegg: Die beiden Blütezeiten des Basler Humanismus, Basel 1960, S. 48. E. Bonjour: Die Universität Basel, Basel 1960, S. 408. C.C. Burckhardt-Schazmann (Schriften und Vorträge, Basel 1917, S. 220) schrieb: «Aus tausend Wunden blutend, lag die gehasste Stadt auf der Walstatt, sie hatte Elend und Rechtshohn in vollstem Mass erlitten.»
858 De Wette: Einige Betrachtungen über den Geist unsrer Zeit. Akademische Rede am 12. September 1834, S. 4.
859 W. Th. Streuber: Die Stadt Basel, Basel (1853), S. 239.
860 P. Burckhardt (Anm. 824), S. 201.
861 Die Verfassung wurde in kurzer Zeit geschaffen, weil Basel solange vom eidgenössischen Militär besetzt blieb.
862 Annie Hagenbach: Basel im Bilde seiner Maler, 1770–1870, Basel 1939.– Margarete Pfister-Burkhalter: Hieronymus Hess, Basel 1952. – Eugen A. Meier: Johann Friedrich Mähly und sein Vogelschauplan der Stadt Basel, Basel 1969. – W.Th. Streuber (Anm. 859). – L.A. Burckhardt: Der Kanton Basel. Erste Hälfte: Basel-Stadttheil, St. Gallen und Bern 1841.
863 Zum Verhältnis Basel-Eidgenossenschaft im Jahr 1844 vgl. E. Dürr: Jacob Burckhardt als politischer Publizist, Basel 1937. – Ferner den «Aufruf des Organisationscomités für das eidgenössische Freischiessen von 1844», Gedenkbuch St. Jakob 1944, S. 284.
864 E.A. Meier (Anm. 862), S. 12.
865 Paul Siegfried: Basel und die neue Eidgenossenschaft, Bs. Nbl. 1925, S. 26. (Bahnverkehr seit 15. Juni 1844!).
866 L.A. Burckhardt (Anm. 862), S. 83.
867 Jeremias Gotthelf: Jacobs Wanderungen ..., 3. Kap.
868 Streuber (Anm. 859), S. 345.
869 L.A. Burckhardt (Anm. 862), S. 286.
870 L.A. Burckhardt (Anm. 862), S. 237.
871 Daniel Burckhardt-Werthemann: Bilder und Stimmen aus dem verschwundenen Basel, Basel o.J., S. 229 f.
872 Das Bürgerhaus der Schweiz, XVII. Bd. Basel-Stadt, Taf. 81.
873 L.A. Burckhardt (Anm. 862), S. 27.
874 Othmar Birkner, Bs. Nbl. 1981, S. 9. Zitat nach dem Generalbericht des Cholera-Ausschusses an den Kleinen Rath 1856.
875 Karl Albert Huber, BZ 54. Bd., S. 111 f.
876 Emil Souvestre in L.A. Burckhardt (Anm. 862), S. 126.
877 HBLS, Artikel «Basel».
878 Eduard His, BZ 28. Bd., S. 251.
879 Zitiert von Hermann Christ, Bs. Jb. 1892, S. 1.
880 Zitiert von P. Burckhardt, Bs. Nbl. 1912, S. 35.
881 Nach E. His, Handelsherren, S. 46 f.; auch bei Georg Adler: Basels Sozialpolitik in neuester Zeit, Tübingen 1896, S. 154. – Alfred Ludwig: Die Finanzpolitik der Basler Konservativen von 1833–1914, Weinfelden 1946, meint S. 23: «Es besteht zwischen der Basler Einkommenssteuer von 1840 und der englischen Income Tax von 1842 kein nachweisbarer Zusammenhang.

Die Frage ist aus der derzeitigen Quellenlage nicht eindeutig zu beantworten.»

882 E. His, Handelsherren, S. 41 ff.

883 E. His, Handelsherren, S. 29 ff.

884 G. Adler (Anm. 881), XI. Kapitel, S. 147–160.

885 Karl Bücher: Lebenserinnerungen 1. Bd., Tübingen 1919, S. 358, Schilderung eines Gesprächs zwischen einem Bürger und der Steuerkommission.

886 L.A. Burckhardt (Anm. 862), S. 182–191.

887 K. Büchner: Basels Staatseinnahmen und Steuerverwaltung 1878–1887, Basel 1888, S. 60.

888 Nach der Tabelle der zünftigen Meister bei C. Higy: Vom Zunftzwang zur Gewerbefreiheit in Basel, Basel 1919 (Teildruck der Diss.), S. 9, und nach den Zahlen der bürgerlichen Bevölkerung bei L.A. Burckhardt (Anm. 862), S. 63.

889 Basler Zeitung, 1843, Nr. 113.

890 Viele Beispiele dazu bei Paul Burckhardt: Die Geschichte der Stadt Basel von der Trennung des Kantons bis zur neuen Bundesverfassung, 1833–1848, Bs. Nbl. 1912, S. 26 ff.

891 Zit. bei L.A. Burckhardt (Anm. 862), S. 124 nach dem «Morgenblatt» vom Oktober 1833.

892 C. Higy (Anm. 888), S. 14. Weitere Beispiele bei C. Meyer: Basel zur Zeit der Freischarenzüge, Bs. Jb. 1902, S. 56 f. mit Quellen.

893 Nach Albert Teichmann: Die Universität Basel in den 50 Jahren seit ihrer Reorganisation im Jahr 1835, Basel 1885. (Auf S. 9 die exakte Summe: Fr. 331 451.55!)

894 Ratschlag und Gesetzesentwurf betr. Organisation der Universität und des Pädagogiums vom 2. März 1835.

895 Carl Felix Burckhardt: Geschichte der freiwilligen Akademischen Gesellschaft der Stadt Basel, Basel 1885, S. 8.

896 Vgl. August Rüegg: Die beiden Blütezeiten des Basler Humanismus, Basel 1960. – Doch nicht nur die humanistischen Wissenschaften blühten; auch die Naturwissenschaften und die Medizin waren überdurchschnittlich gut vertreten (Schönbein, Rütimeyer, C.G. Jung).

897 Z.B. E. Bonjour (Anm. 857). – A. Staehelin: Professoren der Universität Basel aus fünf Jahrhunderten, Bildnisse und Würdigungen, Basel 1960. – Lehre und Forschung an der Universität Basel zur Zeit der Feier ihres 500jährigen Bestehens, dargestellt von Dozenten der Universität Basel, Basel 1960.

898 Werner Kaegi: Jacob Burckhardt – Eine Biographie, 7 Bde., Basel 1947–1982. – Max Burckhardt: Jacob Burckhardt, Briefe, 10 Bde. Basel 1949–1986. – Jacob Burckhardt: Gesamtausgabe, 14 Bände, Basel 1930–1933. – Hans Trog: Jacob Burckhardt, Bs. Jb. 1898.

899 Nach Emil Dürr: Jacob Burckhardt, Vorträge, Basel 1918, im Vorwort, S. V.

900 W. Kaegi in «Discordia concors», Festgabe für Edgar Bonjour . . ., Basel 1968, I. Bd., S. 136, Anm. 8.

901 Johann Jakob Bachofen: Gesammelte Werke, 8 Bde., (1.–4., 6.–8., 10. Bd.) Basel 1943–1967. Biographien Bachofens von Karl Meuli im III. Bd. der Gesammelten Werke sowie von E. His, Gelehrte.

902 Gesammelte Werke Bachofens, Bd. I., S. 45.

903 Darauf bezieht sich: «Einige Worte über die bevorstehende Schulreorganisation in Basel». Anonym in der National-Zeitung 1850.

904 Arnold Schneider, Bs. Stb. 1979, S. 184. – René L. Frey: Die Universität Basel – auf dem Weg zur Provinzuniversität?, Bs. Stb. 1984.

905 Jeremias Gotthelf sagt z.B. in «Erlebnisse eines Schuldenbauers»: «Ehedem fiel in der inneren Schweiz der Name Basel ins Gewicht wie ungefähr jetzt Kalifornien.» Zitiert von W. Muschg, Basel und Jeremias Gotthelf, Bs. Jb. 1954, S. 80.

906 P. Burckhardt, Bs. Nbl. 1912, S. 48.

907 Martin Birmann: Die Anfänge des Basler Kinderspitals, Bs. Jb. 1891. Die Stifterin hiess Elisabeth Burckhardt-Vischer (1783–1857). Die Gründungsgeschichte und die folgenden 100 Jahre sind geschildert in: 100 Jahre Kinderspital in Basel, Basel 1962.

908 Sonntagssäle: vgl. D. Burckhardt-Werthemann: Aus der Chronik der Basler Sonntagssäle für Knaben und Lehrlinge, Basel 1907. – Taubstummenanstalt: vgl. A. Frese: Festbericht zur 50-Jahr-Feier der Taubstummen-Anstalt in Riehen, Basel 1889. – Pilgermission: vgl. Friedrich Veiel: Die Pilgermission von St. Chrischona 1840–1940, Basel 1940. – Diakonissenhaus: vgl. Fritz Hoch: Hundert Jahre Diakonissenanstalt Riehen, 1852–1952, Basel 1952. – Anstalt zur Hoffnung: vgl. A. Kobelt: Das kantonale Erziehungsheim «zur Hoffnung», Riehener Jahrbuch 1965.

909 August v. Miaskowski: Die Gesellschaft zur Beförderung des Guten und Gemeinnützigen in Basel, Festschrift zur Säcularfeier, Basel 1877. – Walter Staehelin: Die gesegneten Früchte, Basel 1943. – Walter Staehelin: Der Zeit voraus, dem Staat voraus. Zur 200-Jahr-Feier der GGG. Bs. Nbl. 1977.

910 Traugott Geering: Christoph Merian, Basel 1908. – G.A. Wanner: Christoph Merian, Basel 1958. (Testament, S. 337 ff.)

911 A. Thun: Die Vereine und Stiftungen des Kantons Basel-Stadt im Jahre 1881, zählt von 1831–1840 18 neue Stiftungen, von 1841–1850 29, von 1851–1860 39, von 1861–1870 48, von 1871–1875 47, von 1876–1880 so-

gar 74 neue Stiftungen.
912 A. Thun (Anm. 911), S. I.
913 Karl Bücher (Anm. 885), S. 333.
914 Georg Adler (Anm. 881), S. 163.
915 Bernhard Riggenbach: Bernhard Socin, ein Basler Ratsherr aus der ersten Hälfte des 19. Jahrhunderts, Bs. Jb. 1889, S. 31 f.
916 Emil Dürr: Jacob Burckhardt als politischer Publizist, Basel 1937, S. 49.
917 Briefwechsel zwischen Segesser und Heusler, BZ 31. Bd. (Zitat von Segesser S. 90, Zitat von Heusler S. 77.)
918 Dazu Fritz Brändlin: Wilhelm Klein, ein Lebensbild, Basel 1907, S. 9 ff. – Was Jacob Burckhardt von den Freischaren hält, steht im Brief Nr. 139, Bd. II. der Briefausgabe. – Vgl. C. Meyer: Basel zur Zeit der Freischarenzüge und des Sonderbundes, Bs. Jb. 1902.
919 Protokoll der Grossrats-Sitzung vom 6. November 1847 (STAB Protokolle GR 25). Zeitungsbericht darüber in der «Basler Zeitung» Nr. 263. Vgl. C. Meyer (Anm. 918), S. 102 ff.
920 Dazu: Briefe von Johann Rudolf Merian an Peter Merian aus der Sonderbundszeit 1847/48, BZ 46. Bd., S. 184.
921 Eduard Merian (1814–1859), im Schweizerischen Geschlechterbuch X, S. 251 als Generalstabsoffizier bezeichnet. – Anders Paul Burckhardt, Bs. Nbl. 1914, S. 75.
922 Über diese vier Basler vgl. E. His, Handelsherren, und P. Siegfried: Basel im neuen Bund, Bs. Nbl. 1925.
923 Genaue Zahlen im graphisch-statistischen Handbuch des Kantons Basel-Stadt, Basel 1938, 2. Heft, S. 6.
924 Warum die Baselbieter in die Stadt gezogen sind, untersuchte Martin Schaffner: Die Basler Arbeiterbevölkerung im 19. Jahrhundert, Basel 1972, 1. Kapitel.
925 K. Bücher (Anm. 885), S. 410.
926 Jacob Burckhardt, Briefe, Bd. VII. S. 450.
927 W. Kaegi: Jacob Burckhardt, Bd. VII, S. 123.
928 Die Einführung und Entwicklung der Farbstoffchemie schildert am ausführlichsten Alfred Bürgin: Geschichte des Geigy-Unternehmens von 1758–1939, Basel 1958. (Beginn der Farbstoffproduktion S. 88–90.) – Herkunft und Gestalt der industriellen Chemie in Basel, hg. von der Ciba aus Anlass ihres 75jährigen Bestehens als AG. (Autoren L. Huber und K. Menzi) Olten und Lausanne 1959.
929 Arthur Wilhelm: Seidenband, Schappe und Farbstoffe im Basler Wirtschaftsleben der letzten 50 Jahre, Bs. Jb. 1940.
930 Aus dem Bericht des Herrn Von der Mühll-Burckhardt im «Bericht an das englische Parlament über den Handel, die Fabriken und Gewerbe der Schweiz von Dr. John Bowring», Zürich 1837, S. 123 f.
931 «Der Arbeiter», Organ der internationalen Arbeiter-Association von Basel-Stadt und Land, 1. Jhg. Nr. 7, Nov. 1868.
932 Dazu Wilfried Haeberli: Der erste Klassenkampf in Basel (Winter 1868/69) und die Tätigkeit der Internationalen Arbeiter-Association (1866–1876), BZ 64. Bd.
933 Ein typischer Vertreter der christlich motivierten patriarchalischen Fabrikherren ist Carl Sarasin, vgl. dazu E. His, Handelsherren.
934 Fabrikgesetz vom 15. Nov. 1869. Über die Verhandlungen im Grossen Rat vgl. Georg Adler: Basels Sozialpolitik in neuester Zeit, Tübingen 1896. – Zitiert nach W. Haeberli in: «75 Jahre Sektion Basel VPOD, 1891–1966», Basel 1966, S. 9.
935 Ratschlag und Gesetz vom 27. Juni 1859, in: Sammlung der Gesetze ... 7. Bd., Basel 1860, S. 327.
936 Dazu Paul Siegfried: Basels Entfestigung, Bs. Jb. 1923. Den Konflikt zwischen Basel-Stadt und Baselland, der damals als letzte Phase der Teilung des Staatsvermögens aufbrach, den sogenannten Schanzenstreit, behandelt E. His: Eine historische Staatsteilung. Die Basler Trennung 1833–35 und der sog. Schanzenstreit 1861–62, Tübingen 1927. – Das Thema «Rechtsgutachten im Schanzenstreit» hat nochmals behandelt Werner Kundert: Der Basler Schanzenstreit von 1859/62, BZ 73. Bd.
937 Theodor Meyer-Merian: Die Nachbarn, ein städtisches Sittenbild aus der Gegenwart, Basel 1864.
938 Zitiert von Rudolf Kaufmann: Basel, das Stadtbild nach den ältesten Photographien seit 1880, Basel 1936. (S. 3 der nicht paginierten Einleitung.) – Dazu auch R. Kaufmann: Die bauliche Entwicklung der Stadt Basel. Bs. Nbl. 1949.
939 Karl Bücher: Die Wohnungs-Enquête in Basel vom 1.–19. Februar 1889, Basel 1891.
940 Dazu Othmar Birkner: Bauen und Wohnen in Basel (1850–1900), Bs. Nbl. 1981, S. 23.
941 «Bauliche Entwicklung der Stadt Basel nach Bauperioden», farbige Tafel im graphisch-statistischen Handbuch des Kantons Basel-Stadt, Basel 1938, 1. Heft.
942 Vgl. dazu: Die Basler Verfassung von 1875 von Dr. Kurt Jenny und Prof. Dr. Andreas Staehelin, in: «Basler juristische Mitteilungen», Heft Nr. 4, 1975.
943 Prof. Dr. Kurt Eichenberger: 1875 gab sich Basel eine neue Kantonsverfassung, Bs. Stb. 1975, S. 182.
944 Vgl. Markus Fürstenberger: Bewahren, Helfen, Fördern, 100 Jahre Bürgergemeinde Basel, Bs. Nbl. 1976.
945 Prof. Eichenberger (vgl. Anm. 943), S. 181.

946 W. Haeberli: Die ersten drei Jahrzehnte des Basler Grütlivereins. Zur Geschichte der politischen Parteien in Basel, Bs. Stb. 1964.

947 Ob Frieden oder Krieg? Sechs Antworten auf sechs Briefe des Herrn Daniel Schenkel von Wilhelm Klein, Basel 1847.

948 Über Klein vgl. Fritz Brändlin: Wilhelm Klein, Regierungsrat des Kantons Basel-Stadt und schweizerischer Nationalrat, Basel 1907. – Heinz Isenschmid: Wilhelm Klein 1825–1887. Ein freisinniger Politiker, Basel 1972. – E. His, Staatsmänner. Eine treffliche Charakteristik Kleins von Werner Kaegi: Jacob Burckhardt, Bd. IV., S. 53 f.

949 Vgl. Anm. 947, S. 32.

950 «Schweizer Volksfreund», Nr. 1, 1875.

951 Brändlin (Anm. 948), S. 16.

952 Fritz Grieder: Nicht jeder kann den ersten Preis erlangen, aber jedem steht die Rennbahn offen. – Das Basler Schulgesetz von 1880, Bs. Stb. 1980.

953 Das Basler Schulwesen 1880–1930, hg. vom Erziehungsdepartement Basel-Stadt, Basel 1930. (Schülerzahlen S. 14.) Gebaut wurden von 1880–1907 folgende Schulhäuser: Bläsi 1882, Sevogel 1883, Töchterschule 1883 (heute GAK), Gymnasium (hinter dem Mentelinhof am Münsterplatz) 1883, Rittergasse 1885, St. Johann 1886, Pestalozzi 1891, Thomas Platter 1891, Gundeldingen 1895, Kleinhüningen 1896, Gotthelf 1899, Dreirosen 1903, Insel 1904, Isaak Iselin 1907.

954 Georg Adler (Anm. 881), S. 169, gibt folgende Zahlen der jährlichen Ausgaben pro Kind: BS 32,5 Fr., ZH 23,3 Fr., VS 3,9 Fr.

955 Jacob Burckhardt: Briefe, Bd. VI, Nr. 694 (1875), Bd. VIII, Nr. 961 (1882).

956 Roman Pfyffer: Die katholische Schule in Basel, Basel 1942. – Alois Kocher: Die katholische Schule zu Basel, BZ 75. Bd.

957 Pfyffer (Anm. 956), S. 12. – Ausführlich darüber Eduard Vischer: Die Wandlungen des Verhältnisses der Schule zu Kirche und Staat in Basel, Diss. Basel 1931, besonders S. 187 ff.

958 Regierungsrat Falkner am 21. Februar 1884 in der Burgvogtei, zitiert von Anton auf der Maur: Dr. Ernst Feigenwinter, Bs. Jb. 1921, S. 9. – Voten im Grossen Rat Januar/Februar 1884 bei Kocher (Anm. 956), S. 184.

959 Zitiert bei Pfyffer (Anm. 956), S. 51. – P. Speiser sagt selbst zur Sache: «Ich habe es nie über mich gebracht, wenn ich ein Recht verletzt fand oder wenn die Toleranz angegriffen wurde, zu schweigen. Und der Kulturkampf war mir immer in der innersten Seele zuwider.» Erinnerungen (Anm. 999), S. 52.

960 Zitat von Prof. Burckhardt-Schazmann: Dr. Karl Burckhardt-Burckhardt, Bs. Jb. 1903, S. 41 f.

961 Über Feigenwinter vgl. Bs. Jb. 1921, S. 1–22, und W. Kaegi: Jacob Burckhardt VII, S. 160.

962 Elisabeth Flueler: Geschichte der Mädchenbildung in der Stadt Basel, Bs. Nbl. 1984, S. 84.

963 So der «Christliche Volksbote» Nr. 19, 1881. Zitiert nach Isenschmid (Anm. 948), S. 20.

964 Zu seinen Gründern gehören Carl und August Brenner, der Vater des Bundesrates Ernst Brenner, Bs. Jb. 1916, S. 217.

965 Zitiert in «Alfred Altherr» von Klaus Otte, in «Der Reformation verpflichtet», Basel 1979, S. 132.

966 K. Otte (Anm. 965), S. 133.

967 K. Otte (Anm. 965), S. 131.

968 Die Basler Verfassung von 1875, von K. Jenny und A. Staehelin (Anm. 942), S. 185 f. In der Kantonsverfassung 1875 = § 12.

969 Oscar Moppert: 50 Jahre selbständige reformierte Basler Kirche 1911–1961, Basel 1961, S. 18. – Über C. Burckhardt vgl. J.G. Fuchs: Carl Christoph Burckhardt in «Der Reformation verpflichtet» 1979.

970 Dazu J.G. Fuchs: Die Basler Katholiken auf dem Weg zur Gleichberechtigung, Bs. Stb. 1973^2.

971 Die «industriellen» Werke behandeln: Rudolf Hegi: Die Entwicklung der Wasserversorgung von Basel vom 13. Jahrhundert bis zur Gegenwart, Basel 1928 (Diss.). – Karl Albert Huber: Die Basler Wasserversorgung von den Anfängen bis heute, BZ 54. Bd. – Arthur Burger: Die Quellwasserversorgung im alten Basel, Bs. Stb. 1973^1. – Paul Speiser: Die Anfänge der öffentlichen Betriebe der Stadt Basel, Bs. Jb. 1933. – Hundert Jahre Gas in Basel, 1852–1952, hg. von Gas- und Wasserwerk Basel, Basel 1952. – Das Elektrizitätswerk Basel, Rückblick auf die Jahre 1899–1949, hg. von EW Basel, Basel 1949. – H.U. Christen: 75 Jahre EW Basel, Basel 1975. – Paul Siegfried: Das Basler Gesundungswerk in Basel, Basel im neuen Bund I, Bs. Nbl. 1925.

972 Das Verhältnis der Stadt zur «Gesellschaft für die Wasserversorgung» beschreiben: P. Siegfried (Anm. 971), R. Hegi (Anm. 971).

973 Die Gründe der Verwerfung (4019 Nein, 1104 Ja) erläutert sachlich P. Siegfried (Anm. 971), S. 85.

974 So schrieb Prof. Albert Müller (1819–1890). Vgl. K.A. Huber (Anm. 971), S. 111.

975 P. Siegfried (Anm. 971), S. 87.

976 Eugen Keller: Gereinigte Abwässer, Baubeginn der ARA Basel, Bs. Stb. 1978.

977 P. Speiser (Anm. 971), S. 1. – Max Thoma in: 100 Jahre Gas in Basel, Basel 1952. – Ausführlich über die Gas-

fabrik von Dollfuss, Fritz Grieder: Von der Harzpfanne zum Gasometer, Bs. Jb. 1952.

978 Dazu Hans Adolf Vögelin: Die Entwicklung des Äusseren St. Johannquartiers, Bs. Nbl. 1968.

979 Vgl. Bs. Stb. 1971, Chronik, S. 245.

980 H.U. Christen: 75 Jahre EW Basel, (S. 4, keine Paginierung). – Für alles folgende die Jubiläumsschrift: Das Elektrizitätswerk Basel. Rückblick auf die Jahre 1899–1949, Basel 1949.

981 Jubiläumsschrift EW 1949, S. 26.

982 IWB, Industrielle Werke 1981, Jahresbericht, S. 5 und 6.

983 H.U. Christen (Anm. 980), letzte Seite, Interview mit Dr. Galli; und ähnlich: René B. Galli: 75 Jahre EW Basel, Bs. Stb. 1974.

984 50 Jahre Basler Strassenbahnen 6. Mai 1945. Hg. von der Direktion der Basler Strassenbahnen. – Rudolf Pleuler: 75 Jahre Basler Verkehrs-Betriebe, Bs. Nbl. 1970.

985 Es gab einen Pferde-Omnibus, aber nie ein Pferdetram!

986 R. Pleuler (Anm. 984), S. 88.

987 Vgl. Anm. 984 und den Geschäftsbericht der BVB, 1981.

988 Über Hagenbach vgl. E. His, Gelehrte, S. 230–235. – F. Zschokke: Prof. E. Hagenbach-Bischoff, Bs. Jb. 1912.

989 Hagenbach, Studer, Pictet: Berechtigung und Ausführbarkeit der proportionalen Vertretung bei unsern politischen Wahlen, Basel 1884. – Eduard Hagenbach-Bischoff: Die Frage der Einführung einer Proportionalvertretung statt des absoluten Mehres, Basel 1888.

990 Bs. Jb. 1906, Chronik, S. 274.

991 Im genannten Buch (1. Aufl. 1917), S. 164.

992 Erich Gruner: Die Parteien in der Schweiz, Bern 1969. – Hans Tschäni: Parteien, Programme, Parolen, Zürich 1979.

993 Walter Lüthi: Der Basler Freisinn von den Anfängen bis 1914, Bs. Nbl. 1983.

994 Über V.E. Scherer vgl. Lüthi (Anm. 993) und Albert Oeri: Zwei Basler Politiker, (Scherer und F. Hauser) Bs. Jb. 1942.

995 Lüthi (Anm. 993), S. 163.

996 Würdigungen von freisinnigen Basler Politikern haben geschrieben: Hermann Henrici: Paul Scherrer, Bs. Jb. 1936. – August Rüegg: Ernst Thalmann, in «Vom Geist der Polis», Basel 1964.

997 Parteibild. Liberal-demokratische Partei Basel-Stadt, Oktober 1981.

998 Vgl. Erich Gruner (Anm. 992), S. 98.

999 «Erinnerungen aus meiner öffentlichen Tätigkeit von 1875–1919», Basel 1935.

1000 Alfred Sarasin: Paul Speiser-Sarasin, Bs. Jb. 1937, S. 19.

1001 Peter Dürrenmatt: Leben und Wirken Albert Oeris, Bs. Jb. 1952.

1002 Albert Oeri: Sorge um Europa. Von Versailles bis Potsdam 1919–1945. Aussenpolitische Kommentare, ausgewählt und herausgegeben von Julia Gauss, Basel 1977.

1003 Albert Oeri: Alte Front, Basel 1933, S. 81.

1004 Die «Basler Nachrichten» als Fortsetzung des «Allgemeinen Intelligenzblattes» erschienen 1856–1871 als Blatt des Juste-Milieu, 1872–1902 als Blatt der Freisinnigen, wurde 1902 von Privaten gekauft und war liberales Blatt bis 1976.

1005 Zur Geschichte der CVP (ehemals KVP) vgl. Leo Hänggi: 50 Jahre katholische Volkspartei Baselstadt, Basel 1955. – Albin Breitenmoser: 75 Jahre CVP. Basel-Stadt, Bs. Stb. 1980.

1006 Über Feigenwinter vgl. Anton Auf der Maur: Dr. Ernst Feigenwinter, Bs. Jb. 1921.

1007 Leo Hänggi (Anm. 1005), S. 9.

1008 Über Niederhauser vgl. Hänggi (Anm. 1005), S. 54 f.

1009 A. Breitenmoser (Anm. 1005), S. 151.

1010 Ausser den schon genannten Autoren (E. Gruner, H. Tschäni, W. Haeberli) informieren über die Geschichte der Linksparteien in Basel Markus Bolliger: Die Basler Arbeiterbewegung im Zeitalter des Ersten Weltkrieges und der Spaltung der Sozialdemokratischen Partei, Basel 1970. – Willi Gerster: Sozialdemokraten und Kommunisten in der Konfrontation 1927–1932, Basel 1980. – Jubiläumsschrift, 75 Jahre Sektion Basel VPOD, 1891–1966. – Hansueli von Gunten/Hans Voegelin: Das Verhältnis der Sozialdemokratischen Partei zu andern Linksparteien in der Schweiz, 1912–1980, Bern 1980.

1011 Die soziale Frage beschäftigte auch den Basler Grütliverein. Vgl. dazu Wilfried Haeberli: Die ersten Jahrzehnte des Basler Grütlivereins, Bs. Stb. 1964.

1012 Von Eugen Wullschleger gibt es: 1. Die Stadt Basel, ihre Verwaltung, ihre politischen und sozialen Einrichtungen. Mit einem Anhang: Gewerkschaftliche und politische Arbeiterbewegung, Genossenschaftswesen, Basel 1912; 2. Die Sozialdemokratie, was sie ist und was sie will. Eine Schrift zur Aufklärung im Jahre 1908; 3. Aus der Geschichte der Arbeiterbewegung in Basel. Vortrag im Volksbildungskurs des Arbeiterbundes. 1912. – Leider gibt es keine Biographie Wullschlegers.

1013 Nach Otto Zumstein: Beiträge zur Basler Parteigeschichte 1848–1910, Basel 1936, S. 108.

1014 Das autobiographische Werk F. Schneiders ist betitelt «Hieronymus Roggenbachs Erlebnisse», Bd. 1 Basel

1943, Bd. 2 Basel 1959. – Martin Stohler: Aus bewegten Zeiten der Basler Arbeiterschaft. In memoriam F. Schneider, Bs. Jb. 1967. – Dazu vgl. auch M. Bolliger (Anm. 1010), passim.

1015 Vgl. Bolliger (Anm. 1010), S. 50.

1016 Jubiläumsschrift VPOD-BS, S. 67

1017 Martin Stohler (Anm. 1014), S. 24.

1018 Vgl. Bolliger, (Anm. 1010), S. 283.

1019 Schneider redet im «Roggenbach» 1. Bd. von «dem grandiosen Sieg der bolschewistischen Partei in der Oktoberrevolution».

1020 Von Gunten/Voegelin (Anm. 1010) zitiert die 21 Bedingungen in Abkürzung.

1021 Verlust der SP in Basel 2600 Mitglieder im Jahr 1920/21.

1022 Vgl. Willi Gerster (Anm. 1010), S. 304.

1023 Max Wullschleger: Emil Arnold – der «Räuber» 1897–1974, Bs. Stb. 1974.

1024 H. Mühlestein in «Sozialismus, Monatsschrift für Politik, Kultur ...» 1944, S. 103.

1025 Wenks Dictum in «Ständerat und Reg.-Rat Dr. h.c. G. Wenk» von Max Wullschleger, Bs. Jb. 1957, S. 71.

1026 «Poch in Daten» 1980 und «Manifest der POCH zu den NR-Wahlen» 1983.

1027 Albert Oeri: Kritik und Aufbau, in «Alte Front», Basel 1933, S. 158.

1028 Zum Landesring vgl. Jean Meynaud/Adalbert Korff: Die Migros und die Politik. Der LdU (1935–1963), Zürich 1967. – Armin Schwendimann: Wirtschafts- und Sozialpolitik des LdU bis 1947, Zürich 1970.

1029 Vgl. Gruner (Anm. 992), S. 124.

1030 Zu H. Bächtold vgl. H.B. Leichenreden 1934. – Dorothea Roth: Hermann Bächtold, in «Der Reformation verpflichtet», 1979.

1031 Wahlbeteiligung laut Stat. Jb. BS. 1982, S. 170. Zum Problem vgl. Carl Miville-Seiler: Die Krise der direkten Demokratie, Bs. Stb. 1977.

1032 Über den Streik 1903 vgl. Walter Lüthi: Der Basler Freisinn ..., Bs. Nbl. 1983, S. 107. – Bs. Jb. 1903, Chronik.

1033 Rudolf Niederhauser: Eine frühe Begegnung mit Mussolini, Basler Volkskalender 1962, S. 71.

1034 Markus Mattmüller: Leonhard Ragaz, 1. Bd., Basel 1957, S. 84 ff.

1035 Hans Bauer: 100 Jahre Basler Wirtschaftsgeschichte, Basel 1981, S. 101.

1036 H. Bauer (Anm. 1035), S. 87.

1037 Betr. Bahnhöfe vgl. H. Bauer (Anm. 1035), S. 78 ff.

1038 Zum Friedenskongress 1912 vgl. F. Schneider: H. Roggenbach Bd. 1, S. 154 ff. – M. Mattmüller: L. Ragaz, Bd. 2, S. 3 ff.

1039 So M. Mattmüller (Anm. 1038), S. 14.

1040 Dazu: Chroniken und Sondertexte, Bs. Jb. 1914–18. A. Gutmann: Basel im August 1914, Basel 1914. – Paul Wild: Basel zu Beginn des 1. Weltkrieges 1914–15, Bs. Nbl. 1958.

1041 Die Daten der Einführung der verschiedenen Rationierungen gibt das HBLS, 7. Bd., S. 479.

1042 So der Chronist der Basler Jahrbücher 1914 bis 1918.

1043 Zu den wirtschaftlichen Verhältnissen in den Kriegsjahren und zum Landesstreik in Basel vgl. Markus Bolliger (Anm. 1010).

1044 HBLS, Supplementband, S. 101.

1045 Darüber und alles folgende am ausführlichsten M. Bolliger (Anm. 1010).

1046 Die Verhandlungen im Regierungsrat bei Fritz Grieder: Aus den Protokollen des Basler Regierungsrates zum Landesstreik 1918, Bs. Stb. 1969.

1047 Bolliger (Anm. 1010), S. 122.

1048 Basler Nachrichten 1918, 20. November, Nr. 539.

1049 Bolliger (Anm. 1010), S. 124, nach «Vorwärts» vom 13. Januar 1919.

1050 Bolliger (Anm. 1010), S. 158 ff.

1051 Protokolle der Regierungsratsitzungen hat F. Grieder unter dem Titel «Zehn heisse Tage ...», Bs. Stb. 1970, veröffentlicht.

1052 Die Kurve von 1921–1938 im Geographisch-Statistischen Handbuch des Kantons Basel-Stadt, Basel 1940, 3. Heft, Tafel VI. 2 (Arbeitsmarkt).

1053 Gedicht in der Zeitung «Der Basler Arbeitslose», 1. Jhg. Nr. 3, Okt./Nov. 1937.

1054 Über die Vorgeschichte vgl. die Ratschläge des Regierungsrats von Basel-Stadt Nr. 2699 (1926), 2903 (1928), 3007 (1930).

1055 So Max Wullschleger, Bs. Stb. 1963, S. 45 (Nachruf Ebi) und Eduard Frei, Bs. Stb. 1968, S. 263 (Nachruf Bohny).

1056 Arbeitsrappenliteratur: Alfons Pfaff: Der Arbeitsrappen und das Basler Gewerbe, in der Festgabe Gustav Bohny, Basel 1955. – Jacques Stohler: Der Basler Arbeitsrappen. Eine Studie zur Beschäftigungstheorie und Beschäftigungspolitik regionaler Körperschaften, Diss. Basel 1957. – Hans Bauer: Der Basler Arbeitsrappen, Bs. Stb. 1984. – E.A. Meier u.a.: Der Basler Arbeitsrappen, 1936–1984, Basel 1984.

1057 Über F. Hauser vgl. A. Rüegg: Vom Geist der Polis, Basel 1964. – A. Oeri, Bs. Jb. 1942.

1058 So A. Oeri (Anm. 1057), S. 108.

1059 So A. Rüegg (Anm. 1057), S. 74.

1060 Abstimmung am 27. November 1938: 15 363 Ja,

13 964 Nein.
1061 Vgl. Bekanntmachung des Regierungsrates betr. Unvereinbarkeit des öffentlichen Dienstes mit der Zugehörigkeit zu kommunistischen Organisationen (und) ... zu andern als kommunistischen Organisationen, 6. Dezember 1938.
1062 Walter Rüthemann: Volksbund und SGAD (Schweizerische Gesellschaft für autoritäre Demokratie), Diss. Freiburg 1979.
1063 Zitat von Dr. K. Jenny, in «50 Jahre Europa-Union-Schweiz, Sektion Basel, 1933–1983» von H. Bauer. Vom gleichen Autor: Basel und die Europa-Bewegung, Bs. Stb. 1971.
1064 Über E. Arnold vgl. M. Wullschleger, Bs. Stb. 1974, S. 247.
1065 Zitat nach F. Grieder, Bs. Nbl. 1957, S. 16.
1066 Zitat nach F. Grieder (Anm. 1065), S. 32.
1067 Nach Chr. Vetsch in den «Basler Nachrichten», 1973, Nr. 99.
1068 Carl Ludwig: Rückblick und Ausblick, in den «Basler Nachrichten», Sonntagsblatt vom 5. Mai 1946.
1069 Brief an den Bundesrat vom 24. Juli 1940, zitiert in E. Bonjour: Geschichte der schweizerischen Neutralität, 5. Bd. Basel 1970, S. 219 ff.
1070 Vgl. Bs. Jb. 1941, S. 184.
1071 Karl Barth: Eine Schweizer Stimme 1938–1945, Zürich 1948, S. 203.
1072 Vgl. Alfred A. Häsler: Das Boot ist voll. Die Schweiz und die Flüchtlinge 1933–1945, Zürich 1967, S. 298.
1073 Nach Zeitungsberichten vom 8. Mai 1945.
1074 Über die Basler Wirtschaft nach dem 2. Weltkrieg orientiert gründlich Hans Bauer: Basel, gestern – heute – morgen. Hundert Jahre Basler Wirtschaftsgeschichte, Basel 1981.
1075 Stat. Jb. 1982, S. 23. 1950: 196 498 Einwohner; 1970: 234 945 Einwohner/Ausländer: 41 300.
1076 Nach Bauer (Anm. 1074), S. 212.
1077 Vgl. dazu Chr. Kocher-Schmid: Gastarbeiterkinder in den Basler Schulen, Bs. Stb. 1975.
1078 Das Jahr der «Überrundung» war 1974: BS 218 578 Einwohner; BL 221 688 Einwohner.
1079 Z.B. Schappe 1974.
1080 Bauer (Anm. 1074), S. 234.
1081 Bauer (Anm. 1974), S. 242.
1082 Bauer (Anm. 1074), S. 243.
1083 Zitat nach Hans Oesch: 37 Jahre Dienst am Basler Kulturleben. Die Ära Emil Vogt im Erziehungsdepartement, Bs. Stb. 1981.
1084 Zur Basler Musikgeschichte des 19. und 20. Jhs. vgl. Wilhelm Merian: Basels Musikleben im XIX. Jahrhundert, Basel 1920. – Hans Peter Schanzlin: Basels private Musikpflege im 19. Jahrhundert, Bs. Nbl. 1961. – Gotthold Eglinger: Das musikalische Leben in Basel, in «Die Stadt Basel und ihre Umgebung», hg. vom Verkehrsverein der Stadt Basel, Basel 1898.– Christiane Muschter: Musikleben in Basel, Basel 1982.
1085 W. Merian (Anm. 1084), S. 16 und Schanzlin (Anm. 1084), S. 9.
1086 Über Riggenbach vgl. auch W. Kaegi: Jacob Burckhardt, III. Bd., S. 238. – Emanuel Probst: Friedrich Riggenbach-Stehlin, Bs. Jb. 1905.
1087 Albert Müry: 50 Jahre Basler Kammerorchester unter Leitung von Paul Sacher, Bs. Stb. 1977. – Hans Oesch: Die Musik-Akademie der Stadt Basel, 1867–1967, Festschrift, 1967.
1088 Festschrift zur Feier des 100jährigen Bestehens des Basler Gesangvereins, 1824–1924 (Text von Rud. Thommen). – Albert Müry: 150 Jahre Basler Gesangverein, Bs. Stb. 1974.
1089 Festschrift (Anm. 1088), S. 2.
1090 Heinrich Leemann: 125 Jahre Basler Liedertafel, Bs. Stb. 1977.
1091 Hans Ziegler: 50 Jahre Basler Orchester-Gesellschaft 1921/22–1971/72, Basel 1972.
1092 Eduard Wölfflin: Das Collegium musicum und die Koncerte in Basel, BB VII. Bd. – Paul Meyer: Basels Concertwesen im 18. und zu Anfang des 19. Jahrhunderts, Bs. Jb. 1884; Basels Concertwesen von 1804–1875, Bs. Jb. 1890.
1093 «Die Reise nach dem Concerte» ist abgedruckt von P. Meyer, Bs. Jb. 1884, S. 192 ff.
1094 Tilmann Seebass: 100 Jahre AMG – 100 Jahre Stadtkasino, Bs. Stb. 1976.
1095 Vgl. Hans Oesch (Anm. 1087). – Walter Nef: Basel und seine Musik-Akademie, Bs. Stb. 1971. – Friedhelm Döhl: Musik-Akademie der Stadt Basel heute. Rück- und Ausblick nach 25 Jahren, Bs. Stb. 1979.
1096 Die Begeisterung für die Festspiele schildert P. Speiser, (Anm. 999), S. 107 ff.
1097 Carl Spitteler: Zur Ästhetik der Basler Fastnacht, abgedruckt im Sonntagsblatt der B.N. vom 5. März 1933.
1098 Vgl. Hans Ziegler (Anm. 1091), S. 8 und S. 66/67.
1099 50 Jahre Basler Musikkredit 1931–1981, Basel 1981.
1100 Paul Kölner: Die Basler Fastnacht, Bs. Jb. 1913. Zitat von K.R. Hagenbach auf S. 203.
1101 Rolf W. Weber: Das Basler Trommeln als Kunstform. Zum Gedenken an Dr. Fritz Berger, Bs. Stb. 1964. – Georg Duthaler: Trommeln und Pfeifen in Basel, Basel 1985.

1102 R. Weber (Anm. 1101), S. 225.
1103 Ernst Jenny: Das alte Basler Theater auf dem Blömlein, Bs. Jb. 1908. – Ernst Jenny: Basels Komödienwesen im 18. Jahrhundert, Bs. Jb. 1919.
1104 Über Melchior Berri vgl. Wilhelm Abt, Bs. Stb. 1971. – Zur Geschichte des Basler Stadttheaters vgl. Fritz Weiss: Das Basler Stadttheater 1834–1934, hg. vom Theaterverein 1934. – R. Schwabe und K. Reichel: Stadttheater Basel 1834–1934–1959, hg. von der Genossenschaft des Basler Stadttheaters. – Karl Gotthilf Kachler u.a.: Stadttheater Basel einst und jetzt, 1807–1834–1875–1909–1975, Schweizer Theaterjahrbuch 38/39, Bern 1975. – K.G. Kachler: Aus der Baugeschichte des jetzigen Basler Stadttheaters, Bs. Stb. 1972.
1105 Jacob Burckhardt: Briefe, Bd. 4, Nachträge Nr. 238 a.
1106 E. Jenny, Bs. Jb. 1908, S. 67.
1107 K.G. Kachler, Bs. Stb. 1972, S. 203.
1108 Im Pachtdirektorensystem mietete ein Theaterdirektor das Theater und musste von den Einnahmen alles bestreiten; Gewinn oder Verlust gingen auf seine Rechnung.
1109 K.G. Kachler, Bs. Stb. 1972, S. 204.
1110 Festschrift Basler Stadttheater 1834–1934, hg. von Wilhelm Merian, Basel 1934, S. 7 f.
1111 K.G. Kachler: Zur Entstehungsgeschichte des neuen Basler Stadttheaters, Bs. Stb. 1975.
1112 S. Enkelmann: Ballett in Basel, Basel 1963.
1113 René Frey und Gregory Neugebauer: Theater, wer profitiert, wer finanziert? Sonderheft der Zeitschrift Wirtschaft und Recht, 1978, Heft 3.
1114 Subventionen von 1958–1974 in «Stadttheater Basel einst und jetzt» (Anm. 1104), S. 436.
1115 Fritz Meyer: Geschichte der öffentlichen Kunstsammlung zu Basel, Bs. Jb. 1891 und 1893. – Paul Ganz: Meisterwerke der öffentlichen Kunstsammlung in Basel (Einleitung), München 1924. – F.K. Mathys: Basels Schatzkammern. Zur Entstehung und Entwicklung unsrer Museen, Bs. Stb. 1979.
1116 Hans Jürg Kupper: 100 Jahre öffentliche Kunst in Basel, Bs. Stb. 1979.
1117 Zeugnisse solcher Besucher vgl. Fritz Meyer (Anm. 1115), Bs. Jb. 1893, S. 155.
1118 Zur Baugeschichte des Kunstmuseums vgl. Albert Baur, Bs. Jb. 1937, S. 175 ff.
1119 Ein Urteil E.L. Kirchners über Basels «Offenheit» in «50 Jahre Kunstkredit», Basel 1969, S. 51.
1120 Über G. Schmidt vgl. R. Hess, Bs. Stb. 1966.
1121 Hans Meier: Es macht glücklich und erhält jung. Das Museum für Gegenwartskunst, Bs. Stb. 1980. – Hans Luder: Erste staatliche Auszeichnung guter Basler Bauten, Bs. Stb. 1980.
1122 Brief der GSMBA in «50 Jahre Basler Kunstkredit», Basel 1969, S. 15.
1123 50 Jahre Basler Kunstkredit, Basel 1969, S. 47.
1124 (Anm. 1123), S. 46, und Bs. Stb. 1976, S. 193.
1125 Zitat nach A. Hagenbach: Basel im Bilde seiner Maler, 1770–1870, Basel 1939, S. 23.
1126 1. Bericht des Kunst-Vereins für Basel, Basel 1843.
1127 Über J.J. Im Hofs Engagement für Kunsthalle und Fähren vgl. Bs. Jb. 1902, S. 39 ff.
1128 50 Jahre Staatlicher Literaturkredit Basel, 1921–1971, Basel 1971. – Werner Oberle: Aktive Basler Literaturkredit-Kommission, Bs. Stb. 1978.
1129 Die verdienstvolle Basler Literaturgeschichte von Hans Werthmüller (Tausend Jahre Literatur in Basel), Basel 1980, endet mit dem 19. Jh. «Der Ausblick ins 20. Jahrhundert fehlt.» (S. 312).
1130 Den Begriff «Volkskultur» nehmen wir aus der Terminologie der Volkskundler, z.B. aus Richard Weiss: Volkskunde der Schweiz, Zürich 1946.
1131 Blasius: Soll i oder soll i nit, Basel 1954, S. 6.
1132 Vgl. Paul Koelner: Die Basler Fastnacht, Bs. Jb. 1913. – Rudolf Suter: Streiflichter auf ein Jahrhundert Fasnacht, Bs. Stb. 1979. – Hans Trümpy: Zur Geschichte der Basler Fasnacht, in «Unsere Fasnacht», Basel 1971. – Eugen A. Meier u.a.: Die Basler Fasnacht, Geschichte und Gegenwart einer lebendigen Tradition, Basel 1985.
1133 Eduard Hoffmann-Krayer: Die Fastnachtsgebräuche in der Schweiz, in «Kleine Schriften zur Volkskunde», hg. von Paul Geiger, Basel 1946. – Karl Meuli: Vom Ursprung des Maskenfestes, in «D'Basler Fasnacht», hg. vom Basler Fasnachts-Comité, o.J.
1134 Siegfried Streicher: Basel, Geist und Antlitz einer Stadt, Basel 1937, S. 34.
1135 Betr. «Hochbauten» vgl. Statistisches Jb. Basel-Stadt 1982, S. 11.
1136 P. Speiser (Anm. 999), S. 73.
1137 Die Zahlen der Kolonnen I–III sind dem graphisch-statistischen Handbuch des Kantons Basel-Stadt, 4. Heft 1941, und den statistischen Jahrbüchern BS entnommen (1980–1983 gemäss neuem Rechnungssystem ohne industrielle Werke). Die Zahlen der Kolonnen IV und V lieferte uns Prof. Dr. René L. Frey, Institut für Sozialwissenschaften der Universität Basel. Verlag und Autor schulden Prof. Frey für diesen wertvollen Beitrag zum Thema Finanzentwicklung in Basel grossen Dank. (Zahlen mit * beruhen auf grober Schätzung.)

1138 Ratschlag und Bericht betr. Sanierung des Staatshaushaltes, Nr. 7757 (17. Juni 1983), S. 5 f.
1139 Unbewältigte Defizitwirtschaft des Kantons Basel-Stadt, Artikel in der Schweizerischen Handelszeitung, 8. Oktober 1982, Nr. 40 a.
1140 Vgl. Anm. 1139.
1141 Dr. Kurt Jenny: Basel und seine Finanzpolitik, Vortrag vom 3. Nov. 1980, S. 14.
1142 Vgl. die gründlichen Publikationen von Fritz Grieder: Die Beziehungen zwischen den beiden Halbkantonen Basel seit deren Trennung, Bs. Nbl. 1952; Die Wiedervereinigungsfrage vor dem Basler Verfassungsrat, Bs. Stb. 1962; Die Grundlagen eines neuen Staates entstehen, Bs. Stb. 1966; Die Basler Wiedervereinigung als Staatsproblem in historischer Sicht, Basler Schulblatt 1968, Nr. 5.
1143 Fritz Klaus: Basel-Landschaft in historischen Dokumenten, Bd. 2., 23. Kap.
1144 Fritz Klaus (Anm. 1143), S. 366.
1145 C.A. Bernoulli: Die Umkehr der Stäbe, Festspiel zum Kantonalschützenfest beider Basel in Sissach 1914, S. 21.
1146 Rudolf Gelpke: Zur Kritik der oberrheinischen Binnenschiffahrtsprojekte ..., Basel 1904, S. 51.
1147 1936, 23. Febr. Annahme der Wiedervereinigungsinitiative: in BS: 20 171 Ja, 7450 Nein; in BL: 12 722 Ja, 10 823 Nein. 1938, 1. Okt. Annahme des betr. Verfassungsartikels: in BS: 14 639 Ja, 4377 Nein; in BL: 11 080 Ja, 10 277 Nein.
1148 1962 bezeichnete der Bundesrat auf Grund eines Gutachtens einer Expertenkommission den Entscheid der Räte von 1947/48 als «Rechtsirrtum».
1149 1958, 1. Juni Annahme der 2. Wiedervereinigungsinitiative in BL mit 16 752 Ja gegen 11 877 Nein.
1150 Der Verfassungsrat arbeitete in über 100 Plenarsitzungen. Vgl. dazu Adolf Gasser: Die Arbeit des Verfassungsrates, Bs. Schulblatt 1968, Nr. 5.
1151 1969, 7. Dez. Ergebnis der Abstimmung betr. Verfassung: BS: 43 786 Ja, 22 024 Nein; BL: 33 222 Ja, 48 183 Nein.
1152 1974, 8. Dez. Ergebnis der Abstimmung betr. Partnerschaftsartikel: BS: 41 181 Ja, 7925 Nein; BL: 33 371 Ja, 14 214 Nein.
1153 Text im Bs. Stb. 1974, S. 234.
1154 Der Basler Regierungsrat Kurt Jenny in Bs. Stb. 1974, S. 235.
1155 Grenzgängerzahlen laut Statist. Jb. 1982, S. 109, Ende April 1982: Deutsche: Männer 3647, Frauen 2206, total 5853; Franzosen: Männer 7536; Frauen 5122, total 12 658.
1156 «regio report» 1973 und 1983, Statuten von 1983 im Anhang.
1157 Christian G. Blumhardt in einer Festrede, zitiert nach Wilhelm Schlatter: Geschichte der Basler Mission, 1. Bd., Basel 1916, S. 11.
1158 Georg Vischer: Bleibende Frucht, Weg und Werk von Christian Friedrich Spittler, Basel 1941. – Gustaf Adolf Wanner: Christian Friedrich Spittler, in: «Der Reformation verpflichtet», Basel 1979.
1159 Jahresberichte der Basler Mission; besonders 171. Jahresbericht 1985/86. – Zur kommerziellen Tätigkeit der Basler Mission G.A. Wanner: Basel und die Goldküste, Bs. Stb. 1960.
1160 Edgar Salin: Freundschaftliche Erinnerungen, in: Erinnerungen an Karl Jaspers, hg. von Klaus Piper und Hans Saner, München 1974, S. 18.

Exkurs zu Anmerkung 126:

Da dieses erste im Raum Basel erlassene Gesetz zwar schon zweimal lateinisch in der Gesetzessammlung des Kaisers Theodosius publiziert, aber unseres Wissens in der Basler Literatur nur des Ortes (Robur) und des Datums (10. Juli 374) wegen erwähnt wurde, geben wir hier das ganze Gesetz in lateinischer und deutscher Sprache samt genauer Erklärung wieder. Den ganzen Beitrag stellte uns freundlicherweise Professor Dr. iur. Johannes Georg Fuchs, Universität Basel, zur Verfügung. Dafür sprechen ihm Verlag und Autor ihren grossen Dank aus.

Der Text im Codex Theodosianus 8,5,33 (Ausgabe Krüger, Berlin 1923)
De cursu publico

[I]DEM AAA AD CONSTANTIVM. Euectionum emittendarum etiam per ceteras prouincias dumtaxat in translationem uestium tua sinceritas habeat facultatem, ut, si forte in itinere uicarius non fuerit, cum uestes eaedem transferuntur, tarditas nulla generetur: certe ubi idem uicarius forte morabitur, aut dimittet tuas aut alias ipse renouabit. Et hoc quidem eo constituitur exemplo, quo aurum argentumque transfertur, in quo utique nullum euectionibus tuis adfertur obstaculum, quominus id quod transmissum fuerit ad loca statuta perueniat. Eaedem autem uestes militares usque ad ea loca sunt transferendae, ubi ipsi milites sunt constituti. Neque enim paulo deuerticulo abducendi sunt ab excubiis sibi pro publica utilitate commissis. Tales igitur uestes a prouinciis dirigantur, quae, priusquam mouentur, inspectione grauitatis tuae displicere non possint. DAT. VI ID. IVL. ROBORE GRATIANO A. III ET EQVITIO VC. CONSS.

Die deutsche Übersetzung

Die gleichen Augusti (Valentinian, Valens und Gratian) an Constantius. Die Befugnis, schriftliche Bewilligungen (evectiones, diplomata) für die Postbenutzung (cursus publicus) auszustellen, und zwar auch für andere Provinzen, sofern es sich nur um den Transport von (Militär-)Kleidern handelt, soll dir, Ehrwürdiger, zukommen, damit, falls der Vicarius (Statthalter der Diözese) nicht unterwegs sein sollte (um selbst Bewilligungsscheine auszustellen), keine Verzögerung entsteht, wenn die Kleider transportiert werden. Wo sich freilich der(selbe) Vicarius gerade aufhalten mag, wird er entweder die (von dir) erteilten Bewilligungen gelten lassen oder selbst andere neu ausstellen. Dies bestimmt sich nämlich nach der Art, wie Gold und Silber transportiert wird, wo keinesfalls deiner Bewilligung ein Hindernis in den Weg gelegt wird, so dass das, was verschickt worden ist, den Bestimmungsort erreichen kann. 1. Die erwähnten militärischen Kleider sind aber bis zu den Plätzen zu transportieren, wo die Soldaten selbst stationiert wurden; denn diese dürfen auch nicht für einen kurzen Weg von den Posten weggerufen werden, die ihnen im Interesse des Staatswohles anvertraut sind. 2. So können solche Kleider aus den Provinzen verschickt werden, die jedoch, bevor sie verladen werden, auf Grund der Besichtigung durch dein gewichtiges Amt nicht (weil ungeeignet) Anstoss erregen dürfen. Gegeben am 10. Juli 374 in Robur unter dem Konsulat des Kaisers Gratian III (zum dritten Mal) und des Vir clarissimus Equitius.

Erklärung des Gesetzes zum Postwesen

Die römische Post (cursus publicus), über die wir erst seit dem 4. Jahrhundert n.Chr. genauer orientiert sind, durfte nur von privilegierten Personen benutzt und nur für ganz bestimmte Transportgüter verwendet werden. Wegen der ständig auftretenden Probleme, vor allem auch wegen des finanziellen Unterhaltes, wurden immer wieder neue Konstitutionen erlassen, die sich mit der Frage befassten, wer die Benutzungserlaubnis geben darf, wer nach seinem Rang oder seiner Funktion die Post benutzen kann und welche Art von Gütern befördert werden soll; welches der verschiedenen Transportmittel, wie schwere Ochsenwagen (cursus clabularis), von Maultieren gezogene Wagen (cursus velox) oder Reitpferde für Botendienst, zu verwenden ist; wie die Tiere zu behandeln und die Fuhrwerke zu unterhalten sind, namentlich welche Höchstbelastung erlaubt wird, wie Stationen und Raststätten (mansiones) anzulegen sind; wer für die Kosten aufzukommen hat, vor allem, inwieweit die Provinzen wie auch die örtlichen Gemeinden mit ihren Bauern auf dem Wege von Requisitionen an die Lasten beizutragen haben. In diesem Zusammenhang muss auch Cod. Theod. 8,5,33 gesehen werden. Einmal dürfen Erlaubnisscheine nur Höchstmagistrate wie der Magister officiorum ausstellen. Für den Transport von Gütern ist in erster Linie der Vicarius der Diözese zuständig. Nur dann, wenn er nicht zur Stelle ist, kann auch der Statthalter der Provinz die Evectio geben, jedoch nur für ganz bestimmte Güter, nämlich die res fiscales, wie hier die vestes militares, und zudem unter Vorbehalt der Überprüfung durch den Vicarius. Ferner verlangt der Kaiser, dass dank den vorgesehenen Massnahmen die Güter ihren Bestimmungsort erreichen, zumal wenn es sich um militärische Kleider handelt. Damit schliesslich die militärische Sicherheit nicht beeinträchtigt wird, sollten die Soldaten zur Abholung von Effekten ihre Stellungen nicht verlassen müssen.

NAMENREGISTER

Das folgende Register enthält die Namen von Personen und Familien, die in der Geschichte Basels eine Rolle gespielt haben und im Textteil dieses Buches vorkommen. Die Zahlen bezeichnen die Seiten, auf denen ein Name erscheint; die **fett** gedruckten Zahlen weisen auf Abbildungen bzw. auf Bildlegenden hin, die *kursiv* gedruckten auf Stellen, wo ein Namensträger ausführlicher behandelt wird.

A

B

I

J

K

R

S

T

BILDERNACHWEIS

16, 17, 173, 177, 189, 198, 199, 201, 209, 234, 245, 286, 387 (Privatbesitz) Öffentliche Kunstsammlung, Kunstmuseum Basel (Martin Bühler). – 25, 27, 43, 44 beide, 111, 165, 172, 183, 195 alle vier, 203, 232 links und rechts, 242, 247, 250, 253, 262, 267, 314, 319, 325 alle vier, 336, 339, 351, 368, 384 Universitätsbibliothek Basel, Repro-Photographie (Marcel Jenni). – 33, 104, 106, 118, 155, 175, 213, 227, 243, 269, 270, 275, 282, 283, 290, 310, 311, 327, 329, 332, 343 (Lichtdruck von H. Besson, Basel 1886), 346 (A. Varady), Staatsarchiv Basel-Stadt. – 38/39 (1, 3), 304 Kantonsmuseum Baselland, Liestal. – 38/39 (2) Historisches Museum Bern. – 38/39 (4) Microfilmstelle des Kantons Basel-Landschaft, Liestal. – 38/39 (5) Historisches Museum Mülhausen (P. Schwartz). – 48 Nach Karte in Andres Furger-Gunti: Das keltische Basel, Basel 1981, S. 3. – 50, 51, 53, 54, 55, 59, 71, 79, 120, 124, 127, 142, 145, 149, 152, 236, 259 Historisches Museum Basel (Maurice Babey). – 56 Peter Heman, Basel. – 63 (R. Steiger), 67, 68, 70 (O. Pilko) Römermuseum Augst. – 66, 101, 306, 326 (die abgebildeten Stücke stellte Albert Niederer in dankenswerter Weise aus seiner Sammlung zur Verfügung), 389 Kurt Wyss, Basel. – 76 Nach Rudolf Moosbrugger: Die frühmittelalterlichen Gräberfelder von Basel, Basel 1982 – 81 Aus Max Martin: Das Fortleben der spätrömisch-romanischen Bevölkerung von Kaiseraugst und Umgebung im Frühmittelalter auf Grund der Orts- und Flurnamen, in Provincialia, Festschrift für Rudolf Laur-Belart, Basel 1968. – 89 Erik Schmidt, Basel. – 91, 122 (Chr. Teuwen) Basler Denkmalpflege. – 94 Aus Rolf d'Aujourd'hui: Die Burkhardsche Stadtmauer aus dem späten 11. Jahrhundert, in Basler Stadtbuch 1983, Basel 1984, S. 240. – 113 Aus Historisch-biographisches Lexikon der Schweiz, Neuenburg 1921–1934, Artikel «Basler Diözese». – 132, 221 Nach Historischer Atlas der Schweiz, Aarau 1951. – 133 Staatsarchiv des Kantons Luzern. – 137 Stadtbibliothek Bern. – 151 Aus Karl Jauslin: Bilder aus der Schweizergeschichte, 4. Auflage, Basel 1928. – 171 Stiftsbibliothek St. Gallen. – 229 oben Niggi Bräuning, Basel. – 229 unten Ludwig Bernauer, Bottmingen. – 230 oben André Muelhaupt, Basel. – 230 unten Aus Irmgard Peter-Müller: Seidenband in Basel, Basel 1983. – 237 Nach Ulrich Im Hof: Vom politischen Leben im Basel des 18. Jahrhunderts, BZ 48. – 264 Nach Franz Gschwind: Bevölkerungsentwicklung und Wirtschaftsstruktur der Landschaft Basel im 18. Jahrhundert, Liestal 1977. – 292 XI. Neujahrs-Blatt für Basels Jugend, Basel 1831. – 302 Nach Fritz Klaus: Basel-Landschaft in historischen Dokumenten, I. Teil, Liestal 1982. – 313 Privatbesitz Basel. – 330, 331 oben und unten Firmenarchiv der Ciba-Geigy AG, Basel. – 333 Hoffmann Photo Kino AG, Basel. – 345 Archiv der Basler Verkehrsbetriebe (BVB). – 367 (Privatbesitz) Atelier Eidenbenz, Basel. – 371, 372, 376 Archiv Foto Rolf Jeck, Basel. – 373 © 1986, Copyright by Cosmopress, Genf. – 381 Privatbesitz Basel. – 392 Peter Armbruster, Basel. – 399 Swissair Photo + Vermessungen AG, Zürich. – 401 Nach einem Plan der Geschäftsstelle Regio Basiliensis, Basel.

ZEITTAFEL ZUR BASLER GESCHICHTE

Die Zeittafel zur Vorgeschichte befindet sich auf Seite 37.
Die Zahlen in Klammern verweisen auf die betreffenden Seiten dieses Buchs.

um 100 v. Chr.	Siedlung eines Keltenstammes am Rheinufer bei Basel, Voltaplatz, archäologisch bezeugt (S. 49 ff.).
58 v. Chr.	Auswanderung der Rauriker mit den Helvetiern nach Südfrankreich. Niederlage bei Bibrakte, Rückkehr, neue Raurikersiedlung auf dem Münsterplatz (S. 52).
44 v. Chr.	Munatius Plancus gründet die römische Kolonie Raurica (S. 64).
um 15 v. Chr.	Römisches Militär besetzt den Münsterhügel und errichtet ein Kastell (S. 54).
um 90 nach Chr.	Die Reichsgrenze wird nach Nordosten an den Limes verlegt. Basel liegt etwa 170 Jahre im ruhigen Hinterland (S. 55).
seit 260	Raubzüge der Alemannen über den Rhein (S. 67).
290–300	Bau neuer römischer Festungen in Augst und Basel (S. 56 und 68).
346	Erste Erwähnung eines Bischofs der «Rauriker» namens Justinian (S. 70).
374	Der römische Historiker Ammianus Marcellinus erwähnt bei der Schilderung der Ereignisse des Jahres 374 zum ersten Mal den Namen «Basilia» und eine Festung «Robur» bei Basel (S. 58 und 436).
um 400	Abzug der römischen Fronttruppen nach Italien. Damit beginnt das Ende der römischen Herrschaft am Rheinknie (S. 61).
nach 500	Beginn der alemannischen Besiedlung südlich des Rheins in der Basler Gegend (S. 78).
um 550	Erste fränkische Siedler im Raum Basel (S. 82).
um 620	«Ragnacharius» wird als Bischof von Augst und Basel erwähnt (S. 84). Von da an bis heute sind die Namen und Amtsdaten der Basler Bischöfe fast lückenlos bekannt.
802–823	Ein Freund Karls des Grossen, Haito, ist Bischof von Basel; er gibt dem Bistum eine neue Ordnung und errichtet einen Neubau des Münsters (S. 84 ff).
843	Bei der Teilung des fränkischen Reichs im Vertrag von Verdun kommt Basel (Grossbasel!) an das Mittelreich des Kaisers Lothar (S. 86).
870	Bei einer neuen Reichsteilung im Vertrag von Mersen wird Basel ostfränkisch, was die Eingliederung ins spätere deutsche Reich programmiert (S. 86).

um 890–1006	Basel ist eine Stadt des Königreichs Burgund (S. 88).
917	Basel wird von einem Heer aus Ungarn, das plündernd nach Westeuropa gezogen ist, zerstört (S. 89).
999	Bischof Adalbert II. erhält vom König von Burgund die Abtei Münster-Granfelden geschenkt (S. 90).
1006	Kaiser Heinrich II. nimmt Basel von Burgund als Pfand für den späteren Anschluss von ganz Burgund ans deutsche Reich (S. 90).
1019, 11. Oktober	Das von Bischof Adalbert II. (an Stelle älterer Bauten) errichtete Münster wird in Anwesenheit des Kaisers Heinrich II. geweiht (S. 92).
1072–1107	Unter Bischof Burkhard von Fenis wird die Stadt befestigt; im «Dalbeloch» werden 1083 im Kloster St. Alban Mönche aus Cluny angesiedelt (S. 94 und 101).
1146	Bernhard von Clairvaux gewinnt mit einer Predigt im Münster die Basler für die Teilnahme am zweiten Kreuzzug.
um 1200	Bau der zweiten Stadtmauer, später «der Innere Ring» genannt (S. 94).
1225/26	Bischof Heinrich von Thun lässt die erste Rheinbrücke (heute die Mittlere) bauen (S. 103).
1226	Erste Urkunde einer Zunftorganisation, Stiftungsbrief der Kürschner (S. 105).
1231	Niederlassung des Franziskanerordens in Basel, zuerst vor dem Spalentor, seit 1250 am heutigen Barfüsserplatz (S. 104).
1252	Erstmals wird in Basel ein «Bürgermeister» erwähnt; es ist Ritter Heinrich von Steinlin.
1254	Basel tritt dem Bund von 60 rheinischen Städten bei (S. 128).
um 1261	Der Bischof (wohl Heinrich von Neuenburg) lässt die Gerichtsverfassung, das «Bischofs- und Dienstmannenrecht», aufschreiben (S. 99).
um 1263	Basel erhält vom Bischof Heinrich III. von Neuenburg eine Verfassung, eine sogenannte Handfeste, die der Bürgerschaft ein Mitspracherecht zusichert (S. 107).
1273	Graf Rudolf von Habsburg belagert Basel. Nach dessen Wahl zum deutschen König unterwirft sich der Bischof (S. 107).
1274	Gründung eines Frauenklosters im Klingental (heute Stadt- und Münstermuseum).
1337	Bischof Johann Senn von Münsingen gibt der Stadt eine neue Verfassung (Handfeste). Neben Rittern und Burgern sitzen nun 15 Vertreter der Zünfte im Rat (S. 107 und 117).
1348/49	Grosse Pestepidemie, Judenmassaker (S. 146 ff.)
1356, 18. Oktober	Das stärkste bekannte Erdbeben in der Basler Gegend richtet starke Zerstörungen an (S. 150).
1361–1362	Erste erhaltene Staatsrechnung. Ausgaben und Einnahmen ausgeglichen, keine Schulden (S. 122).

1362–1398	Bau der äusseren Stadtmauer (S. 152).
1373	Bischof Jean de Vienne verpfändet der Stadt das Recht, Zölle einzuziehen und Münzen zu prägen (S. 114).
1376	Sogenannte Böse Fasnacht. Reichsacht über die Stadt verhängt (S. 133).
1382	Die 15 Zunftmeister werden in den Rat aufgenommen. Von den 44 Mitgliedern des Rates sind nun 30 Vertreter der Zünfte. Der Oberstzunftmeister ist der zweite Vorsitzende des Rates.
1385	Bischof Imer von Ramstein verpfändet der Stadt das Schultheissenamt, das heisst die oberste Gerichtsinstanz in zivilrechtlichen Belangen.
1386, 9. Juli	Der Sieg der Eidgenossen über Herzog Leopold III. von Österrich bei Sempach befreit die Stadt vom österreichischen Druck. Bald darauf kauft die Stadt vom deutschen König die Vogtei, das heisst die Blutsgerichtsbarkeit. Sie ist jetzt im Besitz der vier wichtigsten Hoheitsrechte eines autonomen Gemeinwesens: Vogtei, Schultheissenamt, Zoll- und Münzrecht (S. 134 f.)
1392	Basel kauft vom Bischof Friedrich von Blankenheim die «mindere» Stadt, also Kleinbasel (1892 darum die sog. «Vereinigungsfeier» begangen) (S. 135).
1400	Bischof Humbert von Neuenburg, in Geldnöten, verkauft der Stadt, unter Vorbehalt des Rückkaufrechts, die Ämter Liestal, Waldenburg und Homburg. Jetzt grenzt Basel an die befreundeten eidgenössischen Orte Bern und Solothurn. Mit ihnen wird erstmals ein Bund für 20 Jahre geschlossen (S. 135).
1401	Stiftung des Kartäuserklosters im Kleinbasel durch den Kaufmann Jakob Ziboll (S. 204)
1417	Grosser Stadtbrand.
1431–1448	In Basel tagt das 17. allgemeine (= ökumenische) Konzil (S. 153 ff.)
1439	Eine Pestepidemie fordert etwa 5000 Opfer.
1440	Wahl und Krönung eines Gegenpapstes, Felix V. (S. 158).
1444, 26. August	Vor den Toren Basels kämpfen eidgenössische Krieger mit einem französischen Söldnerheer (Schlacht bei St. Jakob an der Birs) (S. 136 ff.).
1445–1449	Erbitterter Krieg der Stadt mit dem umliegenden Adel (S. 140).
1460	Gründung der Universität. Am 5. April 1460 beginnen die Vorlesungen in vier Fakultäten (S. 162 ff.).
1461	Basel kauft die Herrschaft Farnsburg; in den folgenden Jahren noch die Dörfer Sissach, Muttenz und Münchenstein.
um 1468	In Basel beginnt man Bücher zu drucken (S. 170 f.).
1471	Der deutsche König Friedrich III. erteilt Basel das Recht, jährlich zwei Messen abzuhalten (S. 168).

1474–1477	Basel beteiligt sich als Glied der «Niederen Vereinigung» (= elsässische Städte) am Burgunderkrieg gegen Herzog Karl den Kühnen (S. 140 ff.).
1482	Konzilsversuch des Andrea von Krain (S. 161).
1499	Im Krieg zwischen den Eidgenossen und dem Deutschen Reich bleibt Basel neutral. Am Gefecht auf dem Bruderholz und an der Schlacht bei Dornach (22. Juli) ist die Stadt nicht beteiligt (S. 143).
1501, 13. Juli	Basel wird als 11. «Ort» in den Bund der Eidgenossen aufgenommen. Von jetzt an ist Basel in seinen politischen Entscheidungen eingeschränkt (S. 143 ff.).
1504–1514	Bau des Rathauses am Marktplatz.
1516	Zum ersten Mal wird ein Bürgerlicher, Jakob Meyer zum Hasen, zum Bürgermeister gewählt.
1521	Neues Regierungssystem, das dem Bischof jedes Mitspracherecht versagt; es besteht in den Grundzügen bis 1798.
1522	Basel kauft vom Bischof Christoph von Utenheim das Dorf Riehen.
1522	Der Schwabe Johannes Ökolampad beginnt den «neuen Glauben» zu predigen. Sieben Jahre lang stehen sich Anhänger und Gegner der römischen Kirche gegenüber (S. 208 ff.).
1525	Erfolgloser Aufruhr der Baselbieter Bauern gegen die Stadt (S. 212).
1525	Basel versucht sein Gebiet zu vergrössern, indem es Dörfer im Leimen- und im Birstal ins Burgrecht aufnimmt (S. 221).
1529	Der «neue Glaube» (= Reformation) wird durch einen Zunftaufstand eingeführt. Die katholischen Geistlichen verlassen die Stadt (S. 212).
von 1540 an	Einwanderung evangelischer Glaubensflüchtlinge aus Frankreich und Italien. Ihnen verdankt die Stadt die Einführung der Seidenindustrie in verschiedenen Formen (S. 223 ff.).
1575	Bischof Christoph Blarer von Wartensee beginnt die Gegenreformation im Birseck und im Laufental (S. 222 f.)
1585	Vergleich der Stadt mit dem Bischof. Für 200 000 Gulden verzichtet der Bischof auf alle Ansprüche auf Rechte und Gebiete der Stadt Basel (S. 135 und 223).
1594	Aufstand der Baselbieter wegen Erhöhung der Steuern. Der sogenannte Rappenkrieg wird von Andreas Ryff gütlich beigelegt (S. 249).
1618–1648	Während des Dreissigjährigen Krieges wird Basel nie belagert, obwohl grosse Heere in der Nähe liegen. Deshalb flüchten viele Elsässer und Markgräfler in die Stadt (S. 254 f.).
1646/47	Der Bürgermeister Johann Rudolf Wetstein nimmt am westfälischen Friedenskongress teil. Im Friedensvertrag wird die rechtliche Unabhängigkeit der Eidgenossenschaft vom Deutschen Reich anerkannt (S. 257 f.)

1653	Dritter Aufstand der Baselbieter gegen die städtische Regierung. Sieben Führer des Aufstandes werden vor dem Steinentor hingerichtet (S. 255 ff.)
um 1670	Eine technische Erfindung (die «Bändelmühle») steigert die Produktion der Seidenbändel, des wichtigsten Basler Exportprodukts, beträchtlich (S. 231)
1691	Aufruhr der Zünfte gegen die Korruption und Allmacht der Familien, die den Kleinen Rat (= Regierung) beherrschen. Zusammenbruch des Putsches und Bestrafung der Rädelsführer. Drei öffentliche Hinrichtungen auf dem Marktplatz (S. 241 ff.).
1719	Eine neue Gerichtsordnung ersetzt die aus dem Mittelalter stammenden Rechtsordnungen.
1777	Gründung der «Gesellschaft zur Beförderung des Guten und Gemeinnützigen» (GGG) durch Isaak Iselin (S. 261).
1780	Die «Deutsche Christentumsgesellschaft», ein Verein zur Stärkung des christlichen Glaubens im Kampf gegen die Aufklärung, findet in Basel Anhänger (S. 322).
1790	Die Leibeigenschaft der Untertanen, praktisch schon lange nicht mehr existierend, wird vom Grossen Rat rechtlich aufgehoben (S. 266).
1798, Januar	In einer unblutigen Revolution wird das «Ancien Régime», die Herrschaft der Stadt über das Untertanenland, beendet (S. 268 ff.).
1798–1803	Basel ist ein Verwaltungsbezirk der «Helvetischen Republik» ohne politisches Eigenleben (S. 276).
1803	Napoleon auferlegt der Schweiz die «Mediationsverfassung». Die Kantone werden wieder selbständig. Im grossen Rat von 135 Mitgliedern stellen die Landschäftler die Mehrheit. Die städtische und die kantonale Verwaltung werden getrennt. Diese Doppelspurigkeit bleibt bis 1875 bestehen (S. 279).
1813/14	Durchmarsch der alliierten Heere (Russen und Österreicher) auf dem Feldzug gegen Napoleon (S. 281).
1814, 4. März	Grosser Rat genehmigt eine neue Verfassung. Die Landschaft erhält nun weniger Vertreter als die Stadt (S. 284).
1815	Belagerung und Eroberung der Festung Hüningen durch alliierte Truppen. Basel wird aus der Festung bombardiert (S. 283).
1815	Gründung der Basler Missionsgesellschaft (S. 283 und 322).
1817	Grosse Teuerung und Hungersnot in der ganzen Schweiz (S. 291).
1831–1833	«Basler Wirren». Aufstand der Baselbieter gegen das Stadtregiment. Intervention der eidgenössischen Tagsatzung. Niederlage der Stadttruppen bei der Hülftenschanze. Trennungsdiktat der Tagsatzung am 26. August 1833 (S. 293 ff.)
1840	Einführung eines progressiven Steuersystems im «Kanton Basel-Stadtteil» (dies war die amtliche Bezeichnung bis 1848) (S. 315).
1844	Erstmals fährt in der Schweiz eine Eisenbahn. Das Ende der Linie Strassburg–Basel lag mit 1800 m auf Stadtboden (S. 309).

1852	Bau einer Gasfabrik (S. 342).
1858	Die Firma J.R. Geigy und U. Heusler baut am Riehenring eine Fabrik zur Herstellung von Farbstoffen. (Die Firma bestand seit 1758 als Drogenwarenhandlung.)
1859	Gesetz über die Stadterweiterung. Die Stadtmauer fällt, die Gräben werden Alleen (S. 332).
1859	Alexander Clavel beginnt mit der Fabrikation von Fuchsin. 1864 wird die Fabrik an der Klybeckstrasse gebaut, 1884 die Gesellschaft für Chemische Industrie in Basel (CIBA) gegründet (S. 330).
1865	Basel bekommt eine moderne Wasserversorgung (S. 341)
1868/69	Erste grosse Arbeiterunruhen mit Streikaktionen (S. 330).
1869	1. Basler Fabrikgesetz (12-Stunden-Tag) (S. 332).
1875	Neue Verfassung. Ende der jahrhundertealten politischen Formen (Bürgermeister und Rat). Beginn der modernen Staatsverwaltung (Regierungsräte mit Departementen). Erweiterung der Volksrechte (Initiative und Referendum) (S. 335).
1876	Die Bürgergemeinde Basel entsteht; sie übernimmt z. T. die Aufgaben der von 1804 bis 1875 existierenden Stadtgemeinde (S. 335 f.).
1880	Neues Schulgesetz (vier Jahre Primarschule, acht Jahre Mittelschulen, Schulpflicht acht Jahre) (S. 337).
1886	E. Sandoz und A. Kern errichten eine chemische Fabrik für die Herstellung von Anilinfarben (seit 1893 Sandoz und Co.).
1889	Letzte Basler Verfassungsänderung (Volkswahl der Regierungsräte) (S. 336).
1892	M.C. Traub errichtet eine chemische Fabrik an der Grenzacherstrasse. (1896 heisst die Firma F. Hoffmann-La Roche und Co.; sie beginnt 1904 mit der Pharmaproduktion).
1895	Erste elektrische Strassenbahnlinie (Badischer Bahnhof–Centralbahnhof; den Strom liefert ein Kraftwerk mit Dampfmaschinen) (S. 344).
1899	Basel erhält ein eigenes Elektrizitätswerk (S. 343).
1900	Basels Strassen werden elektrisch beleuchtet.
1904	Das erste Güterschiff trifft in Basel ein (1922: Hafenbecken in Kleinhüningen offen).
1905	Einführung des Proporzwahlsystems bei den Wahlen in den Grossen Rat; von nun an erhalten alle Parteien eine Vertretung im Grossen Rat (S. 346).
1908	Kleinhüningen wird eingemeindet.
1911	Trennung von Kirche und Staat (S. 341).
1911, 11. Mai	Zum ersten Mal landet ein Flugzeug in Basel (St. Jakob).
1914–1918	Basel ist während des Ersten Weltkrieges immer Garnisonsstadt (S. 362).
1917	Erste Schweizer Mustermesse.

1918	Die Förderung der Künstler durch den staatlichen Kunstkredit beginnt (S. 388).
1919 Juli/August	Generalstreik in Basel. Schwere Unruhen im Kleinbasel fordern Todesopfer (S. 364).
1923	Basel wird Zwischenstation der ersten fahrplanmässigen Luftlinie London–Zürich. (Flugzeuge landen auf dem Sternenfeld bei Birsfelden.)
1932	Kantonale Alters- und Hinterbliebenen-Versicherung wird eingeführt (S. 366).
1936	In der grossen Weltwirtschaftskrise wird in Basel das Arbeitsrappengesetz beschlossen (S. 367).
1939–1945	Im Zweiten Weltkrieg wird Basel wieder Garnisonsstadt, in der viele Schweizer ihren Aktivdienst leisten (S. 371).
1946	Basel erhält mit dem bilateralen Flugplatz Basel-Mulhouse Anschluss an das internationale Flugnetz (S. 379).
1958	Als erste Gemeinden in der Schweiz führen Riehen und die Bürgergemeinde Basel das Frauenstimmrecht ein.
1963	Gründung der Arbeitsgruppe Regio Basiliensis (S. 400).
1966	Frauenstimm- und Wahlrecht im Kanton Basel-Stadt eingeführt.
1969	Die Wiedervereinigung der Halbkantone Basel-Stadt und Basel-Landschaft wird in der Volksabstimmung von der Stadt angenommen, von Baselland verworfen (S. 395 ff.).
1974	Stadt und Landschaft stimmen einem «Partnerschaftsartikel» in beiden Kantonsverfassungen zu (S. 398).